中近世の蝦夷地と北方交易

アイヌ文化と内国化

関根達人

吉川弘文館

── 目　　次 ──

序　章　北方史とアイヌ文化 …………………………………………… 1

　1　はじめに　*1*
　2　問題の所在　*3*
　3　本書の構成　*5*

第Ⅰ章　北方交易に関する考古学的研究 ……………………………… 7

　1　アイヌ文化成立以前の北方交易─北日本出土の鋺をめぐって─　*7*
　2　考古資料からみたアイヌ文化の成立　*26*
　3　アイヌの宝物とツクナイ　*37*
　4　副葬品からみたアイヌ文化の変容　*59*
　5　シベチャリ出土の遺物　*85*
　6　タマサイ・ガラス玉に関する基礎的研究　*94*

第Ⅱ章　本州アイヌの実像 ……………………………………………… 111

　1　考古学的痕跡　*111*
　2　生業・習俗と北奥社会　*128*
　3　狩猟と漁撈　*142*

第Ⅲ章　和人の北方進出と蝦夷地の内国化 …………………………… 163

　1　道南和人館とその時代　*163*
　2　北海道島における中世陶磁器の流通　*170*
　3　近世陶磁器からみた蝦夷地の内国化　*186*
　4　石造物からみた蝦夷地の内国化　*214*
　5　松前三湊の墓石と人口動態　*254*

第Ⅳ章　カラフト（サハリン）島への和人の進出 …………………… 267

  1　カラフト島出土の日本製品　*267*
  2　白主会所跡の位置と構造　*279*
  3　死亡者からみたカラフト島への和人の進出　*288*
  4　1850年代のカラフト島の先住民族と国家　*301*
  5　クシュンコタン占拠事件と樺太アイヌ供養・顕彰碑　*354*

終章　蝦夷地史の構築を目指して …………………… 375

  1　「蝦夷地史」研究の提唱と実践　*375*
  2　北方交易と蝦夷地内国化の歴史　*377*

 引用・参考文献　*381*
 あ と が き　*405*
 初 出 一 覧　*406*

序章　北方史とアイヌ文化

1　はじめに

　本書は、中世・近世の多様な考古資料と文献史料の双方から、津軽海峡や宗谷海峡を越えたヒト・モノ・情報の実態を明らかにし、歴史上「蝦夷地」と呼ばれた北海道島・カラフト（サハリン）島・千島（クリル）へ和人がいついかなる形で進出したか、和人や和産物（日本製品）の蝦夷地進出がアイヌ文化の形成と変容にどのような影響を与えたか、蝦夷地の内国化がどのような形で進行したかなどについて論じる。

　本論に入る前に、時代的に先行する東北地方の内国化のプロセスについて、振り返ってみたい。

　初期国家であるヤマト王権の政治的支配は、古墳時代前期には仙台平野・会津盆地、次いで古墳時代中期には胆沢平野・山形盆地を北限とする。

　『日本書紀』によれば、7世紀半ばの斉明朝には、難波宮における津苅（軽）エミシへの冠位授与に続き、阿部比羅夫率いる水軍による「北征」が行われたという。7世紀後半からはエミシの京への朝貢が定期的に行われるようになり、9世紀には陸奥国胆沢城・出羽国秋田城への朝貢が律令政府の対エミシ支配政策において重要視された。

　律令国家の北辺は、城柵・官衙遺跡が分布する盛岡市と秋田市を結ぶ北緯40度のライン付近にあったが、38年間に及ぶ征夷戦争により、9世紀はじめ頃には「爾薩体」（岩手県二戸市周辺）と「幣伊」（岩手県宮古市周辺）が国家支配下に組み込まれたとされる。

　一方、9世紀代には陸奥・出羽両国において住民の「奥地」逃亡が相次ぎ、東北北部では集落の急増、須恵器・塩・鉄などの生産活動の活発化、仏教や律令祭祀の受容といった現象がみられ、陸奥国・出羽国との等質性が高まる。

　未だ国家の領域外であった東北北部からも須恵器や石製模造品など古墳文化に伴うものや、和同開珎や錺帯といった律令国家に由来するものが出土しており、それらの遺物は、政治的支配の枠を超えた北方世界と内国化された地域との交流を物語る。

　律令的中央集権体制崩壊後の10世紀後半から11世紀前半には、東北北部から出土する擦文土器に象徴されるように、津軽海峡を越えた北海道島との交流が活発化する一方、環壕集落や高地性集落といった防御性に富む集落が示す通り、約1世紀にわたり社会的緊張関係が強まりを見せる。その背景には王臣家と渡嶋エミシ・津軽エミシと間でなされた毛皮と鉄・綿などの交易が生み出す莫大な利権をめぐる争いがあったとされる。王朝国家体制のもとでは、北方社会との経済活動が最優先され、東北北部の政治的内国化は棚上げ状態に置かれていたといえよう。

後三条天皇のもとでなされた延久北奥蝦夷合戦とそれに続く後三年合戦を経る過程で、陸路により東北北部の平定が進み、ついに北奥に全国共通の地域区分である郡郷制が敷かれ陸奥国へと編入されるに至る。

『吾妻鏡』文治5年（1189）9月17日条にみえる「（平泉）寺塔已下注文」の冒頭に記された藤原清衡により白河関から外浜に到る奥大道沿いに一町ごとに金色の阿弥陀像を図絵させた笠塔婆を立てさせたとのエピソードは、仏法をもって奥州全体を統治することの意思表示であり、平泉藤原氏の支配が本州北端にまで及んでいるとの主張が読み取れる。平泉藤原氏の支配により北奥の宗教的内国化が進んだとみてよいであろう。しかし、中尊寺供養願文にある「粛慎挹婁之海蛮類向陽葵」との記述は、平泉藤原氏の影響力が海峡を越えた北海道島や遠く沿海州にまで及んでいるかのごとき大仰な表現であり、その実態は不明と言わざるを得ない。

鎌倉期には幕府の統一的な地方制度である地頭制が浸透し、北奥でも内陸部では内国化が急速に進む一方、津軽海峡に面する外浜や宇曽利、日本海側の西浜は、枠外に置かれた。そのなかで外浜は夷島、すなわち北海道島とともに辺境の国家的流刑地として位置づけられ、津軽海峡周辺は「日の本」と呼ばれる中世国家の異域（境界域）となった。

豊臣政権による奥羽日の本仕置により津軽海峡周辺域はその支配下に組み込まれた。しかし17世紀前半には津軽への罪人やキリシタンの流刑が行われており、この地域を異域とみなす風潮は根強く残っていたとみられる。また、幕藩体制の成立により、アイヌ民族の居住地は結果的に蝦夷地・松前藩領・弘前藩領・盛岡藩領に分断されたが、17世紀前半まではアイヌ民族による津軽海峡の自由な往来が確認されている。

近世国家により北海道アイヌとの交流を絶たれた後も、津軽半島や下北半島に残された本州アイヌは、弘前藩や盛岡藩の異民族保護管理政策のもと約1世紀にわたり存在し続けたが、最終的には同化政策が決定打となり、18世紀後半代に姿を消してしまったと考えられる。

以上のように、東北地方が政治・経済・宗教・習俗すべての点で完全に内国化するまでには、古墳時代以降、1,000年以上の年月が必要であった。10・11世紀の北奥は、政治的には王朝国家の外に位置しながらも経済的には内国化が進んだ状態であった。また、17世紀代の弘前藩や盛岡藩は幕藩体制下にありながら、領民支配上、和人と本州アイヌを区別した二重規範を取らざるを得ない状況にあった。

4世紀から12世紀に及ぶ東北地方の政治的内国化の歴史を振り返ると、朝貢儀礼にはじまる交易による経済的内国化が先行し、政策がそれを後追いする状況がしばしば垣間見られる。本書の書名を「中近世の蝦夷地と北方交易―アイヌ文化と内国化―」としたのは、近世後期に対ロシア政策上、幕府によってなされた蝦夷地の政治的内国化以前に、経済活動に伴う和人と日本製品の蝦夷地進出がアイヌ民族の自立性を奪い、「古来より朝貢関係により日本の支配下にあるアイヌ民族の居住地は日本の領土である」とする東アジア世界特有の前近代的な領土観が形成される下地となったと考えたためである。

2　問題の所在

「北からの日本史」を旗印として、北海道・東北地方の文献史を主とする歴史研究者がはじめた研究は、考古学の分野を巻き込み、各地で開催されたシンポジウムを通して地域研究を基盤に、日本史研究に新たな潮流を生み出した（北海道・東北史研究会編 1988・1990・1993・1996・1998、根室シンポジウム実行委員会 1990、石井監修 1992、小口編 1995、網野・石井編 2001、村井・斉藤・小口編 2002）。そうした北方史の研究成果は、日本史の通史にも反映されるようになり、確実に日本史の一分野として定着した（大石・高良・高橋 2001、菊池編 2003）。近年は、日本史の枠を超え、北東アジア世界史の枠組みのなかで日本の北方史が語られる傾向にある（天野・臼杵・菊池編 2006、榎森・小口・澤登編 2008a・2008b）。

一方、北方史の主役であるアイヌの人々に関しては、平成 9 年の「アイヌ文化振興法」に続き、平成 20 年度には国会において「アイヌ民族を先住民族とすることを求める決議」が全会一致で採択された。国民一般の間にもアイヌ民族の歴史・文化に対する関心が高まりを見せるなか、内閣官房長官を座長とする政府のアイヌ政策推進会議は、「先住民族であるアイヌの尊厳を尊重し、アイヌ文化が直面している課題に対応しつつ、我が国が将来へ向け、多様で豊かな文化や異なる民族との共生を尊重する社会を形成するためのシンボル」として、北海道白老町に「民族共生の象徴となる空間」（象徴空間）を建設する方針を出している。

近年のアイヌ研究は、考古学や環境生態学の研究成果を取り入れる場合が多く、総じて「交易民」としてのアイヌ像が強調される傾向にある（上村 1990、瀬川 2005、榎森 2007、ブレッド・ウォーカー 2007、瀬川 2007）。

「北からの日本史」も「交易民」に力点を置くアイヌ史も、和人とアイヌとの間で行われた交易を重視するが、「北からの」文化的影響を重視するあまり、「南から」すなわち本州から北方世界に向かった和人や日本製品にはさほど関心が示されてこなかった。人類学でも明治以降、人種論争に関連して、本州、特に東北地方の和人集団の人骨におけるアイヌ的要素の抽出には多大な関心が寄せられてきた反面、北海道から出土する古人骨のなかに、いつごろからどのように和人的要素が出現するのかといった問題に正面から取り組んだ研究はほとんどみられない。

本書が対象とする北海道島・カラフト（サハリン）島・千島地域は、歴史的に「蝦夷地」と呼ばれる。蝦夷地の歴史は、アイヌをはじめとする北方民族と和人との関わりの中で形成されてきた。近年のアイヌ研究は、明治以降の北海道開拓の中で培われてきたアイヌ史観に対する反動から、自然と共生し豊かな精神世界を構築したアイヌ民族の姿が強調されるあまり、和人の蝦夷地進出の実態が見えにくい状況に置かれている。

筆者は、平成 19～21 年度、基盤研究 B「近世墓と人口史料による社会構造と人口変動に関する基礎的研究」（課題番号 19320123）において、「蝦夷地」支配の拠点であった北海道松前に所在する約 5,500 基の近世墓標と過去帳の調査・分析を行うとともに、蝦夷地出土の近世陶磁器や本

州アイヌの生業研究を進めてきた。その結果、墓石・陶磁器・漁撈具といったモノ資料を通して、和人の蝦夷地進出の実態を明らかにしうるとの確証を得た。

　平成22〜25年度には基盤研究A「中近世北方交易と蝦夷地の内国化に関する研究」（課題番号：22242024）に取り組んだ。この研究では多様な考古資料と文献史料から、津軽・宗谷の二つの海峡を越えたヒトとモノの移動の実態を明らかにすることで、歴史上、蝦夷地と呼ばれた地域へ、和人がいつ、いかなる形で進出していったかを追究した。また蝦夷地が政治的・経済的に内国化されていくプロセスを詳らかにすることで、和人や和産物の進出が、アイヌ文化の形成と変容にどのような影響を与えたか、多角的に検討を進めてきた。

　北方史の主役であるアイヌをはじめとする少数民族は自らの歴史を文字で記録することがなかったため、北方史の分野では非文字資料の資料的価値が高い。和人によって記録されたアイヌに関する文献史料は18世紀以降のものがほとんどで、それ以前のアイヌに関する情報は極めて断片的であり、正確性を欠くものも少なくない。

　アイヌの物質文化には紀年銘資料や編年に適した焼き物が基本的に存在しないため、これまでアイヌ考古学の編年は専ら噴出年代の判明している降下火山灰層を手懸かりとして進められてきた。しかし降下火山灰層による編年は、北海道島各所で火山活動が頻繁に見られた17世紀代にはある程度適応できても18世紀以降は細分が困難である。加えて降下年代を特定しうる火山灰に乏しい地域では編年研究を深化させることができない。結果的にこれまでアイヌの物質文化の編年研究は、骨製銛頭（キテ）や鉄鍋などに限られ、しかも時間軸の目盛は大きかった。アイヌの考古学的研究を進めるためには、多様な編年資料から時間軸の目盛を小さくすることが急務である。

　ところで、アイヌの物質文化を特徴づけるモノは、ガラス玉や骨角製狩猟・漁撈具といった和人社会にほとんど認められないモノ（Ⅰ）、漆器や太刀のように和人社会にも存在するがアイヌ民族が偏重したモノ（Ⅱ）、装身具に転用された和製の各種金属製品（Ⅲ）に大別できる。このうちⅠが北太平洋の先住民に共通する物質文化であるのに対して、Ⅱは擦文文化から引き継がれたアイヌ民族独自の価値観を反映しており、元を辿れば古代日本の価値観に由来すると思われる。アイヌの物質文化の編年研究は、編年が進んでいる日本製品を手懸かりとして、それとの共伴関係に基づきアイヌの自製品など非日本製品の編年を行うといった手順を踏む必要があろう。

　これまでアイヌの考古学的研究は専ら北海道アイヌを対象とし、本州アイヌは文献史料からしか言及されてこなかった。北海道アイヌよりも和人と接触する機会の多かった本州アイヌの物質文化には陶磁器などより多くの日本製品が見られる。本州アイヌを研究対象とすることで、これまで別個に進められてきたアイヌ考古学と和人を対象とする中近世考古学の連携も図られる。

　現在、日本政府が進めようとしている「民族共生」を実現するには、かつて蝦夷地を舞台に繰り広げられたアイヌと和人の歴史を、両者が残した資史料に基づき追究する必要があろう。

3　本書の構成

　第Ⅰ章「北方交易に関する考古学的研究」では、北海道アイヌの物質文化を特徴づける宝物類に焦点を当てる。彼らが宝物とした漆器や太刀・刀装具、甲冑、ガラス玉は、津軽海峡や宗谷海峡を越え北海道島に運ばれてきた移入品であり、それらを通して北方交易の歴史的変遷を辿る。第1節「アイヌ文化成立以前の北方交易」では、アイヌ文化成立以前の北方交易に関する考古学的痕跡として擦文文化に伴う銅鋺を取り上げ、10世紀から12世紀の北方交易の具体像を述べる。第2節「考古資料からみたアイヌ文化の成立」ではアイヌの物質文化の特徴から彼らのエスニシティの形成時期とその背景について論じる。第3節「アイヌの宝物とツクナイ」では、デポ（埋納）された宝物やアイヌが与えた損害や犯した罪に対して宝物をもって賠償する行為、すなわちツクナイ（償い）を通して、アイヌの刀や刀装具について位置づけを行う。第4節「副葬品からみたアイヌ文化の変容」ではアイヌ墓の副葬品を分析し、民族誌との比較を通して、シャクシャインの戦い以後、急速に和人による経済的支配が強化されたとの見通しを述べる。第5節「シベチャリ出土の遺物」では、これまで未報告のままとなってきたシャクシャインの本拠地シベチャリチャシ周辺から出土した遺物を検討し、シャクシャインの戦い以前の日高アイヌが豊富な日本製品を保持する環境にあったことを示す。第6節「タマサイ・ガラス玉に関する基礎的研究」では、アイヌのガラス玉に関して、出土品と伝世品の型式学的検討を通して編年を行い、和人の蝦夷地進出がアイヌのタマサイを華美なものとし、形式化を促進した可能性を指摘した。

　第Ⅱ章「本州アイヌの実像」では、これまで文献史料をもとに語られてきた本州アイヌについて、青森県内の出土資料を提示し、資史料の突合せにより、その実像に迫る。第1節「考古学的痕跡」は、青森県内の中近世遺跡から出土した骨角器・ガラス玉・蝦夷拵の刀装具類を取り上げ、第2節「生業・習俗と北奥社会」では、それら本州アイヌの考古学的痕跡と文献史料の対比を通して彼らの生業や習俗を検討した。第3節「狩猟と漁撈」では、彼らのアワビ漁・海獣猟・熊猟について述べるともに、狩猟・漁撈具の比較を通して北海道アイヌとの関係性を論じた。

　第Ⅲ章「和人の北方進出と蝦夷地の内国化」では、北海道島でみられる和人館・陶磁器・墓石などの石造物の分析から、津軽海峡を越えた和人の経済的・宗教的・政治的進出状況を明らかにし、それをもとに蝦夷地が内国化されていく過程について述べる。第1節「道南和人館とその時代」では、北海道渡島半島の中世城館跡に焦点を当て、松前大館跡・茂別館跡・上之国勝山館跡・矢不来館跡の曲輪配置と規模を比較するとともに、著者が学術発掘を行った北海道北斗市矢不来館跡の成果を踏まえて、これまで上之国の蠣崎氏に比べ研究が手薄であった下之国安東氏を取り上げ、道南の戦国的様相を述べる。第2節「北海道島における中世陶磁器の流通」では、北海道内から出土した中世陶磁器の集成に基づき、陶磁器流通の時期的変遷を明らかにするとともに、出土陶磁器により矢不来館跡の存続年代を確定する。続く第3節「近世陶磁器からみた蝦夷地の内国化」では、北海道内から出土した近世陶磁器の集成に基づき、陶磁器流通の時期的変遷

を明らかにし、北海道以北への和人の進出と、和人とアイヌとの関係について通時的に論じる。第4節「石造物からみた蝦夷地の内国化」では、北海道内の近世石造物の悉皆調査に基づき、和人の北海道島進出の実態を明らかにし、蝦夷地が経済的・文化的・政治的に内国化される過程を論じた。第5節「松前三湊の墓石と人口動態」では、筆者が行った松前・江差・箱館の近世墓標の悉皆調査と歴史人口史料の検討から人口変遷を導き出し、松前三湊の盛衰を論じた。

　第Ⅳ章「カラフト（サハリン）島への和人の進出」は、考古資料と文献史料を併用し、カラフト（サハリン）島における日本製品の流通と、宗谷海峡を越えたカラフト（サハリン）島への和人の進出について論じた。第1節「カラフト島出土の日本製品」と第2節「白主会所跡の位置と構造」は、弘前大学とサハリン大学考古学・民族誌研究所ならびにサハリン州立郷土誌博物館の研究協力協定により実現したサハリンでの調査の成果である。第1節では、サハリン大学とサハリン州立郷土誌博物館が所蔵する資料の中から、カラフト（サハリン）島出土の日本製品を抽出・資料化し、日本製品の樺太アイヌやニブフへの受容状況を明らかにした。第2節は、カラフト（サハリン）島における日本支配の拠点であった白主会所跡の現地調査の成果報告であり、会所が日本式の庭園を備え、幕府役人の接待やオムシャなど各種の儀礼を行うにふさわしい施設であったと推察した。第3節「死亡者からみたカラフト島への和人の進出」は、北海道立文書館所蔵の「白主村墓所幷死亡人取調書上」に基づき、江戸時代のカラフト（サハリン）島への和人の進出状況を論じるとともに、樺太・千島交換条約の締結に先立ち、島内10ヶ所に整備された招魂所や墓所についても検討した。第4節「1850年代のカラフト島の先住民族と国家」は、目賀田帯刀の「北海道歴検図」の分析を中心に、領有をめぐり日露間の政治的交渉が進行していた1850年代のカラフト（サハリン）島に焦点を当て、樺太アイヌやニブフなどの先住民族の居住状況と日本・ロシアの進出状況について論述した。第5節「クシュンコタン占拠事件と樺太アイヌ供養・顕彰碑」は、北海道松前町における近世墓標調査の過程で発見した樺太アイヌ供養・顕彰碑を吟味し、この石碑が建つ契機となった嘉永6年（1853）のロシアによるカラフト（サハリン）島クシュンコタン占拠事件をめぐる樺太アイヌと近世国家の社会的関係を論じた。

第Ⅰ章　北方交易に関する考古学的研究

1　アイヌ文化成立以前の北方交易―北日本出土の鋺をめぐって―

はじめに

　平泉文化を東アジア世界の中に位置づける際、王朝国家との関係とともに、エミシや擦文集団・アイヌとの政治的・経済的関係を理解する必要がある。奥州藤原氏による北方交易や北方民族との交流関係については、実態が不明のままである。安倍氏、清原氏についても北方交易を基盤として台頭したとの指摘（簑島 2001、工藤 2005）があるが、具体的な内容が判明しているわけではない。

　これまで奥州藤原氏による交易で北からもたらされた産物としては、史料上確認できる「羽毛歯革」（中尊寺供養願文）、「水豹皮」・「鷲羽」（『台記』仁平3年9月14日条、『吾妻鏡』文治5年9月17日条）といった、武器・武具の原材料となる動物性資源や、後の蝦夷地交易で大きな比重を占めることになる昆布等の海産物（食料）が想定されてきた。それらはことごとく有機質であり、出土品はもちろん伝世品ですら確認することが限りなく不可能に近い。また、それらは江戸時代の記録をみれば津軽・下北や蝦夷地の産品であり、それらをもって奥州藤原氏による北方交易の相手先を一挙に大陸系北方民族にまで拡大することなどできない。奥州藤原氏による北方交易に関しては、交易品・交易相手ともに極めて不明確であり、大陸との関係に到っては、中尊寺供養願文にある「肅慎挹婁之海蠻類向陽葵」との記述だけで、関係性を示す物的証拠は従来全く示されてこなかった。

　上記のような視点に立ち、前に北奥出土のガラス玉に関して、考古学的手法による資料化を進めるとともに、自然科学的手法により材質分析を行ない、それらがエミシ・アイヌによる交易で沿海地方南部から北海道島を経由して本州北部にもたらされたと指摘した（関根 2007a）。本論では反対に、北海道の擦文文化後期・アイヌ文化成立期の遺跡から出土する本州産の製品を取り上げ、津軽海峡を鋏んだ交易について考察することとした。

　擦文文化期に本州から北海道島へもたらされた品物としては、文献史料や出土遺物から、麻布・絹布、米穀、須恵器、鉄製品・鉄素材などが挙げられているが、生業活動との関係で、とりわけ鉄製品や鉄素材が重要視されている（瀬川 1997、鈴木信 2003b・2004、鈴木琢也 2004・2005・2006a・2006b）。本州から供給される鉄製品・鉄素材が擦文社会の下部構造に関わる重要産品という点に異論はないが、一方で擦文文化とアイヌ文化との連続性を重視するなら、威信財は上部

構造を解明する重要な手がかりと考える。擦文文化期の威信財としては、本州産の刀剣類や漆器、貨幣、サハリン経由で大陸からもたらされたと考えられるガラス玉、そして今回とりあげる銅鋺などが考えられる。

本節では、北日本から出土した擦文・平安時代の銅鋺を手がかりとして、10世紀から12世紀の北方交易の具体像を推察したい。

（1）北日本から出土した銅鋺の概要

これまで北海道・東北北部で出土を確認した擦文・平安時代の銅鋺は、北海道5遺跡12点、青森県3遺跡6点、岩手県1遺跡1点の合計19点である（表1、図1～3）。北海道七飯町で第6回東日本埋蔵文化財研究会が行われた1997年の段階では、北日本では北海道の2遺跡から出土した5個体が知られていたに過ぎず、近年その数は飛躍的に増加している。以下では、遺跡毎にそれらの概要を述べる。

【高屋敷館遺跡】　青森県青森市高屋敷字野尻　（図2-1、図3-1、図4）

国史跡高屋敷館遺跡は、堀の内側に土塁をもつ平安時代の環壕集落としてつとに有名である。集落は9世紀後半に始まり、10世紀後半には堀が築かれ、12世紀前半まで存続したと考えられている。銅鋺は壁建ち構造の第82号住居跡南西隅付近の覆土から出土している。第82号住居跡の年代は、重複関係や出土した土師器から10世紀末から11世紀と考えられる。

出土した銅鋺の破片5点のうち1点は接合し、外見上も材質分析結果からも全て同一個体と考えられる。口縁部は失われており底部から体部下半部のみ遺存する。器胎は極めて薄く、内外面には轆轤挽きにより生じたと考えられる横方向の微細な線状痕が看取される。材質分析の結果、銅に次いで錫を多く含む「佐波理」であることが判明している。

【野木遺跡】　青森県青森市合子沢字松森　（図2-2、図5）

野木遺跡は、500棟近い竪穴住居跡・鉄生産関連遺構・土器焼成遺構・畑跡などが検出された9・10世紀の大規模集落跡である。10世紀前半と考えられる第335号竪穴住居跡のカマドの煙道部掘方から銅鋺の口縁部破片が出土している。銅鋺は口縁部が折り返されており、器胎は約0.1mmと極めて薄い。今回集成した銅器のうち、材質分析が行われているもののなかでは上幌内モイ遺物集中区2出土の銅鋺に次いで錫の含有率が高い。

【林ノ前遺跡】　青森県八戸市尻内町字熊ノ沢　（図2-3～5、図3-2、図6）

林ノ前遺跡は、10世紀後半から11世紀代に営まれた大規模な環壕集落である。遺跡内では鍛冶炉などの鉄生産関連遺構・遺物とともに銅の地金や銅が付着した坩堝が出土しており、銅製品も生産されていたと考えられている。林ノ前遺跡では銅鋺の破片と考えられる遺物が4個体分出土している。このうちのSI07、SK359、SI127出土の3個体は、銅に次いで錫を21%程度含む「佐波理」である。それらは金属板を薄く叩いて伸ばしながら成形しており、なかでも器胎が約0.2mmと薄いSI07出土のものは仕上げに轆轤挽きされている。残るSK543出土の銅鋺は、砒素を含む銅と鉛の合金を鋳型に流し込むことによって作られており、厚みがある。

【上幌内モイ遺跡】　北海道勇払郡厚真町幌内　（図2-6～10、図7・8）

1 アイヌ文化成立以前の北方交易 9

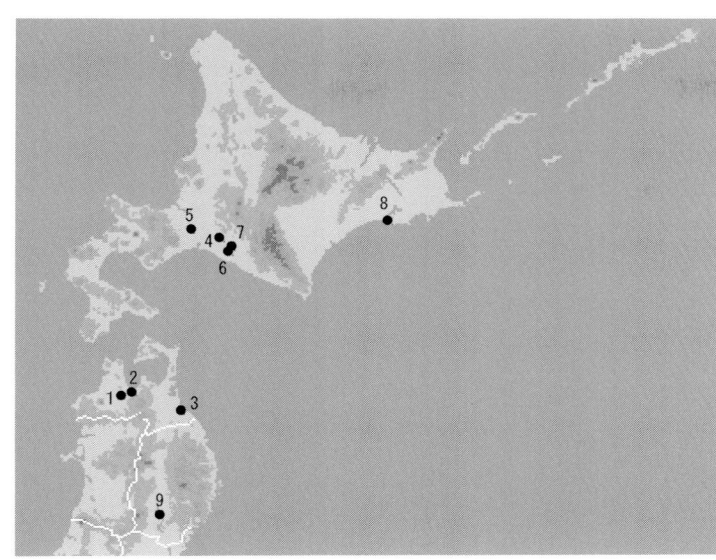

1 高屋敷館遺跡
2 野木遺跡
3 林ノ前遺跡
4 上幌内モイ遺跡
5 カリンバ2遺跡
6 亜別遺跡
7 カンカン2遺跡
8 材木町5遺跡
9 横枕Ⅱ遺跡

図1 北日本における擦文・平安期の銅鋺出土遺跡

表1 北日本から出土した擦文・平安期の銅鋺一覧

図2番号	遺跡名	区・遺構・層位	種別	年代	主要金属比率(%) Cu	Pb	Sn	材質分析法・分析者	文献
1	高屋敷館遺跡	第82号住居跡覆土	不明	10C末〜11C	78.1	2.4	11.1	ICP-AES法・赤沼英男	青森県教育委員会1998a
2	野木遺跡	第335号竪穴住居跡カマド煙道部掘方埋土	A	10C前半	58.0	1.2	24.4	ICP-AES法・赤沼英男	青森県教育委員会1999a・2000a
3	林ノ前遺跡	SI07堆積土	不明	10C末〜11C前半	77.0	—	21.1	EDS半定量分析・村上隆	青森県教育委員会2005・2006
4	林ノ前遺跡	SK359堆積土	不明	10C末〜11C中葉	76.5	—	21.2		
5	林ノ前遺跡	SK543埋1層	B	10C中葉〜11C	73.1	22.8			
—	林ノ前遺跡	SI127堆積土	不明	10C中葉〜11C	77.2		21.5		
6	上幌内モイ遺跡	遺物集中区1	B	10C後葉〜11C前葉	78.2	4.6	10.1	ICP-AES法・赤沼英男	厚真町教育委員会2007
7	上幌内モイ遺跡	遺物集中区2	A		67.9	0.2	26.3		
8	上幌内モイ遺跡	遺物集中区2	A		80.8	1.4	14.3		
9	上幌内モイ遺跡	遺物集中区2	B		78.7	1.1	14.3		
10	上幌内モイ遺跡	遺物集中区18	B	10C中〜後葉	76.7	2.9	9.2		
11	カリンバ2遺跡	SH-1住居跡炉北側	A	10C中葉〜11C	銅に次いで錫を多く含む			蛍光X線・村上隆	恵庭市教育委員会1998
12	亜別遺跡	F-7区	A	10C中葉〜11C	未分析				平取町教育委員会2000
13	カンカン2遺跡	X-1周溝盛土遺構	B	10C中葉〜11C	81.9	6.5	1.8	ICP-AES法・赤沼英男	平取町教育委員会1996
14	カンカン2遺跡	X-1周溝盛土遺構	B		80.3	15.4	0.1		
15	カンカン2遺跡	X-1周溝盛土遺構	A		78.9	2.8	10.9		
—	カンカン2遺跡	X-1周溝盛土遺構	不明		未分析				
16	材木町5遺跡	第2号住居跡床面付近	B	11C〜12C	未分析				釧路市埋蔵文化財調査センター1989
17	横枕Ⅱ遺跡		B	9C後半	未分析				水沢市教育委員会1982

10　第Ⅰ章　北方交易に関する考古学的研究

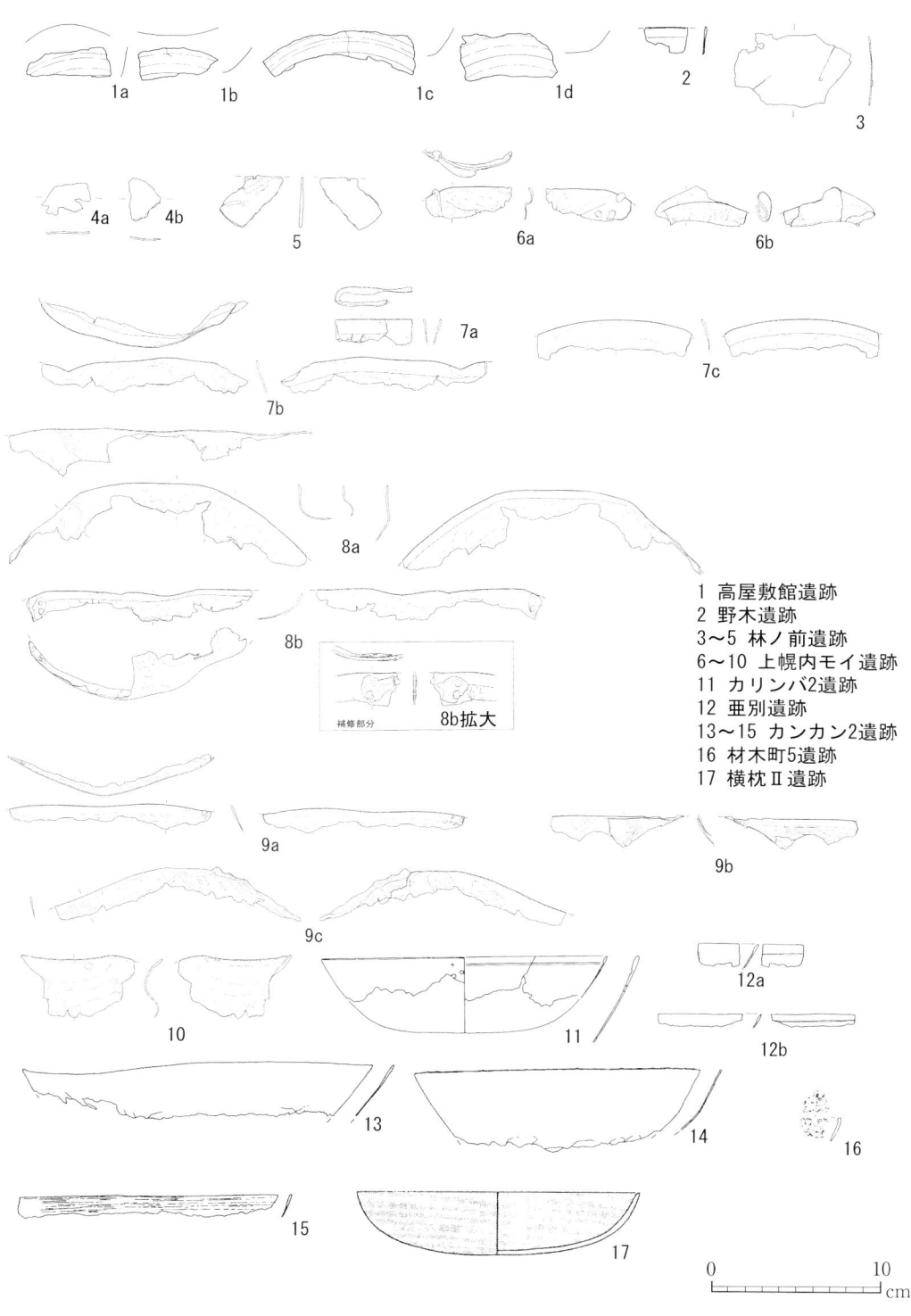

図2　北日本から出土した擦文・平安期の銅鋺　　　図中の番号は表1に対応する

1　アイヌ文化成立以前の北方交易　11

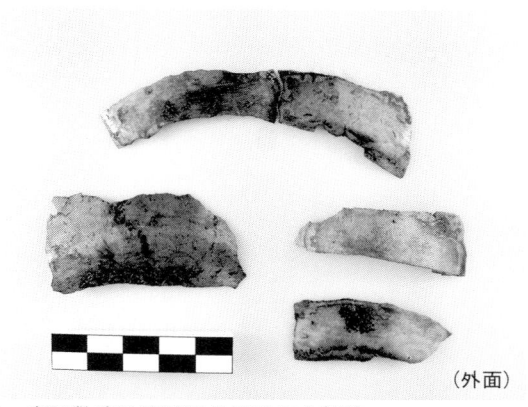
（外面）
1a　高屋敷遺跡第82号住居跡出土銅鋺

（内面）

1b　高屋敷館遺跡第82号住居跡出土
　　銅鋺外面に見られる轆轤挽き痕

2　林ノ前遺跡出土銅鋺
（1：SI07　2：SK543　3・4：SK359　5・6：SI127）

3　カリンバ2遺跡SH-1住居跡出土銅鋺（内面）

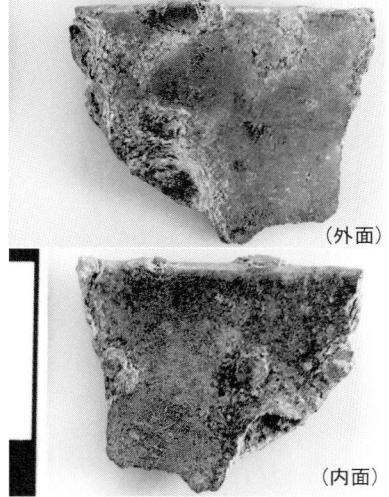
（外面）
（内面）
4　材木町5遺跡第2号住居跡出土銅鋺

図3　北日本から出土した擦文・平安期の主な銅鋺の写真
（筆者撮影）

12　第Ⅰ章　北方交易に関する考古学的研究

1　土師器　2〜5　須恵器　6　刀子　7　銅鋺

図4　青森市高屋敷館遺跡第82号住居跡と出土遺物

（青森県教育委員会1998aより転載）

1 アイヌ文化成立以前の北方交易　13

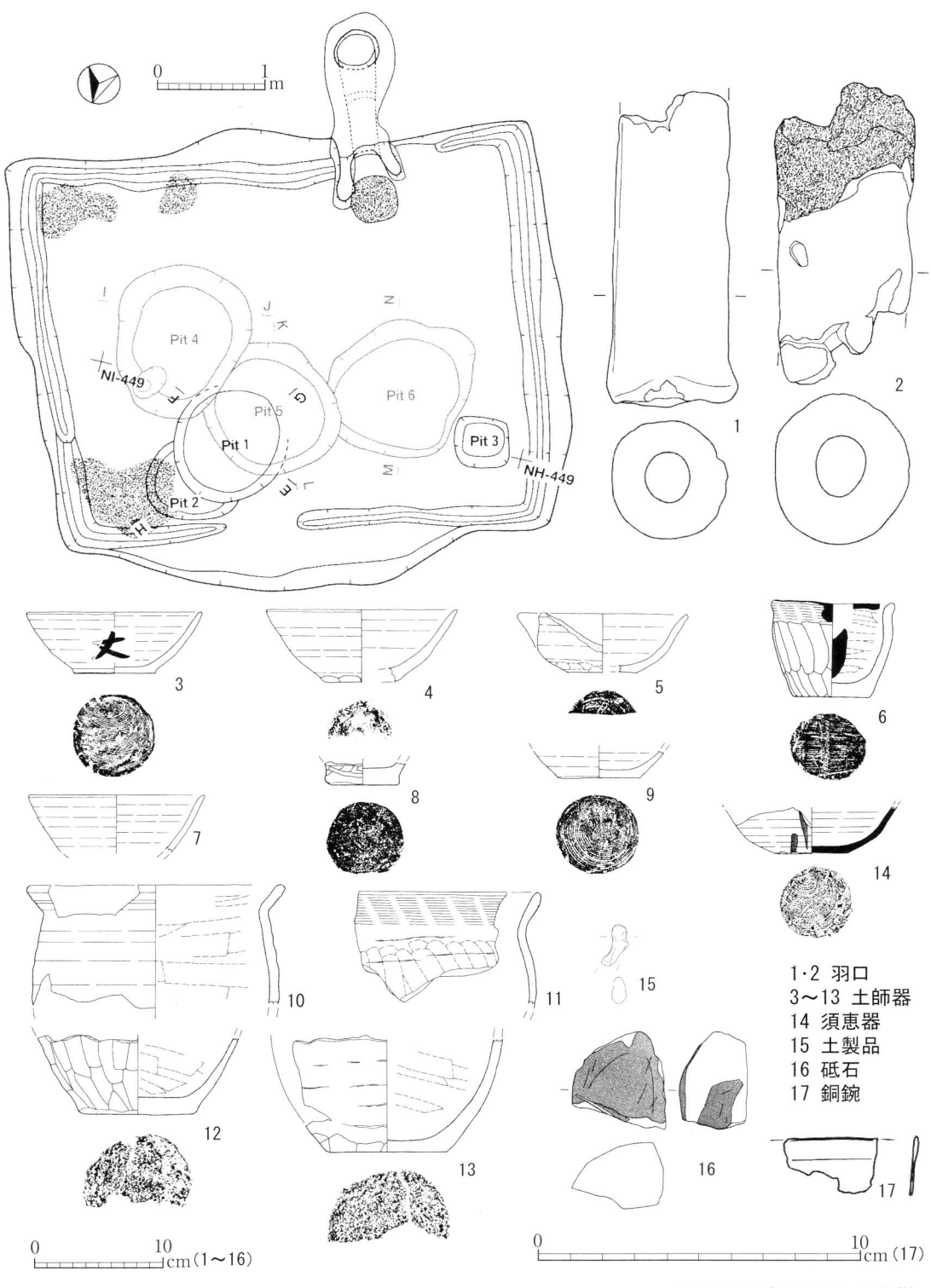

図5　青森市野木遺跡第335号竪穴住居跡と出土遺物

（青森県教育委員会1999aより転載）

14 第Ⅰ章 北方交易に関する考古学的研究

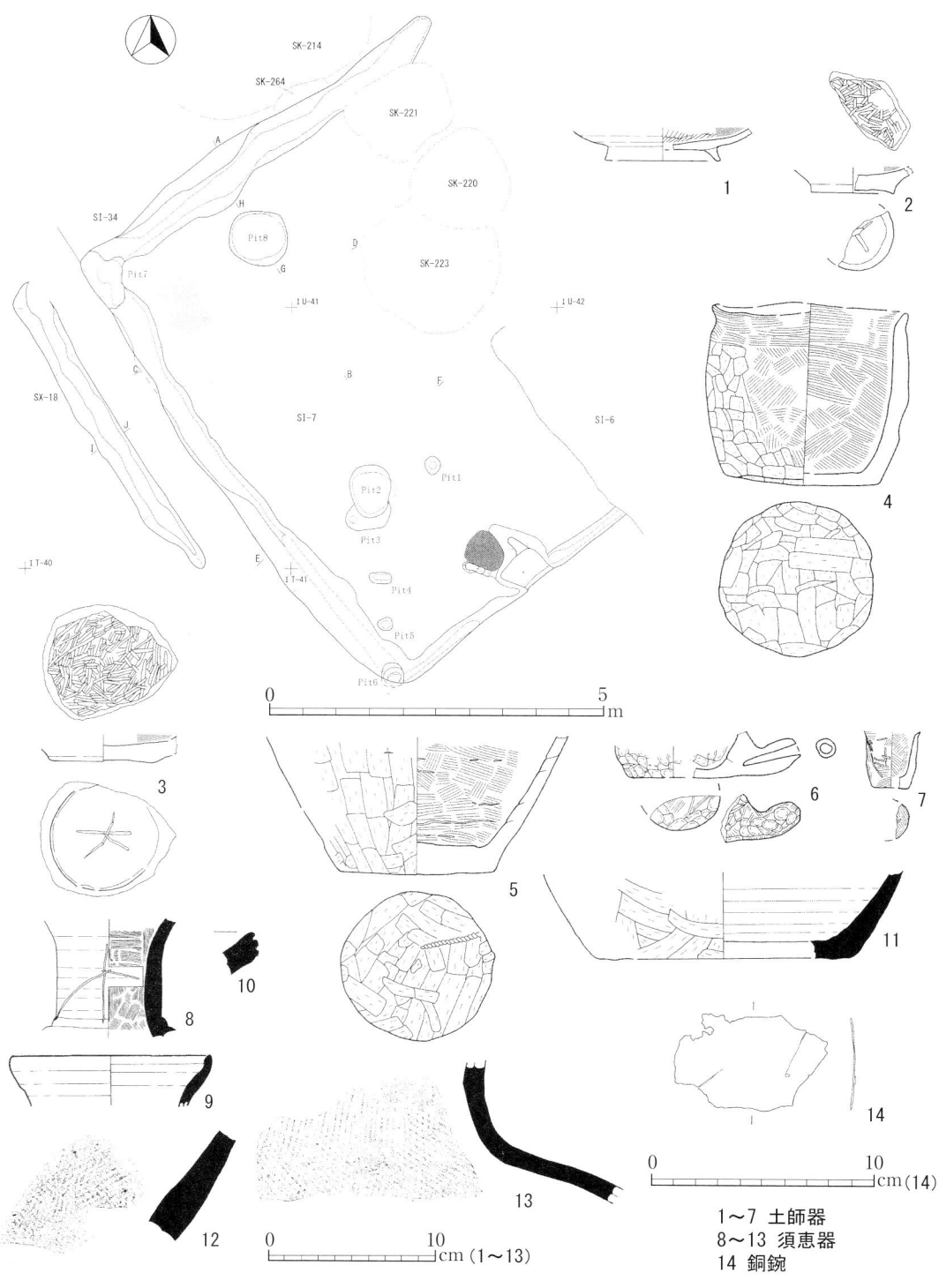

図6 青森県八戸市林ノ前遺跡 SI07 住居跡と出土遺物 　　（青森県教育委員会 2005・2006 より転載）

石狩低地帯南部の東縁、厚真川上流域に位置する上幌内モイ遺跡では、擦文文化期の円形周溝遺構、竪穴、土壙墓とともに焼土や遺物集中区が多数検出されている。銅鋺は遺物集中区1で1個体、同じく2から3個体、同じく18から1個体、合計5個体が発見されている。材質分析の結果、これらの銅鋺は個体により若干の差はあるものの、全て銅に次いで錫の含有率が高い「佐波理」であることが確認されている。

　集中区1のものは口縁部破片で、被熱し大きく変形している。口縁を折り曲げた痕跡は見られない。集中区1から出土した遺物は銅鋺に限らず大半が被熱した上、土器は故意に細かく割られ、炭化したキビの塊など特殊な遺物も見られることから、報告書では儀礼的行為が行われた場所の可能性が高いと指摘されている。

　集中区2からは3個体分の銅鋺が出土しているが、全て被熱しており変形が著しい。口縁部を内側に折り返すものは2個体あり、そのうち折り返し幅の狭いものは内外面に銅板をあてて鋲留した痕跡が見られる。また、縁を折り返さないものは、内外両面に轆轤挽きの痕跡が明瞭に残る。集中区2も基本的な在り方は1と似ており、儀礼的行為が行われた場所であろうか。

　集中区18から出土した銅鋺は口縁部資料だが、被熱による変形が著しく保存状態も良くない。口唇部は幾分肥厚し尖る。同一個体と思われる破片が集中区1からも出土している。

　銅鋺が出土した遺構の年代は、共伴した土器や焼土中の炭化種子を試料としたAMS法年代測定結果から、集中区1と2が10世紀後葉～11世紀前葉、集中区18は10世紀中葉～後葉と考えられる。

【カリンバ2遺跡】　北海道恵庭市黄金　（図2-11、図3-3、図9）

　石狩低地帯の南西部、旧カリンバ川右岸に位置するカリンバ2遺跡では、擦文文化期の竪穴住居跡SH-1で炉の北側から銅鋺が1点出土している。銅鋺は口縁部を伏せた状態で発見され、破片の一部は覆土の下層からも発見されている。口径約17cmに対して高さは約4.6cmと浅く、底は平らで大きい。口縁部は約1cm幅で内側に折り曲げられており、その縁には細い沈線が1条巡っている。口唇部は丸みを帯びており、厚さ約1.5mm、胴部から底部は厚さ0.3mmしかない。内外面には轆轤挽きの痕跡が横方向に、底部には同心円状に残る。口縁部直下、沈線部には後から補修孔と思われる小孔が穿けられている。現状では漆黒色を呈するが、蛍光X分析の結果、銅にかなりの割合で錫を加えた「佐波理」であることが判明している。10世紀中葉から11世紀代の年代が与えられる。

【亜別遺跡】　北海道沙流郡平取町川向　（図2-12、図10）

　亜別遺跡は、日高支庁管内西部のやや内陸寄り、日高山脈を源とする沙流川の左岸、河口からは約16km遡った場所に位置する。銅鋺は、F-7区から破片数にして118点、総重量10.8gが出土したが、全て同一個体である。口縁部は5～6mm幅で内側に折り曲げられており、その部分は1～0.8mmほどの厚みを有する。体部から底部は轆轤挽きにより薄く仕上げられている。銅鋺に共伴した擦文土器は、10世紀後半から11世紀頃の所産と考えられる。

【カンカン2遺跡】　北海道沙流郡平取町二風谷　（図2-13～15、図11）

　カンカン2遺跡は、日高山脈を源とする沙流川と看看川が合流する左岸段丘上、河口からは約

16　第Ⅰ章　北方交易に関する考古学的研究

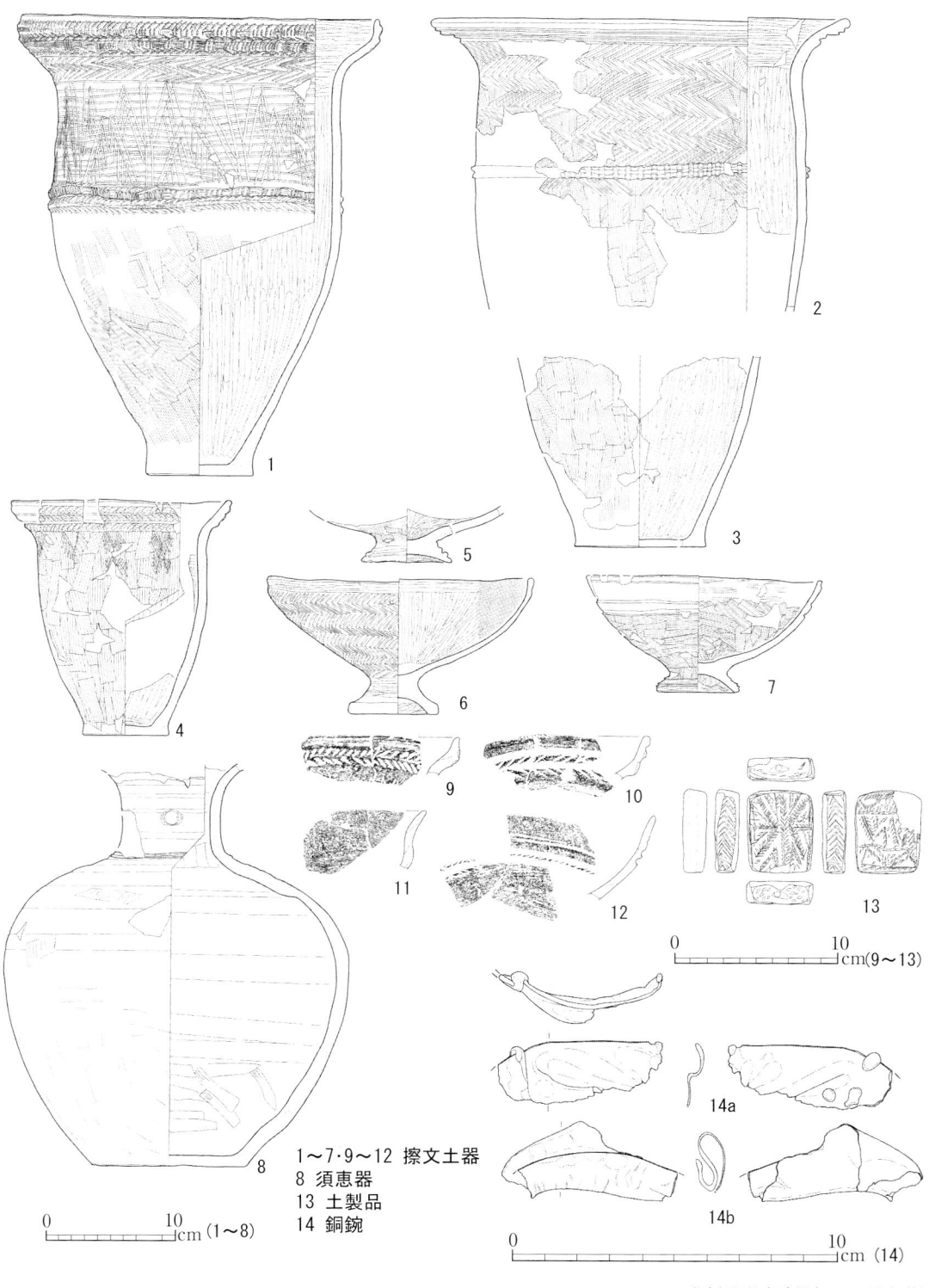

図7　北海道厚真町上幌内モイ遺跡集中区1出土遺物　　　　（厚真町教育委員会2007より転載）

1 アイヌ文化成立以前の北方交易　17

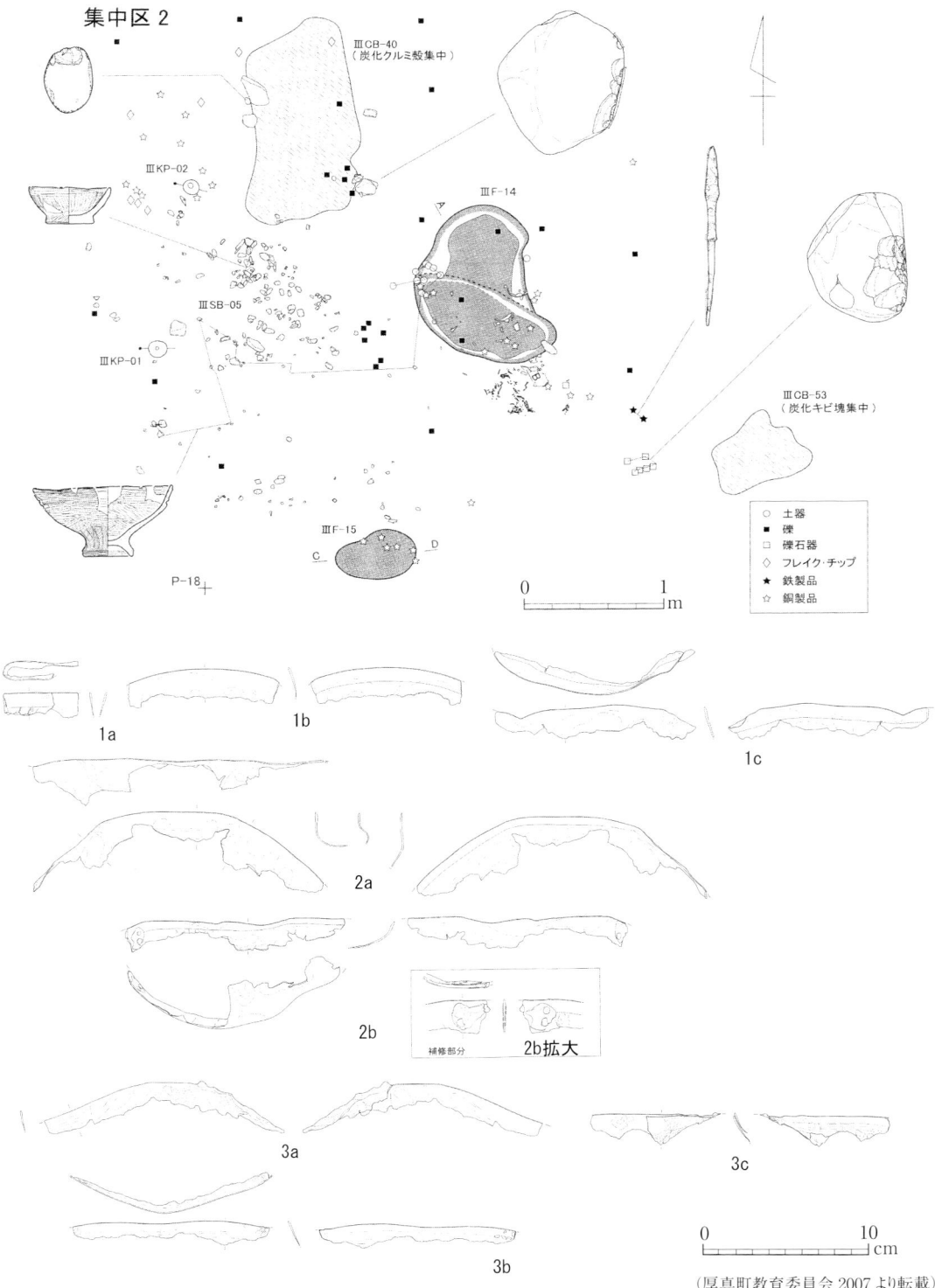

図8　北海道厚真町上幌内モイ遺跡集中区2遺物出土状況と出土銅鋺

（厚真町教育委員会2007より転載）

18 第Ⅰ章 北方交易に関する考古学的研究

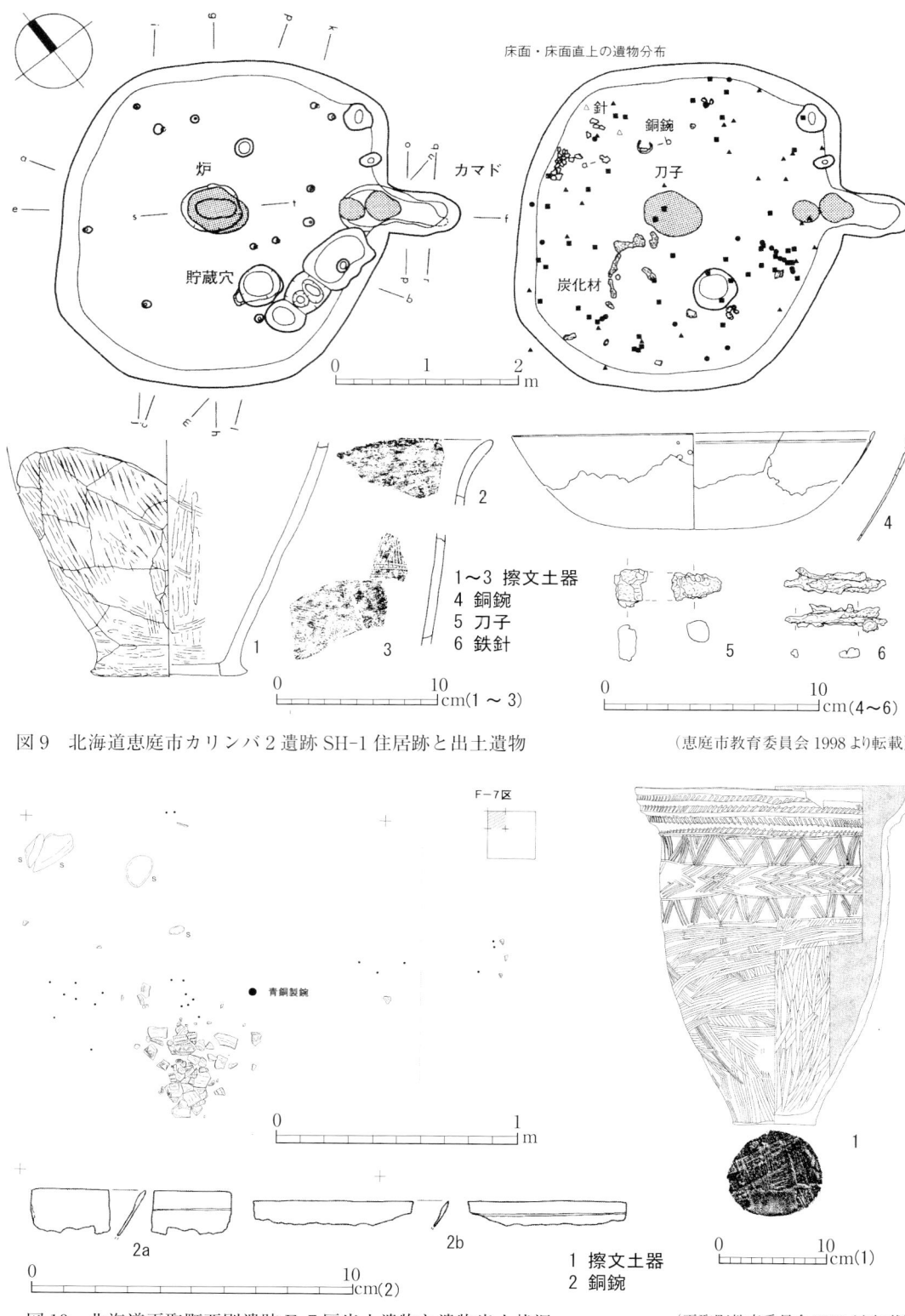

図9 北海道恵庭市カリンバ2遺跡SH-1住居跡と出土遺物 （恵庭市教育委員会1998より転載）

図10 北海道平取町亜別遺跡F-7区出土遺物と遺物出土状況 （平取町教育委員会2000より転載）

19km 遡った場所に位置する。銅鋺は白頭山－苫小牧火山灰（B-Tm）降下後まもなく営まれたと考えられる X-1 周溝盛土遺構の最上層から出土した。銅鋺の破片 502 点は 4 個体に判別されている。

13 は口縁部に錐状の工具による穿孔が認められる。口縁部の厚みは約 1.6mm。材質は銅と鉛の合金で、砒素も含まれる。伏せられた状態で出土した 14 は、口縁部が鏨状の工具で水平に裁断されている。縁の厚みは約 1.1mm。材質は 13 に近く、錫をほとんど含んでいない。15 は口縁部を幅 6mm ほど内側に折り曲げている。内外面には横方向に轆轤挽きの痕跡が認められる。材質は銅と錫の合金、いわゆる「佐波理」である。図示していないもう一つの個体は、材質的には 13・14 に近く、砒素を含む銅と鉛の合金で作られている。銅鋺が出土した周溝盛土遺構は、長軸約 8m、短軸約 5.7m で、方形に巡る。盛土の高さはおよそ 25cm、内部に土壙などの掘り込みは一切検出されていない。銅鋺等の遺物は、盛土の最上層からほぼ原位置を保った状態でまとまって出土している。共伴資料の中でとりわけ注目されるものに丸棟平造りで切先が両刃になる直刀がある（図 11-15）。この太刀は、京都の鞍馬寺に伝わる伝坂上田村麻呂佩刀の葵鍔に類似する透かしを有する鍔と鉄製の鎺が直接茎に摺り合う形で装着されていることから、東北地方の末期古墳から出土する刀剣類に比べより日本刀に近く、中央政府またはその影響下にある地域から運び込まれたと指摘されている（佐藤ほか 2003）。遺構の年代は火山灰や土器をはじめとする出土遺物から、10 世紀中葉から 11 世紀とみられる。報告書では、周溝盛土遺構は祭祀遺構であり、銅鋺や太刀・鉾をはじめとする宝物は、供献品と推測している。

【材木町 5 遺跡】　北海道釧路市材木町 7・8 番地　（図 2-16、図 3-4、図 12）

材木町 5 遺跡は、釧路川の河口から約 2km 遡った左岸の海岸段丘上に位置する。銅鋺は第 2 号住居跡の西側、カマドとは反対側の床面付近からおびただしい数の黒曜石の剥片とともに出土した。銅鋺は口縁部の小破片で、口縁部は丸みを帯びて肥厚する。器厚は口縁部で 2.1mm、体部では 0.5mm 前後である。二次的に熱を受けており、器胎の一部に空洞が生じているほか、内外面には熔けた金属の小塊が付着している。第 2 号住居跡の年代は、出土した擦文土器から 11 世紀後半から 12 世紀頃と見られる。なお、材木町 5 遺跡では、第 15 号住居跡の床面から中国宋代の「湖州真石家念二叔照子」銘をもつ方鏡が 1 点出土している（図 13-5）。

【横枕Ⅱ遺跡】　岩手県奥州市水沢区佐倉河字横枕　（図 2-17、図 14）

横枕Ⅱ遺跡は、胆沢城跡から北上川を挟んで南へ約 2km、水沢段丘上の沖積面に立地する慶徳遺跡群のひとつである。銅鋺は昭和 30 年代に土師器とともに出土した。銅鋺は口径約 16.8cm、器高約 3.9cm である。銅鋺には側面に「寺」の墨書のある土師器坏や灰釉陶器を模倣した内黒高台坏が共伴している。これら共伴した土器から、銅鋺の年代は 9 世紀後半と考えられる。須恵器甕の破片を転用した硯や「寺」の墨書土器からみて、本遺跡は単なる一般集落ではないだろう。銅鋺も仏具として使われた可能性が高い。

(2) 銅鋺の種類と材質

出土した銅鋺のなかで全体のプロポーションが判る資料は限られているが、そのなかでは最も

20 第Ⅰ章　北方交易に関する考古学的研究

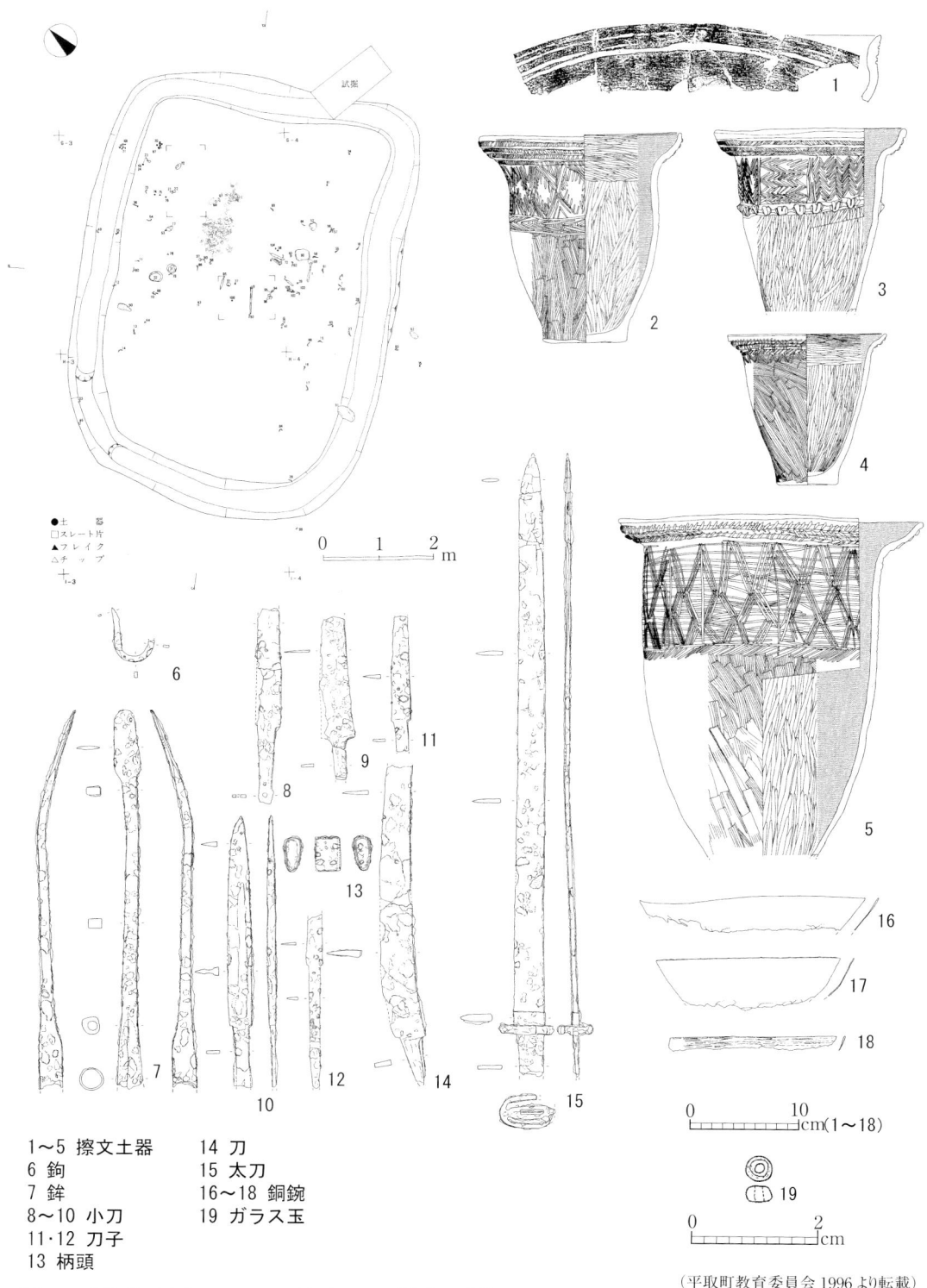

1〜5 擦文土器　　14 刀
6 鉤　　　　　　15 太刀
7 鋒　　　　　　16〜18 銅鋺
8〜10 小刀　　　19 ガラス玉
11・12 刀子
13 柄頭

図11　北海道平取町カンカン2遺跡 X-1 周溝盛土遺構と出土遺物

（平取町教育委員会1996より転載）

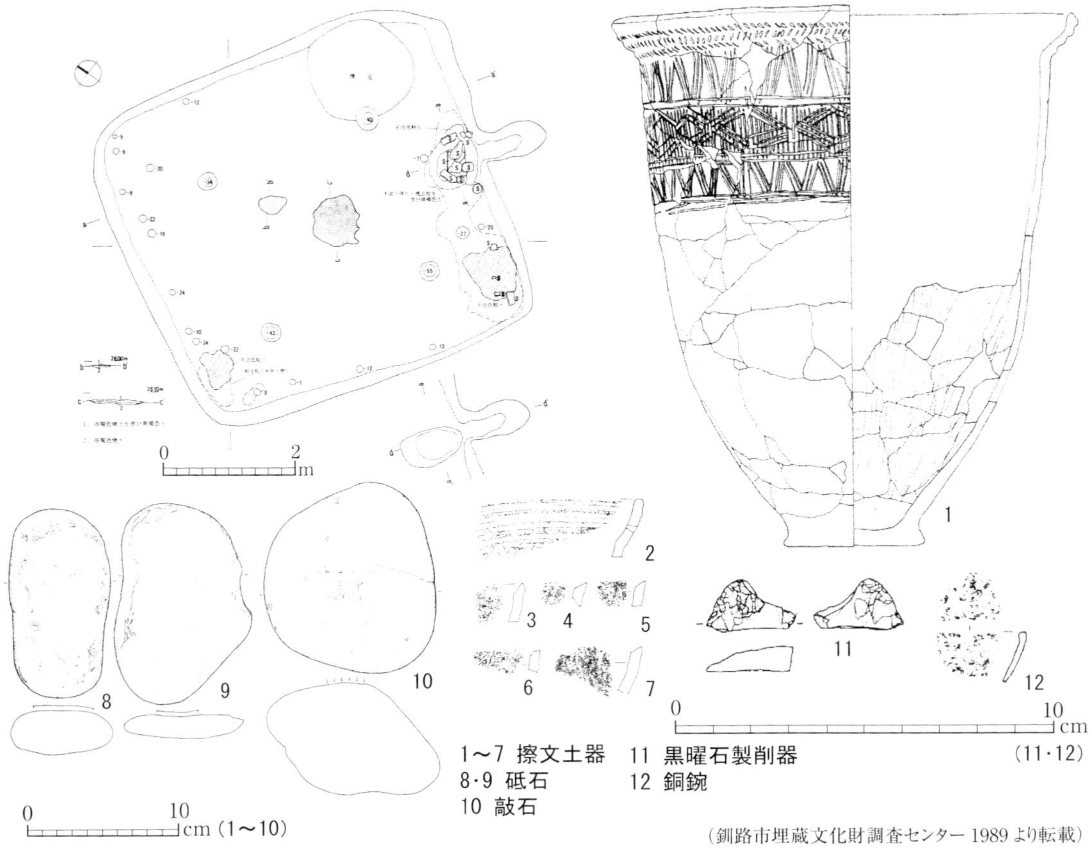

1 アイヌ文化成立以前の北方交易　21

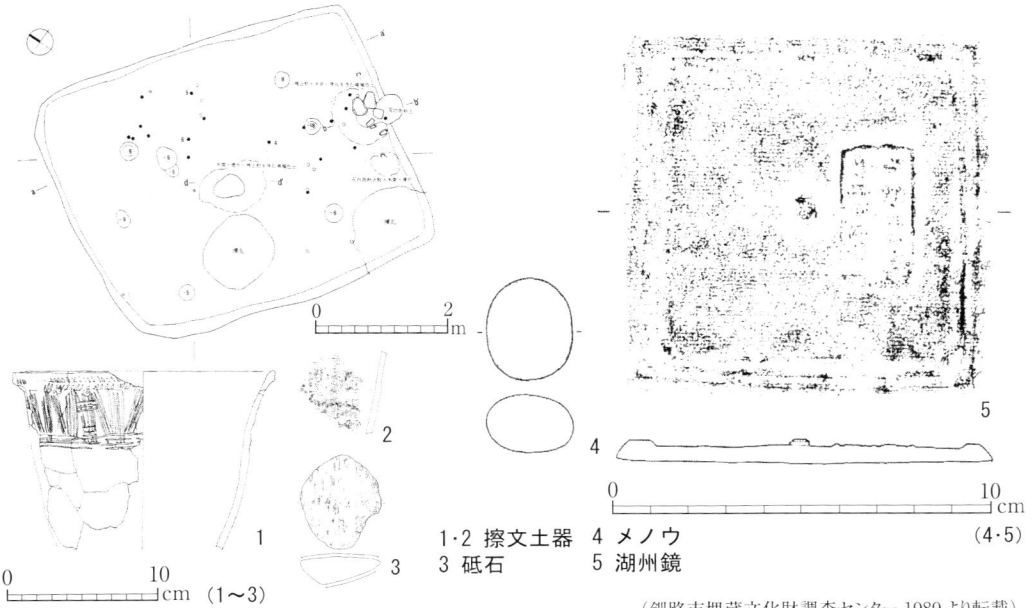

1～7 擦文土器　11 黒曜石製削器
8・9 砥石　　　12 銅鋺
10 敲石

（釧路市埋蔵文化財調査センター 1989 より転載）

図12　北海道釧路市材木町5遺跡第2号住居跡と出土遺物

1・2 擦文土器　4 メノウ
3 砥石　　　　5 湖州鏡

（釧路市埋蔵文化財調査センター 1989 より転載）

図13　北海道釧路市材木町5遺跡第15号住居跡と出土遺物

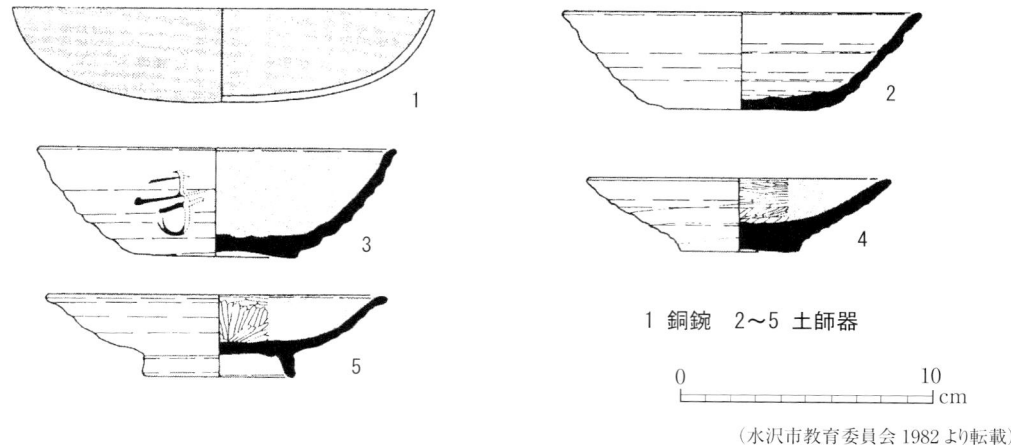

図14　岩手県奥州市水沢区横枕Ⅱ遺跡出土銅鋺と共伴した土師器

古い奥州市横枕Ⅱ遺跡例だけが形態が異なる。横枕Ⅱ遺跡の銅鋺は、他のものに比べ、①器胎が厚い、②体部の丸みが強い、③浅いなどの特徴がある。横枕Ⅱ遺跡を除く資料は、比較的残りがよいカリンバ2遺跡やカンカン2遺跡の事例から判断して、口径17cm前後、器高5cm前後の、安定した平底をもつ浅めの鋺と思われる。

口縁部の形状からは、口縁を内側に折り返すもの（A類）と、折り返しのないもの（B類）に分けられるが、両者は数的にはほぼ拮抗する。

19点中15点に関して材質分析が行われており、錫を多く含むものが12点と、鉛を多く含むもの3点を大きく上回っている。口縁部形状との関係では、A類は全て錫を多く含むグループに属する。錫を多く含むグループは、鋳造による成形後、鍛造で叩き締め、轆轤で薄く挽いて仕上げているため、体部の器胎は極めて薄く、内外面には横方向に、底面には同心円状に轆轤挽きの痕跡を残す。

ところで、銅と錫の合金、いわゆる「青銅」は、錫の含有量により多様な色調をみせるという。すなわち錫の古称「白銅」が示す通り、錫が3％以下なら銅赤色だが、錫の含有量が増えるにつれ次第に黄色味が強まり、27％以上になると銀白色を呈するようになる（村上2007）。錫を15～20％程度含む「佐波理」の場合、赤味を帯びた黄色で、色調的にはかなり金色に近い。北日本から出土した擦文・平安時代の銅鋺の大半は、本来、金色に輝いていたと思われる。

（3）銅鋺の年代

北日本では、盛岡市志波城跡の昭和59年度調査においてSI425竪穴住居跡から出土した銅製容器が、共伴した土師器から8世紀後半の年代が与えられ、最も古い銅鋺になる可能性がある（盛岡市教育委員会1985）。これに次ぐのが胆沢城に近い奥州市横枕Ⅱ遺跡から出土した9世紀後半代の銅鋺である。どちらも律令政府による地域支配の拠点施設が置かれた場所であり、後者は

共伴した「寺」墨書土器から、胆沢城に付随する宗教施設で使用された仏具であったと推察される。

　内国化されていない北の地域で出土した銅鋺のなかで、唯一、青森市野木遺跡第335号住居跡出土例だけが白頭山－苫小牧火山灰降下以前の10世紀前半代に位置づけられ、残りは全て10世紀中葉以降の年代が与えられる。また、共伴する土師器や擦文土器から、釧路市材木町5遺跡の事例を除き、全て下限は11世紀代に収まる。

　材木町5遺跡第2号住居跡出土の銅鋺については、共伴した擦文土器の年代が問題となる。道東の擦文土器の年代観については未だ意見の分かれるところであるが、湖州鏡が出土した第15号住居跡の土器に比較して、第2号住居の土器は型式学的には1段階古相を示す。ところで宋代に浙江省湖州付近で大量生産されたとされる湖州鏡のうち、材木町5遺跡出土品と同じ方鏡は、国内では畿内以東に多いとの指摘がある（久保1987）。西幸隆氏の集成によれば、湖州方鏡は全国で10遺跡22例が知られており、東北地方では岩手県花巻市丹内山神社経塚[1]、秋田県横手市八沢木新庄館、山形県羽黒町羽黒山頂御手洗池、福島県会津坂下町塔寺経塚から出土している（西1988）。新庄館出土例と羽黒鏡を除き、残りの8遺跡は全て経塚の埋納品であり、年代的には全て12世紀に属する。材木町5遺跡の事例だけ特段、時代を引き下げて見なければならない理由はなく、第15号住居跡出土の擦文土器も12世紀の年代を与えてしかるべきである[2]。故にそれよりやや古い様相の土器に共伴した第2号住居跡出土の銅鋺は11～12世紀の年代幅に収まるものと考える。

（4）小　　結

　平安時代の銅鋺で思い出されるものに、『枕草子』にあるかなまり（鋺）に関する記述がある。清少納言は、「あて（貴）なるもの」として「削り氷に甘葛入れて、あたらしきかなまりに入れたる」を挙げ、「清しと見ゆるもの」（148段）でも「あたらしきかなまり」を挙げた。『枕草子』が書かれた10世紀末・11世紀初頭、都の貴族達の間で、かなまりは清浄で涼やかな器として人気があったと思われる。銅鋺はこの時代、仏具であると同時に、高級食膳具でもあったことが確認される。

　暑い夏の日に、都の貴族や宮中の女房達がかなまりにいれた氷菓子を愛でていた時代、未だ内国化されていない津軽海峡を挟んだ、本州北端・石狩低地帯周辺域でも、かなまりが受容されていた。

　古墳時代後期、6世紀中頃に朝鮮半島からはじめてもたらされた銅鋺は、6世紀から8世紀代には東日本でも宮城県以南において、主として古墳や横穴から副葬品として出土するとともに、それを模した土師器や須恵器が作られている。しかし9世紀以後の王朝国家の時代に到ると、すくなくとも東日本から銅鋺は姿を消してしまう。その時代になって突如として北の世界に銅鋺が現れるのである。

　石狩低地帯を中心に噴火湾沿岸や日高地方など襟裳岬以西の太平洋沿岸地域では、9世紀代に文様帯の下端に貼付囲繞帯を巡らせる土器が分布するが、10世紀後葉には本州北端、岩木川水

系中下流域・陸奥湾沿岸・下北半島にまで分布を拡大する（斉藤 2002）。こうした考古学的事象から、「道央部を含む太平洋沿岸の集団は、日本海沿岸の交易ルートが日本海沿岸集団に管掌されるところとなった 10 世紀後葉、おそらくそれと競るように太平洋沿岸のルートに活路を求め、本州北端に積極的に進出」（瀬川 1997）したとの説が提起されている。銅鋺はまさに道央部を含む太平洋沿岸に分布しており、時期的にも「太平洋沿岸交易集団」が活躍した時代にあたる。銅鋺を受容したのは、「太平洋沿岸交易集団」なのである。

　北の世界から出土する銅鋺には「佐波理」と呼ばれる材質・加工技術ともに秀でた製品が含まれることから、その搬入ルートに関しては、本州経由ではなく朝鮮半島から北まわりでもたらされた可能性が指摘されている（村上 2007）。その場合サハリンを経由したと考えられるが、これまでサハリンで確認されている擦文土器の多くは 11 世紀前半の北海道日本海北部域の土器である。もし北まわりのルートでもたらされたなら、銅鋺を入手できたのは「日本海交易集団」であってしかるべきである。銅鋺の分布状況はあきらかにそれらが本州経由でもたらされたことを示している。

　ではどのような経緯で銅鋺は「太平洋沿岸交易集団」に渡ったのであろうか。

　『類従三代格』（巻 19・禁制事）所収の延暦 21 年（802）6 月 24 日太政官符では、王臣諸家が渡嶋狄と私的に毛皮を交易することが禁じられており、9 世紀初頭には既に毛皮交易を媒介として、王臣家と擦文集団とが接点を有していたことが推察される。銅鋺は「太平洋沿岸交易集団」がもたらす北の産物に対する見返りとして、都の王臣家が用意した一品だったのではなかろうか。そうであるなら、既に内国化された北緯 40 度以南の東北中部・南部から銅鋺が出土しないことの説明もつく。

　それでは何故、銅鋺は「日本海交易集団」には受容されなかったのであろうか。

　瀬川拓郎氏は、10 世紀以降、擦文社会に流通していた本州製品には須恵器など青森産のものが目立つことなどから、北方交易における本州側の窓口は青森にあり、擦文集団にわたる本州製品も、本州各地に運ばれる鷲羽や海獣類の皮といった北の世界の宝も、そこを介してやりとりされたと指摘する（瀬川 2007）。北海道南西部に分布する土師器と擦文土器との中間的様相を示す土器は、本州では津軽地方の岩木川水系の遺跡からのみ出土することから、瀬川氏によって「青苗文化」と命名された人々は、日本海沿岸の擦文集団と精神文化を共有する一方、婚入により岩木川水系の集団とも同族的な関係を維持していたとされる（瀬川 2005）。「日本海交易集団」の本州側の窓口は岩木川水系であり、おそらくは岩木川の河口に広がる十三湖周辺に存在していたと推察できよう。一方、「太平洋沿岸交易集団」の本州側の窓口としては、陸奥湾に面する外浜が有力視される。陸奥湾に注ぐ新田川の河口に近い青森市新田(1)遺跡は 10 世紀後半から 11 世紀代の土器とともに、齋串、馬形・刀形などの形代や付札木簡、桧扇など律令的遺物が出土したことで近年注目されている。外浜には五所川原産の須恵器や岩木山麓で生産された鉄製品・鉄素材、陸奥湾沿岸で作られた塩など北奥の生産物に加え、内国域からも様々な品々が集められたであろう。遠路都から運ばれた銅鋺もそうした品の一つと考えられる。上幌内モイ遺跡やカリンバ 2 遺跡の銅鋺が補修されていることから判るように、金色に光り輝く銅鋺は、擦文人にとって威信財

と呼ぶに相応しい貴重な宝物であったようだ。

　12世紀、日本は中国を中心とする東アジアの巨大な物流機構に組み込まれ、中世世界に汎列島的な商品経済圏が形成されるなか、北方交易においては時代を経る毎に日本海交易の比重が高まっていく。釧路市材木町5遺跡から出土した銅鋺や湖州鏡は、12世紀代には、外浜に到る奥大道の先に太平洋交易ルートが引き続き機能していたことを示しているのではなかろうか。

〔註〕
1）丹内山神社の第2経塚（西経塚）では、方形の石室内に経筒として中国福建省産の白磁四耳壺が納められており、蓋には方形の湖州鏡が使われていた。八重樫忠郎氏は、岩手県内で白磁四耳壺を用いた経塚は他に花巻市高松山経塚と奥州市伝豊田館跡の事例のみで、いずれも平泉藤原氏の本領地にあたる奥六郡南部に位置すると指摘する。
2）第15号住居跡から出土した木炭については同一試料が学習院大学理学部と社団法人日本アイソトープ協会により ^{14}C 年代測定が行われており、前者では850±90B.P.（Gak-13580）、後者では1050±80B.P.（N-5291）の年代が得られている。後者の年代は擦文土器のどの年代観とも全く整合しない。前者の数値に従えば、第15号住居跡は12世紀を中心とする年代となり、湖州鏡の年代観とも矛盾しない。

2　考古資料からみたアイヌ文化の成立

はじめに

　本節では、アイヌ民族のエスニシティの形成について、主として出土資料に基づき検討する。筆者は、本州アイヌの考古学的痕跡として、青森県内の中近世遺跡から出土したガラス玉、骨角製狩猟・漁撈具、蝦夷拵の刀装具を取り上げたことがある（関根2007c）。中近世和人社会のなかで異彩を放つこれらの遺物は、アイヌ文化には普遍的にみられ、アイヌ民族の物質文化を特徴づけるものと評価できるのではなかろうか。
　筆者は、アイヌ民族の物質文化を次の3種類に分類することで、その特色がより鮮明になると考える。
・和人社会にはほとんど認められないモノ
・和人社会にも存在する（した）が、アイヌ民族がとりわけ偏重したモノ
・和産物等の移入品を素材とするが、それを加工するなどし、本来の用途とは異なる使い方をするモノ

　本節では、主としてこれら3種類のモノについていくつかの例を取り上げ、年代的にどこまで遡れるのか、どのような変遷を辿るのか検討する。次いでアイヌ民族の物質文化の特徴から、彼らのエスニシティの形成の時期と背景について考えてみたい。

（1）アイヌ民族の物質文化を特徴づけるモノ

　アイヌ民族の物質文化を特徴づけるモノには、和人社会にはほとんど認められないモノ、和人社会にも存在するがアイヌ民族により偏重されたモノ、和産物等の移入品を素材とするが、それに加工を加えるなどし、本来の用途とは異なり装飾品として使われたモノがある。これらアイヌ民族の物質文化を特徴づけるモノは、アイヌ墓の副葬品と重なる部分が大きい。

　①和人社会にはほとんど認められないモノ

　ガラス玉（杉山1936、松井1977・1978、井上2003、田口2003、斎藤2003、関根2007d・2008、越田2010）と、骨角製狩猟・漁撈具（大塚1976、石川1982・1998、宇田川1987、福井1998、種市1998a・1998b、千代2003、高橋2008、関根2009a）が挙げられる。ともに交易と狩猟・漁撈を生業とする北太平洋の先住民に共通する物質文化である（国立民族学博物館2001）。

　②和人社会にも存在する（した）が、アイヌ民族が偏重したモノ

　漆器（金田一・杉山1943、北野2002b、田口2002、乾2002、田村・小野2002、朝倉2010a・2010b）と太刀（蝦夷拵）が該当する。どちらも擦文文化から引きつがれたアイヌ民族独自の価値観を反映しており、古代日本に由来すると考えられる。

　③和産物等の移入品を素材とするが、本来の用途とは異なる使われ方をしたモノ

図15 北海道厚真町オニキシベ2遺跡
　　 1号墓出土の山吹双鳥鏡を鍔形
　　 に加工したシトキ

（筆者撮影）

　和産物といわれる日本文化のモノが、アイヌ文化において日本文化で使用されていた本来の目的とは異なる使われ方をされることは、これまでにもしばしば注目されてきた（深澤2003ほか）。具体的には和鏡・刀装具・銭・煙管などの金属製品が、タマサイなどの装身具の部材に転用されることが多い。

　厚真町オニキシベ2遺跡1号墓からは、12世紀後葉から13世紀前葉に造られた山吹双鳥鏡を鍔形に加工し、二個一対の孔を開けたシトキが出土している（図15）。

　日本刀の刀装具では鍔に加え、太刀に使われる足金物と七ツ金がタマサイの部品に転用されている。七ツ金をガラス玉とともに使ったタマサイは、擦文末期に位置づけられている根室市穂香竪穴群H11（北海道埋蔵文化財センター2002）と伊達市有珠オヤコツ遺跡配石墓Ⅱ号（伊達市教育委員会1993）から出土している（図16・17）[1]。七ツ金は、太刀を佩用するための帯を通す帯執と称されるループ状の革具の足（足革・足緒）を固定する責金具で、足金物との接点には革先と呼ばれる爪形の金具が付く。オヤコツ遺跡配石墓Ⅱ号からは革先も出土している（図17右下）。足革は2本あり、鞘口側の一ノ足には3ツ、鞘尻側の二ノ足には4ツ、計7個の金具が装着されることから、七ツ金と呼ばれる。一般に、鎌倉末期以降七ツ金の足緒は太鼓革に簡略化されるに伴い七ツ金は廃れる傾向にあり、その点においても伊達市有珠オヤコツ遺跡配石墓Ⅱ号が14世紀初頭以前に位置づけられるとの見方が正しいことが再確認できる。足金物をシトキとしたタマサイは、共伴する白磁ⅢD群から16世紀頃に位置づけられる恵庭市カリンバ2遺跡第Ⅵ地点AP-5から出土している（図18）。

（2）初期アイヌ文化の成立時期と背景

①アイヌの物質文化の成立時期

　アイヌの物質文化を特徴づける、ガラス玉、骨角製狩猟・漁撈具、漆器と蝦夷刀、和産金属製品を転用した装飾品が出揃うのは13世紀末・14世紀初頭であり、その段階でタマサイ・蝦夷

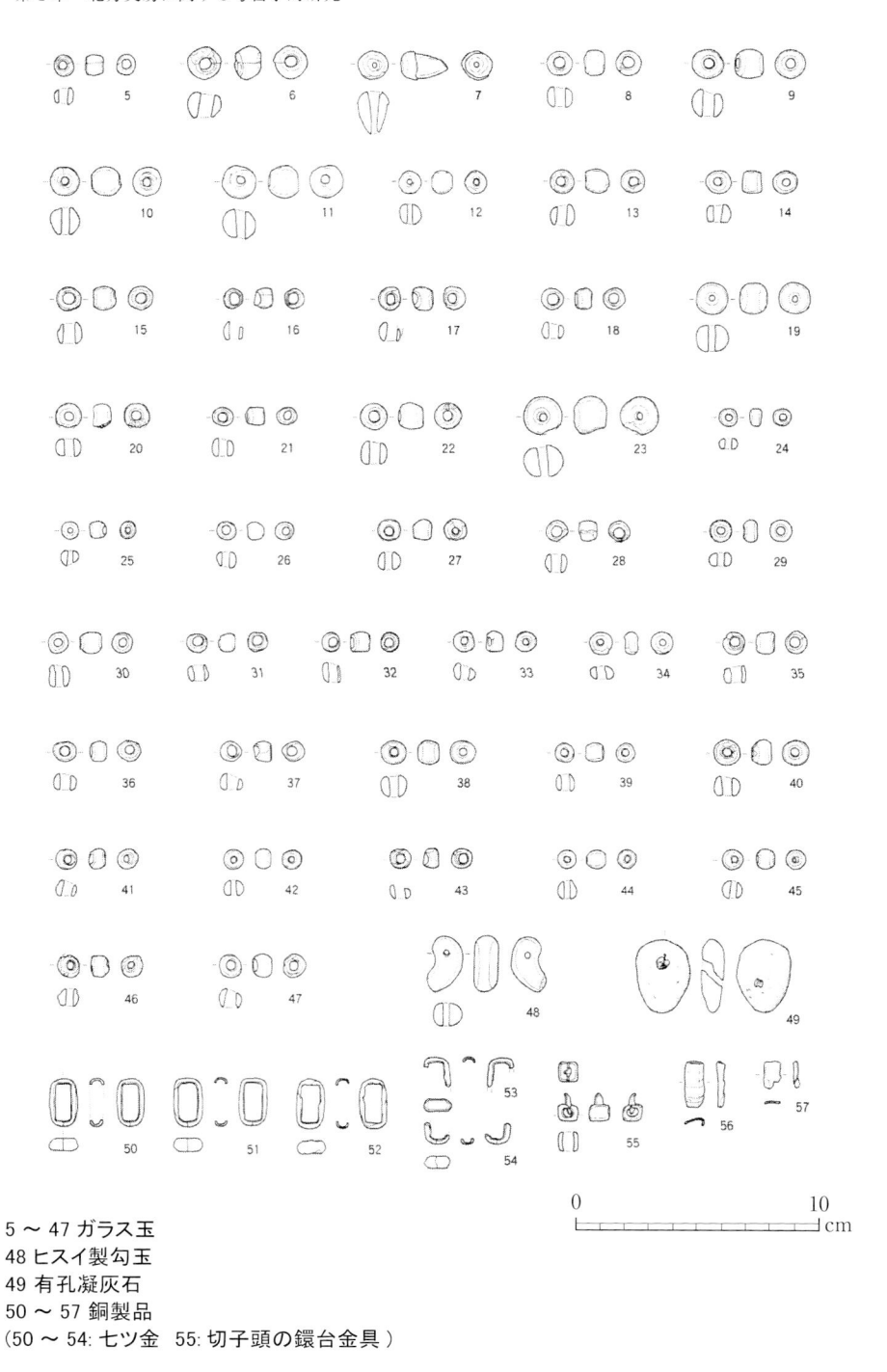

5〜47 ガラス玉
48 ヒスイ製勾玉
49 有孔凝灰石
50〜57 銅製品
(50〜54: 七ツ金 55: 切子頭の鐶台金具)

(北海道埋蔵文化財センター 2002 より転載)

図16　北海道根室市穂香竪穴群 H11 出土タマサイ

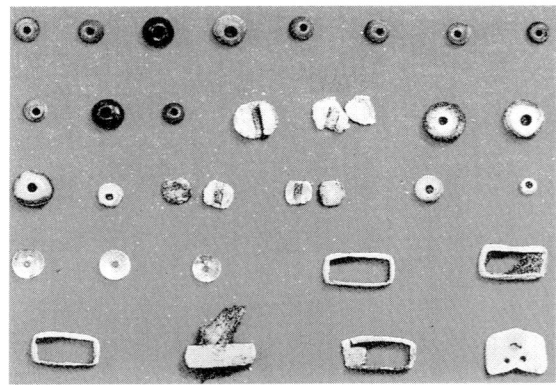

(伊達市教育委員会 1993 より転載)

図17　北海道伊達市有珠オヤコツ遺跡配石墓Ⅱ号出土タマサイ

図18　北海道恵庭市カリンバ2遺跡第Ⅵ地点 AP-5 出土タマサイ

(筆者撮影)

表2　13・14世紀の初期アイヌ文化の墓に伴う副葬品

副葬品	伊達市有珠オヤコツ遺跡		厚真町オニキシベ2遺跡	
	配石墓Ⅰ号	配石墓Ⅱ号	1号墓	3号墓
タマサイ		○	○(シトキタマサイ)	
ニンカリ			○	○
蝦夷拵の太刀	○	○	○	○
銀円板象嵌飾り矢筒				○
小刀・刀子	○(銀円板象嵌)	○	○	○(銀円板象嵌)
骨鏃		○		
漆器		○	○	
鉄鍋	○			○
その他	鍔状金属板 小札 釣針		鉄斧 針 腕輪	

刀・飾り矢筒などは既に定型化している。それとともにアイヌ墓の主要な副葬品（関根 2003d）もほぼ出揃う（表2）。アイヌの物質文化は 13 世紀には成立していたと考えられる。

　②初期アイヌ文化の大陸的要素

　アイヌ民族の北方交易に関しては、青銅製装身具やガラス玉を論拠とする考察があるが、詳細に関してはあまり検討されていない（菊池 1994）。近年、厚真町ニタップナイ遺跡から出土した断面 Z 字状の鉄鏃がアムール女真（パクロフカ）文化の産物であることが判明し、注目を集めた（菊池 2010）。

　筆者は、コシャマインの戦い以前、すなわち 13 世紀から 15 世紀前半までの初期アイヌ文化にみられる方形配石荼毘墓、ワイヤー製装身具、小型のトンボ玉・メノウ玉、金属板象嵌技法は、いずれも大陸に由来すると考える。そして 15 世紀後半以降、アイヌ文化における大陸的要素は急速に希薄になると考える。

【方形配石荼毘墓】

　伊達市有珠オヤコツ遺跡方形配石墓Ⅰ・Ⅱ号（伊達市教育委員会 1993）と余市町大川遺跡迂回路地点 P-41（余市町教育委員会 2002）が該当する。

　有珠オヤコツ遺跡の方形配石墓は、幅約 0.5m、深さ 0.5m の溝を一辺が 4〜5m の方形に掘り、溝のなかに近くの河口や河川で採取されたと考えられる径 20cm 前後の礫を積み上げている（図 19・20）。Ⅰ号墓には成人男性と女性の 2 体、Ⅱ号墓には熟年男性、14〜16 歳の男性、9〜10 歳の男性、壮年女性、12〜15 歳の女性、計 5 体が南頭位仰臥伸展で合葬され、その場で焼かれていた。多量の炭化材が検出されたⅡ号墓の場合、遺体を砂で覆った後、その上に仮小屋（殯屋？）を建て、それを燃やしたとの推定がなされている。

　大川遺跡迂回路地点 P-41 は、約 4.8×4.4m の隅丸方形の墓坑を掘り、底面に扁平な角礫を敷き、その上に約 3m 四方にクリ材の木枠を置き、その外側に角礫を配置している（図 21）。木枠内に複数の遺体と副葬品を納めた後、それらを焼き、砂で埋めている。なお、この遺構は出土した青磁鎬蓮弁文碗や青磁双魚文皿などから 14 世紀に位置づけられる。

　オヤコツ遺跡と大川遺跡では相違点もあるが、①石を方形に配する、②複数の遺体を合葬している、③埋葬施設が荼毘所となっている、など重要な点で共通性が窺える。

　アムール川流域のアムール女真（パクロフカ）文化では、11 世紀末に火葬（クレマーツィヤ）が現れ、土坑墓墓地では埋葬地点の上で荼毘が認められる（IU. M. ワシーリェフ 1989）。ナデジュジンスコエ墓地では、女性と幼児の合葬例（89 号墓）や、「埋葬焼却の仮屋」の痕跡（90 号墓）も確認されている。ワシーリェフ氏によれば、「女真文化」の火葬は、「靺鞨」以来の伝統的な葬法である土葬に伴ったエグスグマーツィヤ（遺骨掘り出し・棺焼却、すなわち除厄浄化儀礼）が発達・複雑化したものと考えられている。

　方形配石墓についても沿海地方の渤海の遺跡にみられる石室墓に起源を求めることができよう（図 22）。沿海地方オクチャブリ地区のスイフン川右岸に位置するチェルニャチノ 5 遺跡から発見された墓は全て二次的な火葬を受けているが、そのなかに、土壙の底部に石を敷き詰め、遺体を納めた棺もしくは木製構造物を置いて火をつけるものや、土壙内に遺体を納めた棺もしくは木製

2　考古資料からみたアイヌ文化の成立　31

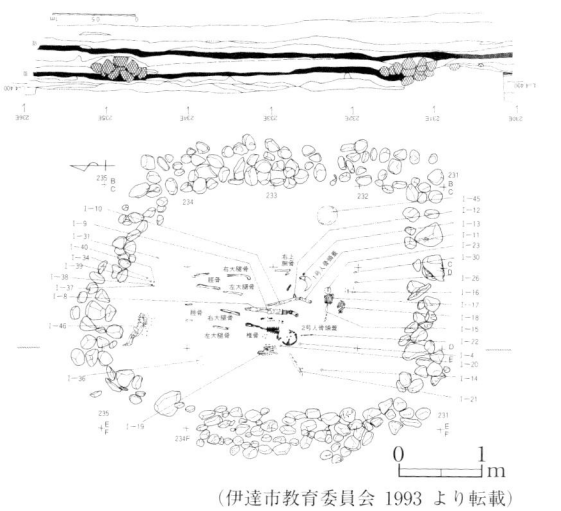

（伊達市教育委員会 1993 より転載）

図19　伊達市有珠オヤコツ遺跡方形配石墓Ⅰ号

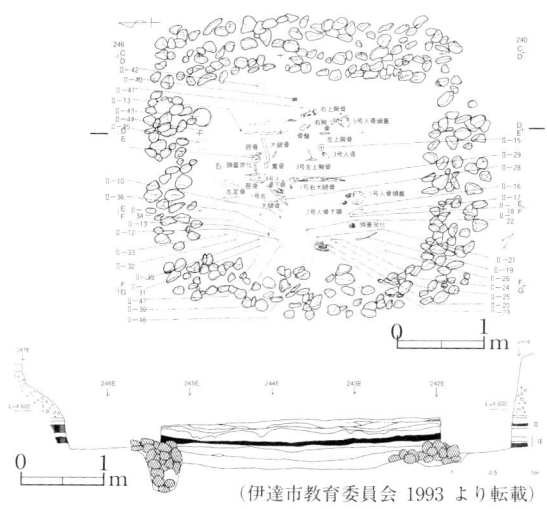

（伊達市教育委員会 1993 より転載）

図20　北海道伊達市有珠オヤコツ遺跡方形配石墓Ⅱ号

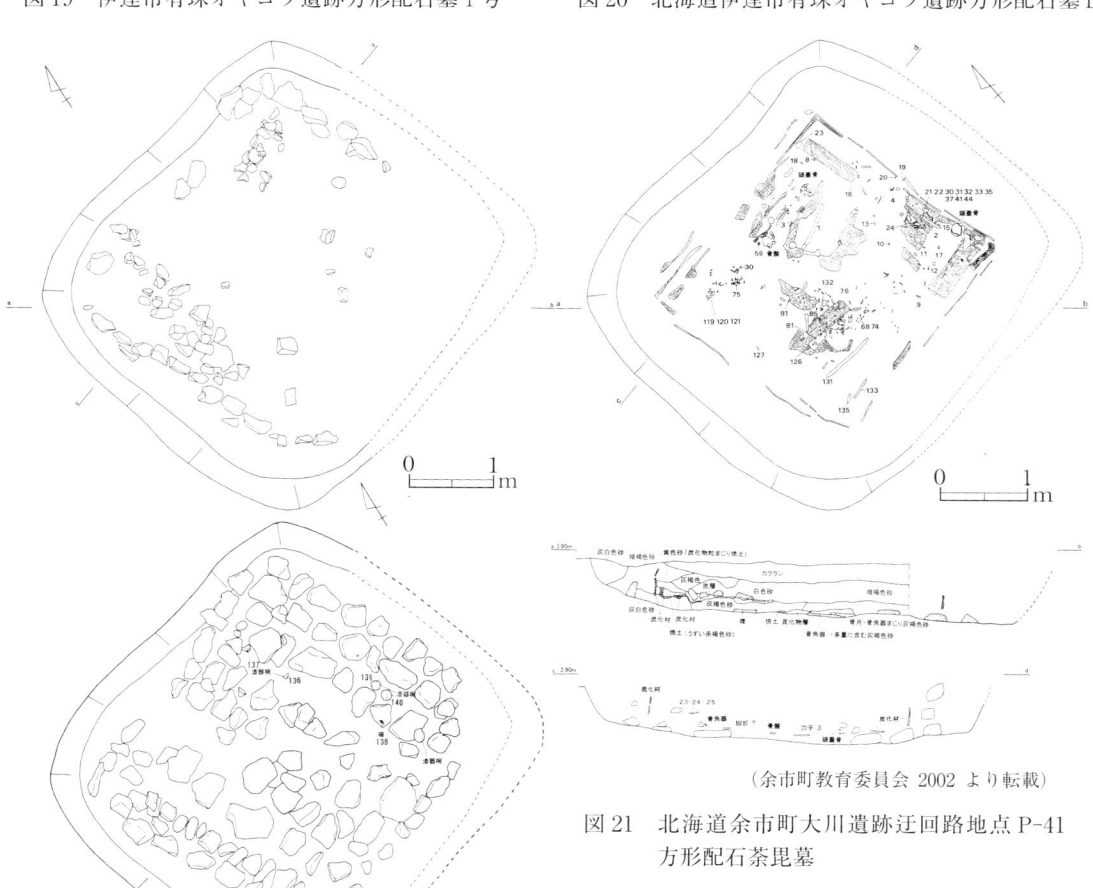

（余市町教育委員会 2002 より転載）

図21　北海道余市町大川遺跡迂回路地点P-41
　　　方形配石茶毘墓

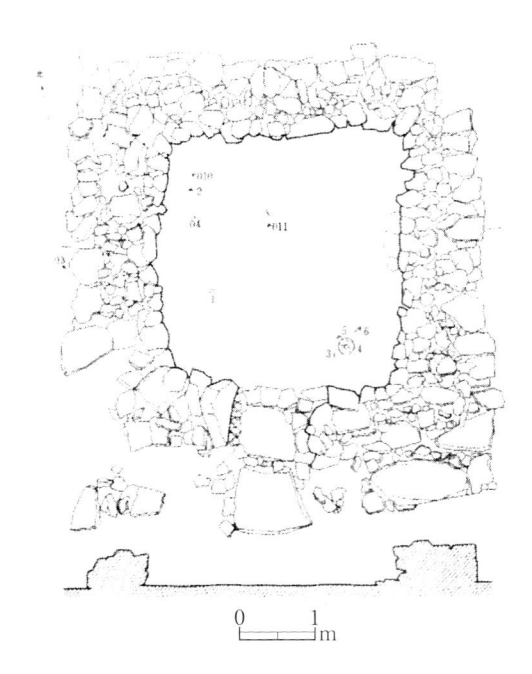

図22　吉林省延辺朝鮮族自治州
敦化市六頂山渤海古墓群207号墓
（清水2008より転載）

構造物を置き、土壙の周りを石で囲い、焼く墓が報告されている（清水2008）。六頂山墓地遺跡やクラスキノ土城西門外などで発見されている渤海時代の石室墓は規模が大きく形態も整ったものが多い（王・曹1961、王1979）。年代が下るにつれ簡略化し、有珠オヤコツ遺跡や大川遺跡の方形配石茶毘墓へとつながるものと推測する。

以上、方形配石茶毘墓は、擦文文化やオホーツク文化に起源を求めるこれまでのアイヌ墓の成立過程に関する見解（宇田川1992）から逸脱するものであり、初期アイヌ文化の大陸的要素として重要視される。

【ワイヤー製装身具】

ワイヤー（針金）状の鉄線をコイル状に巻き上げることでつくられた、頂部に円環が付く滴形の垂飾は、北見市ライトコロ川口遺跡12号竪穴内墓壙で初めて発見され、「コイル状の鉄製品」として報告された（東京大学文学部考古学研究室・常呂研究室編1980）。報告書の中でこれらの垂飾について検討した新田栄治氏は、11点の垂飾が短刀の上に並んだ状態で出土した点に着目し、それらが腰帯・腰枕に吊り下げられていたと推測した。新田氏は、このように鉄線を螺旋状に巻いた垂飾は類例がみられないとしながらも、金属の垂飾がついた帯は、サハリンからアムール川流域の民族例に見られることから、サハリン方面との関連を考慮すべきとした。また、年代については12号竪穴廃棄後まもなくのことであり、それは平安時代末期を遡らない時期であるとした。

その後、同様の垂飾が平取町二風谷遺跡（北海道埋蔵文化財センター1986）・千歳市美々4遺跡IP-121（北海道埋蔵文化財センター1996b）で確認されたほか、同様にワイヤーを素材とし、それを腕輪に組んだものが厚真町オニキシベ2遺跡1号墓（厚真町教育委員会2011a）・余市町大川遺

2 考古資料からみたアイヌ文化の成立　33

(東京大学文学部 1980 より転載)

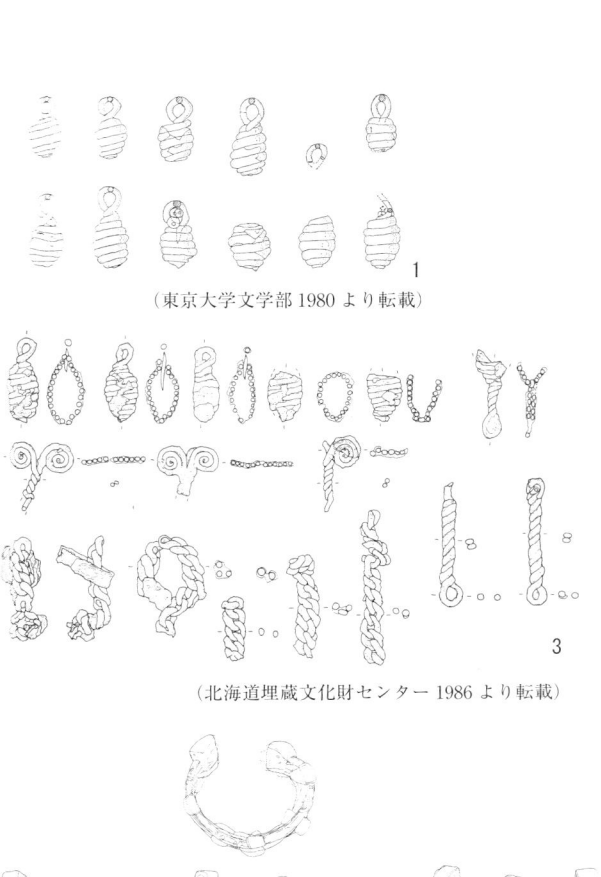

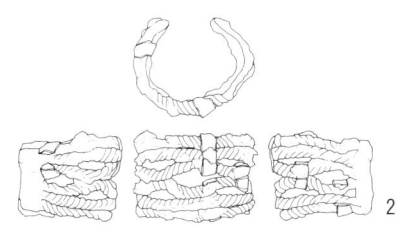

(恵庭市教育委員会 1995 より転載)

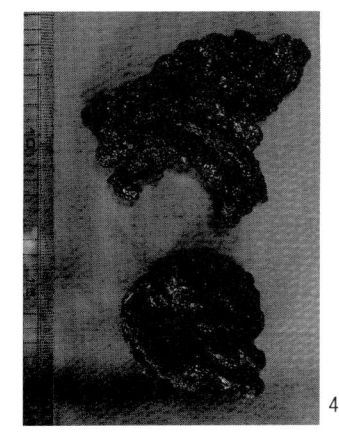

(北海道埋蔵文化財センター 1986 より転載)

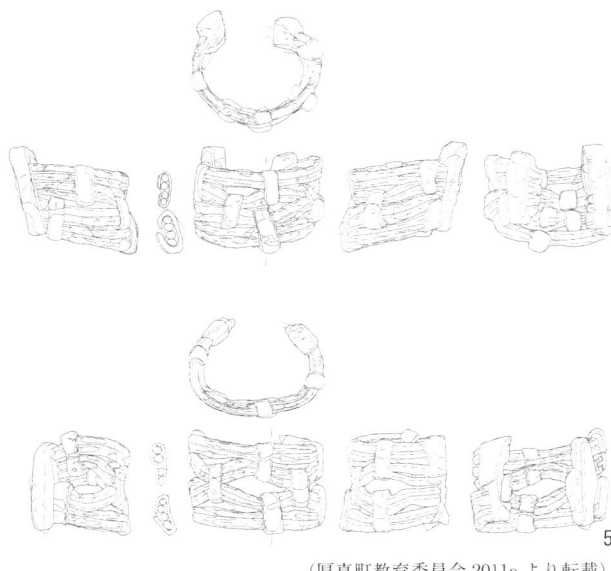

(筆者撮影)

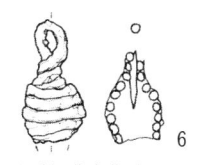

(北海道埋蔵文化財センター 1996b より転載)

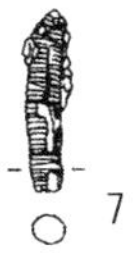

(恵庭市教育委員会 2000a より転載)

(厚真町教育委員会 2011a より転載)

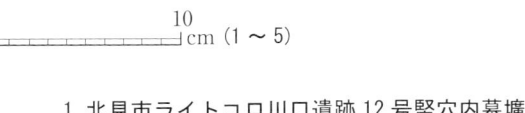

0　　　10
└┴┴┴┴┴┴┴┴┴┘cm (1〜5)

0　　　10
└┴┴┴┴┴┴┴┴┴┘cm (6・7)

1　北見市ライトコロ川口遺跡 12 号竪穴内墓壙
2　恵庭市ユカンボシ E7 遺跡
3　平取町二風谷遺跡
4　余市町大川遺跡 GP-4
5　厚真町オニキシベ 2 遺跡 1 号墓
6　千歳市美々 4 遺跡 IP-121
7　恵庭市茂漁 6 遺跡 27 号墓

図 23　ワイヤー製装身具

跡 GP-4（未報告）・恵庭市ユカンボシ E7 遺跡（恵庭市教育委員会 1995）・恵庭市茂漁 6 遺跡 27 号墓（恵庭市教育委員会 2000a）で、渦巻双頭状・棒状のものが平取町二風谷遺跡（北海道埋蔵文化財センター 1986）で発見されている（図 23）。ここではこれらワイヤーを素材とする垂飾や腕輪をワイヤー製装身具と呼ぶ。

　サハリン・沿海州地域におけるワイヤー製装身具の出土事例はまだ十分に調査できていないが、日本と渤海との交易ルートである「日本道」の出発点の港として注目を集めているロシア連邦沿海地方クラスキノ土城の 2010 年の第 45 調査区に出土事例（未報告資料）がみられると中澤寛将氏に御教示いただいた。クラスキノ土城の資料は 8〜10 世紀であり、北海道内のものとは年代的な隔たりがあるため、今後、両者をつなぐ資料を集める必要がある。

【金属板象嵌技法】
　伝世したアイヌの民具には、刀装具、矢筒、鍬形などの武器・武具類を中心に、木胎の表面に銀板や銅板を嵌めた装飾がしばしば認められるが、そうした装飾技法は和産物にはほとんど見ることができない。金属板象嵌技法を用いた武器・武具類は、伊達市有珠オヤコツ遺跡配石墓 I 号、厚真町オニキシベ遺跡 3 号墓、平取町二風谷遺跡 2 号墓など初期アイヌ墓から出土しており、古くは 13 世紀以前まで遡ることが確実である（図 24）。オニキシベ遺跡 3 号墓から出土した矢筒に類似するものは伝世したアイヌの民具に散見される。同じような矢筒がこれほどまで長きにわたりほとんど型式変化することなく作られてきたのは驚くべきことである。

　金属板象嵌技法の系譜を考えるうえで注目されるのが、羅臼町植別川遺跡において続縄文時代の 2 号墓から出土した鞘に銀の薄板を象嵌？した刀子である（羅臼町教育委員会 1981）。最初にこの資料に注目した藤本強氏は、「銀製品つきの鉄製刀子は後漢時代を中心とした中国北部の匈奴・鮮卑墓にみられる」と指摘し、北方ルートでもたらされた可能性を示唆した（藤本 1986）。さらに菊池俊彦氏は、この刀子について、「銀製品が発見される匈奴・鮮卑・烏桓の遺跡の分布地域から、松花江・嫩江・アムール河（黒龍江）流域を経てもたらされたものであろう」と述べ、より具体的な搬入経路を示した（菊池 1992・1995）。植別川遺跡の刀子とアイヌ墓から出土する金属板象嵌技法を用いた武器・武具とでは年代的な隔たりが大きいため、直接的な系譜を論じることはできないが、擦文文化やそれに併行する時期の和物に、そうした技法の製品が認められないことから、初期アイヌ文化期に再び北方ルートで大陸からもたらされたものと考えておきたい。

【小型のトンボ玉・メノウ玉】
　筆者は、アイヌ墓から出土した 2,636 点のガラス玉と、北海道開拓記念館・函館市北方民族資料館・苫小牧市立博物館に所蔵されている 311 点のタマサイに使われている計 17,010 点のガラス玉を比較し、アイヌのガラス玉の変遷を検討したことがある（関根 2007d・2008）。そのなかで 15 世紀以前のタマサイやガラス玉の特徴として次の点を指摘した。

・ガラス玉以外に、鉄製コイル状垂飾（本書でいうワイヤー製垂飾）、目貫、サメの歯・銭・紐金具などいろいろなものが使われている。
・ガラス玉の形状は、丸玉・平玉のほか、滴玉、瓢箪玉、蜻蛉玉、蜜柑玉、切子玉、管玉と変異に富む。

2 考古資料からみたアイヌ文化の成立 35

北海道平取町二風谷遺跡2号墓
(北海道埋蔵文化財センター 1986
より転載)

2～4 北海道厚真町オニキシベ2遺跡3号墓　(厚真町教育委員会 2011a から転載)

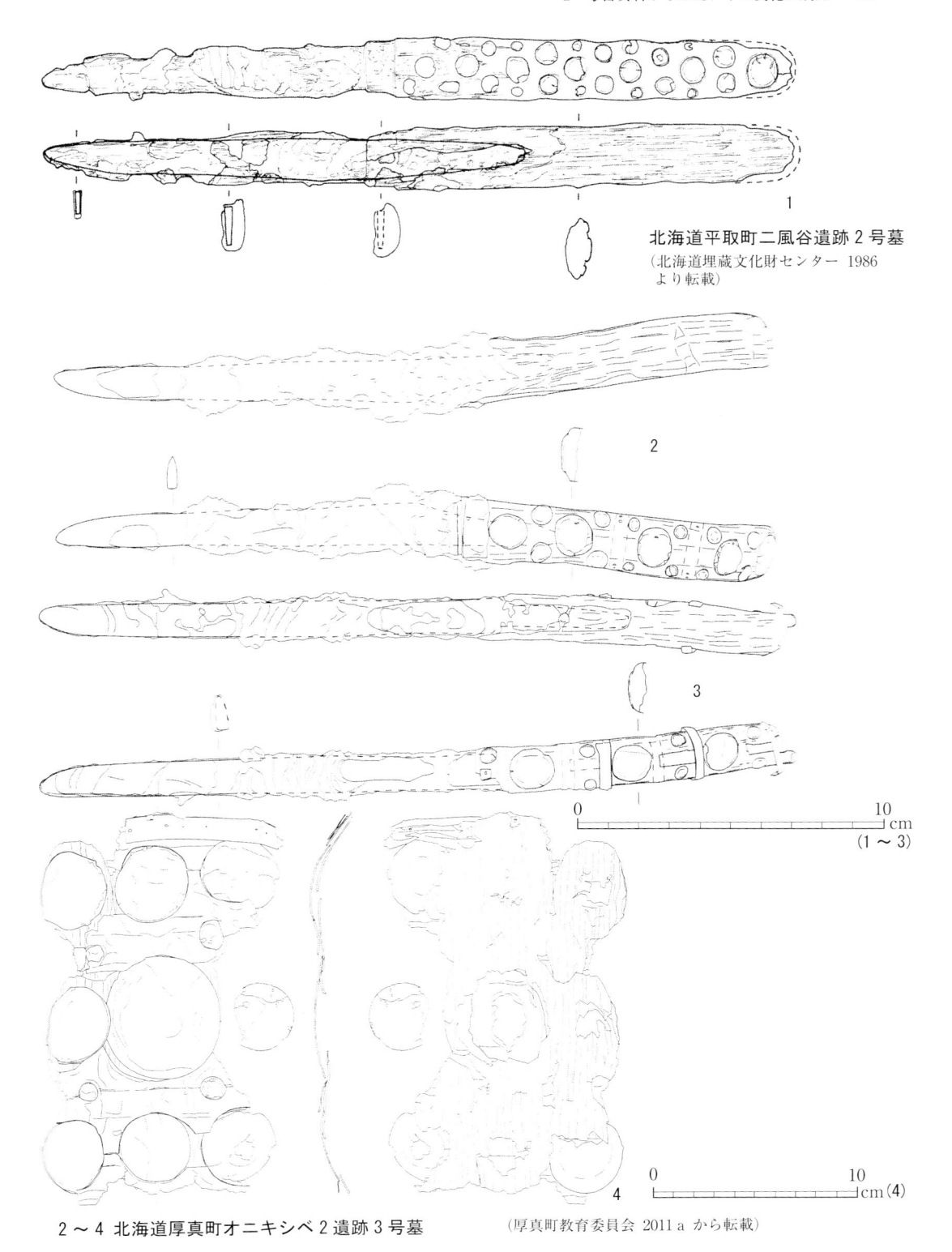

図24　金属板象嵌手法が使われた刀子 (1～3) と矢筒 (4)

・青が 3 割強、緑が 1 割強を占めるが、その他の色も多いものから順に透明、トンボ玉、黒、茶、白、赤、黄、灰と多彩である。
・トンボ玉は全体の 1 割弱を占め、散花、散点、流水の 3 種がみられる。

　ガラス玉の主体を占める平玉・丸玉を、長径を基準に、大玉（2cm 以上）、中玉（1cm 以上 2cm 未満）、小玉（1cm 未満）に分けたところ、17 世紀以前のものは小玉がガラス玉全体の 8 割前後を占めており大玉は全く見られないのに対して、伝世品では中玉が全体の約 7 割を占め、大玉も 1 割弱であるが存在することから、18 世紀以降、ガラス玉の大型化が進んだことが判明した。

　ガラス玉の色は、出土品では青系が最も多く、伝世品では青系よりわずかに黒系の玉が多い。出土品では、トンボ玉は 15 世紀以前に多く、16・17 世紀代には青系・緑系のガラス玉の比率が非常に高い。16・17 世紀に比べ 15 世紀には多彩なガラス玉が使われており、タマサイ＝青玉という図式は 16・17 世紀に確立、18 世紀以降、おそらくは 18 世紀末から 19 世紀にかけて、再びガラス玉が多彩になったと結論付けた。15 世紀以前の小型のトンボ玉は中世の日本国内には伝世品・出土品ともに類例が確認できないことから、大陸でつくられたものがサハリン経由で持ち込まれたのであろう。

　メノウ製の玉類は、厚真町オニキシベ遺跡 1 号墓から丸玉 1 点、切子玉 2 点、管玉 2 点、恵庭市カリンバ 2 遺跡第Ⅳ地点 AP-5 からは管玉 1 点とメノウ製の可能性のある丸玉が出土している（厚真町教育委員会 2011、恵庭市教育委員会 2000b）[2]。これらアイヌ墓から出土するメノウ玉については、アムール女真（パクロフカ）文化に由来するとの指摘がある（厚真町教育委員会 2011b、乾 2011）

（3）小　　結

　アイヌ文化は基本的には擦文文化をベースとし、それが 13 世紀にはじまるサハリン島への北方進出に伴い、アムール河（黒龍江）下流域の女真文化との文化的接触により「化学変化」を起こしたものと考える（アイヌ文化は本州北端部に住むエゾが北海道島へ移住した結果成立したのでは決してない）。コシャマインの戦い以降、サハリン・沿海州と北海道島との文化的接触は、それ以前に比べ格段に低調となるとみられるが、それでも途切れることはなく、「ガラス玉の道」・「蝦夷錦の道」として、日露間の国境問題が顕在化する 19 世紀まで継続されたのである。

〔註〕
1）根室市穂香竪穴群 H11 出土のタマサイに使われていた銅製品については、久保智康氏のご教示を得た。久保氏によれば、切子頭の鐶台金具（図 16-55）は大きさからみて兜鉢の後頭部に付く鐶台か、小型の被せ蓋式の箱類の紐掛け金具としての鐶台と考えられる。
2）恵庭市カリンバ 2 遺跡第Ⅵ地点 AP-5 から出土した管玉については、報告書（恵庭市教育委員会 2000b）に材質に関する記述がなく、資料を実見した乾哲也氏からメノウ製であるとのご教示を得た。乾氏のご教示により、改めて筆者が以前資料調査した際に撮影した写真（図 18）を確認したところ、管玉以外に丸玉のなかにもメノウの可能性のあるものが存在していることがわかった。

3 アイヌの宝物とツクナイ

はじめに

　アイヌの宝物には、役に立つがゆえに価値あるもの（イヨクペ）と豪華で素晴らしいもの（イコロ）がある。美しい金属で飾られた刀や矢筒など多くのイコロを所持する者がニシパ（ニシは「空」、パは「上の・長」を表す）と呼ばれるように、イコロは威信財であった。

　一般に宝物のうち、シントコと呼ばれる行器・耳盥・柄杓・蓋付の大椀・オッチケと呼ばれる膳の上に並べられた4組の杯・天目台・棒酒箸などの漆器類は、アイヌの家屋のソパ（上座）近くの北側の壁に沿って並べられ、刀類や矢筒は、削り房とともに後ろの壁に吊り下げられる。マンローの記録によれば、トンペ（光り輝くもの）と呼ばれる金属装飾の施されたイコロは何の霊力もない手で触ると魔除けの霊力が薄れると考えられ、わざわざくすんだまま、屋内に安置されていた（小松訳2002）。アイヌの人々は時に宝物を身内にも内緒で山中に深く秘蔵した。特に「ペラシトミカムイ」（「箆のついた宝器」の意）や「キロウ」（「角」の意）と呼ばれアイヌの宝物なかで最も重要とされる鍬形は、病人の枕元において災いを払うなどの霊力があり、家に置いておくと祟りをなすため、普段は「地室に蔵し」（新井白石「蝦夷志」）あるいは「深山巌窟に秘蔵し安ずる」（松前広長「松前志」）という。

　アイヌの人々が宝物とした漆器も武器・武具類も基本的には和製品であり、しかも古体を示すものほど貴ばれる傾向にあった。アイヌに伝わった漆器や刀類には、鎌倉・南北朝・室町時代に製作されたものや、それを真似たものが少なくない（金田一・杉山1943）[1]。こうしたアイヌの嗜好について、小林真人氏は、「アイヌ民族が衛府の太刀、打掛け鎧、行器などに接するのは、それらが実際に使われていた時代であって、おそらくはアイヌ民族が土器文化を捨てるという大転換の過程と深くかかわっていたであろう」との見方を提示した（北海道開拓記念館2001）。

　擦文文化・オホーツク文化・アイヌ文化にみられる「ikor的存在」について検討した宇田川洋氏は「ikor的存在」をとおして交易拠点・交易ルートが明らかになるとした（宇田川2003）。

　本節では、史料と出土品からアイヌの宝物にみられる武器・武具の実態を明らかにするとともに、それらの製作・流通に関する仮説を提示する。

(1) アイヌの宝物
①史料に見る宝物

　史料に現れたアイヌの宝とその社会的機能については、岩崎奈緒子氏による先行研究がある（岩崎1998）。

　元文4年（1739）成立とされる「蝦夷随筆」（寺沢・和田・黒田編1979）のなかで筆者の坂倉源次郎は、アイヌが和製の古い器物すなわち鍔・目貫・小柄などの刀装具や古い蒔絵のある漆器を

宝物として秘蔵し、親子兄弟にも内緒で山中へ隠し置くなどすると記した。

寛政3年（1791）、菅江真澄が松前を出発し有珠岳の登頂を経て虻田まで旅した際の日記である『蝦夷酒天布利（えぞのてぶり）』では、シラリカコタン（北海道八雲町）のウセツベというアイヌの家に泊まった際、「やかのくまに財貨といひて、こがね、しろがねをちりばめたる具ども、匜盤（耳盥）、角盥、貝桶などを、めもあやに積みかさね外器（行器）をケマウシシントコとて酒を入れり」、「そびらの壁には、タンネツフといふ、いとながやかなるつるぎたち、あるいはエモシポ、シヤモシポなどの平太刀、頭巾、鉢巻をもまぜ掛たり」と記し、様々な漆器や刀類が宝器としてアイヌの家屋内に置かれている様が述べられている（内田・宮本編1971）。

「蝦夷島奇観」や享和元年（1801）に東蝦夷地のトンベツ（十勝郡浦幌町）を訪れた蝦夷地御用掛松平忠明随行の磯谷則吉が記した「蝦夷道中記」によれば、トンベツの長人シリメキシュは、年を経て破損が激しいが、本州から伝来した緋縅の打掛け鎧である美しい「霊鎧」1領を含む10数領の鎧、他にタンネップ（飾太刀）・エモシ（太刀）・鎌倉時代の行器・古様の黒漆塗り、金蒔絵の耳盥を保有していた。

松浦武四郎の「蝦夷訓蒙図彙」（秋葉編1997）では「土人宝物をトミカモイと惣称し、内地の刀剣の具、また甲冑の類、是をたうとむこと甚し。其に次て行器、貝桶、耳盥、其余漆器惣而古きを貴びて新しきは不悦」とあり、宝物をトミカモイと総称すること、漆器よりも武器・武具の価値が高いと考えられていること、古いものほど価値が高いことなどが確認される。

羽後八森出身で、ノツケ・シベツ場所にて通辞や支配人を務めた加賀伝蔵の遺した記録類（「加賀家文書」）にある「安政四年 黒白正調書」には、ニシベツ川[2]留網並びに領境論争において、子モロ場所請負人の藤野家が河口に設置した張切網（留網）により川上に鮭が遡上しないことに難渋したクスリアイヌが、ニシベツ川は天明の頃先祖が宝を差し出して川口まで子モロアイヌから買い取ったとの主張とともに、クスリアイヌが子モロアイヌに渡した宝が列記されている（秋葉編1989）。

タン子ブ	六	クスリ村	タサニシ
イムシホ	六		ヘケレニシ
イムシウンヘ	六		
イカヨフ	六		
〆			
タン子ブ	三	ケウニ村	タラケソ
イムシホ	三		
イムシウンベ	三		
イカヨフ	三		
〆			
タン子フ	弐	タツコツ	トミチャ
イムシホ	弐		
エウンベ	弐		

イカヨフ	弐		
〆			
イムシホ	四	トウロ村	ラホチ
タン子フ	四		
エウンベ	四		
イカヨフ	四		

　この史料によれば、クスリアイヌはニシベツ川の漁業権を買い取るために子モロアイヌにタン子フ（太刀）・イムシホ（短刀）・イムシウンヘ＝エウンベ（刀の鞘）・イカヨフ（矢筒）各15点を支払ったと主張している。この主張に対し、子モロアイヌは川売買の件はクスリ側の作り話であるとしてアツケシ役所に訴え出た。それに対して詰調役喜多野省吾が安政4年（1857）3月に下した裁定は、川売買の件については証拠がないと退けたうえで、クスリ小使メンカクシの祖父ペケレニシが昔、銀細工太刀鞘1本と銀盃6個を子モロの四郎左衛門祖父イカシュンテに贈り、ニシベツ川筋通りの管理を頼んだ事実を認定し、川口の張切網漁を禁止するもので、事実上子モロ側（藤野家側）の敗訴が確定した。この一件は、アイヌの宝物の中でも刀類や矢筒が、アイヌの生業の根幹をなす河川の漁業権と対価交換されうるものであったことを示している。

　また、ニシベツ川留網並びに領境論争のなかで、文化10年（1813）～天保4年（1833）頃の話として、子モロアイヌのタミシナイが秋のうちにポンベツへ来て梁を仕掛けたところ、クスリアイヌのコリタ・メンカクシ・ムンケケら3人のほか多くの人が番人と一緒にやってきて、タミシナイがポンベツへ梁を設置したことに訴訟をもちかけ、ほかの場所へ梁をかけるとのことなので、仕方なく対価（アシンベ）として、エムシ（太刀）3本・銀覆輪のセツバ（鍔）3枚・銀細工のエムシニツ（刀の柄）3本を差し出したことや、それが必要以上に過分な宝物であったことなどが述べられている。

　なお、同じく加賀家文書の「シベツ名主宅蔵申口」には、クナシリ島のセセキという村の村長トベブシがシベツの有力者の娘に求婚する際、「金拵ひ網引形の太刀」という宝物を婚資として出したとの伝承が記録されており、岩崎氏によって紹介されている（岩崎1998）。

　②伝承に残る宝物

　アイヌの伝承には宝物がしばしば登場するが、特に釧路地方には、カツラコイ（釧路市桂恋）の酋長キリボイエカシの家に代々伝わる白金黄金を鏤めた鎧、ウライケチャシ（釧路市春採チャシ）や布伏内チャシ（阿寒町ポンタッコブチャシ）の宝物、金の角をつけた甲を持ったトオヤ（釧路市遠矢）の酋長カネキラウコロエカシなど甲冑を宝物とする伝承が多くみられる（宇田川1981）。これらのなかには「生きた刀」（「妊婦を切った刀」）で奪われた宝物を取り返えす話や「人喰いの刀」で宝物を守ろうとする話も伝わっている。なかでも興味を引くのは、「トイチャシには釧路地方で一番の大将の乙名がいて、春と秋に桂恋・昆布森・遠矢などのコタンにいる家来の乙名に熊皮や鷲の尾羽などを持ってこさせ、多く献上した者にはシャモ地（和人地）から渡ってきたタンネップ（飾太刀）やテコロパチ（角盤）などの宝物をやった」とする松浦武四郎の「東蝦夷日誌」にも記された釧路市トイチャシに関する伝承である。この伝承は、和製の太刀や漆器などの

宝物を数多く入手しうる者が、対和人交易品集荷システムの要としてアイヌの首長層の頂点に立っていたことを物語っている。

　　③出土した宝物

　出土したアイヌの宝物としては、岩陰や地中に隠したと伝えられる鍬形が宇田川洋氏と瀬川拓郎氏によって、兜が宇田川氏と福士廣志氏によって、鏡が宇田川氏によって検討されている（福士 1985、宇田川 2003、瀬川 2009、留萌市海のふるさと館 2005）。

　ここでは、筆者が実測と材質調査を行った北海道余市町大浜中遺跡・栄町 1 遺跡と札幌市北 1 条西 8 丁目から一括出土した埋納品を取り上げ、アイヌの宝物の実態を確認する。なお、金属製品の材質分析は、弘前大学所蔵のエネルギー分散型ハンドヘルド蛍光 X 線分析装置（DELTA Premium 日本電子）を用い非破壊非接触で行った。測定条件は X 線管：4WRh ターゲット、管電圧：40kV、管電流：200μA（最大）、X 線照射径：10mm、測定時間：20 秒である。

【大浜中遺跡出土品】

　北海道余市町大川町字大浜中に位置する大浜中遺跡は、大川遺跡や入舟遺跡のある余市川の河口から東へ約 2.2km、海岸線から 80m ほど離れた標高 4m 前後の低い砂丘（大川砂丘）上に立地する。昭和 26 年（1951）、登川の流路切り替え工事に伴い、地表下約 60cm から遺物が不時発見されたものであり、出土状況の詳細は不明である。発見された遺物には、陶磁器・内耳鉄鍋・漆器・刀・刀装具・永楽通寳を含む銭・鎧などがあったとされるが（松下 1984）、発見後、工事関係者に持ち去られたものもある。現在、余市水産博物館には余市警察署に届けられたものや後日工事関係者から余市町教育委員会が回収したものが所蔵されており、その一部が松下亘氏や佐藤矩康氏によって紹介されているが、一部の遺物については後述する栄町 1 遺跡の遺物と一緒に保管されていたため、出土遺跡の表記に混乱が生じている（松下 1984・佐藤編 1990）[3]。なお、大浜中遺跡の出土品のうち、刀・刀装具については廣井雄一氏、鎧については鈴木友也氏、陶磁器については、吉岡康暢氏と石井淳平氏により各々詳細な報告がなされているが（佐藤編 1990、吉岡 2001・石井 2003b）、実測図が公表されているのは、兵庫鎖太刀の足金物と陶磁器だけであることから、今回、陶磁器以外の遺物について実測し、図面を掲載することとした。

　大浜中遺跡からは、胴丸鎧・太刀や腰刀の刀装具・ニンカリ・矢筒もしくは鍬形の装飾用円形金属板・中国産青磁・古瀬戸天目碗・漆器・内耳鉄鍋・永楽通寳が出土している。

　胴丸鎧は、胸冠板・背面押付の冠板・脇冠板・杏葉・小札・鞐が出土しており、1 領分とみられる（図 25 の全体復元図に残存部位を、図 26 に部位ごとの実測図を図示した）。胸冠板（1）は鏡地で、薄い鉄板の上に菊唐草文を銀摺付象嵌した銅板を重ね、鍍金した銅製覆輪を巡らしていたとみられるが、鉄板は腐食して失われている。鉄板と銅板は、上部覆輪寄りに打たれた鍍金された小桜鋲によってからくり留めされ、その下には菖蒲文を銀摺付象嵌した横長の銅板を重ね、左右と中央の 3 か所を二個一対の鍍金した菊笠の八双鋲で固定している。左右の山形のやや内寄りの部分には綿噛から紐を通すための二個一対の孔が穿たれ鍍金の小刻と玉縁の鴉目が付けられている。背面押付の冠板（2）も胸冠板同様、鏡地で、鉄板の上に菊唐草文を銀摺付象嵌した銅板を重ね、鍍金した銅製覆輪を巡らしており、横一列に打たれた鍍金された小桜鋲によって鉄板と銅板をか

3 アイヌの宝物とツクナイ　41

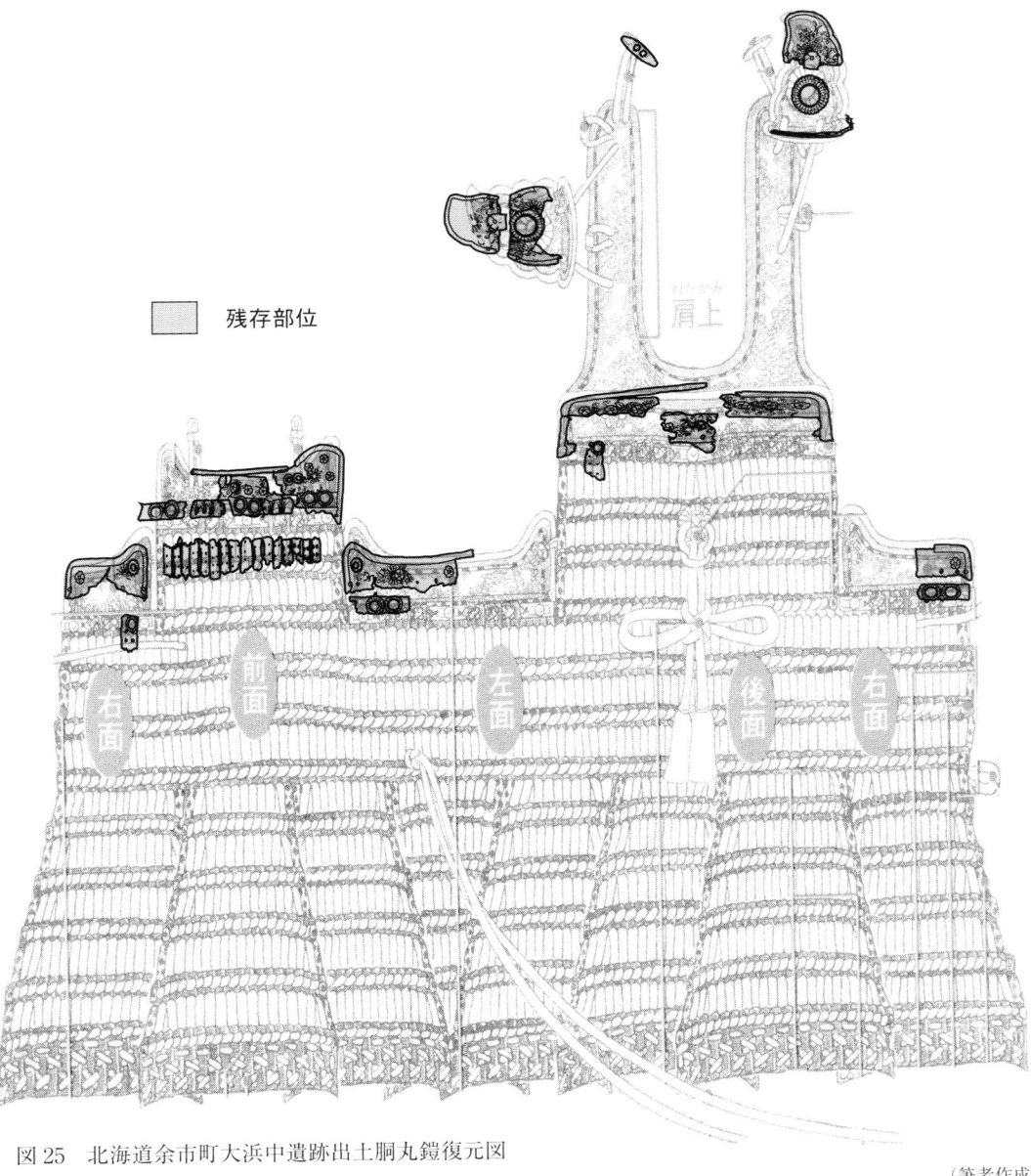

図25　北海道余市町大浜中遺跡出土胴丸鎧復元図

（筆者作成）

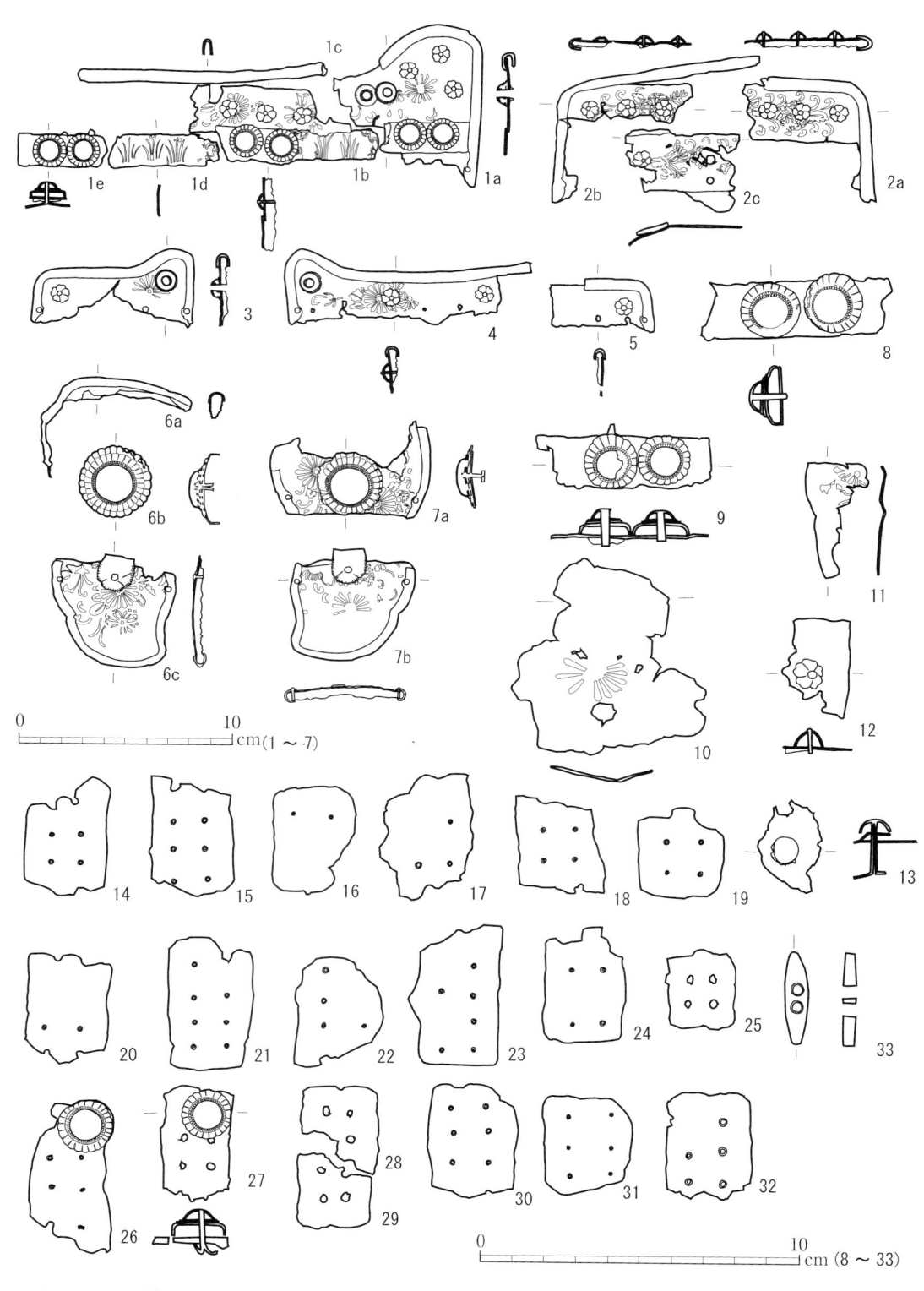

42　第Ⅰ章　北方交易に関する考古学的研究

図 26　北海道余市町大浜中遺跡出土胴丸鎧　　　　　　　　　　　　　　　　　　　　　　（筆者実測）

らくり留めしている。脇冠板（3・4・5）も基本的に胸冠板や背面の押付板と同じ作りや装飾である。杏葉（6・7）は、折曲げの自由をきかせるため、上下に分かれており、鍍金の銅製蝶番で繋がっている。杏葉も冠板同様、鏡地で、薄い鉄板の上に菊唐草文を銀摺付象嵌した銅板を重ね、鍍金した銅製覆輪を巡らしている。杏葉の上半中央には鍍金の銅製菊座据金物が打たれているが、それは打ち出しの菊座を2枚重ねた上に小刻を2枚置き、それらを笠鋲で留めた造りとなっている。小札（14～32）は鉄製で、頭に切付を入れ、左右が丸くなる碁石頭の伊予札である。鞐（33）は銅製鍍金で、大きさからみて立挙と脇冠板を連結する脇鞐と考えられる。鈴木友也氏は、この胴丸鎧は銀摺付象嵌を施した銅製鏡板を鉄板の上に重ねている点など特異な造りがみられるとした上で、製作時期を鎌倉から南北朝と推定している（佐藤編1990）。

　太刀の刀装具には、大切羽・目貫・足金物がみられる（図27）。

　1は銅製の木瓜形大切羽で、表面にのみ毛彫りで青海波文を施す。

　2は銀の覆輪がかかる銅製の木瓜形大切羽で、四方に猪目を透かし、表面は魚子地にして左右に高肉象嵌で桐文を配し、鍍銀を施す。

　3は銅製の木瓜形大切羽で、四方に猪目を透かし、表面は魚子地にして上下左右に毛彫りで竜胆文を施す。

　4は太刀用の目貫で、銀製花形の座金と頂部を鍍銀した銅製の目釘からなる。

　5は太刀用目貫の銀製花形の座金で、唐草と剣を透かし彫りし、表に鍍金が施されている。

　6は厳物造太刀に付く兵庫鎖と足金物で、いずれも銅製で鍍金が施されている。足金物は瓶子形で両面上下に羽根を広げた鶴文が高肉彫りされている。永仁7年（1299）の針書銘を有する重要文化財「金銅装鶴丸文兵庫鎖太刀」（熱田神宮蔵）に酷似する。

　7は6と組み合う帯執の紋金具と思われ、足金物同様、銅製で羽根を広げた鶴の意匠がみられ鍍金が施されている。

　8は太刀用の双脚式の銅製足金物で、鍍銀が施されている。甲羅金は花弁形で、櫓金の座には花形座・小刻座・堅菊座を重ねている。

　9は腰刀の兜金（9a）と鐺（9b）で、銅製である。どちらも中央に猪目透かしを施し、上下の鍬形状の縁を一段高くし、そこに鍍銀を施している。廣井雄一氏は類例として至徳2年（1385）正月、前参議葉室長宗により春日神社に奉納された「菱作打刀」（国宝）を挙げ、石突（鐺）の先が春日神社奉納刀よりやや細くなっていることから、それよりやや時代が下るとの見方を示している（佐藤編1990）。

　図28-1～4はニンカリである。材質は、銀製もの（4）と銅・錫・鉛・亜鉛の合金製のもの（1～3）がある。このようなΩ形のニンカリは、恵庭市カリンバ2遺跡第Ⅵ地点AP-5墓壙（恵庭市教育委員会2000c）、厚真町オニキシベ2遺跡1号墓・同3号墓（厚真町教育委員会2011a）、恵庭市ユカンボシE4遺跡7号土壙（恵庭市教育委員会1997）からも出土している。カリンバ例は中国産白磁皿D群が共伴しており、15世紀後半から16世紀前半の年代が与えられる。オニキシベ例は1号墓に共伴した鍔形のシトキに加工された山吹双鳥鏡（12世紀後葉～13世紀前葉）やAMS年代測定値からみて14世紀代の所産とみられる。ユカンボシ例ではオニシキベ例と同様の鍔形の

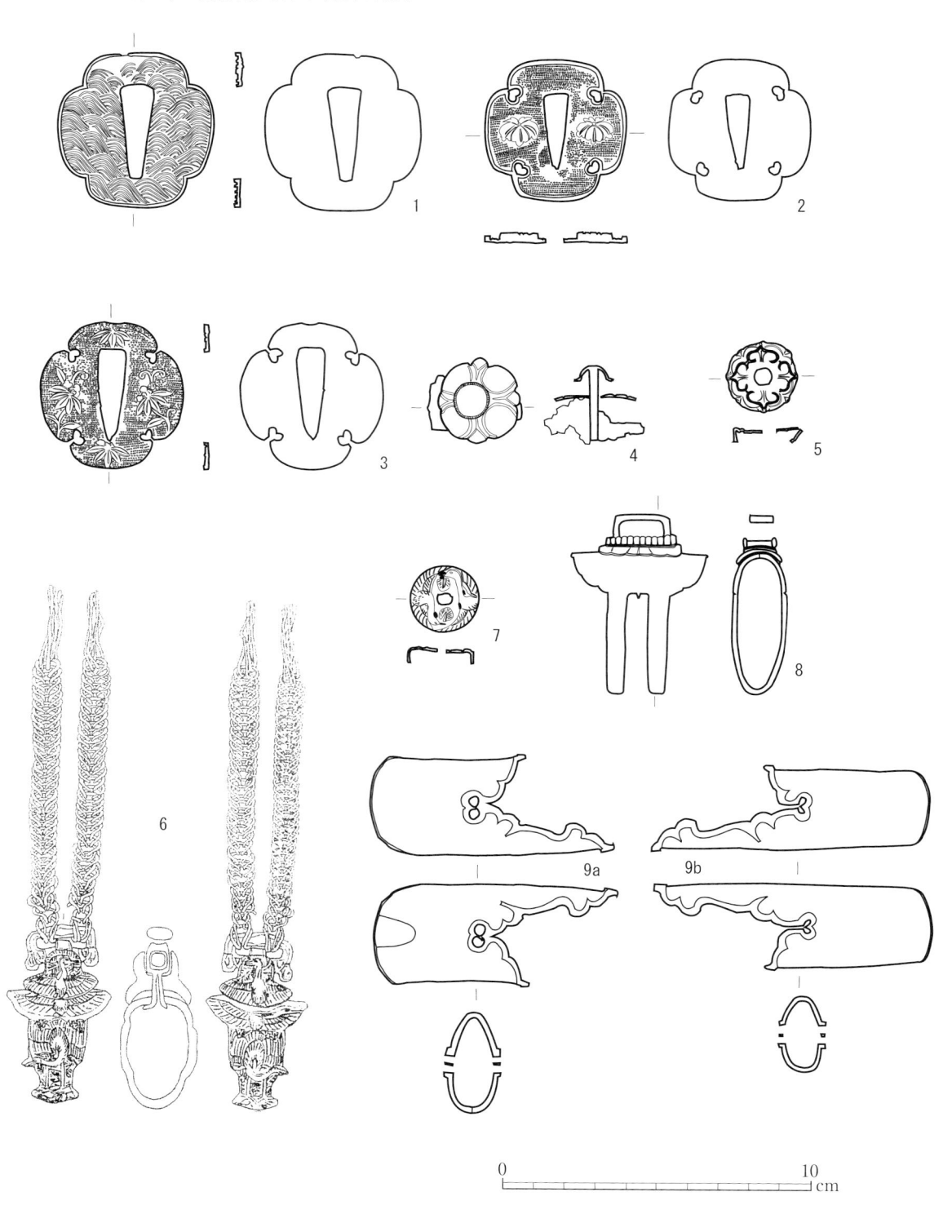

44　第Ⅰ章　北方交易に関する考古学的研究

図 27　北海道余市町大浜中遺跡出土刀装具　　　　　　　　（1～5，7～9 は筆者実測　6 は吉岡 2001 より転載）

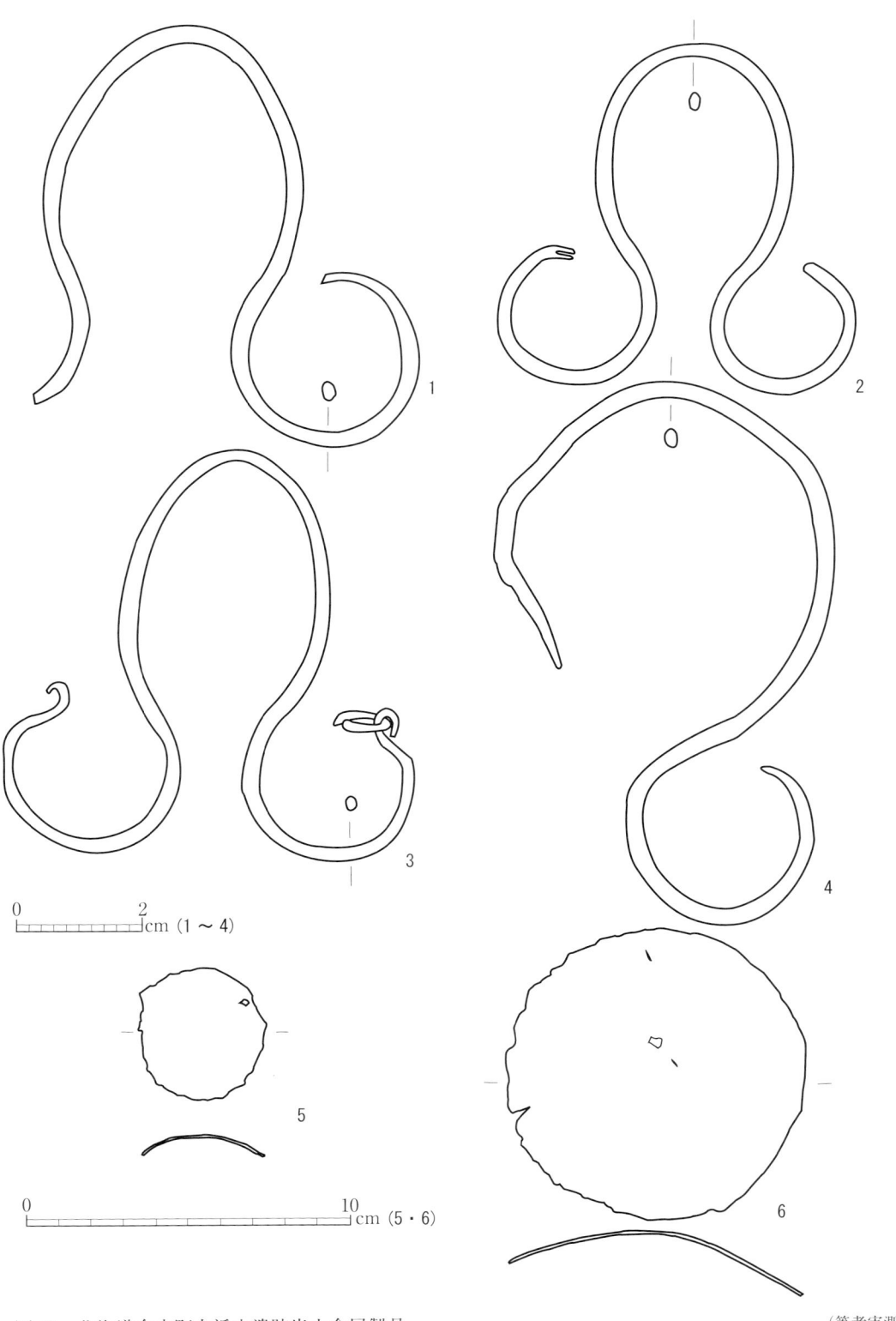

図 28　北海道余市町大浜中遺跡出土金属製品　　　　　　　　　　　　　　　　　　　　　（筆者実測）

シトキが出土しており、近い時期の所産とみられる。

5と6は円形の薄い金属板で、矢筒もしくは鞦形に象嵌されていたものと思われる。

大浜中遺跡から出土した陶磁器（図29）は、中国産青磁無文端反碗1点（1）・同雷文碗1点（2）・同蓮弁文碗2点（3・4）・同端反皿3点（5～7）・同稜花皿2点（8・9）、古瀬戸天目碗（後Ⅳ新）1点（10）がある。中国産の青磁碗4点は全て内底面（見込み）に茶筅擦れと思われるリング状ないし線状痕が認められる。碗が5点、小皿が5点と数が一致しており、小皿を天目台の代わりに碗の下に置き使用した可能性が考えられる。なお、千歳市美々8遺跡（北海道埋蔵文化財センター1996a・1996b・1996c）では茶筅と茶筅擦れのある中国産青磁碗E類が共伴して出土しており、15世紀代には道央部のアイヌに喫茶の風習が伝わっていた可能性がある（関根2011a）。大浜中遺跡の青磁碗や天目碗はアイヌの人々が茶碗を宝器として扱っていたことを示しているのではなかろうか。

大浜中遺跡の一括出土品には、胴丸鎧や兵庫鎖太刀の吊金具など鎌倉時代に遡るものも含まれているが、埋納時期は陶磁器や永楽通寳からみて15世末頃とみられる。和人とアイヌの交易拠点として栄え、和人の居住も想定されている余市川河口の大川遺跡は、15世紀中葉には断絶を迎えており、大浜中遺跡とは時期がずれる。

大浜中遺跡の性格については、「本州北部地域の武士団の抗争の結果、敗れた武将が難を逃れるため、ごく少人数である程度の財宝的なものを持ち、落人として現在の大浜中の海岸にたどり着いた址」とする説（松下1984）や、大川遺跡と併存するか、大川遺跡に取って代わった北方交易の拠点とする説（吉岡2001）が示されている。松下説も吉岡説も大浜中遺跡の出土品は和人が残したものである点では共通している。しかしこれまでみてきたように、大浜中遺跡の出土品の中には銀製のニンカリや象嵌用円形金属板などアイヌ民族特有の遺物が含まれることから、筆者は余市アイヌが宝物を埋納した場所の可能性が高いと考える。

【栄町1遺跡出土品】

余市町栄町155に位置する栄町1遺跡は、余市川の河口から東へ約4km、史跡フゴッペ洞窟からは東へ約200mの砂丘上に立地する。昭和33年（1958）、畑の拡張作業中に遺物が不時発見された。昭和37年7月に名取武光氏の指導により余市町教育委員会と余市町郷土研究会による発掘調査が行われたとされるが、報告書は刊行されておらず、詳細は不明である（小浜・峰山・藤本1963）。本遺跡から出土した遺物は松下亘氏や佐藤矩康氏によって紹介されているが、前述の通り、大浜中遺跡出土品とのあいだで混乱が生じている（松下1984、佐藤編1990）。栄町1遺跡の出土品のうち、刀・刀装具については廣井雄一氏、白磁については石井淳平氏により各々詳細な報告がなされているが（佐藤編1990、石井2003b）、実測図が公表されているのは白磁のみであることから、今回、白磁以外の遺物について実測し、図面を掲載することとした。

栄町1遺跡からは、太刀と太刀に伴う刀装具・腰刀とそれに伴う刀装具・白磁碗が出土している（図30）。

1と2は太刀で、1には銅製の泥障形鍔・銅製の大切羽2枚・小切羽2枚・銅製の鎺・鍍銀を施した銅製の柄縁金具・縁に鍍銀を施した銅製の鞘口金具などの刀装具が、2には銅製の細長い

図 29　北海道余市町大浜中遺跡出土陶磁器　　　　　　　　　　　　　　　　　　　（石井 2003b より転載）

銅製の木瓜形鍔が伴い、1の柄縁金具には銀メッキがみられる。

3は上下に突起を有する太刀用の縁金具である。

4と5は太刀用の目貫の座金で、透かしで花文が施されている。

6は腰刀用の兜金（6a）と筒金（6b）で、銅製鍍銀もしくは銀製である。

7は腰刀用の筒金で、7aには栗形が付く。材質は銅製で一部に鍍銀がみられる。

8は腰刀の兜金で、目貫（9a・9b）と組む。兜金は銅製で、側面を猪目透かしと高彫りした菊枝で飾り、加えて菊花に金・銀のメッキを施している。兜金の先端には2か所に孔がみられ、そのまわりに草文が毛彫りされている。対の目貫は大振りで、菊枝が透かし彫りされ、肉厚な菊花には金・銀のメッキが施されている。

10は銅製の鐺で、側面と先端に葉文が高彫りされており、猪目の部分に金が部分的に残っており、鍍金されていた可能性がある。

11はいわゆる口禿の白磁碗で、見込みに花と思われるスタンプ文を有する。13世紀後半から14世紀前半の中国製品である。

以上、栄町1遺跡から出土した遺物は、おおよそ14世紀代に収まるものである。複数の太刀や腰刀が出土しており、アイヌ墓がいくつか存在した可能性も否定できない。しかし8の腰刀は、鎌倉末期の代表的作品として知られる毛利家伝来の国宝「菊造腰刀」（毛利博物館蔵）に匹敵する優品で、イコロと呼ぶにふさわしいものであり、砂地でありながら人骨が発見されていないことも考慮し、アイヌの人々が宝物を埋納した場所と考えたい。

【札幌市北1条西8丁目出土品】

北海道大学植物園博物館には明治20年（1887）に現在の札幌市北1条西8丁目から出土した鍬形（標本番号33188）星兜（同33189）・大鎧の脇冠板と思われる破片（同33187）が所蔵されている（図31）[4]。

1と2はともに鍬形であり、同じ標本番号（33188）が付与されているが、別個体である。1は北海道内出土の鍬形を集成した宇田川氏や瀬川氏も取り上げているが、2は全くの未公表資料である（宇田川2003・瀬川2009）。1の本体は木胎鉄板貼で、飾金具・角の先端を覆う金具・覆輪は銀である。胴の中央には長形10.8cm・短径10.3cmの縦長の銀製円板の左右を鋲留めし、その上の左右に直径2.5cmの銀製の小円板を象嵌する。左右とも角の付け根には直径3.5cmの銀製円板が象嵌され、その先には幅0.9cm前後の帯状の銀板2条と直径2.5cmの銀製小円板を交互に4組配置する。角の先端の金具は、表は全面を覆うが裏側は縁の部分のみ覆っている。二股に分かれた角の先端には小さな孔があり、角にソケット状に差し込んだ先端の金具は鋲留めされていたことが判る。2は1とは違い厚みのある鉄を本体とし、銀製の覆輪がかけられている。表面には中央を鋲留めした直径2.5cmと1.5cmの銀製の小円板が残っている。なお、これらの銀製小円板とは別に2には直径7.5cmの鉄製の円板が付着しているが、この鉄製円板は偶然鉄錆により付いたもので、本来は別の製品の部材であったと考えられる。2についても1と同じく鍬形と考えられるが、管見の限りではこのような形状のものは類例を知らない。

3は矧板鋲留式の12間星兜の鉢で、長径約21cm、短径約20cm、高さ14.1cmである。眉庇

3 アイヌの宝物とツクナイ　49

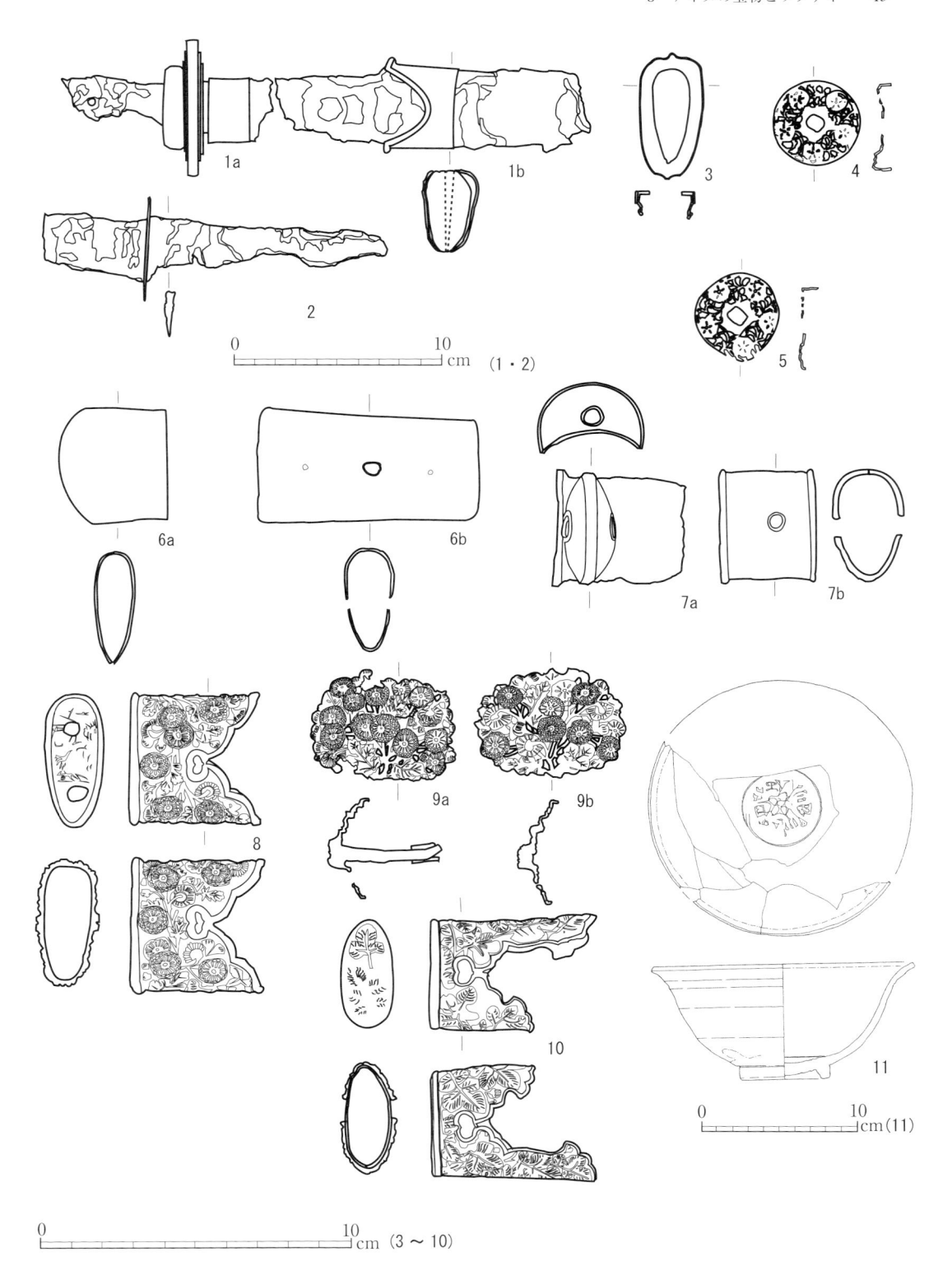

図 30　北海道余市町栄町 1 遺跡出土遺物　　　　　　　　　　　　（1 〜 10 は筆者実測 11 は石井 2003b より転載）

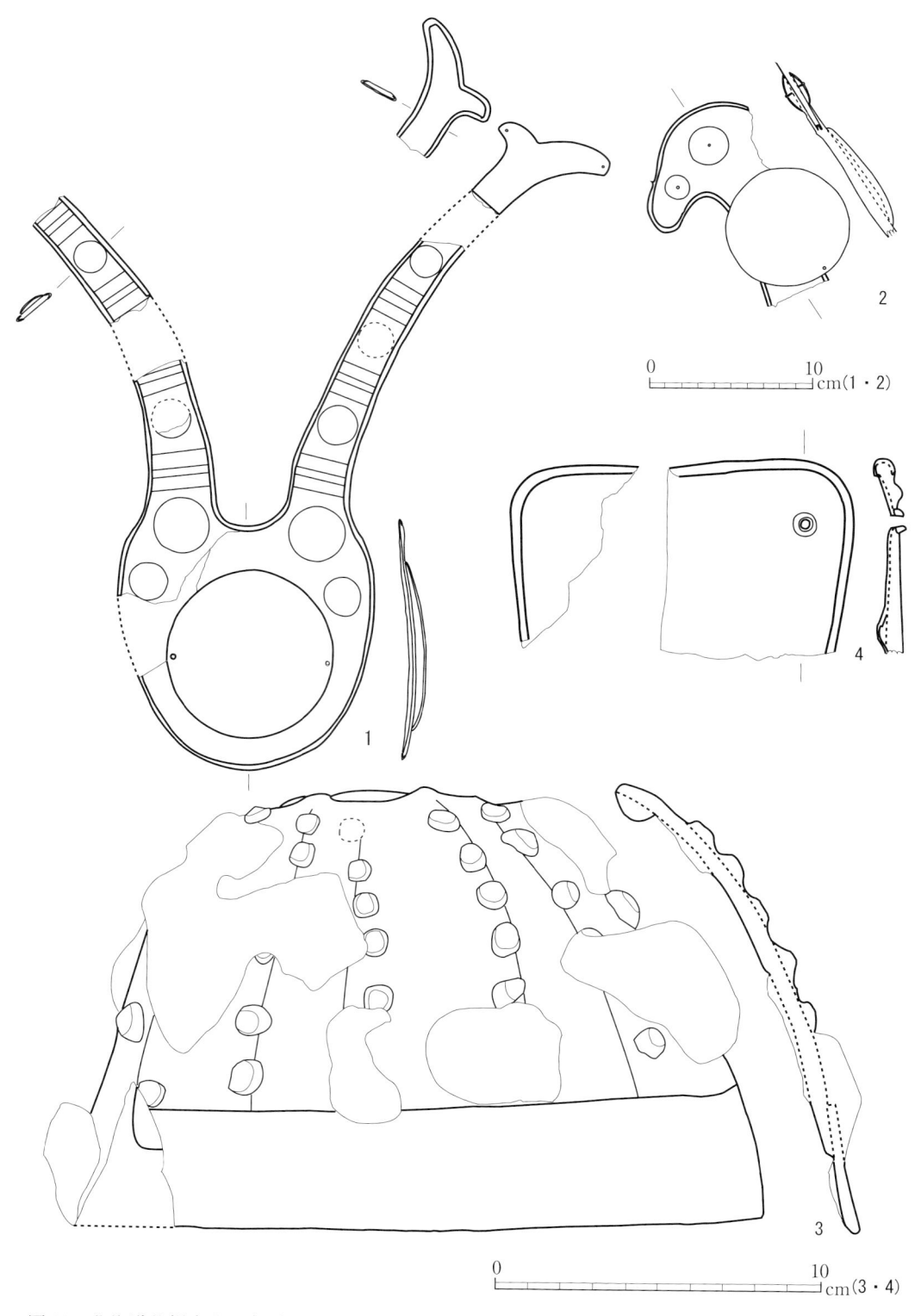

図31　北海道札幌市北1条西8丁目出土遺物　　　　　　　　　　　　　　　（筆者実測）

は失われているものの、全体の形状をとどめている。形状は膨らみの少ない大円山形で、腰巻の裾がわずかに開く。矧板を留める鋲は鉄の塊を削って作った無垢星で、星の数は1行6もしくは7点とみられる。頂辺の座中央の孔は直径約4.5cmである。本資料は、北海道留萌市エンドマッカ（現塩見町）から出土した星兜（福士1985）とよく似ており、ともにその特徴から平安時代後期から末期に製作されたものとみられる。

4は大鎧の脇冠板の残欠と思われる。鉄地で内面に皮革が残存しており、銀の覆輪がかけられている。角に近い部分に紐通し用の孔があり、玉縁の銀製鵐目が付けられている。

以上、札幌市北1条西8丁目出土品は平安時代後期から末期に製作されたとみられる厳星兜と大鎧の残欠、2点の鍬形からなり、アイヌの人々が宝器を埋納した場所と考えられる。鍬形の製作時期は特定できないが、埋納時期は中世以前の可能性が高いように思われる[5]。

アイヌの人々が土中に埋納したと考えられる宝物類が一括出土した事例としては、本章で取り上げた3ヶ所以外に、28間星兜をはじめ小札・蝦夷太刀3点・腰刀1点・日本刀2点・笄・ニンカリなどが出土した深川市納内遺跡例（葛西・皆川・越田1992）、12間厳星兜をはじめ胴丸の杏葉・青磁碗・「青龍刀の如き刀」が出土したと伝えられる留萌市エンドマッカ例（福士1985）、兜の眉庇・刀・鍔が出土した足寄町トブシ例（宇田川校訂1983）、鍬形7点が一括出土した栗山町桜山例（東京国立博物館1992、横田2002、瀬川2009）、星兜・胴丸の残欠・太刀が出土した釧路町頓化鉄道院用地例（東京国立博物館1992）がある。

(2) ツクナイ・手印としての宝刀

ツクナイとは日本語の「償い」に由来し、アイヌが他のアイヌや和人に与えた損害や犯した罪に対し、宝物をもって賠償する行為と説明されることが多い。しかし差し出された宝物は必ずしも賠償品として相手側に没収されるのではなく、一定期間相手側に留め置かれた後、事態が解決・回復したと判断された段階で返されることを原則とする点が和人社会の「償い」と異なる。また、契約の際、その証拠として相手に宝物を渡し、約束が果たされるまで預け置くことを「手印」という。ツクナイも手印も差し出される宝物は一種の「担保」に近い。ツクナイや手印については菊池勇夫氏や岩崎奈緒子氏による優れた先行研究があり、近年では渡部賢氏がシャクシャインの戦い終結に際してのツクナイと起請文について論証を行っている（菊池1991、岩崎1998、渡部2007）。岩崎氏はアイヌのツクナイに用いられる宝物の筆頭に挙げられるものが刀剣類であると指摘した。ここでは先行研究に学びつつ、ツクナイや手印として出された宝物の実態を中心に検討する。

①シャクシャインの戦いに伴うツクナイ

永正12年（1515）のショヤ・コウジ兄弟の蜂起、享禄23年（1529）のタカサカシの蜂起、天文5年（1536）のタリコナの蜂起などシャクシャインの戦い以前の和人対アイヌの抗争や、天文19年（1550）の勢田内ハシタイン・志利内チコモタインとの和睦では、和人（蠣崎氏）側が宝物を用意してアイヌに見せるか、償いを出すなどしており、アイヌの側が和人からツクナイを要求されたのは、シャクシャインの戦いが初めてであるとした菊池勇夫氏の指摘は非常に注目される

（菊池 1991）。

「蝦夷蜂起」や「寛文拾年狄蜂起集書」（高倉編 1969）によれば、松前藩は、シャクシャインの戦いの戦後処理として、東西蝦夷地のアイヌに、ツクナイを出さなければ商船を派遣しない旨通告したうえで、「自然ツクナイ出申間敷はふみつぶし可申候」と脅迫した。アイヌから提出されたツクナイの詳細は不明だが、高値になるものとして、「エモシポ二腰、こまき作り壹腰、壹腰はさやしたん、壹腰はしんちうにてけほりに魚類ほり候由。めぬき雉子、下地銀、上金ながし、見事に見得申候由」とあり、紫檀製の鞘に入った短刀や、魚の文様を毛彫りした真鍮製の鞘に入った短刀、銀地に金メッキした雉子形の目貫など和製の上手の刀類が含まれていたことが判明する。なお、こまき作りは小柾作りであり、アイヌが製作する彫刻を施した木製の鞘に入った刀のことと思われる。

②クナシリ・メナシの戦いに伴う手印

菊池勇夫氏によれば、寛政元年（1789）5 月飛騨屋久兵衛の請負場所で起きたクナシリ・メナシの戦い鎮圧のため松前藩が派遣した新井田隊は、「攻戦」のみでなく「潔白の理談」による鎮定を方針とし、手印を取り交わしながら、道東・クナシリの乙名層の協力を取り付け、鎮圧後には彼ら松前藩に御味方したアイヌの乙名層に「徒党」アイヌが差し出した手印を預け、地域の平和秩序の回復を委ねたとされる（菊池 2010）。

新井田隊が閏 6 月 7 日に十勝川河口のオホツナイ（豊頃町大津）に到着した際、メナシおよびトカチ地方のアイヌの首長層から、南部下北大畑湊村出身でアイヌの蜂起により負傷した大通丸水主庄蔵を通して鎮圧隊に差し出された手印が、松前藩鎮圧隊番頭新井田孫三郎が著した「寛政蝦夷乱取調日記」（高倉編 1969）に記載されている。

　一、銀覆輪二枚鍔壹枚　　　　のつかまふ
　　　　　　　　　　　　　　　ヲヒヌカル
　一、銀覆輪貳枚鍔壹枚　　　　同所
　　但し桐の模様　　　　　　　ニサフロ
　一、銀覆輪貳枚鍔壹枚　　　　同所しやもこたん
　　但し猪の獅子模様　　　　　ノチクサ
　一、粕尾壹把　　　　　　　　のつかまふ
　　　　　　　　　　　　　　　シツタフカ
　一、エモシ壹振　　　　　　　同所
　　　　　　　　　　　　　　　シヨンコ
　一、金覆輪鍔壹枚　　　　　　あつけし
　　但し菊のすかし　　　　　　リミシアイヌ
　一、エモシポ壹振　　　　　　とかち
　　但し竿添　　　　　　　　　シヤムクシテ
　一、エモシ壹振　　　　　　　しらぬか
　　但し銀地にてともゑの模様　チヤラアイヌ

一、エモシ壹振　　　　　　　　ちうるい
　　　　但し至て古物　　　　　　セントキ

　上記の手印のうち、ちうるいの首長で和人殺害の首謀者の一人とされたホロメキの息子セントキだけは負傷した庄蔵を助けた「印」として差し出したものだが、他のアイヌは松前藩に御味方することの証として手印を提出している。手印の内訳は、鍔4枚、エモシ（太刀）3振、エモシポ（短刀）1振、粕尾（矢羽根の素材であるオジロワシの当歳の尾羽根）1把（1把＝10尻＝120枚）で、鍔が最も多い。銀覆輪二枚鍔とあるのは、銀覆輪の銅製鍔と同じく銀覆輪の銅製大切羽のセット（本論の図参照）であろう。手印として差し出されたこれらの鍔は、金や銀の覆輪や文様・透かしが施されており、上手の和製品とみられる。なお、これらの手印は鎮圧後に返還されている。

　一方、「寛政蝦夷乱取調日記」と加賀家文書の「安政四年　黒白正調書」には、クナシリ・メナシの戦い鎮圧後にお詫びのために手印を差し出したアツケシ7名・ノツカマブ6名・クナシリ6名、計19名のアイヌの名前と差し出された品名が記されている（「安政四年　黒白正調書」にはニサフロの記載がない）。

　　一、タン子フ一振　　　　アツケシ土人　　エコトキ
　　一、ニシヤハヤレキモシホ一振　　　　同人母ヲツケニ
　　　　ウタヨハケ
　　一、同一振　　　　　　　　　　　　シモチ
　　一、タン子フ一振　　　　　　　　　　イニンカリ
　　一、カニウエエモシホ一振　　　　　　シウチヤシクル
　　　　ウタヲハケ
　　一、タン子ブ一振　　　　　　　　　　ニシコマツケ
　　一、エモシホ一振　　　　　　　　　　エットルカ
　　一、タン子エモシホ一振　　ノツカマブ土人　ションコアエノ
　　一、タン子フ一振　　　　　　　　　　ノチクサ
　　一、エモシホ一振　　　　　　　　　　ニサフロ
　　一、エモシホ一振　　　　　　　　　　ホロヤ
　　一、シヤヒシエモシホ一振　　　　　　コエカアエノ
　　一、カテカ子エモシホ一振　　　　　　ハシタアエノ
　　一、タン子エモシホ一振　　クナシリ土人　ツキノヱ
　　一、同一振　　　　　　　　　　　　カンタク
　　一、エムシ一振　　　　　　　　　　ウテクンテ
　　一、同一振　　　　　　　　　　　　イコリカヤニ
　　一、同一振　　　　　　　　　　　　シコシヤク
　　一、同一振　　　　　　　　　　　　トヘウシ

　この史料から、クナシリ・メナシの戦い鎮圧後にアイヌから差し出された手印は全て刀類であること、アツケシ乙名のイコトイとニシコマケ・ノツカマフ乙名のションコ・クナシリ惣乙名の

ツキノエ・アツケシバラサン乙名のイニンカリ・シヤモコタン乙名のノチクサといった乙名層からはタン子フ、すなわち金物拵の太刀が、アツケシ脇乙名のシモチ・クナシリ脇乙名のイコリカヤニからはエムシ、すなわちアイヌ自製の木製の拵に入った刀が、それ以外の人々からはエモシモ（短刀）が差し出されており、刀類には価値の高いものからタン子フ・エムシ・エモシモの序列があることが確認できよう。

　注目すべきは、前述した鎮圧隊が現地入りする前にアイヌから御味方の証として提出された手印が鍔を主としていたのに対して、賠償の意味合いが強い鎮圧後の手印がすべて刀類となっている点である。差し出された19振の刀類は松前藩に「永く御留」されたとあり、事実上没収されたとみられることも、象徴的ではあるにせよ刀狩り（武装解除）的意味合いがあったことが読み取れよう。

　　③その他のツクナイ
　寛政2年（1790）の「蝦夷国風俗人情の沙汰」（高倉編1969）のなかで最上徳内は、ラッコ皮・鷹の羽・アシカ・アザラシ・熊皮・熊膽・ヱブリコ（万能薬となるサルノコシカケ科の多年生菌）等の課税役人（「上乗」）として松前藩からアツケシに派遣されていた松井茂兵衛が、クナシリ産の偽の熊膽を巡って通詞の林右衛門に入牢を命じ、林右衛門救出のため、アツケシの惣乙名イコトイをはじめとする近郷近在の乙名達がツクナイとして差し出した「山中へ深く埋め或は古木の朽たる椌へ入れ秘蔵せし陣太刀、鞘巻の太刀、合口、短刀、其他宝物」など「此處の善き宝物」を全て自分の物とし、松前に戻ったのち松井茂兵衛がそれらを売り払い大金を得たことを、批判的に記している。その中には1振30両にもなった陣太刀があったとも述べられている。

　余市の場所請負人であった竹屋の「林家文書」にある天保14年（1843）の「詫一札之事」と題する古文書（駒木根2009）は、運上屋以外の出稼和人と、自家用のニシン・ニシンの白子・数の子・笹目（ニシンの腸と鰓が混ざった乾燥品）の商取引をした下ヨイチアイヌが運上屋に出した詫び証文で、謝罪の証拠として差し出された具体的な品々が判る貴重な史料である。史料によれば、科人の乙名ヲシトンコツから銀拵イカエフ（矢筒）1・銀拵イムシ（太刀）2・イムシ（大小取合）4の計7点、科人の母ケウシから銀フクリン（覆輪）の鍔？、脇乙名イコンリキ・小使ホフイ・産取で科人の弟レフン・産取イヌヌケ・産取ヌケクル・平夷人チ子ヘカの5名からは各々鍔1枚、小使カ子ヤからはイムシホ（短刀）1点、産取タサラからはイムシ（太刀）1点、産取ヒラトモからはイカイフ（矢筒）1点がツクナイとして問題解決までの間、運上屋に預け置かれている。ここでは、ツクナイが科人本人のみならず、所属する共同体全体の連帯責任として役夷人を中心に提出されていることと、家宝の中でも太刀・短刀・鍔・矢筒が選ばれている点、銀拵・銀装のものが一定量認められる点を確認しておきたい。

　以上、いくつかの史料からツクナイ・手印の対象となる宝物について検討した。史料的制約からアイヌの人々のなかで取り交わされるツクナイの中身については不明とせざるを得ないが、アイヌから和人に対して差し出されるツクナイ・手印の大部分は刀類であり、鍔と矢筒がこれに次ぎ、漆器は皆無に近いことが判明した。

　和人を相手に行われたツクナイや手印は、賠償・弁償から忠誠・服従の証明、さらには約束手

形的なものまで多様だが、当事者に加え連帯責任としてその者が所属する共同体の指導者層が負担するものであること、宝物の中でも刀類が特に選ばれることが特徴としてあげられる。

（3）アイヌの刀をめぐる習俗

　アイヌの人々は刀類や刀装具を時に呪術的な力を持った道具と考えていた。メッカ打ちや、ニウエンと呼ばれる呪術的な舞踏行進では刀が重要な役割を果たしている。
　メッカ打ちとは、死者の近親者の額（地方によっては頭または背）をエムシ（太刀）の背で血の出るまで打つ行事で、弔い客も同様に打たれるという（河野1951）。メッカは背（刀背）を意味するアイヌ語のmekkaに由来し、その目的は、身体についた悪神を払うことという。享保5年（1720）完成の新井白石の「蝦夷志」に登場し、寛政11年（1799）成立とされる秦檍磨筆「蝦夷島奇観」（東京国立博物館蔵）にはメッカウチの図（萱野編1995の18頁）がみられる。なお、松田傳十郎の『北夷談』にはアツケシの惣乙名イコトイがあちこちでチヤアランケ（「公事喧嘩」）を仕掛け、メッカ打ちをして負けた側から償いとして、刀・脇差・袴・塗ものの類などの宝物を差し出させたため、「東地一番の宝持」と称するとの記載が見られる。これについては久保寺逸彦氏が指摘するように、和人が太刀によるメッカ打ちとスッと呼ばれる棍棒による制裁を混同し、またスッ打ちが興行化されていたことを物語る（佐々木編2001）。
　また、凶事における悪霊退散や遠くから帰ってくる舟を迎える場合などに行われる呪術的な舞踏行進（ニウエン）では、男たちが抜身の太刀を振りかざし力を込めて足を踏みしめながら行進する。また、舟上でも太刀や鎧を抜き放ち掛け声激しく船を進める。ニウエンもまた、秦檍磨の「蝦夷島奇観」に図（谷本2000の229頁）がみられ、メッカ打ち同様、和人の眼に奇異に映る風習であった。ウケウェホムシュとも呼ばれるニウエンの起源は古く、正平11・延文元年（1356）成立の『諏訪大明神絵詞』には蝦夷が千島に戦場に臨む際に甲冑に身を固めウケウェホムシュを行う人々が住んでいたと記されている。

（4）蝦夷拵の太刀・腰刀の製作と流通

　日本刀とは著しく異なる蝦夷刀について、18世紀に書かれた蝦夷地に関する紀行文などには、カラフト産とする見方がみられる。例えば、古いところでは、元文4年（1739）成立とされる「蝦夷随筆」（寺沢・和田・黒田編1979）のなかで筆者の坂倉源次郎は、「エグシ蝦夷細工にてはなし。カラフト渡りなり。銀の多き所か大方銀のがざりにて、獣草などの彫物あり。刀は八、九寸ばかりありて赤さびになりてあり。夷殺害の事なき故刀を磨くこともなく、宝物として秘し置故なり」と述べ、銀拵の蝦夷太刀がアイヌ自製のものではなく、カラフト産との見方を示している。その一方で俗に「蝦夷後藤」と呼ばれる手の込んだ刀装具については、「昔、畿内の戦乱を避け近江から松前に渡った金工家の後藤一門がアイヌ向けに製作したもので、今では松前やその周辺からは姿を消し、山奥のアイヌが稀に伝世品を所持している」と述べている。天明8年（1783）に幕府巡見使に随行して松前に渡った古川古松軒も、「東遊雑記」（大藤編1964）のなかで、「太刀も数多あることにて、何れも北方の遠き島より前まえは渡りしものと見えて、制の違いあり」

と述べ、多様な蝦夷太刀すべてがカラフト産との見方を示している。

確かに、ヴェリュの「世界図」(1562年)やオルテリウスの「太平洋図」(1589年)では北海道島が Isla de Plata（銀の島）と表記され、オランダ東インド会社の金・銀島探検計画により1643年に北海道島太平洋・オホーツク海沿岸・南千島・樺太南部の東海岸を周航したフリース船隊の航海記録（北構1983）には、カラフト（サハリン）島タライカ湾沿岸やウルップ島で、原住民が銀拵の刀を所持しているとの記載がある。しかし、実際にはカラフト（サハリン）島はもちろん、沿海州においても金物装飾に富むタイプの蝦夷刀が製作された痕跡は全く確認できない。

一方、田沼意次政権による天明5・6年（1785・86）の蝦夷地探検隊の見聞記録である「蝦夷拾遺」では、蝦夷太刀はみな本朝の衛府の太刀鞘巻あるいは山刀などの古物で、およそ刀身は失われており、「蝦夷後藤」と呼ばれる金具は古代の江州彦根の柳川製のように見えるとし、さらに今エムシとしてアイヌの人々に渡しているのは「松前及秋田淳代等の麤鍛冶が作りたる鈍鍛ひなり」と述べられている。琵琶湖の湖畔に位置する柳川は、松前に進出した近江商人の主要な出身地であり、その意味では蝦夷地との繋がりは深いものの、柳川で「蝦夷後藤」と称されるような上手の刀装具が生産されていた形跡は全く確認できず、その可能性は低いといわざるを得ない。それに対して18世紀代に松前や日本海交易で栄えた秋田や能代でアイヌ向けに下手の刀や刀装具を製作している可能性は高い。

結論から言えば、木製・樹皮巻の鞘や柄などの拵やそれに付く金属板を少し加工した程度でできる金物類はアイヌの人々の手になるものだが、平造りを特徴とする刀身は勿論、鍔をはじめとする金属製の刀装具の大部分は、和製と考えるべきである。しかし、問題はそれが和製だとしても、日本国内のどこで作られ、どのようなルートでアイヌの人々の手に渡ったかである。その答えはウイマムと呼ばれる藩主への御目見儀礼やオムシャと呼ばれる会所で行われた下賜・支給儀礼に求めることができよう。

松前藩のウイマム（御目見）について検討した菊池勇夫氏は、「松前主水広時日記」にある事例を挙げ、アイヌ乙名層の代替わりの際の御目見において行われる松前藩主とアイヌとの間に刀の献上・下賜のやり取りが、アイヌの松前藩に対する忠誠と松前藩による乙名としての認知が相互に確認されたと指摘する（菊池1991）。菊池氏が例として挙げたのは元禄5年（1692）5月29日のアツタ酋名（乙名）シモタカ犬と同年6月2日のナコタラへのモネヅシ・オサルシモの御目見で、どちらもアイヌからは手印として小柾作り（アイヌが製作する彫刻を施した木製鞘に入った刀と思われる）1振が献上され、藩主（松前矩廣）からはエモシポ（短刀）が下賜されている。

領内に住むアイヌのウイマム（御目見）の際、盛岡藩や弘前藩でも同様の蝦夷刀の下賜が行われていたことを筆者も指摘したことがある（関根2007b・2007c）。寛文5年（1665）7月に行われた南部領下北アイヌの「御目見」では、盛岡藩主から「夷太刀」が下賜されており（盛岡藩雑書：『青森県史』資料編近世1の421頁所収）、弘前藩でも享保9年（1724）2月17日、5代藩主津軽信寿が弘前城の武具蔵より「狹刀二腰」を取り出させ手元に置いたとの記事が藩庁日記（国日記）に見られる（『青森県史』資料編近世1の557頁）。いずれも藩が領内の本州アイヌを支配する道具として、「狹装束」の最も重要な要素である蝦夷拵の刀を管理し、時に下賜していたことを

示している。

　武家社会では主従関係を確認する御目見の際、刀剣類の下賜は一般的にみられる行為であり、藩主からアイヌの乙名層への蝦夷刀の下賜もその延長線上に位置づけられよう。しかし、ウイマムは本来、異なる社会集団や民族間での儀礼的要素を含んだ交易や贈答であったわけで、近世幕藩体制成立以前、あるいは成立以後も、和人とアイヌの関係性が大きく変わるシャクシャインの戦いまでは、アイヌの人々は刀類（日本刀を含む）をそうした交易や贈答という形で和人から入手していたと想定できよう。シャクシャインの戦い以降、アイヌの人々が日本刀を入手する機会は失われた。蝦夷刀の場合、時代を遡れば遡るほど交易に近く、時代が下るにつれ贈答儀礼的意味合いが強くなり、最終的にウイマムやオムシャの際の下賜という形が定着したのではなかろうか。実際、蝦夷地交易品目のなかに刀類はほとんど確認できず、管見では松田傳十郎『北夷談』（大友 1944）で山丹交易における蝦夷刀の交換比率が、蝦夷刀1振＝北蝦夷地産貂皮9枚＝米18升と示されているのを確認したにとどまる。シャクシャインの戦い以降は、基本的に蝦夷刀が純粋な商品（交易品）として一般流通することはなくなった可能性を指摘しておきたい。

　一方で、藩主松前家や松前藩の重臣が蝦夷刀を保持していたことを示す資史料はウイマム（御目見）に関する史料以外にも存在する。

　伝世品としては、越後黒島の阿部家に伝わった蝦夷拵腰刀（新潟市指定文化財）が挙げられる。この腰刀は、柄全体と鞘の両端を桐と鳳凰を高彫りした銀板で包んだ典型的な蝦夷拵の腰刀で、江戸後期の阿部家の当主良伯の実弟が松前藩医を務めた際に下賜されたものという（新潟市 2002）。

　寛政10年（1798）に近藤重蔵・村上島之丞らとともに北方探検をおこなった水戸藩医師木村謙次（1752-1811）の「北行日録」（山崎編 1983）には、「厚谷新下蝦夷後藤刻刀飾ノ器ヲ示ス、牡丹彫金ノスリハゲ銀ノ色ヲアラハシタルモノナリ」との記述がみられ、松前藩の近侍番頭や奥用人を務めた厚谷新下貞政が「蝦夷後藤」と称される牡丹文が高彫された上手の銀製刀装具を保持していたことが判る。

　江戸時代には、本州でそうした蝦夷刀や蝦夷拵を製作していた形跡は全く確認できていないことから、それらの主たる生産地は松前城下と考えるのが妥当であろう。青森市浪岡城跡や青森県八戸市根城跡からは蝦夷拵用と思われる質の劣る太刀鍔の鋳型が発見されており（関根 2007b・2007c）、戦国期には道南の松前・上之国・下之国周辺に加え、北奥の主要な中世城館やその城下でもアイヌ向けの刀や刀装具が作られていたとみてよいだろう。一方、京で作られた上手の刀装具は、日本海交易によって北海道島や北奥に運ばれた後、アイヌの人々によって蝦夷拵に組み立てられたとみられる。

(5) 小　　　結
　アイヌの人々が本州から渡来した古い武器・武具やそれを写したものを宝物として珍重し、時にそれらの道具が社会の様々な問題を解決する術として機能する様は、アイヌ社会を観察する機会を得た和人の眼には奇異に映ったようであり、紀行文などに記録された。

一方、中世の和人社会においても、中国産の倣古銅器や高級陶磁器類が座敷飾りや茶道具として珍重され、大名物の茶道具に破格の値が付き、武功に対する恩賞となるなど、特別な扱いを受けた。例えば、日本社会では、鎌倉時代以降ずっと中国産の天目茶碗に対する需要があり、中国で天目茶碗の生産が衰退した明代以降も中国から宋や元代に作られた古物が輸入され、あるいは瀬戸窯などで古い唐物天目碗を模した製品が作られ続けた。それは本州で武器・武具としての太刀や大鎧・胴丸が廃れた後も、アイヌの人々がそれらを求め続けた姿に重なる。日本の武家社会が宋風の宗教文化に根差した唐物を良しとしたように、アイヌ社会では中世前期の和製武器・武具が好まれ続けた。

本節では、和人によって書き留めた古記録類や出土資料を通してアイヌの宝物の頂点に和製の武器・武具やそれを写したものがあり、それらはアイヌ社会の中で、あるいは和人との関わり合いの中で、集団関係を円滑化する機能を持っていたことを確認した。そうした価値観は、出土品からみてアイヌ文化成立期にまで遡る可能性が高く、古記録から19世紀に至るまで長く保持され続けたことが判明する。

本節では、アイヌの刀類は、彼らの手になる木製あるいは金属板に簡単な加工を加えた刀装具を除き、基本的に和製であり、古くは交易品であったが、時代が下るにつれ贈答儀礼品となり、最終的にはウイマムやオムシャの際の下賜品になったとの見方を示した。また、京で作られた上手の製品を除き、蝦夷刀・蝦夷拵の主たる生産地は、中世には上之国・下之国や津軽・南部といった津軽海峡周辺域、近世には松前城下と推定した。今後、松前城下の発掘調査が進み、松前での金属加工の実態が解明されることを期待したい。

〔註〕
1）例えば東北歴史博物館が所蔵する杉山寿栄男氏旧蔵の重要文化財「白長覆輪太刀」は北海道沙流郡で、同じく「銀蛭巻太刀」は樺太の東多来加（現ロシア連邦サハリン州ポロナイスキー区プロムィスロヴォーエ）で収集されたものである（東北歴史博物館 2001）。
2）摩周湖南東の西別岳に源を発し根釧台地を経て別海でオホーツク海にそそぐ西別川はサケの名産地として知られ、そこで獲れるサケは「西別鮭」として評価が高い。
3）栄町1遺跡で刀や鎧が出土したとの報を受けた名取武光氏が調査を行ったが、出土状態に不自然さを感じた沢口清氏が第一発見者に確認したところ、正式な調査前に発見されたとされる「刀と鎖、鎧」は実は大浜中遺跡から発見されたものであることが明らかになったという（佐藤 1992b）。
4）星兜と鍬形の出土地については加藤克氏の詳細な検討により、札幌市北1条西8丁目であることが突き止められた（加藤 2001）。
5）アイヌの鍬形の編年を行った瀬川拓郎氏は、アイヌの鍬形は17世紀に成立したとし、札幌市北1条西8丁目出土の鍬形（本節図31-1）の年代をⅢ群（19世紀前半）としている。瀬川氏の考えが正しいとすると、この鍬形は作られてから明治20年（1887）に発見されるまで、50年前後しか土中になかったことになる。また、その場合、一緒に掘り出された12間厳星兜（図31-3）や大鎧の脇冠板（同4）とは年代があまりにかけ離れ、到底一括埋納資料とはみなせなくなる。しかし同じ場所から同時にこれらの宝器が出土している以上、一括埋納遺物とみるのが自然である。瀬川氏は材質について銅と亜鉛の合金である真鍮から鉄へ変化したとし、真鍮の国内生産が始まる17世紀を上限としているが、筆者はこの考え方に反対である。鍬形に限らず、17世紀以前のアイヌの金属製品には刀子にしても矢筒にしても鉄地に銀で装飾したものが多くみられることから、鍬形に関しても札幌市北1条西8丁目出土の鍬形（本節図31-1・2）のように鉄地や木胎鉄板貼りに銀象嵌のものが古く、真鍮製のものが新しいと考えるべきである。

4　副葬品からみたアイヌ文化の変容

はじめに

　近年、日本列島に展開した文化の多様性が明らかになるにつれ、北はサハリン・北海道・クリル諸島から東北地方の北端部にいたる地域に居住していたアイヌ民族の歴史に対する関心が高まりをみせている。蝦夷錦や青玉といった山丹交易品、あるいは本州の和人から入手した各種漆器類や金属製品など宝物（イコロ）に代表される工芸品は、彼らの交易活動の活発さとともに、その豊かな物質文化の一端を垣間見せてくれる。

　本節で取り上げるアイヌ墓の研究は、アイヌ民族に関する形質人類学的関心に基づく初期の研究に始まり、日本考古学でも長い歴史を有する分野のひとつである。にもかかわらず、初期のアイヌ墓の発掘事例の多くが、しばしば「骨探しを目的とした墓あばき」と批判されるように、正しい考古学的手法を欠いたものであり、後年、アイヌの墓制研究を阻害する原因ともなったことは、誠に遺憾なことである。

　1970年代末頃からは、道内各地の開発工事に伴う緊急発掘調査で、アイヌ墓の検出が相次ぎ、考古学上の基礎的データが蓄積されるようになった。そのなかで千歳川流域の発掘調査事例に基づき、近世アイヌ墓の墓坑形態・頭位方向・副葬品の検討を行った田村俊之氏の報告（田村1983）は、初めて本格的に考古学的手法を用いて近世アイヌの葬制に取り組んだ研究として高く評価される。また、平川善祥氏は、道内で発掘された近世・近代のアイヌ墓を集成し、アイヌ墓に関する考古学的知見をとりまとめた（平川1984）。

　筆者は、これまで東北地方において発掘調査された近世墓約1,300基のデータをもとに、副葬品の分析を行い、食膳具にみられる地域差や喫煙率、近世鏡の変遷、近世大名の質的変化について論じた（関根1999・2000・2002）。それらの分析を通して、近世墓の副葬品が、近世社会の経済システムや社会構造、習俗等の問題を解明する上で、極めて有効な歴史資料であることが確かめられた。

　北海道のアイヌ墓は一般に豊富な副葬品を有することで知られており、副葬品の種類や構成の分析から、アイヌ社会の構造や風俗、交易の在り方等を論じるための有益な情報が得られる可能性が大きい。平川氏の集成から約20年が経過し、その後新たに蓄積された資料も多い。また、アイヌの葬制に関しては、古老からの聞き取り調査によるデータの蓄積もあるが、考古資料との本格的比較検討は未だ行われていない。

　本節では、はじめにアイヌ墓の副葬品に関して考古学的事実を明らかにし、その歴史的意味合いを考察する。次いで民族誌との比較を試み、考古資料と民族誌との異同とその原因を論じる。なお、本節は、2003年5月25日、日本大学で行われた日本考古学協会第69回総会において研究発表した分析（関根2003b）に基づくものである。

60   第Ⅰ章　北方交易に関する考古学的研究

表3　発掘調査された中近世アイヌ墓とその副葬品（1）

遺跡名・墓壙名	所在地	被葬者 性	被葬者 年齢	武器具 太刀腰刀	武器具 刀装具	武器具 小札等	狩猟具 矢筒	狩猟具 鏃・中柄	工具 刀子	工具 山刀	工具 手斧	工具 鉈	工具 鎌	工具 針	工具 針入	工具 砥石	副葬 漁労具 鉤銛	副葬 漁労具 銛	副葬 漁労具 ヤス	副葬 漁労具 鉤針	副葬 中柄
香深井5遺跡1号墓壙	礼文町香深井字カフカイ	男	熟年	1					1												
香深井5遺跡2号墓壙	礼文町香深井字カフカイ	?	?						1												
香深井5遺跡3号墓壙	礼文町香深井字カフカイ	?	?						1												
香深井5遺跡4号墓壙	礼文町香深井字カフカイ	?	熟年																		
泊岸1遺跡第1号人骨	稚内市宗谷村清浜	男	8歳前後	3														2			
泊岸1遺跡第2号人骨	稚内市宗谷村清浜	女	熟年						1												
ピリカタイ遺跡	稚内市宗谷村宗谷202	?	?																		
オンコロマナイ貝塚墳墓1	稚内市宗谷村清浜	女	成人						1												
オンコロマナイ貝塚墳墓2	稚内市宗谷村清浜	?	新生児																		
オンコロマナイ貝塚墳墓3	稚内市宗谷村清浜	女	成人						2												
内淵墳墓第2号人骨	名寄市日進	?	?																		
内淵墳墓第4号人骨	名寄市日進	?	?																		
内淵墳墓第5号人骨	名寄市日進	男	成人			1															
内淵墳墓第6号人骨	名寄市日進	女	熟年			1															
柳沢遺跡第19地点	紋別市渚滑町2	男	30歳代																		
網走川口遺跡（モヨロ貝塚）上層	網走市北1条東2丁目	女	成人						2				1								
オンネベツ川西側台地遺跡PIT4	斜里遠音別地先	男	壮年	1																	
オンネベツ川西側台地遺跡PIT7	斜里遠音別地先	?	?	1	1																
オンネベツ川西側台地遺跡PIT11	斜里遠音別地先	女	壮年						1												
オンネベツ川西側台地遺跡PIT13	斜里遠音別地先	女	成人																		
オンネベツ川西側台地遺跡PIT14	斜里遠音別地先	女	熟年																		
オシャマップ川遺跡	斜里町真鯉	女	成人																		
植別川遺跡3号墓	目梨郡羅臼町519-1	?	?						1												
浜別海（別海2）遺跡	別海町本別海7	?	?	2					1												
コタンケシ遺跡集石墓	根室市牧の内105-1	女	成人																		
温根沼第2遺跡第1号墓	根室市温根沼市街地	?	若年	1					1												
温根沼第2遺跡第2号墓	根室市温根沼市街地	?	?						1												
温根沼第4遺跡第1号墓	根室市和田幌茂尻	男	成人	2					1												
温根沼第4遺跡第5号墓	根室市和田幌茂尻	男	成人																		
下仁々志別堅穴群遺跡	阿寒町仁々志別21線	男	壮年																		
釧路市幣舞遺跡第10号墓	釧路市幣舞町4	?	?																		
釧路市幣舞遺跡第11号墓	釧路市幣舞町4	女	30歳前後																		
釧路市幣舞遺跡第39号墓	釧路市幣舞町4	女	30歳前後						1												
釧路市幣舞遺跡第43号墓	釧路市幣舞町4	女	20～30歳						1												

4 副葬品からみたアイヌ文化の変容

品 食器等				喫煙具				装身具					鏡	銭	その他	副葬品の詳細	備考	文献
陶磁器	漆器	鉄鍋	キセル	火打石	火打金	煙草入	耳飾	垂飾	硝子玉	琥珀玉						
																礼文町教育委員会 1999
	1	1														礼文町教育委員会 1999
	2		1										編み物1	椀1膳1	椀は南部箔椀	礼文町教育委員会 1999
															2号墓の下で検出	礼文町教育委員会 1999
1		1						1	4				礼帽（鉢巻）頸飾	17c肥前磁器小皿1		稚内市教育委員会 2000
	1						1							赤漆塗角盆1		稚内市教育委員会 2000
		1												雁首1		佐藤 1964
	1	1					2							椀1		大場・大井 1973
									60							大場・大井 1973
	1	1	1											椀1 吊耳三足鉄鍋1		大場・大井 1973
									34						墓坑上層に焼土層(晩火？)	名寄市教育委員会 1963
															墓坑上層に焼土層(晩火？)	名寄市教育委員会 1963
															墓坑上層に焼土層(晩火？)	名寄市教育委員会 1963
	2													椀1	墓坑上層に焼土層(晩火？)	名寄市教育委員会 1963
			1													紋別市教育委員会 1975
	1						1					1		寛永通貨1		米村 1950
														腰刀1		斜里町教育委員会 1993b
	1								1					太刀1 小柄1	1739年以前	斜里町教育委員会 1993b
	1						1								1739年以前	斜里町教育委員会 1993b
	2	1												漆椀1 不明漆器1 吊耳鉄鍋1	2体合葬	斜里町教育委員会 1993b
	1	1					1							吊耳鉄鍋1	再埋葬？	斜里町教育委員会 1993b
														吊耳鉄鍋1		斜里町教育委員会 1993b
	1							2						杯1	耳飾りの下から筵状の編み物(｢キナ｣)	恵庭市教育委員会 1981
								2						太刀1 腰刀1		藤田ほか 1971
	1	1						2	409			16		漆椀1 内耳鉄鍋1	開元通貨2 北宋銭10 明銭4	根室市教育委員会 1994
	1															児玉・大場 1956
	1	1						2							安政3年降下火山灰の下 (1856年以前)	児玉・大場 1956
	1	1													1886年以前	児玉・大場 1956
																児玉・大場 1956
1														越前産焼酎徳利1	Mea1(雌阿寒岳第1火山灰)の上(1765年以降)	阿寒町教育委員会 1965
																釧路市埋蔵文化財調査センター 1994
																釧路市埋蔵文化財調査センター 1994
		2												吊耳三足鉄鍋1		釧路市埋蔵文化財調査センター 1994
	1	1						2	49			54	竹製管玉8	唐銭2 北宋銭31 金銭1 明銭20	内耳鉄鍋1	釧路市埋蔵文化財調査センター 1994

62　第Ⅰ章　北方交易に関する考古学的研究

遺跡名・墓壙名	所　在　地	被葬者 性	被葬者 年齢	武器具 太刀腰刀	武器具 刀装具	武器具 小札等	狩猟具 矢筒	狩猟具 鏃・中柄	工具 刀子	工具 山刀	工具 手斧	工具 鉈	工具 鎌	工具 針	工具 針入	工具 砥石	漁労具 鉤銛	漁労具 銛	漁労具 ヤス	漁労具 鉤針	漁労具 中柄
釧路市幣舞遺跡第70号墓	釧路市幣舞町4	女	?	1					3												
ノトロ岬遺跡A-1号墓	音別町尺別	?	?	1					1												
ノトロ岬遺跡A-2号墓	音別町尺別	?	?	1				2	1					2					1		
ノトロ岬遺跡A-3号墓	音別町尺別	?	?	1					1												
十勝太若月遺跡土坑109	浦幌町下浦幌東	女	青年						1		1										
額平川2遺跡6号土坑	平取町荷負71	?	壮年〜熟年	1	2	1			14												
イルエカシ遺跡2号墓	平取町二風谷103	女	40歳前後						1	1			1								
二風谷遺跡1号墓	平取町二風谷	男	壮年〜熟年	1	9				14	1	1			1							
二風谷遺跡2号墓	平取町二風谷	?	?	1	4				20	4	1										
平取桜井遺跡GP-1	平取町本町35	女	壮年					3	1	1							1				
平取桜井遺跡GP-2	平取町本町36	女	若年						1				1								
平取桜井遺跡GP-3	平取町本町37	男	壮年																		
オパウシナイ1遺跡GP-1	平取町本町157	女	16〜18歳																		
オパウシナイ1遺跡GP-2	平取町本町157	女	熟年						1												
オパウシナイ1遺跡GP-3A	平取町本町157	?	6歳																		
オパウシナイ1遺跡GP-3B	平取町本町157	女	2〜3歳																		
オパウシナイ1遺跡GP-4	平取町本町157	女	12〜13歳					2	1	1							1				
オパウシナイ1遺跡GP-5	平取町本町157	女	20〜30代					1													
静川22遺跡第2号墳墓	苫小牧市静川100-1	男	熟年	1					2	1										1	
タプコプB遺跡墓坑	苫小牧市植苗	?	?	1				13	2	1							1				
植村B遺跡墓坑	苫小牧市美沢	男	成人	2				5	1	1							1				
美沢15遺跡IP-1	苫小牧市美沢	?	?						1												
美々4遺跡IP-121	千歳市美々988	?	?																		
美々8遺跡IP-1	千歳市美々1292	?	?						1												
ウサクマイN遺跡第1号近世アイヌ墓	千歳市蘭越	男	20歳代	2					2												
ウサクマイN遺跡第2号近世アイヌ墓	千歳市蘭越	?	?	1					1												
ウサクマイN遺跡IP-1A	千歳市蘭越	?	熟年						1												
ウサクマイB遺跡第1号アイヌ墓	千歳市蘭越62	?	?	1																	
ウサクマイB遺跡第2号アイヌ墓	千歳市蘭越62	女	成人						1			1									
ウサクマイB遺跡第3号アイヌ墓	千歳市蘭越62	男	熟年						1										2		

4 副葬品からみたアイヌ文化の変容　63

品 食器等				喫煙具					装身具					鏡	銭	その他	副葬品の詳細	備　考	文　献
陶磁器	漆器	鉄鍋	キセル	火打石	火打金	煙草入	耳飾	垂飾	硝子玉	琥珀玉						
	1												鎹1 不明鉄製品5			釧路市埋蔵文化財調査センター 1994
	1													椀1		音別町教育委員会 1984
																音別町教育委員会 1984
	1													椀1		音別町教育委員会 1984
1	1													椀1	Ta-bの上(1667年以降)のMe-aを切る	浦幌町教育委員会 1975
													ボタン状1 鎹状1	小札1 刀柄1 縁金具1	Ta-bの下(1667年以前)	平取町教育委員会 1990
4	1	1												鍬先1	Ta-bの下(1667年以前)墓標穴あり 鉄鍋は墓坑外	平取町教育委員会 1988
3													槍1	御敷1 椀1 中柄は矢柄？	Ta-bの下(1667年以前)椀は南部箔椀	北海道埋蔵文化財センター 1986
														中柄は矢柄？	Ta-bの下(1667年以前)	北海道埋蔵文化財センター 1986
1			1											椀1	Ta-bの上(1667年以降)	平取町教育委員会 1999
2			3	2	1	1								椀2	Ta-bの上(1667年以降)	平取町教育委員会 1999
		1													Ta-bの上(1667年以降)	平取町教育委員会 1999
2													釘3 碟2	椀2	Ta-bの上(1667年以降)	平取町教育委員会 1997a
1		1											釘1	椀1	Ta-bの上(1667年以降)	平取町教育委員会 1997a
2														椀2	Ta-bの上(1667年以降)	平取町教育委員会 1997a
															Ta-bの上(1667年以降)	平取町教育委員会 1997a
2													釘15	椀2	Ta-bの上(1667年以降)	平取町教育委員会 1997a
															Ta-bの上(1667年以降)	平取町教育委員会 1997a
		1													Ta-bの上(1667年以降)	苫小牧市教委・埋文センター 1982
2	1	1												膳1 椀1 内耳鉄鍋1		苫小牧市教育委員会 1963
2												2		膳1 椀1 嘉祐通貨1 洪武通貨1		多田 1967
													碟		Ta-cの上	北海道埋蔵文化財センター 1995a
					1										Ta-bの下(1667年以前)	北海道埋蔵文化財センター 1996b
	1													内耳三足鉄鍋1	Ta-bの下(1667年以前)墓標穴あり	北海道埋蔵文化財センター 1992a
								1							Ta-aの下(1739年以前)	千歳市教育委員会 1977
1														椀1	Ta-aの下(1739年以前)	千歳市教育委員会 1977
1	1													椀1 内耳三足鉄鍋1	Ta-aの下(1739年以前)	北海道埋蔵文化財センター 2001a
														工事中発見 太刀は現存せず鍔のみ		千歳市教育委員会 1974
1		1	1	1									火口入れ1	鉢1		千歳市教育委員会 1974
1		1			1									椀1	Ta-aの下(1739年以前)鈎針は袋に入った状態で出土	千歳市教育委員会 1974

第Ⅰ章 北方交易に関する考古学的研究

遺跡名・墓壙名	所在地	性	年齢	太刀腰刀	刀装具	小札等	矢筒	鏃・中柄	刀子	山刀	手斧	鉈	鎌	針	針入	砥石	鉤銛	銛	ヤス	鉤針	中柄
ウサクマイB・C地点 AP-2墓壙	千歳市蘭越	?	9歳前後	1																	
ウサクマイB・C地点 AP-13墓壙	千歳市蘭越	男	成人	1				17	1												
ウサクマイB・C地点 AP-14墓壙	千歳市蘭越	男	成人	1				13	1												
ウサクマイB・C地点 CP-1墓壙	千歳市蘭越	男	熟年						1	1										1	
梅川3遺跡 IP-1	千歳市祝梅	?	熟年									1	1								
梅川3遺跡 IP-461	千歳市祝梅	?	壮年						1												
梅川3遺跡 IP-490	千歳市祝梅	?	壮年	1		3			2											1	
末広遺跡 IP-1	千歳市中央	女	成人						1			1	1								
末広遺跡 IP-2	千歳市中央	?	若年						1												
末広遺跡 IP-3	千歳市中央	女	成人						3				1								
末広遺跡 IP-14	千歳市中央	男	成人	1				36	1												
末広遺跡 IP-30A	千歳市中央	男	成人	1					1												
末広遺跡 IP-30B	千歳市中央	男	成人	1					1												
末広遺跡 IP-45A	千歳市中央	?	成人	1					1												
末広遺跡 IP-45B	千歳市中央	?	若年	1		1		10													

4 副葬品からみたアイヌ文化の変容

| 食器等 ||| 喫煙具 |||||装身具 |||||鏡|銭|その他|副葬品の詳細|備考|文献|
陶磁器	漆器	鉄鍋	キセル	火打石	火打金	煙草入	耳飾	垂飾	硝子玉	琥珀玉							
	1													椀1	Ta-aの下(1739年以前)	千歳市教育委員会1979
	1													椀1 シカ骨製矢柄17	Ta-aの下(1739年以前)	千歳市教育委員会1979
	1													シカ骨製矢柄13	Ta-aの下(1739年以前)	千歳市教育委員会1979
	2	1												膳1 椀1	Ta-aの下(1739年以前)	千歳市教育委員会1979
	2	1												椀2	Ta-aの下(1739年以前)	千歳市教育委員会1986
	2													椀2	Ta-aの下(1739年以前)	千歳市教育委員会1986
														椀1 小札3	Ta-aの下(1739年以前)	千歳市教育委員会1986
	3	1												盆1 椀2	Ta-aの下(1739年以前)吊耳三足鉄鍋1	千歳市教育委員会1982
	3	1				1			272					椀1 皿1 天目台1	Ta-aの下(1739年以前)吊耳三足鉄鍋1	千歳市教育委員会1982
	6	1												椀5 皿1	Ta-aの下(1739年以前)吊耳三足鉄鍋1	千歳市教育委員会1982
	2					2								盆1 椀1	Ta-aの下(1739年以前)骨製中柄と骨鏃合計36	千歳市教育委員会1982
	2													盆1 椀1	Ta-aの下(1739年以前)	千歳市教育委員会1982
															Ta-aの下(1739年以前)	千歳市教育委員会1982
													銀製品2		Ta-aの下(1739年以前)	千歳市教育委員会1982
														日本刀 桂甲	Ta-aの下(1739年以前)	千歳市教育委員会1982

表4 発掘調査された中近世アイヌ墓とその副葬品 (2)

遺跡名・墓壙名	所 在 地	性	年齢	太刀腰刀	刀装具	小札等	矢筒	鏃・中柄	刀子	山刀	手斧	鉈	鎌	針	針入	砥石	鈎銛	銛	ヤス	鈎針	中柄
末広遺跡 IP-52	千歳市中央	男	成人	1					1												
末広遺跡 IP-53	千歳市中央	?	青年	1				24	1												
末広遺跡 IP-54	千歳市中央	?	?	1				27	1						3	1				1	
末広遺跡 IP-58	千歳市中央	?	思春期						1	1						1					
末広遺跡 IP-59	千歳市中央	?	?																		
末広遺跡 IP-60	千歳市中央	?	成人	1		2		8	1												
末広遺跡 IP-61	千歳市中央	?	?																		
末広遺跡 IP-64	千歳市中央	?	?						2	1											
末広遺跡 IP-74	千歳市中央	女	成人		1				1												
末広遺跡 IP-81	千歳市中央	女	若年																		
末広遺跡 IP-84	千歳市中央	?	成人	2					1	1											
末広遺跡 IP-91	千歳市中央	?	?																		
末広遺跡 IP-111	千歳市中央	女	成人						2				1								
末広遺跡 IP-112	千歳市中央	女	熟年						1												
末広遺跡 IP-114	千歳市中央	男	成人	1				4	2	1											
末広遺跡 IP-122	千歳市中央	?	?						1												
末広遺跡 IP-124	千歳市中央	女	成人						1			1	1								
末広遺跡 IP-125	千歳市中央	?	若〜青年						1												
末広遺跡(続)IP-119	千歳市中央	?	幼児																		
末広遺跡(続)IP-125	千歳市中央	女	壮年						1	1											
末広遺跡(続)IP-140	千歳市中央	女	壮年						2			1	2								
キウス5遺跡 UP-138	千歳市中央	男	壮年	1																	
オサットー1遺跡 P-1	千歳市中央	?	?																		
オサットー1遺跡 P-2	千歳市中央	?	?						1	1											
ユカンボシC15遺跡 AP-1	千歳市長都	?	?	1				4	1			1		1							
ユカンボシC15遺跡 AP-2	千歳市長都	?	?																		
オサツ2遺跡 GP-A	千歳市長都	?	?																		
オサツ2遺跡 GP-B	千歳市長都	?	?						3		1	1									
ユカンボシE3遺跡B第100号土壙	恵庭市戸磯453	?	?	3					2						1						
カリンバ2遺跡第4地点 AP-1	恵庭市黄金95	?	?	1					2												
カリンバ2遺跡第4地点 AP-2	恵庭市黄金95	?	?	2					2												
カリンバ2遺跡第6地点 AP-3	恵庭市黄金95	?	?						1												
カリンバ2遺跡第6地点 AP-4	恵庭市黄金95	?	?																		

| 品 |||| 喫煙具 |||| 装身具 ||||| 鏡 | 銭 | その他 | 副葬品の詳細 | 備考 | 文献 |
| 食器等 ||||||||||||||||
陶磁器	漆器	鉄鍋	キセル	火打石	火打金	煙草入	耳飾	垂飾	硝子玉	琥珀玉						
															Ta-aの下(1739年以前)	千歳市教育委員会1981
															Ta-aの下(1739年以前)	千歳市教育委員会1981
									1					釘1 銅装飾1	Ta-aの下(1739年以前)	千歳市教育委員会1982
															Ta-aの上(1739年以降)	千歳市教育委員会1981
															Ta-aの下(1739年以前)	千歳市教育委員会1981
														椀1 小札2	鏃は骨製1チシマザサ製7Ta-aの下(1739年以前)	千歳市教育委員会1982
	1														Ta-aの下(1739年以前)	千歳市教育委員会1981
												1		祥符元宝1	Ta-aの下(1739年以前)	千歳市教育委員会1981
												1		太平通宝1 鍔1	Ta-aの下(1739年以前)	千歳市教育委員会1982
															Ta-aの下(1739年以前)	千歳市教育委員会1981
															Ta-aの下(1739年以前)	千歳市教育委員会1982
		1												吊耳三足鉄鍋1	Ta-aの下(1739年以前)	千歳市教育委員会1981
4							2		4					盆1 椀3	Ta-aの下(1739年以前)内朱外黒椀	千歳市教育委員会1982
1														椀1	Ta-aの下(1739年以前)内朱外黒椀	千歳市教育委員会1982
2		1												盆1 椀1	Ta-aの下(1739年以前)	千歳市教育委員会1982
												1		元祐通宝1	Ta-aの下(1739年以前)	千歳市教育委員会1982
2														椀2	Ta-aの下(1739年以前)内黒外朱椀	千歳市教育委員会1982
2	1													吊耳三足鉄鍋1	Ta-aの下(1739年以前)	千歳市教育委員会1982
1														椀1	Ta-aの下(1739年以前)	千歳市教育委員会1985
			1	2	1										Ta-aの上(1739年以降)	千歳市教育委員会1985
														硫黄12	Ta-aの下(1739年以前)	千歳市教育委員会1985
															Ta-aの直下(1739年以前)	北海道埋蔵文化財センター1997
		1												棒状鉄装飾品1		北海道埋蔵文化財センター1992b
				1										棒状鉄装飾品2	内耳鉄鍋1(一文字湯口)	斧と鉄鍋は墓坑外	北海道埋蔵文化財センター1992b
									2						Ta-aの下(1739年以前)	北海道埋蔵文化財センター1999
	1													内耳鉄鍋1	Ta-aの下(1739年以前)	北海道埋蔵文化財センター1999
1														礫2 椀1	Ta-aの下(1739年以前)	北海道埋蔵文化財センター1995b
														礫2	Ta-aの下(1739年以前)	北海道埋蔵文化財センター1995b
															Ta-aの下(1739年以前)	恵庭市教育委員会1992
															Ta-aの下(1739年以前)	恵庭市教育委員会1998
1															Ta-aの下(1739年以前)	恵庭市教育委員会1998
															Ta-aの下(1739年以前)	恵庭市教育委員会2000c
															Ta-aの下(1739年以前)	恵庭市教育委員会2000c

68　第Ⅰ章　北方交易に関する考古学的研究

遺跡名・墓壙名	所在地	被葬者 性	被葬者 年齢	武器具 太刀腰刀	武器具 刀装具	武器具 小札等	狩猟具 矢筒	狩猟具 鏃・中柄	工具 刀子	工具 山刀	工具 手斧	工具 鉈	工具 鎌	工具 針	工具 針入	工具 砥石	漁労具 釣銛	漁労具 銛	漁労具 ヤス	漁労具 釣針	漁労具 中柄
カリンバ2遺跡第6地点 AP-5	恵庭市黄金95	?	?		1				1					2							
中島松5遺跡近世墓	恵庭市中島松	男	熟年	1					3					1							
中島松7遺跡 AP-1	恵庭市中島松	男	壮年						1			1	1								
中島松7遺跡 AP-2	恵庭市中島松	?	?																		
中島松7遺跡 AP-3	恵庭市中島松	?	?						1												
元江別1遺跡近世アイヌ墓	江別市元江別	?	?	1					1												
K499遺跡第1号ピット	札幌市北区篠路1条10丁目	?	?	1					1												
K499遺跡第2号ピット	札幌市北区篠路1条10丁目	?	?	1					1												
K501遺跡第1号土壙	札幌市北区篠路町上篠路	?	?																		
K501遺跡第2号土壙	札幌市北区篠路町上篠路	?	?																		
K501遺跡第3号土壙	札幌市北区篠路町上篠路	?	?						2	1											
K501遺跡第4号土壙	札幌市北区篠路町上篠路	?	?						1												
K501遺跡第5号土壙	札幌市北区篠路町上篠路	?	?						1												
K501遺跡第6号土壙	札幌市北区篠路町上篠路	?	?						1				1								
K503遺跡第1号土壙	札幌市北区篠路町上篠路	?	?	1					3												
大川遺跡 GP-1	余市町大川町	男	成人	1			1		1												
大川遺跡 GP-3	余市町大川町	男	成人						1												
大川遺跡 GP-4	余市町大川町	?	成人		1																
大川遺跡 GP-6	余市町大川町	?	成人	1																	
大川遺跡 GP-9	余市町大川町	?	?	1																	
大川遺跡 GP-16	余市町大川町	?	?																		
大川遺跡 GP-18	余市町大川町	?	?																		
大川遺跡 GP-45	余市町大川町	女	熟年						3										1		
大川遺跡 GP-46	余市町大川町	男	成人	1					1												
大川遺跡 GP-106	余市町大川町	?	?																		
大川遺跡 GP-136	余市町大川町	?	成人						1												
大川遺跡 GP-346	余市町大川町	?	12〜14歳						1												
大川遺跡 GP-379	余市町大川町	?	?	1					1												
大川遺跡 GP-453	余市町大川町	女	成人	1				2	1	1	1										
大川遺跡 GP-496	余市町大川町	?	?	1																	
大川遺跡 GP-592	余市町大川町	?	?						1												
大川遺跡 GP-596	余市町大川町	?	?						1			1		1							
大川遺跡 GP-600	余市町大川町	?	?						1												
大川遺跡 GP-608	余市町大川町	男	成人						1												
大川遺跡 GP-613	余市町大川町	?	?						1				1								
大川遺跡 GP-643	余市町大川町	?	?																		
大川遺跡 GP-850	余市町大川町	?	成人						2												
大川遺跡 GP-851	余市町大川町	?	?																		
大川遺跡(1999)P1	余市町大川町	?	?	1			1		1												
大川遺跡(1999)P2	余市町大川町	?	?																		
大川遺跡(1999)P3	余市町大川町	?	?			1			1												
大川遺跡(1999)P5	余市町大川町	?	?																		

4 副葬品からみたアイヌ文化の変容

陶磁器	漆器	鉄鍋	キセル	火打石	火打金	煙草入	耳飾	垂飾	硝子玉	琥珀玉	鏡	銭	その他	副葬品の詳細	備考	文献
3	5	1					4		270					椀4膳1白磁小皿3	Ta-aの下(1739年以前)白磁は16世紀	恵庭市教育委員会 2000c
	1		1											椀1	Ta-aの下(1739年以前)	恵庭市教育委員会 1989
			1												Ta-aの下(1739年以前)	恵庭市教育委員会 1988
															Ta-aの下(1739年以前)	恵庭市教育委員会 1988
															Ta-aの下(1739年以前)	恵庭市教育委員会 1988
	1												鋤先1	椀(内外朱見込黒で桐紋)1	Ta-aの下(1739年以前)	江別市教育委員会 1981
																札幌市教育委員会 1999
	1															札幌市教育委員会 1999
													礫1		Ta-aの下(1739年以前)	札幌市教育委員会 1999
													板状鉄製品1		Ta-aの下(1739年以前)	札幌市教育委員会 1999
	1													椀1	Ta-aの下(1739年以前)	札幌市教育委員会 1999
	2														Ta-aの下(1739年以前)	札幌市教育委員会 1999
	5	1												椀1盆1	Ta-aの下(1739年以前)	札幌市教育委員会 1999
	3	1												椀1	Ta-aの下(1739年以前)	札幌市教育委員会 1999
	1													椀1	Ta-aの下(1739年以前)	札幌市教育委員会 1999
	3		1	2									金糸	膳1椀2		余市町教育委員会 2000b
	1		3											椀1		余市町教育委員会 2000d
									55				コイル状鉄製品	目貫1	巻貝状・瓢箪状ガラス玉	なし 筆者実見
																なし 筆者実見
	1															余市町教育委員会 2000d
	1														漆器種不明朱色	なし 筆者実見
																なし 筆者実見
	1			1												なし 筆者実見
			1						2							余市町教育委員会 2000d
																なし 筆者実見
													不明鉄製品1			なし 筆者実見
									1						青玉	なし 筆者実見
																余市町教育委員会 2000b
			1													余市町教育委員会 2000b
																余市町教育委員会 2000b
1									2				笹絵徳利1		青玉	なし 筆者実見
																余市町教育委員会 2000b
								2	252			45			唐1北宋37明7	余市町教育委員会 2000b
									420			27	サメ歯15 組金具2		唐1北宋24明2	余市町教育委員会 2000b
																なし 筆者実見
															大半が撹乱されている	なし 筆者実見
								2							GP-851より古	余市町教育委員会 2000c
	1													椀1	GP-850より新	余市町教育委員会 2000c
	1		1										舟釘1	椀1		余市町教育委員会 2001
	2													椀2	椀の1点は蒔絵	余市町教育委員会 2001
								2				1		鍔1	銭種不明	余市町教育委員会 2001
									1						青玉	余市町教育委員会 2001

70　第Ⅰ章　北方交易に関する考古学的研究

遺跡名・墓壙名	所在地	被葬者 性	被葬者 年齢	武器具 太刀腰刀	武器具 刀装具	武器具 小札等	狩猟具 矢筒	狩猟具 鏃・中柄	工具 刀子	工具 山刀	工具 手斧	工具 鉈	工具 鎌	工具 針	工具 針入	工具 砥石	漁労具 鈎銛	漁労具 銛	漁労具 ヤス	漁労具 鈎針	漁労具 中柄
大川遺跡(1999)P6	余市町大川町	?	?	1																	
大川遺跡(1999)P8	余市町大川町	?	?					1													
大川遺跡(1999)P10	余市町大川町	?	?	1					1												
大川遺跡(1999)P12	余市町大川町	?	?			1															

表5　発掘調査された中近世アイヌ墓とその副葬品　(3)

遺跡名・墓壙名	所在地	被葬者 性	被葬者 年齢	武器具 太刀腰刀	武器具 刀装具	武器具 小札等	狩猟具 矢筒	狩猟具 鏃・中柄	工具 刀子	工具 山刀	工具 手斧	工具 鉈	工具 鎌	工具 針	工具 針入	工具 砥石	漁労具 鈎銛	漁労具 銛	漁労具 ヤス	漁労具 鈎針	漁労具 中柄
大川遺跡(1999)P38	余市町大川町	?	?						3			1									
入舟遺跡GP-2	余市町入舟町	男	熟年					1	1												
入舟遺跡GP-3	余市町入舟町	?	?																		
入舟遺跡GP-5	余市町入舟町	女	?						1												
入舟遺跡GP-6	余市町入舟町	女	壮年	1																	
入舟遺跡GP-7	余市町入舟町	?	?																		
入舟遺跡GP-8	余市町入舟町	女	壮年						1					1							
入舟遺跡GP-9	余市町入舟町	?	壮年																		
入舟遺跡GP-10	余市町入舟町	女	壮年前半																		
入舟遺跡GP-11	余市町入舟町																				
入舟遺跡GP-12	余市町入舟町	女	?	1					1												
入舟遺跡GP-13	余市町入舟町	女	壮～熟年	1																	
入舟遺跡GP-14	余市町入舟町	?	?	1				1													
入舟遺跡GP-15	余市町入舟町	男	熟年後半	1											1						
入舟遺跡GP-16	余市町入舟町	男	壮年前半						1												
入舟遺跡GP-17	余市町入舟町	?	8歳前後																		
入舟遺跡GP-18	余市町入舟町	?	?						1												
入舟遺跡GP-21	余市町入舟町	?	壮年	1				1													
東山遺跡昭和31年度第2号	岩内東山	女	老年																		
東山遺跡昭和32年度第2地点	岩内町東山	女	成人						1					1							
堀株1遺跡4号土壙墓	泊村大字堀株村	?	?	3																	
堀株1遺跡5号土壙墓	泊村大字堀株村	?	?	3					1												
堀株1遺跡21号土壙墓	泊村大字堀株村	?	?						3												
堀株2遺跡13号土壙墓	泊村大字堀株村	?	?	1																	
堀株神社遺跡Pit12	泊村大字堀株村	女	8歳前後						1							1					
堀株神社遺跡Pit14南側	泊村大字堀株村	男	10歳																		
堀株神社遺跡Pit14北側	泊村大字堀株村	男	8歳																		
堀株神社遺跡Pit18	泊村大字堀株村	?	?													1					
寿都遺跡第1号人骨	寿都町朱太川左岸	女	成人		1																
寿都遺跡第2号人骨	寿都町朱太川左岸	男	成人	1																	

4　副葬品からみたアイヌ文化の変容　71

陶磁器	漆器	鉄鍋	キセル	火打石	火打金	煙草入	耳飾	垂飾	硝子玉	琥珀玉	鏡	銭	その他	副葬品の詳細	備考	文献
	1													椀1		余市町教育委員会 2001
	1		1													余市町教育委員会 2001
	1													椀1	漆椀は蒔絵	余市町教育委員会 2001
	3											1		盆1椀2	新寛永1(1700年以降)小札1	余市町教育委員会 2001

陶磁器	漆器	鉄鍋	キセル	火打石	火打金	煙草入	耳飾	垂飾	硝子玉	琥珀玉	鏡	銭	その他	副葬品の詳細	備考	文献
	4		2		1									椀1		余市町教育委員会 2001
	1		1	1	1									漆椀1		余市町教育委員会 1999
			1													余市町教育委員会 1999
					1											余市町教育委員会 1999
	2		1				2							漆盆1漆椀1		余市町教育委員会 1999
			1	1	1											余市町教育委員会 1999
	6		1	1	1		2		5					行器1		余市町教育委員会 1999
	1															余市町教育委員会 1999
	1						2						骨角器1			余市町教育委員会 1999
	1		1													余市町教育委員会 1999
	2		1									1		漆椀1 文銭1(1668年以降)		余市町教育委員会 1999
	1													漆椀1		余市町教育委員会 1999
	3		1	1	1									膳1漆椀2		余市町教育委員会 1999
	1		1											漆椀1		余市町教育委員会 1999
	3													膳1漆椀2		余市町教育委員会 1999
	1													漆椀1		余市町教育委員会 1999
	8	1	1				4							行器1漆盆1		余市町教育委員会 1999
	3		1											膳1漆椀2	高台寺蒔絵を含む	余市町教育委員会 1999
															伸展葬木棺	岩内町教育委員会 1958
			1	1	1								鉄鏃		伸展葬木棺	岩内町教育委員会 1958
																河野・小柳 1992
	4													膳・高皿・椀・蓋各1		河野・小柳 1992
																河野・小柳 1992
	4		1													河野・小柳 1992
	2															泊村教育委員会 1996
	1															泊村教育委員会 1996
												1		新寛永1(1700年以降)		泊村教育委員会 1996
																泊村教育委員会 1996
											2			小柄1菊花双鶴鏡1	第3~9号人骨は詳細不明	寿都町教育委員会 1963
																寿都町教育委員会 1963

72　第Ⅰ章　北方交易に関する考古学的研究

遺跡名・墓壙名	所在地	被葬者 性	年齢	武器具 太刀腰刀	武器具 刀装具	武器具 小札等	狩猟具 矢筒	狩猟具 鏃・中柄	工具 刀子	工具 山刀	工具 手斧	工具 鉈	工具 鎌	工具 針	工具 針入	工具 砥石	漁労具 鉤銛	漁労具 銛	漁労具 ヤス	漁労具 鉤針	副葬 中柄
朱太川右岸1遺跡第1号墓	寿都町樽岸町浜中4	?	?						2				1	1							
朱太川右岸1遺跡第2号墓	寿都町樽岸町浜中4	?	?	1					1												
瀬田内チャシB-6区貝層中	瀬棚町南川	?	4歳						1												
南川2遺跡第1号墓	瀬棚町南川	?	?		2				1												
南川2遺跡第2号墓A	瀬棚町南川	?	?	1					1												
南川2遺跡第2号墓B	瀬棚町南川	?	?	1					1												
南川2遺跡第3号墓	瀬棚町南川	?	?	1	1									6							
南川2遺跡第4号墓	瀬棚町南川	?	?																		
南川2遺跡第5号墓	瀬棚町南川	?	?	2		1		3	4												
南川2遺跡第6号墓	瀬棚町南川	?	?																		
南川2遺跡第7号墓	瀬棚町南川	?	?		1				1					1							
南川2遺跡第8号墓	瀬棚町南川	?	?						2												
南川2遺跡第9号墓	瀬棚町南川	?	?	1					1												
南川2遺跡第10号墓	瀬棚町南川	?	?						1					1	4						
有珠善光寺遺跡UB1墳墓	伊達市有珠	男	?	1					1	1											
有珠善光寺遺跡UB2墳墓	伊達市有珠	女	成人																		
有珠善光寺遺跡UB3墳墓	伊達市有珠	?	?																		
有珠善光寺遺跡UB5墳墓	伊達市有珠	男	?						2	1											
有珠善光寺遺跡UB8墳墓	伊達市有珠	女	?	1					1	1											
有珠善光寺遺跡U1号人骨	伊達市有珠123	女	18～20歳																		
有珠善光寺遺跡U2号人骨	伊達市有珠123	女	熟年						1	1							1				
有珠善光寺遺跡U3号人骨	伊達市有珠123	?	10～12歳	1					1			1					4				
有珠善光寺遺跡U4号人骨	伊達市有珠123	男	熟年						1												
有珠B遺跡米屋地区1号人骨	伊達市有珠4区	女	成人						1	1											
ポンマ遺跡1号墓	伊達市向有珠町45	男	30～40歳	1				7	2	1											
室蘭絵鞆遺跡A地区墳墓3号	室蘭市絵鞆町313	女	成人	1					1												
室蘭絵鞆遺跡A地区墳墓13号	室蘭市絵鞆町313	?	若年																		
室蘭絵鞆遺跡A地区墳墓14号	室蘭市絵鞆町313	女	成人	2				9									1				

4 副葬品からみたアイヌ文化の変容

食器等			喫煙具				装身具							副葬品の詳細	備考	文献
陶磁器	漆器	鉄鍋	キセル	火打石	火打金	煙草入	耳飾	垂飾	硝子玉	琥珀玉	鏡	銭	その他			
	3													椀2(蒔絵) 高杯1(蒔絵)		寿都町教育委員会 1985
																寿都町教育委員会 1985
													鉄輪			瀬棚町教育委員会 1980
	1								163			8		永楽1 熙寧元宝1 無名銭6	棗玉6 トンボ玉2 丸玉12 平玉143	瀬棚町教育委員会 1985
	1						1		202					椀1 丸玉15 平玉187		瀬棚町教育委員会 1985
																瀬棚町教育委員会 1985
	2								45				釘1 銅製根付?1	小柄1 椀1 丸玉2 平玉43		瀬棚町教育委員会 1985
	1	1							126				銅製円板(シトキ)1	ミカン玉3 丸玉3 平玉120	吊耳鉄鍋1	瀬棚町教育委員会 1985
												1	錐?1 鉄輪2 釘?1	祥符元宝1 小札1	黄白色火山灰の下(1741年以前)	瀬棚町教育委員会 1985
	1													椀1	黄白色火山灰の下(1741年以前)	瀬棚町教育委員会 1985
	1												玉飾or根付1	鍔1	黄白色火山灰の下(1741年以前)	瀬棚町教育委員会 1985
	2	1						1						吊耳鉄鍋1	黄白色火山灰の下(1741年以前)	瀬棚町教育委員会 1985
	1														黄白色火山灰の下(1741年以前)	瀬棚町教育委員会 1985
													黒曜石製剥片6		黄白色火山灰の下(1741年以前)	瀬棚町教育委員会 1985
	1												舟釘		Us-b1の下(1882年以前)でUs-b2の上(1663年以降)	峰山 1965
															Us-b1の下(1882年以前)でUs-b2の上(1663年以降)	峰山 1965
															Us-b2の下(1663年以前)	峰山 1965
	1		1										舟釘 鋲1 不明金具1	椀1	Us-b2の下(1663年以前)	峰山 1965
	4												鋲1 不明金具1 鉄片1	椀3 膳1	Us-b2の下(1663年以前)	峰山 1965
																小浜・峰山・藤本 1963
	2												鹿角製刺突具1 釘2		Us-c2の下(1611年以前)	小浜・峰山・藤本 1963
	1							1					釘1		Us-c2の下(1611年以前)	小浜・峰山・藤本 1963
															Ta-aの下(1739年以前)	小浜・峰山・藤本 1963
	1		1	1												宮下 1971
	2			5	1									盆1 椀1	Us-b2の上(1663年以降)でTa-aの下(1973年以前)	伊達市教育委員会 1999
	1						2						根付1	角盆1		室蘭市教育委員会 1971
									1			2		骨製玉40 正隆元寶1 不明銭1		室蘭市教育委員会 1971
	1												骨製根付1 髪分ピン1	丸盆1		室蘭市教育委員会 1971

遺跡名・墓壙名	所在地	被葬者 性	被葬者 年齢	武器具 太刀腰刀	武器具 刀装具	武器具 小札等	狩猟具 矢筒	狩猟具 鏃・中柄	工具 刀子	工具 山刀	工具 手斧	工具 鉈	工具 鎌	工具 針	工具 針入	工具 砥石	漁労具 鈎銛	漁労具 銛	漁労具 ヤス	漁労具 鈎針	漁労具 中柄
ユウラップ墓地 No.24	八雲町内浦町	男	成人	1					1								1	1			
ユウラップ墓地 No.57	八雲町内浦町	女	成人									1	1								
ユウラップ墓地 No.68	八雲町内浦町	女	成人						1			1									
ユウラップ墓地 No.85	八雲町内浦町	男	成人	1	1				1					1		1				
ユウラップ墓地 No.98	八雲町内浦町	男	成人						1	1						1	1			
ユウラップ墓地 No.110	八雲町内浦町	女	成人						1			1	1							
ユウラップ墓地 No.117	八雲町内浦町	女	成人						1	1										
御幸町遺跡 1 号墓	森町字御幸町	男	熟年						1	1										
御幸町遺跡 2 号墓	森町字御幸町	女	壮年						1											
御幸町遺跡 3 号墓	森町字御幸町	女	熟年																	
臼尻 B 遺跡第 5 号土壙	南茅部町臼尻 325	男	成人	1					1	1										
臼尻 B 遺跡第 6 号土壙	南茅部町臼尻 325	?	小児?																	
蛯子川 1 遺跡第 1 号墓壙	戸井町館町	?	?	2	3				1											
札苅遺跡 2 号土壙墓	木古内町札苅	?	?	1					4	1					1	1				
久末屋敷遺跡 1 号墓壙	上ノ国町上ノ国 212	?	成人																	
久末屋敷遺跡 2 号墓壙	上ノ国町上ノ国 212	?	成人						1			1	1							
夷王山墳墓群 1 区第 98 号墓	上ノ国町勝山 386-2 他	?	?	3					1					1						
夷王山墳墓群 1 区第 116 号墓	上ノ国町勝山 386-2 他	?	?	2																
夷王山墳墓群 1 区第 126 号墓	上ノ国町勝山 386-2 他	?	?																	

(1) 研究の方法

①中近世アイヌ墓の抽出方法

　中近世アイヌ墓の抽出には、墓の時期の特定と、被葬者が「アイヌ」か「和人」かの判定という２つの問題が係わってくる。以前筆者が東北地方の近世墓を扱った際には、専ら墓碑に刻まれた年号や副葬された六道銭の種類や構成に基づき、墓の年代を特定した。しかしアイヌ墓の場合、葬制の違いから、年号を刻んだ墓碑や六道銭の副葬は期待できない。反面、北海道には、墓の年代の指標となる火山灰が多数存在する。

　和人墓かアイヌ墓かという問題に関しては、これまでの考古学的、民族学的研究の蓄積から、アイヌの伝統的葬法は伸展葬であり、一般に豊富な副葬品を伴うことが指摘されている（田村1983、平川1984、宇田川2001ほか）。同時期の和人が、火葬されるか、土葬の場合にも座位ないし屈位であるのと対照的である[1]。

　本節では、アイヌ墓を抽出する際に、その指標として伸展葬を重視した。近年の調査事例からみて、アイヌ墓における伸展葬自体は15世紀にまで遡り、その時期には既にアイヌの葬制が成

4 副葬品からみたアイヌ文化の変容

食器等			喫煙具			装身具				鏡	銭	その他	副葬品の詳細	備考	文献
陶磁器	漆器	鉄鍋	キセル	火打石	火打金	煙草入	耳飾	垂飾	硝子玉	琥珀玉						
				1	1		1								腹臥位埋葬	児玉ほか 1936
								1							腹臥位埋葬	児玉ほか 1936
		1		1											腹臥位埋葬	児玉ほか 1936
1				1											腹臥位埋葬	児玉ほか 1936
1				1	1			2					舟釘		腹臥位埋葬	児玉ほか 1936
	1	1	2	1		2							舟釘		腹臥位埋葬	児玉ほか 1936
	1							1							腹臥位埋葬	児玉ほか 1936
	2													椀1 盆1	Ko-d直下（1640年以前）近くから16世紀中の青磁碗	森町教育委員会 1985
	4													椀3 盆1	Ko-d直下（1640年以前）	森町教育委員会 1985
	2													椀1 盆1	Ko-d直下（1640年以前）	森町教育委員会 1985
	1	1												高杯1		南茅部町教育委員会 1978
													植物の実			南茅部町教育委員会 1978
	1													盆1		戸井町教育委員会 1995
	3												錐1	御敷1 杯2	墓標穴あり 太刀の装具をはずしている	木古内町教育委員会 1974
	1										1				木棺の痕跡 17世紀初頭以前	上ノ国町教育委員会 1998b
	1						1								木棺の痕跡	上ノ国町教育委員会 1998b
	2							2						太刀2 腰刀1 椀2	Ko-dの下（1640年以前）マウンド2体合葬	上ノ国町教育委員会 2001a
														太刀1 腰刀1	マウンド	上ノ国町教育委員会 2001a
																上ノ国町教育委員会 2001a

立していた可能性が高いと思われる。なお伸展葬墓でも副葬品等から判断して、埋葬年代が明治以降に下る墓については別に近代墓として扱っており、ここでいう中近世アイヌ墓の年代はおよそ15世紀～19世紀後葉ということになる。

以上の基準に従い、2001年3月末までに北海道内で調査報告された中近世アイヌ墓を抽出したうえで、そのなかから墓壙と副葬品の対応関係が明確な65遺跡（図32）、計235基の墓（表3～5）に関して、副葬品の分析を行った。

②時間軸の設定と検討項目

漆器や刀といったアイヌ墓の主要な副葬品の編年が確立されていないこと、アイヌの漆器や刀はいわゆる「宝物（イコロ）」として長期間伝世した可能性が充分考えられること等から、本節ではあえてこれらの副葬品による年代決定を控えた。前に述べたように、近世アイヌ墓の場合、墓碑や六道銭に代わって、火山灰が年代の指標として有効である。特に近世アイヌ墓の調査例の多い石狩低地帯や日高地方沙流川流域では、支笏湖の南に位置する樽前山を噴出源とする樽前b火山灰（Ta-b：1667年）と樽前a火山灰（Ta-a：1739年）の2枚の火山灰層が存在する。特に樽

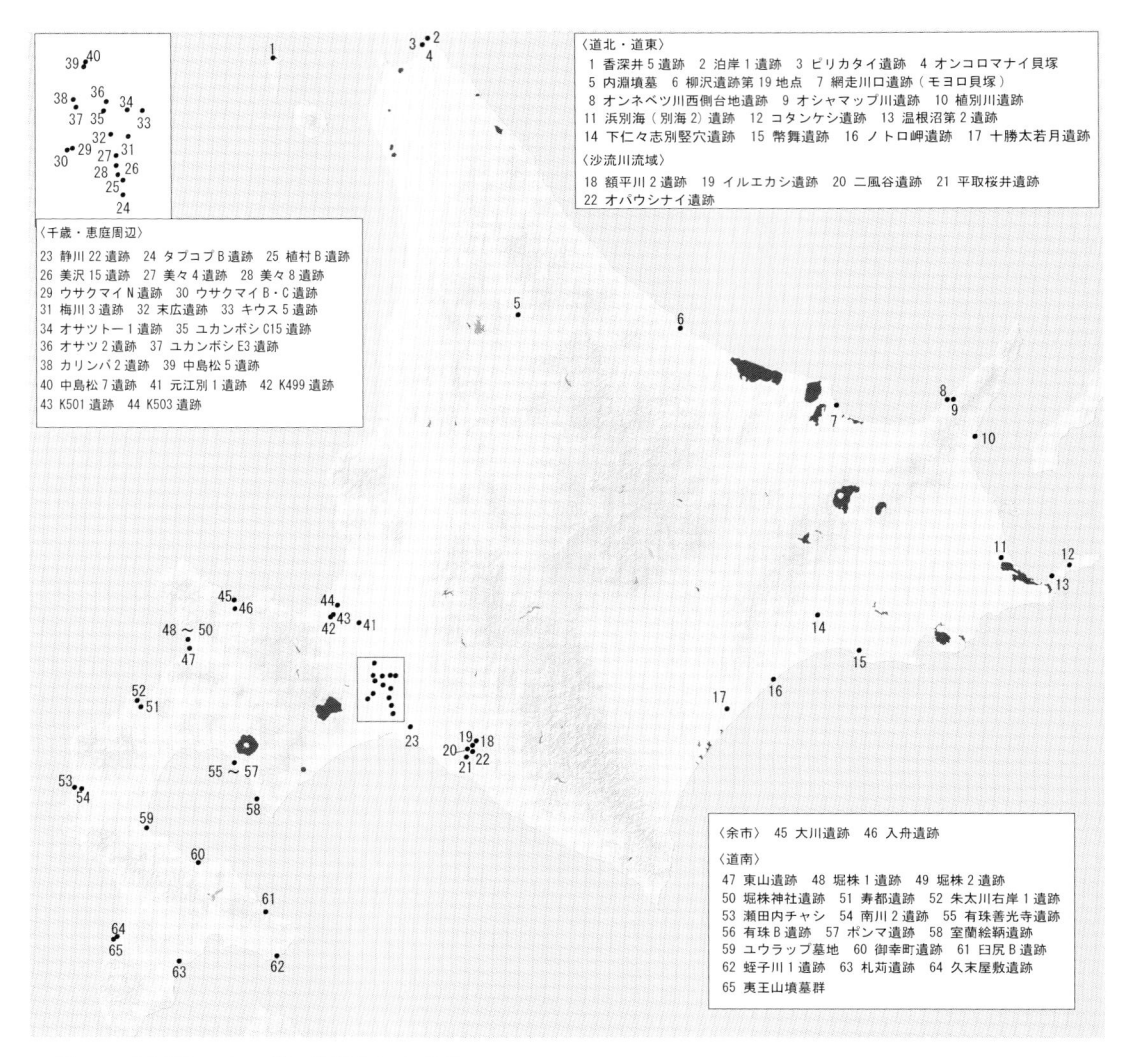

〈道北・道東〉
1 香深井5遺跡　2 泊岸1遺跡　3 ピリカタイ遺跡　4 オンコロマナイ貝塚
5 内淵墳墓　6 柳沢遺跡第19地点　7 網走川口遺跡（モヨロ貝塚）
8 オンネベツ川西側台地遺跡　9 オシャマップ川遺跡　10 植別川遺跡
11 浜別海（別海2）遺跡　12 コタンケシ遺跡　13 温根沼第2遺跡
14 下仁々志別竪穴遺跡　15 幣舞遺跡　16 ノトロ岬遺跡　17 十勝太若月遺跡
〈沙流川流域〉
18 額平川2遺跡　19 イルエカシ遺跡　20 二風谷遺跡　21 平取桜井遺跡
22 オパウシナイ遺跡

〈千歳・恵庭周辺〉
23 静川22遺跡　24 タプコプB遺跡　25 植村B遺跡
26 美沢15遺跡　27 美々4遺跡　28 美々8遺跡
29 ウサクマイN遺跡　30 ウサクマイB・C遺跡
31 梅川3遺跡　32 末広遺跡　33 キウス5遺跡
34 オサット―1遺跡　35 ユカンボシC15遺跡
36 オサツ2遺跡　37 ユカンボシE3遺跡
38 カリンバ2遺跡　39 中島松5遺跡
40 中島松7遺跡　41 元江別1遺跡　42 K499遺跡
43 K501遺跡　44 K503遺跡

〈余市〉45 大川遺跡　46 入舟遺跡
〈道南〉
47 東山遺跡　48 堀株1遺跡　49 堀株2遺跡
50 堀株神社遺跡　51 寿都遺跡　52 朱太川右岸1遺跡
53 瀬田内チャシ　54 南川2遺跡　55 有珠善光寺遺跡
56 有珠B遺跡　57 ポンマ遺跡　58 室蘭絵鞆遺跡
59 ユウラップ墓地　60 御幸町遺跡　61 日尻B遺跡
62 蛭子川1遺跡　63 札苅遺跡　64 久末屋敷遺跡
65 夷王山墳墓群

図32　中近世アイヌ墓が発掘された遺跡

　前b火山灰は、降下年代が北方史上の重大事件である寛文9年（1669）の蝦夷蜂起（シャクシャインの戦い）に近いことから、事件がアイヌ社会に与えた影響を考古学的に検討する際、極めて重要な指標となる。本節では、Ta-a、Ta-bこの2枚の火山灰の降下年代を基準とし、これらの火山灰との関係がつかめない墓については、他の降下火山灰、編年の確定している陶磁器や初鋳年の判明する銭から、Ta-a、Ta-bとの前後関係が推定可能なものについてのみ、時間的変化を検討する場合の対象に加えた。なお、時間的変化については、近世から近代への変化を読みとるため、19世紀末～20世紀中葉のアイヌ墓がまとまった数調査報告されている紋別市旧元紋別墓地（73基）、浦河町旧姉茶墓地（29基）、えりも町新浜遺跡（12基）の3遺跡114基のデータもあわせて、主要5品目の副葬率を比較検討した。

地域性は、調査件数を考慮し、道北・道東（17遺跡39基）、沙流川流域（5遺跡計13基）、千歳・恵庭周辺（17遺跡計64基）、余市（大川と入舟の2遺跡計49基）、道南（19遺跡59基）の5地域に分け、主要5品目の副葬率を比較検討した。

　被葬者の性と副葬品との関連性は、各報告書の形質人類学的検討結果をもとに、主要10品目に関して追究した。235基の近世アイヌ墓のうち、人骨から被葬者の性別が判明している墓は102基（約43.4％）で、その内訳は男性墓44基、女性墓58基であった。

（2）分析結果

　中近世アイヌ墓における最も普遍的な副葬品は刀子であり、約63％の墓に納められていた。次いで多いのが漆器（53％）で、太刀・腰刀（37％）、煙管（20％）、鉄鍋（14％）、山刀（13％）、首飾・玉類（13％）、耳飾（11％）が続く（図33）。他には、矢（鏃・中柄）、矢筒などの狩猟具、鉤銛、銛、釣り針などの漁撈具、鉈、鎌、針、針入といった工具類、鍔や小柄をはじめとする刀装具、鎧の小札などが少数みられる。本州の中近世墓において、六道銭として最も普遍的な副葬品である銭の副葬率は、中近世アイヌ墓では僅か0.4％に過ぎず、首飾（タマサイ）の部品として用いられていた可能性が高いものばかりである。

【時代的変化】（図34・35）

　年代の指標を、1667年、1739年のどちらに求めるにせよ、全体としてみれば、時代が下るに従ってアイヌ墓の副葬品が貧弱になることが明白となった。特に刀子、太刀・腰刀や漆器の副葬率の低下は顕著で、なかでも太刀・腰刀は近代のアイヌ墓へはほとんど副葬されることがない。煙管は、18世紀代に増加し、近代に入ると減少する。一方、鉄鍋の副葬率には目立った変化がなく、常にある程度墓に納められ続けていたようである。

【地域性】（図36）

　前に設定した5地域を、主要5品目の副葬率のパターンにより、道北・道東、沙流川流域と余市周辺、千歳・恵庭周辺と道南の3グループにまとめることができそうである。地域性に大きく係わると予想される副葬品は、鉄鍋と煙管であり、沙流川流域や余市周辺では、他の地域に比べ煙管の副葬率が高く、逆に鉄鍋がほとんど副葬されない[2]。

【性差】（図33）

　女性墓にのみ副葬される品としては鉄鍋がある。反対に太刀・腰刀は男性墓への副葬率が高いが、女性墓に全くみられないわけではない。女性墓では鎌や鉈の副葬される比率が男性墓に比べ高いが、同じ刃物という意味で、それらの鎌や鉈が太刀・腰刀の代わりをしていたとも考えられる。

　刀子、漆器、煙管、首飾・玉類、山刀に関しては特に男女間の副葬率に顕著な差異は認められず、共通した副葬品であった可能性が高い。

（3）考　　察

　①主要な副葬品とその意味

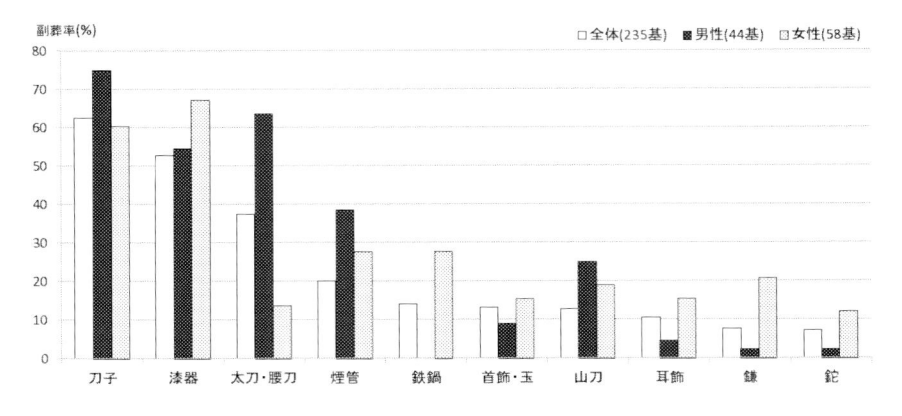

図33 中近世アイヌ墓の副葬品（上位10品目）

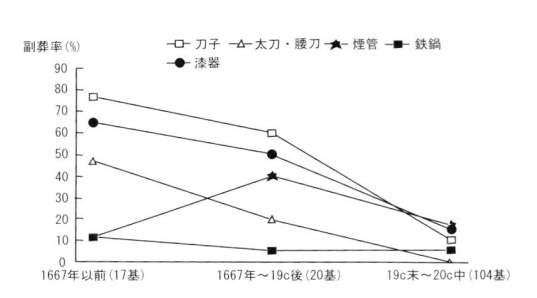

図34 副葬率の変遷1（上位5品目）

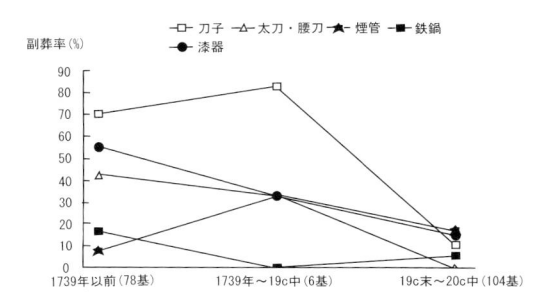

図35 副葬率の変遷2（上位5品目）

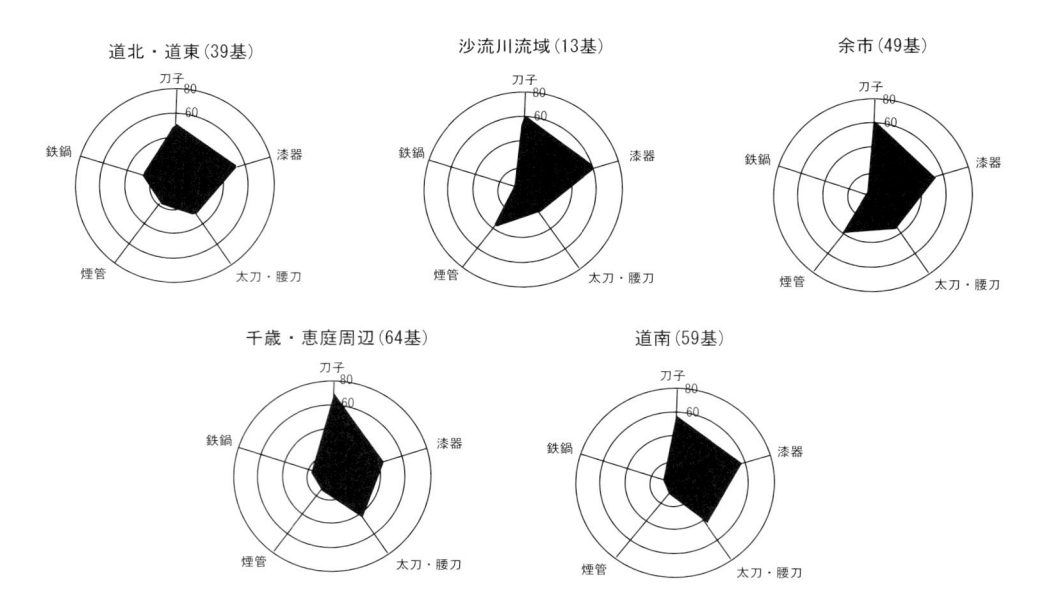

図36 中近世アイヌ墓の副葬品にみられる地域性

【小刀（マキリ）】

　前述の通りアイヌ墓に最も普遍的な副葬品は、マキリとよばれる小刀である。刃部の長さは10cm前後のものが多い。副葬率は男女間で特に差はなく、全体の6割を超す墓から出土している。10歳未満の小児を除くと副葬率は7割近くにも達することから、ほとんどの成人が必携していた可能性が高い。1基当たりの出土数は1点のものがほとんどであるが、2～4点出土する例も散見され、樽前b火山灰の下位に位置づけられる平取町額平川2遺跡6号土坑では14点ものマキリが副葬されていた。

　マキリの副葬率は、近代に入ると急速に低下する。マキリは炊事から木材の加工まで何にでも使える道具であるが（萱野1978）、特にクマ・シカ・アザラシなどの毛皮や干鮭などの生産には不可欠とされる（佐々木利和2001）。マキリの副葬率が急速に下がる背景には、伝統的な生業の解体という近代のアイヌが辿った歴史的経緯があろう。

【漆器】

　マキリに次いで副葬率が高いのが漆器である。アイヌが漆器を好むことは良く知られているが、実際、半数以上の墓から漆器が発見されている。東北地方の近世墓からも比較的多くの漆器が出土しているが、それでも副葬率は1割弱に過ぎず、アイヌ墓の比ではない（関根1999）。また東北地方の近世墓にはアイヌ墓と異なり、碗を主とする陶磁器がしばしば認められるが、副葬率は漆器よりも低い。アイヌの漆器は、単に日用飲食器に止まらず、酒造りとそれに伴う儀礼の為の宝物という側面が強調されることが多い。副葬された漆器のうち形状の判明するものは、出土点数の多いものから順に、椀・杯類（107点）、膳・盆・御敷類（30点）、高杯、皿、行器（以上各2点）、天目台、鉢、蓋（以上各1点）となる。

　数は少ないものの、酒を用いた儀礼の際に使われるタカイサラに相当する天目台や高杯、宝物として大切にされていた可能性の高い行器（シントコ）が含まれている点が注目される。アイヌ語でオッチケと呼ばれる膳・盆・御敷類は、酒を用いた儀式の際、イクパスイをのせたトッキとタカイサラや供物を並べるのに使われる。アイヌ墓から出土する膳・盆・御敷類は、ほとんどの場合、椀や杯を伴っている。それらは本州の近世墓に見られる日常飲食器としての漆器や陶磁器と異なり、極めて儀礼的な意味合いが強いと考えられる。

　近年アイヌの漆器に関しては、考古資料を踏まえ活発な研究が行われるようになった（北海道開拓記念館1998、北野2002a・2002b、田口2002、乾2002、田村・小野2002、古原2002）。漆器の自然科学的分析を手がける北野信彦氏によれば、余市町大川遺跡、同入舟遺跡、礼文島香深井遺跡など日本海沿岸地域（「海の民としての近世アイヌ社会」）のアイヌ墓から出土する蒔絵漆器には高度な技術を用いた優品資料が多く、地塗りも多層塗りが比較的多く見いだされるという（北野2002a）。そうした優れた漆器は、まさにアイヌが宝物（イコロ）として大切に扱っていたものであり、それらの一部が副葬されたと考えて良いであろう。

【刀】

　マキリ・漆器に次ぐ副葬率を示すのが太刀・腰刀などの刀類である。副葬率は男性墓では6割を超し、女性墓でも1割強、全体では4割弱の墓に副葬されていた。刀剣類の副葬率としては、

古今東西を問わず、極めて高い数値といえ大変注目される。アイヌの刀、すなわちエムシは美しい装飾を有するものが多く、一般には刀身よりも拵を重視した宗教儀礼用の装飾品と解されている。確かに伝世したエムシの刀身は、刀の形をした木や真鍮刀、あるいは鉄製ではあるが鈍い錆刀がほとんどであるが、だからといってその武器としての側面を全く否定してしまってよいものだろうか。アイヌの刀を「切れない刀」とする見解は、主として伝世品や聞き取り調査から導き出されたものである。アイヌ墓から出土した太刀・腰刀の詳細な検討は現在行っている最中だが、今回太刀・腰刀としたものの大部分は、焼入れの有無などは確認できないものの、鉄製の刀身を有しており、その点で伝世したエムシとはやや異なっている。また、それらの多くは切先・茎両反りで、身幅は広く平造の所謂「蝦夷刀」であるが、それらとは明らかに異なる鎬造の日本刀も含まれている。日本刀が副葬されたアイヌ墓は、千歳市末広遺跡の IP45-B と同じく IP-84 の 2 基で、いずれも樽前 a 火山灰の下から検出されている[3]。

　一方、中近世アイヌ墓の中には、刀身そのものは見当たらないのに、鍔・目貫・小柄といった刀装具だけが残されているものが 9 例ほど確認できた（表 3～5 参照）。これらはおそらく木製の刀身に伴っていたと考えられ、刀身部が腐って失われた結果、刀装具だけが残されたのであろう。近代のアイヌ墓として今回取り上げた元紋別墓地・旧姉茶墓地・新浜遺跡では、前述の通り、太刀・腰刀は全く副葬されていなかった。しかしそのなかで、明治 17 年（1884）頃から昭和 23 年（1948）頃までモッペコタン居住者の墓地として利用された元紋別墓地では、73 基中 9 基の墓から鍔が出土している。これらの墓では鉄の刀身や他の刀葬具類は全く発見されていないため、おそらくは伝世されたアイヌ民族資料によく見られるような、鍔のみが金属製で、木製の刀身を飾金具を一切持たない鞘（それらは木製でしばしば精巧な彫刻が施されている）に収めたエムシが副葬されていたものと推測される[4]。

　副葬品から、17 世紀以前のアイヌの刀は、日本刀を含めて鉄製の刀身を有しているものが多かったが、18 世紀頃にはほとんどが平造の所謂「蝦夷刀」や真鍮刀、あるいは木刀、刀身を持たず柄と鞘を木片で繋ぐものとなり、近代以降は「蝦夷刀」や真鍮刀さえも墓に副葬されないような状況となったと推測される。アイヌの刀は、利器としての十分な機能を有する「切れる刀」から、専ら宗教儀礼具に特化した「切れない刀」へと変容した可能性が高い。今回の分析から見て、1667 年に降下した樽前 b 火山灰を挟んで、刀の副葬率が急速に低下していることは明らかで、それは寛文 9 年（1669）の蝦夷蜂起（シャクシャインの戦い）と時期的に符合する。後述するように、アイヌの葬制に関する聞き取り調査では、男性の墓に太刀を副葬するとの報告がなされていることからみて、刀の副葬率の低下は、単なる葬法上の変化、要するに刀を副葬しなくなったことに起因するとは思われない。むしろ刀は、刀身を失ったにせよ副葬され続けたと理解するべきであろう。むしろ問題は刀身の喪失にあり、それはシャクシャインの戦いを契機として、松前氏がアイヌから日本刀のような武器となりうる刀をとりあげ、さらには武器に転用可能な蝦夷刀やその原料となる鉄製品の移出制限を強化したためと考えることはできないだろうか。松前氏による「刀狩り」があった可能性については、古くは河野常吉氏が「松前氏の権力確定し蝦夷を支配するに及びては、利器をアイヌに所持せしむるの甚だ不得策なるを以て、刃金の入りたる刃

物は一切之を渡すことを禁じたり」（河野 1974）と説いている。近年では、アイヌの「ツクナイ」に用いられる宝物の筆頭に挙げられるものが刀剣類であり、寛政元年（1789）のアイヌによる和人襲撃事件、いわゆるクナシリ・メナシの戦いの際にも、アッケシのアイヌから松前藩兵に「ツクナイ」として「たんねつふ（太刀）一振」が差し出されたという岩崎奈緒子氏のアイヌの「宝」とその社会的機能に関する論考（岩崎 1998）を引用し、佐々木利和氏も「刀狩り」の存在を肯定する発言を行っている（佐々木 2001）。今回行った副葬品の分析からは、「刀狩り」の存在を強く支持する結果が得られたが、その時期は松前氏が徳川政権から一般和人とアイヌとの直接交易禁止権を付与され、唯一の無高大名として立藩が許された近世初頭ではなく、商場知行制下発生したアイヌと和人との最大の紛争、シャクシャインの戦い後の 17 世紀後葉から 18 世紀前葉の可能性が高いことが明らかとなった。「刀狩り」は、「刀剣を主とする宝物のやりとりによって約束・謝罪・弁償するという、アイヌ社会におけるアシンペの慣行」（菊池 1991）に基づく忠誠・服属儀礼として行われた可能性が高く、松前藩のアイヌ支配が、アイヌ社会に関する十分な知識の上に行われたことはいうまでもない。

【煙管】

煙管の副葬率は、17 世紀後葉〜19 世紀後葉にかけて 4 割前後の比較的高い比率を示す。これは、東北地方における同時期の煙管の副葬率（関根 2000）にほぼ匹敵する数値である。近代にはいり、煙管の副葬率が激減するのは、紙巻き煙草の普及により煙管の使用頻度が減ったためである。アイヌの喫煙具としては、金属製の煙管以外にも、本州にはみられない木製一本造の煙管（ニキセリ）や石製煙管（スマキセリ）が知られている（萱野 1978、宇田川 1991、東京国立博物館 1992）。宇田川洋氏によれば、石製の煙管は道東・道北から南サハリン、さらには北クリルやアムール川流域でも発見されているが、今回北海道のアイヌ墓の副葬品にはみられなかった。また、北海道をはじめ北方地域の民族資料に散見される木製の煙管は、土中で腐ってしまったためか、副葬品の中には確認できない。木製の煙管の存在を考慮すれば、煙管の副葬率からは、17 世紀後葉以降のアイヌの喫煙率は、本州における和人のそれを上回っていたことになる。

アイヌの喫煙については、古くは馬場脩氏が樺太や千島から出土した煙管を紹介するとともに、基礎的研究を行った（馬場 1942）。

1643 年に蝦夷地・千島・樺太を探検したオランダ東インド会社のフリース船隊航海記録（北構 1983）に登場するアイヌの多くは、喫煙の習俗を有している[5]。実際、出土した金属製煙管の実年代を検討した森秀之氏が指摘するとおり、北海道内には 17 世紀前半に遡る確実な事例が存在する上（森 1993）、フリース船隊航海記録によれば、17 世紀中葉にはアイヌのあいだで喫煙がかなり普及していたことになる。さらに前に指摘したとおり、17 世紀後葉以降、アイヌの喫煙率はおそらく本州における和人のそれを上回っていた可能性が高い。ところで、アイヌにとって喫煙に必要な煙草も金属製の煙管も基本的には移入品であった。煙管については、天明 6 年（1786）の「カラフト交易直段付帳」（松前町史編纂室 1985）が示すとおり、一部大陸からもたらされたものが含まれてはいるが、基本的には煙草同様、本州からの交易品といえる。本州産の煙草は、白主会所における山丹交易において、酒あるいは米や糀といった酒造りの原材料とともに

重要な交易品となっている。アイヌの喫煙が極めて儀礼的色彩の強いものであることは広く知られているが、それが儀礼であろうと単なる嗜好であろうと、喫煙には強い習慣性が伴う。アイヌの高い喫煙率は、アイヌに煙草の味を覚えさせ、喫煙具や煙草と引き替えに、毛皮や海産物を安く買いたたこうとする和人側の巧妙な戦略によって生み出されたのではなかろうか。

【鉄鍋】

鉄鍋は、汁や粥などを主体とする伝統的なアイヌの食生活には不可欠の道具であり、昔話（ウウェペケレ）のなかにも頻繁に登場する。

鉄鍋は、人骨から確認される限り、女性の墓にのみ副葬されており、その点は後述する民族誌とも一致する。被葬者の年齢は若年から老年まで幅広い。アイヌ墓への鉄鍋の副葬は15世紀にまで遡る可能性が高く、ほとんどの鉄鍋はきちんと伏せられた状態で発見されている（関根2003a）。北日本の鉄鍋は、越田賢一郎氏により詳細に検討されており（越田1984・1996a・1996b・1998）、北海道から出土するものの大部分は本州からの移入品と考えられている。実際、文久2年（1862）の「与市御場所諸書上」（林家文書）には、余市のアイヌに売り渡す品々の中に、1升炊き（560文）から7升炊き（3貫文）まで、大小さまざまな鉄鍋が挙げられている（余市町史編纂室1985）。

②民族誌との比較

アイヌの葬制に関して触れた民族誌は多いが、副葬品の種類が男女別に書き上げられ、発掘調査データとの比較が可能な報告は少ない。管見に触れたものでは、1934年北海道帝国大学医学

表6　民族調査からみたアイヌの副葬品　　●一般的に見られる　▲稀に見られる

アイヌ民族調査調査場所	武器		狩猟具		工具						漁労具			食器等		喫煙具				装身具		その他	調査の内容
	太刀	刀装具	矢筒	鏃・中柄	刀子	山刀	鎌	針	針入	砥石	鉤銛	銛	ヤス	鉤針	漆器	鉄鍋	キセル	火打石	火打金	煙草入	耳飾	首飾		
北海道（男）	●	●	●		●	●									●	●	●		●				弓	大正期（河野1914a）
北海道（女）															●	●	●					●	機織具	大正期（河野1914a）
八雲（男）	●	●	●	●	●	●					●	▲	▲	▲	●	●	●	●	●	●			弓、枕等	1934年調査（伊藤1936）
八雲（女）							●	●	●						●	●	●			●			枕等	1934年調査（伊藤1936）
沙流（男）	●				●	●						●			●	●	●	●	●	●			剃刀、弓矢、櫛等	1952-54年調査（久保寺1976）
沙流（女）					●	●	●	●							●	●	●	●	●	●	●	●	剃刀、鋏、機織具等	1952-54年調査（久保寺1976）
樺太（男）	●				●						●	●	●					●						1970-73年調査（北海道開拓記念館1973）

部解剖学教室による八雲町ユウラップアイヌに対する聞き取り調査（伊藤1936）や、1952年から54年に久保寺逸彦氏が行った沙流川流域のアイヌの葬制に関する聞き取り調査（久保寺1976）、1970年から73年に北海道開拓記念館が樺太からの引き揚げ者を対象に聞き取りを行ったアイヌ民族の信仰に関する研究（北海道開拓記念館1973）などが副葬品について比較的まとまっていた（表6）。調査時の話者の年齢などからみて、これらの報告にあるアイヌの葬制は、基本的に19世紀の終わりから20世紀前半の事柄を中心としていると思われる。これらの民族調査と前に述べた考古学的調査結果は、男女とも漆器・喫煙具を副葬品とする、あるいは鉄鍋の副葬は女性の墓に限られる等の点で一致する。一方、民族調査で男性の副葬品とされることの多い刀子や山刀、反対に女性の副葬品とされる首飾については、考古資料では特定の性との結びつきは認めがたいといった矛盾点も存在する。また、前に刀のところで触れたように、聞き取り調査では男性墓には太刀を副葬するとされるが、実際近代アイヌの墓からは金属製の刀身を持った刀剣類はほとんど出土せず、鍔のみ本物で刀身と鞘は木製の「太刀」もしくは鍔だけが少数の墓に副葬されているに過ぎない。

　民族調査で男性墓に副葬するとされた弓や女性墓に副葬するとされた機織具については、考古資料ではほとんど確認できないが、それは弓や機織具などの木製品が土中で残りにくいためであろう。

（4）小　　結

　アイヌの墓の副葬品は、マキリ・鉄鍋のように日常生活に不可欠のものと、刀・漆器・煙管のように儀礼になくてはならないものから構成されており、それらはいわばアイヌの物質文化の中核をなすものみなすことができる。材質上はマキリ・刀（刀装具）・煙管・鉄鍋といった金属器と漆器とに大別されるが、そのいずれもが基本的には交易により和人から入手されたものである[6]。アイヌの物質文化は、まさにそれを特徴づけている主たる品々が和人との交易によって得られているという点に特色がある。

　榎森進氏はシャクシャインの戦いを「アイヌに対する政治・経済的支配」が強化される契機として位置づける（榎森1987）。本節で「刀狩り」と呼んだ「ツクナイ」を通しての刀の接収と、その素材たる鉄の移出制限は、事実上、松前藩がアイヌに対して行った「武装解除」であり「経済制裁」であったといえよう。しかし、そのような「刀狩り」を経た後も、アイヌは「切れない刀」を副葬するなどし、自らのアイデンティティに関わる葬制の維持に努めたと思われる。アイヌの墓は、副葬品の貧弱化などの変化はあるにせよ、伸展葬など葬制の基本的な要素を保持し続け、幕末にいたるまで決して和人墓の影響を受けることはなかったのである。

　本節では煙管の副葬率の検討から、アイヌの喫煙儀礼は、アイヌを「煙草漬け」にした上で、煙草・煙管と交換に、海産物や毛皮を安く買いたたこうとする和人側の巧みな経済戦略によって生み出されたとの見方を示した。17世紀から18世紀にかけて生じたアイヌ墓における煙管の副葬率の上昇は、この時期、和人による経済的支配が強化されたことの証明に他ならない。

　アイヌの歴史研究は、考古学と民族学、さらには和人側に残された史料に基づく文献史学、そ

れらの共同作業が実現可能な、別の見方をすれば、それによってしかなし得ない研究分野といえる。

考古学によりアイヌ文化を研究することの意義について、民族調査で判明するのは主として近代のアイヌ文化であり、近世以前の事は考古学に拠らざるを得ないからとの説明がしばしばなされてきた（岡田2000ほか）。しかし今回の分析から、近代のアイヌの葬制に関してさえ、聞き取り調査だけでは必ずしもその本当の姿に迫れない可能性が明らかとなった。その原因は、話者は本来あるべき姿としての「理想」を語る傾向にあり、その結果、時間軸が無視され、どの時代にも当てはまらない「物語」が生み出されるためと考えられる。聞き取り調査と考古学的調査の矛盾点の背景には、アイヌ民族の歩んだ複雑な歴史があるように思われる。

〔註〕
1）千歳市末広遺跡では、樽前a火山灰の下で多数の伸展葬墓に混じって3基の屈葬墓が発見されている（IP62・90・123）。また、岩内町東山遺跡でも伸展葬墓2基とともに木棺を伴う屈葬墓が1基発見されている。今回これらの屈葬墓はアイヌ墓から除外した。
2）沙流川流域や余市周辺の墓で鉄鍋の副葬率が低いのは、鉄鍋を副葬する女性の墓が少ないことが原因ではない（表3〜5参照）。女性墓は比較的多く調査されているにもかかわらず、他の地域に比べ鉄鍋が少ないのは、地域性と理解されよう。
3）末広遺跡では、屈葬のため今回和人墓としたIP-123からも日本刀が1振出土している。
4）刀を宗教儀礼に用いていたアイヌは、「その刀剣に付随した鍔一枚でさえこれを病者の枕元に置けば病魔を退け、又その苦痛を訴える処をこの鍔でなでれば、その苦痛は立ちどころに去ると云はれた位貴ばれた為に、この鍔を護身用に婦人の玉飾のシトキと云う中心飾にこれを配し、又死者あるときはその冥福を祈る為にこの鍔を胸につけて送り、この実物の無きものは木型に写してまで死出の旅路につけてやる」（金田一・杉山1943）場合もあったようである。
5）十勝、厚岸、パルパーレン島（歯舞諸島勇留島？）、国後島北東海岸、樺太アニワ湾・北知床半島など。
6）近年、沙流川流域のイルエカシ遺跡やピパウシ遺跡で検出された鍛冶関連遺構や、口縁部を意図的に切断した鉄鍋のような鉄の二次原料の存在から、アイヌが和人より交易で入手した鉄素材をもとに鋼を製造する技術を有していたことが明らかになっている（深澤1998）。アイヌの有した鉄加工技術は、製鉄・精錬・鋳造・鍛冶といった鉄加工技術システムのうち、精錬と鍛冶という分野に限られ、基本的には和人との交易なしには成立し得ない性格のものであった。

5 シベチャリ出土の遺物

はじめに

　慶安元年（1648）、東蝦夷地シベチャリ（静内）の脇乙名シャクシャインとハエの乙名オニビシとの間で表面化したアイヌ民族の集団間抗争は、20年後の寛文9年（1669）には、幕藩体制固有の軍役体系により奥羽諸藩に松前藩支援が命ぜられるほどの大規模な反和人抗争へと発展した。「シャクシャインの戦い」あるいは「寛文蝦夷蜂起」などと呼ばれるこの事件は、蝦夷地における和人の優位性を決定づけたと評価され、15世紀中葉の「コシャマインの戦い」や18世紀末の「クナシリ・メナシの戦い」とならんで北方史上特筆すべき出来事となっている。しかし、事件そのものの記録が、基本的には『津軽一統誌』など和人側の史料に限られるため、事件当時、即ち17世紀中葉のアイヌの共同体に対する理解や蜂起の計画性・組織化に対する評価は意見が分かれる（海保1974・1987、大井1992・1995など）。

　事件の「主役」とされるシャクシャインが本拠を置いたシベチャリには、静内川に面した崖上に、河口部から上流に向かって、ホイナシリ（入舟）・シベチャリ（不動坂）・シンプツナイのチャシ跡が並んでいる（図37）。このうち、シベチャリチャシ跡とホイナシリチャシ跡は昭和26年（1951）に北海道指定史跡となり、平成9年（1997）にはメナチャシ跡・オチリシチャシ跡・ルイオピラチャシ跡・アッペツチャシ跡を加え、「シベチャリ川流域チャシ跡群及びアッペツチャシ跡」として国史跡に指定されている。

　これらのチャシ跡は、シャクシャインの戦いやその背景にあるアイヌ社会を知る上で重要な遺

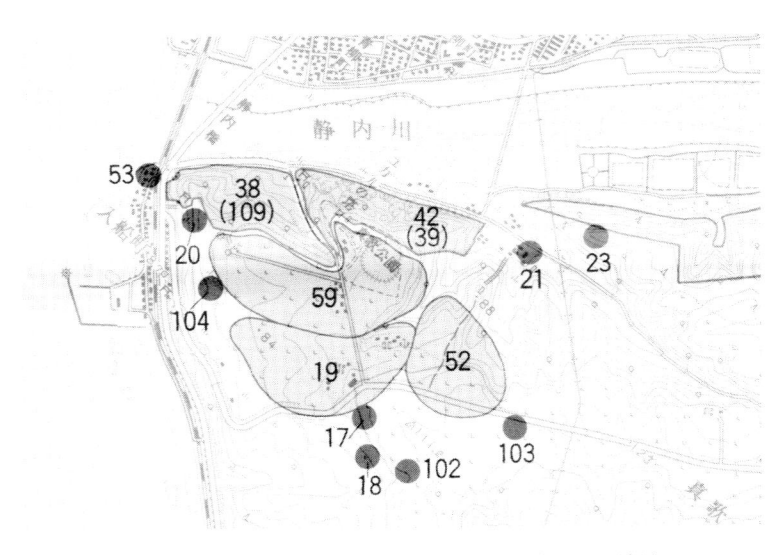

図37　シベチャリチャシ跡・ホイナシリチャシ跡周辺の遺跡

17　真歌1遺跡
18　マウタサップ遺跡
19　秋田台地遺跡
20　ホイナシリ遺跡
21　シンプツナイ遺跡
23　シンプツナイチャシ跡
38　ホイナシリチャシ跡
42　シベチャリチャシ跡
52　真歌12遺跡
53　入舟遺跡
59　真歌公園遺跡
102　真歌8遺跡
103　真歌9遺跡

（平成11年度『静内町埋蔵文化財包蔵地地図』より転載）

跡である。昭和38年（1963）には、シャクシャインの戦いの史実を確かめる目的で静内町教育委員会が計画し、藤本英夫氏が指導する静内高等学校文化人類学研究部が中心となって、シベチャリ（不動坂）チャシ跡とホイナシリ（入舟）チャシ跡の発掘調査が行われた（藤本編1964）。この調査は1週間ほどの小規模なものであったが、菊池徹夫氏・大塚和義氏・河野本道氏・小片保氏・三橋公平氏・山口敏氏・更級源蔵氏など多くの研究者が多数現地を訪れており、非常に注目される調査であったことが窺える。また、昭和62年（1987）にもシベチャリチャシ跡では、展望台建設に伴う発掘調査が静内町教育委員会により行われている。

昭和38年の調査については静内高等学校の生徒会誌（藤本編1964）に簡単な概報があるのみで、昭和62年の調査は全くの未報告となっている。筆者は新ひだか町静内郷土館に保管されているこれらのチャシ跡から出土した遺物について調査する機会を得たので、資料の重要性に鑑みて、ここに報告するものである。

（1）資料の概要

静内郷土館に収蔵されているシベチャリ周辺出土品は、シベチャリチャシ跡出土遺物、ホイナシリチャシ跡出土遺物、真歌出土遺物に分別される。このうち金属製品については、1996年度と1998年度に北海道埋蔵文化財センターへ保存処理を委託した際のリストが静内郷土館に保管されており、それをもとに出土地を特定した。

シベチャリチャシ跡出土遺物は、1987年の展望台建設に伴う調査で出土した遺物と、それ以外に分けられるが、それ以外としたものは1963年のAトレンチ出土品[1]と1987年の調査資料が混在しており、区別できない。

ホイナシリチャシ跡出土遺物は1963年のB・Cトレンチ出土品とみられる[2]。

真歌出土遺物としたものは、昭和30年代半ばに真歌公園の逍遙道路建設工事中にホイナシリチャシ跡から出土したものとみられる[3]。

（2）シベチャリチャシ跡出土遺物

シベチャリチャシ出土品は、1987年の展望台建設に伴う調査で出土した資料（図38）と、それ以外（図39）に分け図示した。

図38は、1～3が肥前産の染付磁器、4・5が銅製品、6～11が骨角製品である。

1の碗は口径10.9cm、器高6.7cm、底径4.0cmである。高台内無釉で、外面に呉須で「壽」字文が描かれる。大橋康二氏による肥前編年のⅡ-2期に比定され、1630-50年代に位置づけられる。割れ口には漆が付着し、破損後に漆継ぎされたことが判る。

2の碗は口径9.5cmと推測される。1と同じく大橋編年のⅡ-2期に比定され、1630-50年代に位置づけられる。二次的な被熱痕が認められる。

3は口径11.8cm、器高2.9cmと推測される小皿で、内面には呉須で草花文が描かれる。大橋編年のⅡ-2期からⅢ期に比定され、1640年代後半から50年代に位置づけられよう。二次的な被熱痕が認められる。

5　シベチャリ出土の遺物　87

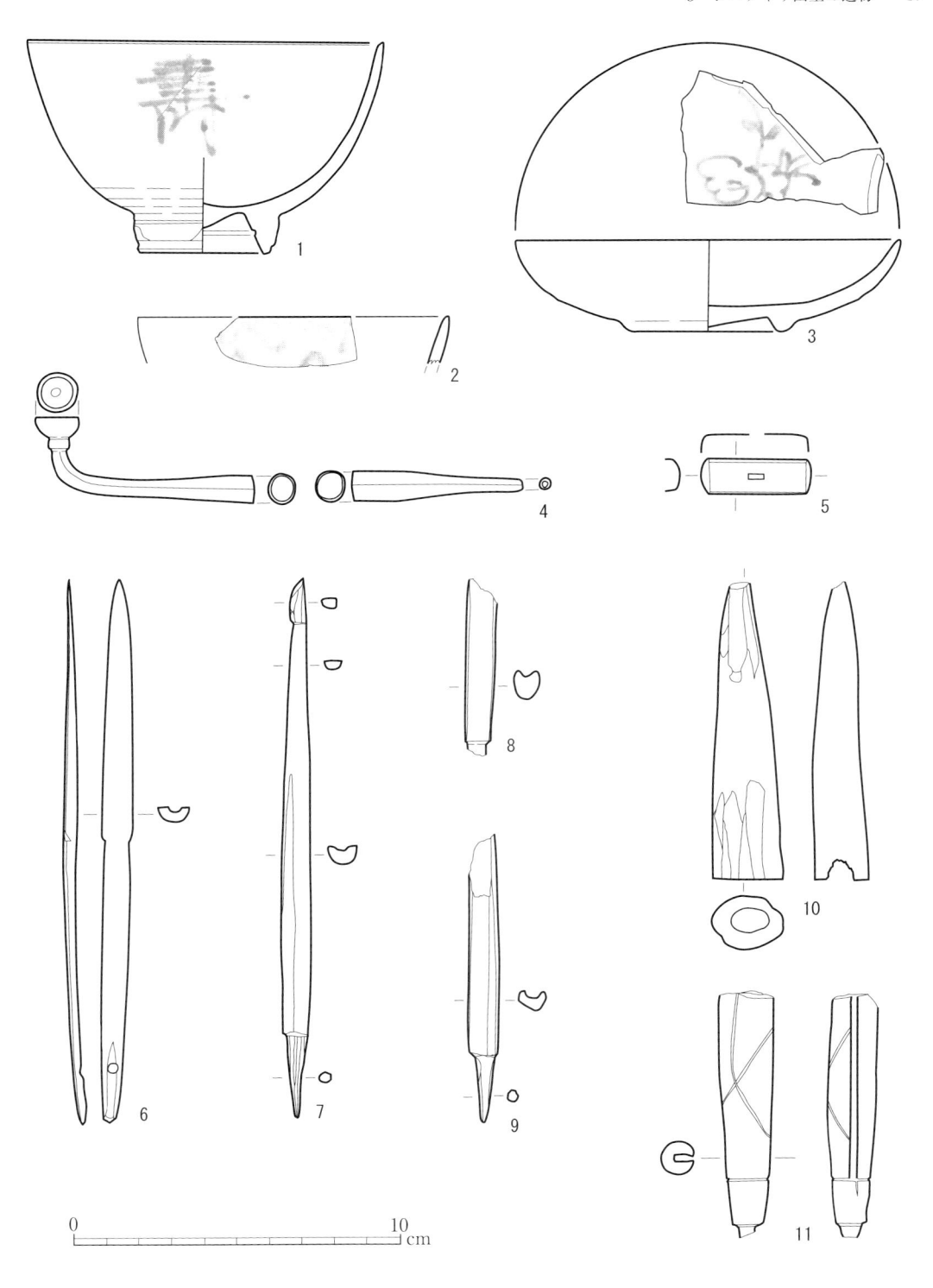

図38　シベチャリチャシ跡1987年調査出土遺物　　　　　　　　　　　　　　　　　　　　　（筆者実測）

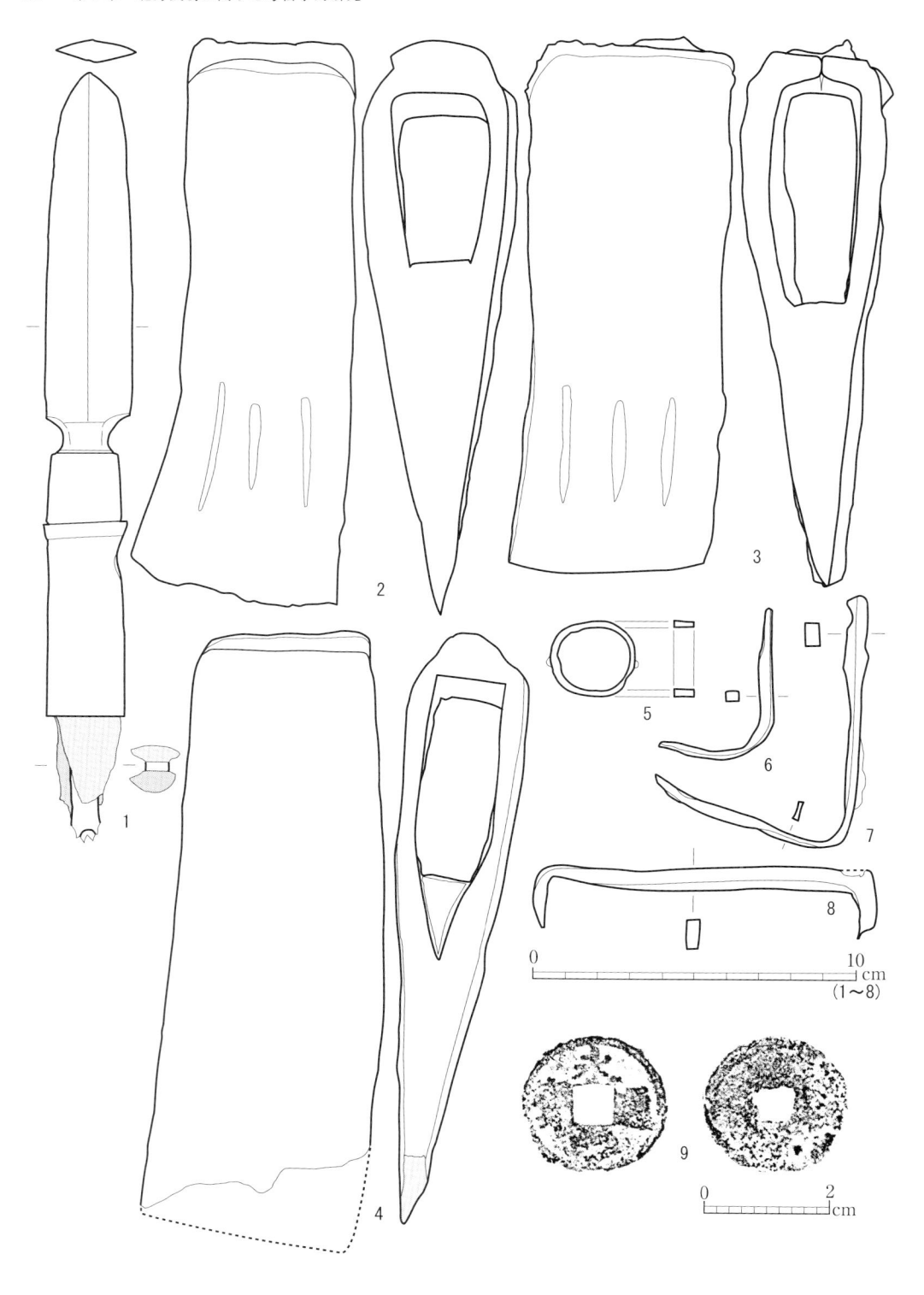

88　第Ⅰ章　北方交易に関する考古学的研究

図 39　シベチャリチャシ跡調査出土年次不明遺物　　　　　　　　　　　　　　　（筆者実測）

4は銅製の煙管で、雁首と吸口がセットとなる。雁首は火皿の下に補強帯があり、17世紀後半に盛行するタイプである。

5は細く長めの穴を有する銅製の飾金具（座金）である。

6はシカの中足骨製の骨鏃で、長さ172mm、幅9mm、厚さ4.5mm、重さ7gである。

7～9はシカの中足骨製とみられる中柄で、完形の7で長さ169mm、幅9mm、厚さ6.5mm、重さ10gである。

10は加工痕のある鹿角、11は縦にスリットの入る鹿角製のソケットである。

図39には、鉄製品（1～8）と永楽通寶（9）を示した。

1は槍先で、穂の先端から茎の目釘穴まで残っており、茎周辺には円筒状の銅製口金と柄の木質の一部が残存している。穂の幅は27mm、厚みは7mmである。

2～4は孔式鉄斧で、2と3は両面に3本線を有する。

5は鐶状を呈しており、口金とみられる。

6と7は鉤銛（突き鉤）、8は鏨である。

9の永楽通寶は直径22.5mm、厚さ0.75mmで、模鋳銭の可能性が高い。

（3）ホイナシリチャシ跡出土遺物

図40-1は太刀で、出土した際には刀身（1a）に柄縁金具（1b）・鍔（1c）・大切羽（1d）が装着されていた。刀身（1a）は長さ54.2cm、幅3.1cm、厚さ0.4cm、平棟で目釘穴は1である。柄縁金具（1b）は銅製で外面は塗銀されている。猪目透かしを四方に配した銅製の鍔（1c）は銅製で銀の覆輪を有する。鍔の縁に沿って両面に細かい魚々子を施し、その上に葡萄の蔓・葉・果実の文様を巡らす。猪目透かしを四方に配した大切羽（1d）は片面に地文として波文を線刻、茎孔の左右には円文を配置し、そのうちの片方には橘文が線刻される。

図40-2は太刀で、平棟の刀身に鍔、鍔に接して刃側に大切羽が着装されている。鍔は鉄地に銀で桜花と唐草文を象嵌した丸鍔である。16弁菊花形の大切羽は銅製で銀の覆輪を有し、8つの透かし穴があいている。

図40-3は太刀で、平棟の刀身に鉄製の丸鍔が装着されている。

図40-4と5は平棟の太刀で、4は目釘穴を2ヶ所有する。

図40-6は鉄製の鋤先で、長さが約32cmある。

図40-7は鉄製の鉈で、目釘穴を1ヶ所有する。

図41-1～3は孔式鉄斧で、いずれも両面に3本線を有する。1には柄の木質の一部が残る。

図41-4は鉄製の手斧で、刃部の幅が約8cmある。

図41-5は鉄製の鉤銛（突き鉤）で、断面は方形を呈する。

（4）真歌出土遺物

図42-1～3は銅製の刀装具で、1は足金物、2は縁金具、3は返角（折金）である。

図42-4と5は銅製の煙管で、4は吸口、5は雁首（5a）と吸口（5b）のセットである。5は雁

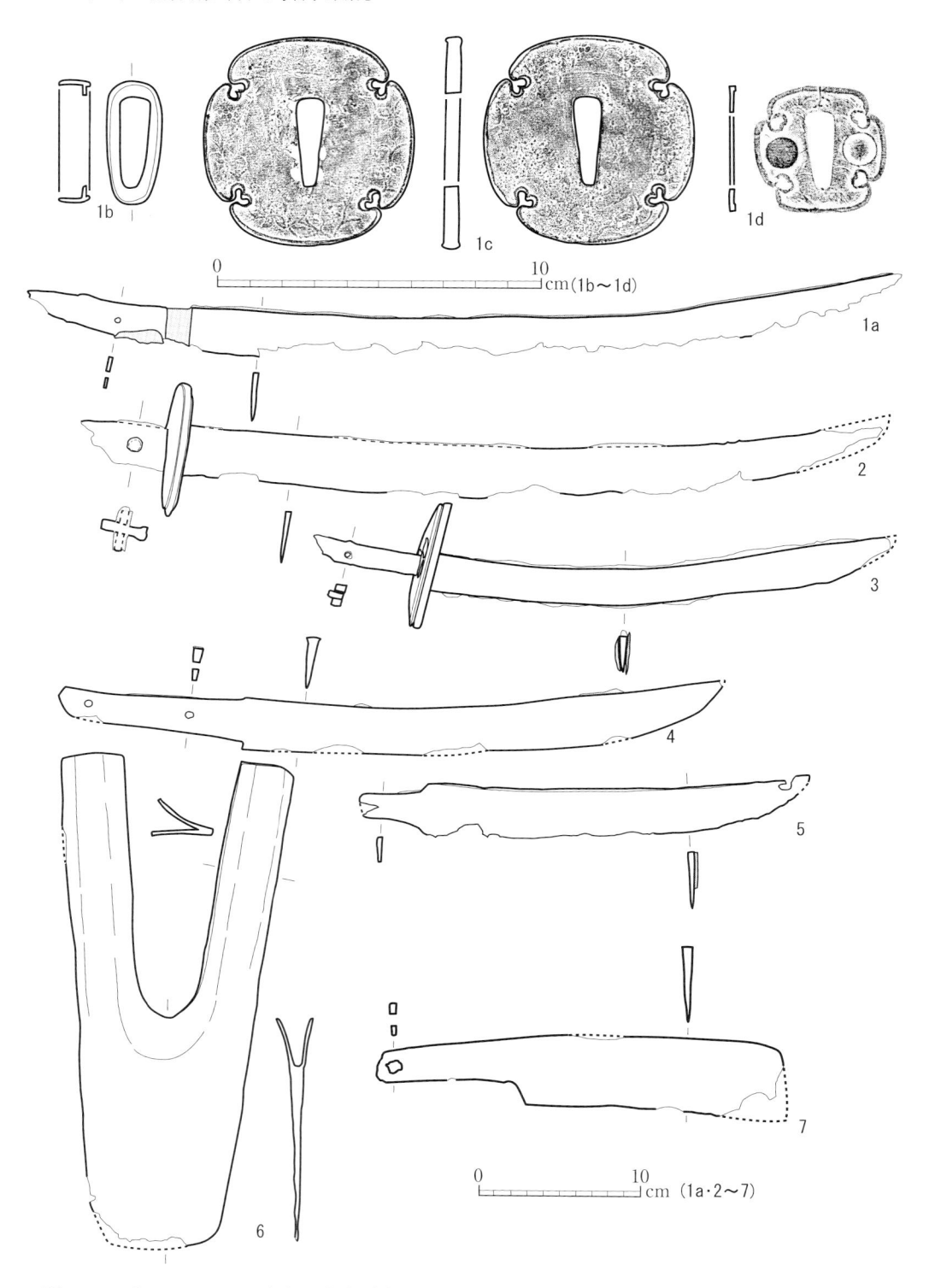

90　第Ⅰ章　北方交易に関する考古学的研究

図 40　ホイナシリチャシ跡出土遺物 (1) 　　　　　　　　　　　　　　　　　　　　　　　　（筆者実測）

5 シベチャリ出土の遺物　91

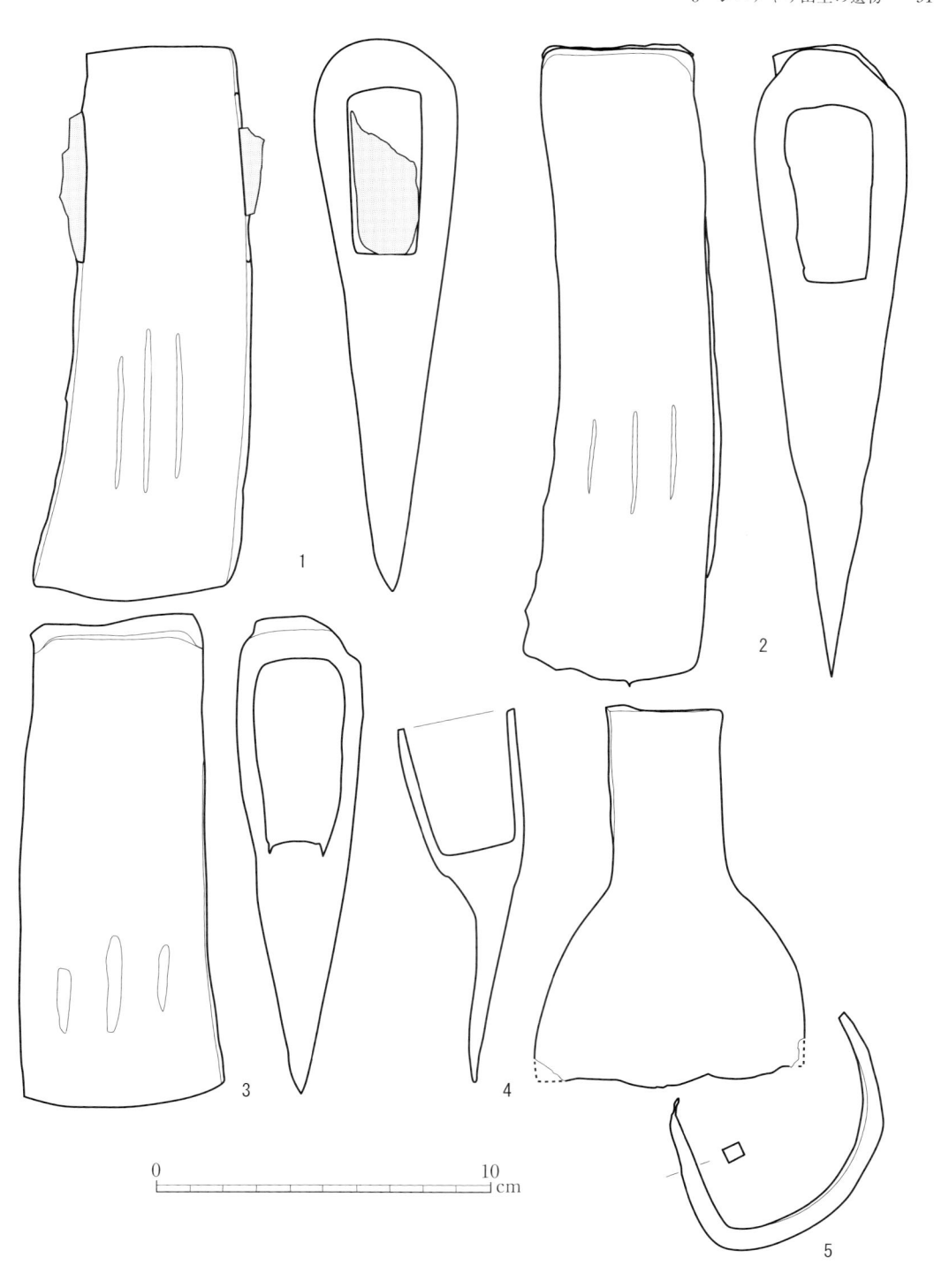

図 41　ホイナシリチャシ跡出土遺物 (2)　　　　　　　　　　　　　　　　　　　　　　（筆者実測）

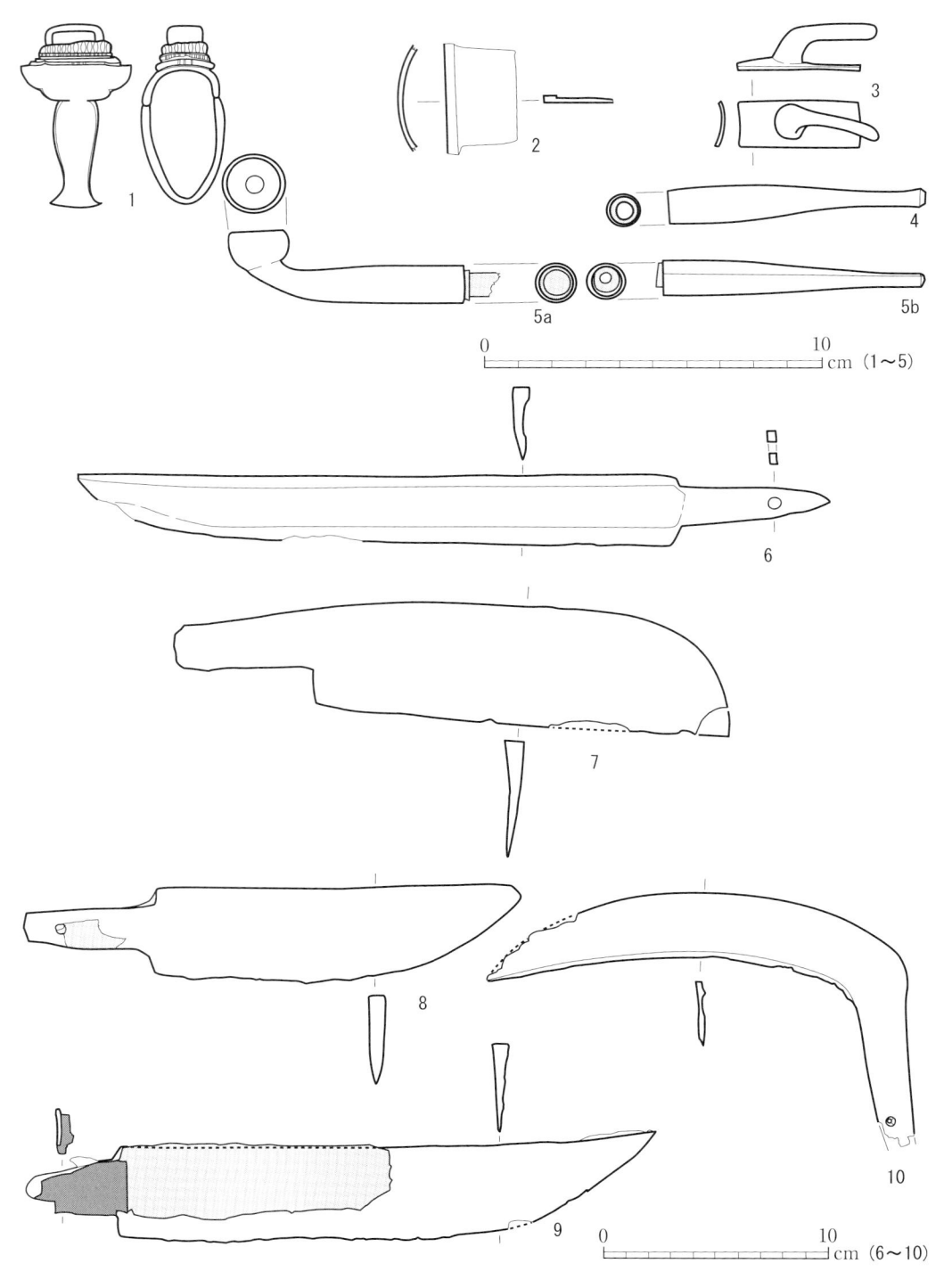

92　第Ⅰ章　北方交易に関する考古学的研究

図42　真歌出土遺物　　　　　　　　　　　　　　　　　　　　　　　　　　　　　　（筆者実測）

首の形状から 18 世紀のものと思われる。

　図 42-6 は鉄製の平棟の太刀で、目釘穴は 1 ヶ所である。

　図 42-7 は鉄製の鉈、8 と 9 は鉄製の山刀、10 は目釘穴を有する鉄製の有茎鎌である。

（5）小　　結

　本節で紹介した資料は、一部の混入品を除き、17 世紀前葉から中葉を主体としており、基本的にはシャクシャインの戦いを下限とする遺物群である[4]。シベチャリチャシ跡から出土した 3 点の肥前磁器は、17 世紀代中葉以前の近世陶磁器としては、稚内市泊岸 1 遺跡のアイヌ墓に副葬された肥前磁器小皿とともに、道内最奥部の出土事例である。筆者は、蝦夷地出土近世陶磁器の分析に基づき、シャクシャインの戦い後に東蝦夷地での和人とアイヌの交易が低調になったと指摘した（関根・佐藤 2009）。今回紹介した資料は、シャクシャインの戦い以前の日高アイヌが肥前磁器や豊富な鉄製品など多くの和産物を入手していたことを示している。シベチャリチャシ跡出土の漆継ぎされた肥前磁器碗は、史料に記録された「砂金採り」のみならず、漆継ぎを生業とする「渡り職人」的な和人までもこの地に入り込んでいたことを物語っていよう。

〔註〕
1）A トレンチはシベチャリチャシ跡の「内溝」を中心にそれと直行する方向に幅 2m、長さ 36m で設定され、39 基の柱穴や 2×2m の方形竪穴状遺構が検出されている（藤本編 1964）。
2）B トレンチはホイナシリチャシ跡内の中央部に、海岸線に直行する方向で幅 2m、長さ 7m で設定されている。C トレンチは B トレンチに直交し、幅 2m、長さは 6m ある（藤本編 1964）。
3）藤本編 1964 文献に「工事中に、入舟チャシで人骨、ナタ、マサカリ、チョーナ、ガッチヤ、キセル、永楽銭などが発見されたことがある」との記載がみられる。
4）図 2-2・3 の二次的な被熱がみられる肥前磁器は、寛文 9 年（1669）10 月 24 日の松前軍によるシベチャリ攻撃時にシベチャリチャシが焼失・陥落したことと関連付けられないだろうか。

6 タマサイ・ガラス玉に関する基礎的研究

はじめに

　北太平洋の先住民は、交易により中国・日本・ロシア、さらには遠くヨーロッパや中東で作られたガラス玉を入手した。彼らは遠く海を越えてもたらされた神秘的なガラス玉に高い価値を見いだし、時に宗教儀礼に結びつくユニークな玉文化を生み出した。ガラス玉は、価値観の異なる「未開」と「文明」が接触したことを示す重要な証であり、玉にあけられた孔を通して北太平洋を舞台とする国家と民族の歴史が見える。

　アイヌの物質文化を特徴づけるものでありながら、基本的にアイヌ文化圏以外の地で作られ運びこまれたもののひとつにガラス玉がある。自らの営みを文字や絵画に残すことの無かったアイヌの歴史・文化研究には出土資料の分析が不可欠であり、ガラスも出土資料を対象に、材質と製作技法解明を目的とした自然科学的分析が進められているが、型式学的検討が十分行われていないため、物質文化研究の基本である編年が未整備のままである。

　アイヌのガラス玉については、図案家でありアイヌ資料の優れた収集家もあった杉山寿栄男氏による著書『アイヌたま』がある（杉山1936）。杉山氏は、同書のなかでアイヌ玉の基本的な分類を行うとともに、その生産と流通に関する考察を行った。杉山氏の研究は、古代のガラス玉から南方台湾のガラス玉まで多くの実物資料に関する知見に裏付けられており、ここにアイヌ玉研究の基礎が作られた。伝世したアイヌ玉のなかに江戸末期から明治前半代に江戸・東京で製作されたガラス玉が多数存在することを指摘し、北方渡来という先入観にとらわれがちだったアイヌ玉に関して再考を促した点や、一連の玉飾りのなかには新古さまざまな時代のガラス玉が混在しているとした点は注目される。

　江戸時代、アイヌ向けのガラス玉が江戸で作られていたという点については、松井恒幸氏が文献により論証している（松井1977）。松井氏は、文献に「日本細工のびいどろ玉」が最初に登場するのは宗谷場所の交易に当たっていた串原正峯が寛政5年（1791）に著した『夷諺俗話』とし、そのころから次第に本州で作られたガラス玉が北から入ってくるガラス玉に置き換わる形で増加していったと推察している。

　文献に残る記録と民具の両面からタマサイ・シトキを扱った研究としては、児玉作左衛門・とみ夫妻の論考がある。児玉作左衛門氏は、江戸時代初期のアイヌ服飾の研究のなかで、首飾りについて触れ、樺太アイヌの首飾りは江戸時代初期（元和以前）に遡るが、北海道で普及するようになるのは江戸時代末期になってからである旨の発言を行っている（児玉1965の71頁）。児玉とみ氏は、夫の作左衛門氏が昭和4年頃に樺太東海岸で蒐集した首飾りを紹介し、北海道と樺太の首飾りを比較するとともに、北海道アイヌの首飾りに発達しているシトキの種類と特徴について検討した（児玉1967・1969）。

伝世したアイヌの民具をみるかぎり、ガラス玉は、タマサイをはじめ耳輪（ニンカリ）、胸飾り、のど飾り、額飾帯などの装身具には勿論、煙草入やマキリ鞘等の緒締に用いられることも多く、衣服の襟周りや守袋にガラス玉を縫いつけたものも存在する。また、熊送りに関連して、青玉をつけた熊用の首飾りや耳飾り、口縁部や把手部に小型の青玉を象嵌した儀礼用木製容器もみられる。

　杉山寿栄男氏が指摘するように、伝世したタマサイには生産地・製作年代の異なる様々なガラス玉が組み合わされている場合も多く、それを基準にガラス玉の編年を組み立てることは非常に困難である。それはひとえにガラス玉が他のものに比較して長期間伝世しやすいがためであり、そのことは伝世品のみならず出土品についても基本的には当てはまる。しかし出土品の場合、機能を失いそれが遺棄ないし廃棄された時期さえ特定できれば、その遺物の製作年代は、少なくともそれ以前であることを証明できる。従って、アイヌのガラス玉、ひいてはタマサイの編年を構築するためには、出土品により古いものから順にその特徴を確認する作業が不可欠となる。

（1）続縄文・擦文時代・オホーツク文化期のガラス玉

　続縄文時代前期、渡島半島から石狩低地帯に展開した恵山文化には、本州の弥生文化とのつながりを示す碧玉製管玉や南海産貝製装飾品が出土することが知られる。一方、石狩低地帯以東では縄文時代晩期以降、琥珀製玉類の副葬がみられ、やがて恵山文化圏内へももたらされるようになる（青野1999）。

　これまでのところ、北海道で出土したガラス玉のなかで最も古いものは、浦幌町十勝太若月遺跡の土壙85から碧玉製管玉2点と共伴した2点の青色小玉であり、その時期は後北B式期に遡る。続縄文時代・擦文時代・オホーツク文化のガラスを集成した村田大氏によれば、これまでに続縄文時代には12遺跡、擦文時代には8遺跡、オホーツク文化期には4遺跡からガラス玉が出土しているという（北海道埋蔵文化財センター2002、図43・表7）。ひとつの遺構から出土するガラス玉の点数は、多い場合でも30点以下で、ほとんどが1・2点である。ガラス玉に石製の管玉・勾玉などの玉類が伴う事例もあるが、それらを加えたとしても、アイヌ文化期のタマサイに比べ、玉類の点数としては格段に少ない。これらアイヌ文化に先行する時期の遺跡から出土するガラス玉は、濃青・紫から淡青や浅黄まで色調に違いはあるものの、青系単色で直径1センチ以下の小玉が圧倒的に多い。

　続縄文時代におけるガラス玉の使用法を考える上で重要なのが、常呂川河口遺跡のピット300と呼ばれる墓壙から出土した後北C2・D式期の20点のガラス玉である（常呂町教育委員会1996）。青紫色のガラス小玉は頭蓋骨の眼球部付近から集中して出土しており、樺太アイヌの額飾帯（鉢巻）に類例があるように、ガラス玉を縫いつけた頭飾りをした状態で埋葬されていた可能性がある。

　擦文時代後期後半に属する根室市穂香竪穴群H11竪穴住居跡では、床面直上からガラス玉57点・青銅製環状・管状製品7点・翡翠製勾玉1点・凝灰岩製の有孔自然礫1点が連なった状態で出土している（本書の図16）。これらを全て繋げると長さは29cm前後となる。アイヌ文化期以

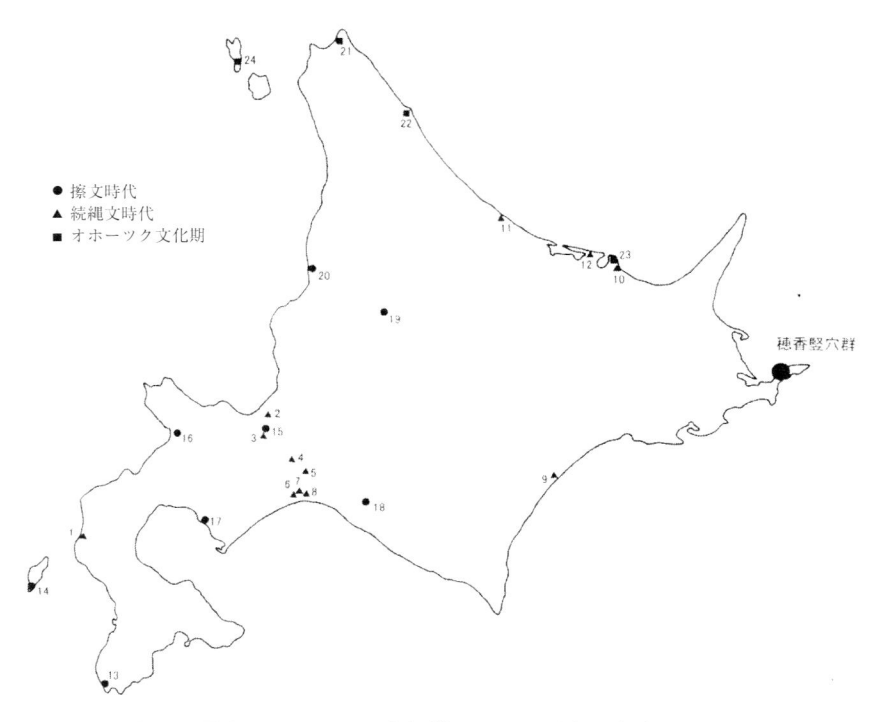

図43 続縄文・擦文・オホーツク文化期のガラス玉出土遺跡

前のガラス玉の出土点数としては、群を抜いて多い。穂香竪穴群出土のガラス玉は、全て長径1cm以下の小玉で、風化していないものは青色を呈している。北海道大学小笠原正明氏による非破壊分析によれば、ガラス玉の材質は鉛ガラスが大半を占め、他に鉛石灰ガラス2点とカリ石灰ガラス1点が確認されたという（北海道埋蔵文化財センター 2002）。H11竪穴住居跡の炉跡から採集されたフローテーション試料の補正C14年代測定値は、950±40YBPである。蛍光X線分析によりガラス玉の化学組成を検討した岡部雅憲氏・小笠原正明氏によれば、北海道内の遺跡から出土した古代のガラス玉の特徴は、カリ系のガラスのみからなることだという（岡部・小笠原 1995）。本州では3世紀後半以後10％から20％の酸化ナトリウムを含むソーダ石灰ガラスが多く見られるようになるのに対して、北海道でソーダ石灰ガラスが発見されるようになるのは、10世紀の錦町5遺跡や12世紀以降のオヤコツ遺跡からだという（岡部・小笠原 1995）。11世紀の穂香竪穴群出土のガラス玉は鉛ガラスを主体としており、10世紀から12世紀頃を境として、北海道に流入するガラス玉が大きく変化した可能性が高いと考えられよう。同時に、穂香竪穴群出土のガラス玉は、系統的関連性は不明ながら、擦文期以前のものとしては所謂タマサイに最も近い資料として重要である。

(2) アイヌ墓出土のタマサイ・ガラス玉

大塚一美氏はガラス玉を伴うタマサイあるいはシトキは墓に副葬されることはほとんど無いと

表7 続縄文・擦文・オホーツク文化期のガラス玉一覧

時期区分	No.	出土遺跡	出土状況	ガラス玉の種類	その他の玉の種類	時期	備考	文献
続縄文	1	兜野(北桧山町)	住居跡	小玉1		奈良時代		北桧山町教委 1965
	2	八幡町ワッカオイ地区D地点(石狩市)	第23号土壙墓	玉1点+半欠1点(浅黄?)				石橋孝夫 1977
	3	北大構内ポプラ並木東地区(札幌市)	1号墓	丸玉3点(濃青2 半透明青1)		北大式		横山英介 1987
	4	柏木B(恵庭市)	第71号土壙	小玉30点(濃青)		北大式		木村英明 1981
			第17号土壙墓	小玉1点(青)		後北C2-D		
	5	祝梅川山田(千歳市)	黒層	臼玉1点(濃青)		北大式		田村俊之 1991
	6	タプコプ(苫小牧市)	8号墳墓	小玉片13点(青)		後北C2		佐藤一夫・宮夫靖夫 1984
			14号墳墓	小玉片2点(青)		後北C2		
	7	共和(苫小牧市)	1-B層	小玉1点(濃青)アルカリ石灰			分析あり	宮夫靖夫 1987
	8	静川37(苫小牧市)	1B層	小玉2点(青)アルカリ石灰			分析あり	工藤肇ほか 1992
	9	十勝太若月(浦幌町)	土壙24	小玉1点(青)		後北C1		後藤秀彦 1975
			土壙26	小玉10点(青)	管玉2点(材質不明)	後北C1		
			土壙85	小玉2点(透明青)	管玉2点(碧玉)	後北B		
	10	南6条アイヌ地(網走市)	土壙	小玉1点(濃青)	小玉20点(石?)	後北C2-D?		畠山三郎太 1966
	11	砂原2(紋別市)	CP-1	小玉(濃青)		後北C2	H1・H5調査	
	12	常呂川河口(常呂町)	ピット300	小玉20点(青紫)		後北C1	頭蓋骨眼球部	武田修 1996
擦文	13	札前(松前町)	第21号住居址	板状ガラス片アルカリ石灰		10C後半	分析あり	久保泰ほか 1985
	14	青苗貝塚(奥尻町)	墳墓		勾玉(ヒスイ)平玉(水晶)			佐藤忠雄 1979
	15	K-39(札幌市)	5a層	丸玉3点(青)カリ石灰		後期後半	分析あり	藤井誠二ほか 2001
	16	ドリヤムナイ(共和町)	竪穴	丸玉5点(青・緑)				大場利夫 1958
	17	オヤコツ(伊達市)	方形配石墓2号	約30点アルカリ石灰シリカ	金属製品	12C±	分析あり	竹田輝雄ほか 1933
	18	カンカン2(平取町)	X-1盛土1層	小玉1点(青)				森岡健治 1996
	19	錦町5(旭川市)	MK20竪穴	板状ガラス片アルカリ石灰		10C前後	分析あり	瀬川拓郎 1985
	20	高砂遺跡第2地点(小平町)	第2号住居址	丸玉1点(浅黄)				福士廣志ほか 1985
オホーツク	21	オンコロマナイ貝塚(稚内市)	B-1区貝層下	丸玉1点(瑠璃)			1959年調査	大場利夫・大井晴男編 1973
			J-23区	丸玉1点(透明)			1968年調査	大場利夫・大井晴男編 1973
	22	目梨泊(枝幸町)		小玉1点(青)				佐藤隆広 1988
	23	モヨロ貝塚(網走市)		丸玉(淡青に白模様)臼玉(淡青または濃青)				大場利夫 1973
	24	香深井5(礼文町)	P-11焼土面	小玉1点(紫)				種市幸生ほか 1997
			包含層	小玉2点(青)				
			1層(水洗)	丸玉3点				内山真澄ほか 1999

図43・表7は北海道埋蔵文化財センター2002より転成

するが（大塚 1993）、事実誤認である。筆者の集計によれば、およそ 10 基に 1 基の割合でアイヌ墓からはガラス玉が出土しており、ガラス玉は、アイヌ墓の副葬品としては、刀子、漆器、太刀・腰刀、煙管、鉄鍋に次ぐ出土品である（関根 2003d、図 44）。アイヌ墓から出土するガラス玉には、タマサイの部品以外にニンカリに付いていたものや別の用途に使われたものも含まれるが、30 点以上のガラス玉が出土し、タマサイが副葬されていた可能性が高いと思われるアイヌ墓も 11 遺跡 17 例ある（図 45・表 8）。

17 例中、人骨の形質から被葬者の性別が判明するものは、女性 2 例、男性 1 例である。年齢別では成人 4 例、若年 1 例、初生児 1 例となる。初生児の事例は、稚内市オンコロマナイ貝塚墳墓 2 で、加工痕のある骨とともにガラス玉 60 点が副葬されていた。ガラス玉の数は、100 点未満が 8 例、100 点以上 200 点未満が 2 例、200 点以上が 7 例で、最多は余市町大川遺跡 GP608 の 420 点である。ガラス玉をはじめタマサイを構成していた可能性のある副葬品を一連なりに繋いだ場合、その長さは 30cm 未満が 2 例、30cm 以上 50cm 未満が 4 例、50cm 以上 1m 未満が 3 例、1m 以上が 6 例、不明 2 例で、最大は根室市コタンケシ遺跡集石墓や大川遺跡 GP600 で、ともに 2m 前後となる。このうち 1m を超えるものは、伝世品からみて一連ではなく、部分的に玉を二重ないし三重にして連ねていた可能性が高い。ガラス玉類と遺体との位置関係が判明するものでは、頭部から肩部にかけ上半身部分に集中する傾向が顕著である。唯一例外は、大川遺跡 GP608 で、被葬者の足の直上から玉類が集中して出土した。

アイヌ墓にタマサイが副葬されるようになるのは 15 世紀以降であり、これまでのところ確実に 14 世紀以前に遡る事例は認められない。15 世紀の事例は 3 ないし 4 例ほど確認でき、それ以降年代的・形態的連続性が認められることから、遅くとも 15 世紀にはタマサイが出現していると考えられる。以下では、時代毎に、タマサイとそれに使われているガラス玉の特徴について述べる。

① 15 世紀のタマサイとガラス玉

大川遺跡 GP4、同 GP608、常呂町ライトコロ川口遺跡 12 号竪穴内墓壙から出土したガラス玉類は、目貫、銭、鉄製コイル（ラセン）状垂飾など、ガラス玉とともにタマサイを構成していたと考えられる共伴遺物から 15 世紀と考えられる。また、恵庭市カリンバ 2 遺跡第Ⅳ地点 AP5 出土のガラス玉類は、副葬品として共伴した白磁 D 群小皿から、15 世紀後半から 16 世紀前半と考えられる。

シトキを伴うと考えられるのはカリンバ 2 遺跡の事例のみで、猪目透のある古い様相を備えた足金物をシトキに転用していた可能性が高い。ガラス玉以外では、鉄製コイル・ラセン状垂飾（ライトコロ川口・大川 GP4）、目貫（大川 GP4）、サメの歯・銭・紐金具（大川 GP608）がタマサイの部品に使われている。中国銭や寛永通寶を用いたタマサイは、伝世品のなかにもしばしばみられるが、そうした使用法が 15 世紀にまで遡ることが確かめられた。

鉄製コイル状垂飾は、美々 4 遺跡や二風谷遺跡からも出土しており、既に新田栄治氏や菊池徹夫氏により、北方系シャーマンの腰帯（帯飾り）との関連性が指摘されている（東京大学文学部考古学研究室・常呂研究室編 1980、菊池 1995）。鉄製コイルあるいはラセン状垂飾が 15 世紀頃大陸・

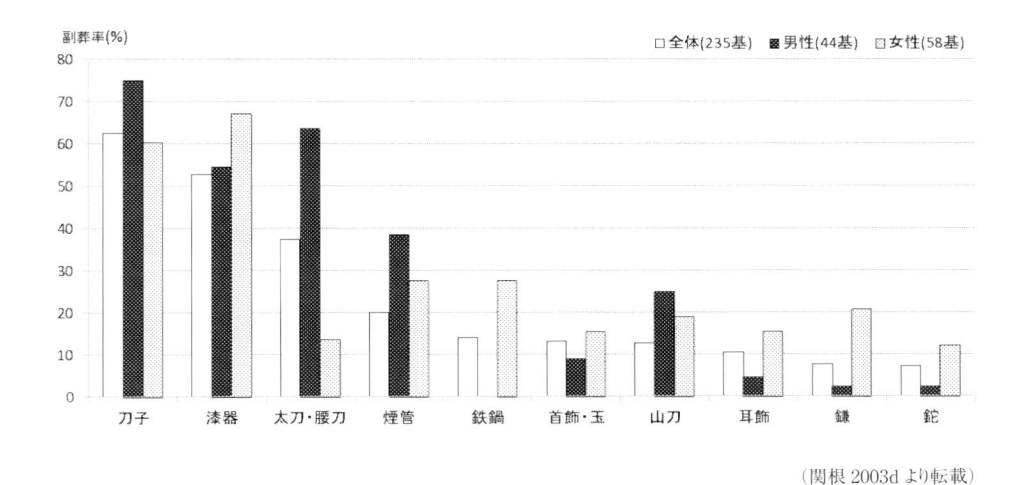

図44 アイヌ墓の副葬品（上位10品目）

（関根2003dより転載）

図45 タマサイを副葬したアイヌ墓の調査報告がある遺跡

1 オンコロマナイ貝塚
2 内淵墳墓
3 ライトコロ川口遺跡
4 コタンケシ遺跡
5 下仁々志別竪穴遺跡
6 幣舞遺跡
7 末広遺跡
8 カリンバ2遺跡
9 札幌市N16遺跡（発寒遺跡）
10 大川遺跡
11 南川2遺跡

表8 アイヌ墓出土のタマサイ

遺構名（アイヌ墓）	年代（根拠）	性別・年齢	タマサイを構成する遺物	ガラス玉の種類	出土位置	一連の長さ	備考	文献
大川遺跡 GP-4	15C（目貫）	？・成人	鉄製ラセン状垂飾・目貫1・ガラス玉53	滴玉（青1・不明1）・瓢箪玉（青1・黄3）・中丸玉（不明）1・小丸玉（黄16・白2・不明25）・小平玉（白1・灰1・透明1）	不明	40cm前後？		余市町教育委員会1994
大川遺跡 GP-608	15C（最新銭：洪武通宝）	男・成人	ガラス玉420・サメ歯15・銭27・紐金具2	中丸玉（黒1・緑1）・中平玉（黒2・青2）・小丸玉（青128・緑79・黒4・赤27）・透明小平玉53・小丸形蜻蛉玉（散花1・散点65・流水1）・蜜柑玉（緑1・白2・不明1）・不明52	足の直上	150cm前後		余市町教育委員会2000c
ライトコロ川口遺跡12号竪穴内墓壙	15C?（垂飾）	不明	鉄製コイル状飾11・ガラス玉約70	中平形蜻蛉玉（流水）1・青色中玉約70	不明	90cm前後	報告書ではタマサイと腰帯両方を想定	東大文学部考古学研究室・常呂研究室編1980
カリンバ2遺跡第Ⅳ地点 AP-5	15C後半～16C前半（白磁D群）	不明	足金物（シトキ?）1・ガラス玉270	中丸玉（青3・白10・透明1）・小丸玉（青69・緑3・黒55・白25・茶57・透明14）・小平玉（茶2・青1）・瓢箪玉（白2・黒6）・緑色切子玉1・赤色管玉1・蜜柑玉1・不明19	不明	160cm前後	ガラス玉にはニンカリの部品が含まれる	恵庭市教育委員会2000b
コタンケシ遺跡集石墓	16C～17C初（最新銭：永楽通宝）	女・成人	金属板（シトキ）1・碧玉製蜜柑玉2・ガラス玉409・銭16	青色小丸玉401・青色瓢箪玉4・青色巻付玉4	頭骨付近	200cm前後		根室市教育委員会1994
幣舞遺跡43号墓	16C～17C初（最新銭：永楽・内耳鉄鍋）	女？・20～30	滑車形木製品1・竹製管玉8・ガラス玉49・銭44	小丸玉（青緑34・水色2・透明5・白3・茶5）	頭部付近	55～56cm		釧路市埋蔵文化財調査センター1994
大川遺跡 GP-600	16C～17C初（最新銭：永楽通宝）	不明	ガラス玉273・銅管1・銭45	中丸玉（青71・緑1・赤1・不明1・透明1）・中平玉（青23・緑3・不明1）・小丸玉（青76・緑1・透明56）・緑色小平玉1・蜜柑玉（青12・緑9・不明13）・不明3	頭部付近	200cm前後		余市町教育委員会2000c
南川2遺跡第1号墓	16C～17C初（永楽通宝・無文銭）	不明	ガラス玉163・銭8	青色棗玉6・小丸形蜻蛉玉（散花）2・中丸玉（白8・緑3・青1）・小平玉（白45・緑19・青24・黒8・不明47）	不明	37～38cm	瓢箪玉が含まれる	瀬棚町教育委員会1985
札幌市N16遺跡（発寒）第1号墳墓	16C～17C初（最新銭：永楽通宝）	不明	ガラス玉約70・銭11	小丸玉約70（白・黒・水・青・淡緑・琥珀色）	上半身部分	70cm以下		河野1933・高倉1933
南川2遺跡第2号墓A	16C～17C?	不明	ガラス玉202	小丸玉（緑7・青5・赤2・白1）・小平玉（青78・緑77・赤6・白6・透明2・黒1・黄1・不明16）	頭部付近	49～50cm	ガラス玉にはニンカリの部品が含まれる	瀬棚町教育委員会1985
南川2遺跡第3号墓	16C～17C?	不明	ガラス玉45	小丸玉（緑1・青1）・小平玉（青24・緑14・赤1・紫1・不明3）	頭部付近	11～12cm		瀬棚町教育委員会1985
南川2遺跡第4号墓	16C～17C?	不明	タマサイ（ガラス玉126・円板状銅製品（シトキ）1）	乳白色蜜柑玉3・青色小丸玉3・小平玉（青42・緑12・紫5・黒5・水色5・赤7・白3・黄2・不明20）	頭部付近	30～39cm		瀬棚町教育委員会1985
ド仁々志別竪穴群墓壙	17C（漆椀・刀子・吊耳鉄鍋）	不明	真鍮製円板（シトキ）・ガラス玉258	蜜柑玉2・管玉1・中平玉4・小丸玉192・小平玉59（青83・緑123・赤26・白19・透明5・黒2）	頭部付近	100cm前後		阿寒町教育委員会1983
末広遺跡 IP-2	17C～1739年（吊耳鉄鍋・Ta-aの下）	？・若年	ガラス玉272	小丸玉（青62・緑81・赤43・白11・透明42）・赤色瓢箪玉1・緑色巻付玉1・不明31	右肩部右側	100cm前後		千歳市教育委員会1982
オンコロマナイ貝塚墓2	不明	初生児	ガラス玉60・加工痕のある骨	小丸玉と中丸玉・中平玉で淡緑色のものが多い	不明	不明		大場・大井1973
内淵墳墓第2号人骨	不明	不明	ガラス玉34	小丸玉と中丸玉	不明	24～25cm		河野・佐藤1963
大川遺跡（1999）P5	不明	不明	ガラス玉29点以上	青色小平玉6・青色小丸玉10ほか	頭部付近	不明	点数不明	余市町教育委員会2001

サハリンからもたらされた北方系遺物とする点に異論はないが、アイヌの遺跡から出土したものを大陸・サハリンと同じようにシャーマンの腰帯（帯飾り）であったと結論づけるには、事例の少なさもあり躊躇せざるを得ない。アイヌのタマサイには、銭や和鏡からボタンにいたるまで、アイヌ文化圏以外の地からもたらされた文物が、本来の使用法とは関係なく用いられている。鉄製コイルあるいはラセン状垂飾についても、大川遺跡やライトコロ川口遺跡において、腰帯に付けるには多過ぎる数のガラス玉と共伴している点に鑑みれば、タマサイの部品に転用されていたのではなかろうか。

　僅か4例、玉数にして合計814個にもかかわらず、ガラス玉は、丸玉・平玉の他、滴玉（大川GP4）、瓢箪玉（大川GP4・カリンバ2）、蜻蛉玉（大川GP608・ライトコロ川口）、蜜柑玉（大川GP608・カリンバ2）、切子玉（カリンバ2）、管玉（カリンバ2）とバラエティーに富む。色調別に見ると、青が3割強、緑が1割強を占めるものの、それ以外の色も多いものから順に透明、トンボ玉、黒、茶、白、赤、黄、灰と多彩である。トンボ玉は全体の1割弱を占め、散花、散点、流水の3種がみられる。

　②16世紀～17世紀のタマサイとガラス玉

　アイヌ墓に副葬されていたタマサイのうち、10例ほどが16世紀から17世紀に比定可能である。まず、タマサイの部品に使われている銭に寛永通寳が含まれず、永楽通寳を最新銭とすることから、16世紀～17世紀初頭と考えられる資料が5例ある（コタンケシ・釧路市幣舞43・大川GP600・瀬棚町南川2第1・札幌市N16第1）。このうち、幣舞43では内耳鉄鍋が、南川2第1では無文銭が共伴しており、年代観の補強材料となる。南川2第2A・3・4と末広IP2の4基については、墓坑を覆っていた火山灰の降下年代から18世紀前葉以前、おそらくは16世紀から17世紀のなかに収まると考えられる。また、阿寒町下仁々志別竪穴群墓壙は、タマサイの他に内耳鉄鍋・漆椀・柄に真鍮による象嵌のある刀子等が副葬されていたが、これとよく似た刀子は、1667年に降下した樽前b火山灰の下から検出された二風谷遺跡2号墓からも出土しているため、17世紀の年代を与えることができる。

　10例のうち3例（コタンケシ・南川2第4・下仁々志別）が円形の金属板に孔をあけただけのシトキを有する。シンプルとはいえ他の部品をそのまま転用するのではなく、明らかにシトキに特化したものを用いたタマサイが、17世紀初頭に存在していたのは確実となった。また10例中5例のタマサイに銭が用いられており、一般的な在り方であった可能性が高い。

　幣舞遺跡43号墓から出土したタマサイは、非常に良く原形を留めており、調査時の記録を基に、玉類の連なり方を復元することができた（図46）。復元したタマサイは、滑車形の木製品を頂点として左右に竹製の管玉と2枚1組の銭を交互に4組配置し、それより先は青緑色を主体に水色、透明、白、茶色のガラス玉1から5個と2枚1組の銭を交互に並べている。全体の長さは55～56cm前後、シトキに相当するものは見当たらない。

　③18世紀のタマサイとガラス玉

　確実に18世紀のものと限定できるタマサイがアイヌ墓から出土したとの報告はこれまでのところないが、18世紀のものと思われるガラス玉の出土例は僅かだが存在する。例えば、余市町

入舟遺跡 GP8 や稚内市オンコロマナイ貝塚墳墓 1 では、女性の墓から 18 世紀代の特徴を備えたキセルとともに、ガラス玉の付いたニンカリが出土している。入舟例は緑色管玉 2 点・青（水）色中平玉 7 点・青色中平玉 1 点の合計 10 点、オンコロマナイ例では青色中平玉 2 点である。17 世紀以前のガラス玉は径 1cm 未満の小玉が圧倒的多数を占めていたのに対して、径 1cm 以上 2cm 未満の中玉が主体になっている。また青玉の色は、伝世品に多く見られるような失透空色が主体を占めるようになっている。このことから、18 世紀のタマサイは、小玉が減り中平玉が多くなるとともに、青玉も色が濃く透明性の高いものから透明性が無く空色がかったもの主体へと変化したと推測される。

　　④上之国勝山館およびその周辺出土のガラス玉

和人勢力の中心地であった上之国勝山館とその周辺からもガラス玉が出土している（表9）。勝山館から出土したガラス玉のなかで、層位や共伴した陶磁器類から 16 世紀に比定できるものは 23 点ある。このうち平成 3 年調査の土壙 22 では 5 点、平成 8 年調査の第 70 号竪穴建物跡からは 6 点のガラス玉がまとまって発見されており、注目される。16 世紀末から 17 世紀初頭のものは、旧笹浪家地点で 2 点、宮ノ沢右岸地点で 5 点、比石館第 7 調査区土坑 1 で 4 点、計 11 点ある。

上ノ国周辺から出土した 16 世紀から 17 世紀初頭のガラス玉は、直径 1cm 以下の青系の丸・平玉を主体とする点や、棗玉や瓢玉のような特殊な形態の玉やトンボ玉は 16 世紀前半には僅かにみられるが、16 世紀末〜17 世紀初頭には確認できなくなり、青系の丸・平玉の比率が極めて高くなるなどの点で、基本的にはアイヌ墓から出土するタマサイに用いられていたガラス玉と共通している。

　　⑤東北北部から出土するガラス玉

青森県内では、評価の分かれる亀ヶ岡遺跡出土のガラス玉を除けば、七戸町森ヶ沢遺跡や八戸市市子林遺跡の 5 世紀代の土坑墓に副葬されていたガラス玉が最も古い。これらは青を基調とする小型の丸玉であり、北海道の続縄文文化の墓壙に副葬されているガラス玉とよく似る。両遺跡とも墓に土師器とともに北大式土器が副葬されており、続縄文文化の範疇で理解できよう。7・8 世紀代には平川市原遺跡・八戸市丹後平古墳群・おいらせ町阿光坊遺跡などの終末期古墳に青を基調とする小型のガラス玉が副葬されている。それらは基本的に律令国家側との交易によって入手されたと考えられる。

東北地方で古代末・中世のガラス玉が出土しているのは、次に述べる青森県内の事例を除けば、平泉関連遺跡群（柳之御所跡遺跡 27 次調査 SK13、同 30 次調査 SE9、泉屋遺跡 19・21 次調査）しかなく、後者が畿内や鎌倉と同様、神社仏閣の荘厳に用いられた可能性が高いのに対して、前者は、北太平洋の先住民交易の脈絡で理解すべきガラス玉といえる。

青森県内から出土した古代末・中世のガラス玉は、5 遺跡 34 点である（関根 2007a）。このうち野辺地町向田（35）遺跡の出土資料は 11 世紀と飛び抜けて古い。中世前半の資料は未確認だが、15 世紀以降は 17 世紀代まで連続性がある。これらは外見上、北海道の中世アイヌ墓や上ノ国町勝山館周辺から出土するガラス玉に類似し、材質は直径 1cm 以上の玉は鉛ガラスで、1cm 未満

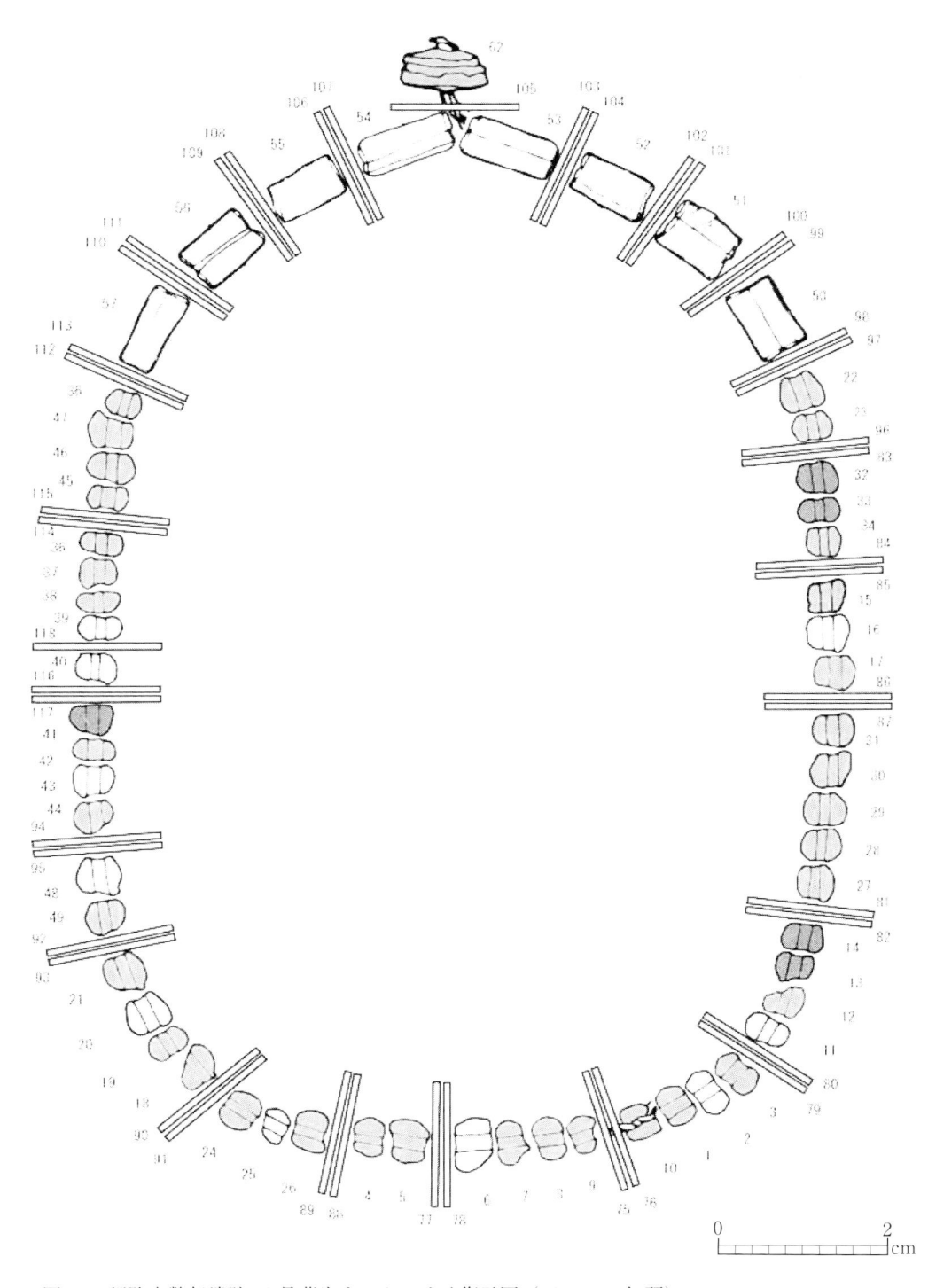

6 タマサイ・ガラス玉に関する基礎的研究　　103

図 46　釧路市幣舞遺跡 43 号墓出土のタマサイ復元図（16c〜17c 初頭）

表9 上ノ国町内出土のガラス玉

遺跡名	出土地区・遺構・層位	形状	色調・文様	直径(mm)	高さ(mm)	重量(g)	年代など	文献
80年勝山館	27K2	平玉	透明	5	4	0.1g以下	年代不明	報告書に記載無し
80年勝山館	27K7	平玉	lt16+明るい緑みの青	10	6	1	年代不明	報告書に記載無し
83年勝山館	25M23 Ⅲ	平玉	lt16+明るい緑みの青	4	3	0.1g以下	16C？(出土層位から)	
H2勝山館	27K	平玉	明るいターコイズ	9	4.4	0.4	16C？所在不明につき未実見	上ノ国町教育委員会1991a
H2勝山館	第二平坦面17K6 Ⅱ	丸玉	dk2とp10+のマーブル	11	9	1.8	16C前半(共伴した陶磁器から)	上ノ国町教育委員会1991a
H2勝山館	第二平坦面16M23	棗玉	dk14ごく暗い青緑	7.5	7.5	0.5	16C前半(共伴した陶磁器から)	上ノ国町教育委員会1991a
H2勝山館	17J16 土坑1	平玉	v18濃い紫みの青	5	3	0.1g以下	16C？(出土層位から)	報告書に記載無し
H3勝山館	土坑22 覆土	平玉	st-BGつよい青緑	3	2	0.1g以下	16C前半(共伴した陶磁器から)	上ノ国町教育委員会1992
H3勝山館	土坑22 覆土	平玉	v18濃い紫みの青	3	2	0.1g以下	16C前半(共伴した陶磁器から)	上ノ国町教育委員会1992
H3勝山館	土坑22 覆土	平玉	st-BGつよい青緑	3	2	0.1g以下	16C前半(共伴した陶磁器から)	上ノ国町教育委員会1992
H3勝山館	土坑22 覆土	平玉	dp2あざやかな赤	4	2	0.1g以下	16C前半(共伴した陶磁器から)	上ノ国町教育委員会1992
H3勝山館	土坑22 覆土	平玉	st-BGつよい青緑	3	2	0.1g以下	16C前半(共伴した陶磁器から)	上ノ国町教育委員会1992
H7勝山館	19J16	平玉	dp14つよい青緑	8	5	0.6	16C？	上ノ国町教育委員会1996a
H8勝山館	第70号竪穴建物跡	平玉	d12明るい緑	10	5	1	16C前半(共伴した陶磁器から)	上ノ国町教育委員会1997
H8勝山館	第70号竪穴建物跡	平玉	st-BGつよい青緑	8	5	0.1～1g	16C前半(共伴した陶磁器から)	上ノ国町教育委員会1997
H8勝山館	第70号竪穴建物跡	平玉	透明	5	4	0.1～1g	16C前半(共伴した陶磁器から)	上ノ国町教育委員会1997
H8勝山館	第70号竪穴建物跡	瓢形					16C前半 所在不明につき未実見	上ノ国町教育委員会1997
H8勝山館	第70号竪穴建物跡	平玉	d12明るい緑	8	5	1	16C前半(共伴した陶磁器から)	上ノ国町教育委員会1997
H8勝山館	第70号竪穴建物跡	平玉	d12明るい緑	8	5	1	16C前半(共伴した陶磁器から)	上ノ国町教育委員会1997
H8勝山館	20J19 Ⅲ	平玉	dp14つよい青緑	4	2.3	0.02	16C(出土層位から)	上ノ国町教育委員会1997
H9勝山館	19L24 土坑8	平玉	lt16+明るい緑みの青	3	2	0.1g以下	16C前半(共伴した陶磁器から)	上ノ国町教育委員会1998a
H9勝山館	K3井戸2黒土サンプル土中	平玉	st-BGつよい青緑	4	2	0.1g以下	16C前半(共伴した陶磁器から)	上ノ国町教育委員会1998a
H10勝山館	14J7 Ⅲ	平玉	dp14つよい青緑	9	4	0.5	16C？(出土層位から)	上ノ国町教育委員会1999a
H10勝山館	14J14 土坑47	平玉	V14つよい青緑	8	4	0.4	16C？(出土層位から)	上ノ国町教育委員会1999a
H10勝山館	土坑14サンプル土中	平玉	dk20暗い紫みの青	3.8	2.8	0.1g以下	16C？(出土層位から)	上ノ国町教育委員会1999a
H13勝山館	22K14.3 Ⅱ'	丸玉	dk4くすんだ黄みの赤	16	16	6.3	近世(出土層位から)	上ノ国町教育委員会2002a
旧笹浪家トオリニワ	D3・2	平玉	b16明るい緑みの青	7.5	4.5	0.1～1g	16C末～17C初頭？	上ノ国町教育委員会2000a
旧笹浪家板間	C2	平玉	VV-BG	9	6	1	16C末～17C初頭？	報告書に記載無し
99年宮ノ沢川右岸			水色	8	5.5		所在不明 16C末～17C初頭？	上ノ国町教育委員会2000a
99年宮ノ沢川右岸	E7	丸玉	透明	6	6	0.1～1g	16C末～17C初頭？	報告書に記載無し

遺跡名	出土地区・遺構・層位	形状	色調・文様	直径(mm)	高さ(mm)	重量(g)	年代など	文献
99年宮ノ沢川右岸	F6	丸玉	透明	6	5	0.1～1g	16C末～17C初頭?	上ノ国町教育委員会2000a
99年宮ノ沢川右岸	F6	平玉	sf14 やわらかい青みの緑	2	1	0.1g以下	16C末～17C初頭?	報告書に記載無し
99年宮ノ沢川右岸	E6	平玉	dk20 暗い紫みの青	4	3	0.1g以下	16C末～17C初頭?	報告書に記載無し
比石館	第7調査区土坑1	平玉	v16 あざやかな青	10	6	1	16C末～17C初頭（共伴した銭と煙管から）	上ノ国町教育委員会2001b
比石館	第7調査区土坑1	平玉	BR7 茶	4	3	0.1g以下	16C末～17C初頭（共伴した銭と煙管から）	上ノ国町教育委員会2001b
比石館	第7調査区土坑1	丸玉	dk20 暗い紫みの青	4	4	0.1g以下	16C末～17C初頭（共伴した銭と煙管から）	上ノ国町教育委員会2001b
比石館	第7調査区土坑1	丸or平玉	sf14 やわらかい青みの緑	?	?	?	16C末～17C初頭（共伴した銭と煙管から）	上ノ国町教育委員会2001b
長谷川義章宅	排土	平玉	b18 あざやかな青	8	5	0.?	年代不明	上ノ国町教育委員会2001b

の玉は低鉛ガラスであった。

(3) 伝世したタマサイとの比較

　ここでは、北海道開拓記念館（36点）、函館市北方民族資料館（児玉コレクション114点、馬場コレクション25点）、苫小牧市立博物館（136点）に所蔵されている合計311点のタマサイをもとに、伝世したタマサイの特徴を捉え、先に述べた出土品との比較を行う。なお、伝世したタマサイに関するデータは、平成16年度に谷口英里氏が弘前大学人文学部に提出した卒業研究「アイヌの首飾りタマサイに関する基礎的研究」に基づく。

　連の長さが計測できたものは244点あり、最も短いもので30.8cm、最長では140cm、平均的な長さは約80cmであった。重量が測定できたものは251点あり、最も軽いもので60g、最大で約2kg、平均的な重さは約481gであった。

【タマサイの部材】

　シトキ以外のタマサイの部品について、ガラス玉、銭、銭を除く金属、その他に分けて、その比率を比較検討した（図47）。伝世品・出土品ともにガラス玉が圧倒的に多い点では共通するが、銭の比率は伝世品より出土品が高いことから、古手のタマサイはガラス玉とともに銭を多用する傾向にあったと推察されよう。タマサイに使われている銭の種類については、一般に寛永通寶と中国銭があるとされているだけで、管見ではまとまった検討は行われていないようである。児玉作左衛門氏が樺太東海岸で蒐集されたタマサイには、道光通寶・乾隆通寶・嘉慶通寶などの清朝銭が使われているとの報告がある（児玉1967）。本州から出土する清朝銭は極めて少ないことから、北海道や樺太に残された清朝銭の多くは北まわりでもたらされた可能性が高い。今後アイヌのタマサイのなかに清朝銭がどの程度含まれているか検討することは、大陸との交流関係に重要な知見をもたらすであろう。

【シトキ】

　伝世した311点のタマサイのうち、シトキを有するものは199点（約64%）であった。形態別

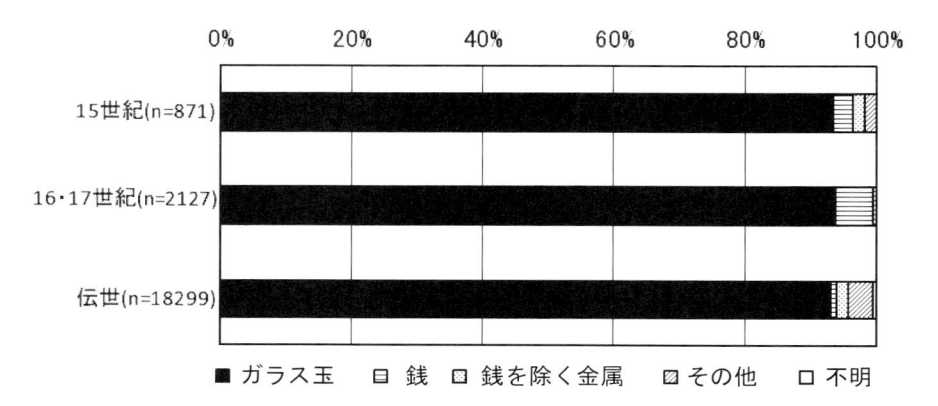

106　第Ⅰ章　北方交易に関する考古学的研究

図47　タマサイの部材（シトキは除く）

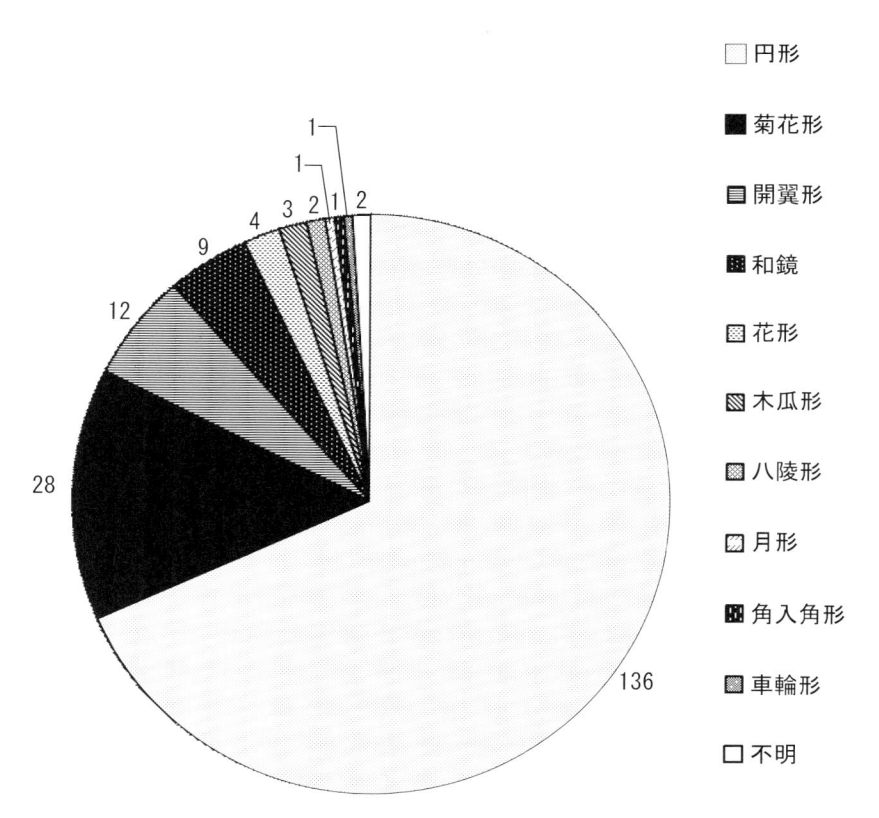

図48　伝世したタマサイのシトキ（n=199）

では、金属板を円形に加工したものが全体の約7割を占め最も多く、菊花形約14％、開翼形約6％、和鏡を転用したもの約5％と続く（図48）。出土品の場合、17例中シトキを持つものは4例あり、うち3例が真鍮または銅を円形に加工したもので、残り1例は太刀の足金物をシトキに転用していた。出土品を見る限り、専用のシトキは16世紀に出現した可能性が高いが、その段階のものは、吊り下げる為の孔があけられた円形の金属板に過ぎない。伝世品に見られるような巴文をはじめとする文様を有するシトキが登場するのは18世紀以降であり、その多くは19世紀に入ってからのものであろう。

【ガラス玉の数】

伝世品の場合、ひとつのタマサイに使われているガラス玉の数は、最も少ないもので19点、最多で279点、50点以上100点未満のものが主流を占める（図49）。出土したタマサイの場合、ガラス玉の数は、最も少ないもので34点、最多で420点、平均して173点近くものガラス玉が使われている。時期別にみると15世紀と考えられる4例に使われているガラス玉は平均203点、16・17世紀の10例では同じく平均187点と、若干ではあるがガラス玉の数が減少している。伝世したタマサイに使われているガラス玉が平均70点と出土品に比べ少ないのは、後述するようにガラス玉の大型化が進行するなかで、数自体は時代とともに減少したからであろう。

【ガラス玉の種類】

ガラス玉のうち主体を占める平玉・丸玉を、長径を基準に、大玉（2cm以上）、中玉（1cm以上2cm未満）、小玉（1cm未満）に分け、平玉・丸玉以外を全て特殊玉として、出土品と伝世品に関して傾向性を検討した（図50）。その結果、出土品と伝世品とで特殊玉の比率にこそ大きな違いは見られないものの、丸玉・平玉の大きさは全く異なることが確かめられた。すなわち、出土品の場合、15世紀のものも16・17世紀のものも小玉がガラス玉全体の8割前後を占めており、大玉は全く見られないのに対して、伝世品では中玉が全体の7割を占め、大玉も1割弱であるが存在する。このことは18世紀以降、ガラス玉の大型化が進んだことを意味する。

【ガラス玉の色】

ガラス玉の色を、多色（蜻蛉玉）と単色とに大別し、後者をさらに青系・緑系・黒系・他色に分けて、出土品と伝世品に関して傾向性を検討した（図51）。その結果、出土品では青系が最も多く、伝世品では意外にも青系より若干ではあるが黒系の玉が数的に勝ることが判った。出土品のなかでは、トンボ玉は15世紀代に多く、16・17世紀代には青系・緑系のガラス玉の比率が非常に高くなっている。換言するなら、15世紀のほうが16・17世紀に比べ多彩なガラス玉が使われており、タマサイ＝青玉という図式は16・17世紀に確立、18世紀以降、おそらくは18世紀末から19世紀にかけて、再びガラス玉が多彩になったといえよう。

（4）小　　　結

タマサイとアイヌのガラス玉に関して、出土品・伝世品双方から、型式学的検討を行った結果、次のようなことが判った。

・最も古いタマサイは15世紀に遡り、それ以降連続性が認められる。

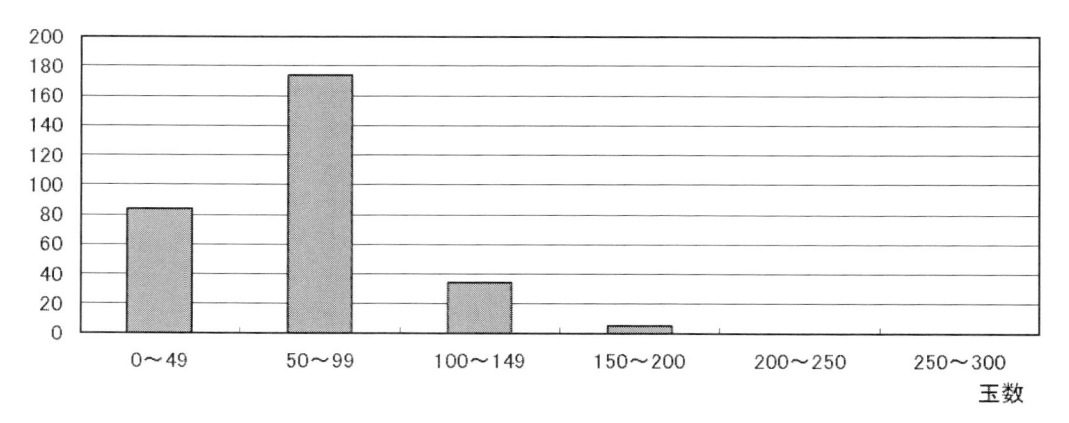

108　第Ⅰ章　北方交易に関する考古学的研究

図49　伝世したタマサイに使われているガラス玉の数（n=303）

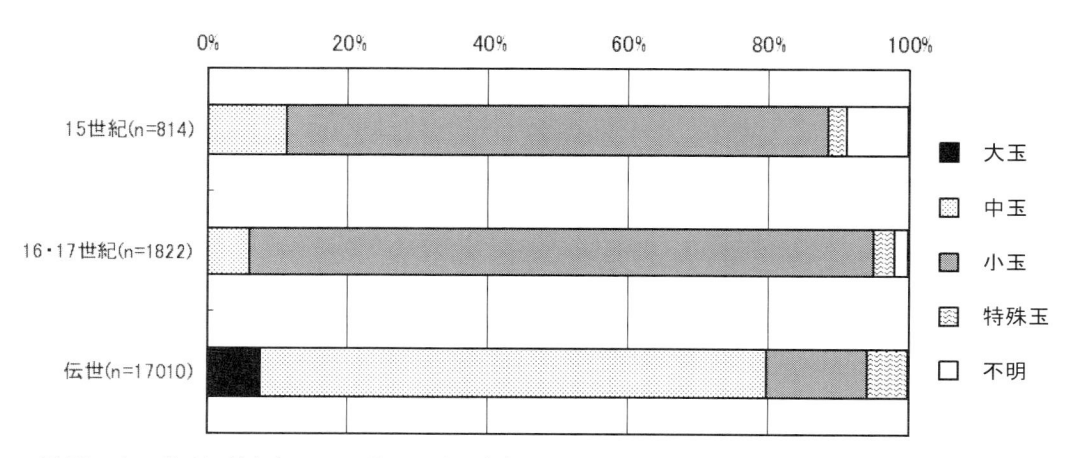

図50　タマサイに使われているガラス玉の大きさ

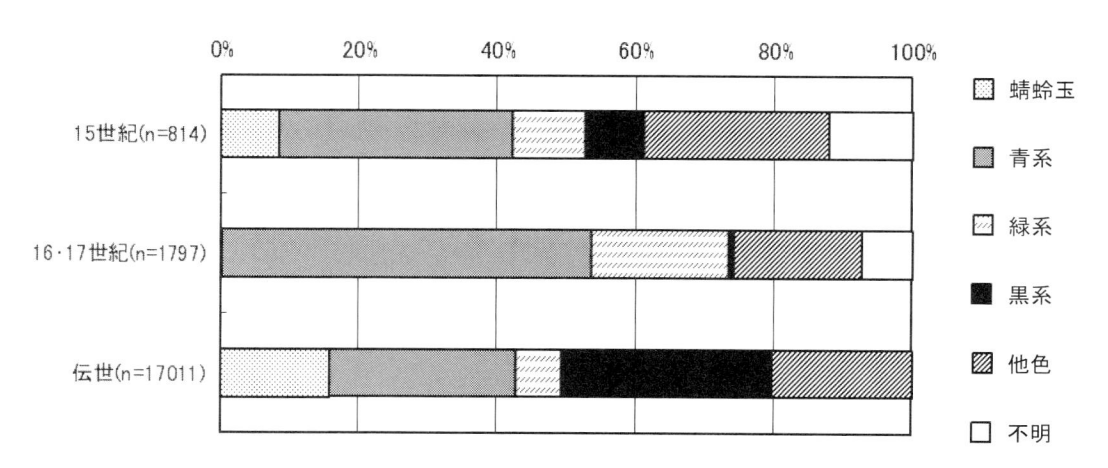

図51　タマサイに使われているガラス玉の色

・15世紀のタマサイには、サメの歯や鉄製ラセン（コイル）状垂飾がみられる他、トンボ玉の比率も高く、16・17世紀のものに比べ多彩で変化に富んでいる。
・専用のシトキを有するタマサイは、16世紀末・17世紀初頭から確認されるようになるが、初期のシトキは円形の金属板に吊すための穴をあけただけのシンプルなものである。
・17世紀以前のタマサイに使われているガラス玉の9割は、長径1cm未満の小玉で占められ、長径が2cmを超すような大型のガラス玉は存在しない。
・17世紀以前のタマサイにはガラス玉とともに銭が多用されている。
・16・17世紀のタマサイは、青玉の比率が高い。
・上之国勝山館およびその周辺から出土する16〜17世紀初頭のガラス玉は、基本的にアイヌ墓に副葬されたタマサイに使われているガラス玉に類似する。
・18世紀のタマサイは、ガラス玉がやや大きくなり中平玉が増えるとともに、青玉の色は、色が濃く透明性の高い青から、透明性に欠け空色がかった青へと変化する。

　出土品は17世紀以前の事例に偏っているため、伝世品との差異が目立つ結果となった。今後18世紀以降の出土事例が増加する中で、両者のヒアタスは埋まるものと思われる。

　初現期、すなわち15世紀代のタマサイは、最も大陸的・北方的色彩が強い。15世紀は明朝が朝貢関係を軸にアムール川下流域やサハリンの諸民族に対する支配体制を強化した時期にあたる。北海道から出土する15世紀のタマサイは、そうした北東アジアの政治情勢の変化が間接的とはいえ、北海道のアイヌ民族にも影響を与えたことの証左といえよう。

　16世紀〜17世紀のタマサイは、青玉が大きな割合を占めており、おそらくこの時期にアイヌ玉＝青玉という図式ができあがったと考えられる。北まわりで大陸からもたらされた青玉は、北奥に暮らす本州アイヌにも受容された。北奥青森県域は、北のガラス玉の道の終着点といえる。

　今回、出土品からは18世紀以降とだけしか言えないが、文献史料などから推察するに、おそらく18世紀末から19世紀にかけて、ガラス玉の大型化や黒系色玉・トンボ玉の増加、シトキへの加飾が進んだ可能性が高い。それはちょうど日本とロシアとの緊張関係が高まり、俄に蝦夷地への関心が高まった時期と符合する。19世紀、和人の蝦夷地への本格的な進出に伴い、江戸周辺でアイヌ向けに作られたガラス玉がタマサイをより華美なものとし、形式化を促進したのであろう。

　ガラス玉は中国・ロシア・日本という国家と北太平洋の先住民族との政治的・経済的関係を物語る歴史の証人といえよう。

第Ⅱ章　本州アイヌの実像

1　考古学的痕跡

(1)「本州アイヌ」の定義と問題の所在

　東北地方におけるアイヌの問題に関しては、古くから多大な関心が寄せられ、考古学だけでなく、アイヌ語地名や形質人類学上の問題などを含め、いろいろな方面からのアプローチが行われてきた。古くはアイヌが東北地方の先住民であるか否かが主な論点であった。

　一方、近世史の分野では、弘前藩庁日記（国日記）や盛岡藩雑書、その他古絵図類の検討から、北奥の近世社会において狄（狄）などと呼ばれ異民族視された人々（「本州アイヌ」）の存在に関心が寄せられるようになった（浪川1992、青森県2001ほか）。

　北海道島では、地域によって時期差はあるものの、13世紀末から14世紀頃にはアイヌ文化が成立したと考えられている。北海道島に住むアイヌと、津軽海峡を挟んで対峙する中世・近世の北奥社会が接点を持っていたことに疑念を挟む余地はないが、両者の関係は、従来、主として和人側に残された史料や、漆器や陶磁器といった北海道の遺跡から出土する本州産の遺物に基づき、説明・解釈されてきた。

　北海道島のアイヌ社会に和人の手によるモノが存在するなら、反対に本州島にも北海道アイヌの物質文化に共通するモノが残されていてもよさそうなものである。しかし北海道島から本州島へ運ばれたものが、海産物や毛皮などの有機質からなる原材料を主としていたためか、下北半島や津軽北部に厚司（アッシ）、アイヌ文様を有する脚絆、マキリ、タマサイなどが僅かに残っている程度で、本州島には北海道島のアイヌの物質文化に特有と呼べるモノはほとんど伝世していない[1]。僅かに残る厚司などにしても、明治時代に下北や津軽から北海道の漁場に出稼ぎに行った人たちが土産品として持ち帰ったものが相当含まれている可能性があり、必ずしも本州アイヌと関連づけられない。

　そこで、本州アイヌの実態を明らかにするためにも、本州島の中世・近世遺跡から出土するモノのなかに、北海道アイヌの物質文化と共通する遺物がどの程度含まれているのか検討する必要が生じるのである。北海道アイヌの物質文化を示す資料は、出土品・伝世品ともに膨大な量に達するが、年代的根拠を求めることが困難な場合が多く、編年的研究が立ち後れている。本州島の中世・近世遺跡から北海道アイヌの物質文化に特有の遺物が出土した場合、共伴する陶磁器類などを手がかりとして、おおよその年代を推定することができる。その成果は、北海道島における

アイヌ研究にフィードバック可能であり、編年網を構築するうえで必ずや大きな力を発揮するであろう。

(2) 本州アイヌの考古学的痕跡

　青森県内の中近世遺跡から出土する遺物の中で、北海道アイヌの物質文化に由来すると考えられるものに、銛頭・骨鏃・中柄などの骨角器、ガラス玉、蝦夷拵の刀装具がある。それらが出土した遺跡は、下北半島尻屋崎周辺のアワビを主体とする貝塚（浜尻屋貝塚・大平貝塚）、地域を代表する大規模な戦国城館（浪岡城跡・聖寿寺館跡・根城跡）、港湾都市（十三湊遺跡）、「狄村」の所在地として知られる場所（宇鉄・脇野沢）である（図52）。

　①骨角器・貝製品
【銛頭】
　キテはトドやクジラといった海獣猟に用いる銛先である。銛は、先端に位置する鉄製の刃とそれをささえるキテノク（その両方をあわせたものもキテという）、キテを差し込んでささえる「キテの槍」（キテオプ）、シウリの木から作られる長い柄、イラクサを撚ってつくった銛綱（キテトゥシ）からなる。伝世した北海道アイヌの民具では、キテノクには鯨骨か、木のなかでも一番堅いとされる「えりまきの木」や「さびたの木」（ノリウツギ）が使われている。

　北海道内から出土したアイヌのキテ（キテノク）には、鹿角や鯨骨で作られたものの他、木製のものも見られる（美々8遺跡の低地部では、層序から1667～1739年頃のものと推定されるハンノキ属やアジサイ属を素材とするキテ（キテノク）が出土している）。また、上之国勝山館跡では、館神八幡宮南方の旧沢地と館中心部の土坑から、使用痕のあるキテが各1点出土している（上ノ国町教育委員会1993・1994）。

　青森県内では、浜尻屋貝塚と大平貝塚から、鹿角や鯨骨製のキテが出土している（図53）。

【骨鏃】
　北海道アイヌの伝世品では、矢尻は鉄またはよく乾燥させた根曲がり竹を素材とする。樽前a火山灰（1739年降下）の下で確認された千歳市末広遺跡のIP60号墓からは、蝦夷刀・小札・刀子・漆椀とともに、骨鏃1点とチシマザサ製鏃7点が出土している（千歳市教育委員会1982）。また、上之国勝山館跡の館神八幡宮南方の旧沢地から出土した骨鏃は、陸獣の骨を用いたものが多いが、四分割した鳥骨を素材とするものも見られる。

　青森県内では、浜尻屋貝塚と聖寿寺館跡から骨鏃が出土しており、浜尻屋遺跡出土の骨鏃には、海獣骨・鹿角・鹿の四肢骨が用いられている（図54）。

【中柄】
　中柄（マカニツ）は矢骨とも呼ばれ、矢尻（ルム）と矢柄（アイスプ）を繋ぎ、矢の錘の役目をする。矢尻・中柄・矢柄を組み合わせて鹿の筋を細く裂いて作った糸（スンチ）でぐるぐると巻いて留めることにより一本の矢となる。獲物に刺さった矢は、体内に食い込んだ矢尻を残してはずれるようになっている。伝世した北海道アイヌの民具では、中柄には、鹿の骨を縦割りにして削ったものや、木のなかでも重いとされる「さびたの木」（ノリウツギ）が使われている。中柄は、

1　考古学的痕跡　　113

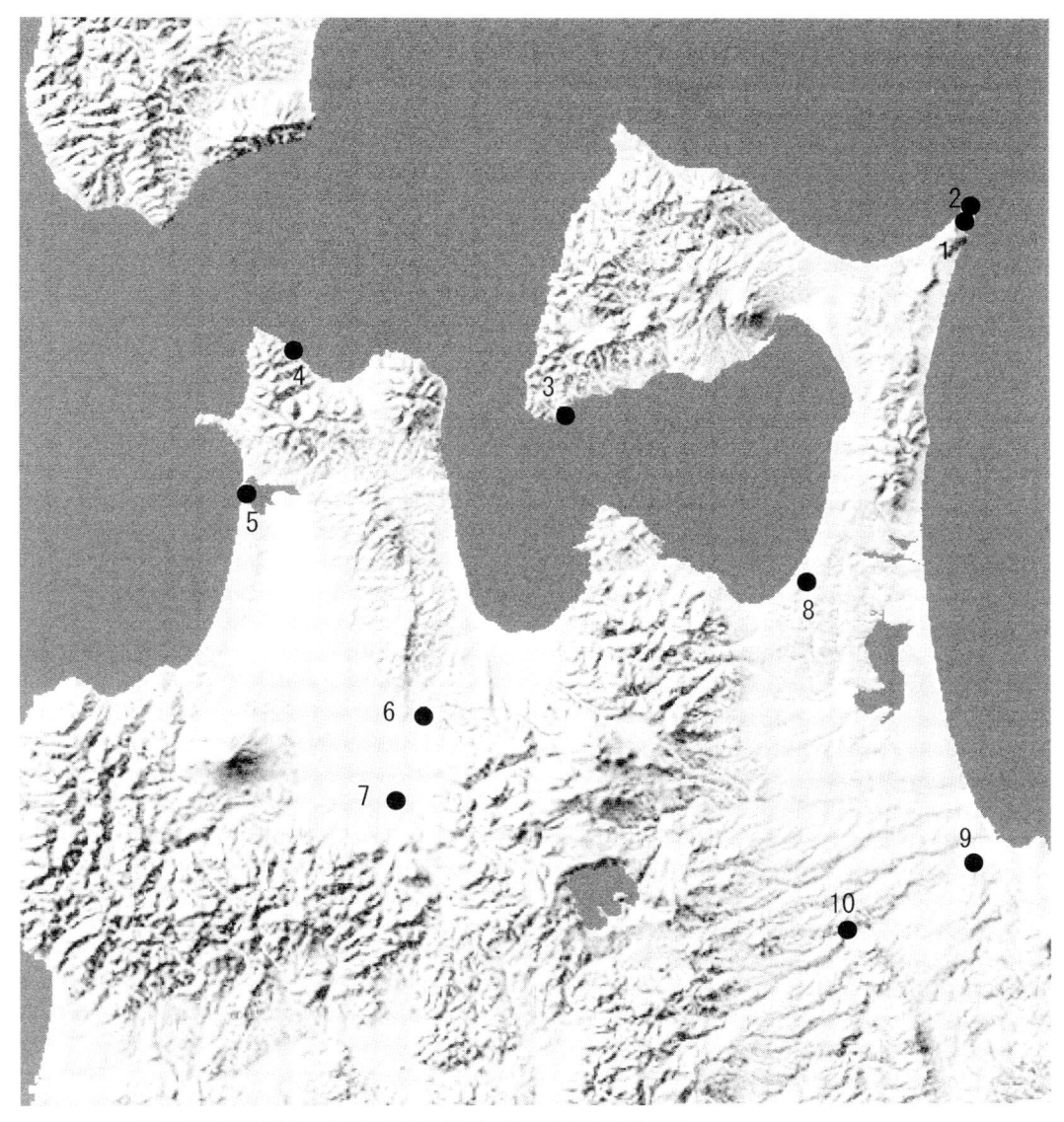

1 浜尻屋貝塚(骨角器)　2 大平貝塚(骨角器)　3 脇野沢本村(蝦夷拵)
4 宇鉄(蝦夷拵)　5 十三湊遺跡(蝦夷拵・ガラス玉)　6 浪岡城跡(骨角器・ガラス玉)
7 大光寺新城跡(ガラス玉)　8 向田(35)遺跡(ガラス玉)　9 根城跡(ガラス玉)　10 聖寿寺館跡(骨角器)

図52　青森県内の本州アイヌ関連遺物の出土地

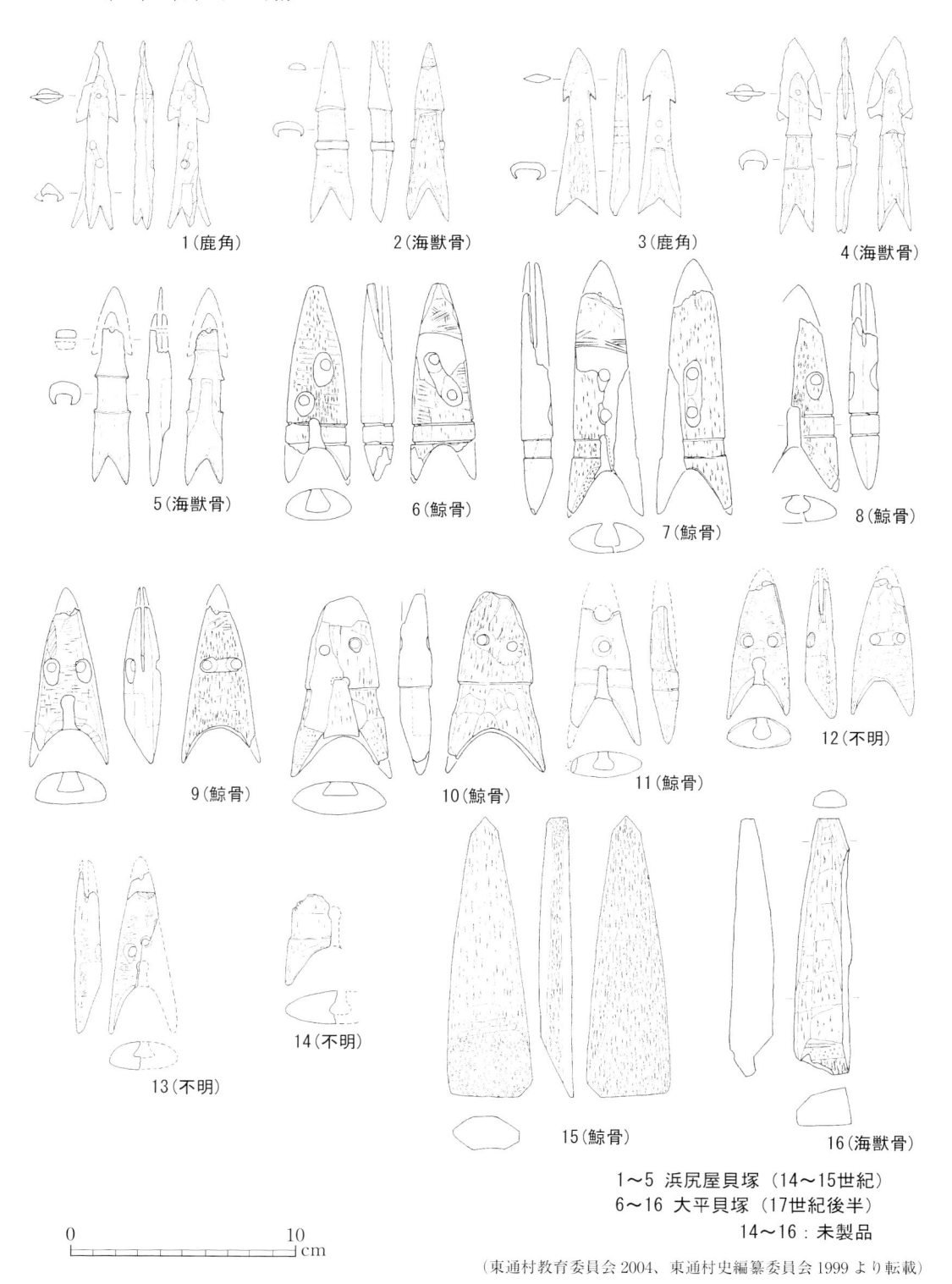

1（鹿角）　2（海獣骨）　3（鹿角）　4（海獣骨）
5（海獣骨）　6（鯨骨）　7（鯨骨）　8（鯨骨）
9（鯨骨）　10（鯨骨）　11（鯨骨）　12（不明）
13（不明）　14（不明）　15（鯨骨）　16（海獣骨）

1～5　浜尻屋貝塚（14～15世紀）
6～16　大平貝塚（17世紀後半）
14～16：未製品

（東通村教育委員会 2004、東通村史編纂委員会 1999 より転載）

図53　青森県内出土の銛頭とその未成品

1　考古学的痕跡　　115

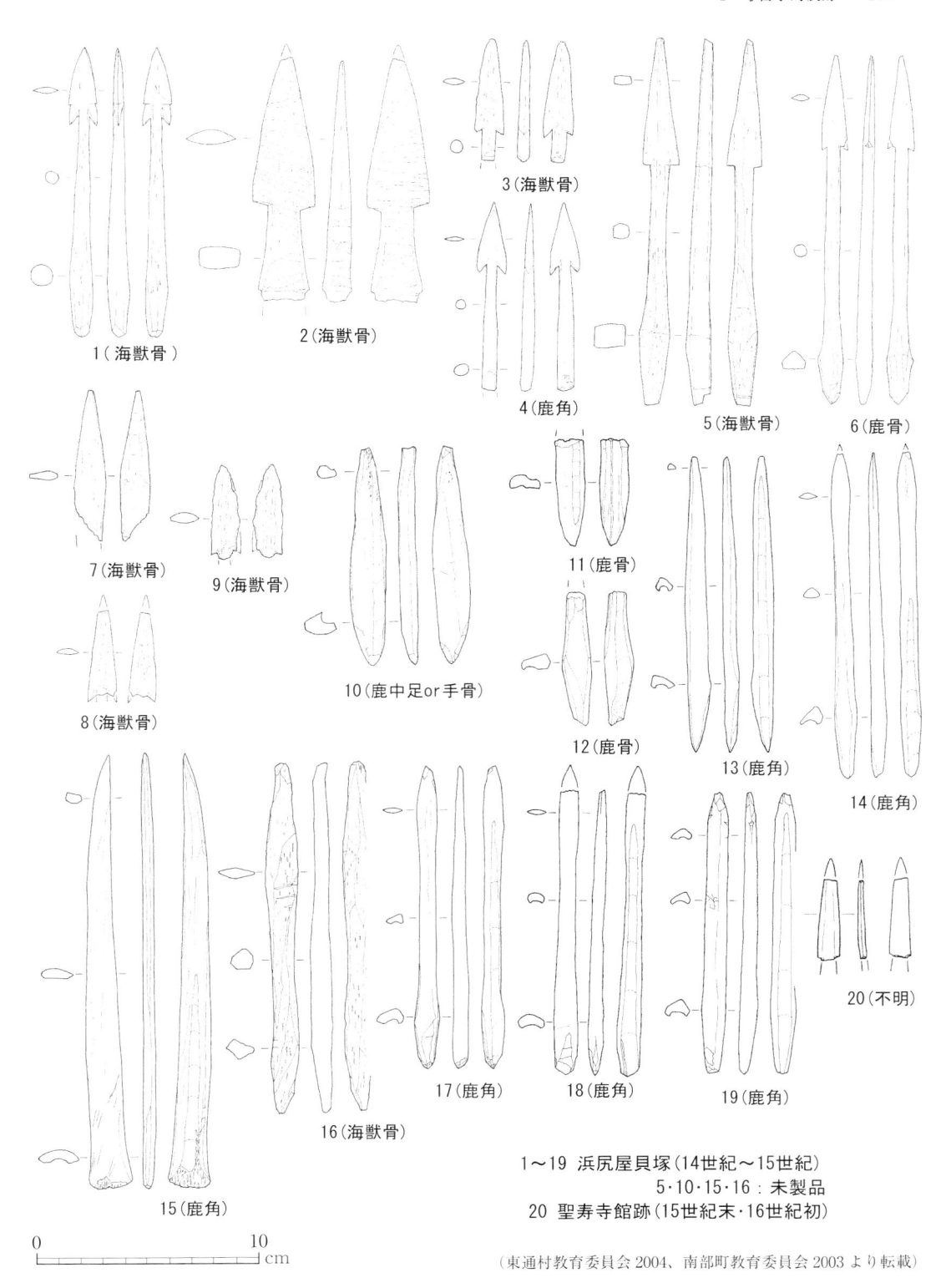

1～19　浜尻屋貝塚（14世紀～15世紀）
　　　　5・10・15・16：未製品
20　聖寿寺館跡（15世紀末・16世紀初）

（東通村教育委員会2004、南部町教育委員会2003より転載）

図54　青森県内出土の骨鏃とその未成品

丈夫さと重さが要求される仕掛け弓（クワリ）用の矢（マカニツアイ）にも使われる。
　北海道内で出土した中柄には、鹿角、鹿の四肢骨、鯨骨、木（アジサイ属）を素材とするものが認められる。沙流郡平取町二風谷遺跡の1号墓（被葬者は壮年から熟年の男性）では、蝦夷刀・山刀・槍・刀子・鉄針・箔椀・御敷とともに、鯨骨製11本と鹿の中足骨製13本の計24本の中柄が出土し、うち鯨骨製の中柄のひとつには鉄鏃が装着されていた（北海道埋蔵文化財センター1986）。同じく2号墓からも蝦夷刀・山刀・刀子・漆椀とともに鹿の中手骨製6本、同中足骨製12本、材質不明2本の計20本の中柄が出土している。いずれの墓も樽前b火山灰（1667年降下）に覆われており、出土状況から判断して、被葬者の頭側の墓壙に接して束ねた矢を副葬していたことが判る。
　青森県内では、浜尻屋貝塚・聖寿寺館跡・浪岡城跡・大光寺新城跡・大平貝塚から中柄が出土している（図55・56）。遺存状況の関係で、海獣骨・鹿角・鹿の四肢骨など骨角製が多いが、浪岡城跡や大光寺新城跡からは木製の中柄も出土しており、本来は木製のものも相当数存在していたことを窺わせる。浪岡城跡の木製中柄は東館北側堀跡から、大光寺新城跡のものは第5次調査で北曲輪の外堀から、それぞれ出土しており、ともに15世紀後半から16世紀の年代が与えられる。なお、北海道アイヌが用いた木製の中柄としては、出土品以外に、明治初期に旧松前藩医村岡格が現八雲町のユウラップコタンの長イカシパから贈られ、現在松前城資料館に収蔵されている資料がある（上ノ国町教育委員会1983aの第31図37）。

【骨針・針入れ・針刺し】
　針刺し（チシポ）は、針を刺しておく布の紐と、その布紐を納めておく筒からなる。筒は、木や蔓、またはキツネやタヌキといった小動物の脛骨を素材として造られる（萱野1978）。針入れ（ケモプ）は、細い竹などの筒に木の栓をしたもので、主として皮革を縫うのに用いる太い針（ルウェケム）を入れた。
　管見では北海道アイヌに伝世した民具のなかに骨針は確認できなかった。出土事例では、苫小牧市弁天貝塚などで骨製針の報告がある。鉄製針が手に入りにくかった時代、アイヌは針をとても大切に扱ったと萱野茂氏が伝えている（萱野1978）。鉄製の針も美々8遺跡などで出土しているが、古くは骨を素材とする針が主体であったと推測される。
　青森県内では、聖寿寺館跡と大平貝塚で骨針が出土している（図57の10〜16）。北海道島に比べ鉄製の針を入手しやすい環境で骨針が使われた理由として、海獣類の皮革加工が考えられよう。骨角製の針入れは浜尻屋貝塚で発見されている（図57の5〜7）。

②ガラス玉
　青森県内では、向田（35）遺跡、十三湊遺跡、浪岡城跡、根城跡、大光寺新城跡から合計34点の古代末・中世のガラス玉が出土している（図58・表10、関根2007a）。このうち最も古いのは、10世紀前半の竪穴住居跡から出土した向田（35）遺跡のマーブル玉である。同様の玉は浪岡城跡からも出土しており、材質分析の結果、両者の成分は近似する事が確かめられている。十三湊遺跡ではこれまでに合計5点のガラス玉が出土しているが、いずれも直径5mm前後の青色小玉で、遺跡の在り方からして15世紀代のものと思われる。このうち第91次調査区のSK22から出

1 考古学的痕跡　　117

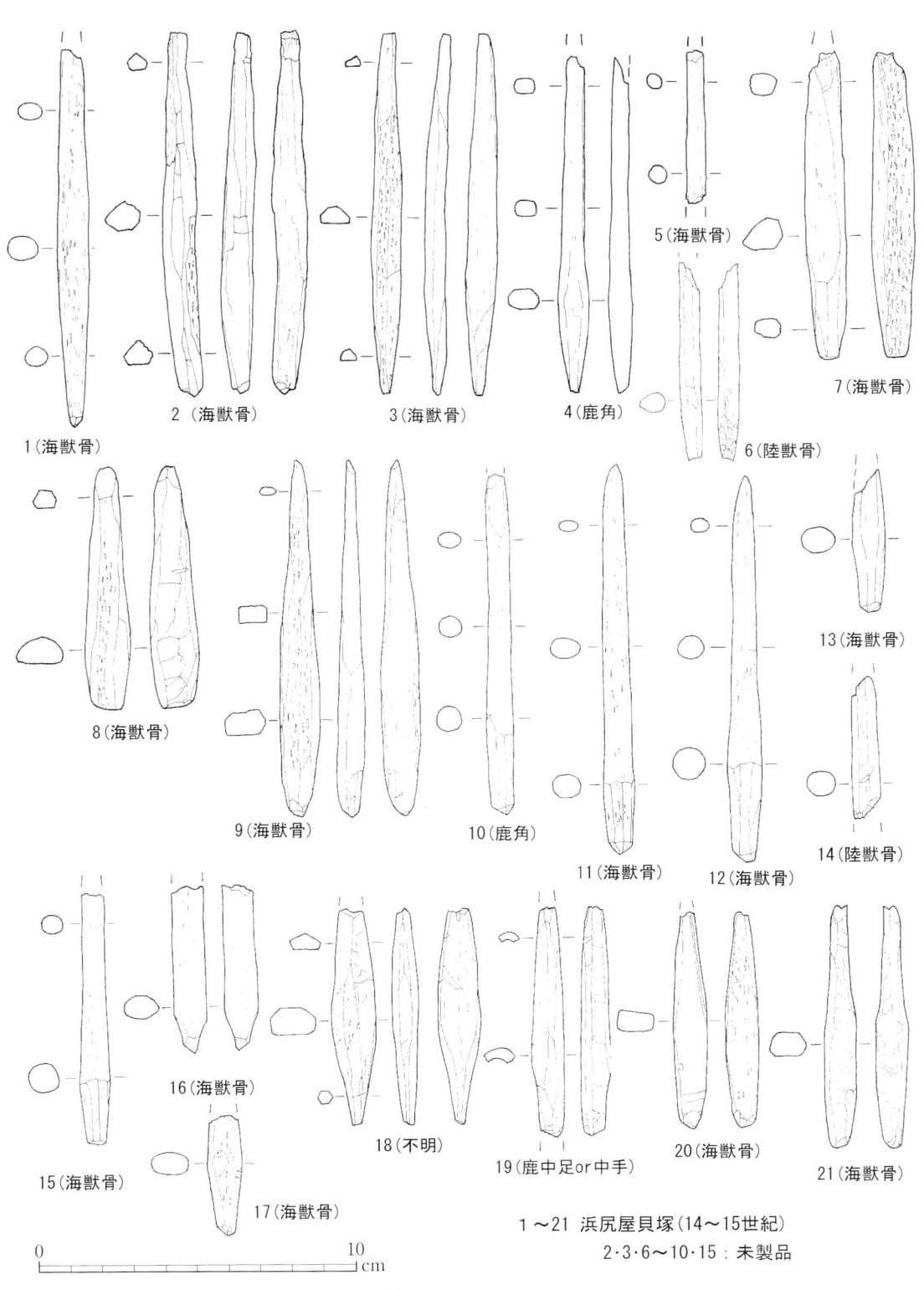

1(海獣骨)　2(海獣骨)　3(海獣骨)　4(鹿角)　5(海獣骨)　6(陸獣骨)　7(海獣骨)

8(海獣骨)　9(海獣骨)　10(鹿角)　11(海獣骨)　12(海獣骨)　13(海獣骨)　14(陸獣骨)

15(海獣骨)　16(海獣骨)　17(海獣骨)　18(不明)　19(鹿中足or中手)　20(海獣骨)　21(海獣骨)

1～21　浜尻屋貝塚(14～15世紀)
2・3・6～10・15：未製品

0　　　　　10 cm

図55　青森県内出土の中柄とその未成品 (1)　　　　　　　　(東通村教育委員会2004より転載)

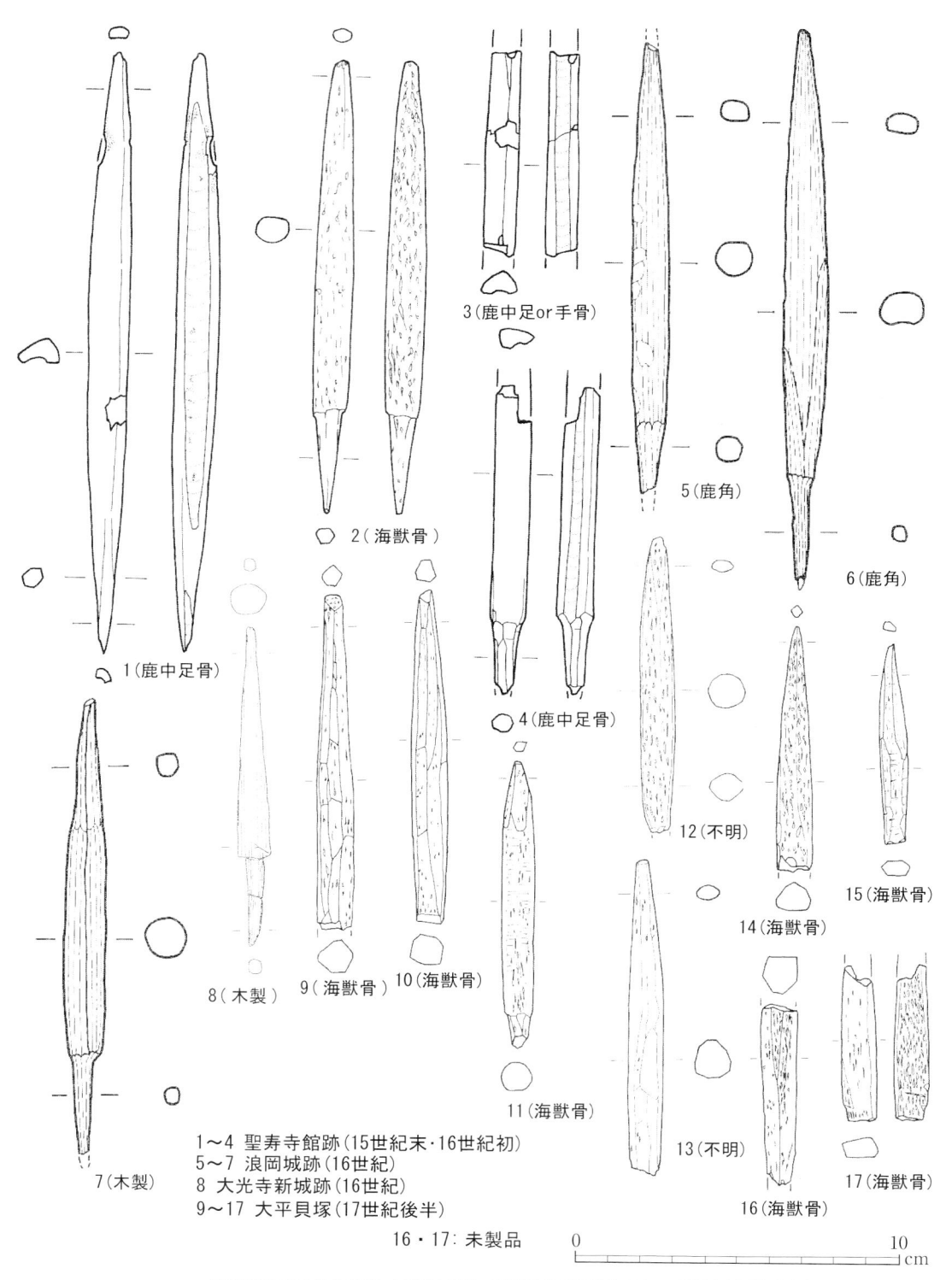

118　第Ⅱ章　本州アイヌの実像

1（鹿中足骨）
2（海獣骨）
3（鹿中足or手骨）
4（鹿中足骨）
5（鹿角）
6（鹿角）
7（木製）
8（木製）
9（海獣骨）
10（海獣骨）
11（海獣骨）
12（不明）
13（不明）
14（海獣骨）
15（海獣骨）
16（海獣骨）
17（海獣骨）

1〜4　聖寿寺館跡（15世紀末・16世紀初）
5〜7　浪岡城跡（16世紀）
8　大光寺新城跡（16世紀）
9〜17　大平貝塚（17世紀後半）
16・17：未製品

（南部町教育委員会 2003、浪岡町 2004、平賀町教育委員会 1999、東通村史編纂委員会 1999より転載）

図56　青森県内出土の中柄とその未成品（2）

1　考古学的痕跡　　119

1～4　擬餌針　浜尻屋貝塚（14世紀～15世紀）
5～7　針入れ　浜尻屋貝塚（14世紀～15世紀）
8・9　刺突具　聖寿寺館跡（15世紀末・16世紀初）
10～14　骨針　聖寿寺館跡（15世紀末・16世紀初）
15・16　骨針　大平貝塚（17世紀後半）
17～19　装飾品　浪岡城跡（16世紀）
20　陽物　大平貝塚（17世紀後半）

（1～16，20は東通村教育委員会2004、南部町教育委員会2003、東通村史編纂委員会1999、浪岡町2004より転載、17～19は筆者実測）

図57　青森県内出土のその他の骨角貝製品

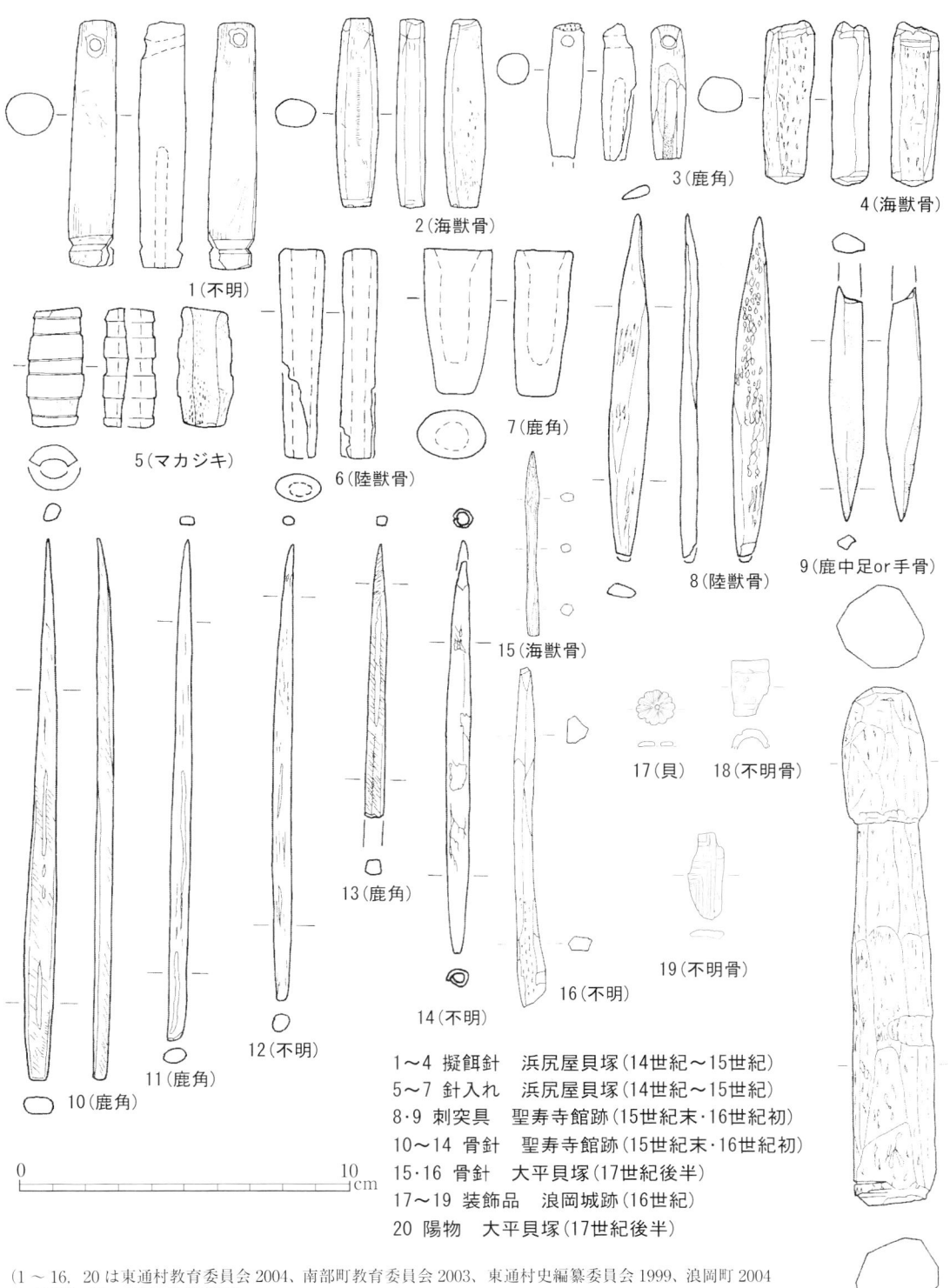

120　第Ⅱ章　本州アイヌの実像

（筆者撮影）

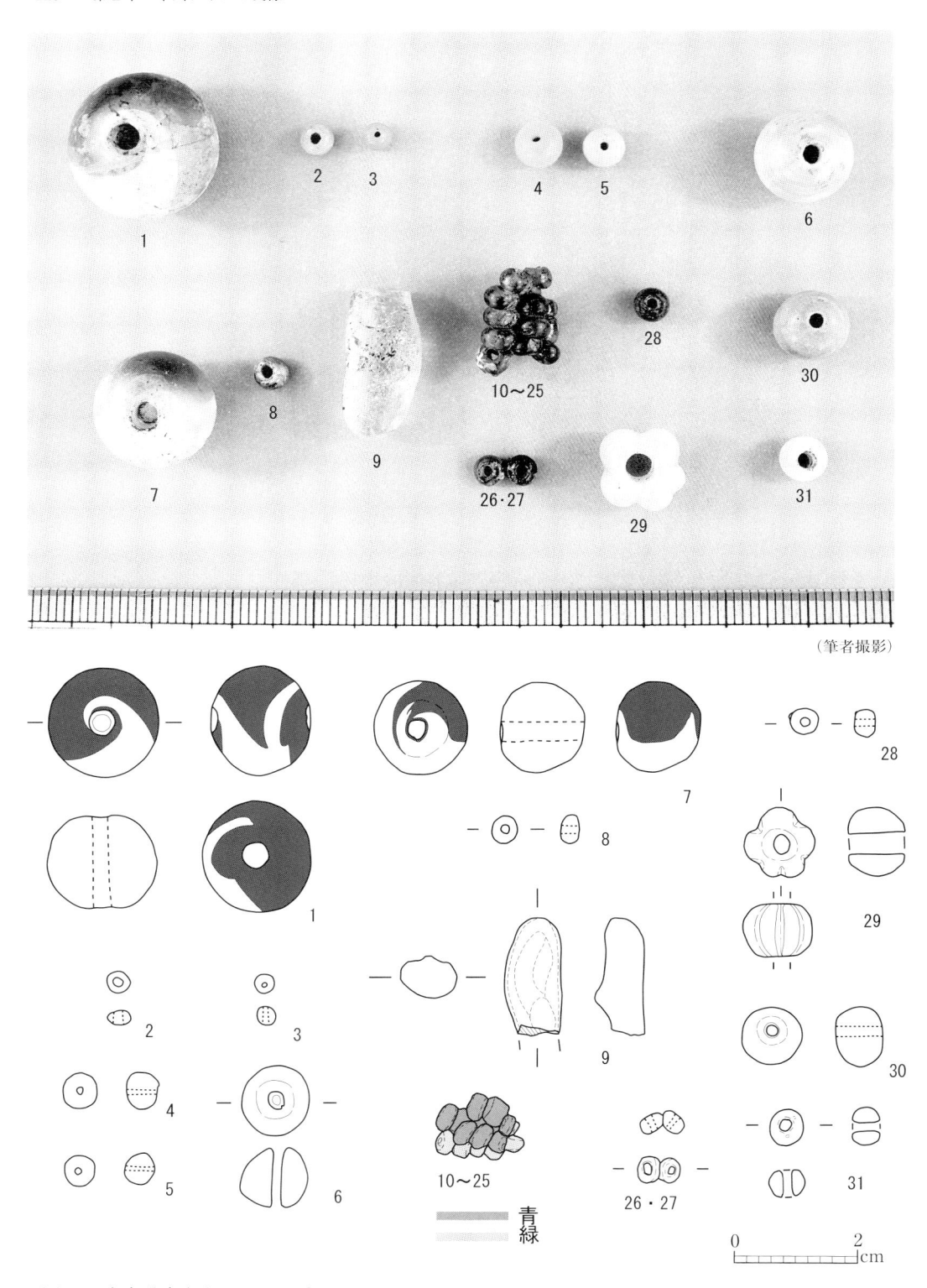

青
緑

図58　青森県内出土のガラス玉　　　　　　　　　　　（関根2007aより転載）　図の番号は表10に対応する

表10 青森県内出土の古代末～中世のガラス玉

試料番号	遺跡名	遺構など	年代	種類	色調	径(mm)	厚(mm)	孔径(mm)	重量(g)	比重	鉛(EPMA)
1	向田（35）遺跡	111号竪穴住居跡	11C前半	丸玉	赤と白のマーブル	18	16	2.5	8.54	3.1	白36.450 赤16.472
2	十三湊遺跡	91次SK22	14～15C前半	平玉	明るい青	3.6	2.1	1.1	0.06	2.7	4.191
3	十三湊遺跡	91次SK22	14～15C前半	丸玉	明るい青	3.3	3	0.75	0.07	2.9	4.549
	十三湊遺跡	18・76次SK120	14～15C前半	平玉	明るい青	5.3	2.9	1.6	−	−	−
	十三湊遺跡	18・76次包含層	14～15C前半	平玉	明るい青						
	十三湊遺跡	145次SI03	14～15C前半	平玉	青	5.9	3.9	1.8	−	−	−
4	根城跡	東構SI154	16C	丸玉	明るい青	5.7	4.9	1	0.29	3.1	1.302
5	根城跡	本丸SX17道路状遺構	17C以降	丸玉	淡緑灰色	4.9	4.4	1	0.16	2.8	1.252
6	大光寺新城跡	第4・5次調査（北曲輪）遺構外	15～16C	丸玉	ややピンクかかった乳白色	11.5	10.6	1.2	2.31	2.8	56.152
7	浪岡城跡	北館F54区Ⅱ層	11C?	丸玉	赤と白のマーブル	16	14	3	4.75	3.3	白18.387
8	浪岡城跡	北館ST101	16C	丸玉	緑色	4.8	3.2	1.2	0.11	3.6	8.055
9	浪岡城跡	北館ST110	16C	溶解ガラス	透明	9	20以上	なし	1.69	2.5	0.077
10	浪岡城跡	北館SE22	16C	丸玉	緑色	4	3	1.2	16点あわせて1.34	3.4	1.107
11	浪岡城跡	北館SE22	16C	丸玉	緑色	4	3	1.2			−
12	浪岡城跡	北館SE22	16C	丸玉	緑色	4	3	1.2			
13	浪岡城跡	北館SE22	16C	丸玉	緑色	4	3	1.2			
14	浪岡城跡	北館SE22	16C	丸玉	緑色	4	3	1.2			
15	浪岡城跡	北館SE22	16C	丸玉	緑色	4	3	1.2			
16	浪岡城跡	北館SE22	16C	丸玉	緑色	4	3	1.2			
17	浪岡城跡	北館SE22	16C	丸玉	緑色	4	3	1.2			
18	浪岡城跡	北館SE22	16C	丸玉	青色	4	3	1.2			
19	浪岡城跡	北館SE22	16C	丸玉	青色	4	3	1.2			
20	浪岡城跡	北館SE22	16C	丸玉	青色	4	3	1.2			
21	浪岡城跡	北館SE22	16C	丸玉	青色	4	3	1.2			
22	浪岡城跡	北館SE22	16C	丸玉	青色	4	3	1.2			
23	浪岡城跡	北館SE22	16C	丸玉	青色	4	3	1.2			
24	浪岡城跡	北館SE22	16C	丸玉	青色	4	3	1.2			
25	浪岡城跡	北館SE22	16C	丸玉	青色	4	3	1.2			
26	浪岡城跡	北館SE22	16C	丸玉	青色	4	3	1.2	0.07	3.4	−
27	浪岡城跡	北館SE22	16C	丸玉	青色	4	3	1.2	0.07	3.4	4.084
28	浪岡城跡	北館ST131	16C	丸玉	青色	4	3	1.2	0.13	3.4	0.718
29	浪岡城跡	北館ST138	16C	ミカン玉	乳白色	14.5	13.3	3	1.75	3.6	12.907
30	浪岡城跡	内館SX211	16C前半	丸玉	淡緑色	10	7.8	1.5	0.9	2.8	3.084
31	浪岡城跡	内館ST246	16C	丸玉	水色	6	4.5	2	0.24	3.5	1.73

（関根2007aより）

土した2点のガラス玉は、材質的にも近似する。浪岡城跡・根城跡・大光寺新城跡はいずれも地域を代表する大規模な戦国城館である。浪岡城跡では、北館の5ヶ所から計21点のガラス玉と熔解ガラス1点、内館では2ヶ所から各1点、計2点のガラス玉が発見されている。北館からは鍛冶・鋳造関連資料が多く発見されていることや、熔着した状態のガラス玉や溶解ガラスが発見されていることを考えれば、北館でアイヌ向けにガラス玉の再加工が行われていた可能性は非常に高い。北海道では、アイヌ墓からタマサイとして副葬された15・16世紀のガラス玉が出土する。また上之国勝山館のような和人館からも少なからぬ数のガラス玉が出土している。一方、東北地方では青森を除けば、中世のガラス玉の出土例はない。

日本のガラス生産・加工は、奈良県飛鳥池工房遺跡や正倉院に伝わる「造仏所作物帖」などから、飛鳥・奈良時代の様相はある程度判明しているものの、平安時代以降、中世の状況に関してはベールに包まれている。平安・鎌倉時代には、中国・宋から瑠璃壺・瓶子・盃などのガラス器を輸入する一方で、ガラス玉の一部は、国内で細々と生産、もしくは輸入品を再加工していたとも考えられている。平安時代から中世のガラス玉の使用例としては、瓔珞や各種器物の象嵌が多く、畿内や鎌倉では神社仏閣の荘厳として使用されている。青森県内から出土したガラス玉は、そうした神社仏閣の荘厳と結びつけ、その由来を畿内や鎌倉などに求めることはできない。今後詳細な比較検討をしなければならないが、青森県内の古代末・中世遺跡から出土するガラス玉は、北海道から出土するアイヌのガラス玉と外見上区別ができないほど似ており、北海道を経由して北方からもたらされたとの見通しを持っている。

　③蝦夷拵

蝦夷拵とは、アイヌ好みの作風を有する柄・鍔・鞘・小柄・笄などの刀剣外装を指し、本州で14世紀から16世紀頃作られた精巧なものと、江戸時代になって蝦夷地向けに作られた粗末なもの、本州で作られた刀装具をアイヌの人たちが自ら組み合わせたものがある。

その製作年代や生産地には諸説あって、意見の統一をみていない。蝦夷拵の刀には、太刀と腰刀があるが、いずれも外装に重きを置いており、刀身がある場合でも大部分が鈍刀で、実戦に用いることを想定していない。

青森県内では、むつ市脇野沢本村、北津軽郡外ヶ浜町三厩宇鉄、そして十三湊遺跡から蝦夷拵（製品）が出土している（図59）。また、蝦夷拵の鍔を造る際に用いたと思われる鋳型が、浪岡城跡と根城跡から出土している（図60）。

【脇野沢本村出土の牡丹造腰刀】

青森県の重宝（有形民俗文化財）に指定されている牡丹造腰刀（図59-1）は、大正12年（1923）頃、脇野沢本村にある脇江家の敷地から、住宅の建て替え工事の際に出土した（関根2003c）。脇江家は、漁港と国道338号に挟まれた地区にあり、脇野沢川の河口に近接する。当時の状況を知る関係者の話では、脇江家周辺には土饅頭状の高まりが数ヶ所認められ、腰刀もそうした土の高まりから出土したらしい。その際、火葬骨の詰まった青磁の壺も掘り出されたというが、腰刀に伴っていたかどうかの確認は出来ない。青磁の壺はしばらくの間、腰刀の所有者で脇野沢本村に住む個人宅に保管されていたが、後に人骨を気味悪がって、後ろを流れる脇野沢川に捨てられて

1　考古学的痕跡　　123

柄頭
上
表
茱形
返り角
笄櫃
筒金
鞘口
柄
裏
小柄櫃
下
鐺

笄

0　　　　10
　　　　　cm

1. 脇野沢本村出土の蝦夷拵腰刀と笄

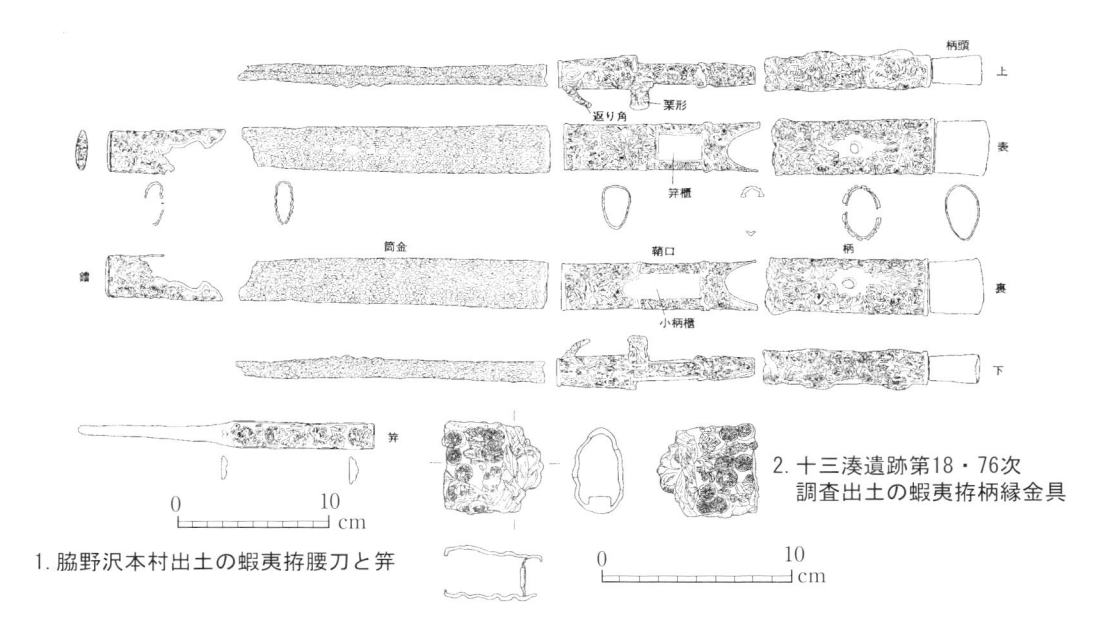

2. 十三湊遺跡第18・76次
　調査出土の蝦夷拵柄縁金具

0　　　　10
　　　　　cm

図 59　青森県内出土の蝦夷拵　　　　　　　　　　（関根 2003c、市浦村教育委員会 2000 より転載）

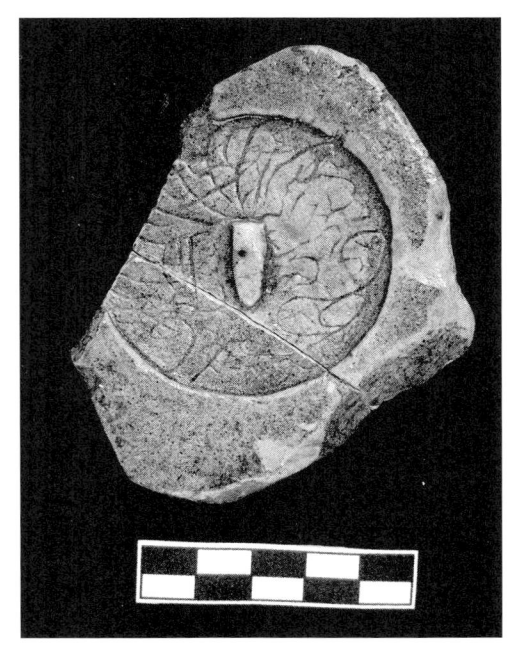

図 60　青森県八戸市根城跡から出土した鍔の鋳型

（右：土型　左：石型）
（筆者撮影）

しまったという。

　腰刀は刀身を欠き、拵の金属部分だけが現存する。これらは、柄、鞘口、筒金、鐺、笄からなり、小柄は認められない。

　柄は長さ13.7cm、幅3.8cm、厚さ2.5cmである。材質は銅系の合金と思われる。柄は二重構造になっており、外側は鋳造品で牡丹文の透かし彫りが施されている。内側は、薄い金属板を筒状に曲げたもので、上部に合わせ目が認められる。外部・内部ともに鍍金が施されている。目釘孔は一つで、外側と内側でその位置に若干ずれがある。頭は黒い錆に覆われ、方頭で上部に合わせ目を有することから、銀板を叩いて成形したものと思われる。

　鞘口の金具は長さ12.5cm、幅3.2cm、厚さ2.7cmである。材質は銅系の合金と思われる。笄・小柄を収める櫃を両側に有する。鞘口は鋳造品で栗形と折金が付く。口金から栗形までは浮き彫りで牡丹文が表され、栗形から折金までは毛彫りで牡丹文が描かれている。全面に鍍金が施されているが、表裏共に栗形から折金にかけて剝げかかっている。形状や文様の表現手法は、征西将軍懐良親王の佩刀と伝えられる重要文化財阿蘇神社旧蔵牡丹造腰刀に共通する。

　筒金は長さ19.4cm、幅3.2cm、厚さ1.2cmである。銅系の合金と思われる金属板に魚々子をあて、全面に鮫肌文を表現している。合わせ目は上部にあり、表面には鍍金が施されている。鐺側の端に貫通孔が二つ認められる。

　鐺は長さ7.3cm、幅2.9cm、厚さ1.2cmである。銅系の合金を材質とする鋳造品であろう。浮き彫り状に牡丹文が表現され、鍍金が施される。筒金側の上面先端部に一箇所貫通孔を有する。形態、装飾ともに阿蘇神社旧蔵牡丹造腰刀に酷似する。

　笄は長さ19.2cm、幅1.8cm、厚さ0.6cmで、銅系の合金を素材とする鋳造品と思われる。もともと耳掻き部は存在しない。表側には浮き彫り状の牡丹文を有し、全面に鍍金が施される。材質、装飾などが他の部品と共通することから、最初からこの腰刀の付属品として製作された可能性が高い。

　本腰刀は、拵のみで刀身は認められないが、鞘口、筒金などの厚みから判断して、はじめから刀身を収めることを目的としたものでないことが判る。仮に刀身が存在する場合でも、それは刃に焼き入れのなされない薄い鈍刀であったであろう。それすらも現在残っていないことを考え併せれば、埋められた際には、刀身は竹光であった可能性が最も高い。年代は明確にしえないものの、14世紀から15世紀の製作と考えたい。

【脇野沢村本村出土の蝦夷太刀】

　東京国立博物館には、明治37年（1904）7月、大室文吉氏により寄贈された脇野沢村本村出土の太刀が一振収蔵されている（東京国立博物館 1997）。刀身は鉄でできており、幅3.4cm、現存長39cm、幅広平造りである。刀身には、径6.8cmで猪目透かしのある木瓜形の鍔と大切羽が残る。柄には菊座の付く大型の目貫がみられるが、遺存状況が悪く柄頭の形状は判らない。鞘には樹皮が巻かれ、栗形と鐺が残る。刀身・刀装ともに典型的な蝦夷太刀であり、北海道の17世紀から18世紀代のアイヌ墓に副葬されているものと基本的に異なる点はない。

【宇鉄出土の蛭巻腰刀】

喜田貞吉氏によれば、大正時代、東京国立博物館に三厩村宇鉄から出土したという腰刀があった（この腰刀は寄託品であったようで現在所在不明）。この腰刀は、銀の蛭巻を全部に施したもので、刀身は木であったという（喜田1930）。この腰刀を特徴づける蛭巻とは、1.5cm程度の幅の銀板を漆下地の柄と鞘に螺旋状に巻き付け、残った隙間に黒漆を塗って固めた刀の拵の様式を指す。蛭巻太刀は、平安末期ころから鎌倉時代にかけて厳物造の一種として流行し、室町時代頃まで流行したと言われる。杉山寿栄男氏の収集品には、樺太東多来加（現ロシア連邦サハリン州ポロナイスキー区プロムィスロヴォーエ）のアイヌに伝来した銀蛭巻太刀（東北歴史博物館所蔵）がある（東北歴史博物館2001）。これはこの様式の刀が、本州で流行遅れとなった後も、アイヌがその古色漂う作風を好んでいたことを示す一例といえる。なお喜田氏によれば、明治22・23年頃に宇鉄で墓地を改葬した際にも、刀剣や鍔が出土したことがあるという（喜田1930）。

【十三湊遺跡出土の菊造柄縁金具】
　十三湊遺跡の「推定領主館」の北側、第18・76次調査地点で検出されたSP1485柱穴から出土した。前述のように、同地点からはガラス玉も2点発見されている。本金具は、刀の柄に付く金具のうち、柄頭とは反対の鞘に近い側に付く柄縁と思われ、金属板の片面を叩いて菊の花の文様を浮かび上がらせている（図59-2）。これとよく似た意匠は、東京国立博物館所蔵の菊造腰刀（東京国立博物館1997）に認められ、蝦夷拵の一種と考えて良いであろう。中世十三湊遺跡の利用のされ方からみて、本資料の年代は14世紀から15世紀のなかに収まる可能性が高い。

(3) 小　　結
　以上、北奥に残された本州アイヌの考古学的痕跡から、その生業や習俗について若干考察を加え、まとめとしたい。
　①海獣猟
　銛頭の出土した東通村浜尻屋貝塚・大平貝塚からは、トド・ニホンアシカ・オットセイ・アザラシ類・クジラなど海獣類の骨が多数出土している（17世紀後半を主体とする大平貝塚では、なかでもアシカとクジラが多い）。これらの貝塚から出土した銛頭は、海獣猟に使用されたと見てよいであろう。海獣は、毛皮（トド・ニホンアシカ・オットセイ・アザラシ類）、精力剤（オットセイ）、獣油（全て？）、食肉（全て？）など利用価値が高く、残った骨からは銛頭・中柄・骨鏃といった狩猟具をはじめ様々な道具を作り出すこともできる。浜尻屋貝塚・大平貝塚ともに、加工痕を残す海獣骨や製作途中の未製品が出土していることから、遺跡内で骨角器が製作されていたことは確かである。毛皮に関しては、浜尻屋貝塚からラッコの骨が発見されている点も見逃せない。なお、クジラの加工に関しては、大平貝塚から発見された、2m四方程の範囲に人頭大の楕円形の石や不整形な欠損面をもつ石灰岩などを並べた集石遺構（集石2）が注目される。石の下からは二ヶ所の焼土と柱穴・土坑が検出されたほか、海獣の肋骨なども出土している。また、浜尻屋貝塚では、原位置を留めてはいないものの焼石がかなりの量発見されている。これらは盛岡藩の雑書などにしばしば登場し、菊池勇夫氏がアイヌのクジラの利用法として注目する「石焼鯨」（菊池2002）の生産に関わるものではなかろうか。

②熊猟・戦闘

　中柄は、下北半島尻屋崎周辺のアワビを主体とする貝塚（浜尻屋貝塚・大平貝塚）と、地域を代表する大規模な中世城館（聖寿寺館跡・浪岡城跡・大光寺新城跡）から出土している。中柄は、矢尻に塗る毒とともに、アイヌの弓矢の殺傷能力を高める役割を担っている。

　浜尻屋貝塚ではエゾヒグマが、大平貝塚ではツキノワグマの骨がそれぞれ確認されており、そこで発見された中柄は、熊猟の弓矢に用いられた可能性が高い。

　一方、聖寿寺館跡・浪岡城跡・大光寺新城跡から発見された中柄は、戦闘に動員された（参加した）本州アイヌの人々がいたことを示す物的証拠と考える。『氏郷記』の「九戸城没落並氏郷加増之事」によれば、天正19年（1591）九戸城の戦闘においては、城を取り囲む仕置軍、籠城する九戸方双方に毒矢を用いる夷人がいたことが記録されており、北海道島から参陣した蠣崎慶広の陣営には毒矢を携えた蝦夷300名が含まれていたと伝えられている（『奥羽永慶軍記』）。聖寿寺館の南部氏、浪岡城の北畠氏、大光寺南部氏ともに、毒矢の使用に長けた本州アイヌを戦闘要員として自らの陣営に組み込んでいたのではなかろうか。上之国勝山館では、夷王山墳墓群で発見されたアイヌ墓や、イクパスイ・シロシを刻んだ陶磁器・ニンカリ・ガラス玉・骨角器などの出土品から、館内に和人とアイヌが混住していたことが判明しているが、北奥の戦国城館でもそれに近い状況があったのではなかろうか。

③「狄装束」

　身につけるものとしては、ガラス玉と蝦夷拵がある。前述のようにガラス玉は、中世の港湾都市である十三湊遺跡と戦国期の城館である浪岡城跡・根城跡・大光寺新城跡から出土し、蝦夷拵は、十三湊遺跡に加え、江戸時代に本州アイヌが居住していた場所として知られている津軽半島北部の宇鉄と下北半島西通りの脇野沢本村[2]から出土している。

　タマサイやニンカリに用いた数多くのガラス玉が物語るように、北海道アイヌは大陸や本州島から渡ってきたガラス玉を好んだ。アイヌ墓に副葬されたガラス玉は、恵庭市カリンバ2遺跡第Ⅵ地点AP5号墓や余市町大川遺跡GP608号墓の事例から、少なくとも15世紀まで遡るが、それら初期のガラス玉は、長径が5mm以下の小型の丸形ないし平玉が多い。径が1cmから1.5cm程度の中型のガラス玉が出土するようになるのは16世紀であり、伝世品によく見られるような失透水色玉の出現とも時期的に重なる。北海道アイヌのガラス玉は、16世紀から17世紀初頭頃を境に大きく変化したと思われる。また、樽前a火山灰（1739年降下）に覆われるアイヌ墓から出土するガラス玉には、伝世したタマサイによくある径2cmを越えるような大型のガラス玉は見られない。大型のガラス玉の出現は、早く見積もっても18世紀後半であり、それが普及するようになるのは、おそらくは19世紀にはいってからであろう。18世紀末から19世紀前半に第二の画期が想定される。

　前述のように十三湊遺跡・浪岡城跡・大光寺新城跡からは中柄も出土していることから、ガラス玉は、そこに出入りしていた本州アイヌの所持品であった可能性がある。また浪岡城跡北館の井戸跡から18点もの小型のガラス玉が熔けて融着した状態で出土した点を重視すれば、武家屋敷地内に鍛冶・鋳物関係の工房が存在したとされる北館では、アイヌ向けにガラス玉の加工も行

われていた可能性を指摘した。

　蝦夷拵に関しては、十三湊遺跡から発見された菊造柄縁金具は、中世の十三湊が、そうした本州でアイヌ向けに製作された産品を北海道島へ向け移出する積み出し港であったことの証左として、非常に重要である。また、脇野沢出土の牡丹造腰刀や宇鉄出土の銀蛭巻腰刀は、中世、本州アイヌが北海道アイヌと習俗や価値観を共有していたこと示している[3]。

　17世紀後半の寛文期には、弘前藩・盛岡藩で、アイヌ首長層に対して藩主へのウイマムと呼ばれる「御目見」儀礼の強制が始まる（浪川1992）。弘前藩の場合、「御目見」は、藩主下向の際などに行われ、アイヌの首長たちには「狄装束」が強制された。「狄装束」とは、蝦夷錦や陣羽織などを羽織った上に太刀緒に通した刀を右肩から左腰に下げ、足にアイヌ文様を刺繍した脚絆を付ける「正装」であった。寛文5年（1665）7月に行われた南部領下北アイヌの「御目見」では、藩主から「夷太刀」すなわち蝦夷拵の太刀が下賜されており（盛岡藩雑書＝青森県2001の421頁）、弘前藩でも享保9年（1724）2月17日、5代藩主津軽信寿が弘前城の武具蔵より「狄刀二腰」を取り出させ手元に置いたとの記事が藩庁日記（国日記）に見られる（青森県2001の557頁）。いずれも藩が領内の本州アイヌを支配する道具として、「狄装束」の最も重要な要素である蝦夷拵の刀を管理し、時に下賜していたことを示している。同じ弘前藩庁日記（国日記）の宝永4年（1707）2月12日条には、宇鉄の狄「へきりは」らから申し出のあった親同様の御目見願を許可した際、藤嶋の狄「るてりき」の狄装束では「掛刀」を欠いていることが記されている（青森県2001の522頁）。この記事は、18世紀の初め頃には、既に本州アイヌの間で蝦夷太刀を背中に掛ける習俗がなくなりつつあったことを示している。御目見に際し彼らに「狄装束」を維持させるためには、藩が蝦夷太刀を用意する必要があったのである。東京国立博物館に所蔵されている脇野沢出土の蝦夷太刀は、年代的に見て、盛岡藩主から脇野沢に住む本州アイヌに下賜されたものであった可能性があろう。

〔註〕
1）近年北方ルートで招来されたとして注目を集めている蝦夷錦は、基本的に和人的価値で計られ北海道アイヌの物質文化のなかに根付いていないため、たとえアイヌの手を経由して本州島にもたらされたものであったとしても、蝦夷錦からアイヌ文化との関連性を論じることは難しい。
2）むつ市脇野沢本村には、アイヌの過去帳を所有する寺として有名な悦心院がある。この過去帳には正徳5年（1715）と享保8年（1723）に亡くなった地元の男性に対して「夷」の文字が使われており、脇野沢周辺では、少なくとも18世紀の前半までは、和人に混じって「夷」として認識される本州アイヌの人たちが居住していた可能性が高い。
3）北海道アイヌ社会では、内地で製作された飾金具を施した蝦夷拵の太刀や腰刀は宝物であり、装飾性の高い漆器や矢筒などとともに権威と富を象徴するものとして財産視され、墓に副葬されたり、償い物として紛争解決に用いられたりした。

2　生業・習俗と北奥社会

はじめに

　近年、近世史の分野では、『弘前藩庁日記（国日記）』（以下『国日記』と表記）や『盛岡藩家老席日誌』（以下『雑書』と表記）、その他古絵図類の検討から、北奥の近世社会において狄（狄）などと呼ばれ異民族視された人々（「本州アイヌ」）の存在に関心が寄せられるようになってきた（浪川1992、青森県2001、榎森2003ほか）。長谷川成一氏は、弘前藩の礎を築いた大浦（津軽）為信による津軽掌握戦争の実態が、南部氏との抗争であると同時に、実は本州アイヌ掃討戦でもあったとの見解を示す（長谷川1993）。弘前藩の場合、津軽半島北端部や夏泊半島に、17世紀代、異民族視された人々の住む「狄村」が存在していたことは公然の事実であり、津軽半島北端部では、宝暦6年（1756）に儒学者乳井貢による同化政策が採られるまでそうした状況が続いた（図61）。

　一方、東北地方におけるエミシ・アイヌの問題に関しては、古くは彼らが先住民族であるか否かという議論があり、考古学、形質人類学、言語学など多方面から研究が行われた。戦後は、伊東信雄氏を中心とする考古学的研究により、東北地方の弥生・古墳文化、古代城柵の実態解明が進むなか、関東以西との共通性が強調された。近年は、古代の集落遺跡や中世の城館跡の調査が進むにつれ、東北地方のなかでも北と南で無視し得ない差異が存在することが明らかとなってきた。

　また、このところ、北海道アイヌの考古学的研究が進み、擦文・オホーツク文化からアイヌ文化への移行に関する議論が盛んに行われるようになってきた（宇田川2001、瀬川2005、天野・小野編2007）。

　しかしながら、「狄」すなわち本州アイヌの実態がよく判っていないため、彼らとエミシとのつながりや、北海道アイヌとの異同といった、古くから大問題とされてきた事項が論じられる機会はほとんどなかった。これは、これまで本州アイヌの研究が近世文書や古絵図に依拠し、考古学的な検討がほとんど行われてこなかったことにも原因がある。筆者は、青森県内の中近世遺跡から出土した遺物を点検するなかで、断片的ではあるが、本州アイヌの考古学的痕跡を確認した（関根2007a・2007c）。本節では、そうした遺物に関して文献史料との対比を試み、本州アイヌの人々の生業や習俗を明らかにし、彼らと北奥和人社会との関係性を検討する。

（1）本州アイヌの漁撈・狩猟活動

　津軽領における本州アイヌの主たる生業は、漁撈、「狄船」を用いた領内・領外の海運・交通活動、焼畑による粟・稗・蕎麦などの雑穀栽培とされる（浪川1992）。このうち考古資料との関係で論証できるのは漁撈・狩猟活動に限られる。ここでは、本州アイヌの考古学的痕跡をベースに、『国日記』の記述と重ね合わせて、その生業の実態について考察する。

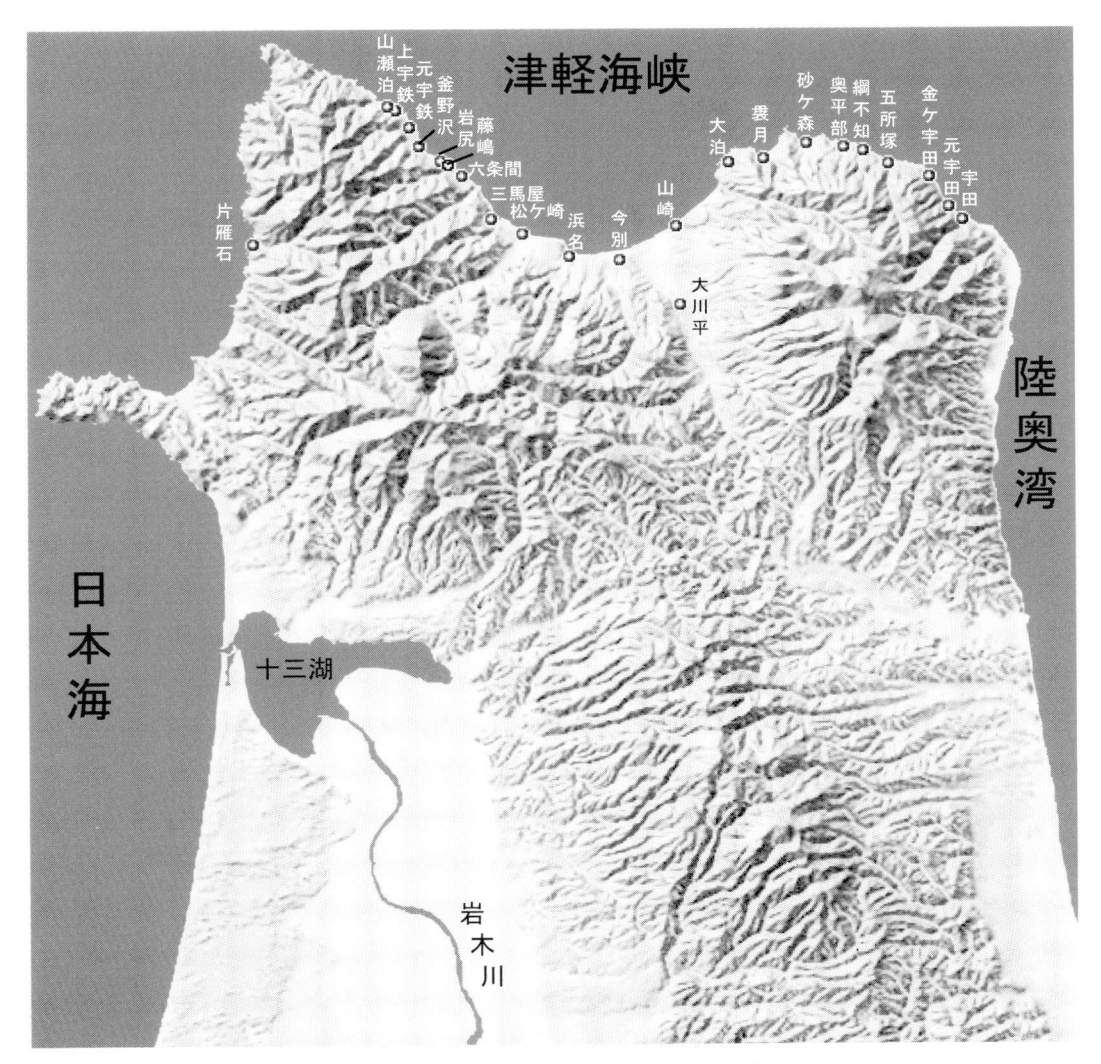

図 61　「弘前藩庁日記」に登場する津軽半島の狄（本州アイヌ）の居住地

〔解説〕
　『弘前藩庁日記』には、記録が開始される寛文元年（1661）以降、しばしば領内の狄に関する記述がみられる。狄に関する記述は、弘前藩において和人との同化政策が進められる宝暦以前に集中しており、天明期以降は確認できない。
　同音異字表記された地名などを整理すると、狄の居住地としては24ヶ所の地名が残る。地図上には、場所の比定ができなかった岩尻（元禄8年6月28日条）を除く23ヶ所を示した。
　日本海側に位置する片雁石と今別川に沿ってやや内陸に入った大川平（山派）を除き、残りは全て津軽海峡に面する場所である。

①海獣猟

　銛頭が出土した東通村浜尻屋貝塚や大平貝塚からは、トド・ニホンアシカ・オットセイ・アザラシ類・クジラなど海獣類の骨が多数出土している（17世紀後半を主体とする大平貝塚では、なかでもアシカとクジラが多い）。これらの貝塚から出土した銛頭は、海獣猟に使用されたと見てよいであろう。海獣は、毛皮（トド・ニホンアシカ・オットセイ・アザラシ類）、精力剤（オットセイ）、獣油（全て？）、食肉（全て？）など利用価値が高く、残った骨からは銛頭・中柄・骨鏃といった狩猟具をはじめ様々な道具を作り出すこともできる。実際、浜尻屋貝塚や大平貝塚からは、骨角器の未製品や加工痕を残す海獣骨が少なからぬ量出土しており、遺跡内でそうした道具が生産されていた可能性が高い。古代・中世の和人社会では、水豹すなわちアザラシの皮は、太刀の尻鞘、切付（下鞍）や障泥といった馬具、あるいは頬貫（毛覆）などに加工され、アシカの皮もまた切付（下鞍）に利用されている。毛皮に関しては、浜尻屋貝塚からラッコの骨が発見されている点も見逃せない。本州アイヌの海獣猟は、和人向けの皮革移出を第一の目的としていたと考えられる。

　クジラに関しては、大平貝塚から発見された、2m四方程の範囲に人頭大の楕円形の石や不整形な欠損面をもつ石灰岩などを並べた集石遺構（2号集積遺構）が注目される（図62）。石の下からは2ヶ所の焼土と柱穴・土坑が検出されたほか、海獣の肋骨なども出土している。また、浜尻

（東通村史編纂委員会1999より転載）

図62　青森県東通村大平貝塚検出の石焼鯨に関連する集石遺構

屋貝塚では、原位置を留めてはいないものの焼石がかなりの量発見されている。これらは『雑書』などにしばしば登場し、菊池勇夫氏がアイヌのクジラの利用法として注目する「石焼鯨」（菊池 2002）の生産に関わるものではなかろうか。『国日記』にも、津軽半島北端部に住む狄に対して、鯨油での返却を条件に漁飯米の拝借を許可（宝永元年2月3日条）、あるいは鯨油上納による米の売貸願いを許可（宝永7年9月26日条）などの記載がみられ、本州アイヌの人々が捕獲した鯨から油が採取され、その一部が藩に上納されていたことが判る。

　オットセイに関しては、近世史の立場から既に榎森進氏が、その利用方法とともに弘前・盛岡の両藩が主要な産地であったと述べている（榎森 1999）。弘前藩では『国日記』に、寛文から元文期にかけ、津軽半島北端部に住む本州アイヌによりオットセイの献上がしばしば行われていたことが記録されている（表11）。その数は記録されたものだけで約70年間で31頭を数える。オットセイの献上は一度に1頭から4頭で、1頭につき米ならば2俵程度、銭の場合20から30目が藩から支払われている。オットセイの捕獲方法としては「やす」を用いて仕留めたり、鮫網にかかったものを捕まえたり、あるいは磯に打ち上げられた屍を拾うなどしたようだが、正徳5年（1715）1月9日には、オットセイの上納は生け捕りに限定し、その際の捕獲状況を説明するよう藩から指示が出されている。国日記の享保20年（1735）6月10日の条にある、松前買物注文品の調達状況に関する泉屋儀右衛門の申し立てでは、当年分として「御用たけり」150本の買い付けが命じられたが、松前では品薄のためこれまでにようやく62本を調達したにとどまっている旨、申し述べられている。「たけり」とはオットセイの陰茎を指す。「たけり」は強壮剤・強精剤としての効能が期待されたオットセイのなかでも希少価値が高い部位であり、「陽を興し気を壮にする」（『本朝食鑑』）ものとして珍重されていた。同じく『国日記』の明和2年（1765）1月25日条では、外浜の狄たちが捕獲したオットセイを松前に送り、松前産物と称しているとの記述があるが、そのなかで外浜の狄が1年間で捕獲するオットセイは多い年で100〜200羽、少ない年で10羽位である旨述べられている。弘前藩の献上記録に残るオットセイは氷山の一角に過ぎず、実際にはそれより遙かに多くのオットセイが本州アイヌの人たちにより捕獲されていたのである。

　②鮫漁
　浜尻屋貝塚ならびに大平貝塚出土の動物遺存体を調査した西本豊弘氏によれば、両貝塚ともにツノザメやホシザメをはじめとするサメ類の出土が目立つ（東通村史編纂委員会 1999）。
　津軽半島北端竜飛岬周辺は現在でもツノザメの一種アブラツノザメの好漁場として知られる。アブラツノザメは、青森県では今日なお魚肉として広く親しまれているが、その名の通り肝臓に多量の油が含まれていることから、江戸時代には主として照明用の油を目的とした鮫漁が行われていた。浪川健治氏は、弘前藩の『国日記』に見られる鮫油に関する記述から、津軽半島北端部に住む津軽アイヌの鮫漁が藩米の貸出し制によって維持されており、そうして生産された鮫油は藩用品として上納され、余剰分についても藩の手で販売されたと指摘する（浪川 1992）。『国日記』には狄に関連して魚油に関する記述がみられるが、種別が判明するものでは鮫油が圧倒的に多く、他に鯨油もみられる（表12）。採取した油は、藩へ上納する他、余った分については家中や町方

表11 弘前藩庁日記（国日記）におけるオットセイに関する記述

年号	年	西暦	閏	月	日	狄の居住地	狄の名前	献上品	下賜品	備考
寛文	8	1668	0	1	23	上磯	与助	おっとせい壱ツ		
延宝	5	1677	0	2	9	今別村	林蔵	膃肭獣一		
延宝	6	1678	0	8	23	今別	かふたいん・るてるけ・ゆきたいん・へきりは	膃肭獣四・昆布四把	御酒	信政に御目見
延宝	7	1679	0	3	7	今別	かぶたいん・へきりは・るてるけ	膃肭獣三	米三俵	
貞享	1	1684	0	8	17	今別宇鉄／松ヶ崎／藤嶋／釜ノ沢／六条間	へきりは／ちせかる／るてるけ／ししはあいぬ／かのたあいぬ	膃肭獣・串貝		信政、外浜巡検の際に下賜された米への御礼
元禄	1	1688	0	4	12	今別鵜鉄（宇鉄）	ふかしふかり・三四郎	膃肭獣壱	米弐俵	
元禄	4	1691	0	2	9	宇鉄	へきりは	膃肭獣一・串貝一		信政に御目見
元禄	5	1692	0	12	26	鵜鉄（宇鉄）	しかむけいぬ	膃肭獣一	銭三十目（12月29日に）	信政高覧
元禄	7	1694	0	3	21	外浜藤嶋	不明	膃肭獣一	御米弐俵（3月23日に）	
元禄	7	1694	0	11	22	藤嶋	るてりき	膃肭獣三・真珠三	御酒	
元禄	8	1695	0	1	30	大泊村	うしたか犬	膃肭獣一	銀二十目	
元禄	12	1699	0	3	28	今別	不明	膃肭臍壱ツ		やせ細っているため返却
元禄	13	1700	0	12	2	外浜六条間	さくたいん			滝浜沖にて膃肭獣一つやすにて仕留めるとの知らせ今別奉行より届く
元禄	13	1700	0	12	11	宇鉄	道きりは（へきりは？）	膃肭獣一ツ	勘定奉行付紙之廿五匁（12月16日に）	
宝永	3	1706	0	12	2	藤嶋	るてれき	膃肭臍壱	代米弐俵	
宝永	4	1707	0	1	27	大泊	いすあいん	膃肭獣	御米弐俵・青銅弐貫文（青銅は御褒美）	
宝永	4	1707	0	2	16	大泊	せんとかいん	膃肭臍壱ツ	御米二俵	
正徳	5	1715	0	1	9	今別（一月二十日の記述から大泊村・本宇鉄村・松ヶ崎村が含まれることが判る）	（狄共）			膃肭臍の上納は生きたものを捕獲した場合に限定し、上納に際して捕獲状況を説明するよう指示
正徳	5	1715	0	1	20	大泊村・本宇鉄村・松ヶ崎村	（狄共）			膃肭臍の捕獲状況申し立て（屍が磯へ寄ったもの1、鮫網にかかったもの2、毒矢での捕獲は前々から行っていない）
享保	5	1720	0	2	16	今別	（狄共）	膃肭一ツ		
享保	5	1720	0	6	22	上磯（藤嶋）	いくるい	膃肭臍壱ツ	代銭弐拾目	
享保	14	1729	0	1	27	宇鉄	四郎三郎	生膃肭臍壱	代銭弐拾目	
元文	2	1737	0	1	27	上磯	（狄共）	膃肭臍	弐拾匁	
明和	2	1765	0	1	20	外浜	（狄共）			膃肭臍を松前に送り同所の産物と称している事実判明

（青森県2001より作成）

表12 弘前藩庁日記における狄の鮫漁ならびに魚油に関する記述

年号	年	西暦	閏	月	日	狄の居住地	狄の名前	記事
元禄	10	1697	0	12	24	大川平村	ほこうかあいん	魚油の津出を許可
元禄	15	1702	閏	8	17	上磯	（狄共）	根岸村の者らの鮫油上納による前銭願について、代銭の半分の前払いを許可 魚油2石5斗に対して代銭500目（前銭半分250目）
元禄	15	1702	0	9	22	後潟組大川平村	四軒之狄共	鮫漁・山畑少々営んでいるが困窮につき、1軒あたり赤米2俵を貸与
元禄	16	1703	0	1	22			狄差上候魚油は1升あたり2匁6分9厘2毛と、町商売油より安いため、購入を指示
元禄	16	1703	0	9	28		るてりき／いくるい／ししはいん／ちせかる／むゑかいん	鮫網糸代拝借願ならびに、昨年の拝借米未返納分とともに鮫油での上納申請に対して許可
宝永	1	1704	0	2	3	藤嶋／松ヶ崎	るてりき・しみはいん・いくるひ・にゑへて・ちせかる	漁飯米の拝借を鯨油での返却を条件に許可
宝永	1	1704	0	2	9	松ヶ崎／藤嶋	にへてひ・あへあけ・やいこのかる／るてりき・ししはいん・いくるい	米の拝借を暮れに鮫油を上納することを条件に許可
宝永	1	1704	0	8	14	後潟組三馬屋村之内藤嶋	るてりき	鮫漁の前銭拝借願いに対して、年末に鮫油または銭にて返還することを条件に許可
宝永	2	1705	0	8	19	後潟組藤嶋	（狄共）	鮫漁仕入銭100目の拝借願を許可
宝永	3	1706	0	11	18	松ヶ崎	にゑへて	竜浜より鮫積み出しのため船出した3人乗りの船が大風のため遭難、行方不明になる
宝永	4	1707	0	2	8	松ヶ崎／大川平村／藤嶋	狄五人／狄四人／狄弐人	鮫油上納を条件に毎年行われてきた売買米の拝借に関する願いを許可
宝永	7	1710	0	2	12	松ヶ崎・大川平	（狄共）	油上納による米拝借願を許可
宝永	7	1710	0	9	26	宇鉄	しりむけ・へきりば・とさない・しのたいん	鯨油上納による米売貸願いを許可
正徳	2	1712	0	9	27	不明	（狄共）	50年程前までは宇鉄から竜浜まで1里程の場所は狄共の鮫漁場であったが、16・7年ほど前から三馬屋等4村の漁船が入り込むようになったため、漁場を分離
正徳	3	1713	0	2	22	本宇鉄／宇鉄／松ヶ崎／同	しかむけ／へきりは／にへへて／（村中拾七軒）	魚油上納による米拝借願を許可
正徳	3	1713	0	2	27	大川平・藤嶋	（狄共）	鮫油上納による米拝借願を許可（大川平に36俵、藤嶋に30俵）
正徳	4	1714	0	2	10	（藤嶋）／（本宇鉄）／（松ヶ崎）／松ヶ崎／大川平村／宇鉄	るてりき／しかむけ／にいへて／（狄共）／やいしひ／やきりは	鮫油上納による米拝借願を許可
正徳	4	1714	0	2	18	宇鉄	へきかば・しやうのミ・しやにん・くうにあいん	油上納による売貸拝借願を許可
正徳	4	1714	0	4	29	後潟組	ゑひたいん・きうたいん	鮫油上納による売借米の拝借願を許可
正徳	5	1715	0	2	12	不明	（狄共）	上納する魚油2斗入1樽（正味1斗6升5合入）の値段を90目（1升につき5匁4分5厘）と定める
正徳	5	1715	0	2	22	宇鉄／松ヶ崎／同／釜野沢／同	しかむけ／にいへて／（狄共）／ゑひたいん／まうたいん	鮫油上納による米拝借願を許可

年号	年	西暦	閏	月	日	狄の居住地	狄の名前	記　　　事
享保	1	1716	0	2	18	不明	（狄共）	御用魚油2斗入1樽（正味1斗7升入）の値段を町相場の73匁（1升につき4匁2分9厘）に合わせることを決定
享保	1	1716	0	2	18	宇鉄／藤嶋	へきりば／るてりき	魚油上納による前銭米拝借願を許可
享保	1	1716	0	2	25		（狄共）	家中への魚油払い値段を1升につき4匁7分と決定
享保	1	1716	0	2	晦	大川平村／釜ノ沢／松ヶ崎／宇鉄	やいしび／えびたいん／にへへて／しかむけ	御用の鮫之油仕入前銭の拝借を許可
享保	1	1716	0	8	26	後潟組松ヶ崎	（狄共）	青森湊からの鮫漁飯米の津出を許可
享保	2	1717	0	1	29		（狄共）	上納の魚油代金を町相場の1升につき3匁4分2厘で支払うよう指示
享保	2	1717	0	2	9		（狄共）	狄ら上納の魚油余慶分を1升につき3匁9分7厘にて家中・町方へ売却
享保	2	1717	0	2	11	後潟組	（狄共）	魚油前銭として米の拝借を許可
享保	2	1717	0	2	14	後潟組	（狄共）	魚油前銭代の追加を許可
享保	3	1718	0	2	8		（狄共）	御用魚油2斗入1樽（正味1斗6升入）の値段を町相場の67匁（1升につき4匁1分9厘）と定める
享保	3	1718	0	2	17		（狄共）	魚油仕入の代米拝借を許可
享保	4	1719	0	2	10		（狄共）	御用魚油2斗入1樽（正味1斗7升入）の値段を105匁（1升につき6匁1分7厘）と定める
享保	4	1719	0	2	12	外浜	（狄共）	魚油仕入銭代米拝借を許可
享保	4	1719	0	2	14		（狄共）	狄ら上納の魚油余慶分を1升につき6匁9分5厘にて売却を決定
享保	5	1720	0	2	4		（狄共）	狄ら上納の魚油余慶分の家中売却を承認
享保	5	1720	0	2	8		（狄共）	御用魚油2斗入1樽（正味1斗7升入）の値段を50匁（1升につき2匁9分4厘）と定め、余慶分は家中へ売却を決定
享保	5	1720	0	2	19	宇鉄／松ヶ崎／藤嶋／宇鉄／大川平／藤嶋	四郎三郎／にいへて／るてりき／しかむけ／やいしび／いくるい	後潟組の狄ら、例年の通り250俵の魚油前貸米の拝借を嘆願　四郎三郎・にいへて＝「少々繰廻罷成候者」　組合之狄共13軒
享保	5	1720	0	12	2	上磯	（狄共）	竜浜鮫漁飯米の津出を許可
享保	6	1721	0	3	17	根岸村	（狄共）	御用魚油2斗入1樽（正味1斗7升入）の値段を41匁（1升につき2匁4分1厘）と決定
享保	16	1731	0	6	2	（宇鉄）	へきりば弟	代納した魚油代銭を三馬屋村彦右衛門に給与

（青森県2001より作成）

へ売却されている。

　鮫漁に関する記述の中でとりわけ注目されるのが正徳2年（1712）9月27日条である。それによれば、その時点から50年ほど前までは宇鉄から竜浜（竜飛崎）までの1里程の場所は鮫漁を行うための本州アイヌ専用の漁場であったが、16・17年前ころから近隣の三馬屋・浜名・今別・大川平4ヶ村から30から40隻の船が入り込むようになった。鮫漁に支障をきたすので4ヶ村の船を排除してほしいとの本州アイヌ側の願い出を受け、弘前藩では漁場を大間之崎より竜浜と源

兵衛間から鎧島までとに分け、前者をアイヌに後者を4ヶ村へと割り当てた。この記事は、18世紀、アイヌ固有の生業分野に和人が進出するようになり、それまで暗黙の了解のうちになされていた和人とアイヌの生業面での「棲み分け」が難しくなったことを示している。

　③アワビ漁

　下北半島尻屋崎周辺の中近世の貝塚は、クロアワビの冷水域の亜種とされるエゾアワビを主体とする。『国日記』には、領内の狄がアワビを献上したとの記事が17件みられるが、18世紀初頭以前に限られ、それ以降の記載はない（表13）。このうち9件までが、4代藩主信政に御目見する際に献上されたことが明確で、残る6件のうち2件の事例についても、献上した狄に酒食が振る舞われており、御目見であった可能性が高い。信政の代には御目見にアワビの献上は欠かせないものであり、それに対して米や銭が下賜されていた。なお、献上されるアワビには、串貝（串鮑）、生の鮑、白干鮑の3種が認められるが、串貝が最も多い。串貝とは、生のアワビ5個を丸竹の串で貫き、天日で乾燥させたもので、通常10串で一連とする。『国日記』の元禄9年（1696）11月23日にも串貝一連はアワビ50個を連ねたものであるとの記述がある。それに対して白干鮑は、生アワビを蒸すか煮るかして塩をふり、ねかせてから乾し上げたもので、手間がかかるため串貝よりも高値で取引される。18世紀初頭の元禄・宝永期から本格化する長崎俵物三品（干鮑・煎海鼠・鱶鰭）でいう干鮑は白干鮑を指し、中国側が串鮑でなく白干鮑を要請したという。

　浜尻屋貝塚では、幅約50cm、長さ1～2mで、長辺の両側に扁平な石を数個一列に立て、外側から粘土で固定したカマド状遺構が5基検出されている。この遺構は幅の広い焚き口の反対側に煙出しがあり、石の天井によりドーム形を呈していたと想定されている。このような特異な構造を有するカマドは他に例をみない。鉄鍋を用いて鮑などの海産物を煮るための施設であった可能性が高い。

　④熊猟

　浜尻屋貝塚ではエゾヒグマ、大平貝塚ではツキノワグマの骨がそれぞれ確認されている。

　『国日記』には、元禄9年（1696）7月26日、熊害発生につき、狄共へ「あへまつほう」または毒矢を用いて捕獲するよう指示したとの記事が見られる。同年7月5日の条には今別の狄共へ「おとし」ならびに「阿へまつほう」で熊を捕獲するよう指示が出されており、26日の指示も今別の狄共に対して出されたものと考えられる。「おとし」とは、今日「鳥獣保護及狩猟ニ関スル法律」で禁止されている「おし」（「はこおとし」）と呼ばれる狩猟法のことであり、「阿へまつほう」は仕掛け弓を意味するアイヌ語のアマクポである。「おとし」は獲物が踏み板に乗るか、餌を咥えて引くことにより、重量物が落下し獲物を圧殺する仕掛けである。「おとし」で捕獲されたクマは何日も放置されることで胆汁の分泌が促進され、良質な熊胆がとれることから、熊猟によく使われたという。

　正徳5年（1715）1月20日には、大泊・本宇鉄・松ヶ崎の狄共による申し立ての中で、オットセイは屍が磯の寄ったものや鮫網にかかったものを捕らえており、毒矢での捕獲は前々から行っていない旨述べた記事がある。これらの記載から、少なくとも17世紀末の段階まで、津軽半島

表13 弘前藩庁日記（国日記）における狄の鮑献上に関する記述

年号	年	西暦	閏	月	日	狄の居住地	狄の名前	献上品	下賜品	備考
寛文	9	1669	0	8	14	宇田／御所塚	くねきらいん／あつまいん	くしかい五連づつ	御米三表	信政に御目見
延宝	5	1677	0	3	8	今別	かふたいん・るてるけ・ゆきたいん・へきりは	串貝五連・鮑三十・栄螺四十	御米二俵	信政に御目見
貞享	1	1684	0	8	17	今別宇鉄／松ヶ崎／藤嶋／釜ノ沢／六条間	へきりは／ちせかる／るてるけ／ししはあいぬ／かのたあいぬ	膃肭獣・串貝		信政、外浜巡検の際に下賜された米への御礼
貞享	1	1684	0	8	17	砂ヶ森	清五郎	串貝・鰯	米壱俵	
貞享	1	1684	0	9	21	今別（宇田／こせうつか／かねうたの／砂ヶ森）	くねきらいぬ／あつまいぬ／次郎きち／福たあいぬ	串鮑五連／串鮑五連／鰯五把／鰯五把	米五俵／米五俵／米二俵／米二俵	
元禄	3	1690	0	12	23	今別松ヶ崎	にいへて	串鮑	御米五俵	信政に御目見
元禄	4	1691	0	2	9	宇鉄	へきりは	膃肭獣一・串貝一		信政に御目見
元禄	6	1693	0	3	8	宇鉄／松ヶ崎	へきりは／ちかせる	串貝二連・串貝壱連	御米三俵（3月10日へきりはに）	
元禄	6	1693	0	3	9	松ヶ崎	にいへか犬	串貝五連・黒苔一袋・こふのり一袋・わかめ	青銅二貫文（3月10日に）	へきりはとともに信政に御目見
元禄	8	1695	0	3	15	松ヶ崎	にいへてい	串貝五連・すかい三十六・かいば五・白干鮑五串／串海鼠弐連	御米三俵・銭壱貫文	信政に御目見
元禄	9	1696	0	11	23	袰月	ちゑへかいん	串貝弐拾盃（串鮑弐連＝百盃）・花入壱つ（但瀬戸物右二色）	御米壱俵（11月27日に）	御救米のお礼として串貝と「代々持来候花入」を献上
元禄	9	1696	0	12	19	宇鉄	るてるけ	貝之玉四つ・串貝三連	台所で一汁二菜御食・御酒・御肴二種他	
元禄	9	1696	0	12	22	藤嶋村	るてるけ	貝之玉四ツ・串貝三連	代物	
元禄	10	1697	0	3	10	外浜藤嶋	るてりき	真珠五・串貝二連		
元禄	13	1700	0	9	23	綱不知	すねくわいん俤つまかいん	串貝壱連	前々之通御食酒	
宝永	4	1707	0	2	15	宇鉄／松ヶ崎／藤嶋	へきりは／にえへて／るてりき	串貝三連・同三連・塩引三本	壱貫五百文／壱貫五百文／壱貫五百文（翌26日に）	鷺之間之御庭懸り之前ニ藁莚敷にて信政に御目見、御台所で御晡御酒下賜
正徳	2	1712	0	8	9	宇鉄／藤嶋／宇鉄	へきりは／るてりき／しかむけ	串貝弐連・熊皮壱枚・貝之玉一ツ／串貝弐連・石壱ツ／串貝弐連	御米三俵・同弐俵／同弐俵（8月24日に）	8月24日、御舞台前御白砂にて信寿に御目見、その場にて酒と肴2種を下賜される

（青森県 2001 より作成）

北端部に住む本州アイヌが毒矢やそれをつがえた仕掛け弓を使用していたこと、毒矢による捕獲対象は主として熊であったことが判る。『国日記』には、寛文から正徳期にかけて、津軽半島北端部に住む本州アイヌによる熊皮の献上がしばしば行われていたことが記録されている（表14）。その数は、記録されたものだけでも約50年間に40頭分を数える。熊については、毛皮以外にも生きた熊の子や熊の胆（胆嚢）が献上されている。

(2) 本州アイヌと北奥社会
①中世の本州アイヌ

これまでのところ、考古資料で本州アイヌの存在が確認できるのは14世紀以降であり、エミシとの関係は依然としてつかめない。

下北半島東通村の浜尻屋貝塚は、14世紀から15世紀前半にかけ本州アイヌの人々によって営まれたことが明確な遺跡として重要である。彼らの主たる生業がアワビ漁や海獣猟などの漁撈活動と海産物の加工であったことに疑念を挟む余地はないが、そうしたある種の専業化した生業形態は、和人との経済活動が前提にあってはじめて成立する。浜尻屋貝塚からは、同時期の北海道アイヌの遺跡ではあまりみることのない比較的多くの陶磁器類や銭貨、さらには天目茶碗や茶臼などの茶道具までもが出土しており、多量の動物遺存体や骨角器を除けば、そのほかは中世城館から出土する遺物とほとんど異なるところはない。14・15世紀の段階で既に、彼ら本州アイヌの生活は和人の経済システムの上でしか成り立ち得ないものになっていたのであろう。問題は、本州アイヌの生業自体に、どの程度和人が関与していたかである。茶道具などは、和人との交易で入手した本州アイヌの人々が使用していたのであろうか。それとも遺跡内に彼らを管理・統括する和人がいて、彼らが使うために持ちこんだのであろうか。和人と本州アイヌの対等な関係のもとでの経済活動を想定するか、それとも和人により本州アイヌが労働力として使役されていたと考えるか。これに対する明確な答えはいまのところ用意できていない。

十三湊遺跡と脇野沢本村から出土した14・15世紀の蝦夷拵は、いずれも伝世する高級武家の腰刀と比較して何ら遜色ない。こうした極めて優秀な作行きの刀装具はこれまでに、余市町大浜中遺跡や同町栄町1遺跡をはじめ北海道のいくつかの遺跡からも発見されている。アイヌの人々特有の嗜好の問題もあるが、彼らが高級な刀装具を手に入れられる立場にあったことだけは確かである。

タマサイの部品と考えられるガラス玉が、浪岡城跡・根城跡・大光寺新城跡といった地域を代表する蝉国城館や北方交易の拠点と目される十三湊遺跡から出土することの意義は大きい。特に浪岡城跡の場合、工房が集まる北館で、蝦夷刀用の鍔の鋳造とともにガラス玉の再加工が行われていた。ガラス玉に限れば、中世の段階では、北海道アイヌは大陸産のものを入手していたと考えられ、本州アイヌにもそのルートでガラス玉が渡っていたと推察される。浪岡城でわざわざそれらに加工を加え、北海道アイヌ向けに再輸出したとは考えにくいことから、再加工されたガラス玉は本州アイヌ向けであった可能性が高い。これまで根城跡や浪岡城跡で鋳造された蝦夷拵の鍔は、漠然と蝦夷地のアイヌ向けと考えられてきた観があるが、本州アイヌとの関係の中で見直

138 第Ⅱ章 本州アイヌの実像

表14 弘前藩庁日記（国日記）における狄による熊献上ならびに狩猟に関する記述

年号	年	西暦	閏	月	日	狄の居住地	狄の名前	献 上 品	下 賜 品	備　考
寛文	2	1662	0	3	2	不明	不明	熊ノ子		信政に御目見
寛文	6	1666	0	6	17	今別	和泉	熊之皮四枚	御米納三斗入拾表	大湯五左衛門父彦右衛門取立派
寛文	7	1667	0	6	2	今別	いつみ	熊皮四枚	御蔵米拾表	
寛文	10	1670	0	4	2	上磯	きこらゐん	貝之玉三ツ・熊之皮壱枚		
延宝	6	1678	0	6	12	外浜	不明	熊皮二枚	米一俵	
延宝	9	1681	0	3	16	今別村	万五郎	貝之玉大小二・熊皮上二枚・中一枚・下一枚	米九俵	
貞享	4	1687	0	3	19	今別之内藤嶋村／松ヶ崎村	るてるけ／してかあいぬ	熊皮三枚／熊皮一枚／貝之玉弐ツ（弐人にて）		熊皮ハ木綿御蔵、貝之玉ハ大納戸江入置之
元禄	1	1688	0	5	19	今別	るてれき	貝之玉壱／熊皮四枚	御米一俵／銭百六拾目	
元禄	2	1689	0	4	17	今別藤嶋	いくるい	熊皮弐枚・真珠一	前格之通御褒美	
元禄	4	1691	0	3	28	今別	不明	真珠五・上熊皮弐枚・中熊皮弐枚	代米五俵／代銭八十目／代銀五十目	
元禄	9	1696	0	7	5	今別	（狄共）			「おとし」と「あへまつほう」で熊を捕獲するよう指示
元禄	9	1696	0	7	26	（不特定）	（狄共）			熊害発生につき狄共へ「あいまつほう」または毒矢で捕獲を指示
元禄	10	1697	0	2	13	外浜大川平村	ほこうかい	真珠六・熊皮一枚	油川湊役免津出米を許可（2月16日に）	
元禄	10	1697	0	3	2	外浜金ヶ宇田／外浜奥平辺	ふくたあいん／あたかあいん子源太郎	真珠三・熊皮一枚／真珠二・熊皮一枚	如先格御褒美	
元禄	10	1697	0	3	17	（大泊村？）	いそたいん	真珠・熊皮	代米	
元禄	10	1697	0	7	22	不明	横内組駒籠山に熊狩に派遣された狄共計15名の妻子計97人		一日一人につき米一合五勺（7月26日に）	
元禄	11	1698	0	3	2	不明	横内組駒籠山に熊狩に派遣される狄共			またぎ犬2匹、1匹につき1日5合扶持支給を決定
元禄	11	1698	0	3	21	五所塚／金ヶうた／おこたらへ（奥平部）／うた（宇田）	あつまいぬ／ふくたいぬ／大たかいぬ／くねきらい			駒籠山青戸沢にてまたぎとともに矢にて人喰の牡熊1頭を仕留めた件につき家老へ諸事伺い
元禄	11	1698	0	3	24	金ヶうた／五所塚	ふくたあいん／あつまいぬ	駒籠山青戸沢にて仕留めた熊の足・手・肝	壱人二御米弐俵	
元禄	11	1698	0	3	25	藤嶋村／同／松ヶ崎村／同	いくるいあいん／わかあいん／むさてきあいん／たろたあいん		御米壱人二付壱俵	駒籠山で熊狩に従事した4人の狄の家族に対しての給与
元禄	11	1698	0	5	10	奥平辺／五所塚	大たかいん／くねきらいん		御米壱俵	3月に駒籠山の熊狩に従事したことに対して
元禄	12	1699	0	3	7	うた（宇田）／かねか宇田	くねきらいぬ／ふくたいぬ	熊皮壱枚・同胃一袋／熊皮壱枚・貝之玉三ツ		信政江戸発駕につき御目見（3月11日に）
元禄	13	1700	0	2	7	外浜	（四人之狄）		四人の妻子に一日一人につき米五合	1月25日に指令の出た深浦山での人取熊捕獲のための派遣に対して
元禄	13	1700	0	8	20	今別	（四人）			小国新田の熊駆除のため派遣するも熊未発見につき今別へ帰す（8月26日）
元禄	13	1700	0	9	5	大平村	くねきらあいん			小国新田の熊を大平村にて仕留めるよう命令、9月12日には仕留めた熊の皮・胃を弘前に持参するよう命令
元禄	15	1702	0	8	21	後潟組松ヶ崎	むさてん			浜名村之内増川之畑にて熊を打ち殺すとの報告

年号	年	西暦	閏	月	日	狄の居住地	狄の名前	献上品	下賜品	備考
元禄	15	1702	0	9	20	金ヶ窪村／藤嶋／奥平辺村／大川平村／奥平辺村／金ヶ宇田村	ふくたいん／いくれき／むさかいん／ほくいん／おたかいん／ふくたいん	貝玉三ツ（玉目弐分五厘）・貝角壱（五分五厘）／貝弐ッ（五厘）／貝玉ッ（五厘）／熊皮壱枚／同壱枚／同一枚	御定之通代物	
宝永	1	1704	0	8	2	不明				油川組羽白村之内滝ヶ沢村に熊出没につき狄の派遣を決定
宝永	2	1705	0	1	29	後潟組大川平村	やいしひ／のとかいん	貝玉壱／熊皮一枚（長サ七尺）	前々之通代物	貝之玉・熊皮を信政高覧（2月1日に）
正徳	2	1712	0	8	9	宇鉄／藤嶋／宇鉄	へきりは／るてりき／しかむけ	串貝弐連・熊皮壱枚・貝弐連一ッ／串貝弐連・石壱ッ／串貝弐連	御米三俵／同弐俵／同弐俵（8月24日に）	8月24日、御舞台前御白砂にて信寿に御目見、その場にて酒と肴2種を下賜される
正徳	3	1713	0	6	5	宇田	くねきらいん	熊ノ帯壱筋（四尺八寸）		江戸から熊之帯を差し登らせるよう指示がある
正徳	3	1713	0	7	1	松ヶ崎	（狄とも）			熊煩いにつき、松ヶ崎の狄どもから松前にての子熊飼の伝承を聴取
正徳	3	1713	0	7	6	上磯	（狄共四人）8月13日の記述からこの中の1名は山崎の狄のとかいん			後潟組今別領与茂内より竜浜までの地域の熊・狼の駆除を狄に命令
正徳	3	1713	0	7	22	宇鉄	いそくねきらいん	熊ノ帯壱筋（四尺八寸）	代銀六匁	
正徳	3	1713	0	8	13	山崎	のとかいん			今別領山崎の奥にて熊1頭を駆除
正徳	5	1715	0	7	24	松ヶ崎より上	（狄不残）			算用師から宇鉄までの地域に出没する熊の駆除を賄米支給の上、指示
元文	1	1736	0	4	27	金ヶ宇田	くねきり犬・いよか犬・牛高犬	熊胆壱（目形八匁五分）	壱匁六分	熊胆の値段を決定

（青森県 2001 より作成）

す必要があろう。

聖寿寺館跡・浪岡城跡・大光寺新城跡から発見された中柄は、戦闘に動員された（参加した）本州アイヌの人々がいたことを示す物的証拠である。『氏郷記』の「九戸城没落並氏郷加増之事」によれば、天正19年（1591）、九戸城の戦闘においては、城を取り囲む仕置軍、籠城する九戸方双方に毒矢を用いる夷人がいたことが記録されており、北海道島から参陣した蠣崎慶広の陣営には毒矢を携えた蝦夷300名が含まれていたと伝えられている（『奥羽永慶軍記』）。骨角製の中柄が出土した城館、すなわち聖寿寺館の南部氏、浪岡城の北畠氏、大光寺南部氏は、毒矢の使用に長けた本州アイヌを戦闘要員として自らの陣営に組み込んでいたのではなかろうか。上之国勝山館では、夷王山墳墓群で発見されたアイヌ墓や、イクパスイ・シロシを刻んだ陶磁器・ニンカリ・ガラス玉・骨角器などの出土品から、館内に和人とアイヌが混住していたと推定されているが、北奥の戦国城館でも似た状況が想定できよう。

一方、種里城、大浦城、堀越城など大浦（津軽）氏が拠点とした城館跡では、いずれも発掘調査が行われているにもかかわらず、これまでのところ本州アイヌに結びつくような遺物は発見されていない。三戸南部氏・根城南部氏・浪岡北畠氏など戦国期以前から、北奥の地を支配してきた勢力（旧勢力）にとって、本州アイヌとの政治的・経済的関係はそう単純ではなかったと思わ

れる。両者は本来的には相容れない存在であったにせよ、「旧勢力」は少なくとも味方するアイヌとは共存する道を選び、本州アイヌ全部を敵に回すような事態は回避していたのではなかろうか。しかし「新興勢力」である大浦（津軽）氏にとって、「旧勢力」に繋がる本州アイヌは、津軽統一の過程にあって排除すべき存在であったと思われる。そして近世大名として津軽氏の地位が確定した時、津軽氏にとって初めて本州アイヌが共存可能な存在になったと推察される。

②近世の本州アイヌ

中世に比べ近世の本州アイヌに関する考古学的痕跡は非常に少ない。それは中世に比べて近世遺跡の調査例が少ないだけでなく、本州アイヌの居住域がより限定されたこととも関係すると思われる。これまでに近世の本州アイヌに関する考古資料が出土しているのは、下北半島尻屋崎の大平貝塚と、津軽半島竜飛崎に近い外ヶ浜町宇鉄の2ヶ所のみである。津軽地方では、正保2年（1645）「陸奥国津軽郡之絵図」（青森県立郷土館蔵）が示すように、17世紀中葉の段階で既に本州アイヌの居住地は、津軽半島北端部と夏泊半島に限定されていた可能性が高い。また『国日記』には夏泊半島の狄に関する記載がみられないことから、『国日記』が始まる17世紀後葉、寛文期頃までには夏泊半島の狄村は消滅し、本州アイヌの居住地は津軽半島北端部だけになっていたと思われる。

彼らの生業形態こそ中世から大きく変わらず、海獣猟・鮫漁・鮑漁などの漁撈活動が大きな比重を占めていたものの、漁船建造用の材木から漁飯米まで、漁撈活動に必要な物資が藩の管理下に置かれ、漁場を含めて、藩の庇護なしに生活を維持することができない状況になっていた。

寛文9年（1669）蝦夷地におけるアイヌ民族の蜂起は、弘前藩・盛岡藩の領内に住む本州アイヌ政策に大きな影響を与えたといわれる。そのひとつが寛文期に弘前藩・盛岡藩で始まるとされるアイヌ首長層から藩主へのウイマムと呼ばれる御目見儀礼の強制である（浪川1992）。弘前藩の場合、御目見は藩主下向の際などに行われ、アイヌの首長たちには狄装束が強制された。狄装束とは、蝦夷錦や陣羽織などを羽織った上に太刀緒に通した刀を右肩から左腰に下げ、足にアイヌ文様を刺繍した脚絆を付ける正装であった。

弘前藩では、御目見の際の献上品に、オットセイ、アワビ（串貝・生鮑・白干鮑）、熊（熊皮・熊の子・熊胆）が見られる。これらの品々は献上品に相応しく本州アイヌを象徴するものではあったが、彼らの生産物としてより重要視すべきは、鮫・鯨から採取される油である。その油にしても基本的には藩への上納が義務づけられており、余分について彼らが家中や町方へ売却する場合でも、単価は藩によって決定されている。そうした状況下、『国日記』が明和2年（1765）1月25日条として伝える、外浜の狄たちが捕獲したオットセイを松前に送り、松前産物と称しているとの記事は、松前経由での「抜け荷」の存在を示すものとして大変興味深い。

(3) 小　　結

本州アイヌに関する考古学的研究は始まったばかりで、その根拠となる遺物は極めて限られている。彼らが残したことが確実視される遺跡は、下北半島尻屋崎近くの浜尻屋貝塚と大平貝塚のみで、津軽半島では発見されていない。そうした状況にもかかわらず、あえて本節では青森県内

の中近世遺跡から出土した遺物の中に彼らの痕跡を探し、それらを文献史料との対比の中で位置づけることを試みた。

　雑穀栽培や海運・交通活動とならんで本州アイヌの重要な生業であった漁撈は、中近世をとおして海獣猟、鮫漁、鮑漁が盛んである。海獣猟や熊猟に使う道具は、基本的に北海道アイヌのものと共通する。その生業からみて彼らの居住地は海沿いにあったと考えられるが、内陸の戦国城館跡からも彼らの存在を示すガラス玉や骨角器、木製の中柄などが出土する。これらの遺物は戦国領主に御味方する本州アイヌがいたことを示すものである。本節では、彼らが御味方したのは、南部氏をはじめとする戦国期以前から北奥の支配を担ってきた領主であり、それと対立する新興の大浦（津軽）氏とは、敵対関係にあったとの見方を示した。既に和人経済の枠組みの中に組み込まれていたとはいえ、中世の段階では領主と本州アイヌはまだ支配―被支配の関係にはなかったであろう。そうした支配関係が成立したのは近世に入ってからであり、寛文蝦夷蜂起を契機として政治的・経済的支配関係が確立したとみたい。

　今後、本州アイヌの考古学的研究を進めることにより、エミシや北海道アイヌとの関係性を追求し、蝦夷地と北奥を対比しながら、和人と異民族との関わり合いについて論じることが可能となるであろう。

3 狩猟と漁撈

はじめに

『弘前藩庁日記（国日記）』（以下『国日記』と表記）や『盛岡藩家老席日誌』（以下『雑書』と表記）など北奥諸藩の近世文書や絵図には、狄（狢）などと呼ばれ異民族視された人々（「本州アイヌ」）が記録されている。しかし彼らが歴史的にどこまで遡れるか、北海道アイヌとは何が共通し何が異なるのか、といった根本的な問題については、史料上の制約から、これまでほとんど検討されてこなかった。筆者は、青森県内の中近世遺跡から出土した遺物を点検するなかで、ガラス玉などの本州アイヌの考古学的痕跡を確認し、それらをもとに彼らの生業や習俗を復元し、北奥社会での位置づけを行ったことがある（関根2007b・2007c）。

本州アイヌを歴史的に位置づけるためには、第一に彼らの生業を理解する必要があるが、彼らは近世後期には既に和人に同化し、歴史上に名を留めるだけの存在になってしまったため、北海道アイヌとは異なり、生業復元の参考となる民族学的研究が存在しない。『国日記』によれば、津軽領における本州アイヌの主たる生業は、漁撈、「狄船」を用いた領内・領外の海運・交通活動、焼畑による粟・稗・蕎麦などの雑穀栽培とされる（浪川1992）。このうち考古資料との関係で論証できるのは漁撈・狩猟活動に限られる。本節では、考古資料と『国日記』の記述と重ね合わせることにより、本州アイヌの狩猟と漁撈の実態を明らかにするとともに、彼らと北海道アイヌや和人との関係性を論じる。

（1）「アワビの道」

日本沿岸で採れるアワビ類のなかで水産上、最重要種とされるエゾアワビは、クロアワビの冷水域の亜種とされ、一般のクロアワビよりも細長く貝殻の凹凸が激しい。エゾアワビは、北海道の日本海沿岸から津軽海峡沿岸および東北地方三陸沿岸に生息し、北海道の太平洋沿岸やオホーツク海沿岸にはみられない。こうしたエゾアワビの分布を説明する話として、アイヌの人々は、昔々津軽海峡に面した函館市（旧戸井町）日浦海岸の武井の島で、アワビとムイ（オオバンヒザラガイ）の大将が縄張り争いをし、それまで北海道全島に棲んでいたエゾアワビ軍が大敗した結果、噴火湾を抱く亀田半島の突端のムイ岬（恵山岬）より北側にはアワビは棲めなくなったとの伝説を有する（矢野1989）。

下北半島尻屋崎周辺では、エゾアワビを主体とする中近世の貝塚が7ヶ所確認されている（東通村史編纂委員会2001）。このうち浜尻屋貝塚・大平貝塚・岩屋近世貝塚では発掘調査が行われ浜尻屋、大平の両貝塚からは骨角器や海獣骨が出土し、注目を集めた（工藤1997・2003、東通村史編纂委員会1999、東通村教育委員会2003・2004・2006）。

浜尻屋貝塚は、下北半島の北東端、尻屋崎の南方約2km、眼下に海を望む標高約10mの海岸

段丘状に立地する。貝塚は、橘善光氏によってその存在が初めて公にされ（橘1978）、平成7年には東通村史編纂事業に伴い、平成12年から14年には史跡指定を目指した発掘調査がそれぞれ行われ、平成18年に国史跡の指定を受けている。14ヶ所の地点貝塚が確認されており、遺跡の面積は約3万㎡と推定される。発掘調査の結果、貝層の厚みは最大1.2mに達し、クロアワビ主体の純貝層だけでもところによっては40cmに及ぶことが確認されている（図63）。これまでの調査で、掘立柱建物跡20棟、柵跡14基、カマド状遺構10基、井戸跡2基、集石遺構とともに、14・15世紀代の陶磁器をはじめ、各種の骨角器や土錘、鉤・ヤス・釣針・鉄鏃・鉄鍋・刀子・船釘などの鉄製品、永楽通寳を最新銭とする銭貨、小柄、茶臼、砥石などが発見されている。掘立柱建物跡は、盛土地業層を挟んで掘り込み面が2時期に分けられ、全体では3時期の変遷案が示されている。各時期とも、2間ないし3間四方の比較的大型の建物1棟に、4から8棟の小型の建物が組み合い、建物の復元案を作成した高島成侑氏は、中世の漁業集落とみて問題ないとの見解を示している。

　浜尻屋貝塚で検出されたカマド状遺構は、幅約50cm、長さ1～2mで、長辺の両側に扁平な石を数個一列に立て、外側から粘土で固定している（図64）。この遺構は幅の広い焚き口の反対側に煙出しがあり、石の天井によりドーム形を呈していたと想定されている。このような特異な構造を有するカマドは他に例をみない。浜尻屋貝塚からはこれまでに鉄鍋の破片が9点出土しているが、この特殊なカマドは鉄鍋を用いて鮑などの海産物を煮るための施設であった可能性が高い。

　大平貝塚は、下北半島の北東端、尻屋崎の南西約1km、眼下に津軽海峡を望む標高約15mの海岸段丘状に立地する。貝塚は、橘善光氏によって初めて調査が行われ、骨角製の銛頭や海獣類が出土することが知られるようになった（橘1967）。平成6年には東通村史編纂事業に伴い発掘調査が行われ、エゾアワビを主体とする2ヶ所の地点貝塚、集石遺構2基、屋外炉12基などの遺構に伴って、17世紀代の陶磁器をはじめ、各種の骨角器や船釘、鉄鍋、煙管、古寛永を最新銭とする銭貨などが発見されている。

　浜尻屋貝塚や大平貝塚のアワビの大部分がそこで加工され、移出用にまわされたことに疑念を挟む余地はないが、問題は誰が誰（何処）に向けアワビをこの地で加工していたかである。後述するように、貝塚から出土する骨角製品や動物遺存体からみて、アワビの採取・加工を担っていたのは本州アイヌの人々と考えて良かろう。古くは平城京跡出土木簡が示すように、日本では古より熨斗アワビは食品としては最も価値の高い贈答品であり、貴族社会や武家社会では神事に不可欠な品物であった。また、18世紀初頭の元禄・宝永期から本格化する長崎俵物では、干鮑が煎海鼠や鱶鰭とともに三品に数えられ、対中国貿易の重要輸出品目にもなっていた。

　北日本ではこれまでにアワビを主体とする貝塚が22ヶ所確認されているが、その分布はエゾアワビの生息域に重なる（東通村史編纂委員会2001）。地域的には、北海道積丹半島北側の日本海沿岸と下北半島尻屋崎周辺に、特に集中がみられる。これまでに北日本で確認されているアワビを主体とする貝塚は、全て平安（擦文）時代以降に営まれており、中世・近世に属する遺跡が多い。尻屋崎周辺のものが室町時代から江戸時代中期（14～18世紀）に営まれているのに対して、積丹半島北側のものは幕末から明治初期に集中しており、年代が異なる。

144　第Ⅱ章　本州アイヌの実像

図63　青森県東通村浜尻屋貝塚のアワビを主体とする貝層　　　　（筆者撮影）

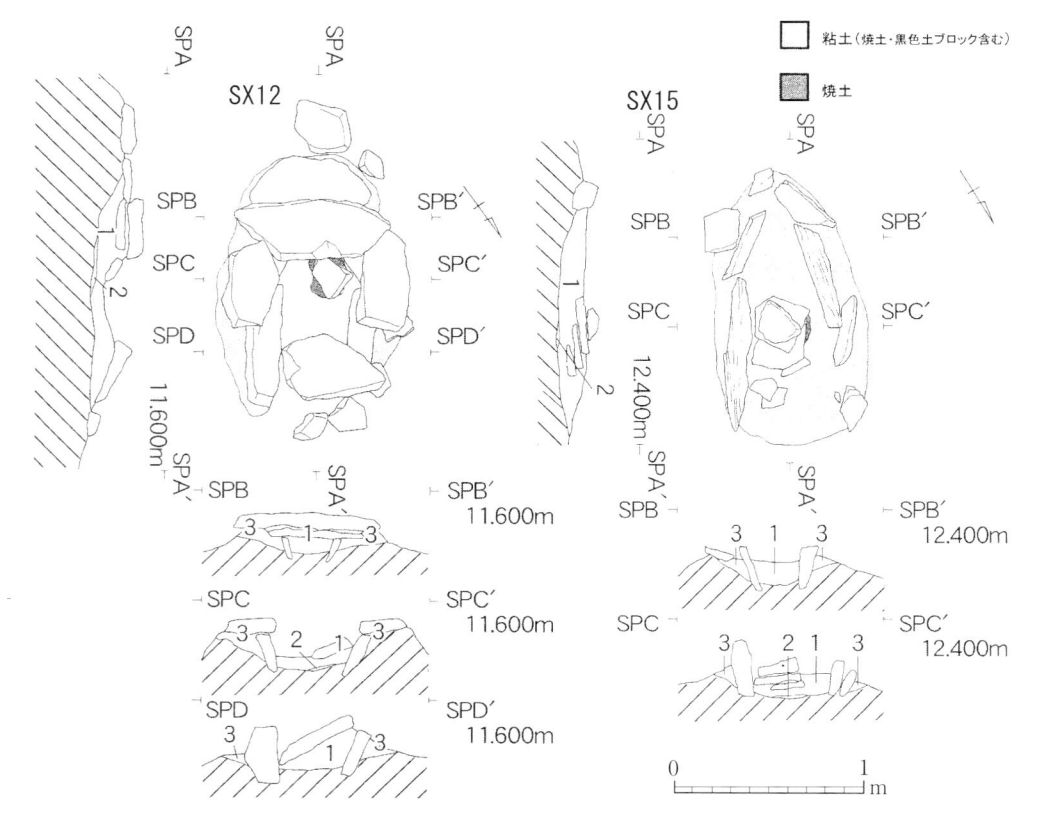

図64　浜尻屋貝塚のカマド状遺構

（東通村教育委員会2004より転載）

アイヌ文化期の貝塚の貝種に関する分析（西本1985、佐藤1997）をみるかぎり、アイヌの貝塚は必ずしもアワビを主体とするものばかりではなく、むしろアワビを主体とする貝塚のほうが少ない。先述の通りアワビを必要としていたのは和人であり、アイヌの人々にとってアワビは和人との交易品としてのみ高い価値を有するといっても過言ではない。ところで、アイヌの人々は本来的に陶磁器を必要としないため、蝦夷地である程度まとまった近世陶磁器が出土するのは、交易場（商場）や北方警備のための陣屋といった、何らかの形で和人の居住が認められる場所に限られる[1]（関根2009c）。北海道で確認されているアワビを主体とするアイヌ文化期の貝塚からは、量の多寡こそあるもののいずれも陶磁器が出土しており、和人の姿が見え隠れする。幕末から明治初期のアワビ主体の貝塚が集中する積丹半島北側の日本海沿岸部は、余市や小樽内をはじめとして、18世紀以降和人が最も積極的に進出した地域である。アワビを主体とする貝塚は、14・15世紀には下北半島（浜尻屋貝塚）、続いて17世紀には、下北半島（大平貝塚）から渡島半島の付け根付近の日本海沿岸部（せたな町瀬田内チャシ跡）、18・19世紀になると下北半島（岩屋近世貝塚）から積丹半島北側の日本海沿岸部（小樽市忍路神社遺跡・桃内遺跡、余市町天内山遺跡・ヌッチ川遺跡）さらには道北礼文島（礼文町重平衛沢2遺跡）と、蝦夷地への和人の進出と期を一にして時代と共に北上・拡大する。アワビの貝塚を繋いでいくと、アイヌから和人への「アワビの道（シーイヤー・ロード）」が見えてくる。

（2）漁撈と海獣猟

ここでは浜尻屋貝塚と大平貝塚で確認されている動物遺存体のうち海産のものや出土した銛頭について、北海道内出土資料との対比を行うとともに、『国日記』により津軽領内の本州アイヌの漁撈・海獣猟と比較する。次いで浜尻屋貝塚と大平貝塚から出土した銛頭について北海道内出土資料と比較し、系統性や地域性を論じる。

①漁撈対象物と利用目的

はじめに、北日本のアワビを主体とする貝塚から出土した動物遺存体から、漁撈・海獣猟の対象を概観する（表15）。

魚類で共通してある程度多くみられるのは、回遊魚ではイワシやニシン、根魚ではカサゴやカレイである。地域差が見られる魚種としてはマグロ、サメ、カツオ、ホッケがある。下北半島の貝塚ではマグロやサメは出土するが、ホッケは確認できない。北海道のアイヌ文化期貝塚はその逆で、そうした傾向は、アワビ主体の貝塚に限らず、広くアイヌ文化期の貝塚にみられるようである（西本1985、佐藤1997）。魚種の違いは、魚の生息域に起因する部分もあるが、漁法や利用目的の違いを反映している可能性もある。北海道でアイヌ文化期にカレイが多く捕獲されている点に関しては、アイヌの人々が和人から底刺し網漁の技術を習得したからではないかとの見解がなされている（佐藤1997）。また、浜尻屋貝塚からは、同時期のアイヌ文化期の遺跡と比べて、多種多様な鉄製釣針が多く出土しており、それらがマグロやサメ漁に使われた可能性は高い。

ここで本州アイヌのサメ漁について『国日記』をもとに詳しくみていく。津軽半島北端竜飛崎周辺は現在でもツノザメの一種アブラツノザメの好漁場として知られる。アブラツノザメは、青

表15 北日本のアワビを主体とする中近世貝塚における主要動物相

◎多い ○やや多い △少ない ＋ある（数量不明）

地域	本州北端・下北半島			後志・檜山地方			道北・礼文島		
遺跡名	浜尻屋貝塚		大平貝塚	瀬田内チャシ跡	天内山遺跡	忍路神社遺跡	重平衛沢2遺跡		浜中2遺跡
遺構名	H7年調査	H12～14年調査			B区	Nブロック	第1貝塚	第2貝塚	B-2a区Ⅰ層
時期	14・15世紀		17世紀	16～18世紀	17世紀	19世紀	18世紀後半		近世
貝類 クロアワビ	◎	◎	◎	◎	◎	◎	◎	◎	◎
クボガイ	○	○	○	◎					
タマキビ類	○	○	○	△					
イボニシ	○	○	○						
ヒメエゾボラ	△	△	△	○			△	△	
ベンケイガイ	△	△		○					
コタマガイ	△		△	○	＋				
ビノスガイ	△	△		○		未報告			
アズマニシキガイ	△			△	＋				
エゾタマキガイ	△	△		○	＋		○	○	△
ツメタガイ	△			△	＋				
イガイ類	○	○	○	○	◎	◎	△	△	△
ホタテガイ	△	△					△		
マガキ・イワガキ			△	△					
カワシンジュガイ				○	＋				
サラガイ		△		△	＋	未報告			
ウチムラサキガイ				△	＋				
アサリ									
ウバガイ	△				＋		○	○	
ウニ類	◎	◎	◎	不明	不明	◎	◎		◎
魚類 サメ・エイ類	○	○	○	△					
イワシ・ニシン	○	○	＋	○	◎	◎	○		○
サケ・マス類	○	＋	＋	○	△	△	△		△
ウグイ類		＋	＋	○	△	○			
カツオ類	＋	＋							
タラ類	◎	◎					△		○
スズキ		＋	＋	△					
タイ類	＋	＋	＋	△					
ブリ	＋	＋		△					
マグロ類	＋	＋							
カジキ類	＋	＋							
カサゴ類	○	○	○	△	◎	△	○	未報告	○
アイナメ類	◎	◎	◎						△
ホッケ				△	◎	◎	◎		◎
カジカ類	＋				△	△	△		△
ヒラメ	＋	＋	＋	△	△	○			
カレイ類	◎	◎	◎	△					
フグ類		＋	＋	＋			△		△
鳥類 アビ類		＋					1		
アホウドリ類	＋	＋		＋			2	2	
ミズナギドリ類				＋					
カイツブリ類							1		
ウ類	＋	＋	＋	＋	1		1	2	
ガン・カモ類	＋	＋		＋				1	

地域	本州北端・下北半島			後志・檜山地方			道北・礼文島		
遺跡名	浜尻屋貝塚		大平貝塚	瀬田内チャシ跡	天内山遺跡	忍路神社遺跡	重平衛沢2遺跡		浜中2遺跡
遺構名	H7年調査	H12～14年調査			B区	Nブロック	第1貝塚	第2貝塚	B-2a区Ⅰ層
時期	14・15世紀	17世紀	17世紀	16～18世紀	17世紀	19世紀	18世紀後半		近世
鳥類 カモメ類	+	+	+	+			1	1	
ウミガラス類	+		+				3	3	
ウミスズメ類		+							
ワシ・タカ類				+					
カラス類		+		+			2	2	
ニワトリ		+							
ウミガメ類	+	+							
哺乳類 ネズミ類		+			1			1	
ウサギ類				20					
カモシカ		+	1						
エゾヒグマ		+		18 (成12・若6)	1		2		
ツキノワグマ	+	+	2						
シカ	+	+	2	43 (成31・若8・幼4)		+			
ニホンザル			2						
キツネ				2	1		1	2	
タヌキ			1	5	2				
クロテン				3					
ニホンカワウソ	+		1	4					
ラッコ	+	+							
アシカ科不明			6 (若1・幼5)	20			4	6	1
トド	+	+	3 (成1・若1・幼1)		1	+	7	4	
オットセイ	+	+	13 (成5・若6・幼2)				3	3	1
ニホンアシカ	+	+	11 (成5・若4・幼2)				1	2	
アザラシ類	+	+	1			+	2	2	
イルカ類		+			1				
クジラ類		+	+		1	+	2	2	
ウマ		+	1						
ウシ		+	1						
イヌ	+	+	2	31 (成23・若3・幼5)	2	+	22	7	
ネコ	+	+							

(各報告書の記述をもとに筆者作成)

森県では今日なお魚肉として広く親しまれているが、その名の通り肝臓に多量の油が含まれていることから、江戸時代には主として照明用の油を目的とした鮫漁が行われていた[2]。このほか、かつては皮革鞣しの仕上げや鉄の焼き入れを行う際にも鮫肝油が使われていたといい、さらに沖縄では防腐剤と浸水止めのために丸木船にサメの油を塗っていたという（矢野1979）。後述するように、本州アイヌの人々にとって海獣類の皮革加工は生業の一翼を担っていたと考えられ、彼らが皮鞣しにサメの油を使用していた可能性は十分考えられる。

浪川健治氏は、弘前藩の国日記に見られる鮫油に関する記述から、津軽半島北端部に住む津軽

アイヌの鮫漁が藩米の貸出し制によって維持されており、そうして生産された鮫油は藩用品として上納され、余剰分についても藩の手で販売されたと指摘する（浪川 1992）。『国日記』には狄に関連して魚油に関する記述がみられるが、種別が判明するものでは鮫油が圧倒的に多く、他に鯨油もみられる。採取した油は、藩へ上納する他、余分については家中や町方へ売却されている。

②捕獲された海獣と利用目的

東通村浜尻屋貝塚や大平貝塚からは、トド・ニホンアシカ・オットセイ・アザラシ類・クジラなど海獣類の骨が多数出土しており、17 世紀後半を主体とする大平貝塚では、なかでもアシカとクジラが多い。海獣は、毛皮（トド・ニホンアシカ・オットセイ・アザラシ類）、精力剤（オットセイ）、獣油（全て？）、食肉（全て？）など利用価値が高く、残った骨からは銛頭・中柄・骨鏃といった狩猟具をはじめ様々な道具を作り出すこともできる。実際、浜尻屋貝塚や大平貝塚からは、骨角器の未製品や加工痕を残す海獣骨が少なからぬ量出土しており、遺跡内でそうした道具が製作されていた可能性が高い。

【アシカ・アザラシ】古代・中世の和人社会では、水豹すなわちアザラシの皮は、太刀の尻鞘、切付（下鞍）や障泥といった馬具、あるいは頬貫（毛覆）などに加工され、アシカの皮もまた切付（下鞍）に利用されている。平安時代には、陸奥・出羽を通してアザラシの皮が貴族など都人に献上されており、『延喜式』や『倭名類聚抄』には陸奥や出羽に産品として「葦鹿皮」が挙げられている[3]。昭和 50 年代頃までは日本でも商業目的のアザラシ猟が行われていたが、現在は、北海道のごく一部で有害獣駆除を目的とした猟がみられるに過ぎない。一方、サハリンでは今日もなお、ニヴフの人々により夏期に猟銃によるアザラシ猟が行われており、皮なめしの伝統的な技法も継承されている（図 65）。

【ラッコ】毛皮に関していえば、浜尻屋貝塚からラッコの骨が発見されている点も見逃せない。イタチ科で最大のラッコは、千島列島・アラスカ・カリフォルニアといった北太平洋沿岸に生息する。千島列島の中部に位置するウルップ島は、日本では近世初期から「ラッコ島」と呼ばれていた。北海道の遺跡でラッコそのものの骨が出土することは稀だが、ラッコの生息域で暮らしたオホーツク人やアイヌの人々にラッコが身近な存在であったことは、オホーツク文化期の遺跡から出土する角や牙にラッコの姿をリアルに表現した彫刻品や、ラッコの呼称がアイヌ語に由来することから推察できる。ラッコは、他の海獣類が冷たい海水から身を守るために皮下に蓄えている分厚い脂肪層をもたない。そのかわりラッコには綿毛と呼ばれる柔らかな毛が$1cm^2$あたり 10 万本以上密集して生えており、海に潜る際には綿毛の間に入った空気が断熱材の役割を果たす。この特殊な綿毛がラッコの皮に光沢と滑らかな手触りをもたらすことにより、ラッコの皮はクロテンと並んで毛皮の頂点に君臨するのである。

【オットセイ】オットセイに関しては、近世史の立場から既に榎森進氏が、その利用方法とともに弘前・盛岡の両藩が主要な産地であったと述べている（榎森 1999）。北海道内浦湾でアイヌが捕獲するオットセイが松前藩への主要な献上品となっていたように（犬飼・森 1956）、弘前藩でも領内に住むアイヌによりオットセイの献上がしばしば行われていたことが『国日記』から判明する（関根 2007b）。

3 狩猟と漁撈　149

ヌイヴォの夏の集落(中央右手の物干場にアザラシの皮)

干されたアザラシの皮(外側)

物置小屋の壁に打ち付け干してあるアザラシの皮

干されたアザラシの皮(内側)

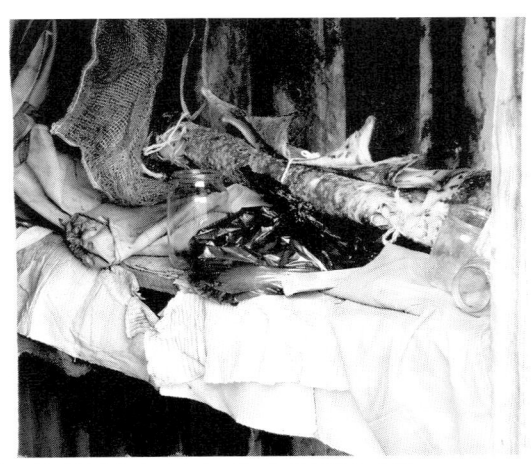

小屋の中に折り畳まれしまわれているアザラシの皮

ニヴフのアンドレさん一家

図 65　ニヴフによるアザラシの皮加工

(ロシア連邦サハリン州ノグリキ区
ヌイヴォにて 2008 年 9 月 筆者撮影)

【クジラ】北海道の噴火湾周辺域では、明治時代までアイヌの人々が小型のクジラを対象として積極的な捕鯨を行っていたことが知られている（名取1940）。『国日記』にも、津軽半島北端部に住む狄に対して、鯨油での返却を条件に漁飯米の拝借を許可、あるいは鯨油上納による米の売貸願いを許可などの記載がみられ、本州アイヌの人々が捕獲した鯨から油が採取され、その一部が藩に上納されていたことが判る。藩への鯨油上納記録を見る限り、本州アイヌもまた、単に海岸に漂着または座礁したクジラ（寄りクジラ）を利用するだけでなく、積極的な捕鯨活動を行っていたと考えられよう。

③アイヌ文化期の銛頭にみる地域性

伝統的なアイヌの海獣猟に不可欠な道具として銛頭が挙げられる。北海道における銛頭の出現は縄文前期前半に遡り、多くの研究者によって縄文時代からアイヌ文化期にいたる銛頭の変遷が検討されてきた。アイヌ文化期の銛頭を取り上げた主な研究に限っても、考古資料に基づく研究（東京大学文学部考古学研究室・常呂研究室編1980、石川1982・1998、種市1986・1998a・1998b、千代2003）から民族資料と考古資料を併用した研究（大塚1976、高橋2008）、さらには考古資料に民族誌や文献史料を重ね合わせた研究（福井1998）など多彩である。ここでは改めてアイヌ文化期の出土銛頭を集成し、そのなかで下北半島の浜尻屋貝塚・大平貝塚の銛頭を位置づけたい。

14・15世紀代の銛頭は、道東では北見市ライトコロ川口遺跡、道南・道央日本海側では余市町大川遺跡と神恵内村観音洞窟遺跡、下北では浜尻屋貝塚から良好な資料が出土しているが、道南・道央太平洋側では資料に乏しい（図66・67）。道東、道南・道央日本海側、下北の三地域の銛頭を比較すると、次の点で道南・道央日本海側と下北の類似性が見えてくる。①道東に比べ銛先に金属製鏃が伴う比率が高い。②道東の銛頭が基本的に全て縦あるいは斜めに並ぶ索孔を有するのに対して、道南・道央日本海側や下北では、索孔の代わりに索溝を施したものが一定量認められる（図67の1・2・11～13）。③道南・道央日本海側や下北では、先端に金属製鏃を持たない銛頭には、反しが作りだされている（図67の1・2・8・9）。④道南・道央日本海側や下北には、矩と呼ばれる尾部の抵抗装置が三又を呈する特徴的な銛頭が認められる（図67の3・5・6・7・10）。①の点に関しては、道南・道央日本海側や下北に比べ、道東では金属製鏃が入手しにくかったという事情が考えられる。②・③・④の点については、単なる地域差とみることもできるが、狩猟対象の違いを反映している可能性もある。銛頭の素材は、いずれの地域においても鹿角と海獣骨の両者が使われており、特に差は見られない。

16世紀代の資料はいずれの地域でも乏しく、地域差を検討できる状況にない。そのなかで上之国勝山館から出土した銛頭（図67の14・15）は、矩が三又をなす形状に、道南・道央日本海側の銛頭に特有の地域的伝統が看取される。

17・18世紀代の銛頭は、道東では釧路市トブー遺跡や小清水町フレトイ貝塚、道南・道央太平洋側では千歳市末広遺跡や伊達市ポンマ遺跡・有珠善光寺遺跡、道南・道央日本海側では瀬田内チャシ跡をはじめ大川遺跡や天内山遺跡、下北では大平遺跡から良好な資料が出土している（図66・69）。これらの資料を比較すると次のようなことが判明する。①大平貝塚の銛頭は全て先端に金属製の鏃を有するタイプであるが、北海道ではいずれの地域でも金属製の鏃がつかないタ

イプの銛頭が少量だが認められる。②道東の銛頭は全て索孔が横に並ぶが、それ以外の地域の銛頭には、索孔の並びに縦・斜め・横のバリエーションが認められる。③大きさや全体のプロポーションからいえば、大平貝塚の銛頭に最も近いのは瀬田内チャシ跡出土資料である。④大平貝塚から出土した銛頭にのみ横に段や溝が巡るものが認められる（図67の18～22）。⑤北海道では銛頭に鹿角と海獣骨の両方が用いられているが、大平貝塚から出土したものはすべて海獣骨を素材としている。①の点に関しては、下北半島に比べ北海道では金属製鏃が入手しにくかったという事情が考えられる。②の点については、一般に索孔の並びは時代とともに縦位から斜位を経て横位へと進化したと考えられており、比較した資料のなかで、道東のトブー遺跡やフレトイ貝塚から出土した資料が他に比べ相対的に新しい可能性も否定できないが、一方で、17世紀以降、銛頭を用いた海獣猟が最も盛んに行われた道東において、いち早く銛頭の改良が進んだとの見方もできる。

　19世紀代の出土銛頭は、下北では類例がなく、道南・道央日本海側でも類例に乏しい（図69）。この時期の資料は、道東では資料が豊富に知られ、道南・道央太平洋側でも有珠善光寺2遺跡からまとまって出土している（図68）。19世紀代には道内全域で基本的には銛頭の先端に必ず金属製の鏃が装着されるようになるとともに、索孔の並びもほぼ横位に統一される。一方、数は少ないが索孔をもたない比較的単純な形態の銛頭もみられるようになる（図69の20、図68の18・19）。このタイプの銛頭は、大塚和義氏によって示されたアイヌの伝世品には類例がみられないが、出土資料の中には先端に金属製の鏃を装着した資料（図69の21）が含まれることから、全てを策孔を穿ける前の未製品とみなすことはできない。また、クシュンコタン遺跡からはエゾジカの下顎骨に刺さった状態の銛頭が発見されており、銛頭による猟の対象がこれまで想定されてきた海獣類やメガジキ・サメなどの海洋動物に限られなかったことを示す資料として注目される（図68の15）。

　以上、アイヌ文化期の銛頭を検討した結果、14・15世紀代には下北と道南・道央日本海側は非常に類似性が高く、17世紀代にも他の地域に比べれば共通性を保持しているが、一方で下北独自の地域性も現われてきたことが確認された。銛頭の地域性は、主として狩猟方法・狩猟対象物、文化的伝統、金属品の入手状況などの違いによって生じたと考えられるが、根本的には、アイヌの人々と和人との接触の頻度に関する地域的差異によるところが大きかった、換言すれば、和人がなにがしかの形で彼らの銛頭猟に大きな影響を与えていたということができるのではなかろうか。

(3) 狩　　猟

　ここでは、本州アイヌの熊猟と捕獲した熊の利用目的を述べるとともに、熊猟に深く関わる仕掛け弓・毒矢について、矢尻（鏃）と中柄を取り上げ検討する。

　①熊猟

　浜尻屋貝塚ではエゾヒグマとツキノワグマ、大平貝塚ではツキノワグマの骨がそれぞれ確認されている。

152　第Ⅱ章　本州アイヌの実像

	道　　東	道南・道央（太平洋側）

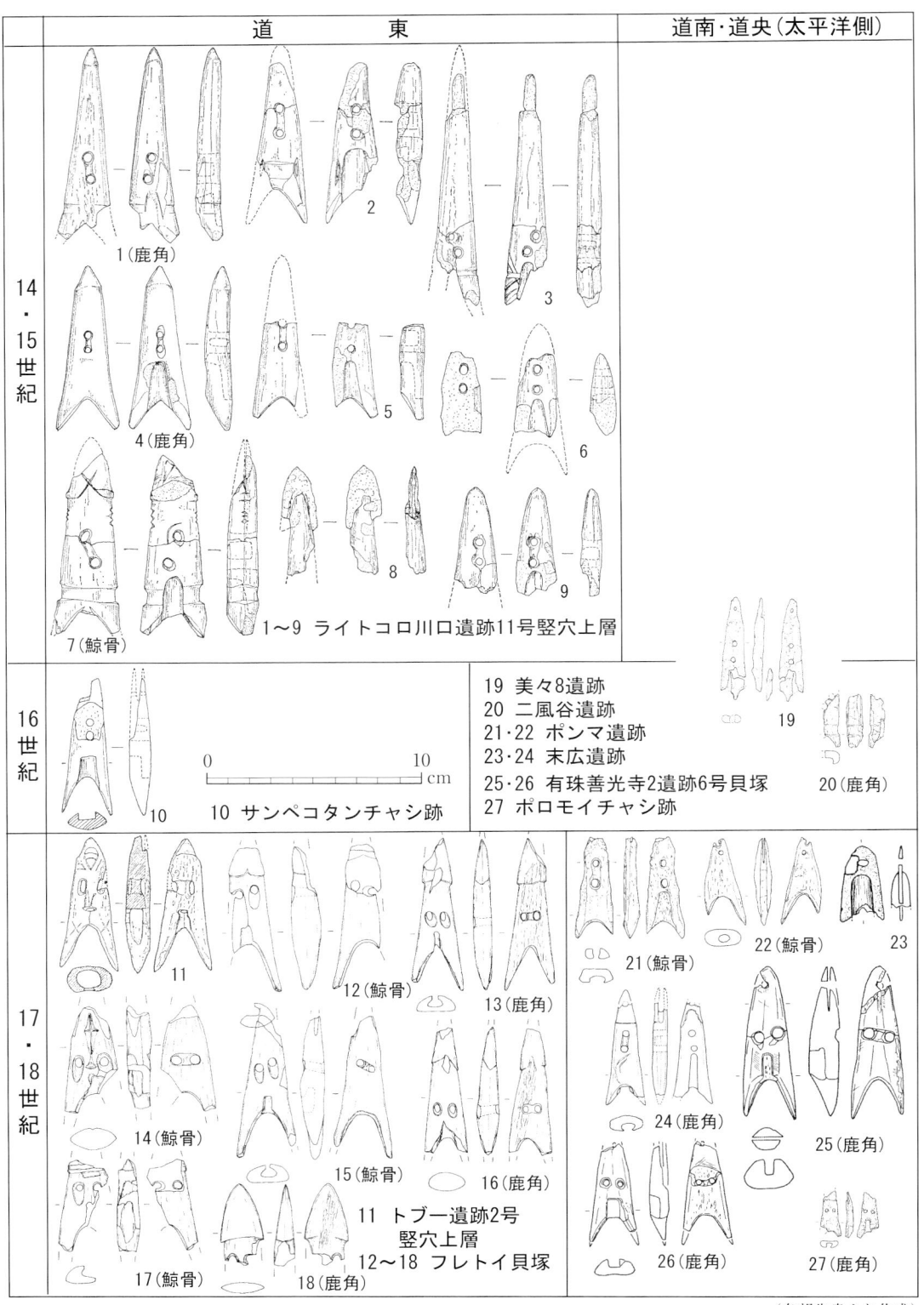

14・15世紀: 1（鹿角）, 2, 3, 4（鹿角）, 5, 6, 7（鯨骨）, 8, 9　1～9 ライトコロ川口遺跡11号竪穴上層

16世紀: 10 サンペコタンチャシ跡

19 美々8遺跡
20 二風谷遺跡
21・22 ポンマ遺跡
23・24 末広遺跡
25・26 有珠善光寺2遺跡6号貝塚
27 ポロモイチャシ跡

19, 20（鹿角）

17・18世紀: 11, 12（鯨骨）, 13（鹿角）, 14（鯨骨）, 15（鯨骨）, 16（鹿角）, 17（鯨骨）, 18（鹿角）
11 トブー遺跡2号竪穴上層
12～18 フレトイ貝塚

21（鯨骨）, 22（鯨骨）, 23, 24（鹿角）, 25（鹿角）, 26（鹿角）, 27（鹿角）

（各報告書より作成）

図66　アイヌ文化期の銛頭の変遷（1）

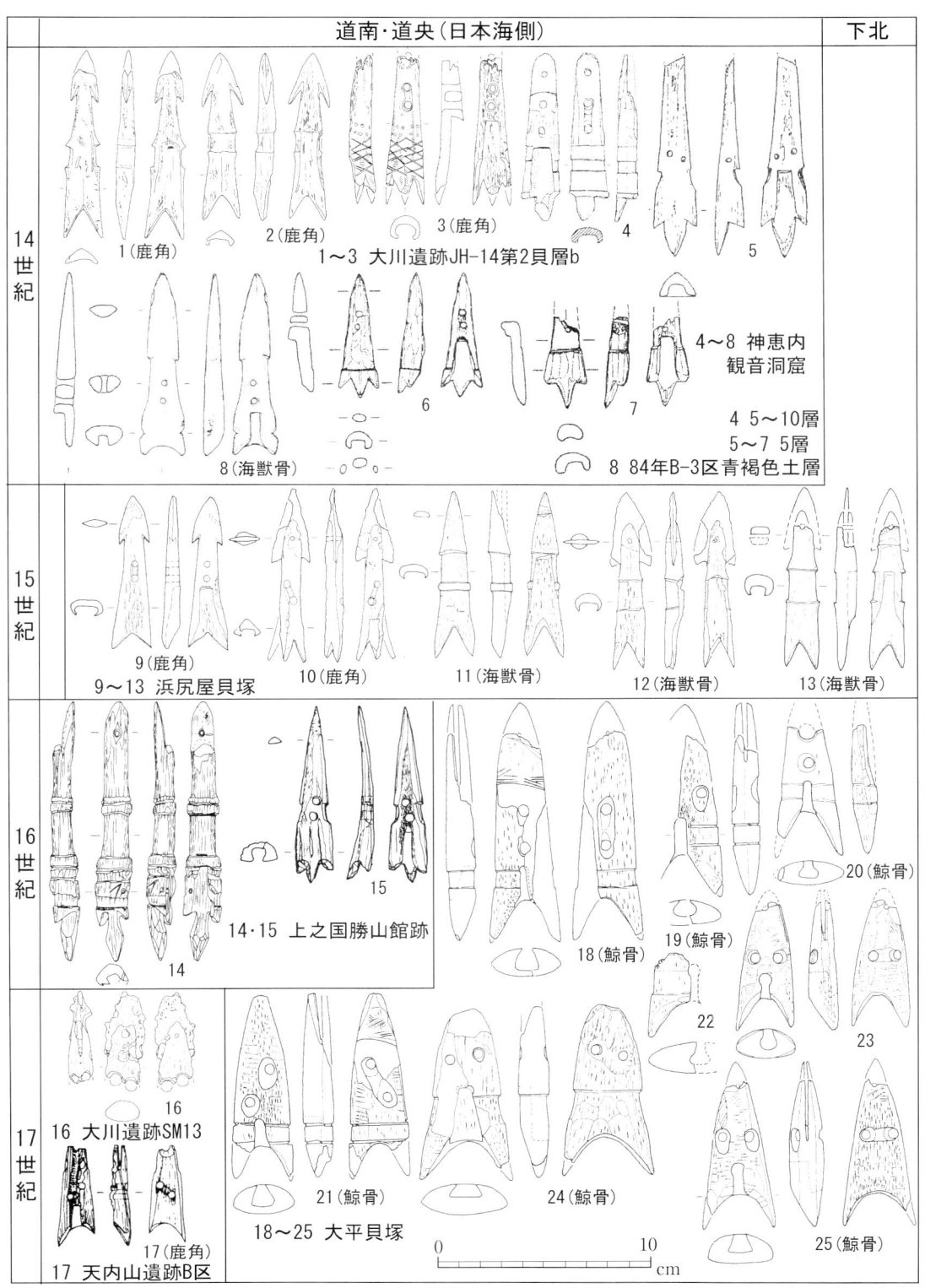

figure 67 アイヌ文化期の銛頭の変遷（2）

154　第Ⅱ章　本州アイヌの実像

道東	道南・道央（太平洋側）

道東:
1（鹿角）
2（鯨骨）
3（海獣骨）
4（海獣骨）
5（海獣骨）
6（鯨骨）
7（海獣骨）
8（鯨骨）
9
10
11
12
13
14
15　銛頭の刺さったエゾシカの下顎骨

1～5　オショロコマナイ貝塚
6～8　オンネベツ川西側台地遺跡
9　ガッタンコ貝塚
10～15　クシュンコタン遺跡

道南・道央（太平洋側）:
16（鹿角）
17（鹿角）
18（鹿角）
19（鹿角）
20（鹿角）
21（鯨骨）
22（鹿角）
23（鹿角）
24（鹿角）
25

16～24　有珠善光寺2遺跡
18～21　1・4号貝塚
22　2号貝塚
23・24　包含層
25　シノタイⅠ-A遺跡

19世紀

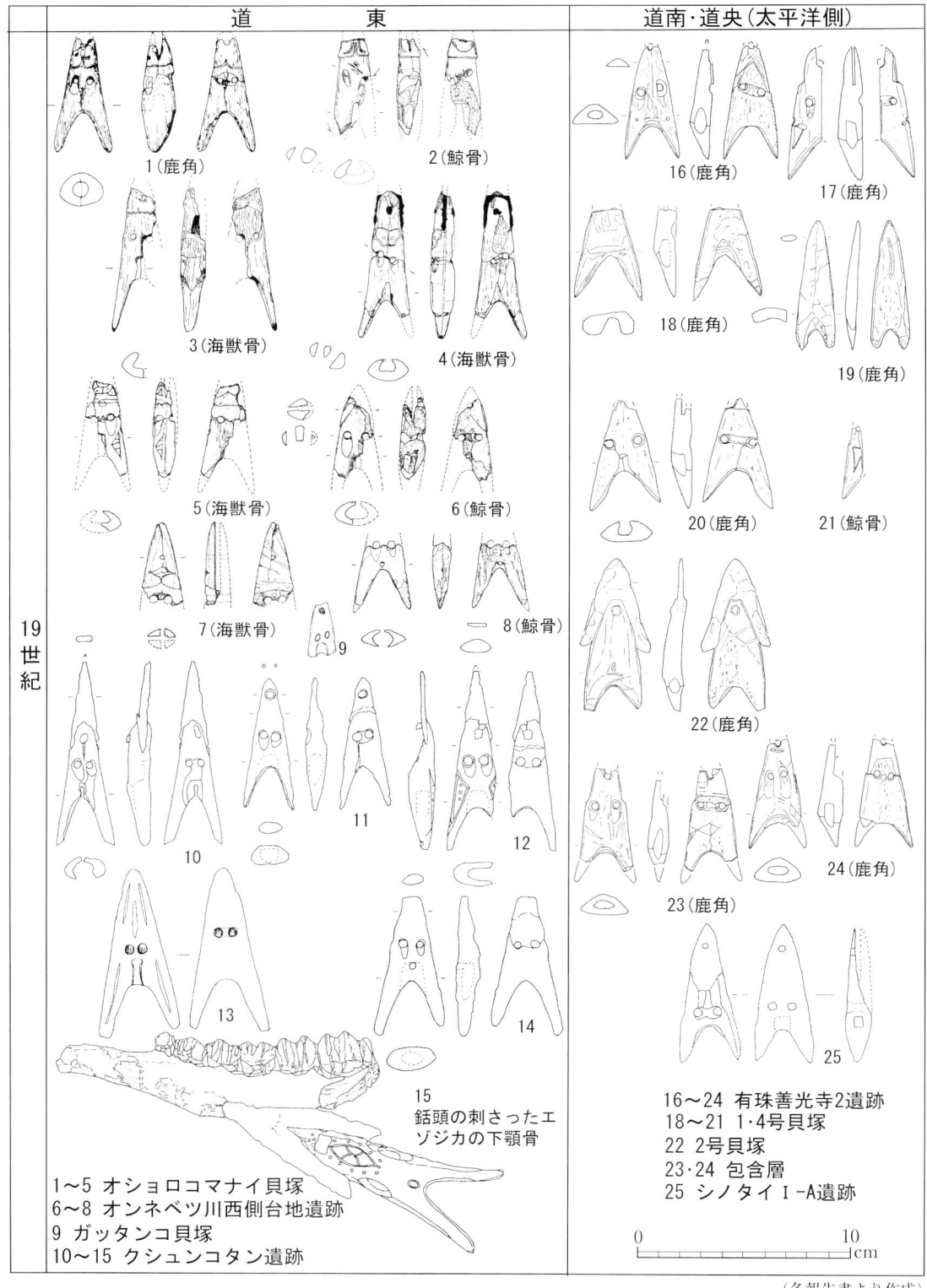

0　　　　10 cm

（各報告書より作成）

図68　アイヌ文化期の銛頭の変遷（3）

3 狩猟と漁撈　155

道南・道央（日本海側）

17・18世紀

1（海獣骨）　2（海獣骨）　3（海獣骨）　4（海獣骨）　5（海獣骨）
6（鹿角）　7（鹿角）　8（鹿角）　9（鹿角）
10（鹿角）　11（鹿角）　12
13（鯨骨）　14（鯨骨）　15（鹿角）　16（鹿角）　17（陸獣骨）

1～12　瀬田内チャシ跡　13～17　大川遺跡　13 SM3　14～17　遺構外

19世紀

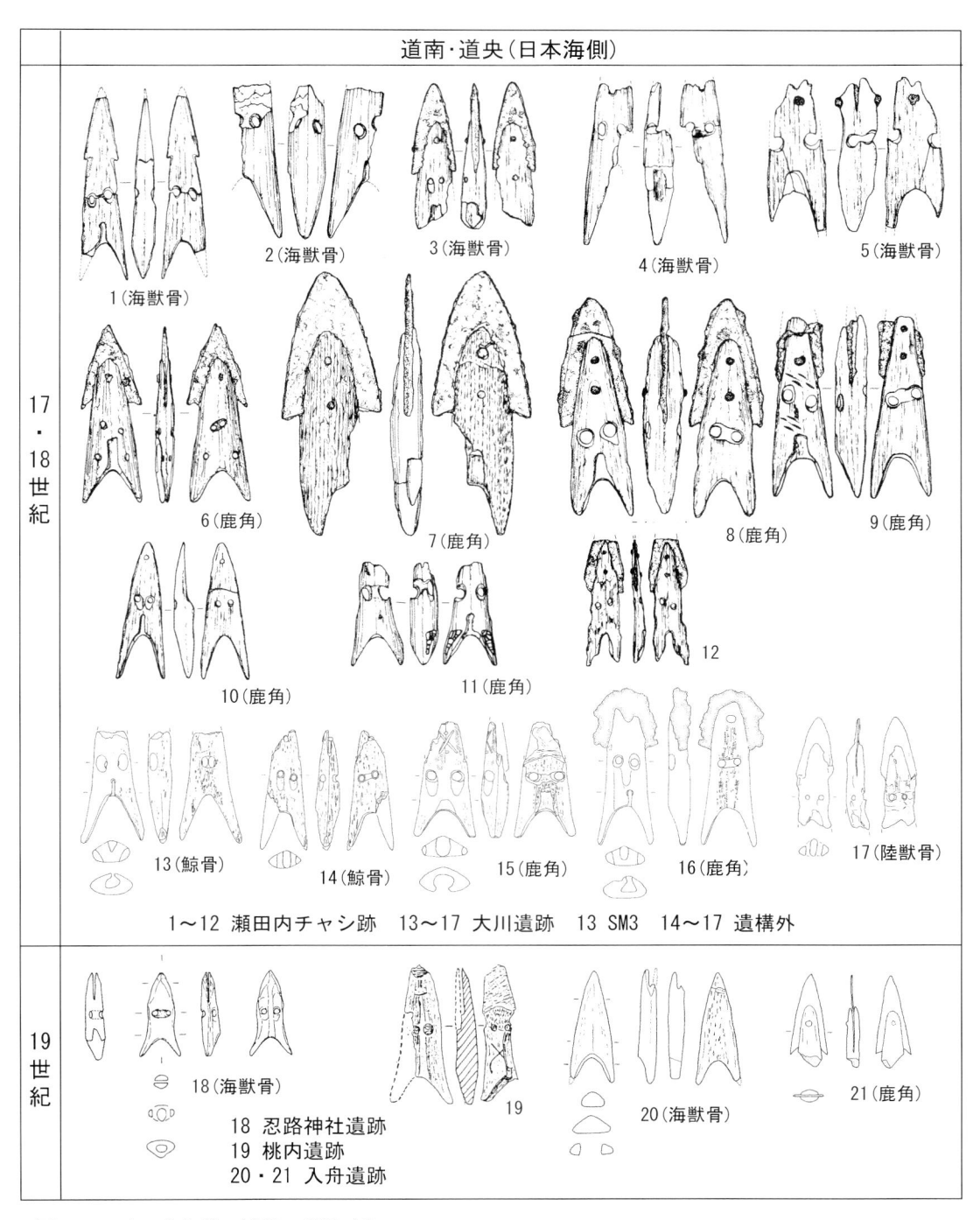

18（海獣骨）　19　20（海獣骨）　21（鹿角）

18　忍路神社遺跡
19　桃内遺跡
20・21　入舟遺跡

図69　アイヌ文化期の銛頭の変遷（4）

0　　　　10
　　　　　cm

（各報告書より作成）

『国日記』には、寛文から正徳期にかけて、津軽半島北端部に住む本州アイヌによる熊皮の献上がしばしば行われていたことが記録されている（関根 2007b）。その数は、記録されたものだけでも約 50 年間に 40 頭分を数える。熊については、毛皮以外にも生きた熊の子や熊胆が献上されている。これについては、既に佐藤宏之氏により、アイヌによる熊の献上が、子熊から熊皮へ、熊皮から熊胆へと変化しており、17 世紀末を初見とする熊胆の献上は、元禄期の江戸での大流行以降に定着した漢方薬ブームに対応するとの指摘がなされている（佐藤 2007）。アイヌ文化に見られる「仔グマ飼育型クマ送り」の成立時期については意見が分かれるところだが（天野 2003）、子熊が特別な献上品に選ばれている点からみて、それが行われた寛文期に本州アイヌが仔グマに特別な価値観をもっていた可能性は高い。

②アイヌ文化期の鏃と中柄

北海道アイヌの伝世品では、矢尻は鉄またはよく乾燥させた根曲がり竹を素材とする。一方、アイヌ文化期の遺跡からは、伝世品にみられない骨鏃が多く出土する。骨鏃にはいくつかのタイプが確認できるが、反しを持たないものには、後述する中柄と区別が付きにくいものも存在する。ここでは反しのないものは、先端を鋭く尖らせたものだけを鏃として扱った。

北海道のアイヌ墓には束ねられた矢が副葬される事例があり、はじめにそれらについて古いものから順に検討する。

積丹半島西側の日本海に面する泊村堀株 1 遺跡では、14 世紀中頃から 15 世紀代に位置づけられる 11 号墓から、蝦夷刀・刀子・ヤス・漆椀・銭貨などとともに、鉄鏃 9 点と、それと組み合う骨角・鳥管骨製中柄 9 本が出土している（泊村教育委員会 2004）。

道央太平洋側の沙流川流域に位置する平取町二風谷遺跡では、1 号墓（被葬者は壮年から熟年の男性）から、蝦夷刀・山刀・槍・刀子・鉄針・箔椀・御敷とともに、鯨骨製 11 本と鹿の中足骨製 13 本の計 24 本の中柄が出土し、うち鯨骨製の中柄に鉄鏃が装着されていたものが 1 例確認されている（北海道埋蔵文化財センター 1986）。同じく 2 号墓からも蝦夷刀・山刀・刀子・漆椀とともに鹿の中手骨製 6 本、同中足骨製 12 本、材質不明 2 本の計 20 本の中柄が出土している。いずれの墓も樽前 b 火山灰（1667 年降下）に覆われており、出土状況から判断して、被葬者の頭側の墓壙に接して束ねた矢を副葬していたことが判る。二風谷では竹鏃を主体とするなかにわずかに鉄鏃を交えていた状況がみえる。

千歳市の末広遺跡では、樽前 a 火山灰（1739 年降下）の下で検出された 29 基のアイヌ墓のうち、6 基に矢・中柄が副葬されていた（千歳市教育委員会 1981・1982）。7 基中、人骨から被葬者の性別が判明した 3 基は、いずれも男性の墓であった。矢・中柄の組み合わせや本数は、IP14 号墓が骨鏃と中柄をあわせて 36 点、IP45 号墓が同じく 10 数本、IP53 号墓が中柄 16 点、IP54 号墓が骨鏃 27 点、IP60 墓が骨鏃 1 点とチシマザサ製鏃 7 点、IP114 号墓が中柄 4 点である。発掘時に遺存した例は僅かだが、本来これらの中柄の先端にはチシマザサ製鏃が装着されていたとみるべきであろう。骨鏃と竹鏃がひとつの矢束に混在している状況がみてとれる。

次に出土資料に基づき、骨鏃と鉄鏃について概観する（図 70）。

14・15 世紀代の骨鏃には、先端がペン先形を呈するもの（図 70 の 1・2・4）と反しを有するも

の（図70の3・5～9）とがあり、反しは鋭角に入るものが目立つ。浜尻屋貝塚の骨鏃と、大川遺跡やライトコロ川口遺跡など同時期の北海道の遺跡から出土している骨鏃とで、特段違いはみられない。16・17世紀代にも基本的な二形態が引き継がれているが、反しのあるものでは、反しの角度が鈍くなる傾向がみられる（図70の16・18～20）。

　アイヌ文化期の鉄鏃は、鉄製の矢尻に骨角製の茎がつくものと、矢尻と茎ともに鉄製で一体型のものとに大別される。前者はさらに二等辺三角形を呈するもの（図70の11～13・29）と五角形に近い形状のもの（図70の14・15・27・28）の2種類があり、両者は14～16世紀代には併用されていたとみられる。一方、矢尻と茎が一体型の鉄鏃はより新しく17世紀頃の資料にみられる。

　次に中柄について検討する。中柄は矢骨とも呼ばれ、矢尻と矢柄を繋ぎ、矢の錘の役目をする。中柄は和弓にはみられないが、伝世した北海道アイヌの民具では、鹿の骨を縦割りにして削ったものや、木のなかでも重いとされる「さびたの木」（ノリウツギ）を素材とする中柄が知られている[4]。また、中柄は、丈夫さと重さが要求される仕掛け弓用の矢にも使われる。

　北海道内で出土した中柄には、鹿角、鹿の四肢骨、鯨骨、木（アジサイ属）を素材とするものが認められる。

　青森県内では、浜尻屋貝塚・聖寿寺館跡・浪岡城跡・大光寺新城跡・大平貝塚から中柄が出土している（図71）。遺存状況の関係で、海獣骨・鹿角・鹿の四肢骨など骨角製が多いが、浪岡城跡や大光寺新城跡からは木製の中柄も出土しており、本来は木製のものも相当数存在していたことを窺わせる。浪岡城跡の木製中柄は東館北側堀跡から、大光寺新城跡のものは第5次調査で北曲輪の外堀から、それぞれ出土しており、ともに16世紀の年代が与えられる。

　以上、鏃と中柄の検討から、①浜尻屋貝塚出土の骨鏃は、同時期の北海道から出土するものと共通している、②14・15世紀代には、北海道でも日本海側の地域では骨鏃とともに鉄鏃が比較的多く使用されていた可能性がある、③16世紀以降、鉄鏃が入手しがたい状況が生じた結果、北海道アイヌは鉄鏃の代用品として骨鏃とともに竹鏃を多用するようになり、竹鏃と組み合うタイプの中柄（図70の参考）が多く見られるようになった、④下北や津軽では18世紀以降、骨鏃や中柄が急速に姿を消したとみられる、⑤北海道でも19世紀代には骨鏃は竹鏃や鉄鏃に、中柄は骨角製から木製へと材質が変わった、といった点が確認できよう。

（4）小　　　結

　下北半島にある浜尻屋貝塚は、14世紀から15世紀前半にかけ本州アイヌの人々によって営まれたことが明確な遺跡である。彼らの主たる生業がアワビ漁や海獣猟などの漁撈活動と海産物の加工であったことに疑念を挟む余地はないが、そうしたある種の専業化した生業形態は、和人との経済活動が前提にあってはじめて成立する。多量のアワビを処理するのに用いた鉄鍋や、銛先に装着する鉄鏃といった彼ら特有の生業を支える道具にさえ、和人との交易品が使われている。14・15世紀の段階で既に、彼ら本州アイヌの生活は和人の経済システムの上でしか成り立ち得ないものになっていたと思われる。装飾品に使うにしては多すぎる銭貨の出土は、彼ら本州北端に暮らすアイヌの人々にも確実に銭使い（貨幣経済）が及んでいたこと物語っている。

158　第Ⅱ章　本州アイヌの実像

	骨　　鏃	鉄　　鏃

14・15世紀

1(鹿骨)
2(鯨骨)
3(鯨骨)
4(鹿角)
5(海獣骨)
6(鹿骨)
7(鹿角)
8(海獣骨)
9(海獣骨)
10(海獣骨)

1・2　大川遺跡JK-14第2貝層b
3　ライトコロ川口遺跡11号竪穴上層
4〜10　浜尻屋貝塚

11〜15　堀株1遺跡第11号アイヌ墓

16・17世紀

16(鹿骨)
17(鹿骨)
18〜24　鹿骨
25(鯨骨)

チシマザサ製鏃　26

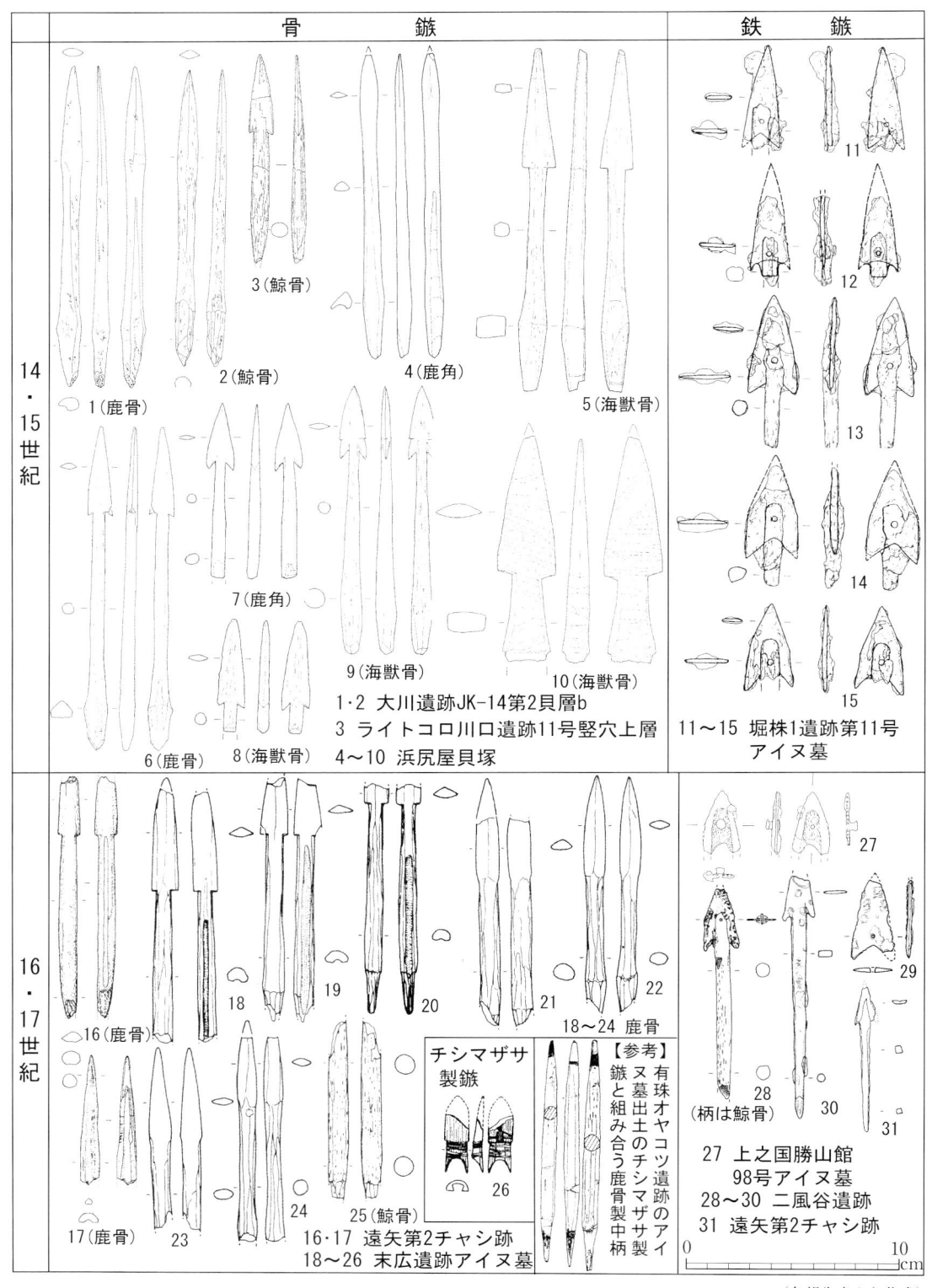

【参考】有珠オヤコツ遺跡のアイヌ墓出土のチシマザサ製鏃と組み合う鹿骨製中柄

16・17　遠矢第2チャシ跡
18〜26　末広遺跡アイヌ墓

27　上之国勝山館98号アイヌ墓
28〜30　二風谷遺跡
31　遠矢第2チャシ跡

(柄は鯨骨)

0　　　　　10 cm

図70　アイヌ文化期の骨鏃・鉄鏃・チシマザサ製鏃

(各報告書より作成)

3 狩猟と漁撈　159

1～21 浜尻屋貝塚 (2・3・6～10・15：未製品)　14・15世紀

22～25 聖寿館跡
26～28 浪岡城跡
29 大光寺新城跡

16世紀

30～38 大平貝塚
(37・38：未製品)

17世紀

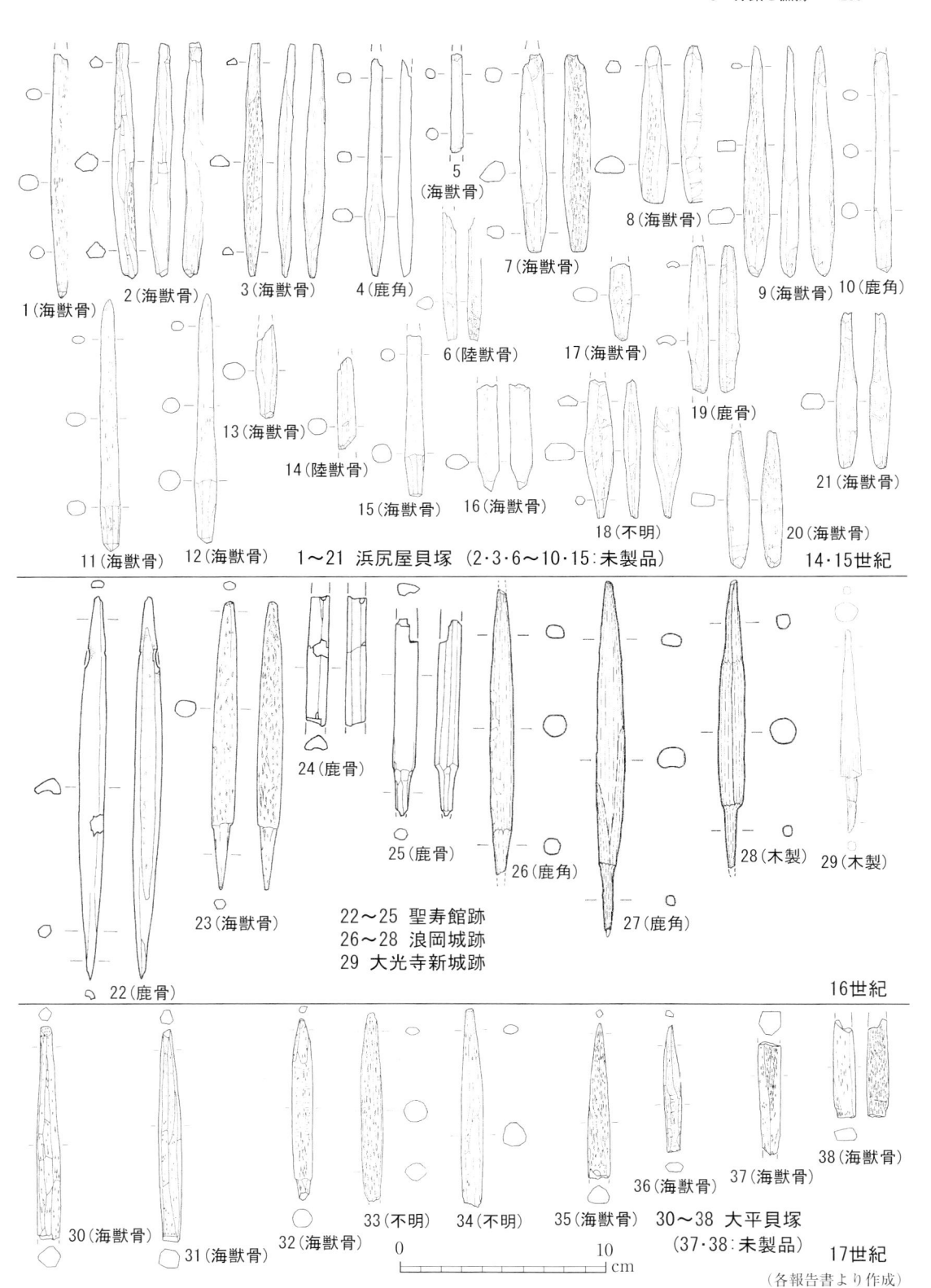

（各報告書より作成）

図71　北奥から出土した中柄

銛頭の検討で明らかになったように、確かに彼らは、北海道日本海沿岸域に暮らすアイヌと狩猟・漁撈技術を共有していた。しかし、一方で浜尻屋貝塚からは、同時期の北海道アイヌの遺跡ではみることのない比較的多くの陶磁器類や銭貨、さらには天目茶碗や茶臼などの茶道具が出土しており、多量の動物遺存体や骨角器を除けば、そのほかは中世城館跡から出土する遺物とほとんど異なるところはない。浜尻屋貝塚から、アイヌ文化期の遺跡にはみられない家畜（ウシ・ウマ）やネコの骨が発見されていることを重ね合わせて考えれば、彼ら本州アイヌの生活様式は、多分に「和風化」していたといえよう[5]。

正保2年（1645）の「陸奥国津軽郡之絵図」（青森県立郷土館蔵）が示すように、津軽では17世紀中葉の段階で既に本州アイヌの居住地が、津軽半島北端部と夏泊半島の海岸部に限定されていた可能性が高い。生業形態こそ中世から大きく変わらず、海獣猟・鮫漁・アワビ漁などの漁撈活動が大きな比重を占めていたものの、漁船建造用の材木から漁飯米まで、漁撈活動に必要な物資は藩の管理下に置かれ、漁場を含めて、もはや藩の庇護なしに生活を維持することができない状況になっていたと思われる。彼らは御目見の際、オットセイ、アワビ、熊などを献上するとともに、鮫・鯨から採れる油を藩に上納していた。アイヌ民族にとっては信仰の対象であったクマも、和人にとっては人や農作物に被害を与える害獣でしかない。弘前藩は、熊猟に長けている本州アイヌに熊の駆除を命じている。確かに本州アイヌの熊猟は、毒矢や仕掛け弓などアイヌの伝統的な狩猟法に依拠してはいるが、彼らは時に「害獣駆除」という和人の論理のもと熊猟に従事したのであり、もはやそこに、アイヌ民族の熊猟に関わる豊かな精神文化をみることはできない。江戸時代の津軽領に住む本州アイヌは、弘前藩から半ば生活の保証をうける代わりに、狩猟・漁撈活動の結果得られた物を自由に売りさばく権利を著しく制限されていたわけで、その意味では一般領民とさしたる違いがないことになろう。

和人の蝦夷地への進出拡大は、「アワビの道」を日本海沿いに次第に北上させ、17世紀には渡島半島の付け根付近に、その後18世紀には積丹半島周辺に到達、最終的には道北礼文島にまで及んでいる。「アワビの道」を通って本州や和人地から蝦夷地に人・物・情報が移動した。アワビの貝塚に特徴的にみられる沢山のイワシやニシンの骨は、底刺し網の漁法が和人によってアイヌに伝えられたことを物語る。17世紀頃のセタナイ周辺のアイヌの暮らしぶりは、14・15世紀に浜尻屋貝塚を営んだ本州アイヌと同程度かそれ以上に、かなり「和風化」していたのではなかろうか。

まさに「歴史は繰り返す」の言葉どおり、中世から近世への移行期に本州アイヌが歩んだのと同じ道を、近世から近代への移行期に今度は蝦夷地のアイヌが歩むことになったといえるのではなかろうか。

〔註〕

1）17・18世紀代の陶磁器が多量に出土した北海道せたな町の瀬田内チャシ跡について、アイヌのコタンとする意見（松崎2008）があるが、筆者は賛同できない。セタナイには寛永年間頃までには松前藩により場所が設定され、上級家臣である谷梯氏が知行主となっている（松前町史編集室1984）。セタナイは純粋なアイヌのコタンではなく、17世紀代には西蝦夷地でも有数の交易場であった。従って16世紀代の上之国以上に、17

世紀代のセタナイはアイヌと和人の雑居地となっていたとみるべきで、瀬田内チャシ跡から出土した陶磁器多くは、和人が使用したものと推定される。

2）永保元年（1081）、陸奥守として赴任した源義家に対し清原真衡が催した三日厨の引出物に「あさらし」が含まれている（『奥州後三年記』上）。平泉の藤原基衡と左大臣藤原頼長との間で行われた奥州の荘園に関わる年貢交渉に「水豹皮」が登場する（『台記』仁平3年（1153）9月14日条）。藤原基衡が毛越寺金堂本尊の造立を運慶に依頼した際、運慶に支払った費用の品に「七間々中径ノ水豹皮六十余枚」が含まれている（『吾妻鏡』文治5年（1189）9月17日条）。

3）もっともサメの燈油は煙がひどく臭気を発するため、実際に使用する場合には、菜種油や桐油と混ぜて使われたようである。

4）明治初期に旧松前藩医村岡格が現八雲町のユウラップコタンの長イカシパから贈られ、現在松前城資料館に収蔵されている木製の中柄が紹介されている（『史跡上之国勝山館跡』Ⅳの第31図37）。

5）18世紀以前の北海道でウマやウシ・ネコなどの家畜が出土するのは、上之国勝山館跡や瀬田内チャシ跡など和人居住地に限られる。

第Ⅲ章　和人の北方進出と蝦夷地の内国化

1　道南和人館とその時代

（1）津軽海峡域における戦国的様相

　津軽海峡を越え道南に和人館が築かれた15・16世紀は、和人の北方進出上大きな画期といえる。その時代は日本史の上では、応仁の乱（1467～77年）に始まる戦国時代にほぼ相当する。北海道島では、弥生時代以来独自の歩みをしてきたため約1,800年間もの長きに渡って本州とは異なる時代区分が適用されてきたが、戦国時代に到り道南の地域は再び本州と同じ時代区分で括ることが可能な地域に組み込まれたのである。

　『中尊寺供養願文』に記されているように、奥州藤原氏にとって北方交易は「歳貢之勤」や「羽毛歯革之贄」を都に送る手段として重要視されていた。そうした本州と北海道島を結ぶ交易は、北奥を媒介として王朝国家と擦文人との間で既にみられたが、それに和人の北海道島移住という現象が伴うものであったか否かは明らかになっていない。

　和人の北海道島移住が史料の上に現れてくるのは、12世紀である。文治5年（1189）の奥州合戦の際、頼朝軍の進撃を受け進退窮まった藤原泰衡は「夷狄嶋」を目指して北走しており（『吾妻鏡』）、実際に泰衡の残党が多数北海道島に逃入したと伝えられている（『福山旧事記』）。また、王朝国家期には外ヶ浜や奥六郡が流刑地として位置づけられていたが、鎌倉幕府のもとでは朝廷対策・西国対策として北海道島を含む「夷島」への流刑へと引き継がれ、近畿以西の犯罪人が津軽海峡域に送られた（海保1987）。考古学的には北海道からも12世紀代に比定できる陶磁器類が出土しているが、類例に乏しく、「和人の北海道島移住」に結び付くか今のところ判断できない。

　和人の北海道島移住を直接裏付ける最も古い物的証拠は、函館市の称名寺境内にある安山岩製の板碑「貞治の碑」（道指定文化財）である。この板碑は、宝暦2年（1752）に箱館大町の榊氏（角屋）が敷地内に井戸を掘ろうとしたところ、山際から頭骨・鎧金具・鍔・太刀とともに掘り出され、村上島之丞によって称名寺に納められたという（『蝦夷嶋奇観』）。板碑には阿弥陀如来礼拝図（右側）・阿弥陀如来来迎図（左側）とともに、「貞治六年丁未二月日　旦那道阿　慈父悲母　同尼公」の銘が刻まれており、北朝の貞治6年（1367）の年号から松前藩の最初の官撰史書『新羅之記録』のなかで若狭出身の嘉峯和尚が宇須岸に建立したと伝えられる随岸寺に関連するものではないかと考えられている。

　ほかに函館周辺では旧戸井町館町の戸井館跡の板碑（道指定文化財）と石崎八幡宮に伝来した

鰐口（道指定文化財）が中世の金石文として知られている。戸井の板碑は3基あり、うち1基には「康永」（1342～45）か「応永」（1394～1428）とみられる年号が刻まれている。文化10年（1813）頃に函館市石崎町宮ノ沢から掘り出されたと伝えられる石崎八幡宮の鰐口は、銘文から永享11年（1439）に平氏盛阿弥により夷嶋脇澤山神社に奉納されたものであることが判明する。

　このように、14世紀から15世紀前半の金石文は道南でも函館周辺に限られる。次節で述べるように、14世紀代の陶磁器は函館を含む亀田半島の津軽海峡に面する地域と日本海側の余市に集中しており、前者は金石文の分布と重なる。『新羅之記録』にある「宇須岸全盛の時、毎年三回宛若州より商船来たり、此所の問屋家々を渚汀に掛造りと為して住む」との記述は、14世紀後半から15世紀前半の函館周辺が、宇賀ノ昆布や夷鮭などの出荷場として若狭との交易で栄えていたことを物語っている。北海道島への和人の本格的な進出は、14世紀頃に函館周辺から始まったとみてよいであろう。なお、同時期の余市もまた、越前・若狭に繋がる日本海交易の日本海側の終着基地として和人が定住していたと考えられている（吉岡2001）。

　鎌倉幕府滅亡の一因となった津軽大乱や安藤氏・南部氏の抗争など北奥の争乱は、和人の北海道島への進出を促進し、津軽海峡域の政治情勢に大きな影響を与えた。

　永享4年（1432）には鎌倉期以降北方世界の統括者であった安東（安藤）氏が南部氏との戦いに敗れ、拠点としていた津軽十三湊を失い、北海道島へ逃れることとなった。室町幕府による調停もあり、安東（安藤）氏はいったん十三湊に復帰するものの、嘉吉3年（1443）には完全に十三湊を放棄し北海道島へと敗走する。その後安東（安藤）氏の総領家は、康季、その子義季と津軽に渡って南部氏と戦い失地回復を試みたが、享徳2年（1453）、南部氏の総攻撃をうけ義季が自害するにおよび断絶するに至った。南部氏は外ヶ浜を拠点とする潮潟安藤氏の師季（政季）に安東（安藤）氏の総領家を継がせるとともに、南部氏が水軍の基地としていた下北田名部を与え、師季（政季）を傀儡化することで、安東（安藤）総領家主導のもとに行われてきた対アイヌ交易の利権獲得と津軽海峡域の政治的安定化を図ろうとした。

　しかし南部氏の意図に反して、享徳3年（1453）、安東（安藤）政季は南部氏の支配から遁れるべく田名部を捨て、武田信広・相原政胤・河野政通といったその後、道南の和人館の館主となる人々を従え津軽海峡に面する大畑から北海道島へと渡海してしまった。康正2年（1456）、政季は秋田土崎湊に本拠を置く湊安藤氏と連携し南部氏に対抗するため男鹿半島へ渡り、その後、政季の子忠季は能代檜山に本拠を置くこととなる。政季は北海道島を離れる際、道南の地域を東から下之国、松前、上之国に分け、それぞれ守護職を置くことで館主層を再編し、この地域の間接支配を図ろうとしたという。

　道南の館主層の出自については入間田宣夫氏により、若狭から直接田名部へ来住したとみられる武田信広を除いて、その大部分が鎌倉時代に津軽・糠部地方の北条氏所領の代官であった侍たちか、北奥に居住していた侍の系譜に繋がることが明らかにされている（入間田1999、網野・石井編2001）。

　『新羅之記録』が伝える檜山安東（安藤）氏を頂点とする「三守護体制」については、小林真人氏により実際には松前の下国定季を守護とする「一守護体制」ではなかったかとの意見が提起

されている（小林 1999）。

　室町幕府を一元視し、義教政権の影響力が北方地域にも及んだとする従来の見解に対して批判もある。秦野裕介氏は近年、室町幕府の守護体制論－大名取次制の視点から、松前と下之国の関係について、下国定季－畠山義就というラインとともに、それと対立する下国政季・家政―畠山政長―細川勝元という政治的つながりが存在したとの仮説を提示し、在地の勢力バランスと有力守護大名の勢力バランスが相互に影響し合っていたのではないかとの見方を示した（秦野 2012）。

　こうした中央の政治権力とも複雑に絡みあうことで高まった道南の政治的緊張関係は、和人との交易活動を経済的基盤として階層化した社会を構築していたアイヌ民族にも多大な影響を及ぼし、長禄元年（1457）、アイヌ民族による最大の武装蜂起であるコシャマインの戦いが起きることとなった。『新羅之記録』によれば、コシャマインの戦いの際、「道南十二館」のうち、志濃里館（小林太郎左衛門尉良景）、箱館（河野加賀守政通）、中野館（佐藤三郎左衛門尉季則）、脇本館（南条治部少季継）、隠内館（蔣土甲斐守季直）、覃部館（今泉刑部少季友）、松前大館（松前之守護下国山城守定季・相原周防守政胤）、禰保田館（近藤四郎右衛門尉季常）、原口館（岡部六郎左衛門尉季澄）、比石館（畠山の末孫厚谷右近将監重政）が攻め落とされ、花沢館（蠣崎修理大夫季繁・上之国守護信広朝臣）と茂別館（下之国の守護茂別八郎式部太輔家政）だけが堅固に城を守り通したと伝えられる。

　コシャマインの戦いを経た後、道南の館主層のなかで上之国に本拠を置く蠣崎氏は急速に勢力を拡大させた。蠣崎季繁の家督を継いだ武田信広は花沢館から天の川の対岸の河口近くに洲崎館を築き、季繁が死亡した後、天の川の河口部を一望する高台に築いた勝山館へ移る。明応 3 年（1494）に信広が死去し、その子光広が蠣崎家の家督を相続する。

　一方、松前でもほぼ同時期に松前守護たる下国定季が死亡し、その子恒季が家督を継いだが、恒季の行状が悪いとの「諸士」（館主層）からの訴えを受け、檜山安東忠季は松前大館に討手を派遣し恒季を自害させ、新たに相原季胤が松前の守護職に、村上政儀が補佐役に任じられたと伝えられる。ここに松前の下国安東（安藤）氏は滅亡してしまう。

　永正 9 年（1512）には東部のアイヌが蜂起して箱館・志濃里館・与倉前館を攻撃した。この攻撃により下之国守護である下国安東（安藤）氏の勢力は後退を余儀なくされたとみられている。同じく『新羅之記録』によれば、さらに翌年には松前大館がアイヌ民族の攻撃を受けて落城し、松前守護職の相原季胤と補佐役の村上政儀が揃って自害に追い込まれたという。翌年の永正 11 年の 3 月には蠣崎光広は嫡男義広とともに家臣を引き連れて上之国から松前大館に入り、そのことを檜山安東氏に注進したと伝えられる。

　『新羅之記録』に書かれていることが事実ならば、アイヌ民族の攻撃により松前と下之国の両方の下国安東（安藤）氏など蠣崎氏のライバルである有力な館主層が次々と没落し、極めて短期間のうちに労せずして上之国の蠣崎氏の手中に道南の支配権が転がり込んできたことになる。松前家の歴史書として編まれた『新羅之記録』が、その始祖たる武田信広や彼を女婿とした蠣崎季繁など蠣崎氏の都合に合わせ上之国側に有利な記載がなされている点は、多くの研究者が認めるところであり、この間の下之国・松前に対するアイヌ民族の攻撃に蠣崎光広が関与していたのではないかとする説（蠣崎氏による陰謀説）も古くから存在する。

永正 11 年（1514）、松前大館に入った蠣崎氏は勝山館を「和喜之館」（脇館）として、松前と上之国を手中におさめ、檜山安東氏の代官として道南の館主館層の頂点に君臨することとなる。『新羅之記録』や『福山秘府』によれば、翌年に発生した東部集団を代表するショヤ・コウジ兄弟による松前大館への攻撃を皮切りに、これ以降、享禄 2 年（1529）にはセタナイに本拠を置くタナサカシによる勝山館への攻撃、天文 5 年（1536）にはタナサカシの女婿である西部アイヌの首長タリコナの蜂起と、アイヌ民族と蠣崎氏の対立が鮮明化している。こうした一連の蜂起に対し、光広・義広とも全面的な武力衝突ではなくだまし討ちにより難を切り抜けている。

蠣崎氏とアイヌとの抗争は、天文 20 年（1551）、義広の跡を継いだ季広が西部アイヌの首長ハシタイン、東部アイヌの首長チコモタインと対等な立場で停戦の和議を結び収束する。この時に出された「夷狄之商舶往還之法度」は、蠣崎氏が松前で「商賈」や「商人」から徴収した「年棒」の一部を両首長に「夷役」として配分することを約束する一方で、西は上之国の天の川から東は知内川までの地域を蠣崎氏が実質的に支配する領域としてアイヌに認めさせるものであった。

「夷狄之商舶往還之法度」は、下国安東（安藤）氏が本拠としていた箱館や茂別・矢不来のある下之国が 16 世紀中葉の段階で蠣崎氏の支配域に入っていないことを物語っている。この時期松前・上之国への和人の集住が急激に進行していたとはいえ、下之国から全ての和人が、反対に松前・上之国から全てのアイヌが退去したとは考えにくい。蠣崎氏と道南アイヌの首長層の政治的妥協の産物として設定された「境界」は、多分にあいまいさを残したものであったといえよう。

渡島半島は、上之国・松前・下之国の三つ巴の状況の上に各地のアイヌの集団関係が重なることで、本州に勝るとも劣らない戦国的様相を呈していたのではなかろうか。こうした複雑な状況を紐解くためには、松前大館跡、茂別館跡・矢不来館跡など蠣崎氏以外の城館跡に加えて、道南地域のチャシ跡や集落跡の考古学的調査が不可欠であろう。

北海道渡島半島が実質的に「内国化」されつつあったとみられる戦国時代、津軽海峡域の戦国的様相を明らかにするには、下国安東氏の研究を進め、『新羅之記録』など松前藩に伝わる歴史書や勝山館跡・花沢館跡・洲崎館跡など上之国館跡の発掘調査に基づきこれまで語られてきた「蠣崎（松前）家」の歴史を相対化する必要がある。

筆者は平成 22・23 年度、下国安東氏の拠点の一つとみられる北海道北斗市に所在する矢不来館跡の発掘調査を行い、次の点を明らかにした（関根編 2012a）。
・矢不来館は立地・構造が上之国勝山館と非常に似ており、主曲輪はより平坦かつ大規模である。
・矢不来館は 1460・70 年代頃に築かれ、1510 年代頃に焼失・廃絶したと考えられ、その存続期間はおよそ半世紀と見積もることができる。
・検出遺構は新旧 2 時期に分かれる。搦手にあたる西側の守りは、空壕の内側に柵木を巡らせる形態から、柵木に替えて土塁を築き、その上に塀を巡らす形態への変遷が追え、途中で防御性が強化されている。
・調査地点は、上之国勝山館の館神地区に相当するような宗教・儀礼施設であった可能性が高く、館主に連なると考えられる和人墓も営まれている。
・矢不来館には唐物を中心とした座敷飾りのなされた本格的な書院が存在し、そこで、唐物茶器

による茶の湯と、三具足を用いた立て花が催されていた可能性が高い。
・矢不来館の館主下国安東氏は、将軍足利義政やその側近たる同朋衆の好みを反映した書院会所の唐物数寄を理解し、政治的・経済的・文化的にそれを受容する立場にあったと考えられる。

　矢不来館と勝山館はほぼ同時期に同じような築城理念のもとに構築された可能性が高い。築城のきっかけはどちらも長禄元年（1457）に起きたアイヌ民族による最大の武装蜂起であるコシャマインの戦いと推測される。この蜂起をかろうじて乗り越えた花沢館の蠣崎氏と茂別館の下国安東氏は、アイヌからの攻撃に備えて高地により防御性の高い城館を構築する必要性に迫られ、蠣崎氏は勝山館を、下国安東氏は矢不来館を築いたと推察する。

　矢不来館の規模と出土品から、下国安東氏は、コシャマインの戦いを経た15世紀後半の段階でなお、政治的・経済的に上之国の蠣崎氏を上回る勢力を保持していた可能性が高い。

　コシャマインの戦いの後、松前の地位は相対的に下がり、勝山館に拠る蠣崎氏と茂別・矢不来を本拠とする下国安東氏の勢力がせめぎ合う、上之国対下之国の構図がより鮮明になったと考えられる。そうした構図は、東部アイヌが武装蜂起し、宇須岸（箱館）・志濃里・与倉前の三館が陥落し、館主の河野季通・小林良定・小林季景が自害したとされる永正9年（1512）を境に大きく変化する。矢不来館もまた、この時に焼失・廃絶した可能性が高い。この事件をきっかけに、下国安東氏の勢力は大幅に低下し、16世紀前葉には蠣崎氏（2世蠣崎光廣）が道南の和人勢力の頂点に立つことになったと推測される。

（2）渡島半島における中世城館跡の規模と構造

　現存する北海道最古の文献記録である松前家の歴史書「新羅之記録」には、コシャマインの乱が勃発した頃、道南地方に12の和人館が存在したことが記されている。「道南十二館」と呼ばれるものは、東から順に、志濃里館（小林氏）、箱館（河野氏）、茂別館（下国安東氏）、中野館（佐藤氏）、脇本館（南条氏）、隠内館（蔣土氏）、覃部館（今泉氏）、松前大館（下国安藤氏・相原氏）、禰保田館（近藤氏）、原口館（岡部氏）、比石館（厚谷氏）、花沢館（蠣崎氏）である。このなかで館跡の正確な位置が確定しているのは、志濃里館、茂別館、隠内館、松前大館、比石館、花沢館で、他の館については所在地を含めて実態が不明である。また、道南の中世城館跡は「道南十二館」に限らず、ほかにも洲崎館跡、勝山館跡、矢不来館跡など、東は亀田半島の函館市戸井館跡から西は松前半島の江差町泊館跡まで、20ヶ所前後の中世城館跡が知られている（藤本・名嘉編1980、松崎1991、八巻1991）。

　これら渡島半島の中世城館跡は夷島への和人進出を示す遺跡として、古くから多大な関心が寄せられてきた。八巻孝夫氏は縄張研究の視点からこれら道南の中世城館跡に詳細な検討を加え（八巻1991）、松崎水穂氏は瀬田内チャシ跡と比較するとともに、出土遺物について検討を行った（松崎1991）。また、近年では縄張研究の視点から、市村高男氏が茂別館跡について、室野秀文氏が茂別館跡・松前大館跡・勝山館跡・花沢館跡について考察を行っている（市村2000、室野2007）。

　ここではそうした先行研究に導かれながら、これら道南の和人館の構造と規模の比較を行う。

20 ヶ所前後知られる道南の中世城館跡のうち、規模が判明するもののなかでは、松前大館跡、茂別館跡、勝山館跡、矢不来館跡の 4 館跡の規模が抜きんでいる（図 72）。

　松前大館跡は、松前の市街地の北側、標高 50m ほどの海岸段丘上に立地し、東側をバッコ沢、西と南は小館沢を挟み、前方に大松前川が流れる。松前大館跡には、大館と小館の間に小規模な曲輪が存在しており、それら 3 つの曲輪が直線的に並ぶ。さらに大館の奥、搦手の先には大館時代の寺屋敷の跡と伝えられる場所がある。大館の規模は南北約 200m、東西約 95m で、ほぼ中央を南北に縦断する形で将軍山へと続く山道が走っており、その左右には雛段状に平場が並ぶ。

　茂別館跡は、茂辺地川の左岸、標高 30m 前後の段丘上に位置し、大館・中館・小館がトライアングル状に並んでいる。主曲輪である大館は約 17,000 ㎡あり、現在参道として使われている道の左右に雛段状の平場が確認できる。

　松前大館跡も茂別館跡も国史跡に指定されているが、これまで指定地内での発掘調査が全く行われていない。松前大館跡では近年、松前町教育委員会による隣接地の発掘で若干の資料が出土しており、佐藤雄生氏が紹介している（関根編 2012a）。

　松前大館跡と茂別館跡は、主曲輪である「大館」に「小館」などの曲輪を加えた複数の曲輪から構成されており、副郭を持たない勝山館跡や矢不来館跡よりは格上である。主曲輪の規模は松前大館跡、茂別館跡、矢不来館跡は約 18,000 ㎡前後で大差なく、勝山館跡は約 10,000 ㎡と狭い。

　勝山館跡は搦手の外側に夷王山墳墓群があり、矢不来館跡でも搦手の外、三重壕を挟んでその奥に墓域が確認されている。松前大館跡は発掘調査が行われていないため墓域は未発見であるが、前述のように将軍山の裾には大館時代の寺跡と伝えられる場所があることから、勝山館や矢不来館と同じく館に隣接して搦手の奥に墓域が存在していた可能性がある。

　勝山館跡では発掘調査の結果、大手から搦手まで主曲輪の中央を一本の中軸道路が通り、その両側に雛段状に並ぶ平場が確認されているが、そうした構造は、松前大館跡、茂別館跡、矢不来館跡にも共通する可能性が高い。すなわち、これら渡島半島に所在する有力城館は、勝山館跡の発掘調査成果が示す通り、主殿が置かれた主曲輪を中軸道路が貫き、その両側に家臣団の屋敷が並ぶ点で共通性が認められる。

　さらに矢不来館と勝山館は、両側を深い沢に守られた海岸段丘上に築かれた、大手側が広く搦手側が狭い琵琶形の主曲輪に主要な機能が集中する、主曲輪の最奥部、最も標高の高い場所に宗教施設（勝山館跡では館神が相当する）を配し、さらに空壕を挟んでその先に墓域を形成する点で、基本構造上の類似性がより高い。勝山館と矢不来館は、松前大館をモデルとして基本設計が行われた可能性を指摘しておきたい。

　以上、渡島半島に所在する中世城館のなかでは松前大館と茂別館が構造的に抜きんでており、またそれらに準じる矢不来館と勝山館は立地と構造が非常に似通っているとの結論が得られた。

1　道南和人館とその時代　169

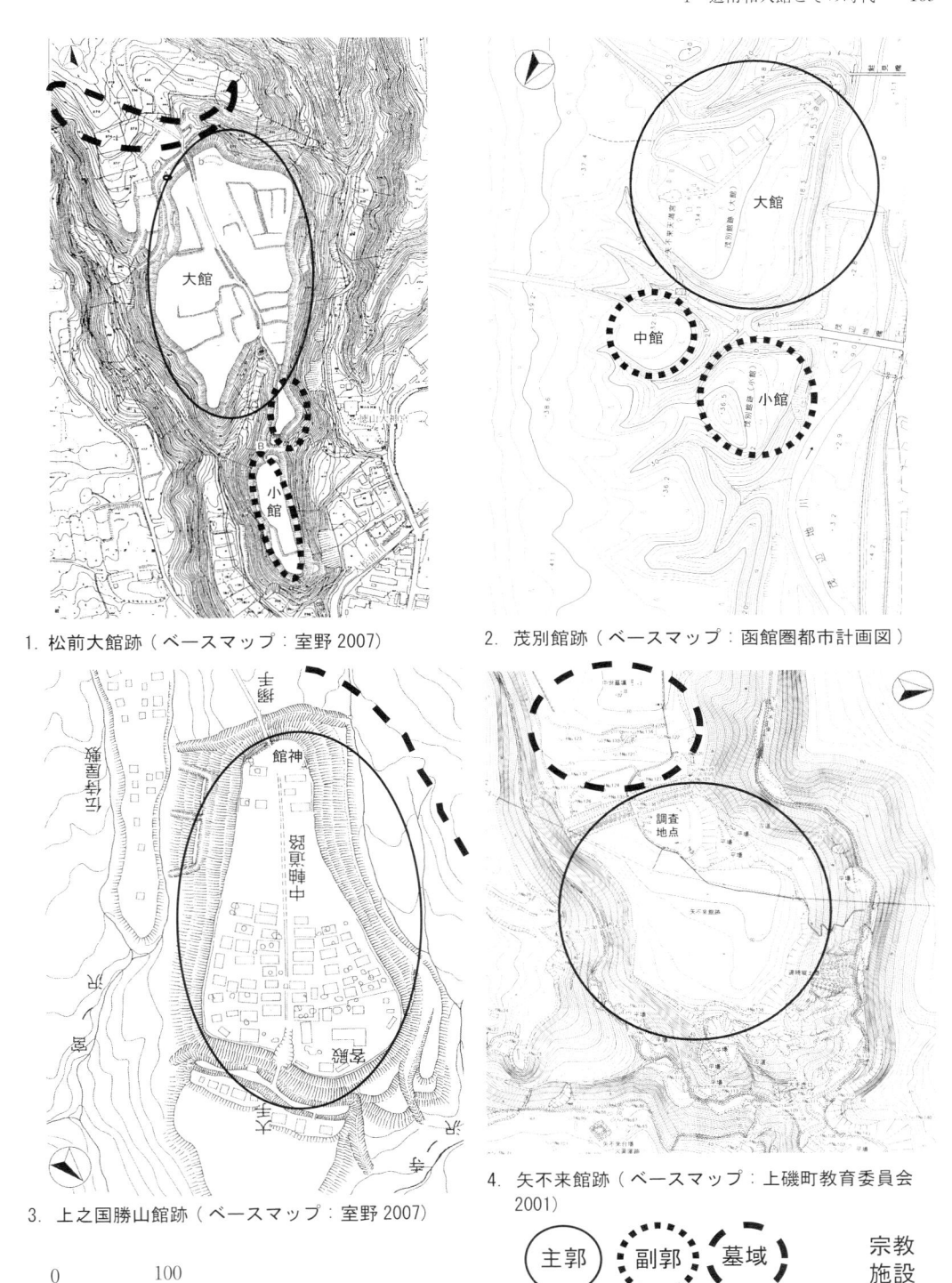

1. 松前大館跡（ベースマップ：室野 2007）

2. 茂別館跡（ベースマップ：函館圏都市計画図）

3. 上之国勝山館跡（ベースマップ：室野 2007）

4. 矢不来館跡（ベースマップ：上磯町教育委員会 2001）

主郭　副郭　墓域　宗教施設

図 72　上之国蠣崎氏城館跡と下之国安東氏城館跡の比較

2 北海道島における中世陶磁器の流通

はじめに

　北海道から出土する中世陶磁器はしばしば注目され、これまでにも吉岡康暢氏、松下亘氏、鈴木信氏、石井淳平氏、布施和洋氏らにより集成と考察が行われてきた（吉岡1979・1984、松下1984、北海道埋蔵文化財センター2001b、石井2003a、布施2007）。近年では、札幌周辺や道東のチャシ跡の調査により新たな資料が発見されたことで、道央以東への中世陶磁器の搬入の実態が検討可能となりつつある。

　管見によれば、道内で中世陶磁器の出土が確認されている遺跡は、東は釧路町遠矢第2チャシ跡、北は津別町ツベットウンチャシ跡まで53遺跡を数える（図73・表16）。ここでは道内で陶磁器が出土しはじめる12世紀後半から松前藩が成立する17世紀初めまで、出土陶磁器のセット関

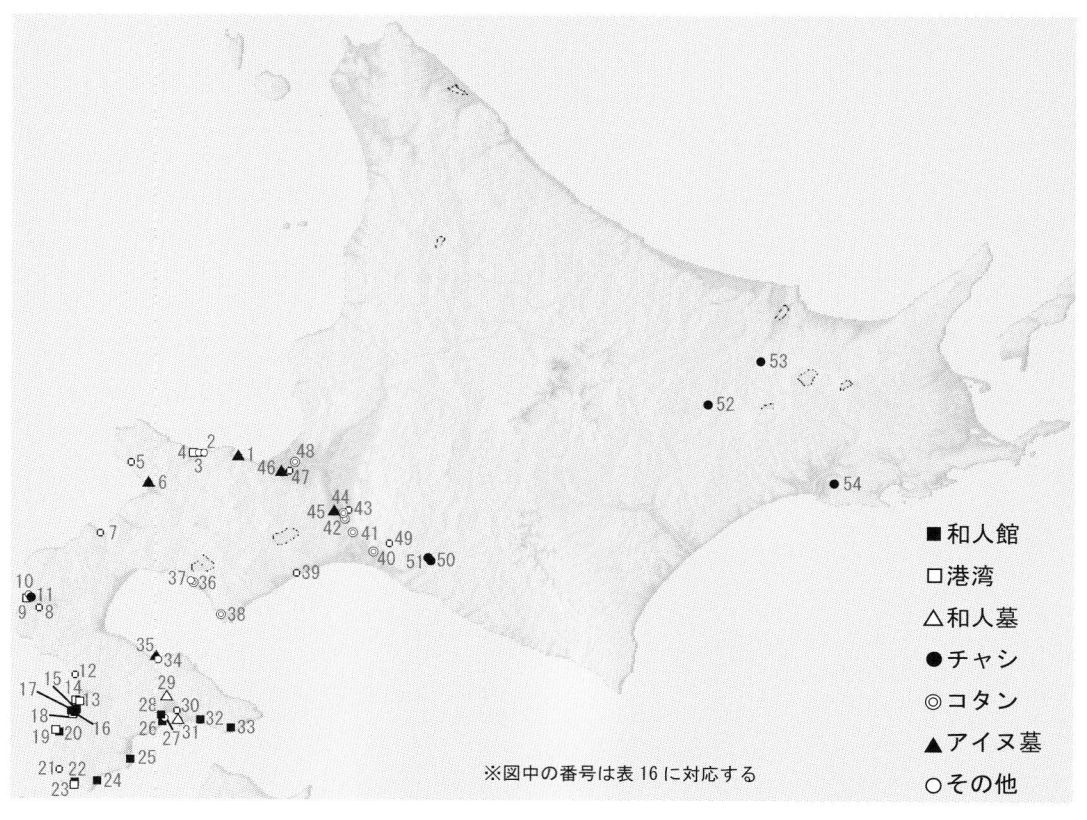

図73　中世陶磁器出土遺跡

係と分布状況に基づき、Ⅰ期～Ⅶ期に時期区分を行った。なお、陶磁器を出土した遺跡については、和人館、港湾、和人墓、チャシ、コタン、アイヌ墓、その他に分類した。

以下、時期ごとに主要器種と分布状況を述べ、陶磁器流通の変遷について考察する。

(1) 各時期の様相

Ⅰ期は12世紀後半から13世紀初頭で、日本海側では余市町大川遺跡から珠洲焼Ⅰ₃期の叩壺、上ノ国町竹内屋敷遺跡で珠洲焼Ⅰ₂期の叩壺、上ノ国町洲崎館跡で珠洲焼の四耳壺が、太平洋側では白老町日の出町遺跡で珠洲焼の四耳壺、厚真町宇隆1遺跡から常滑焼第2型式の壺が確認されているに過ぎない（図74）。いずれも壺である点は重要である。宇隆1遺跡から出土した常滑焼の壺については、口縁部が意図的に打ち欠いてあることや、出土場所の立地から経塚との関連性が指摘されている（厚真町教育委員会2011b）。珠洲焼にしても常滑焼にしても壺が選ばれている点では、同時期の東北地方における受容の在り方と共通している。

きわめて断片的な資料からの推論になるが、平泉に併行する時期、すなわち擦文文化終末からアイヌ文化成立期に、日本海側では余市周辺と上ノ国周辺、太平洋側では白老周辺と鵡川周辺に、和人との交易拠点が存在していた可能性が指摘できる。また、宇隆1遺跡の常滑壺を経塚と結びつけて考えることが妥当か否かの判断は留保するとしても、この時期に北海道島に搬入された珠洲焼や常滑焼の壺類は、東北地方と同様、蔵骨器のように仏教とのかかわりの中で理解すべき資料であり、その使用者は北海道島に渡った和人と考えられよう。

今のところ道内では13世紀頃に比定される陶磁器は、せたな町利別川口遺跡から珠洲焼Ⅲ期の片口鉢片が発見されているに過ぎないことから、平泉滅亡後、鎌倉前・中期には北海道島と本州との交易が停滞した可能性が指摘できよう。

Ⅱ期は13世紀末から14世紀前葉で、日本海側で余市町大川遺跡から珠洲焼Ⅳ₁期の片口鉢と櫛目波状文が巡る小壺、鎬蓮弁文青磁碗（BⅠ類）・双魚文青磁皿、せたな町利別川口遺跡で珠洲焼Ⅳ₁期の片口鉢、太平洋側で森町御幸町遺跡から鎬蓮弁文青磁碗（BⅠ類）が出土しているにすぎない（図75）。大川遺跡も御幸町遺跡もアイヌ墓に鎬蓮弁文青磁碗（BⅠ類）が副葬されている。はじめてアイヌが陶磁器を受容したのは13世紀末から14世紀前葉で、それは中国産の鎬蓮弁文青磁碗だったといえよう。

Ⅲ期は14世紀中葉・後葉で、珠洲焼ではⅣ₂・Ⅳ₃期、古瀬戸では中期Ⅲ・Ⅳ期・後期Ⅰ期が相当する。中国産では口禿げの白磁碗と青磁碗BⅡ類の出現、国産品では越前焼の出現が指標となる。

Ⅲ期には道南部と積丹半島東側の余市・小樽周辺で陶磁器を出土する遺跡が急増する（図76）。このうち和人館は志苔館と戸井館であり、最初に和人館が営まれたのは道南でも函館を含む亀田半島の津軽海峡に面する地域であったことが読み取れる。古瀬戸の天目碗・平碗・卸皿、珠洲焼の片口鉢、青磁碗BⅡ類、白磁口禿げ碗など十三湊遺跡と共通する陶磁器が出土する余市の大川遺跡は、この時期、十三湊に直結する重要な港湾となったと推測される。小樽市船浜遺跡SK08アイヌ墓には珠洲焼Ⅳ₂期の片口鉢と青磁碗BⅡ類が副葬されており、十三湊を経由した

172　第Ⅲ章　和人の北方進出と蝦夷地の内国化

表16　北海道内における中世陶磁器の出土状況　　　　　　　　　　　　◎多い　○少ない

図73地図番号	遺跡・遺構名	所在地	遺跡の種類	年代	常滑壺	珠洲 Ⅰ	珠洲 Ⅱ	珠洲 Ⅲ	珠洲 Ⅳ	珠洲 Ⅴ	珠洲 Ⅵ	古瀬戸 中Ⅲ・Ⅳ	古瀬戸(後期) Ⅰ・Ⅱ	古瀬戸(後期) Ⅲ	古瀬戸(後期) Ⅳ古	古瀬戸(後期) Ⅳ新	大窯 1	大窯 2・3	大窯 4	越前 壺甕	越前 擂鉢	信楽壺	唐津	土師質・瓦質	青碗 BⅠ	青碗 BⅡ	青碗 BⅢ	青碗 BⅣ	青碗 C
1	船浜遺跡 SK08	小樽市船浜町168	アイヌ墓	Ⅲ				1																	1				
2	栄町1遺跡	余市町栄町	?	Ⅲ																									
3	大浜中遺跡	余市町大浜中	デポ	Ⅴ										1											2				1
4	大川遺跡 P-41	余市町大川町	アイヌ墓	Ⅱ																		2							
4	大川遺跡	余市町大川町	港湾	Ⅰ～Ⅳ	1			44	63			6	22	24							1								
5	神恵内観音	神恵内村神恵内	洞窟遺跡	Ⅲ				5																					
6	堀株1遺跡 12号墓壙	泊村堀株村12-1	アイヌ墓	Ⅳ																									
7	樽岸(朱太川右岸)	寿都町樽岸	港湾?	Ⅳ					4																				
8	下若松	せたな町若松	?	?																									
9	利別川口遺跡	せたな町南川	港湾?	Ⅱ～Ⅳ			1	3																					
10	南川2遺跡	せたな町南川29	?	?					1																				
11	瀬田内チャシ	せたな町南川・豊岡	チャシ	Ⅵ・Ⅶ													3	1		1		○						
12	元和遺跡	乙部町元和	?	Ⅴ						1																			
13	姥神	江差町姥神町	港湾?	Ⅲ以降																	1								
14	江差漁港	江差町中歌町沖合	港湾	Ⅲ				1																					
15	洲崎館跡	上ノ国町北村	和人館	Ⅰ・Ⅲ～Ⅶ	○		◎	○			○	○							◎	○	○	○		◎	○	○		
15	北村遺跡	上ノ国町北村	和人墓	Ⅳ				1																					
16	花沢館跡	上ノ国町勝山	和人館	Ⅳ				206					1												2				2
17	勝山館跡・上ノ国市街地遺跡	上ノ国町勝山・上ノ国	和人館・城下町	Ⅴ～Ⅶ							○			○	◎	○	○	○	◎	○	◎		○	○	○	○	○
17	夷王山墳墓群	上ノ国町勝山	和人墓	Ⅴ～Ⅶ												1	1		3									
18	竹内屋敷	上ノ国町上ノ国	港湾?	Ⅰ	1																								
19	上ノ国漁港遺跡	上ノ国町大潤	港湾	Ⅳ以降																2		○							
20	比石館跡	上ノ国町石崎館崎	和人館	Ⅵ・Ⅶ														17			37								
21	茂草B遺跡	松前町茂草	?	Ⅳ					1																				

2 北海道島における中世陶磁器の流通 173

磁									白磁		青花							中国産陶器			朝鮮	備　考	文　献
皿						香炉	盤	不明	碗	皿	碗		皿				その他不明	赤絵	天目	茶入	壺			
D	E	不明	折縁	端反	稜花	丸					D	E	B	C・D	E	B1	C	B2	E						
																									小樽市教育委員会 2003
										口禿1															石井2003b
1				3	2																			古瀬戸は天目碗1	松下1984 石井2003b
			1																						余市町教育委員会 2002
										口禿1														古瀬戸の集計は愛知県史編さん委員会2007に拠る	吉岡2001 愛知県史編さん委員会2007
																								長胴壺1・片口鉢4	吉岡1979
1																									泊村教育委員会 2004
																								片口鉢	吉岡1979
	1																								松下1984
																								片口鉢	吉岡2001
																								片口鉢	瀬棚町教育委員会 1985
																		5		1				珠洲片口鉢	吉岡1979 北檜山町教育委員会1980
	1																							珠洲片口鉢	乙部町教育委員会 1977
																									江差町史編集室 1982
																								珠洲片口鉢	江差町史編集室 1982
◎	○	○	○	○		○	○		○		○	○		○				○			○			珠洲I期は四耳壺 塚田直哉氏のご教示による	上ノ国町教育委員会2001b・2002b・2007b 松崎1991
																								珠洲片口鉢	松崎・百々・中村 1981
13	5	7		2				1			19	3												古瀬戸は皿	塚田2007
○	○	○	○	○	◎	○	○	○	○	○	○	◎	◎	○	◎	○	◎	○	○	○	○	○	○	塚田直哉氏のご教示による	上ノ国町教育委員会1980〜2011
																									大窯1は天目	上ノ国町教委 1983b・1984b・1991b・2001b
																								珠洲壺	吉岡1979
1																									上ノ国町教育委員会 1987b
															1		1		18						上ノ国町教育委員会 2001b
		2																						珠洲片口鉢	松前町教育委員会 1979 吉岡1979

174　第Ⅲ章　和人の北方進出と蝦夷地の内国化

図73地図番号	遺跡・遺構名	所在地	遺跡の種類	年代	常滑壺	珠洲 I	珠洲 II	珠洲 III	珠洲 IV	珠洲 V	珠洲 VI	古瀬戸 中Ⅲ・Ⅳ	古瀬戸(後期) Ⅰ・Ⅱ	古瀬戸(後期) Ⅲ	古瀬戸(後期) Ⅳ古	古瀬戸(後期) Ⅳ新	大窯 1	大窯 2・3	大窯 4	越前 壺甕	越前 擂鉢	信楽壺	唐津	土師質・瓦質	青 碗 BⅠ	BⅡ	BⅢ	BⅣ	C
22	松前大館跡	松前町蕨山	和人館	Ⅳ～Ⅶ																○	○	○						○	
23	福山城跡・城下町	松前町松城	城下港湾	Ⅳ～Ⅶ					○												○							○	
24	穏内館	福島町吉岡	和人館	Ⅳ・Ⅴ																	1								1
25	涌元遺跡	知内町涌元	和人墓	Ⅴ							1																		
26	茂別館跡	北斗市矢不来	和人館	Ⅴ																									○
27	矢不来天満宮跡	北斗市矢不来71-2	?	Ⅴ																							1		
28	矢不来館跡	北斗市矢不来382	和人館	Ⅴ												13	3		4	4			3		3	23	3
29	市渡	北斗市大野町市渡	和人墓	Ⅴ																2								
30	七重浜	函館市七重浜	砂丘	Ⅲ		1																							
31	弥生町	函館市弥生町	和人墓	Ⅲ以降																1								
32	志海苔	函館市銭亀	デポ	Ⅲ		1													2									
32	志苔館跡	函館市志海苔町	和人館	Ⅲ・Ⅳ					10			1	1	4					1	1			9		6			
33	戸井館跡	函館市戸井館町	和人館	Ⅲ			12																					
34	森川貝塚	森町森川	貝塚	Ⅲ			12																					
35	御幸町	森町御幸町142	アイヌ墓	Ⅱ																			1					
36	南有珠7遺跡	伊達市有珠	コタン	Ⅵ																								
37	ポンマ遺跡B地区	伊達市有珠	貝塚	Ⅳ																								
38	絵鞆遺跡	室蘭市絵鞆	コタン	Ⅳ					9																			
39	日の出町遺跡	白老町日の出町17-3	?	Ⅰ	1																							
40	静川22遺跡	苫小牧市静川	コタン	Ⅵ												1												
41	美々8遺跡	千歳市美々	コタン	Ⅳ～Ⅶ					1														2					
42	末広遺跡	千歳市末広町	コタン	Ⅵ・Ⅶ						1									2	1								
43	ユカンボシC2遺跡	千歳市都	コタン	Ⅴ以降																								
44	ユカンボシC15遺跡	千歳市都	コタン	Ⅳ																								

2 北海道島における中世陶磁器の流通

磁								白磁			青花						中国産陶器				朝鮮	備考	文献
皿					香炉	盤	不明	碗	皿		碗			皿			その他不明	赤絵	天目	茶入	壺			
D	E	不明	折縁	端反	稜花	丸					D	E	B	C・D	E	B1	C	B2	E								
○	○									○					○										表採資料を含む	松前町教委 2004a・2010
					○										○									○	表採資料を含む	
					1																					福島町教育委員会 1972
																									片口鉢	吉岡 1979
			○			○									○											松下 1984 関根 2012a
													1		4											北海道埋蔵文化財センター 1987
3	60		24	1	2	2	70				3	1			6					水注1		1	1			他に青磁小碗2・白磁小坏2 H12トレンチ137とH22・23年調査区出土分で集計	関根 2012a
																										三上・越田 2004
																									Ⅳ 2 期叩中壺	吉岡 1979
																									珠洲大甕	市立函館博物館 1973 吉岡 1979
11	1		3		2	2		口禿1	23	1													1		古瀬戸は折縁深皿と卸目付大皿 珠洲は片口鉢6壺甕4他に青磁壺1	函館市教育委員会 1986
																									珠洲片口鉢	千代 1969 吉岡 1979
																									片口鉢	吉岡 1979
																										森町教育委員会 1985
																					1				赤絵皿	伊達市教育委員会 1984
	1																									伊達市教育委員会 1993
																									片口鉢	吉岡 1979
																									珠洲四耳壺 乾哲也氏のご教示による 白老町教委蔵	白老町教育委員会 1986（報告書には珠洲焼四耳壺は未掲載）
																									蓮弁文丸碗	苫小牧市教育委員会 1986
	1								1						1										珠洲片口鉢	北海道埋蔵文化財センター 1996a・1996b・1996c
																1	2								珠洲片口鉢	千歳市教育委員会 1981・1982
																		○								北海道埋蔵文化財センター 2001b
			1																							北海道埋蔵文化財センター 2001b

176　第Ⅲ章　和人の北方進出と蝦夷地の内国化

図73地図番号	遺跡・遺構名	所在地	遺跡の種類	年代	常滑壺	珠洲 I	珠洲 II	珠洲 III	珠洲 IV	珠洲 V	珠洲 VI	古瀬戸中Ⅲ・Ⅳ	古瀬戸(後期)Ⅰ・Ⅱ	古瀬戸(後期)Ⅲ	古瀬戸(後期)Ⅳ古	古瀬戸(後期)Ⅳ新	大窯1	大窯2・3	大窯4	越前壺甕	越前擂鉢	信楽壺	唐津	土師質・瓦質	青碗BⅠ	青碗BⅡ	青碗BⅢ	青碗BⅣ	青碗C
45	カリンバ2遺跡第Ⅳ地点AP-5	恵庭市黄金95	アイヌ墓	Ⅴ																									
46	N19遺跡	札幌市西区発寒	アイヌ墓	?																									
47	K440遺跡	札幌市北区北30条西10	?	Ⅴ以前			1																						
48	K501遺跡	札幌市北区篠路町上篠路	コタン	Ⅴ・Ⅵ													1												
49	宇隆1遺跡	厚真町宇隆(妙見神社境内)	経塚?	Ⅰ	1																								
50	ユオイチャシ跡	平取町二風谷	チャシ	Ⅵ																									
51	ポロモイチャシ跡	平取町二風谷	チャシ	Ⅶ																				1					
52	ユクエピラチャシ跡	陸別町トマム2-2	チャシ	Ⅵ													1												
53	ツペットウンチャシ跡	津別町共和574-2, 国富	チャシ	Ⅵ																									
54	遠矢第2チャシ跡	釧路町遠野	チャシ	Ⅵ																									

　のち余市で荷揚げされた陶磁器類の一部は余市周辺のアイヌにも渡っていることが判る。
　Ⅳ期は14世紀末から15世紀中葉で、終末は康正3年（1457）のコシャマインの戦いを当てる。珠洲焼ではⅤ期、古瀬戸後期Ⅱ～Ⅳ期古段階が相当する。中国産では青磁碗C・D・E類、青磁端反皿、白磁皿D・E群が出現し、青磁碗BⅡ類と共存する。Ⅳ期の終わりには青花碗B群が出現するが、Ⅴ期に比べ量的にはごく僅かに留まる。
　Ⅳ期には陶磁器を出土する遺跡数がさらに増えるとともに、分布域が石狩低地帯に拡大する（図77）。この時期、美々8遺跡やユカンボシC15遺跡のような石狩低地帯のアイヌ集落から出土する陶磁器は、余市経由でもたらされたと考えられる。道南では分布の中心が東側の亀田半島から西側の松前半島沿岸部（上之国・松前）へと移動する。これは道南の和人勢力の変化を反映した現象であり、十三湊の廃絶とそれに伴う安藤氏の夷島への敗走という事態によって引き起こされたと考えられる。
　Ⅴ期は15世紀後半から16世紀初頭で、珠洲焼ではⅥ期、古瀬戸後期Ⅳ期新段階～大窯1期古段階が相当する。珠洲焼はほとんど姿を消し、急速に越前焼に置き換わる。中国産では、青磁碗BⅢ・BⅣ類と青磁稜花皿が出現し多数を占める。Ⅳ期の終わりに現れた青花は、Ⅴ期には皿B1群が急増する。白磁はE群が新たに出現しD群と併存する。
　Ⅴ期には、Ⅰ期から継続してきた余市町大川遺跡が姿を消す。余市町では大浜中遺跡でⅤ期の一括資料（デポ）が出土していることから、大川遺跡が担っていた港湾機能が、大川遺跡のある

磁								白磁	青花										中国産陶器				朝鮮	備　考	文　　献
皿						香炉	盤	不明	碗	皿		碗			皿			その他不明	赤絵	天目	茶入	壺			
D	E	不明	折縁	端反	稜花	丸					D	E	B	C・D	E	B1	C	B2	E									
										3																
																									白磁か瀬戸美濃皿	高倉1933
																									珠洲壺底部	札幌市教育委員会 2010
												2													大窯端反皿	札幌市教育委員会 1999
																									中野編年第2型式	厚真町教育委員会 2011b
																1										北海道埋蔵文化財 センター1986
																									絵唐津大皿	北海道埋蔵文化財 センター1986
																									大窯2の天目碗	陸別町教育委員会 2007
																		1								津別町教育委員会 2009
															1											北海道教育委員会 1975

　余市川河口から、それより約2.2km東方の大浜中地区に移動した可能性が考えられる（図78）。十三湊遺跡と大川遺跡はほぼ同時期に廃絶しており、大川遺跡は十三湊の安藤氏の夷島経営にとって拠点となる重要な港湾であったとみてよいであろう。なお、道南では、上之国・松前とならんで、知内川より東側から函館までの津軽海峡に面した地域、すなわち下之国でも陶磁器が多くみられるようになる。Ⅴ期には、上之国と下之国の勢力が拮抗する状態であったのではなかろうか。

　Ⅵ期は16世紀前葉から後葉で、瀬戸・美濃焼では大窯1期新段階〜3期に相当する。備前焼の擂鉢が出現し、次第に越前焼の擂鉢と入れ替わる。中国産では、青磁・白磁が激減し、青花が主体となる。青花は碗E群・皿B2・C・E群がみられる。

　Ⅵ期には、日本海側で最も重要な港湾であり続けた余市が廃絶し、それと入れ替わるように瀬田内から陶磁器類が出土しはじめる（図79）。Ⅰ期以来余市が担い続けてきた港湾機能が瀬田内に移ったとみてよいであろう。陶磁器類が出土する遺跡は、道南では松前以西に限られるようになる。この現象は、下国氏の没落と蠣崎氏による覇権の確立を物語っている。この時期以降、瀬田内は蠣崎氏とアイヌとの交易場として日本海側で最も重要な拠点となったと考えられる。Ⅵ期には道央の二風谷周辺や道東のチャシから陶磁器類が出土しており、和人とアイヌとの接触が活発化した可能性がある。

　Ⅶ期は16世紀末から17世紀前葉で、終末は肥前産磁器（伊万里焼）出現以前とする。瀬戸・

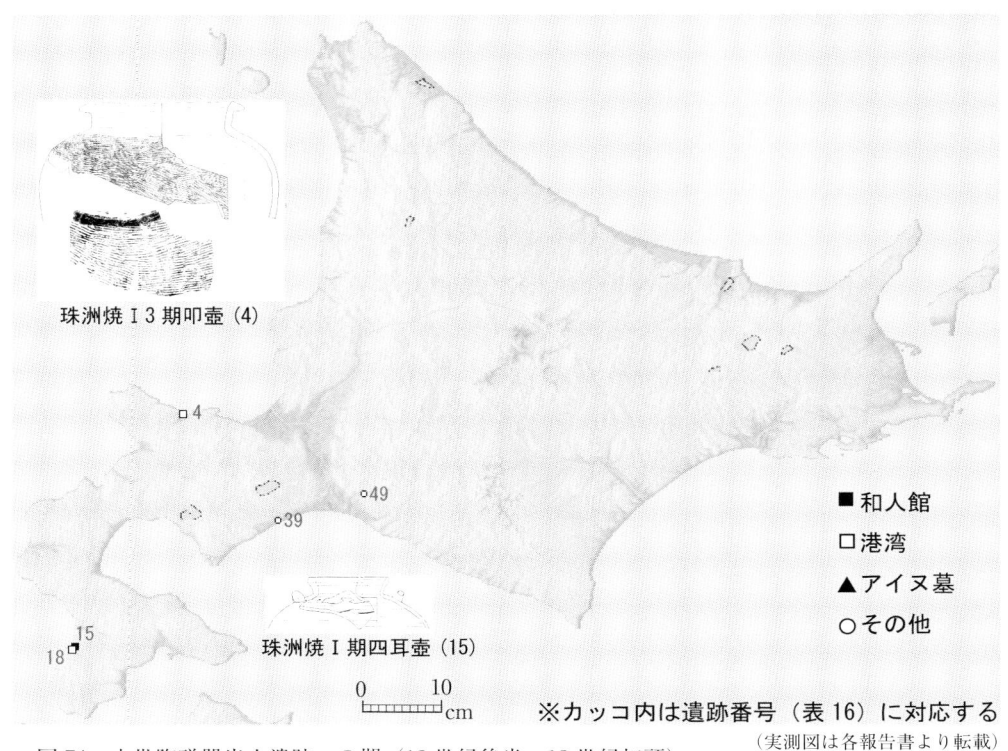

178　第Ⅲ章　和人の北方進出と蝦夷地の内国化

図74　中世陶磁器出土遺跡　Ⅰ期（12世紀後半〜13世紀初頭）

珠洲焼Ⅰ3期叩壺（4）

珠洲焼Ⅰ期四耳壺（15）

■和人館
□港湾
▲アイヌ墓
○その他

※カッコ内は遺跡番号（表16）に対応する
（実測図は各報告書より転載）

図75　中世陶磁器出土遺跡　Ⅱ期（13世紀末葉〜14世紀前葉）

青磁双魚皿（4）
青磁碗B1類（4）
青磁碗B1類（4）
珠洲焼Ⅳ1期小壺（4）
珠洲焼Ⅳ1期片口鉢（4）

■和人館
□港湾
▲アイヌ墓
○その他

※カッコ内は遺跡番号（表16）に対応する
（実測図は各報告書より転載）

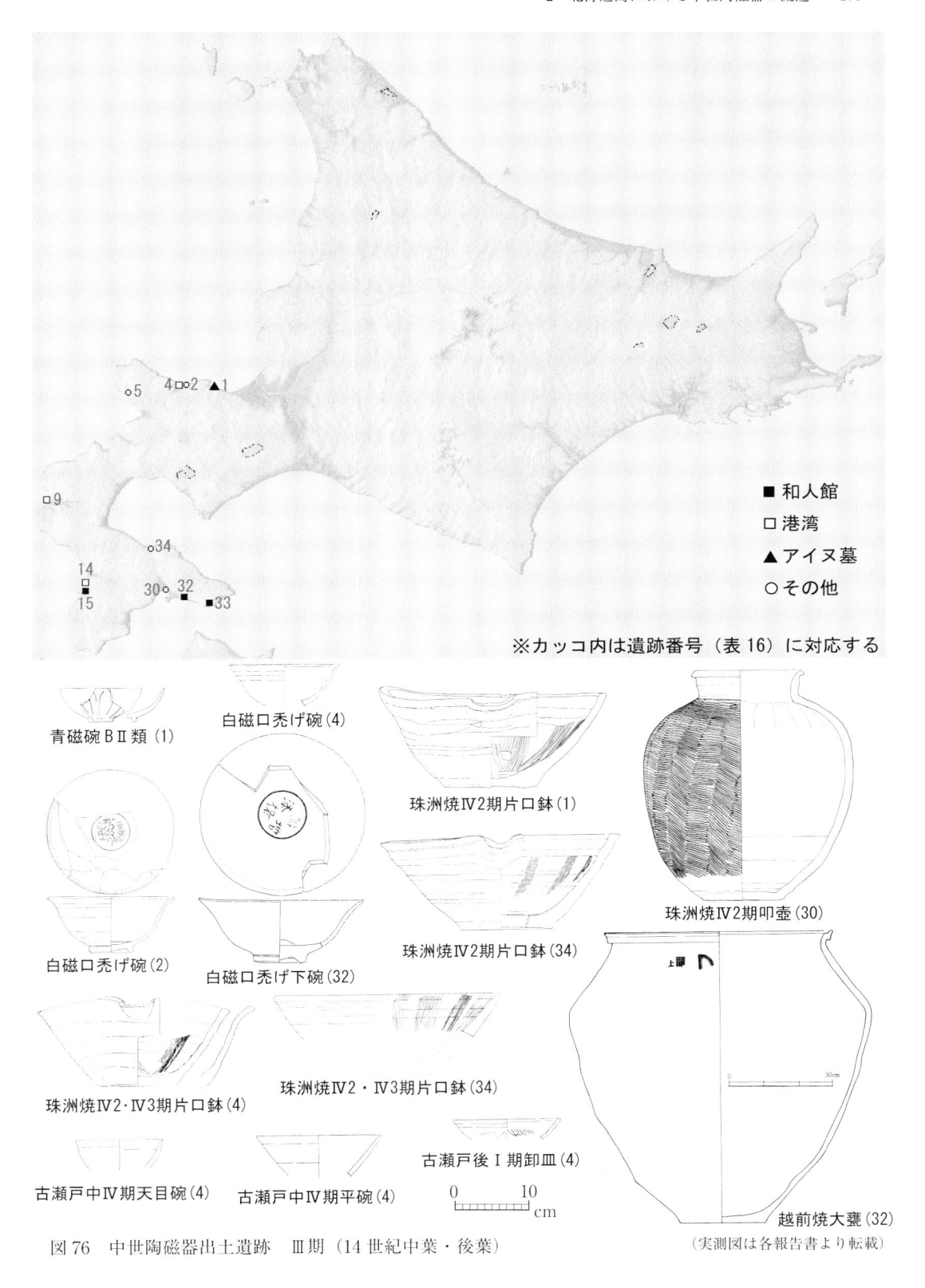

2 北海道島における中世陶磁器の流通　179

■ 和人館
□ 港湾
▲ アイヌ墓
○ その他

※カッコ内は遺跡番号（表16）に対応する

青磁碗BⅡ類(1)　白磁口禿げ碗(4)　珠洲焼Ⅳ2期片口鉢(1)

白磁口禿げ碗(2)　白磁口禿げ下碗(32)　珠洲焼Ⅳ2期片口鉢(34)　珠洲焼Ⅳ2期叩壺(30)

珠洲焼Ⅳ2・Ⅳ3期片口鉢(4)　珠洲焼Ⅳ2・Ⅳ3期片口鉢(34)

古瀬戸後Ⅰ期卸皿(4)

古瀬戸中Ⅳ期天目碗(4)　古瀬戸中Ⅳ期平碗(4)

越前焼大甕(32)

図76　中世陶磁器出土遺跡　Ⅲ期（14世紀中葉・後葉）

（実測図は各報告書より転載）

180　第Ⅲ章　和人の北方進出と蝦夷地の内国化

■ 和人館
□ 港湾
◎ コタン
▲ アイヌ墓
○ その他

※カッコ内は遺跡番号（表16）に対応する

青磁碗B2類(32)　青磁碗D類(6)　青磁碗D類(32)　青磁盤(32)　白磁皿D群(32)　白磁皿D群(32)　白磁皿D群(32)　白磁皿E群(32)
青磁端反皿(32)　中国産天目碗(32)　青磁端反皿(44)

珠洲焼Ⅴ期片口鉢(32)　珠洲焼Ⅴ期片口鉢(15)　古瀬戸後Ⅳ新卸目付大皿(32)
珠洲焼Ⅴ期片口鉢(9)
瓦質火鉢(32)　珠洲焼Ⅴ期片口鉢(41)　瓦質火鉢(32)　カワラケ(32)

図77　中世陶磁器出土遺跡　Ⅳ期（14世紀末葉〜15世紀中葉）　　　　（実測図は各報告書より転載）

2　北海道島における中世陶磁器の流通　*181*

図78　中世陶磁器出土遺跡　V期（15世紀後半～16世紀初頭）

（実測図は各報告書より転載）

182　第Ⅲ章　和人の北方進出と蝦夷地の内国化

■ 和人館
□ 港湾
◎ コタン
● チャシ

※カッコ内は遺跡番号（表16）に対応する

朝鮮産刷毛目文碗(17)　青花碗C群(17)　青花碗C群(17)　　　　　　　　　　　中国産赤絵(36)
　　　　　　　　　　　　　　　　　　　　　　　青花皿C群(17)
白磁皿E群(54)　　　　　　　　青花碗E群(50)　　　　　　　　青花皿E群(17)
　　　　　　　　　　　　　　瀬戸美濃大窯2天目碗(52)
　　　　　　青花碗C群(17)
瀬戸・美濃大窯第Ⅰ新端反皿(17)
瀬戸・美濃大窯2端反皿(48)
瀬戸・美濃大窯2丸皿(17)
瀬戸・美濃大窯3天目碗(17)　　越前焼甕(17)　　　　　越前焼擂鉢(17)

図79　中世陶磁器出土遺跡　Ⅵ期（16世紀前葉〜後葉）　　　　　　（実測図は各報告書より転載）

2 北海道島における中世陶磁器の流通　*183*

■ 和人館
□ 港湾
◎ コタン
● チャシ

※カッコ内は遺跡番号（表16）に対応する

青花碗E群(23)　青花碗F群(17)　青花皿F群(11)　瀬戸・美濃大窯4折縁皿(17)　志野皿(17)

青花皿E群(11)　青花皿E群(11)　青花皿E群(23)　唐津焼碗(17)　唐津焼小皿(17)　志野筒型碗(17)

唐津焼小皿(17)　唐津焼小皿(17)

唐津碗(17)

唐津焼小皿(11)　唐津焼小皿(41)

唐津焼大鉢(51)　唐津焼大皿(11)　越前焼擂鉢(11)　備前焼擂鉢(17)

図80　中世陶磁器出土遺跡　Ⅶ期（16世紀末葉〜17世紀初頭）　　　　　　（実測図は各報告書より転載）

美濃焼では大窯4期に相当し、肥前Ⅰ期の唐津焼が伴う。中国産は新たに青花碗・ⅢF群が出現し、時代が下るにつれ青花碗・ⅢE群にとって替わり主体を占めるようになる。

Ⅶ期には、陶磁器類は松前・上之国・瀬田内へ集中する傾向が強まる（図80）。道東では陶磁器類はみられなくなり、道央部でも陶磁器類が出土する遺跡は減っている。

(2) 出土陶磁器からみた矢不来館跡の存続年代

津軽海峡周辺の中世城館跡から出土する陶磁器の組成に関しては、これまでにも工藤清泰氏、水澤幸一氏、塚田直哉氏らにより検討されている（工藤2000、水澤2001、塚田2007）。

ここでは津軽海峡周辺の中世城館跡から出土した陶磁器のなかで、一括性が高く年代の資料となる戦国期の資料を選び、組成を検討する。検討した資料は5遺跡で、そのうち青森県五所川原市十三湊遺跡136次調査（土塁南側地区）、函館市志苔館跡、青森市尻八館跡、上ノ国町花沢館跡から出土した陶磁器はⅣ期に属し、矢不来館跡から出土した陶磁器はⅤ期に属する。

陶磁器類に占める中国製品の比率は、十三湊遺跡136次調査約54％、志苔館跡約66％、尻八館跡約62％、花沢館跡約21％、矢不来館跡約88％で、花沢館跡を除き、中国製品が国産品を上回る。

中国製品のなかでは、Ⅳ期に属する十三湊遺跡136次調査、志苔館跡、尻八館跡、花沢館跡で白磁が4割前後を占めるのに対して、Ⅴ期に属する矢不来館跡だけは白磁が非常に少ない（図81）。青花磁は、十三湊遺跡136次調査と志苔館跡にはみられず、尻八館跡、花沢館跡、矢不来館跡ではみられるものの比率はいずれも中国製品全体の1割に満たない。珠洲焼はⅣ期に属する

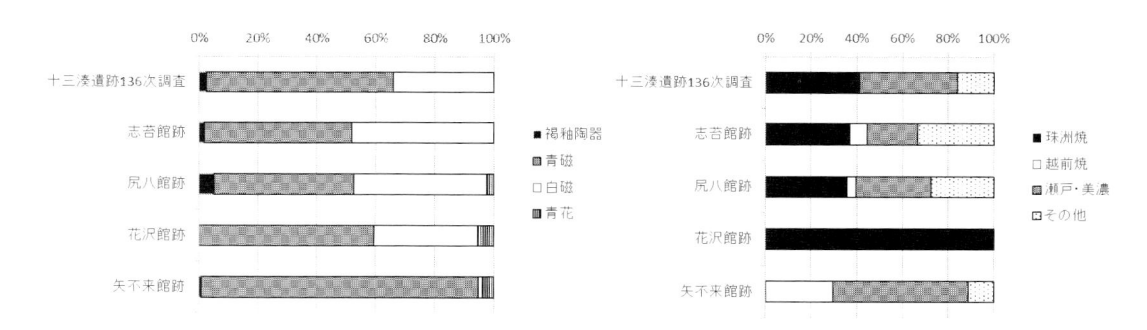

中国陶磁器組成	褐釉陶器	青磁	白磁	青花
十三湊遺跡136次調査	4	105	56	0
志苔館跡	1	26	25	0
尻八館跡	6	56	53	3
花沢館跡	0	32	19	3
矢不来館跡	2	191	3	8

国産陶磁器組成	珠洲焼	越前焼	瀬戸・美濃	その他
十三湊遺跡136次調査	57	0	59	22
志苔館跡	10	2	6	9
尻八館跡	26	3	24	20
花沢館跡	206	0	1	0
矢不来館跡	0	8	16	3

図81　津軽海峡周辺の中世城館跡出土中国産陶磁器組成

図82　津軽海峡周辺の中世城館跡出土国産陶磁器組成

十三湊遺跡 136 次調査、志苔館跡、尻八館跡、花沢館跡では国産品の 3 割を超しているのに対して、Ⅴ期に属する矢不来館跡には全くみられない（図 82）。

　白磁・青花の比率からみて、Ⅳ期に属する上記 4 遺跡の中では花沢館跡がもっとも新しい時期まで存続していた可能性が高い。花沢館の下限年代については、コシャマインの戦いのあった康正 3 年（1457）以降で、勝山館構築以前の 1460 年代とする塚田直哉氏の見解（塚田 2007）に賛同するものである。花沢館は志苔館、尻八館とともにⅣ期に属し、Ⅴ期とした矢不来館に先行することが明らかである。Ⅳ期とⅤ期の境は、瀬戸焼の編年上では古瀬戸後Ⅳ期の古段階と新段階の間に位置しており、1460 年代頃と考えて問題ない。したがって矢不来館はコシャマインの戦いの時にはまだ存在しておらず、その直後、勝山館と時を同じくして 1460 年代頃に築城されたと考える。

3　近世陶磁器からみた蝦夷地の内国化

（1）研究の目的と問題の所在

　近年、近世陶磁器に関する知見は、近世遺跡の発掘調査により大きく進展をみた。近世陶磁器は従来、主として美術史の分野で扱われてきたが、桃山の茶陶などごく一部の「作品」を除いては、さほど重要視されることはなかった。近世陶磁器の考古学的研究が進むなか、最近は専門書も刊行されているが（森本 2008）、従来の出土陶磁器分析はあくまで陶磁史研究の枠組みを抜け切れておらず、近世史学に昇華した研究が待たれる状況にある。

　一方、北方史においては、アイヌ文化に関する考古学的研究が進み、本州の中世・近世に相当する時期の北海道の様相が次第に明らかになりつつある。本州と異なり、北海道では陶磁器の出土が時期的にも地域的にも限られる。そのため、中世陶磁器については丹念な集成に基づく研究の蓄積がみられるのに対して、近世陶磁器に対する関心は、中世との連続性が問題となる 17 世紀前半代を除いて総じて低く、報告書に記載された生産地や製作年代には誤謬が目立つ状況にある（吉岡 1979、松下 1984、越田・鈴木 1995、布施 2007、石井 2007）。

　北方史では近年、考古学や環境生態学の研究成果を取り入れ、和人とアイヌの関わり合いの歴史を明らかにしようという試みがなされている（榎森 2007、ブレッド・ウォーカー 2007 ほか）。しかし現状では考古資料の活用は 17・18 世紀代までに留まっており、19 世紀以降の民族調査により得られた知見との総合化が課題となっている。

　北海道は、松前藩の直接支配が及ぶ道南渡島半島の和人地と、それ以外の蝦夷地とに分けられる。蝦夷地は、渡島半島の付け根と知床半島を結ぶラインより南側（北海道太平洋側および千島）の東蝦夷地、北側（北海道日本海側および樺太）の西蝦夷地とに分けられる。

　筆者は、人と物の交流という視点から北方史を考えるべく、松前藩の中心であり蝦夷地交易の最大拠点でもあった北海道松前町旧福山城下町に所在する近世墓標約 6,000 基の悉皆調査に併行し、北海道以北から出土した近世陶磁器の集成と未公表資料の図化を行った[1]（関根 2009c）。その結果、北海道以北における近世陶磁器の流通状況は、本州とは大きく異なり、時代とともにダイナミックに変化することや、そうした変化は政治史上の重要な出来事と期を一にしており、両者は関連づけて解釈しうる可能性が高いことが確認できた。

　本節では、北海道以北から出土する近世陶磁器の分析を通して、蝦夷地への和人の進出状況や和人とアイヌとの関係の変化を読み解き、激動する極東アジアの世界情勢の中で、蝦夷地が経済的・習俗的に内国化されていく過程を論じる[2]。

（2）研究の方法

　本節は、北海道、サハリン、千島列島から出土した近世陶磁器を研究対象とする。陶磁器の編

年や政治的・社会的画期をもとに、次の7時期に区分し分析単位とした。

【16世紀末葉〜17世紀初頭】商場知行制が成立する前の段階。肥前大橋編年Ⅰ期の陶器を含むが、磁器は中国産のみで、初期伊万里を含まない。瀬戸・美濃焼は、大窯3・4期の製品を主体とする。

【17世紀前葉〜中葉】商場知行制成立期にあたる。肥前大橋編年Ⅱ期の陶磁器を含み、瀬戸・美濃焼は登窯製品に変わる。道南では、寛永17年（1640）の駒ヶ岳噴火により降下した火山灰（Ko-d）が指標となる。

【17世紀後葉】肥前大橋編年Ⅲ期の陶磁器を含む。石狩低地帯や沙流川流域では、寛文7年（1667）の樽前山噴火により降下した火山灰（Ta-b）が指標となる。政治史的には寛文9年（1669）に起きたシャクシャインの戦い（寛文蝦夷蜂起）が重要である。

【17世紀末葉〜18世紀前半】商場知行制から場所請負制への転換期にあたる。陶磁器では、肥前大橋編年Ⅳ期のうち前半期の製品を含む。元文元年（1739）の樽前山噴火により降下した火山灰（Ta-a）が指標となる。

【18世紀後半】肥前大橋編年Ⅳ期後半の陶磁器を含む。政治史的には、寛政元年（1789）のクナシリ・メナシの戦い、同11年（1799）の東蝦夷地幕領化が注目される。

【19世紀初頭〜前葉】器種の多様化が進むと同時に、磁器の比率が高まる。政治史的には、文化4年（1807）から文政4年（1821）の全蝦夷地幕領化（第1次蝦夷地幕領期）とそれに伴う松前藩の奥州梁川移封、東北諸藩による蝦夷地警備が重要である。

【19世紀中葉】政治史的には、文政4年（1821）の松前藩復領、安政元年（1854）の箱館開港、翌年に渡島半島の一部を除いて行われた幕領化（第2次蝦夷地幕領期）が重要である。五稜郭跡や松前藩戸切地陣屋跡、白老仙台藩陣屋跡のように使用時期が限定できる遺跡から基準資料となる陶磁器が多量に出土している。

陶磁器の産地および年代は、発掘調査報告書などの記載を参考としたが、同定に疑問の残る資料についてはできるだけ実見し、修正を加えている。最終的に本章では、越後産の焼酎徳利のみ確認されている遺跡を除き、70遺跡、101地点の資料が調査対象となった（表17）。遺跡は、その性格から、和人が暮らす城郭・陣屋・寺社・町屋、アイヌによって営まれたチャシや集落（住居跡・貝塚・墓を含む）、和人とアイヌの両者が会する運上屋・番屋・港など「場所」関連施設、その他（性格不明を含む）の4種類に大別した。

（3）時期毎の様相

【16世紀末葉〜17世紀初頭】（図83）

和人地では、中世から引き続き北方交易の拠点として機能してきた上ノ国と、松前氏が新たに蝦夷地経営の拠点とした福山館跡において陶磁器の出土が確認される。

福山館跡では、明末青花の碗・皿類（1〜4）、肥前胎土目積み陶器小皿（7）、絵唐津大皿（8）といった食膳具がみられる。また、瀬戸・美濃焼の天目碗（5）や、志野の向付（6）のような茶陶も確認できる。擂鉢は、越前焼（9）・備前焼（10）のみで、量的には前者が多い。

188　第Ⅲ章　和人の北方進出と蝦夷地の内国化

表17　北海道・サハリン・千島・カムチャッカ半島における近世陶磁器出土遺跡一覧表

区分	所在地	出土地	遺跡の年代・性格	中国 景徳鎮窯	漳州窯	瀬・美 大窯	登窯	越前	備前	備前系	須佐唐津	肥前口緑鉄釉	肥前全面鉄釉	上野・高取系	肥前陶磁器(大橋編年) I	II	III	IV	V	肥 胎土目	砂目
和人地	上ノ国町	上之国勝山館跡(昭和55年度)	15C後半〜16C末、蠣崎氏の居館			△		◎							C							
		上之国勝山館跡(昭和57年度)						△							C			P		△	
		上之国勝山館跡(昭和60年度)						◎							C					△	
		上之国勝山館跡(昭和63年度)				△		◎							C					△	
		上之国勝山館跡(平成元年度)		○		△									C					○	
		上之国勝山館跡(平成13年度)						◎												△	
		上ノ国漁港遺跡	松前藩の交易港			○	△	○	○	○	◎	○	○		C	CP	CP	CP	P	△	○
		上ノ国市街地(向井宅地点)		○	○	○	△		△			◎			C	CP	CP	CP	P	○	○
		上ノ国市街地(分布調査)		△	◎	○		△				◎			C	CP	CP	CP	P		△
		上ノ国市街地(森兼夫氏宅地点)		◎	△	△		△				◎				CP	CP	CP	P		△
		上ノ国市街地(長谷川氏宅)	中世〜近世、勝山館下の集落	◎	△	◎		◎			△	◎			C	CP	CP			○	△
		上ノ国市街地遺跡(山本吉春氏宅地点)		△		△	△					△			C	CP	CP			△	
		上ノ国市街地遺跡(平成19年度)									△						CP	P	P		
		笹浪屋敷遺跡						△							C	P	CP	CP		△	
		宮ノ沢川右岸地区	16C末〜19C、勝山館の中心直下、根小屋想定地区	○	○	○		◎		○		△	△		C	C			P	◎	○
		宮ノ沢川右岸・左岸地区	16C末〜19C、勝山館、網元笹浪家住宅					△							C	C	P	P	P		
		ホド長根地区	檜山番所もしくはその付属施設の可能性															P			
		洲崎館跡(平成11・12年度)	中世の城館、館内に建立された毘沙門天社は安永7年(1778)焼失					△				○	○			CP	CP	CP			
		洲崎館跡(平成13年度)															P	P			
		比石館跡内外分布調査	道南十二館の1つ、長禄元年(1456)コシャマインの乱で陥落	△	△										C						
		宇向浜地区分布調査	洲崎館跡に隣接する集落										△				P	P			
		愛石山遺跡	近世の墓域?														CP	P			

3　近世陶磁器からみた蝦夷地の内国化　189

C＝陶器、P＝磁器　　1〜4点＝△、5〜9点＝○、10点以上＝◎、記述のみは△

※肥前産陶磁器については、特徴的な製品について、それぞれ陶器・磁器の欄でとりあげ、それ以外は大橋編年にあてはめて示している。なお、肥前産の擂鉢は、擂鉢の欄を参照のこと。

| 肥前陶器 ||||||||| 肥前磁器 ||||||||||| 越後系酒徳利 | 上野・高取系中甕 | 肥前系地方窯 | 瀬戸・美濃系磁器 | 備考 | 文献 |
溝縁皿	京焼風	呉器手	刷毛目	青緑釉	三島手	二彩手	壺・甕（円）	壺・甕（格）	初期伊万里	高台無釉碗	陶胎染付	くらわんか手	筒型碗	広東碗	端反碗	湯呑碗	膾皿	コンプラ瓶	笹絵徳利						
																				△				志野焼の碗1点出土	上ノ国町教育委員会 1981
																				△		△			上ノ国町教育委員会 1983a
																								志野焼の口縁部小破片1点／楽茶碗1点出土	上ノ国町教育委員会 1986
																								志野焼の皿1点出土	上ノ国町教育委員会 1989
																								志野焼32点／唐津焼54点出土	上ノ国町教育委員会 1990
																								志野焼10点、唐津焼12点	上ノ国町教育委員会 2002a
	△	○	○	△	△	△		△	△	◎		○	○	○		△		○	○	△	○	○	○	須佐唐津の鉢、高取焼の鉢、壺屋焼の徳利あり	上ノ国町教育委員会 1987b
△			△				△	△	△					△										肥前磁器の香炉・仏飯器あり／Ko-d(1640年降下)を挟んで上下から17C代の陶磁器出土	上ノ国町教育委員会 1999b
		○	△					◎	△														△	TP26(16C末〜17C初頭)／人形型の灯心押さえ1点出土	上ノ国町教育委員会 1999b
△																						△		人形型の灯心押さえ1点／大半がⅡ層(包含層−17C主体)から出土	上ノ国町教育委員会 2000b
△	△	△		△				△	○	△														16C末〜17C中葉が主体／天目碗や向付といった茶陶あり	上ノ国町教育委員会 2002b
△			△																						上ノ国町教育委員会 2006b
												△													上ノ国町教育委員会 2008b
																		△						16C〜17C初頭の陶磁器は49点	上ノ国町教育委員会 1996b
△									△									△						Ko-d(1640年代降下)の下から16C末〜1630年代の一括資料出土(Ⅱc・Ⅱd層・土坑5・13)／越中瀬戸の皿・擂鉢が1点ずつ出土	上ノ国町教育委員会 2000b
		△						△					○			△					△			志野焼4点	上ノ国町教育委員会 2001b
																								肥前磁器碗1点出土(1670〜1710年代)	上ノ国町教育委員会 2000b
			△	△														△			△			18C〜19Cが主体	上ノ国町教育委員会 2001b
												○												遺物から15C後葉〜17C前葉まで空白期間があるとみられる	上ノ国町教育委員会 2002b
																									上ノ国町教育委員会 2001b
												△	△	△							△			当地区のほぼ中央に位置する川裾神社は天保2年(1831)創立と伝えられる	上ノ国町教育委員会 2001b
				△								○								○				土葬墓9基、火葬墓2基を検出	上ノ国町教育委員会 2007b

第Ⅲ章 和人の北方進出と蝦夷地の内国化

区分	所在地	出土地	遺跡の年代・性格	中国 景徳鎮窯	中国 漳州窯	瀬・美 大窯	瀬・美 登窯	摺鉢 越前	摺鉢 備前	摺鉢 備前系	摺鉢 須佐唐津	摺鉢 肥前口縁鉄釉	摺鉢 肥前全面鉄釉	摺鉢 上野・高取系	肥前陶磁器 I	II	III	IV	V	肥 胎土目	砂目
和人地	松前町	羽根差遺跡	漁村															P	P		
		福山城跡(昭和59年度)						△	△	△		△	△					P	P		
		福山城跡(昭和60年度)																P	P		
		福山城跡(昭和61年度)								△								CP	P		
		福山城跡(昭和62年度)		○				△	△		△			CP	CP	CP	P			
		福山城跡(昭和63年度)		○	△			△	△		△			C	CP	P	CP	P	△	△
		福山城跡(平成元年度)		○		△	△	△	○		△			C	P	CP	P			
		福山城跡(平成2年度)	慶長11年(1606)～安政元年(1854)は福山館期、それ以降明治8年(1875)まで福山城期	○			△		○		△		C	C	P	P		△		
		福山城跡(平成4年度)		○		△		△		△			C		P	P		△		
		福山城跡(平成5年度)				△		△					CP	P	P	P		△		
		福山城跡(平成6年度)												CP	CP	P				
		福山城跡(平成7年度)					△	△	△					CP	CP	P				
		福山城跡(平成9年度)													P	P				
		福山城跡(平成15年度)														P				
		福山城跡(平成16年度)													P	P				
		福山城跡(平成19年度)					△	△		△					P	CP				
		福山城跡(町道馬坂線)		△			△		△		△				CP	P				
		東山遺跡	松前藩家臣の屋敷地、墓域		△			△			△				CP	P				
		福山城下寺院街	元和5年(1619)移設の寺町				○	△	△	◎		C					△			
		福山城下町遺跡Ⅳ	近世福山城下の町屋											P	P	CP	P			
	北斗市	矢不来3遺跡	性格不明													P				
		矢不来天満宮跡	中世茂別館の館神、元禄14年(1701)に再建			△										CP	P			

3 近世陶磁器からみた蝦夷地の内国化　191

前陶器								肥前磁器										越後焼酎徳利	上野・高取系中甕	肥前系地方窯	瀬戸・美濃磁器	備考	文献
溝縁皿	京焼風	呉器手	刷毛目	青緑釉	三島手	二彩手	壺・甕(円)	壺・甕(格)	初期伊万里	高台無釉碗	陶胎染付	くらわんか手	筒型碗	広東碗	端反碗	湯呑碗	膾皿	コンプラ瓶	笹絵徳利							
																									上ノ国町教育委員会 2007b
											△		△	△		△			△	○		瓦が多数出土／焙烙、火入れ、土瓶などあり	松前町教育委員会 1985
																									松前町教育委員会 1986
											△					△			△		○	搦手門石垣の裏込めに用いた砂利中に、摩滅した大量の陶磁器が含まれる	松前町教育委員会 1987
				△							△					△			△	△		肥前産脚付き青磁大皿あり／清朝磁器が若干あり	松前町教育委員会 1988
△		△	△							△		○	△	△	△		△		△		△	清朝磁器・西洋磁器／SX-1(福山城期)から幕末を中心とする陶磁器／SX-2(福山館期)から18C後半を中心とする陶磁器が出土	松前町教育委員会 1989
										△										△		悪戸焼の擂鉢1点出土／地下蔵様遺構から陶磁器が大量に出土している	松前町教育委員会 1990
				△									○					○					関西系の色絵陶器碗あり／S-11ピットから18C代のややまとまった陶磁器が出土	松前町教育委員会 1991
						△												○	△	△		土瓶や紅皿、清朝磁器なども出土／陶磁器は幕末〜明治が主体	松前町教育委員会 1993
					△	△									△		○			△			関西系色絵陶器碗	松前町教育委員会 1994
	△		○		△								◎				△							京・信楽系色絵陶器碗1点／朝鮮産色陶器碗(?)1点／肥前産色絵磁器皿1点	松前町教育委員会 1995
											△							△				素焼き灯明皿2点／肥前産色絵磁器皿1点／信楽系陶器壺1点	松前町教育委員会 1996
																△	△					素焼きコンロ2点／産地不明磁器人形1点	松前町教育委員会 1998
						△									△			△			△	△		松前町教育委員会 2004b
											△			△					△		○		松前町教育委員会 2005a
															△			△		△			松前町教育委員会 2008a
										△	△	△			△			△					17C代〜明末の青花皿1点、西洋産の皿1点出土	松前町教育委員会 1992
					△	△					◎	○	○	○	◎	○	◎	○					悪戸焼の油壺が1点／高取焼の擂鉢あり	松前町教育委員会 2005b
					△	△							△	△	△		△				◎		寺院墓地における採集品(弘前大学蔵)／胎土目積み小皿は磨減が激しく、海砂利等による混入か	
		△														△					△	△		16C代とみられる中国産青磁小皿1点出土	松前町教育委員会 2008b
												△											上磯町教育委員会 1990
													△		△			◎			△		○	瀬戸・美濃系の灯明皿／肥前の香炉・火入れ・御神酒徳利	上磯町教育委員会 1988

第Ⅲ章 和人の北方進出と蝦夷地の内国化

区分	所在地	出土地	遺跡の年代・性格	中国 景徳鎮窯	漳州窯	瀬・美 大窯	登窯	越前	備前	播 備前系	鉢 須佐唐津	肥前口縁鉄釉	肥前全面鉄釉	上野・高取系	肥前陶磁器(大橋編年) Ⅰ	Ⅱ	Ⅲ	Ⅳ	Ⅴ	肥 胎土目	砂目
和人地	北斗市	松前藩戸切地陣屋跡(昭和57年度)	安政2年(1855)～明治元年(1868)、松前藩の陣屋跡							△			△						C	P		
		松前藩戸切地陣屋跡(昭和58年度)								△			△						C	P		
		松前藩戸切地陣屋跡(昭和59年度)	安政2年(1855)～明治元年(1868)、松前藩の陣屋跡																	P		
		松前藩戸切地陣屋跡(昭和60年度)																		P		
		厚沢部町・北斗市(旧大野町)の町境付近の山林	松前藩の番屋が設けられていたとされる場所付近																	P		
	函館市	五稜郭跡(昭和60～平成元年)	箱館奉行所跡、安政4年(1857)～明治2年(1869)							○			△						P	CP		
		五稜郭跡(平成17年度)										△								P		
	江差町	茂尻C遺跡	幕末～明治																	P		
	厚沢部町	館村開墾御役所跡	安政年間設置の松前藩の役所																	P		
東蝦夷地	千歳市	美々8遺跡(低湿部)	アイヌコタンおよび「送り場」、場所関係の番屋跡	△						△					C	CP	P	P		△	△
		トメト川3遺跡	17C中ごろの平地住居跡									△					C					
		釜加遺跡	Ta-a火山灰(1739年降下)以前の住居跡					△														
	平取町	イルエカシ遺跡	寛文7年(1667)以前のアイヌコタン							△		△				CP						
		ユオイチャシ跡	寛文7年(1667)以前のアイヌチャシ	△																		
		ポロモイチャシ跡	寛文7年(1667)以前のアイヌチャシ																		△	
		二風谷遺跡	アイヌチャシ?コタン?	△																		
		ペナコリ1遺跡	性格不明																	P		
	苫小牧市	弁天貝塚	幕末～明治10年頃のユウフツ場所中心地							△		○	◎	△				CP	CP			
	伊達市	有珠善光寺2遺跡	幕末～明治アイヌ期の貝塚									△								P		
	白老町	白老仙台藩陣屋跡	安政3年(1856)～慶応4年(1868)、仙台藩の陣屋跡									△						CP	P			
	日高町	シノタイⅠ-A遺跡	近世の貝塚																P			
	釧路市	下仁々志別竪穴群	幕末～明治初頭の住居跡																P			
	釧路市	トプー遺跡	アイヌ文化期の貝塚																P			

3 近世陶磁器からみた蝦夷地の内国化

前 陶 器									肥 前 磁 器											越後焼酎徳利	上野・高取系中甕	肥前系地方窯	瀬戸・美濃磁器	備　考	文　献
溝縁皿	京焼風	呉器手	刷毛目	青緑釉	三島手	二彩手	壺・甕（円）	壺・甕（格）	初期伊万里	高台無釉碗	陶胎染付	くらわんか手	筒型碗	広東碗	端反碗	湯呑碗	膾皿	コンプラ瓶	笹絵徳利				
															△	△	△		△		△	○	SK-8より安政2年(1855)〜明治元年(1868)の一括資料出土／箱館焼の茶碗1点	上磯町教育委員会 1983
															△	△	△		△	△	△	◎	燗徳利、土瓶、行平鍋素焼コンロ、焙烙、散り蓮華、紅皿、水滴など	上磯町教育委員会 1984
															△		◎	△	△	△	△	◎		上磯町教育委員会 1985
																○		△				△	SB-13より段重がまとまって出土	上磯町教育委員会 1986
																		△					完形のコンプラ瓶1点表採／松前藩の番所と関係あり？	厚沢部町教育委員会所蔵の資料を筆者実測
																	△	◎	△	△		◎	肥前系は上手製品、瀬戸・美濃系、京・信楽系は雑器が多い／箱館焼なども出土	函館市教育委員会 1990
																	△		△			◎	陶磁器類が985点、瓦類は121点出土／食膳具・調理具が多く、貯蔵具がそれに次ぐ	函館市教育委員会 2006
																				○	◎		写真のみ	江差町教育委員会 1989
																		△					御役所跡よりコンプラ瓶2点、ほか陶磁器片多数が表採された	厚沢部町教育委員会 2008
△									△			△											Ta-b(1667年降下)の下層から唐津焼砂目皿出土／中国龍泉窯青磁碗1点	北海道埋蔵文化財センター 1990・1996a・1996c
																							肥前産擂鉢1点のみ	千歳市教育委員会 2004
																							産地不明の徳利破片が出土	千歳市教育委員会 1967
									△														18号建物跡から初期伊万里皿、唐津焼擂鉢、備前焼擂鉢が一括出土／天目碗は唐津系か？	平取町遺跡調査会 1989
																							Ta-b火山灰(1667年降下)下層から出土	北海道埋蔵文化財センター 1986
																							Ta-b火山灰(1667年降下)下層から出土	北海道埋蔵文化財センター 1986
																								平取町教育委員会 1987
														△		△		△						平取町教育委員会 1997b
			△												◎		◎	△	△	◎	○	△	焼酎徳利1,013点	苫小牧市教育委員会 1987・1988・1989
																△			△			△	1・4号貝塚から19C前葉〜中葉の一括資料出土／相馬焼・切込焼小坏、素焼コンロあり	伊達市教育委員会 2005
															△		△	△	△			◎	灯明皿、そば猪口、急須、土瓶、行平鍋、素焼コンロなど	白老町教育委員会 1982
																								門別町教育委員会 1985
																			◎	△			遺物は住居跡の窪みに集中	阿寒町教育委員会 1983
																								釧路川流域史研究会 1984

第Ⅲ章　和人の北方進出と蝦夷地の内国化

区分	所在地	出土地	遺跡の年代・性格	中国 景徳鎮窯	漳州窯	瀬・美 大窯	登窯	擂鉢 越前	備前	備前系	須佐唐津	肥前口縁鉄釉	肥前全面鉄釉	上野・高取系	肥前陶磁器(大橋編年) Ⅰ	Ⅱ	Ⅲ	Ⅳ	Ⅴ	肥 胎土目	砂目
東蝦夷地	標茶町	元村遺跡	幕末～明治初頭の「送り場」か																P		
	斜里町	オンネベツ川西側台地遺跡	近世アイヌ文化期の墳墓・貝塚																P		
		遠音別川西側台地遺跡																	P		
		クシュンコタン遺跡	近世アイヌの集落																		
	厚岸町	国泰寺跡	文化2年(1805)に幕府により建立された蝦夷三寺のひとつ										△					P	P		
		苫多48号遺跡	性格不明																		
	根室市	穂香川右岸遺跡	幕末～近代、場所関係						△										P		
	標津町	野付キラク町跡	国後島への中継基地																P		
	別海町	野付通行屋跡遺跡Ⅰ	寛政11年(1799)、根室場所の交易拠点										△								
		野付通行屋跡遺跡Ⅱ						△										P	PC		
	小清水町	フレトイ貝塚	18C後半～19C初頭、アイヌの貝塚																P		
西蝦夷地	せたな町	瀬田内チャシ跡	16C末葉～18C前半、セタナイ場所の中心地	○	△	△	△	○	△	△	△	△	△		C	CP	CP	CP		△	△
		天内山遺跡	チャシ跡・貝塚	△				△													
	余市町	大川遺跡(1989～94年度)	上ヨイチ場所(16C末～近代)	○			△		△	△		△	△				CP	CP	CP		
		大川遺跡(1998年度)	近世～近代の貝塚																P	P		
		大川遺跡(2003年度)	近世～近代の貝塚																P	P		
		入舟遺跡(1995・97年度)	下ヨイチ場所、アイヌの墓および貝塚				○			○	○	△						CP	CP			
		入舟遺跡(1998・99年度)																	P			
		フゴッペ貝塚	住居跡・貝塚																P			
		ヌッチ川遺跡	近世アイヌ文化期の貝塚																P			
	天塩町	天塩川口遺跡	性格不明															P				
	稚内市	泊岸1遺跡	近世アイヌの墓地(18Cか)														P					
	小樽市	忍路神社遺跡	近世の貝塚						△										C	P		
		蛯潤2・3遺跡	幕末～明治初頭のニシン竈跡						△										P	P		

3 近世陶磁器からみた蝦夷地の内国化　195

肥前陶器								肥前磁器										越後焼酎徳利	上野・高取系中甕	肥前系地方窯	瀬戸・美濃磁器	備　考	文　献
溝縁皿	京焼風	呉器手	刷毛目	青緑釉	三島手	二彩手	壺・甕(円)	壺・甕(格)	初期伊万里	高台無釉碗	陶胎染付	くらわんか手	筒型碗	広東碗	端反碗	湯呑碗	膾皿	コンプラ瓶	笹絵徳利						
																			△	◎	△			標茶町教育委員会 1998
														○			△		◎	△	△		近隣にアイヌコタンが存在？／「場所」関係？	斜里町教育委員会 1993b
																	△		△	△				斜里町教育委員会 2002
																			○				徳利が多数出土	斜里町教育委員会 2006
											△		△		△						△			厚岸町教育委員会 1999・2000・2001
																			△					厚岸町教育委員会 1981
													○	△		○	◎	○	◎			○	磁器徳利が約25個体、焼酎徳利が約120個体	北海道埋蔵文化財センター 2005
																		○					コンプラ瓶6個体を海岸で採集	長沼 1997
															○		△				△			別海町教育委員会 2004
											△			△	○		○	○	◎		○			別海町教育委員会 2007
																							白磁碗は17C後半まで遡る可能性あり	小清水町 1989
△	△	△	◎	○	△				○	△		◎					△						嬉野町吉田2号窯跡の色絵大皿1点／志野焼の小皿2点／肥前産白磁香炉や染付の瓶類、武雄系唐津製品などが出土	北桧山町教育委員会 1980
																							山茶碗として報告されたものは、肥前内野山系陶器の可能性あり（『上ノ国漁港遺跡』より）	峰山・金子・松下・竹田 1971
	△		△	○			△				△	◎	△	△	△	◎	◎	◎	◎	○	○	△	肥前産色絵磁器皿1点／コンプラ瓶が大量に出土／土瓶、紅皿、仏飯器、戸車、耳付鍋、素焼きコンロなど器種が豊富／悪戸焼油壺2点	余市町教育委員会 2000a・2000b・2000c・2000d
														△	△	△	○		◎		△			余市町教育委員会 2000e
										△			△		△		○							余市町教育委員会 2004
												○		○	△		◎	○	○				額型皿、土瓶、紅皿、仏花瓶、御神酒徳利、素焼きコンロ／京・信楽系の小碗／箱館焼の小碗あり	余市町教育委員会 1999
														△	△	△			◎			○	肥前系膾皿、焼酎徳利が多数出土	余市町教育委員会 2000f
																							尾道産酢徳利2点あり／1,676点のうち多くは明治以降	北海道埋蔵文化財センター 1991
																△	○		○				徳利・皿・茶碗・甕・蓋物などがある	峰山 1958
												△												天塩町教育委員会 1971
																							8歳程度の男性アイヌの副葬品	稚内市教育委員会 2000
			△													△			△					小樽市教育委員会 1996
															△				○		◎	△	SM10から高取焼甕と瀬戸新製焼が共伴	小樽市教育委員会 2004

区分	所在地	出土地	遺跡の年代・性格	中国 景徳鎮窯	中国 漳州窯	瀬・美 大窯	瀬・美 登窯	擂鉢 越前	擂鉢 備前	擂鉢 備前系	擂鉢 須佐唐津	擂鉢 肥前口縁鉄釉	擂鉢 肥前全面鉄釉	擂鉢 上野・高取系	肥前陶磁器(大橋編年) I	II	III	IV	V	肥 胎土目	砂目
西蝦夷地	小樽市	船浜遺跡III	近世の貝塚							△								P			
		桃内遺跡	近世の貝塚																P		
	神恵内村	神恵内観音洞窟	近世後半〜明治初頭の貝塚?																P		
		神恵内観音2号洞窟																			
	泊村	茶津遺跡	漁村																		
		堀株神社遺跡	岩内場所に属する番屋?															P	P		
	石狩市	聚富川口遺跡	石狩川河口の交通の要所																P		
樺太・千島	サハリン	サハリン島 三ノ沢和人遺跡	和人居住地?																		
		東多来加遺跡	竪穴住居跡																P		
	占守島	別飛第二号竪穴住居跡	竪穴住居跡																		
	カムチャッカ半島	カムチャッカ半島 ジュパノヴォ遺跡	近世アイヌ文化期の住居跡															P			

　上ノ国では、Ko-d の下層から16世紀末葉〜17世紀中葉の良好な一括資料が出土している。上ノ国市街地遺跡（向井氏宅地点）では、青花の碗・皿（11）や、瀬戸・美濃焼小皿（12・13）・天目碗（14）、肥前胎土目積み陶器小皿（15〜18）、絵唐津大皿（36）、越前焼擂鉢（24）がみられる。それに対して勝山館の直下に位置し、根小屋の存在が想定されている宮ノ沢川右岸地区からは、絵唐津の向付（28）や備前焼擂鉢（29）など、市街地遺跡のものよりやや上手の製品が出土している。

　西蝦夷地では、瀬田内チャシ跡においてまとまった量の陶磁器が出土しており、青花（37〜40）、瀬戸・美濃焼天目碗（41）、絵唐津の鉢（45）肥前胎土目積み陶器小皿（46）、越前焼や備前焼の擂鉢（48・49）というように、和人地の遺跡にみられる器種構成とほぼ共通する内容となっている。余市町の大川遺跡や天内山遺跡からは、青花や備前焼擂鉢が出土しているが、数は少ない。

　東蝦夷地では、沙流川流域のアイヌコタンやチャシから、少量の陶磁器が出土している。ユオイチャシ跡と二風谷遺跡からは青花が、イルエカシ遺跡とポロモイチャシ跡からは肥前陶器（50）が出土しており、これらは一つのまとまりとして捉えられる。また、石狩低地帯の美々8遺跡は、日本海側の石狩と太平洋側の勇払を結ぶ河川ルートの要衝として機能したと考えられ、出土陶磁器（51・52）の量は多くないものの、東蝦夷地の中では長期間存続する遺跡として注目されよう。

【17世紀前葉〜中葉】（図84）

　福山館跡では、青花（1）、初期伊万里（3〜5）、肥前砂目積み陶器（2）などの皿類がみられる。17世紀中葉頃の製品には、蛇の目高台の青磁皿（6）、脚付き青磁皿（7）、高台内無釉の染付碗

肥前陶器								肥前磁器										越後焼酎徳利	上野・高取系中甕	肥前系地方窯	瀬戸・美濃磁器	備考	文献
溝縁皿	京焼風	呉器手	刷毛目	青緑釉	三島手	二彩手	壺・甕（円）	壺・甕（格）	初期伊万里	陶胎染付	高台無釉碗	くらわんか手	筒型碗	広東碗	端反碗	湯呑碗	蓋皿	コンプラ瓶	笹絵焼酎徳利						
									△																小樽市教育委員会 2003
																		△	△					陶器は鉢・甕・徳利、磁器は碗・皿・とっくりなど	名取・松下 1964
																						△		東北系とみられる陶器も出土	神恵内村教育委員会 1984
																				△		△			小樽市博物館 1982
																				△				徳利や印判手小皿、茶碗など近代の陶磁器も出土	北海道文化財研究所 1991
												△								△					泊村教育委員会 1996
																		△							長沼 1997
																				△				産地不明陶器甕、越後産焼酎徳利	新岡・宇田川 1992
																				△				越後産焼酎徳利2点、ロシア製カップ1点、肥前産磁器皿1点	馬場 1979a
																				△				越後産焼酎徳利1点、ロシア製カップ1点	馬場 1979b
																								肥前磁器、東北系陶器などが出土	野村・杉浦 2000

(8)、三島手大鉢（9）といった肥前陶磁器があり、擂鉢でも肥前産（11）が加わる。

上ノ国では、市街地遺跡（長谷川氏宅地点）Ⅳ層において一括資料が出土しており、瀬戸・美濃焼の天目碗（17）や絵唐津（27）のように、茶陶と思われるやや古手の製品を含むものの、肥前製品主体の組成となる。

西蝦夷地の瀬田内チャシ跡においても初期伊万里の皿（43・44）がみられ、肥前溝縁陶器小皿（36）や、高台無釉の小坏（38）といった量産品も確認できる。17世紀中葉に生産され、本来的には東南アジア向けの輸出製品と考えられている日字鳳凰文皿（45・46）や嬉野市吉田山の製品とみられる色絵磁器大皿（47）は注目される[3]。大川遺跡では、少量の初期伊万里（51～53）に加え、17世紀中葉の肥前磁器小皿（54）や備前焼擂鉢（55）が確認できた。

東蝦夷地では、釜加遺跡の備前焼擂鉢、トメト川3遺跡の肥前陶器擂鉢、イルエカシ遺跡の肥前陶器擂鉢（58）・備前焼擂鉢（59）というように、アイヌ集落における擂鉢の出土が目立つ。これらはいずれも使用による擂目の磨滅が見られない。アイヌの伝統的な食生活において擂鉢は不要であることから、和人との交易を通して入手された擂鉢は、本来的な調理具としてではなく、別の用途に転用されたのではなかろうか。

【17世紀後葉】（図85）

福山館跡では当該期の資料は少ないが、肥前京焼風陶器碗（1）や薄手の肥前産染付輪花型小皿（3）、染付大皿（7）のように、上手の製品がみられる。中でも、柿右衛門様式の色絵輪花型鉢（2）は、日本最北、道内唯一の出土例として重要である。柿右衛門様式の製品は主としてヨーロッパへの輸出向けに作られたものだが、国内でも熊本県人吉城跡、長崎出島オランダ商館跡、

198　第Ⅲ章　和人の北方進出と蝦夷地の内国化

● 城郭・陣屋・寺社・町屋
○ チャシ・集落・住居跡・貝塚・墓壙
▲ 「場所」関係（運上屋・番屋・港など）
△ その他（性格不明を含む）

蝦夷地

大川遺跡
天内山遺跡
美々8遺跡
イルエカシ遺跡
ユオイチャシ跡
ポロモイチャシ跡
瀬田内チャシ跡
二風谷遺跡
和人地
上之国勝山館跡
上ノ国町内遺跡
上ノ国漁港遺跡
松前（福山館跡）

※1　トーン部分は和人地を示す和人地の範囲については『幕藩制国家と北海道』（海保1978）13頁所収の〈〈図1「和人地」の北上〉〉をもとに作成した　他の図においても同様である
※2　和人地と蝦夷地の境は、寛永10年（1633）ころの史料による

1～10　福山館跡
11～24　上ノ国市街地遺跡（向井氏宅地点）
25～29　上之国勝山館跡（宮ノ沢川右岸地区）土壙5
30～36　上之国勝山館跡（宮ノ沢川右岸地区）Ⅱb層
37～49　瀬田内チャシ跡
50　ポロモイチャシ跡
51・52　美々8遺跡

中国磁器（1～4・11・30・31・37～40・51）
瀬戸・美濃陶器（5・6・12～14・26・27・32・41～43）
肥前陶器（7・8・15～23・25・28・33～36・44～47・50・52）
越前擂鉢（9・24・48）　備前擂鉢（10・29・49）

（7・8・40～42・47・49は筆者実測　他は各報告書より転載）

0　　　　20
　　　　　cm

図83　16世紀末葉～17世紀初頭の陶磁器

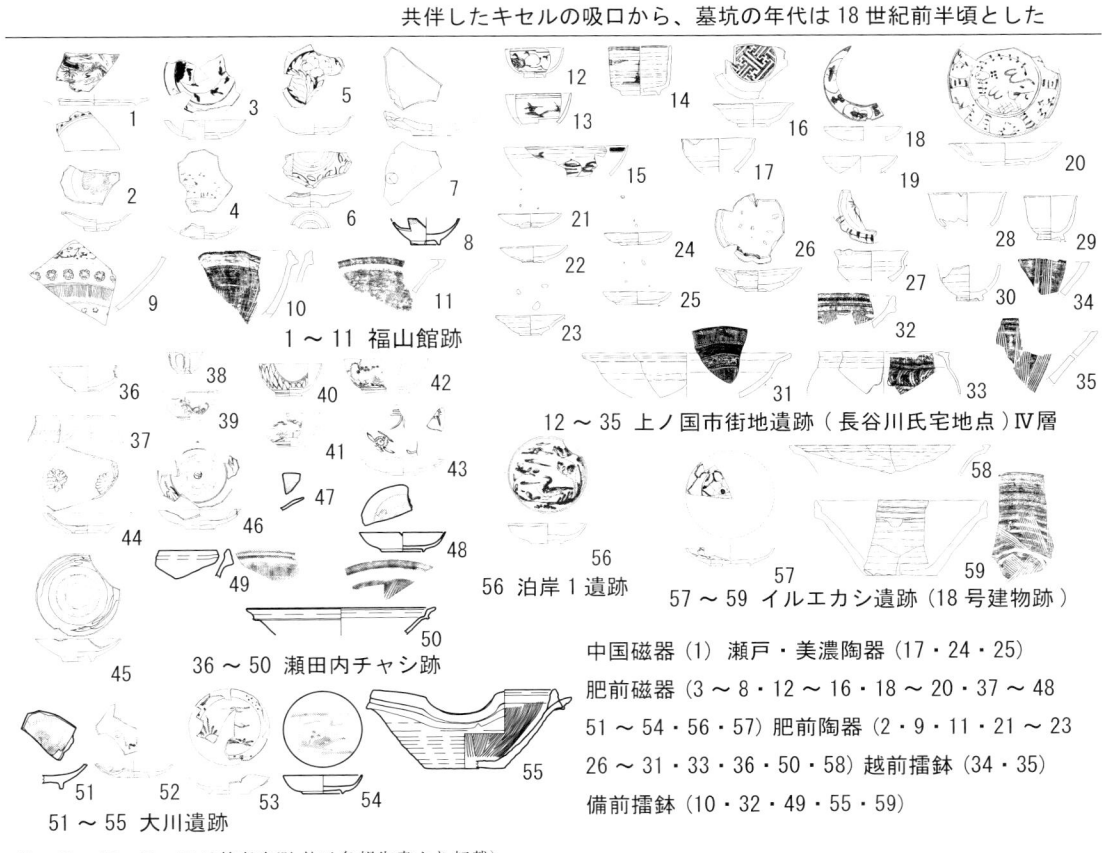

3 近世陶磁器からみた蝦夷地の内国化 199

※1 和人地と蝦夷地の境は、寛永十年（1633）ころの史料による
※2 泊岸1遺跡出土磁器（56）は17世紀中葉の所産だが、共伴したキセルの吸口から、墓坑の年代は18世紀前半頃とした

1〜11 福山館跡
12〜35 上ノ国市街地遺跡（長谷川氏宅地点）Ⅳ層
36〜50 瀬田内チャシ跡
56 泊岸1遺跡
57〜59 イルエカシ遺跡（18号建物跡）
51〜55 大川遺跡

中国磁器（1）瀬戸・美濃陶器（17・24・25）
肥前磁器（3〜8・12〜16・18〜20・37〜48・51〜54・56・57）肥前陶器（2・9・11・21〜23・26〜31・33・36・50・58）越前擂鉢（34・35）
備前擂鉢（10・32・49・55・59）

(8・47〜51・54・55は筆者実測 他は各報告書より転載)

図84　17世紀前葉〜中葉の陶磁器

200　第Ⅲ章　和人の北方進出と蝦夷地の内国化

● 城郭・陣屋・寺社・町屋
○ チャシ・集落・住居跡・貝塚・墓壙
▲ 「場所」関係（運上屋・番屋・港など）
△ その他（性格不明を含む）

蝦夷地

入舟遺跡　大川遺跡

美々8遺跡

瀬田内チャシ跡▲

上ノ国町内遺跡
上ノ国漁港遺跡
松前（福山館跡）

和人地

※和人地と蝦夷地の境は、寛永10年（1633）ころの史料による

1〜7　福山館跡

8〜13　上ノ国漁港遺跡

14〜30　瀬田内チャシ跡

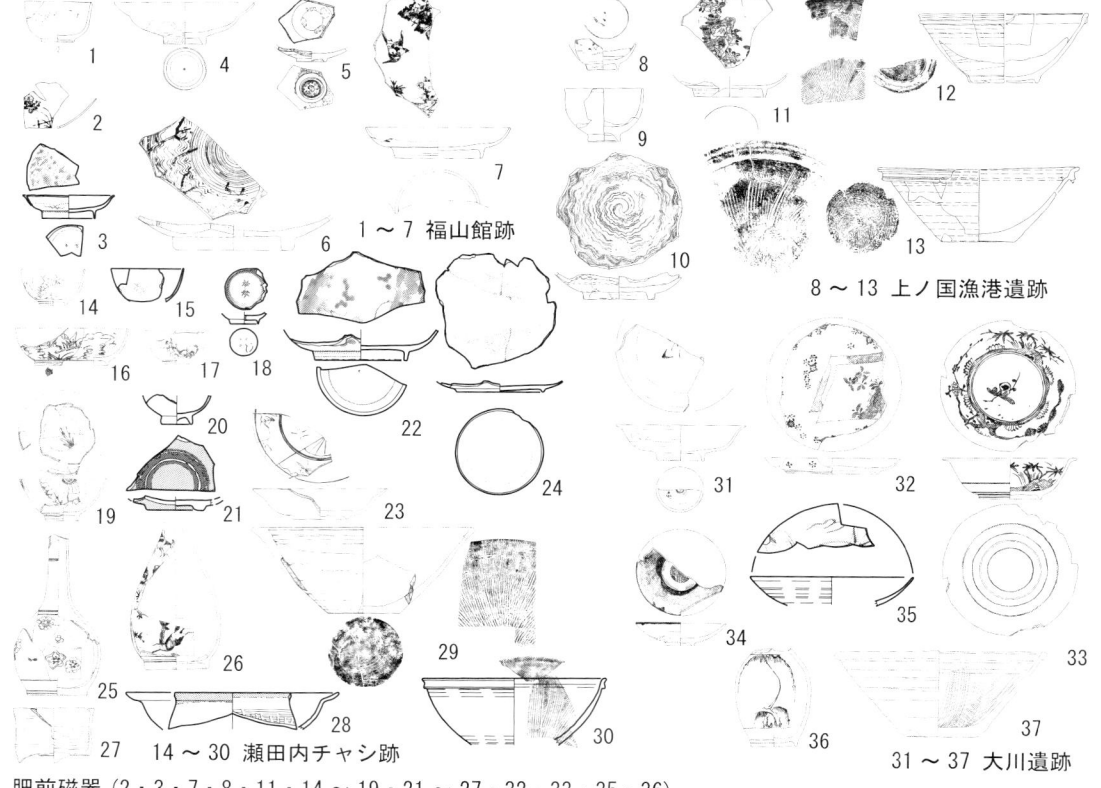

31〜37　大川遺跡

肥前磁器（2・3・7・8・11・14〜19・21〜27・32・33・35・36）
肥前陶器（1・4〜6・9・10・13・20・28・29・31・34・37）　須佐陶器（12・30）
（3・15・18・20〜22・24・28・30・35は筆者実測　他は各報告書より転載）

図85　17世紀後葉の陶磁器

徳島市丈六寺跡、大坂城跡、名古屋城三の丸遺跡、金沢市木ノ新保遺跡、渋谷区千駄ヶ谷六丁目遺跡、新宿区内藤町遺跡といった城郭・大名屋敷などから出土している（佐賀県立九州陶磁文化館 1999）。東北地方では、宮城県仙台城二の丸跡北方武家屋敷地区や山形県酒田市の亀ヶ崎城跡から柿右衛門様式の製品が確認されている。福山館跡から出土した柿右衛門様式の鉢は、松前が近世国家に組み込まれた一地方城下町であることを象徴する資料といえる。

　上ノ国でも、当該期の資料には恵まれていないが、17世紀中葉の資料と比較して、質・量ともに低下している。ただし、当該期から須佐焼の擂鉢（12）が出現する点は注目しておきたい。須佐焼の擂鉢は、西蝦夷地の交易拠点である瀬田内チャシ跡で17世紀後葉の製品を、福山館跡では18世紀前半・19世紀前半の製品を確認したが、北海道では上ノ国漁港遺跡からの出土量が最も多い。青森県では、五所川原市十三湊遺跡と東通村大平貝塚で須佐焼の擂鉢を確認しているが、弘前城跡の資料にはみられないなど、遺跡によって出方に違いがある。須佐焼の擂鉢は備前焼や肥前の擂鉢と比較して商品価値が低く、使用者に経済的な違いがあった可能性がある。

　上ノ国の衰退に対して、西蝦夷地の瀬田内チャシ跡は、17世紀中葉～後葉が最盛期で、陶磁器は質・量ともに和人地をも凌ぐ内容となっている。すなわち、肥前産色絵磁器碗（15）や染付大皿（22）、色絵磁器皿（23）などの高級品に加え、和人地でもみられない瓶子類（25・26）や白磁香炉（27）といったものが出土している。

　大川遺跡でも陶磁器の出土量が増加し、肥前京焼風陶器皿（31）や染付大皿（32）、色絵磁器皿（33）、瓶子類（36）というような高級器種がみられるようになる。

　東蝦夷地では、沙流川流域のアイヌ集落から陶磁器が出土しなくなる。美々8遺跡では、Ta-bとTa-aに挟まれた層から僅かに肥前磁器の碗と小坏が出土している。

【17世紀末葉～18世紀前半の陶磁器】（図86）

　和人地では、東在に位置する矢不来周辺からも陶磁器が出土するようになる。和人地では主体をなす肥前陶磁に加え、京焼の色絵、備前系擂鉢（11・30・38）、須佐焼の擂鉢（10・21）などがある。

　西蝦夷地では、瀬田内チャシ跡の陶磁器出土量が減少し、反対に大川・入舟遺跡で出土量が増える。瀬田内チャシ跡や大川・入舟遺跡から出土する17・18世紀代の陶磁器組成は基本的に本州や和人地と大差ない。

　稚内市泊岸1遺跡ではアイヌ墓から肥前大橋編年Ⅲ期の染付小皿（図2の56）が出土しているが、共伴したキセルから、副葬された時期は17世紀末～18世紀前半と考えられる。

　カムチャッカ半島東海岸のジュパノヴォ遺跡では、寛永通寶とともに肥前大橋編年Ⅳ期前半代の染付皿が出土しており、注目される（野村・杉浦 2000）。

　東蝦夷地では、美々8遺跡と弁天貝塚に少量の陶磁器がみられるが、引き続き石狩低地帯より東側の地域では道東の小清水町フレトイ貝塚から出土した白磁碗を除いて、陶磁器の出土が全く確認できない。

【18世紀後半の陶磁器】（図87）

　和人地・蝦夷地ともに、磁器は肥前に限られるが、肥前産の陶器は擂鉢を除いて急激に減少す

202　第Ⅲ章　和人の北方進出と蝦夷地の内国化

● 城郭・陣屋・寺社・町屋
○ チャシ・集落・住居跡・貝塚・墓壙
▲ 「場所」関係（運上屋・番屋・港など）
△ その他（性格不明を含む）

泊岸1遺跡
ジュパノヴォ遺跡
蝦夷地
フレトイ貝塚
入舟遺跡　大川遺跡
美々8遺跡
瀬田内チャシ跡
弁天貝塚
上ノ国町内遺跡
上ノ国漁港遺跡
和人地
矢不来天満宮跡
松前（福山館跡）
東山遺跡

※和人地と蝦夷地の境は、寛永10年（1633）ころの史料による

1～11　福山館跡
12～21　上ノ国漁港遺跡
31～39　大川遺跡
22～30　瀬田内チャシ跡

肥前磁器（1～6・8・12～16・22～26・31～35）
肥前陶器（7・9・17～20・27～29・36・37）
須佐陶器（10・21）　備前系擂鉢（11・30・38）

（9・10・23～27は筆者実測　他は各報告書より転載）

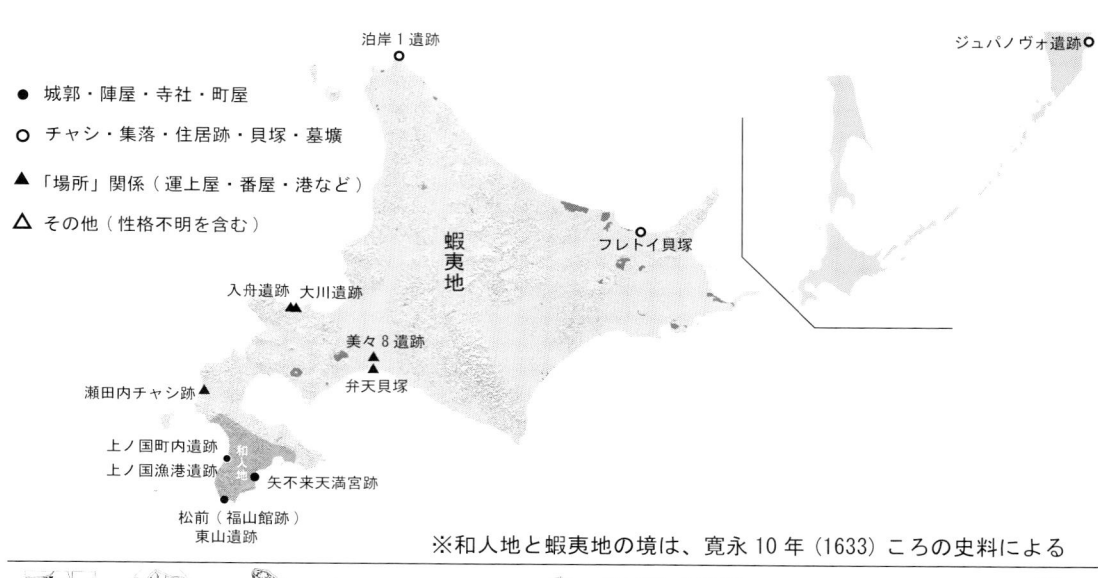

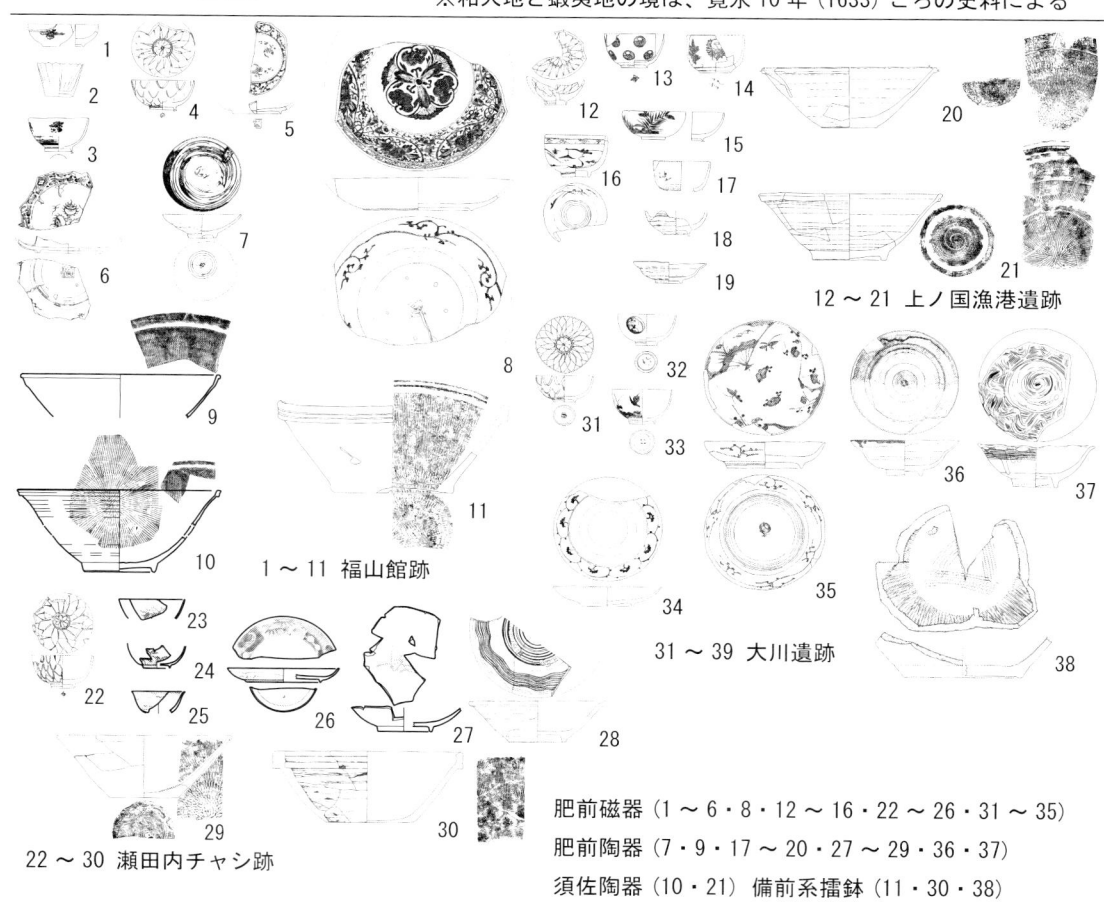

図86　17世紀末葉～18世紀前半の陶磁器

る。擂鉢は肥前産（10・25・33・47）が備前系（11・46）をやや上回る。和人地では京・信楽系陶器（4・5）も一定量認められる。

西蝦夷地では、積丹半島を挟んで西側の岩内周辺、東側の余市・小樽内周辺から出土する陶磁器の量が増す。蝦夷地の中で唯一、大川遺跡の陶磁器組成は松前など和人地と変わらず、肥前磁器大皿や蓋物などの高級器種や仏飯器がみられる。反対に出土した陶磁器をみるかぎり、16世紀代以来、日本海側の交易拠点であった瀬田内チャシがこの時代をもってその役目を終える。

東蝦夷地では、国後島へ渡海する際の要津であった野付半島から陶磁器が僅かではあるが出土し始めるとともに、釧路周辺でもアイヌ集落と考えられるトプー遺跡から肥前磁器皿が出土している。

【19世紀初頭〜前葉の陶磁器】（図88）
陶磁器の産地別組成は前段階から大きな変化はないが、東西蝦夷地ともに、陶磁器の分布に変化が現れる。

西蝦夷地では余市・小樽内周辺への集中が加速し、陶磁器を出土する遺跡数・出土量ともに急増する。

東蝦夷地では、国後島を望む道東、勇払、沙流川流域、噴火湾沿岸の遺跡から陶磁器が出土している。

道東では、第1次蝦夷地幕領化によりアイヌとの直接交易に関わる人馬継立・宿泊・郵便などを取り扱う施設として寛政11年（1799）に設置された野付通行屋跡や、根室半島の穂香川右岸遺跡から陶磁器が出土する。

勇払では、ユウフツ場所の中心に近く幕末期のアイヌの貝塚として知られる苫小牧市の弁天貝塚から当該期の陶磁器が出土している。

噴火湾沿岸では、文化元年（1804）、幕府により東蝦夷地に建立された所謂蝦夷三官寺のひとつ有珠善光寺に近い有珠善光寺2遺跡から陶磁器が出土している。

【19世紀中葉の陶磁器】（図89）
北海道から出土する陶磁器は、19世紀中葉に爆発的に増加するが、本州と比較した場合、器種の偏りという点で際だった特徴がみられる。すなわち、この時期、北海道では、肥前系磁器膾皿、上野・高取系甕、徳利（肥前笹絵徳利・コンプラ瓶・越後産焼酎徳利）の3器種（後述する「幕末蝦夷地3点セット」）が卓越する状況にある。これらは遺跡の性格により出土量にこそ違いはあるものの、遺跡の性格に関わらず、どの遺跡からも出土する。アイヌの人々が初めて日常生活で陶磁器を使うようになったのは19世紀中葉であり、その際、彼らが使用したのも「幕末蝦夷地3点セット」であったと考える。

19世紀中葉には、安政元年（1854）の箱館開港以降、相次いで構築された松前藩戸切地陣屋跡（1855〜69）、仙台藩白老陣屋跡（1856〜68）、五稜郭・箱館奉行所跡（1857〜69）などから、1850・60年代に限定できる陶磁器がまとまって出土しており注目される。

西蝦夷地では、引き続き余市やその東側に隣接し、慶應元年（1865）に村並として和人地化される小樽内周辺から多くの陶磁器が出土している。

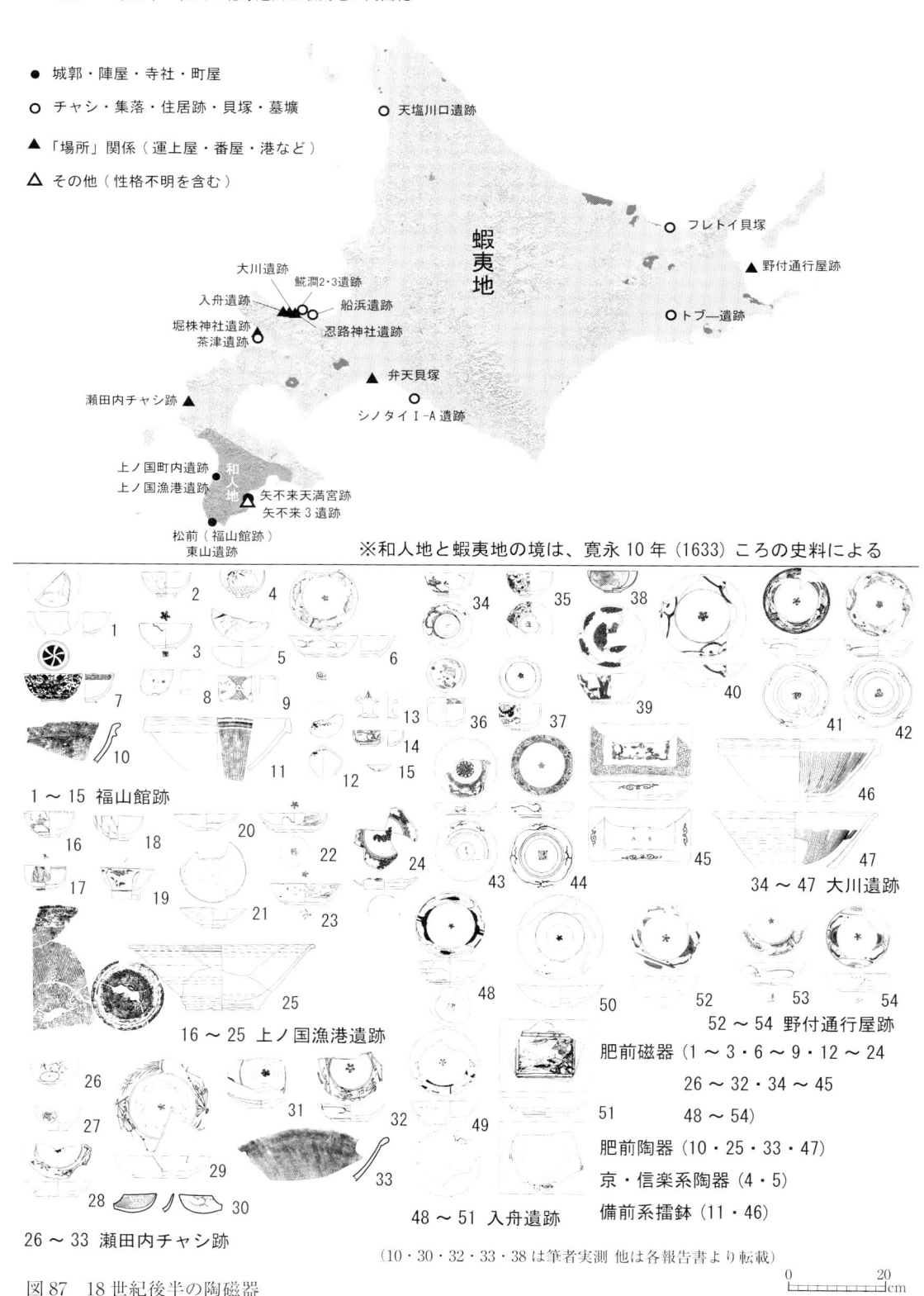

204　第Ⅲ章　和人の北方進出と蝦夷地の内国化

● 城郭・陣屋・寺社・町屋
○ チャシ・集落・住居跡・貝塚・墳墓
▲ 「場所」関係（運上屋・番屋・港など）
△ その他（性格不明を含む）

蝦夷地

○ 天塩川口遺跡
○ フレトイ貝塚
▲ 野付通行屋跡
○ トブー遺跡
大川遺跡
鯡澗2・3遺跡
入舟遺跡　　船浜遺跡
堀株神社遺跡　忍路神社遺跡
茶津遺跡
▲ 弁天貝塚
○ シノタイⅠ-A遺跡
瀬田内チャシ跡 ▲
和人地
上ノ国町内遺跡
上ノ国漁港遺跡
矢不来天満宮跡
矢不来3遺跡
松前（福山館跡）
東山遺跡

※和人地と蝦夷地の境は、寛永10年（1633）ころの史料による

1～15　福山館跡
16～25　上ノ国漁港遺跡
26～33　瀬田内チャシ跡
34～47　大川遺跡
48～51　入舟遺跡
52～54　野付通行屋跡

肥前磁器（1～3・6～9・12～24
　　　　　26～32・34～45
　　　　　48～54）
肥前陶器（10・25・33・47）
京・信楽系陶器（4・5）
備前系擂鉢（11・46）

（10・30・32・33・38は筆者実測　他は各報告書より転載）

0　　　20
└─┴─┴─┘cm

図87　18世紀後半の陶磁器

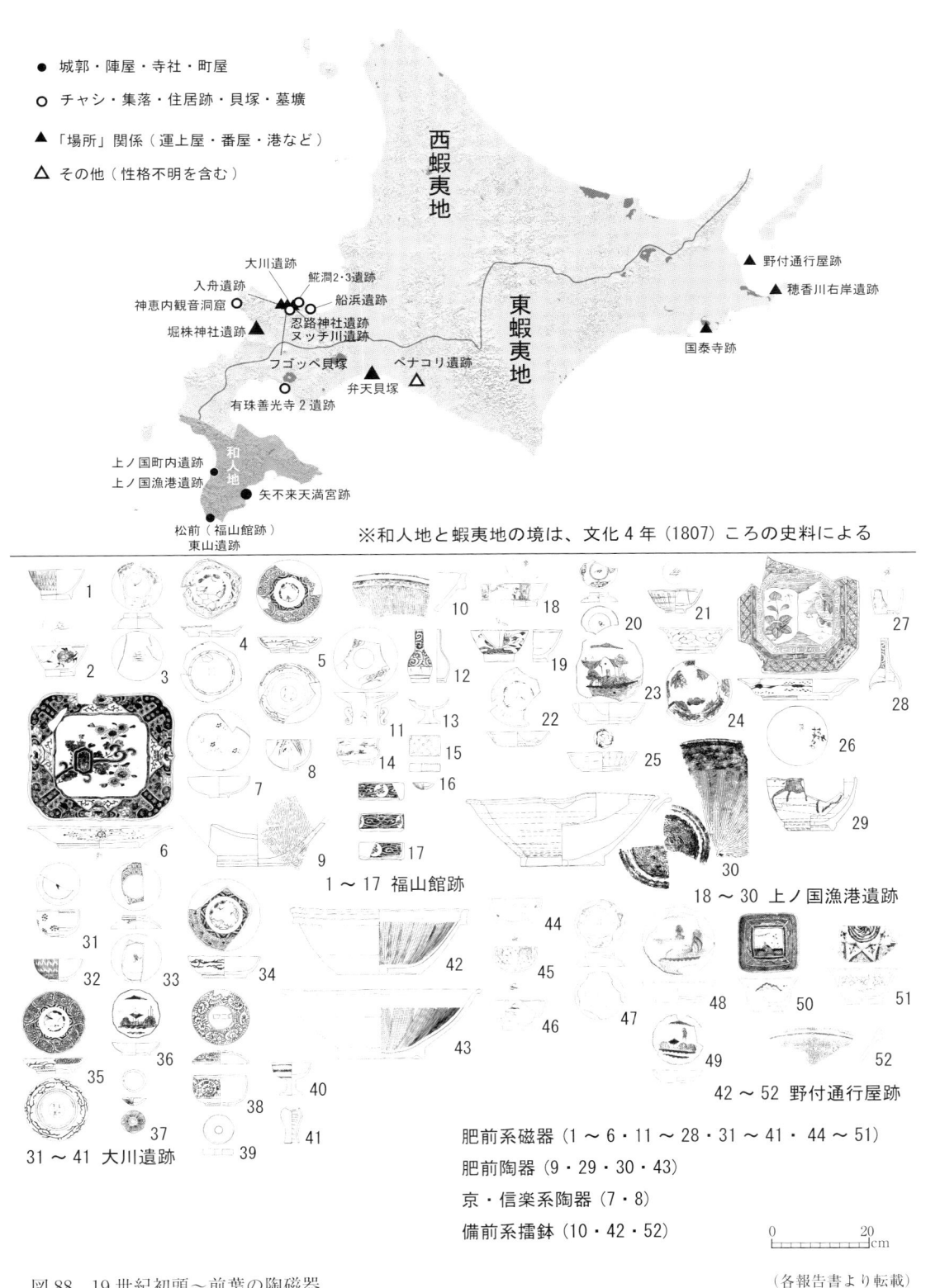

3 近世陶磁器からみた蝦夷地の内国化　205

● 城郭・陣屋・寺社・町屋
○ チャシ・集落・住居跡・貝塚・墓壙
▲ 「場所」関係（運上屋・番屋・港など）
△ その他（性格不明を含む）

西蝦夷地
東蝦夷地
和人地

大川遺跡
鰔洞2・3遺跡
入舟遺跡　船浜遺跡
神恵内観音洞窟　忍路神社遺跡
堀株神社遺跡　ヌッチ川遺跡
フゴッペ貝塚　ペナコリ遺跡
弁天貝塚
有珠善光寺2遺跡
野付通行屋跡
穂香川右岸遺跡
国泰寺跡

上ノ国町内遺跡
上ノ国漁港遺跡
矢不来天満宮跡
松前（福山館跡）
東山遺跡

※和人地と蝦夷地の境は、文化4年（1807）ころの史料による

1～17　福山館跡
18～30　上ノ国漁港遺跡
31～41　大川遺跡
42～52　野付通行屋跡

肥前系磁器（1～6・11～28・31～41・44～51）
肥前陶器（9・29・30・43）
京・信楽系陶器（7・8）
備前系擂鉢（10・42・52）

0　　20 cm

図88　19世紀初頭～前葉の陶磁器　　　　　　　　　　（各報告書より転載）

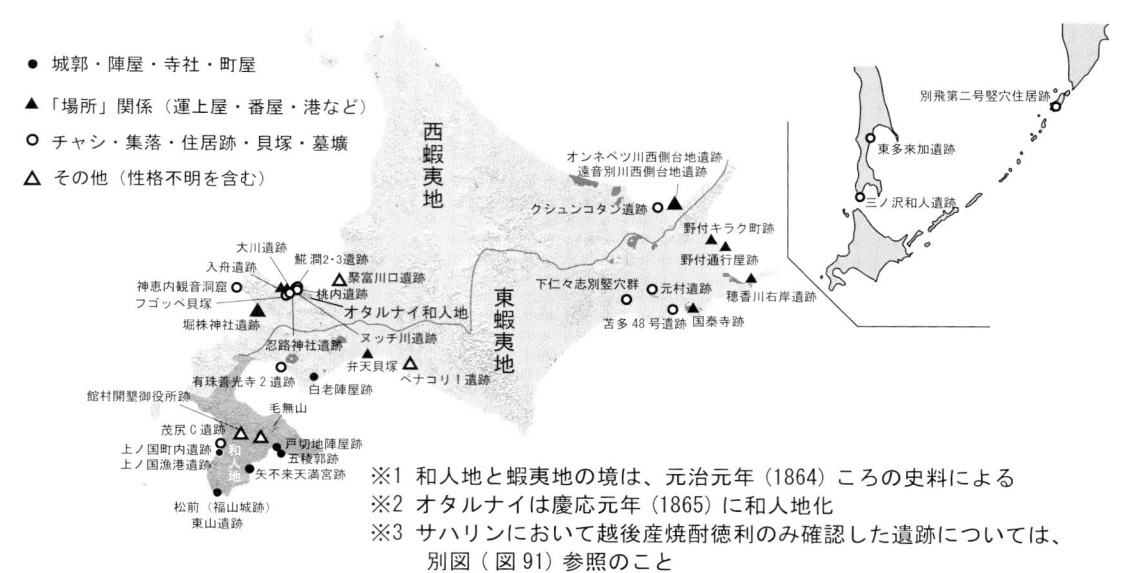

206　第Ⅲ章　和人の北方進出と蝦夷地の内国化

- ● 城郭・陣屋・寺社・町屋
- ▲ 「場所」関係（運上屋・番屋・港など）
- ○ チャシ・集落・住居跡・貝塚・墓壙
- △ その他（性格不明を含む）

※1　和人地と蝦夷地の境は、元治元年（1864）ころの史料による
※2　オタルナイは慶応元年（1865）に和人地化
※3　サハリンにおいて越後産焼酎徳利のみ確認した遺跡については、別図（図91）参照のこと

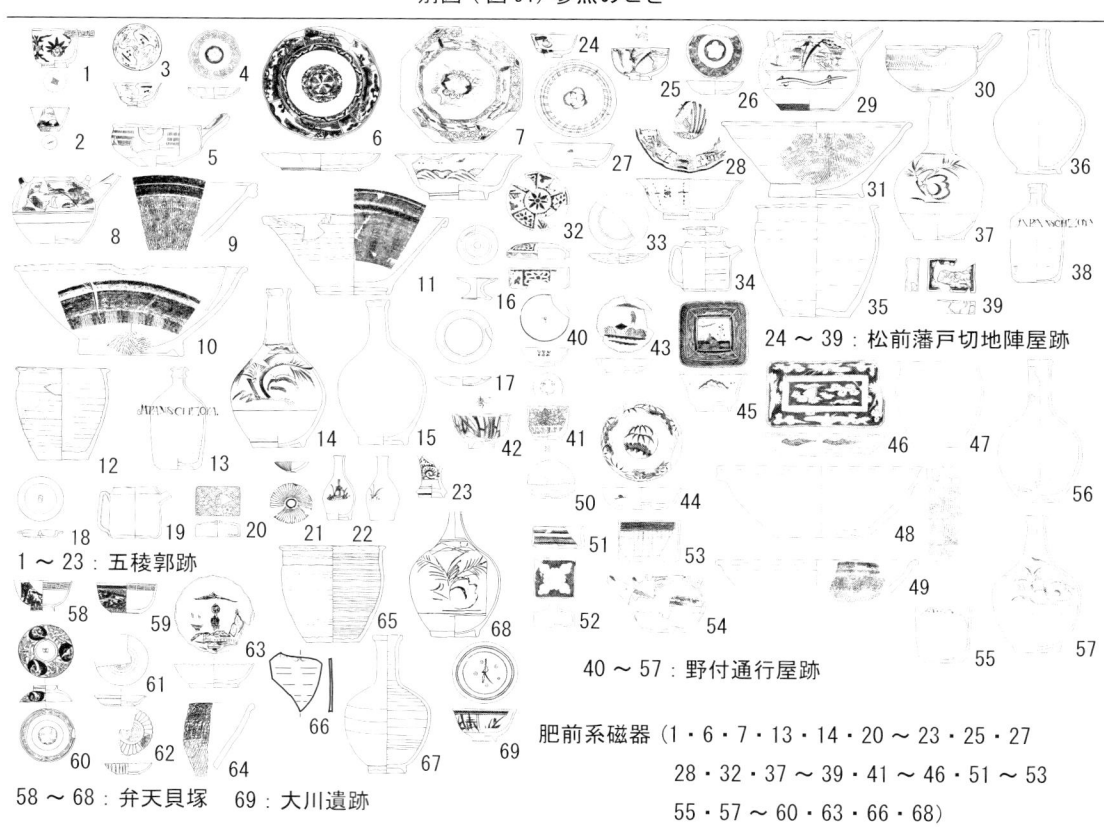

24〜39：松前藩戸切地陣屋跡
1〜23：五稜郭跡
40〜57：野付通行屋跡
58〜68：弁天貝塚　69：大川遺跡

肥前系磁器（1・6・7・13・14・20〜23・25・27・28・32・37〜39・41〜46・51〜53・55・57〜60・63・66・68）
肥前陶器（10・31・49・64）　瀬戸・美濃磁器（3・4・24・26・40・61・62）　箱館焼（2）　出石焼（69）
関西系陶器（5・8・16〜19・29・30・33・34・50・54）　上野・高取系陶器（11・12・35・47・65）
越後産徳利（15・36・56・67）　備前系擂鉢（9・48）

図89　19世紀中葉の陶磁器　　　　（66は筆者実測 他は報告書より転載）　0　20cm

東蝦夷地では道東で陶磁器を出土する遺跡が増え、知床半島の北側や釧路周辺からも陶磁器が出土するようになる。またカラフト（サハリン）や千島（クリル）北端の占守島でも越後産の焼酎徳利が発見される。

19世紀中葉には、陶磁器の産地組成も大きく変わる。

磁器は肥前産を主体としつつも、瀬戸・美濃製品が急増するほか、兵庫県の出石焼（69）や、箱館焼（2）といった地方窯の製品が加わる。安政5年（1857）に創業され数年で閉窯した箱館焼は、函館市五稜郭跡、北斗市戸切地陣屋跡、松前町福山城下町、余市町入舟遺跡から、小碗・湯呑み・小坏・水注・急須・焜炉・火入が出土している。

肥前産陶器は、ほぼ擂鉢に限定される。擂鉢は引き続き肥前産の他に備前系（9・48）がみられるが、新たに上野・高取系（11）や津軽の悪戸焼が加わる。悪戸焼は擂鉢のほかに大川遺跡と松前町の東山遺跡で筒描により文様を施した油壺を確認している。本州同様急増する土瓶や行平鍋、燈明皿類については、関西系の技術系譜を引くと考えられるものの、生産地を特定できていない。他に陶器に関しては、徳利は越後産、中甕は上野・高取系が多量に出土するが、それらについては次項で詳述する。

（4）幕末蝦夷地3点セット

本節では、陶磁器が急増する19世紀中葉の北海道を特徴づける器種組成、すなわち食膳具では膾皿と徳利、貯蔵具では中甕が卓越する組み合わせを「幕末蝦夷地3点セット」と呼ぶ。

膾皿は、鮭や鱈などを野菜一緒に煮込んだ三平汁を盛るやや深めの小皿として、北海道では近代以降も一般には「三平皿」の名で知られている。いわゆる膾皿は19世紀に普及するが、北海道で出土量が急増するのは19世紀中葉であり、波佐見などで大量生産された肥前系磁器が主体をなす。

上野・高取系とした甕は、これまで各地の報告書で産地不明とされてきたものだが、福岡市西皿山の窯跡出土資料（福岡市教育委員会2006）や、宗玄寺跡・京町遺跡・竪町遺跡・大手町遺跡・黒崎城跡など北九州市内の消費地資料を実見し、対比した結果、上野・高取系製品と同定するに至った（図90）。北海道で出土するものには大甕と中甕の2種類あるが、圧倒的に中甕が多い。

大甕は、口径・高さ共に約30cmで、肩部と体部下半に数条の沈線が巡るとともに、肩部には貼付文が見られる。ベタ底で底面は無釉である。外面には鉄釉を下地として、口縁部付近に藁灰釉が掛けられる。内面には鉄漿が塗られているが、内部に小型品を詰めて重ね焼きするため、底の部分は無釉である。松前町法幢寺墓地で採集した資料は、安政4年（1857）の年号を有する墓標に伴う可能性がある。同様の大甕は、青森県弘前市西茂森町寺院街の宗徳寺墓地でも採集している。

中甕は、口径16〜25cm、高さ14〜25cm前後で、頸部が短く直立し、口縁部がT字状に肥厚する。底部は平底で、底部付近を除く外面と内面の口縁部付近に褐釉が掛けられ、口唇端面の釉薬は拭き取られ無釉となる。口縁部の形状や肩部の張り具合には変異がある。上野・高取系の中甕は、広く北海道全域に分布しており、松前・江差・熊石など和人地では、ほぼ全域で蔵骨器に

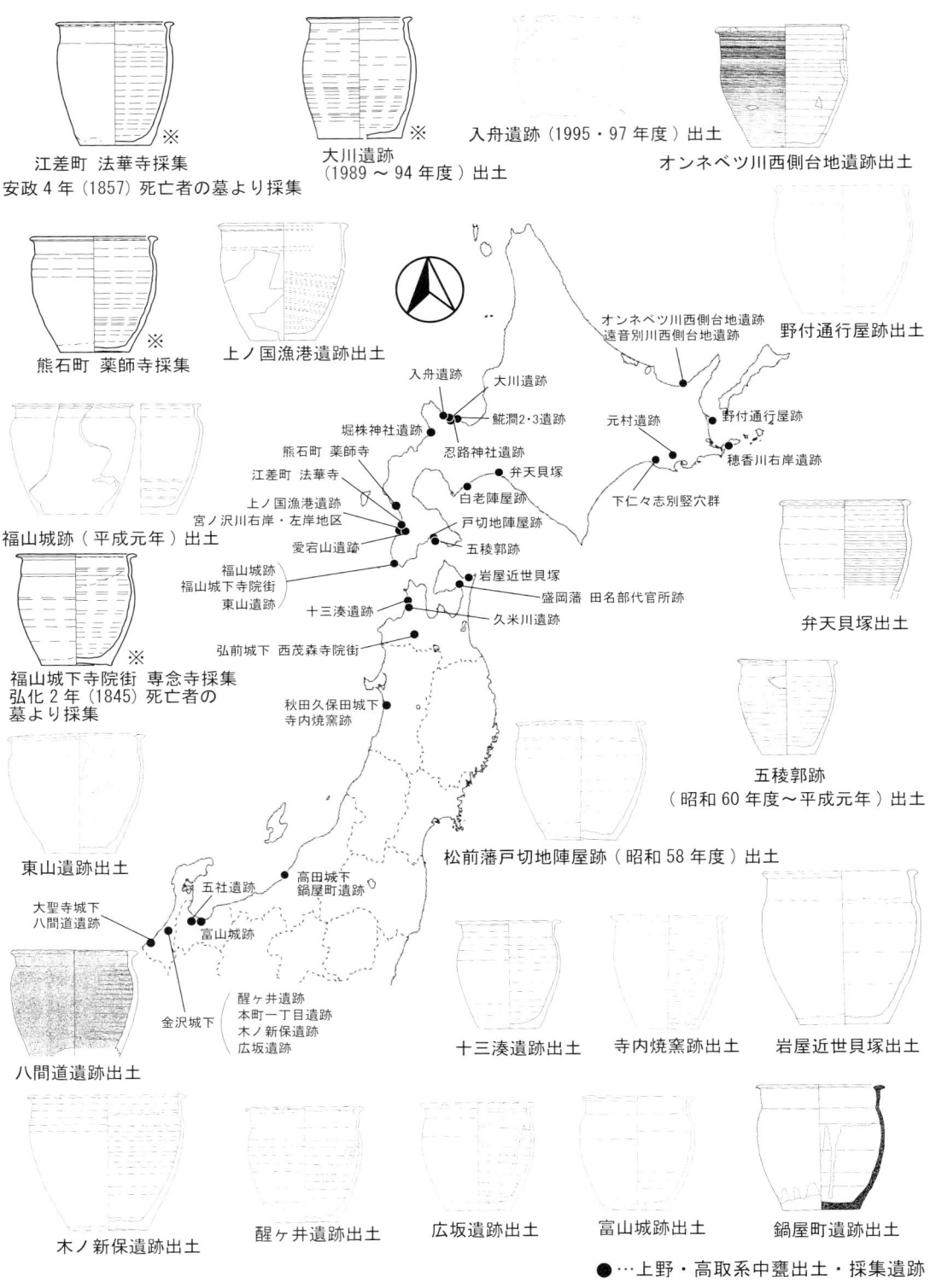

208　第Ⅲ章　和人の北方進出と蝦夷地の内国化

図90　上野・高取系中甕出土・採集遺跡分布図

●…上野・高取系中甕出土・採集遺跡

（※印の資料は筆者実測 他は各報告書より転載）

転用している。和人地で蔵骨器として使われていた甕には、共伴する墓標から年代が判明する例が3件ある。最も古い例は、松前町専念寺の弘化2年（1845）で、江差町法華寺では安政4年（1857）と慶応元年（1865）の墓標に伴う事例が確認できる。安政2年から明治元年（1868）に使われた北海道北斗市の松前藩戸切地陣屋跡では、SK8土坑の一括資料に上野・高取系の中甕が含まれている。北海道島でいつ頃からこの中甕が使われ始めたかは未確定であるが、盛期は1840～60年代と考えられよう。上野・高取系の中甕は、北海道以外でも、青森県の津軽や下北地方、秋田久保田城下、越後高田城下、富山城下、金沢城下、大聖寺城下といった北前船の寄港ルートに沿って、東日本の日本海沿岸に点々と分布する（図90）。生産地周辺、すなわち北部九州を除き、福井以西で確認できないのは、越前焼等の甕と競合するからであろうか。分布や出土量からみて、上野・高取系の中甕の主たる移出先が北海道であることは確実で、塩や味噌を入れた蝦夷地向けの商品であった可能性も十分考えられる。なお、北海道や青森県では中甕とともに上野・高取系の擂鉢も確認している。

　笹絵徳利とコンプラ瓶はともに肥前波佐見で量産され、北海道では遺跡の性格に関係なく数多く出土している。これまで北海道内で確認できたコンプラ瓶の出土点数は、和人地で12遺跡44点、東蝦夷地で5遺跡19点、西蝦夷地では4遺跡59点にのぼり、国内では金富良（コンプラ）商社のあった長崎出島を除けば飛び抜けて多い（表17参照）。北海道ではコンプラ瓶はそれほど珍しい遺物ではないが、「1821年」の紀年銘資料（佐賀県立九州陶磁文化館1990）のような形態のものは発見されておらず、全て碁笥底の底部から直線的に立ち上がり、頸部は短めである。年代的には、1820～1860年代に位置づけられるが、北海道島に多量に搬入されるようになったのは、1850～60年代であろう。記された欧文は全て手書きで、酒（「ZAKY」）が34点と醤油（「ZOYA」）13点を上回る。

　越後産の焼酎徳利に関する基本的な調査は、松下亘氏によって行われ、幕末に新潟港から北前船によって大量に北海道へと運ばれたことが指摘されている（松下・氏家・笹木1978）。改めて焼酎徳利の出土遺跡を集成したところ、千島列島の占守島やサハリンでも出土を確認した（図91）。サハリンでは、ティモフスコエ郷土史博物館のS. V. ゴルブノフ氏の協力で、海岸部を中心に全島33箇所で越後産の焼酎徳利が採集されていることが分かった。なお、サハリンへの搬入時期は、越後の松郷屋で阿部勘九郎により焼酎徳利が作られ始めたとされる万延元年（1860）（巻町郷土資料館1983）から、樺太・千島交換条約が締結される明治8年（1875）までの約15年間に限定できよう。

（5）考　察

　陶磁器の在り方からみて、16世紀末以降17世紀中頃までは、西蝦夷地ではセタナイ、東蝦夷地では沙流川流域の二風谷周辺が、和人とアイヌの交易場として非常に重要な位置を占めていたと推測できる。ただし、前者では陶磁器の出土量が多く、その組成が和人地や本州に類似するのに対して、後者には絵唐津の大鉢や擂鉢など特定の器種が僅かに存在するだけである。セタナイには寛永年間頃（1624-43）までには松前藩により場所が設定され、上級家臣である谷梯氏が知

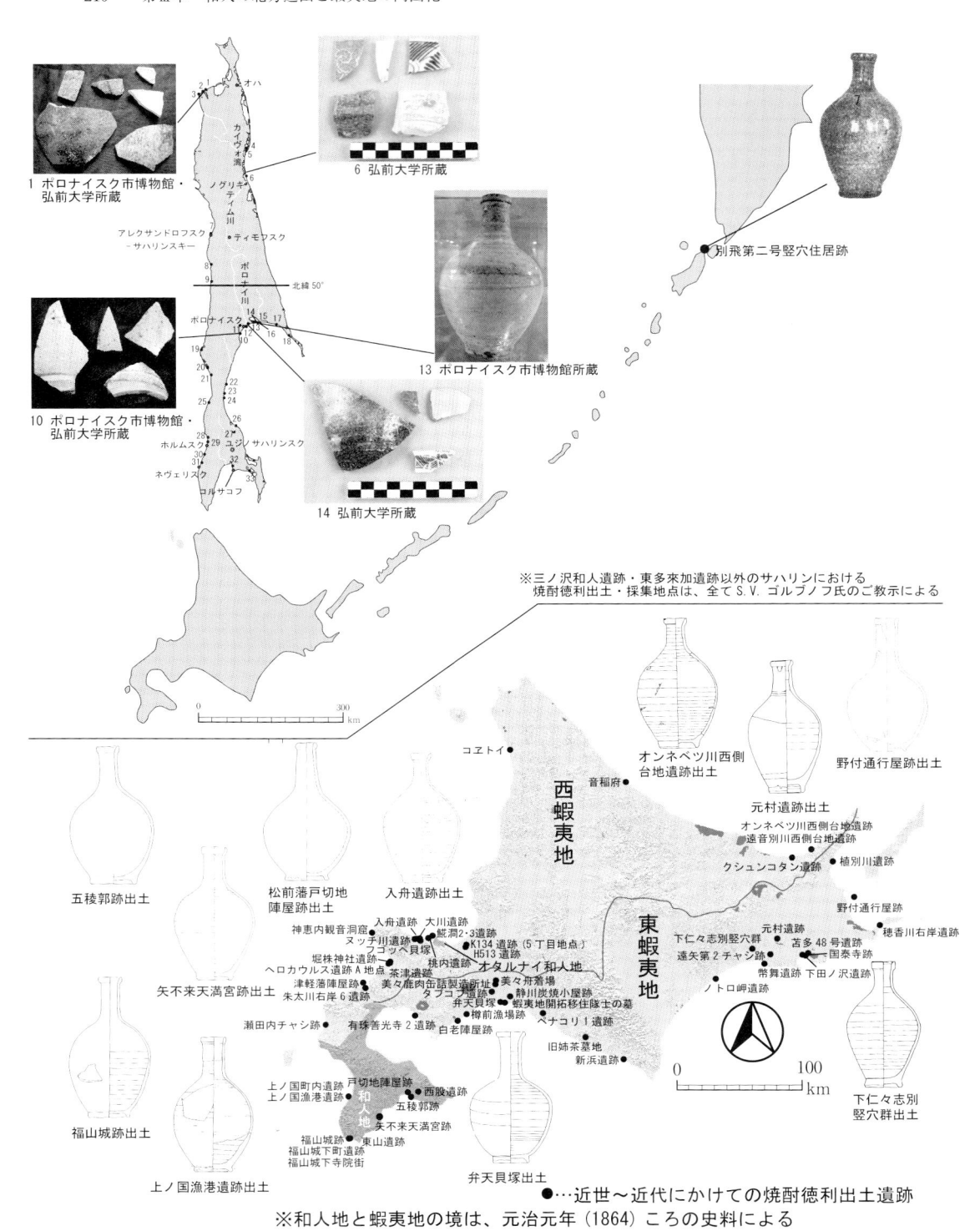

210　第Ⅲ章　和人の北方進出と蝦夷地の内国化

図91　北海道・サハリン（樺太）・クリル（千島）・カムチャッカ半島における焼酎徳利出土・採集遺跡分布図

1	ユギ	17	ウラジミロヴォ
2	ナウモブカ川河口	18	コチコヴォ
3	ルブノエ付近の廃墟	19	オルロヴァ
4	ソニガ島	20	クラスノゴルスク
5	カイヴォ湾入江付近	21	パルスノエ
6	ヌイヴォ	22	ブガチェヴォーサハリンスキー
7	アレクサンドロフーサハリンスキー	23	ティガヤ
8	ナイナイ川河口	24	マヌイ川河口
9	ピルヴォ	25	チェレポク川河口
10	南ガステウロ	26	スタロドゥブスキー
11	ゴンカロヴォ	27	タコエ
12	ポロナイ川河口	28	サドヴニルク
13	タランカ川（多蘭川）河口	29	ヤブロクニー
14	ストイビッチェ遺跡	30	カリニノーサハリンスキー
15	東多来加遺跡	31	三ノ沢和人遺跡
16	プロミスヴァーヤ	32	オゼルスキー

行主となっていた（松前町史編集室1984）。商場が設定されたセタナイには和人がかなり進出しており、ある程度定住化していたことが想定されるのに対して、二風谷周辺ではアイヌと和人の交易はなされても、和人の移住は行われていない可能性が高い。蝦夷地への和人の進出は、東（太平洋側）に比べ西（日本海側）でいち早く行われたといえよう。

17世紀後葉の段階には、西蝦夷地ではより多くの和人の進出によりセタナイが交易場として最盛期を迎えたと考えられるのに対し、東蝦夷地では沙流川流域を含め、石狩低地帯より東側で陶磁器の出土が確認できない状況となる。これは、寛文9年（1669）、東蝦夷地・日高沿岸部シベチャリの脇乙名シャクシャインを中心とした蜂起（寛文蝦夷蜂起）が松前藩により武力鎮圧された後、東蝦夷地でのアイヌと和人の交易が低調となったことを物語っているのではなかろうか。

17世紀末・18世紀初頭の西蝦夷地では、瀬田内チャシ跡の陶磁器出土量が減少し、反対に大川・入舟遺跡で出土量が増えることから、和人とアイヌとの主たる交易場が、セタナイから積丹半島東側のヨイチに変化したものとみられる。寛文蝦夷蜂起の際、松前の軍勢はヨイチまで出陣し、西蝦夷地のアイヌに「ツクナイ」（償い）の提出を求めており、また、蜂起の直後には松前藩と講和に敗れて商船が来なくなるのを恐れたソウヤやリシリのアイヌの首長がヨイチにやってきている（榎森2007）。この時期にセタナイからヨイチへ西蝦夷地の主たる交易場が移動した背景には、日本海沿岸に生息するエゾアワビ等の海産資源を求め、より奥地（北）へ向かった和人の進出があったと考える（関根2009a）。実際、大川・入舟遺跡から出土する17・18世紀代の陶磁器は、本州や和人地と大差なく、香炉や仏花瓶といった仏具をも含むことから、基本的には和人が使用したものとみられる。

カムチャッカ半島東海岸のジュパノヴォ遺跡出土の染付皿は、18世紀前半に、北海道の日本海側、余市を経て宗谷岬をまわり、さらにオホーツク海沿岸を南下し千島列島に至る海路が存在した可能性を示すものである。

17世紀後葉から18世紀前半までは東蝦夷地における陶磁器の出土は非常に低調だが、18世紀後葉には和人の東部奥蝦夷地への進出を背景として変化が起きる。すなわち、国後島へ渡海する際の要津であった野付半島から陶磁器が僅かではあるが出土するようになる。これは、寛政元年（1789）クナシリ・メナシのアイヌ民族の蜂起と松前藩による鎮圧、その後の第1次蝦夷地幕領化の結果、東蝦夷地では場所請負制が廃止され、アイヌと直接交易するため、野付半島に会所・通行屋が設置されたことと関係づけられよう。

北海道における近世陶磁器の最大の画期は 19 世紀前半代にある。19 世紀、北海道から出土する陶磁器の量は爆発的に増大するとともに、出土する遺跡の数も蝦夷地・和人地を問わず急増する。北海道から出土する 19 世紀中葉の陶磁器類は、器種と産地の多様化という点では、当該期の全国的な動向と歩調を合わせているが、一方で「幕末蝦夷地 3 点セット」への極端な偏向という際だった特色を持っており、そうした傾向は和人地よりも蝦夷地において、蝦夷地の中でも東蝦夷地においてより際だっている。

　19 世紀、いわゆる「松前稼」として多くの北奥民衆が蝦夷地に渡った（菊池 1991、坂本 1999、浪川 2005）。また、二度にわたる蝦夷地の幕領化と、それにともない東北諸藩が担わされた蝦夷地警備に際しても、郷夫として北奥から数多くの百姓・町人・職人が動員された（朝倉 1999）。近世日本海交易の北の要である松前には、17 世紀代から既に全国各地から多くの人が移住してきたが、安政元年（1854）の箱館開港により、今度は松前から箱館に場所を移すかたちで、全国から急激に多くの移住者を受け入れることとなる。

　「幕末蝦夷地 3 点セット」のうち、徳利と中甕は本来的には北前船で酒や味噌・塩を運ぶ際の容器であり、肥前系磁器の膾皿は、労働者の食事に相応しい碗と皿の両方の機能を兼ね備えた便利で安価な食器であった。それらは、本州から労働者として移住してきた和人とともに、漁場などで和人に混じり半ば強制的に働かされていたアイヌの人々も使用していたと考えられる。「幕末蝦夷地 3 点セット」は、結果的にアイヌの伝統的な食文化にも多大な影響を与え、和人への同化を促進させたと推察する。

　「幕末蝦夷地 3 点セット」のなかで、徳利が肥前磁器から越後産陶器に置き換わるのは 1860 年代だが、それは安政元年（1854）の開港により、新潟と箱館がともに極東アジアの国際貿易港として、それまで以上に深く結びついたことを物語っている。新潟港から蝦夷地に向けて積み出された越後産の焼酎徳利は、その製造が開始される万延元年（1860）から、樺太・千島交換条約により樺太全域がロシア領となる明治 8 年（1875）までの約 15 年間に、いかに多くの和人が宗谷海峡を越え、樺太へと進出していったかを示している。

（6）小　　結

　本節は、北海道、サハリン、千島列島から出土した近世陶磁器の分析に基づき、北海道以北への和人の進出と、和人とアイヌとの関係について通時的に論じた。

　蝦夷地における近世陶磁器の出土量は、19 世紀前半まで一貫して「西高東低」で推移する。陶磁器の分析から、経済的・習俗的に内国化が進む時期は、東西蝦夷地で異なり、西蝦夷地において早く進行することや、東蝦夷地においては、シャクシャインの戦いやクナシリ・メナシの戦いといった和人とアイヌ民族との抗争が、物資の流通にも大きく影響していることが確かめられた。西蝦夷地では、海産物を求める和人の進出が移住をともなう形で進み、それに連動して主たる交易場がセタナイ（17 世紀）からヨイチ（18 世紀以降）へと変化する。一方、東蝦夷地では、18 世紀末以前には和人が移住した形跡はほとんど認められず、和人の本格的な進出は、ロシアと幕府との間で国境を巡る問題が顕在化する 19 世紀代に入る。西蝦夷地への和人の進出が主と

して経済的理由によるのに対して、東蝦夷地への和人の進出は政治的色彩が濃いと考えられるが、今回はその違いを出土陶磁器から説明するまでには至らなかった。

　蝦夷地で陶磁器流通の「東西格差」が解消するのは、19世紀中葉であり、元々陶磁器を使う習慣のあった本州からの移住者が急激に増えたことと、アイヌ民族が陶磁器を受容するようになったことが、その背景にある。

　窯業技術が拡散する19世紀の陶磁器は、産地同定が困難なものが多いが、本節では上野・高取系の甕を特定し、それらが日本海交易により「幕末蝦夷地3点セット」のひとつとして、内国化の進む蝦夷地全域へ多量に搬入されていることを明らかにした。

　今後は、北海道から出土する漆器や金属器など陶磁器以外の日本産製品について検討し、今回得られた結論の是非を確かめ、より精度の高い議論としていきたい。

〔註〕
1）関根を研究代表者として、平成19～21年度に行った科学研究費基盤研究B「近世墓と人口史料による社会構造と人口変動に関する基礎的研究」（課題番号19320123）において、北海道松前町の近世墓標を調査した際、墓地で近世陶磁器の表面採集を行った。本節は、上記研究の成果の一部を含む。
2）通常、内国化という言葉は政治史的な意味で用いられる。政治的に北海道全域が内国化されたのは、遡っても文化4年（1807）の全蝦夷地幕領化以降ということになるが（海保1978）、本節では、北海道アイヌと和人との経済的・習俗的同化は事実上の内国化であるとの視点から、あえて内国化という言葉を用いた。
3）北日本では、青森県五所川原市十三湊遺跡（関根・西沢2007）や八戸市根城本丸跡（八戸市教育委員会1993）においても吉田山の製品である「印判手仙境文大皿」が出土している。

4 石造物からみた蝦夷地の内国化

はじめに

　一般に近世石造物の多くは紀年銘資料であり、時間的位置づけが行いやすいという特性を有している。また、年号以外にも人名や地名などの文字情報が含まれているケースが多く、非文字資料に比べ歴史的位置づけが行いやすい。さらに文字以外の属性、例えば石材からは物流、形態・装飾などの型式的特徴からは情報伝達を復元することが期待できる。近世石造物の多くは、墓標にせよ奉納物にせよ和人が抱いていた宗教的観念の発露であり、蝦夷地の近世石造物から和人が蝦夷地に遺した足跡をたどることができると考えた。
　本州に比べ、道内の近世石造物は圧倒的に数が少ないにもかかわらず、対象地域が広いこともあって、これまでに全道的な調査は行われていない。管見では、北海道開拓記念物調査にあたった越崎宗一氏が、北海道内の海運関係寄進物を報告するなかで、江戸から明治期にかけて奉納された絵馬や石造物を取り上げたのが、広域を対象としたものとしては唯一とみられる（越崎1967）。また、地域を限ってみても旧石狩町内の石造物調査（石狩町郷土研究会石碑調査班 1987）や、筆者らが松前周辺で行った墓標調査（関根編 2010・2012b）以外に近世石造物の悉皆調査は行われておらず、市町村史などに一部の石碑類の記載がみられるに過ぎない状況にあった。
　蝦夷地に関する史料は内地に比べ格段に少なく、その意味でも蝦夷地の近世石造物の価値は高い。本節では、蝦夷地の近世石造物を通して、和人の蝦夷地への経済的・政治的・宗教的進出について検討する。

（1）調査の方法

　近世石造物の調査は、はじめに市町村史などの文献により所在確認と創建が江戸時代に遡る社寺の検索をしたうえで、現地に赴き、必要に応じて地元市町村の教育委員会や博物館・資料館の協力を得て、捜索と調査を行った。現地調査は平成22〜24年に「場所」（交易場）のあった沿岸部を中心に、日本海ならびにオホーツク沿岸の全域と太平洋沿岸の浜中町〜羅臼町を筆者、太平洋沿岸の広尾町〜厚岸町を連携研究者の朽木量氏（千葉商科大学）、同じく八雲町〜えりも町を宇野修平君（元弘前大学学生）が行った[1]。現地調査に要した日数は、移動を含め延べ約40日である。なお、墓標の調査項目については、松前の調査報告書（関根編 2010）を参照されたい。

（2）墓標以外の近世石造物
①種類と概要

　蝦夷地で確認した近世石造物は、墓標を除き、西蝦夷地が42ヶ所68基、東蝦夷地が29ヶ所48基の合計136基である（表18〜22）。種別ごとにみると、石灯籠が36基（約26％）と最も多く、

4 石造物からみた蝦夷地の内国化　215

表18　西蝦夷地の近世石造物（1）：クドウ場所〜ハママシケ場所

地図番号	種別	寺社名等	所在地	場所	法量(cm) 高さ	幅	厚	石材	造立年月日	造立者(施主・願主)	願文など	備考
1	常灯籠台石(自然石)	太田神社	せたな町大成区太田	ウスベツ→クドウ	245	380	180	花崗岩	安政4年(1857)	安芸ノ国　行者政四良	奉納	
2	芭蕉句碑	浄土宗昭光寺(地蔵庵)	せたな町北檜山区太櫓113	フトロ	128	54	20	安山岩	天保6年(1835)6月	上ノ国の住人	古池や蛙飛込む水の音	
3	石灯籠A	厳島神社	島牧村泊4	シマコマキ	-	50	50	花崗岩	弘化3年(1846)正月吉日	佐藤市三郎	御神燈	笠・火舎欠損
4	石灯籠A	寿都神社	寿都町渡島127-2	スッツ	141	44	46	花崗岩	天保11年(1840)正月吉日	山崎屋幸助	御神燈　場所繁昌	
5	石灯籠A	厳島神社	寿都町歌棄有戸151	ウタスツ	227	75	75	花崗岩	慶應2年(1866)	右灯籠：佐藤榮右エ門・佐藤定右エ門　左灯篭：佐藤弥吉・佐野祐蔵・イソヤ・ウタスツ番人中	奉献	
6	石灯籠B	海神社	寿都磯谷能津登4-1	イソヤ	-	48	48	花崗岩	弘化4年(1847)晩夏	湖川兵八　右灯籠：濱連中(ウタスツ・スッツ・シマコマキ)　左灯籠：濱連中(イソヤ・イワナエ・フルウ)	献備灯 福寿海無量是故応頂礼(右側) 具一切功徳慈眼視衆生(左側)	宝珠・火舎欠損
7	狛犬B	岩内神社	岩内町宮園41	イワナイ	164	89	67	台座：花崗岩　狛犬：凝灰質砂岩	年号なし	岩内運上屋　秀四郎・友次郎・栄蔵・富作・徳次郎・宇作(左狛犬台座)　岩内運上屋　治作・清吉・仁太郎・定吉・重次郎・末太郎(右狛犬台座)	奉納	狛犬は後補？
8	石灯籠A	曹洞宗瑞龍山法輪寺	泊村泊74	カマノシタ→フルウ	215	94	94	花崗岩	慶應元年(1865)2月吉祥日	濱マシケ支配人　須田市兵衛	奉献	現住悦道代(左灯籠背面)家紋(三葉柏)
9a	鳥居	神威神社	積丹村来岸町	シャコタン	-	463	20	花崗岩	嘉永3年(1850)正月吉日	岩田屋支配人　多□　シャコタン惣連中　ビクニ惣連中	奉寄進	上部欠損
9b	石灯籠A				-	57	57	花崗岩	嘉永2年(1849)正月吉日	世話人　桐田屋田右エ門　惣濱中	奉献	火舎欠損
9c	石灯籠A				155	54	56	花崗岩	慶應4年(1868)3月吉日	願主　最上屋惣吉	献燈	
10a	鳥居A	厳島神社	古平町港町	フルビラ	245	328	21	花崗岩	弘化2年(1845)3月吉日	運上屋	奉寄進	
10b	石灯籠A				158	59	59	花崗岩	天保15年(1844)5月吉日	古平運上屋　城川長治郎		
11a	石灯籠A	茂入神社	余市町入舟町10	ヨイチ	150	64	63	花崗岩	弘化3年(1846)3月日	竹屋八右エ門		

216　第Ⅲ章　和人の北方進出と蝦夷地の内国化

地図番号	種別	寺社名等	所在地	場所	法量(cm) 高さ	法量(cm) 幅	法量(cm) 厚	石材	造立年月日	造立者（施主・願主）	願文など	備考
11b	石灯籠A	茂入神社	余市町入舟町10	ヨイチ	—	46	45	花崗岩	文久4年(1864)3月吉日	右灯籠:林長七・長福丸長三郎　左灯籠:林長左衛門・長幸丸五兵衛	献燈	宝珠・火舎後補
12	地蔵菩薩B1	浄土宗徳風山宝隆寺	余市町沢町5-85		188	56	50	花崗岩	安政6年(1859)頃?	桐ヶ谷太兵衛		余市町指定文化財
13a	鳥居B				287	288	46	花崗岩	天保12年(1841)孟春吉日	支配人佐々木清八　塩浜濱中　世話人瀧澤權四郎		
13b	石灯籠D	忍路神社	小樽市忍路町1-416		160	52	45	花崗岩	嘉永3年(1850)正月吉日	願主 内海房吉・佐賀岩松	御神燈	
13c	手水鉢A			ヲショロ	96	97	66	花崗岩	元治2年(1865)3月吉日	運上屋連中	奉納	正面に橘陽刻　小樽4に同じ
14a	手水鉢A	浄土宗石忍山戒珠院大忠寺	小樽市忍路町1-281		96	95	68	花崗岩	元治2年(1865)3月吉日	運上屋連中	奉納	正面に橘陽刻　小樽3に同じ
14b	地蔵菩薩A2				121	48.5	48.5	花崗岩	嘉永元年(1848)	願主 西川氏		
15	石灯籠A	祝津恵比須神社	小樽市祝津3-161	シクズシ	230	78	78	花崗岩	文久4年(1864)	願主 支配人佐々木貞五郎	常燈	
16	手水鉢B	日蓮宗宝珠山金龍寺	石狩市新町4		80	44	30	筑谷石	安永3年(1774)正月吉日	千秋丸水主中	奉納	原位置は石狩弁天社?
17a	手水鉢A				41	69	35	安山岩	寛政元年(1789)3月吉日	願主 江戸本材木町 小林店喜兵衛　奥州南部大畑村	奉納	原位置は石狩弁天社
17b	鳥居B	石狩八幡神社	石狩市弁天町1		418	555	37	花崗岩	文化10年(1813)8月吉日	石柱:願主 當場所請負人中 同秋味建舩中　左柱:願主 栖原屋半助・米屋孫兵衛	奉献 海上安全	原位置は石狩弁天社
18a	石灯籠A			イシカリ	—	57	57	花崗岩	文政12年(1829)5月吉日	施主 村山・栖原	御神燈	火舎欠損
18b	手水鉢	石狩弁天社	石狩市弁天町北18		64	89	46	茨城県北部産町屋紋岩	弘化2年(1845)8月吉日	願主 梶浦五三郎・湖河長左衛門・森山辨蔵・秋田屋和次郎・阿部屋林太郎・番人惣中　石工 水府港大内石可	禮拝器	2基一対　原位置は横断の井尻静蔵家　石工の大内石可は水戸藩主徳川斉昭お抱えの石工
18c	狛犬A				24.5	11.5	18	筑谷石	墨書「庄内酒田柏屋久右衛門舟中上及リ九兵エ天覧船」「酒田秋田」	—		彩色(胴:金、口:赤、眼:銀、瞳:黒)
18d	狛犬A				30	33.7	16.7	筑谷石				彩色
19a	手水鉢A				59	61	34	花崗岩	弘化4年(1847)2月	願主 惣濱中　世話人 横屋與八	奉納 弁才天	
19b	石灯籠A	古潭八幡神社	石狩市厚田区古潭50	アツタ	144	61	59	花崗岩	嘉永3年(1850)正月吉日	アツタ御場所支配人 萬屋長松	奉寄進	
19c	狛犬B				125	63	40	花崗岩	嘉永3年(1850)正月吉日	アツタ御場所支配人 萬屋長松	奉献	

地図番号	種別	寺社名等	所在地	場所	法量(cm) 高さ	法量(cm) 幅	法量(cm) 厚	石材	造立年月日	造立者(施主・願主)	願文など	備考
20	鳥居A	浜益神社(旧稲荷神社)	石狩市浜益区浜益227	ハママシケ	320	376	27	花崗岩	安政3年(1856)3月吉日	願主 黒澤直右衛門・山田久兵衛	奉納	左柱は御大典記念として昭和3年に浜益氏子中再建
21	山神碑	送毛山道峠	石狩市浜益区尻苗送毛	ハママシケ	未計測			不明	安政4年(1857)	ハママシケ詰合 吉川昇之進 役記橋逸勇蔵 通行受持 山田久六・留吉 山道切開預所吉岡村 梁川善蔵・同茂吉 同下預 西松・久吉・寅吉五十九人		送毛山道は安政4年(1857)に岩内の出稼ぎ人梁川善蔵が鯡漁夫などを私費で雇い切り開いたという

以下、手水鉢22基(約16%)、鳥居16基(約12%)、狛犬11基(約8%)と続き、そのほか地蔵菩薩像7基、阿弥陀如来像1基、不動明王像1基、弁財天碑1基、馬頭観音碑1基、金刀比羅山碑1基、水神碑1基、石祠2基、一石一字塔1基、三界萬霊供養塔1基、名号供養塔・題目供養塔各1基、寛政蜂起和人供養碑1基、仏牙舎利塔1基、置香炉・華瓶各1基、句碑・歌碑各1基などがある(図92)。地域別では、鳥居と狛犬は西蝦夷地に多くみられ、手水鉢は東蝦夷地に多い傾向がみられる。

西蝦夷地で最も古い近世石造物は、小平町臼谷稲荷神社にある享保21年(1736)の年号を有する凝灰岩製の弁財天碑(28)で、松前城下きっての豪商初代阿部屋村山傳兵衛によって奉納されたものである。東蝦夷地では、後世に持ち込まれた享保11年(1726)銘の有珠善光寺の石製一光三尊阿弥陀如来像(43d)を除けば、文化元年(1804)に建てられた様似町等澍院の開祖秀暁の開山塔(52)が最も古い。

以下、主だったものや注目される石造物について種別ごとに特徴を述べる。

【石灯籠】石灯籠は次の4種類がみられた(図92)。

A類:棹部が断面正方形、糸巻形を呈するもの。
B類:棹部が円柱形で、火屋が箱形のもの。
C類:棹部が円柱形で、火屋が6面体を呈するもの。
D類:棹部が直方体を呈するもの。

最も古い石灯籠は、西蝦夷地では文政8年(1823)に奉納された留萌神社(29)、苫前神社(31a)、宗谷厳島神社(33c)の3例、東蝦夷地ではむかわ中央小学校付近にある天保5年(1834)のもの(47)で、いずれもA類である。類型別では、西蝦夷地がA類18基、B類3基、D類1基、東蝦夷地がA類11基、C類2基、不明1基で、B類は西蝦夷地、C類は東蝦夷地に偏在している。石灯籠の石材は厚岸町国泰寺にある安山岩製の2基(65f・65g)を除き、全て花崗岩である。石灯籠の正面には、「御神燈・献備燈・献燈・不夜燈・常夜燈・常燈・奉寄進・奉献」などの文字が刻まれている。最も大きい石灯籠は、弘化5年(1848)に木津屋源六と山田屋市郎右衛門により有珠善光寺に奉納されたもの(43b)で、高さ240cmを測る。この石灯籠には「天下泰平 外寇遠離 現當両益」と刻まれており、ロシア・オランダ・アメリカからの相次ぐ通商要求

表19 西蝦夷地の近世石造物（2）：マシケ場所～シャリ場所

地図番号	種別	寺社名等	所在地	場所	法量(cm) 高さ	法量(cm) 幅	法量(cm) 厚	石材	造立年月日	造立者（施主・願主）	願文など	備考
22	地蔵菩薩A2（延命地蔵尊）	曹洞宗別苅山海音寺	増毛町別苅字谷地205	マシケ	216	47	47	花崗岩	文久2年（1862）	（秋田藩御用商人の栗元屋忠兵衛建立との伝承）		原位置は増毛山道で、海音寺が建立された明治32年以降に現在の場所に移動
23a	狛犬C	別苅恵比須神社	増毛町別苅字萌		56	48	26	花崗岩	文政9年（1826）3月	施主 支配人 黒沢・民□ 惣番人中		
23b	石灯籠A				－	47	47	花崗岩	安政7年（1860）3月吉日	□□又吉	奉寄進	宝珠・火舎欠損
24	金比羅山碑	別苅金比羅神社	増毛町別苅漁港脇		76	54	34	安山岩	嘉永2年（1849）6月	小塚文七		自然石
25	水神碑	古茶内稲荷神社	増毛町別苅字古茶内		80	83	40	安山岩	嘉永元年（1848）5月	□本庄七 寂□	井底一上イ	自然石
26	歌碑（慈流泉碑）	増毛小学校向側	増毛町弁天町		137	48	26	安山岩		中村彦誠	慈流泉 敬屋山保□社	「大慈悲のみのりもかかり石清水の清き流れを汲みてこそしれ」原位置は留萌本線沿いの沢
27a	狛犬C	増毛厳島神社	増毛町稲場町3-38		83	56	53	花崗岩	文政7年（1824）2月吉日	黒沢辰右ェ門 惣番人中 森定 宮古下卑 石工 松太郎□之		
27b	手水鉢A				45	70	45	花崗岩	天保3年（1832）	施主 河村㐂□・岩内佐□・山田久□・黒沢□□	奉納	
27c	鳥居A				334	446	26	花崗岩	弘化2年（1845）3月中	願主 マシケ支配人 阿部喜兵衛 惣番人中		
27d	「當静」碑				135	112	120	安山岩	嘉永2年（1849）仲夏	阿部喜兵衛實親	當静	
27e	石灯籠A				201	94	93	花崗岩	萬延2年（1861）2月	マシケ支配人 黒沢直右衛門 番人中	献燈	
28	弁財天碑	臼谷稲荷神社	小平町臼谷158-4		73	40	13	凝灰岩	享保21年（1736）	施主 村山傳兵衛		前面に弁財天の陽刻
29	石灯籠A	留萌神社（旧厳島神社）	留萌市宮園町4-16	ルルモッペ	－	73	73	花崗岩	文政6年（1823）8月日	栖原店	常燈	宝珠欠損
30	三界萬霊塔	曹洞宗卧龍山正覚寺	留萌市寿町1		64	32	22	安山岩	天保3年（1832）初秋吉良日		南無阿弥陀佛三界萬霊塔	コンクリート台座
31a	石灯籠A	苫前神社	苫前町苫前106	トママイ	202	73	68	花崗岩	文政6年（1823）8月日	栖原店	常夜燈	コンクリート台座
31b	狛犬B				104.5	63	43	本体砂岩？台石花崗岩	文久4年（1864）3月吉日	支配人 須田伊助	奉献	コンクリート台座
32	鳥居	厳島神社	羽幌町焼尻字緑岡4		－	－	23	花崗岩	天保15年（1844）3月吉日	山内多三郎 惣番人中	奉寄進	左右の柱のみ

4 石造物からみた蝦夷地の内国化　219

地図番号	種別	寺社名等	所在地	場所	法量(cm)高さ	法量(cm)幅	法量(cm)厚	石材	造立年月日	造立者(施主・願主)	願文など	備考
33a	鳥居B	宗谷嚴島神社	稚内市宗谷村宗谷99-2	ソウヤ	380	451	31	花崗岩	天保6年(1835)3月吉日	又十　粂屋八右衛門	奉献	
33b	鳥居A				315	420	26	花崗岩	文政6年(1823)3月吉日	御舩長者丸 松本金蔵　柏屋住吉丸清六	奉寄進	
33c	石灯籠A				—	66	65	花崗岩	文政6年(1823)5月吉日	惣番中	奉寄進	火舎欠損
33d	手水鉢A				59	59	37	花崗岩	文政7年(1824)7月吉日	支配人 嘉吉 勢立丸八三良	奉寄進	
34	鳥居A	岬神社	稚内市ノシャップ2-375		300	356	24	花崗岩	天保2年(1831)正月吉日	支配人 阿部屋喜右衛門番人 □□	奉納	左柱および桁は後補 昭和35年6月吉日再建奉讚会
35	鳥居	礼文嚴島神社	礼文町香深字トンナイ350	レブン	182	273	21	花崗岩	天保3年(1832)	世話人 阿部喜右衛門 同弥右衛門 柏屋小平	奉納	現存せず データは『礼文町史』による
36	鳥居A	利尻嚴島神社	利尻富士町鴛泊港町		(238)	—	23	花崗岩	文政13年(1830)2月吉日	阿部喜右衛門 住吉丸清六	奉寄進	左右の柱のみオリジナル
37a	鳥居A	本泊神社	利尻富士町鴛泊本泊	リイシリ	365	436	29	花崗岩	天保9年(1838)3月吉日	又十 支配人 阿部喜右衛門 請負人 恵比須屋源兵衛	利尻大権現	
37b	石灯籠A				212	93	93	花崗岩	天保10年(1839)8月吉日	柏屋 船頭中	常燈	
38a	鳥居	利意志理大権現（奥の院）	利尻富士町鴛泊本泊		—	—	26	花崗岩	文政10年(1827)正月吉日	支配人 阿部喜右エ門　願主 住吉丸清八 勢立丸八三良	奉納	破損し細片化している
38b	石灯籠B				139	55	55	花崗岩	文政8年(1825)3月吉日	阿部喜右衛門　願主 住吉丸清六	奉納	
38c	手水鉢A				57	60	36	花崗岩	文政9年(1826)3月吉日	願主 支配人 阿部喜右衛門	奉納	
39	鳥居A	嚴島神社	枝幸町新栄町536-1	ソウヤ	220	315	20	花崗岩	天保4年(1833)正月吉日			町指定文化財
40	石灯籠B	嚴島神社	斜里町本町44-2	シャリ	163	49	49	花崗岩	天保5年(1834)1月吉日	願主 三上伴七 住吉丸清六	奉納	町指定文化財
41	名号供養塔（櫛形）	町民公園	斜里町本町49-2		158	45	33	花崗岩	文化9(1812)7月20日	施主 前田久太郎 尾本太吉 惣番人中	正面：南無阿弥陀仏（名号）左側面：死亡人為菩提	原位置は本町47番地　町指定文化財 名号は徳本上人書?
42	題目供養塔（櫛形）	日蓮宗神合山日照寺	斜里町朝日町4-3		154	44	32	花崗岩	文化9(1812)7月20日	施主 前田久太郎 尾本太吉 惣番人中	正面：南無妙法蓮華経（髭題目）右側面：死亡人為菩提	原位置は本町47番地　町指定文化財 題目は徳本上人書?

220　第Ⅲ章　和人の北方進出と蝦夷地の内国化

表20　東蝦夷地の近世石造物（1）：ウス場所～ホロイズミ場所

地図番号	種別	寺社名等	所在地	場所	法量(cm) 高さ	法量(cm) 幅	法量(cm) 厚	石材	造立年月日	造立者（施主・願主）	願文など	備考
43a	手水鉢A	浄土宗大臼山道場院善光寺	伊達市有珠町124番地	ウス	40	71	42	安山岩	文化7年(1810)正月吉日	當住鳳譽	大臼山	
43b	石灯籠A	〃	〃	ウス	240	90	90	花崗岩	弘化5年(1848)3月吉日	世話人　木津屋源六・山田屋市郎右エ門	奉寄進（前面）・為　天下泰平外寇遠離　現當両益（左側）	
43c	地蔵菩薩B2	〃	〃	ウス	183	77	86	本体粗粒凝灰岩　台石花崗岩	嘉永2年(1849)7月	本体：六世上人台石：箱館蓮花講中		
43d	一光三尊阿弥陀如来像	〃	〃	ウス	111	74.5	−		享保11年(1726)	上総国市原郡古敷谷村光名寺八世顧阿和尚		善光寺宝物館　実物は調査不可
44	石灯籠A	塩竈神社	白老町陣屋町681	シラヲイ	214	59	62	花崗岩	文久元年(1861)7月10日	今野信時・富沢頼照・壹岐成雄・中野友時・庄司廣次・佐藤喜三郎・氏家百子時・相澤寶福・佐藤安知・今野高寧・齋古之・伊場野延成	奉納	
45	手水鉢A'	樽前山神社	苫小牧市高岡6-49	ユウフツ	63	96	57	花崗岩	元治元年(1864)7月吉日			
46a	手水鉢C	恵比寿神社	苫小牧市勇払138番地1	ユウフツ	70	55	55	花崗岩	文久4年(1864)正月吉日	請負人　山田文右衛門支配人　山田仁右衛門番人中		
46b	石灯籠A	〃	〃	ユウフツ	143	50	50	花崗岩	文久4年(1864)10月吉日	右灯籠：願主請負人　山田文右衛門　左灯籠：通詞　喜兵衛　帳役　和兵エ　支配人　山田仁右衛門		
47	石灯籠A	むかわ中央小学校	むかわ町花園町1-14	ドムカワ→ユウフツ	(77)	52	52	花崗岩	天保5年(1834)3月吉日	ユウフツ場所支配命		
48	鳥居A	門別稲荷神社	日高町門別本町235番地	サル・ニイカップ	304	380	23	花崗岩	慶応4年(1868)正月吉日	加州橋立浦商出願主　布施忠右エ門・去御場所　請負人　山田文右エ門・同文治　請負人代　山田冨右エ門　同支配人代　大関吉□□　帳役　山田文治郎・山田冨治郎　世話人　廣徳九長蔵・同舩中・同重治郎・同七右衛門・同長之助・同久太郎・同惣番人中船中	奉納	
49a	狛犬B	金刀比羅神社	新ひだか町東静内76番地	シフチャリ・シツナイ→シフチャリ	131	42	24	本体：凝灰質砂岩　台石：花崗岩	慶応3年(1867)8月吉日	右狛犬：願主　山谷橘次郎・萬屋丈吉・金九治平衛　左狛犬：世話人　長徳九彦兵衛　シツナイ場所惣番人中	奉献	

4 石造物からみた蝦夷地の内国化　221

地図番号	種別	寺社名等	所在地	場所	法量(cm)高さ	法量(cm)幅	法量(cm)厚	石材	造立年月日	造立者（施主・願主）	願文など	備考
49b	石灯籠A	金刀比羅神社	新ひだか町東静内76番地	シフチャリ・シツナイ→シフチャリ	160	52	52	花崗岩	嘉永4年(1851)正月吉日	願主 當所支配人・卯木屋弥右エ門	奉寄進	
49c	手水鉢A	金刀比羅神社	新ひだか町東静内76番地	シフチャリ・シツナイ→シフチャリ	63	76	46	花崗岩	万延元年(1860)8月吉日	願主 万屋勘治良・伊勢屋春治 世話人 長徳九幸次良	奉納	
50	手水鉢A	三石神社	新ひだか町三石本町302	ミツイシ	63	76	43	花崗岩	文久2年(1862)3月	支配人 重治郎・長徳九・幸次郎		
51	手水鉢A	住吉神社	様似町潮見台10番1	アブラコマ→シヤマニ	61	70	45	花崗岩	安政4年(1857)6月吉日	一門 長徳九幸次郎支配人 忠蔵	奉納	
52	開山塔	天台宗帰嚮山厚澤寺等洞院	様似町本町2-134-1		208	63	63	花崗岩	文化元年(1804)	【台座正面】関山秀暁塔【台座左側面】蝦夷帰嚮山等洞院 厚澤寺開祖秀暁師 碑銘 開祖秀暁字貫宗世投子 宇野□氏下総□□ 吉崎人生十二 常陸河内千妙教寺 僧正亮天出家年十 王来□□東叡勧學 校院歳行高摂大會 仰止年三十二主子 上総芝山観音教寺 文化□元甲子 國家将使蝦夷□□ 主之□創立王寺□		
53	不動明王	曹洞宗佛国山法光寺	えりも町本町23番地		84	96	24	花崗岩	文化10年(1813)3月	施主 高田屋		
54	手水鉢A	住吉神社	えりも町本町237番地		78	66	49	花崗岩	文久4年(1864)2月	願主 福順丸又助	奉納	
55a	石灯籠A	えりも神社	えりも町岬170の10番地		(92)	35	35	花崗岩	文久元年(1861)8月15日		御神燈	1基のみ
55b	手水鉢A	えりも神社	えりも町岬170の10番地		50	45	28	花崗岩	嘉永3年(1850)9月吉日	願主 讃岐栗嶋升屋虎蔵	奉献	
56a	石灯籠A	目黒稲荷神社	えりも町目黒132	アブラコマ→ホロイズミ	(139)	49	49	花崗岩	元治元年(1864)	石灯籠：世治人 越後鬼舞伊吉丸 左灯籠：中村惣太郎・金太郎・熊二郎	奉献	越後鬼舞＝新潟県糸魚川市木浦鬼舞（キブ）伊吉丸は廻船業伊藤吉右エ門の持ち船で安政6年(1859)建造
56b	狛犬	目黒稲荷神社	えりも町目黒132	アブラコマ→ホロイズミ	-	-	-		慶應2年(1866)9月	番屋守 中村惣太郎 宮石 熊次郎		実物は社内にあり、未調査
57a	馬頭観音	猿留山道・沼見峠	えりも町目黒猿留山道沼見峠（猿留山道を豊似湖入口から沼見峠方向へ徒歩約90分）		103	31	22	花崗岩	文久元年(1861)5月吉日	願主請負人 枌浦嘉七 支配人 宇三良世話人 周平 惣番人中	梵字「カ」（地蔵菩薩）	
57b	石祠	猿留山道・沼見峠	えりも町目黒猿留山道沼見峠（猿留山道を豊似湖入口から沼見峠方向へ徒歩約90分）		130	79	69	花崗岩	安政6年(1859)9月吉祥日	願主 ホロイヅミ御境州 請負人 枌浦嘉七 支配人 卯三良 石工 長州赤馬関大黒屋正兵衛 惣番人中		通称は妙見社
58	石祠	庶野海岸沿い	えりも町庶野トセップ		83	75	62	花崗岩	慶応2年(1866)	願主請負人 枌浦嘉七豊明 支配人 紋蔵 惣番人中	當世武大明神	通称は當世武大明神

表21　東蝦夷地の近世石造物（2）：ホロイズミ場所〜アツケシ場所

地図番号	種別	寺社名等	所在地	場所	法量(cm) 高さ	幅	厚	石材	造立年月日	造立者（施主・願主）	願文など	備考
59	一石一字塔（櫛形）		えりも町百人浜悲恋沼オートキャンプ場付近（原位置は在田川河口）	アブラコマ→ホロイズミ	158	22	37	花崗岩	文化3年（1806）	【正面】梵字「バク」（釈迦如来）一石一字塔　【左側面】蝦夷東南百人灘者鋳厳登洌汲濤對□海霧修□　離明輸工錯夫方隅以故溺者最多或有同時日者　豊朴怪異乎八谷佐吉者南部人也管長千保呂泉　年尚海寫傷之文化二年大家有命相従三賽　【背面】達比地與衆同志請余書寫妙經壽量品一石一字　以追麁焉沙麻尼之館主田中氏随喜衛護法延斎　哉昔時淪没一船俄到斉持施設法廣洟嗚呼信徹　無夠祥應頓郎豊猜來感乎余喜比事又手頓日　因縁俟調熱法咸震東夷没溺長夜苦終到晩風吹　戸開自闢悦頓躅失頭疑祥瑞遠致感切餘隨涙碑　【右側面】德□水無□□瑽龍□□字字現金佛化無□　文化三星在丙寅季□中□　帰嚮山第一世法印權大僧都秀謹書	町指定文化財　南部出身で、幌泉場所支配人の八谷佐吉の発願により礫石経塚が造られシヤマニ会所勤番詰人番頭で南部藩士の田中定右衛門が、法要の警護を勤めた
60	名号供養塔	曹洞宗禅林寺	広尾町西2条9丁目		68	30	15	粗粒凝灰岩	—	永原浅エ門	南無阿弥陀佛	紀年銘不明
61a	石灯籠C	十勝神社	広尾町茂寄1-13	トカチ	157	56	56	花崗岩	慶應2年（1866）	左灯籠：越後糸魚川　加宝丸喜次郎　右灯籠：嘉宝丸	奉獻	町指定文化財
61b	手水鉢A				42	68	39	粗粒凝灰岩	天保7年（1836）3月吉日	願主支配人喜右衛門　惣番人中	奉納	
62	手水鉢A	大津稲荷神社	豊頃町大津寿町101		68	71	46	花崗岩	文久元年（1861）5月吉日	願主請負人　枞浦嘉七　支配人　忠五良　番家守　紋蔵　帳役　松太郎　船頭　宗次良・忠七　三太郎	トカチ川　ヲサ（ウ）ス川　スッ（ハ）川　秋味鮭納、奉獻	
63	地蔵菩薩A1		石炭岬（原位置は泊8番地）白糠町岬3の1	シラヌカ→クスリの一部	78	37	14	花崗岩	安政4年（1857）6月4日		南無地蔵菩薩	安政4年6月4日場所請負人佐野孫右衛門が郷里の越後から持ち帰り現在地に建立
64a	手水鉢A	厳島神社	釧路市米町1丁目3番18号	クスリ	54	91	49	花崗閃緑岩	文政10年（1827）5月	支配人　米谷巳子兵衛、万葉丸長吉	奉納	
64b	狛犬B				103	61	30	花崗岩	元治2年（1865）7月15日	請負人　佐野孫右エ門　支配人　工藤久五郎　通辞　吉田善助　帳役　木津屋徳三郎　惣番人中	右狛犬：奉　左狛犬：獻	
65a	仏牙舎利塔	臨済宗南禅寺派景雲山国泰寺	厚岸町湾月町1-15	アツケシ	198	79	79	花崗岩		【上台石正面】近江屋惣兵衛・周吉・儀左エ門・文六・喜美治　山田屋順吉・太右エ門・与六・佐和吉・弥三郎・冨蔵・良介　藤野喜兵衛・徳右衛門・小右エ門・彦一・定吉・喜　平治・久介・伴治・利吉　願主：藤屋善吉・舘村順兵衛・植田屋甚蔵・大関屋文太郎　山田屋文右エ門・西三郎・又右エ門・喜右エ門・藤太郎　米屋勝三郎・藤三郎・平蔵・権兵エ・兵五郎　福嶋屋嘉七・弥五エ門・喜代松・太右エ門・万蔵・富吉　【上台石右面】場所詰合中　加藤兵蔵・木村平太夫・杉村弥荘・柴田矢太郎・中嶋竣蔵・吉井弥兵エ・小笠原半平・桜井小膳・宮嶋宥作・竹内禄三・遠山利左エ門・西村喜市・針谷永八・野村圓蔵・岡田久十・柳添安蔵・八嶋連作・冨永太エ門・杉原佐三郎・藤田玄碩・三浦龍仙・長内善賢・坂本玄雄・笹森新平・平尾鉄蔵・高森安左エ門・中嶋金エ門・笹原末太・高谷辰五		

地図番号	種別	寺社名等	所在地	場所	法量（cm） 高さ	幅	厚	石材	造立年月日	造立者（施主・願主）	願文など	備考
65a	仏牙舎利塔				198	79	79	花崗岩		高橋覚蔵・富永新作・瀧川達蔵・小山貞次・岡本圓治・大沢八五・松下嘉エ門・平沼藤太・川村忠七・鈴木挑吉・因藤太四郎・村上恒エ門・正木幸八・岩谷瀬兵へ・西澤清太郎・志村善次・田原藤エ門・中嶋勘兵ヘ・北川金七・古谷逸平・池上久弥・木村郡蔵・宮崎量八・中村勘十・中嶋軍太【上台石裏面】松前石工二代目松　箱館石工二代善七【下台石右面】トカチ領　茂十ら他23名　クスリ領　俊介他25名　当アツケシ　十吉他55名　子モロ領　重蔵他74名　クナシリ領　□ら他94名　船運　寅吉・由兵へ・蓮次ら・□松・松之介・長之介・山田屋順悦丸鉄五良・松兵エ・福丸・□蔵・与吉・寅蔵・□□【下台石左面】エトロフ領　福石エ門他52名【下台石右面】場所番人中		棹正面：佛牙舎利天保13年（1842）
65b	石灯籠A				229	77	77	花崗岩	-	右灯籠：施主シャリ支配人喜平治左灯籠：助資子モロ番人作右エ門	不夜燈	紀年銘等なし
65c	地蔵菩薩	臨済宗南禅寺派景雲山国泰寺	厚岸町湾月町1-15	アツケシ	158	47	47	粗粒凝灰岩	天保6年（1835）5月	台石右面：施主当所請負人　山田屋文右衛門　支配人　嘉七　通詞　文太郎　帳役　栄治郎・佐和吉・寅松・善之助・源次郎・治良吉・辰五郎・清七・重吉・金四郎・仁三郎・浅五郎・鉄五郎・源之亟・善太郎・市太郎・長吉・栄八・善兵衛。定八・忠次・吉五郎・三次郎・勘之助・源三郎・作右衛門・與□・要助・利兵衛・作次郎・銀次郎・藤五郎・千代松・幸吉・亀吉・藤吉・金之助・政五郎・吉太郎・勇助・戸市　台石左面：江戸當所運送施主　山田屋政右衛門手船・順吉丸仁三郎・同船方中・永順丸長右永門・同船方中・順通丸徳右衛門・同船方中・順真丸勇七・同船方中・順悦丸鉄五郎・同船方中・幸順丸長吉・願力丸文治郎・同船方中	景運山國泰禅寺現住五世文道玄造立	

やアヘン戦争の結果生じた、欧米列強に対する強い警戒心が願文に現れている。

【手水鉢】手水鉢は次の4種類がみられた（図92）。

A類：上辺が長い横長台形を呈し、底辺に抉りを入れることにより脚部が創出されている。

A'類：A類と同じ形態だが、脚部が本体とは別石のもの。

B類：両側面が内弯し、縦長の糸巻形となるもの。

C類：円柱の台部の上に和磁石に見立てた鉢部を乗せたもの。

最も古い手水鉢は、西蝦夷地では石狩市の金龍寺にある安永3年（1774）の年号の入った笏谷石製のB類（16）、東蝦夷地では伊達市有珠善光寺にある文化7年（1810）の銘を有する安山岩製のA類（43a）である。類型別ではA類18例、A'類1例、B類1例、C類2例と、A類が圧倒的に多い。石材別では花崗岩19例、笏谷石1例、蛇紋岩1例、安山岩1例と、花崗岩が卓越する。

このうち、正面に「禮拜器」と刻まれた石狩弁天社にある蛇紋岩製の手水鉢（18b）は、那珂

表22　東蝦夷地の近世石造物（3）：アツケシ場所〜ネモロ場所

地図番号	種別	寺社名等	所在地	場所	法量(cm) 高さ	法量(cm) 幅	法量(cm) 厚	石材	造立年月日	造立者（施主・願主）	願文など	備考
65d	置香炉	臨済宗南禅寺派景雲山国泰寺	厚岸町湾月町1-15	アツケシ	40	39	39	粗粒凝灰岩	天保6年(1835)5月	東都小石川御箪笥町五具足石工金蔵　施主　相州恵等蔵司・同祖純蔵司　大畑　菊地豊治郎		
65e	華瓶				49	24	30	粗粒凝灰岩	天保6年(1835)5月	施主執事松堂	華瓶壱封	
65f	石灯籠				−	−	−	安山岩	−			年銘等なし、破損
65g	石灯籠C				176	29	29	安山岩	天保6年(1835)5月	石灯籠：施主　相州恵等蔵司・同祖純蔵司・大畑菊池豊治郎　左灯籠：施主　小田宇左衛門	燈籠壱封	石灯籠台石：昭和五夏修繕　志主　鈴木直助天門代
66a	手水鉢C	臨済宗日東山曹渓寺	浜中町榊町73		63	60	60	花崗岩	−	願主　山田文右衛門・同善兵衛・同定治郎・濱中番屋中　海上安全　手舩　豊福丸権之助		紀年銘なし　近接して龍王殿前に江戸時代のものと思われる花崗岩製の石灯籠あり（年号などなし）
66b	地蔵菩薩A2				154	67	64	本体：斑岩　台石：花崗岩	慶應3年(1867)3月	施主　山田壽三郎	有縁無縁三界萬霊	
67a	石灯籠A	幌戸神社	浜中町幌戸52		(95)	45	45	花崗岩	安政2年(1855)5月	阿都希志漁番屋中	御神燈	宝珠の一部と火舎欠損
67b	手水鉢A				60	91	60	花崗岩	安政2年(1855)5月	願主　阿都希志漁番屋中	奉寄進	
68	石灯籠A	金刀比羅神社	根室市琴平町1-4	ネモロ	(144)	50	50	花崗岩	安政2年(1855)3月	柏屋舩頭中　子モロ支配人　藩人中	御神燈	原位置は松ヶ枝町
69	鳥居B	市杵島神社	根室港内弁天島2番地		300	384	26	花崗岩	天保6年(1835)3月	願主　阿部喜右衛門　藤屋善吉	奉寄進	一部後補
70	寛政蜂起和人供養碑		納沙布岬	根室市納沙布岬	116	63	30	花崗岩	文化9年(1812)4月	正面：(梵字ア)　横死七十一人之墓　背面：寛政元年己酉夏五月此地凶悪蝦夷結驚為賊事追手不意士庶遇害者死七十一人也姓名記録別在官舎于茲合葬建石		市指定史跡　明治45年(1912)に珸瑤瑁海岸で発見
71	石灯籠A	標津神社	標津町北1条西1丁目1番2号		(175)	48	48	花崗岩	天保13年(1842)3月吉日	吉田喜右衛門　舘村順兵衛		町指定文化財

　湊の石工大内石可の手になるもので、町屋石（斑石）と呼ばれる茨城県常陸太田市周辺から産出する蛇紋岩が使われている（那珂湊市史編さん委員会1978）。町屋石は、寒水石と呼ばれる久慈郡真弓山産の大理石とともに、江戸時代には水戸藩の許可なしに採石できない御留石であった（常陸太田市史編さん委員会1984）。奉納者は石狩十三場所の一つで石狩川と篠路川の合流点付近にあった下シノロ場所の請負人梶浦氏と松前・箱館の問屋4名ならびに番人たちである。

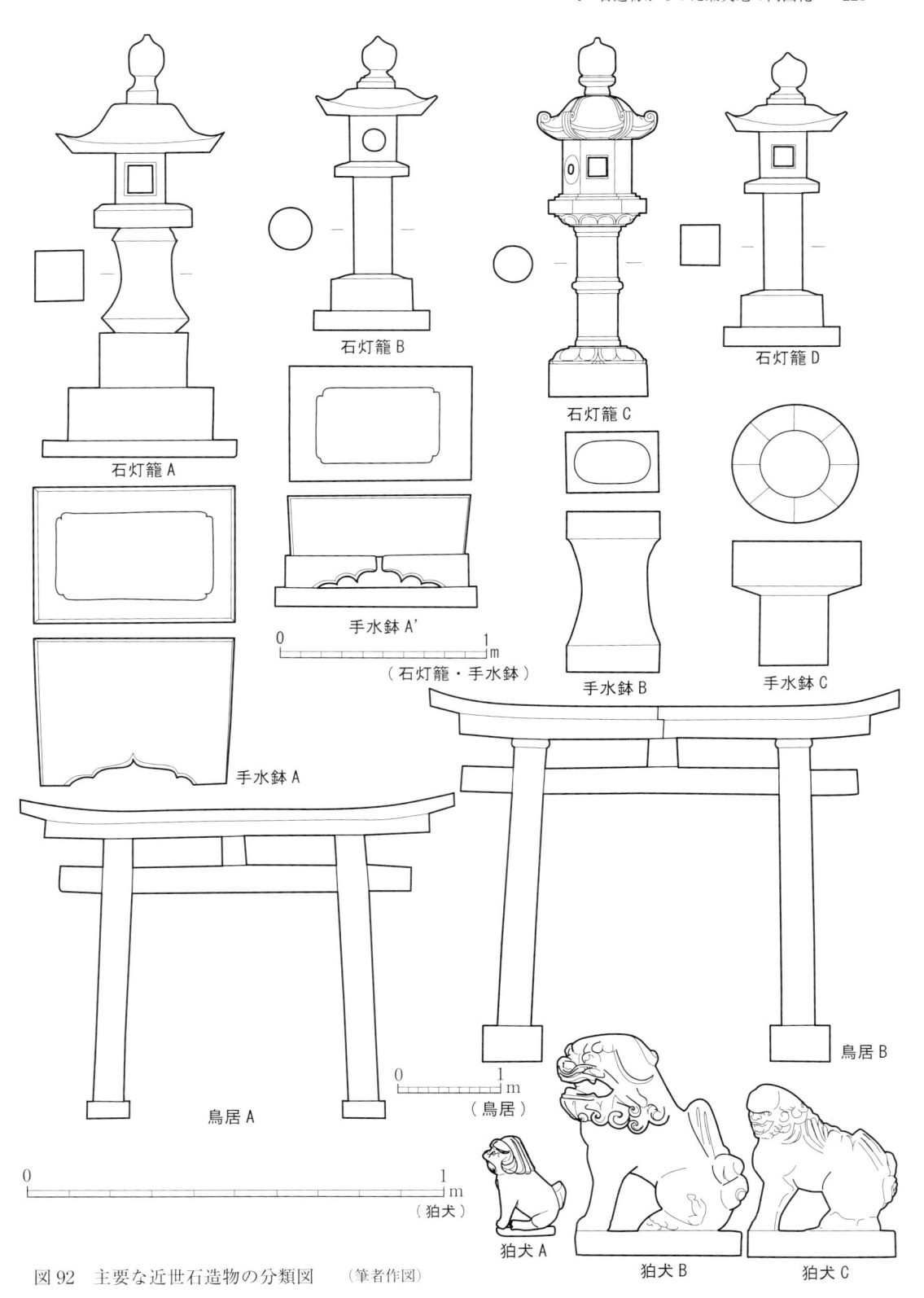

4　石造物からみた蝦夷地の内国化　　225

図92　主要な近世石造物の分類図　　（筆者作図）

C類とした和磁石を模した特殊な形状の手水鉢は、苫小牧市の樽前山神社（45）と浜中町の曹溪寺（68a）にあり、どちらも場所請負人の山田文右衛門によって奉納されたものである。後者には「海上安全」と刻まれており、和磁石形の意匠には持ち船の航海安全の願いが具象化されている。なお、小樽市忍路町の忍路神社（13c）と大忠寺（14a）の手水鉢は、石材・大きさ・形状・装飾・銘文等全て同一であり、本来対であった可能性が高い。

　【石鳥居】石鳥居は全て額束を有し、笠木と島木には反り増があり、貫が左右の柱から外側に突き抜けている明神系の鳥居である。全体の形状が判明する13例中、島木と柱の間の台輪がないA類が9例で、台輪を有するB類4例より多い。石材は全て花崗岩である。石狩場所請負人によって文化10年（1813）に石狩弁天社に奉納され、現在石狩八幡宮にある石鳥居（17b）は、蝦夷地で最古かつ最大のものである。

　【狛犬】狛犬は石材と型式から3類型に分類される（図92）。
　A類：笏谷石製（越前型）
　B類：浪花型
　C類：江戸型

　A類とした笏谷石製の狛犬は、石狩弁天社に残るもの（18c・18d）から本来彩色がなされていたことが判る。

　18cは越前型の典型で、おかっぱ（禿）の髪形が特徴的である。また、18cには墨書で「庄内酒田柏屋久兵衛舟中上及リ九兵エ天党船」「酒田秋田」と書かれているが、道東枝幸町の厳島神社には柏屋久兵衛によって弘化4年（1847）に奉納された船絵馬が存在する[2]。

　B類は背筋を伸ばした体形と、螺髪のように瘤状に短く渦巻くたてがみや体毛を特徴とする浪花型と呼ばれる狛犬である。B類は、花崗岩製が石狩市古潭八幡神社（19c）と釧路市厳島神社（64b）の2点、凝灰質砂岩製が岩内町岩内神社（7）・苫前町苫前神社（31b）・新ひだか町金刀比羅神社（49a）の3点ある。

　C類は、猫背で長く流れるたてがみや体毛を特徴とする江戸型と呼ばれる狛犬である。C類は増毛町別苅恵比須神社（23a）と増毛町厳島神社（27a）の2点で、どちらも花崗岩製である。

　【地蔵菩薩】地蔵菩薩は、西蝦夷地で3基、東蝦夷地で4基確認した。地蔵菩薩は姿勢と光背の有無により次の4類型に細分される。
　A類：立像　　A1：光背あり　　A2：光背なし
　B類：座像　　B1：光背あり　　B2：光背なし

　最も古い地蔵菩薩は、小樽市忍路町の大忠寺にある近江商人で忍路・高島場所請負人の西川伝右衛門が嘉永元年（1848）に寄進したA2類（14b）である。厚岸町の国泰寺にある天保6年（1835）の年号を有する地蔵菩薩（65c）は国泰寺の五世文道玄によって造立され、台石にアッケシ場所請負人の山田文右衛門をはじめ支配人・通詞・帳役など44名、江戸と厚岸間の運送を請け負う山田屋政右衛門の手船6隻（順吉丸・順通丸・順真丸・順悦丸・幸順丸・願力丸）とそれらの船頭の名前が記されている。なお、地蔵菩薩（65c）には、同じ粗粒凝灰岩を用いて同時に造られた置香炉（65d）と華瓶（65e）が伴っている。後述するように置香炉には東都小石川御箪笥

町の五具足石工金蔵の銘が入っていることから、地蔵菩薩・華瓶を含め江戸で製作されたと思われる。

【馬頭観音碑】馬頭観音碑は、えりも町猿留山道沼見峠にあるもの（57a）以外に、洞爺湖町入江と大磯に、文化元年（1804）、馬産を目的として箱館奉行戸川安論により開設された虻田・有珠の牧場に関連した馬頭観音碑があったとされる（虻田町役場 1962）。なお、馬頭観音碑（57a）のある猿留山道は、寛政11年（1799）東蝦夷地の仮上知直後に幕府の意向で最上徳内らによりに拓かれた基幹道だが、長さと地形の点で東蝦夷地第一の難道とされることから、峠に建つ馬頭観音は旅人の通行安全を祈願して造立されたと推察される。

【一石一字塔】えりも町百人浜にある一石一字塔（59）は、えりも岬周辺における海難者の慰霊のため、文化3年（1806）に南部出身でホロイズミ場所支配人の八谷佐吉の発願により、開かれて間もない様似等澍院の開祖秀暁の法要により造られた礫石経塚に伴うものである。碑文には法要の際の警護をシャマニ会所勤番詰人番頭で盛岡藩士の田中定右衛門が務めたことが明記されており、経塚の造営を企画した和人が周辺に住むアイヌの宗教的・文化的反発を警戒していた可能性が考えられる。

【寛政蜂起和人供養碑】明治45年（1912）に北海道東端の納沙布岬から2kmほど手前の珸瑤瑁海岸で発見され、現在納沙布岬に移設されている寛政蜂起和人供養碑（70）は、寛政元年（1789）のクナシリ・メナシの戦いで犠牲となった和人71名の合葬墓の上に、23回忌に当たる文化9年（1812）に建てられたもので、碑文の内容から造立には幕府が関与していることが窺える。この供養碑は、ロシア軍艦ディアナ号打ち払いとゴロヴニン艦長の捕縛やその報復としてなされた高田屋嘉兵衛の身柄拘束というクナシリ島周辺での日本とロシアの緊張関係が高まる最中に造立されており、造立の背景には幕府によるクナシリ・メナシの支配が確固たるものであることをこの地域のアイヌやロシア側にアピールする政治的意図があったと考えられる。

【仏牙舎利塔】厚岸町の国泰寺にある天保13年（1842）に建てられた仏牙舎利塔（65a）の台石には、山田文右衛門・福嶋屋（杉浦）嘉七・藤野（柏屋）喜兵衛などの蝦夷地の場所請負に関わった箱館や松前の有力商人41名、場所詰の松前藩士54名、製作にあたった石工2名、船乗り13名の名前が記され、さらにトカチ領23名、クスリ領25名、アッケシ領55名、子モロ領74名、クナシリ領94名、エトロフ領52名、合計433名もの人々が造立に関わったことが刻まれている。国泰寺の仏牙舎利塔は、クナシリ・メナシの戦いから半世紀を経て、この地域への和人の進出が官民ともに加速するとともに、国泰寺が彼らの精神的拠り所として機能していたことを物語っている。

【句碑・歌碑】句碑は、せたな町北檜山区の昭光寺（地蔵庵）にある天保6年（1835）に上ノ国の住人によって建てられた芭蕉句碑（2）が唯一である。歌碑は増毛町増毛小学校の向いにある「慈流泉碑」（26）が唯一である[3]。

②地域性および時代性の検討

西蝦夷地を西から東に向かって神威岬以西、シャコタン～オタルナイ、イシカリ、アツタ～テシオ、ソウヤ・リイシリ・レブン、モンベツ・シャリの6地域、東蝦夷地を同じくユウフツ以西、

サル〜トカチ、クスリ〜アッケシ、ネモロの4地域に分け、10年単位で石造物の造立数を検討したところ、地域によって石造物の造立時期に明瞭な差が存在することが判った（図94・95）。西蝦夷地ではイシカリ周辺が比較的古く1770年代から石造物が建てられはじめる。1820年代にはアツタ〜テシオとソウヤ・リイシリ・レブンで石造物の造立が開始されるが、前者がそれ以降幕末まで石造物が建てられ続けるのに対して、後者は1820・30年代に集中し、その後途絶えてしまう。西蝦夷地で地理的に最も和人地に近い神威岬以西の地域では1830年代以降、その東側に隣接するシャコタン〜オタルナイではさらに遅れ1840年代以降の石造物しかみられず、和人地側から次第に遠隔地に向かって石造物の造立が拡散していったのではないことが判った。また西蝦夷地全体では、石造物数のピークは1840年代にあり、幕末には石造物の造立はやや下火となることが明らかとなった。

西蝦夷地でイシカリ周辺が先行する理由については、17世紀末・18世紀初頭頃から石狩川で盛んになった鮭漁（石狩秋味運上）に関連して、他地域より古くから多くの和人が出入りしたためと考えられる。実際、石狩八幡神社にある旧石狩弁天社の石鳥居（17b）には、場所請負人の名前とともに「秋味建舩中」と刻まれている[4]。18世紀末には石狩川は蝦夷地最大の鮭産出場所となっており、他国商人が運上請負に参加し、石狩アイヌによる網漁で捕獲された鮭と瀬戸内海産の塩を用いて鮭塩引を生産し全国市場に乗せていたという（菊池編2003）。

一方、東蝦夷地では西蝦夷地とは異なり、和人地に近い西から東へと石造物の造立開始時期が遅くなるとともに、東蝦夷地全体では、大局的にみて時代が下るに従い造立数が増加する傾向に

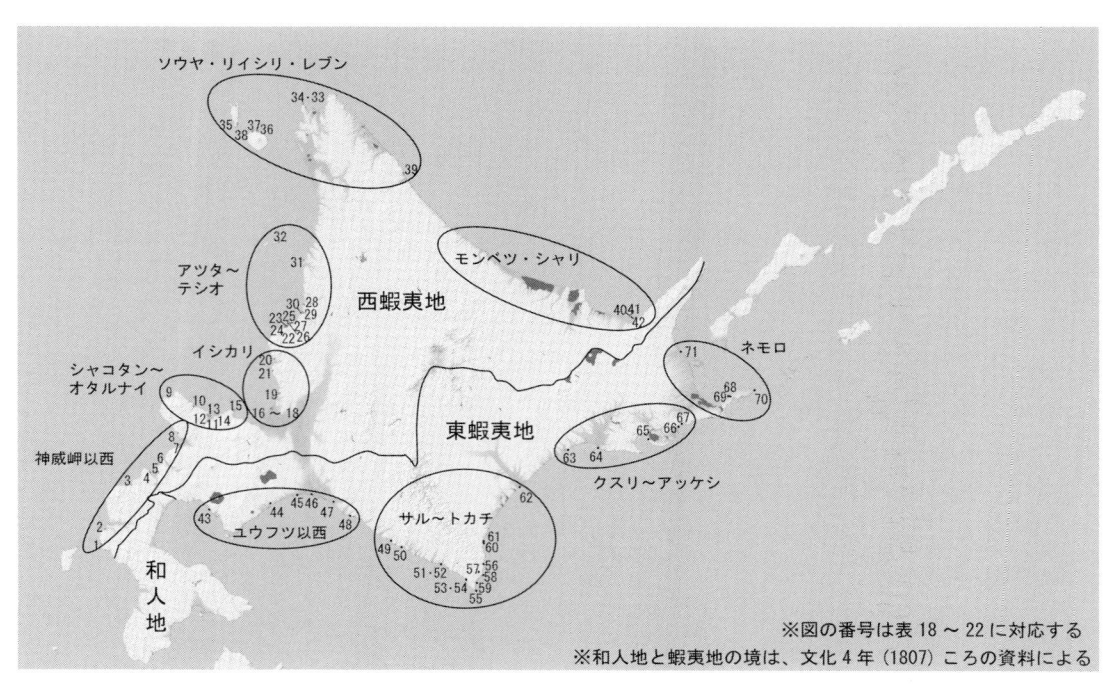

図93　蝦夷地の近世石造物（墓標以外）分布図

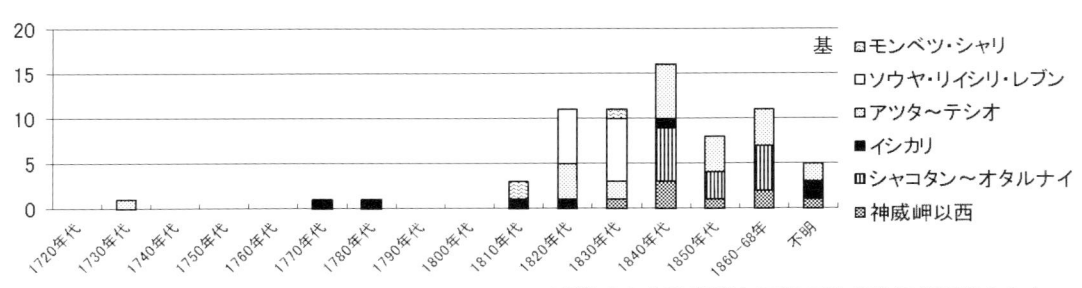

4 石造物からみた蝦夷地の内国化　229

図94　西蝦夷地の墓標を除く近世石造物（地域別）
※増毛の慈流泉碑と天塩の狛犬は年代不明とした

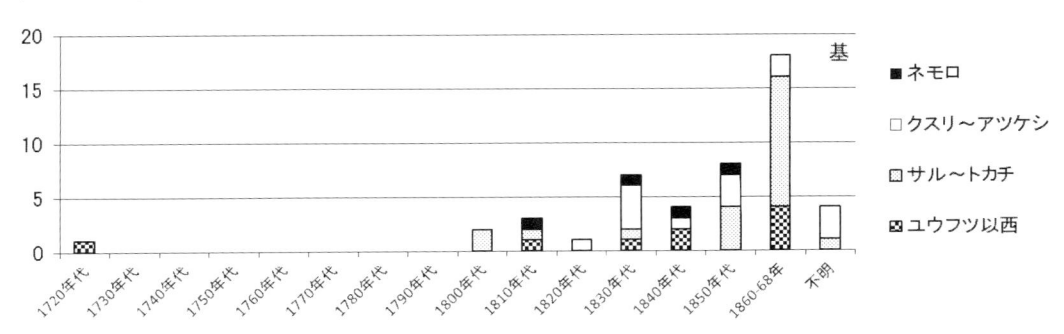

図95　東蝦夷地の墓標を除く近世石造物（地域別）

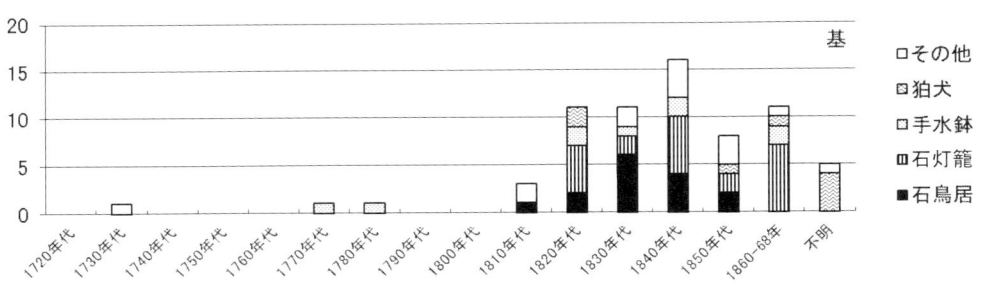

図96　西蝦夷地の墓標を除く近世石造物（種類別）
※増毛の慈流泉碑と天塩の狛犬は年代不明とした

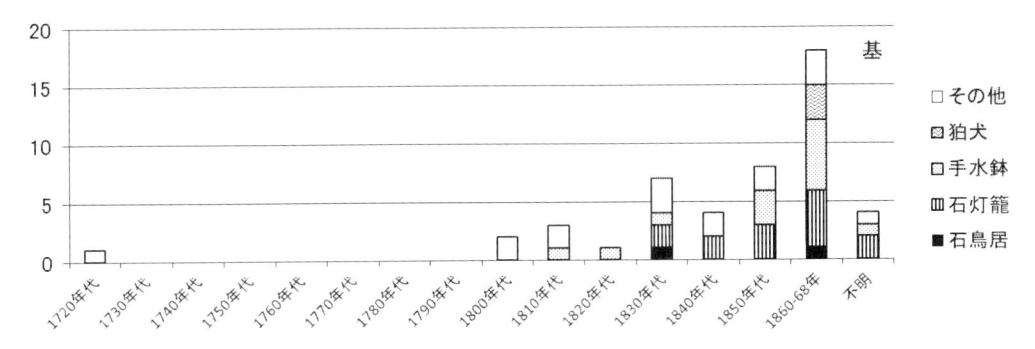

図97　東蝦夷地の墓標を除く近世石造物（種類別）

あることが判明した（図93・95）。これは東西蝦夷地で内国化のプロセスが異なることを示唆する現象として注目される。

次に石造物の種類を石鳥居、石灯籠、手水鉢、狛犬、その他に分類し、10年単位で造立数を検討した（図96・97）。手水鉢が比較的古くから奉納されている点は東西蝦夷地で共通しているが、19世紀代に入り西蝦夷地で鳥居・灯籠・手水鉢の3点セットが確立するのに対して、東蝦夷地では石鳥居の造立が江戸時代を通して低調であることが明らかとなった。

③石工について

銘文から石工が判明するのは、水戸藩第九代藩主徳川斉昭お抱えの石工大内石可の手になる石狩弁天社の手水鉢（18b）、石工松太郎の銘を有する増毛厳島神社の狛犬（27a）、石工長州赤馬関大黒屋正兵衛の銘を有するえりも町猿留山道沼見峠妙見社の石祠（57b）、松前の石工二代目長松と箱館の石工二代目善七の合作による厚岸町国泰寺の仏牙舎利塔（65a）と東都小石川御箪笥町の五具足石工金蔵の銘が入った置香炉（65d）である。

大内石可は那珂湊の水戸藩御用石工大内家の三代目で、水戸弘道館記碑・水戸八景碑、ひたちなか市酒列磯前神社御神燈・堀出神社常夜塔、橿原神宮御神燈などの作品が知られている（ひたちなか市史編纂委員会2008）。

製作者を特定できるものが少ないにも関わらず、蝦夷地の石造物の石工は、那珂湊・下関・松前・箱館・江戸と、日本海側・太平洋側ともに遠隔地に及んでいる点に特色が見いだせよう。

（3）蝦夷地の近世墓標

①概要

江戸時代に死亡した人を供養した墓標を対象に調査を行い、西蝦夷地では22ヶ所で68基、東蝦夷地では20ヶ所で94基の墓標を確認した（表23～27、図98）。これらの墓標で供養された江戸時代の死者数は、西蝦夷地が合計82名、東蝦夷地が合計116名である。

西蝦夷地で最古の墓標は、小樽市忍路の大忠寺にある宝暦5年（1755）の年号を有する櫛形墓標（26）で、施主が「博知石西田善二」となっていることから松前の人の墓標と思われる。東蝦夷地では、後世に建てられことが明らかなものを除けば、伊達市有珠善光寺にある宝暦4年（1754）の年号を有する笠塔婆形の墓標（80）が最も古い[5]。

【幕府関係者の墓標】小樽市の金龍寺に箱館奉行石狩役所役人の天野傅左衛門正庸の墓標（29）と幕府鉄砲方田付四郎兵衛組同心で長崎海軍伝習所第1期生の村田小一郎高令の墓標（30）、増毛町潤澄寺に箱館奉行所の見聞役人池田宗達の墓標（14）、稚内市宗谷護国寺跡に松前奉行所調役下役（樺太詰）の洞金助光忠の墓標（56）・箱館奉行所同心大塚良輔源知の子息女の墓標（59・60）・箱館奉行所支配調役並梨本弥五郎の妻の墓標（61）・御普請役で天明5年（1785）に老中田沼意次の命による蝦夷地探検隊に参加し、樺太に渡ったのち宗谷での越冬中に病死した庵原彌六の墓標（62）、伊達市有珠善光寺に文化元年（1804）箱館奉行戸川安諭により虻田・有珠に開設された牧場の牧士である村田家・田畑家の墓標（74～76・82）、伊達市有珠善光寺・苫小牧市勇払開拓史跡公園・むかわ町永安寺の3ヶ所に勇払詰の八王子千人同心関係者の墓標（73・86・105・

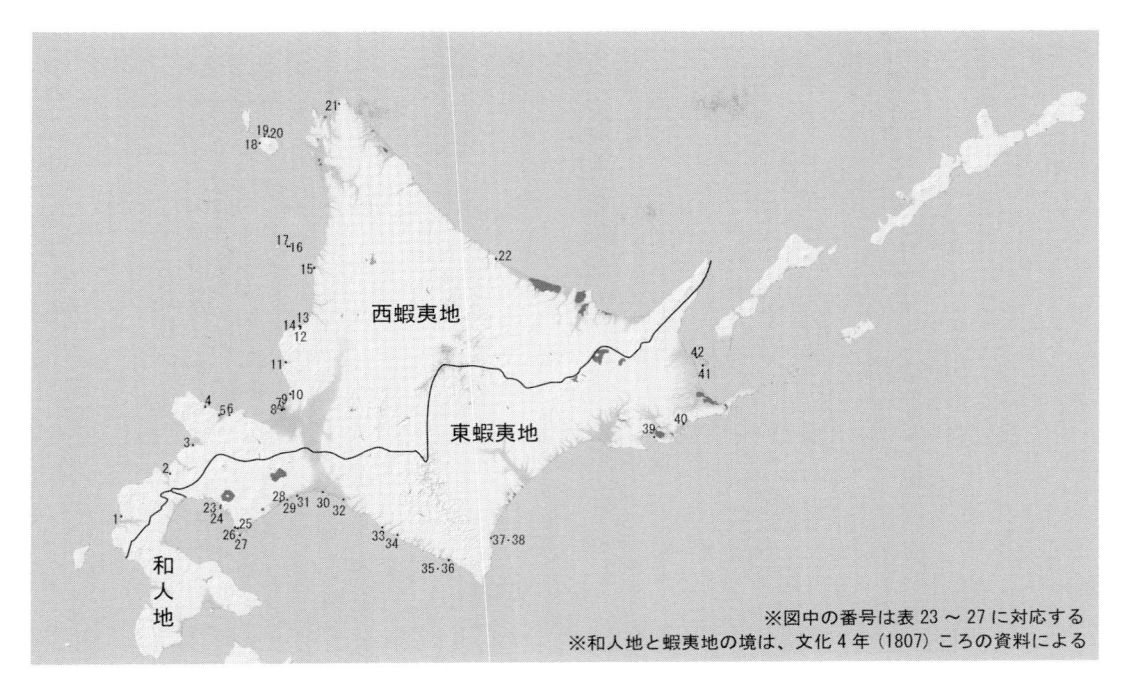

図98　蝦夷地の近世墓標分布図

106・108〜118・120）、新冠町高江の会所跡に会所関係者の墓標（121・122）、厚岸町国泰寺にアイヌを雇って厚岸‐仙鳳趾間を開削した丹羽金助源長行の墓標（143）がある。

【東北諸藩北方警備関係者の墓標】石狩市浜益区川下地蔵堂に庄内藩ハママシケ陣屋関係者の墓標（35・36）、苫前町古丹別川河口付近に庄内藩トママエ陣屋大将石川小兵衛廣居の墓標（42）、増毛町潤澄寺にあるマシケ元陣屋大将小瀬源四郎の墓標（40）や増毛町暑寒沢果樹園内秋田藩関係者の墓標（37・38）、利尻島にある会津藩関係者の墓標（47〜54）、宗谷護国寺跡にある秋田藩ならびに会津藩関係者の墓標（57・58・63〜65）、紋別市報恩寺にある会津藩モンベツ出張陣屋関係者の墓標（66〜68）、室蘭市南部藩モロラン陣屋跡ならびに仙海寺にある盛岡藩関係者の墓標（90〜95・97）、白老町仙台藩元陣屋跡ならびに白老小学校付近にある仙台藩関係者の墓標（100〜103）、様似町智教寺ならびに広尾町禅林寺にある仙台藩関係者の墓標（135・140）、厚岸町国泰寺にある仙台藩アッケシ出張陣屋関係者の墓標（150）、標津町茶志骨にある会津藩シベツ陣屋関係者の墓標（161・162）が挙げられる。

【僧侶の墓標】東蝦夷地に設けられた蝦夷三官寺の伊達市有珠善光寺（72・89）、様似町等澍院（129〜131）、厚岸町国泰寺（142・145〜148）に限られる。

【民間人の墓標】
　蝦夷地において、墓標の継続的な造営がみられる事例は、せたな町延命寺にある古畑家だけである。この点は松前・箱館・江差など和人地との大きな相違点で、墓標を造立しうる和人層が蝦夷地に移り住み、一ヶ所に定着するようなことは稀であったことを示している。延命寺の古畑家

表23 西蝦夷地の近世墓標

地図番号	墓標番号	所在地	全高(cm)	棹高(cm)	横幅(cm)	奥行(cm)	碑面数	石材	型式	額縁	家紋	梵字	蓮華	家印	位置
1	1	せたな町瀬棚区三本杉104 曹洞宗瀬棚山延命寺	86	48	24	20	3	花崗岩	丘状頭角柱	○		○	○		Fa/Fb/Fc
	2		70	45	21	21	3	花崗岩	丘状頭角柱	○		○	○		Fa/Fb
	3		117	75	31	30	2	花崗岩	丘状頭角柱		○		○		Fa/Fb/Fc
	4		(77)	77	33	20	1	凝灰岩	櫛形	○	○				F
	5		73	55	27	19	1	花崗岩	櫛形						F
	6		93	74	30	28	2	花崗岩	尖頭角柱		○				F
	7		90	74	28	28	2	花崗岩	丘状頭角柱		○		○		F
	8		99	69	30	30	3	花崗岩	丘状頭角柱	○	○		○		Fa/Fb
	9		75	57	30	20	2	花崗岩	櫛形	○					F
2	10	寿都町歌棄町419 浄土宗教立寺	(50)	50	27	21	3	花崗岩	尖頭角柱				○		Fa/Fb/Fc/Fd
	11		64	52	26	13	3	花崗岩	櫛形		○		○		Fa/Fb
	12		109	73	37	21	3	花崗岩	櫛形		○		○		Fa/Fb/Fc/Fd
3	13	岩内町東山共同墓地	98	70	35	32	3	安山岩	丘状頭角柱	○			○		Fa/Fb/Fc
	14		72	62	30	15	2	安山岩	櫛形	○			○		F
	15		78	58	28	21	3	花崗岩	櫛形	○	○				Fa/Fb
	16		57	49	26	21	3	凝灰岩	尖頭角柱						Fa/Fb/Fc/Fd/Fe/Ff
	17		103	53	21	17	3	安山岩	丘状頭角柱				○		Fa/Fb/Fc/Fd/R
	18		160	63	28	28	3	斑岩	丘状頭角柱				○	○	Fa/Fb/Fc
	19		142	71	32	25	3	斑岩	丘状頭角柱		○		○	○	Fa/Fb/Fc

4　石造物からみた蝦夷地の内国化　　233

戒名（略）	俗　　名	頭　書	下置字	没年月日	氏名／施主	備考（造立年など）
4信士					中井	
4信女						
4信女				1846.0700		
2信士			各霊位	1842.0712	萱野□兵衛	
4信女						
4居士				1758.0905		
4居士				1792.0105	古畑氏	古畑氏墓域
4信女				1841.0125		
4信女				1820.0926		古畑氏墓域
4信女			帰元	霊位	1813.0906	古畑氏	古畑氏墓域
4大姉				1844.0408		古畑氏墓域
軒4居士				1830.0320		古畑氏墓域
4信士				1842.0211		古畑氏墓域
4信女				1820.0926		
4信女				1845.0807	古畑	古畑氏墓域
2信士				1809.0421		
2信女			有	1838.1128		
4信女				1856.0306		
4信女				1874.0309		
6信士				1862.0113		
6信女				1885.0300		
4大姉				1834.0611		
4居士		南無阿弥陀仏		1835.0717	高橋	
6居士						
6大姉				1848.0812		
4大姉						
4居士				1860.0426	佐藤松之助	
2禅定門				1849.0208		
4信士				1863.0901		
4信士				1842.0629	梁川屋	
4信女				1850.0325		
2童子				1865.0018		
2嬰女				1865.0615		
4信士				1876.0610	二葉氏	
2童子				1887.0100		
2孩子				1865.0118		
2孩子				1879.0427		
2信士				1870.0218		
4信士				1849.1124		
4信士				1899.0826	藤倉	
2信女				1866.0510		
釈2				1898.0813		
4信士				1867.0717		
4信士			位	1876.0515	境榮治	
4信女				1884.1118		
5居士				1864.1217		
5大姉		先祖代々		1891.0621	佐々木キヨ	
不明				1896.0621		

234　第Ⅲ章　和人の北方進出と蝦夷地の内国化

地図番号	墓標番号	所在地	全高(cm)	棹高(cm)	横幅(cm)	奥行(cm)	碑面数	石材	型式	額縁	家紋	梵字	蓮華	家印	位置
3	20	岩内町東山共同墓地	120	60	27	25	3	花崗岩	丘状頭角柱		○		○	○	Fa / Fb
	21		190	174	110	57	1	安山岩	不定形						※
4	22	古平町浜町368 曹洞宗法興山禅源寺	(65)	65	98	22	1	安山岩	不定形						F
	23		70	50	26	17	3	花崗岩	櫛形	○			○		F
	24		143	70	31	27	3	花崗岩	丘状頭角柱	○			○		Fa / Fb / Fc
5	25	余市町梅川町840 浄土真宗法雲山乗念寺	107	84	60	30	1	火山礫凝灰岩	不定形	○					Fa / Fb
6	26	小樽市忍路1-281 浄土宗西忍山戒珠院大忠寺	(50)	50	25	15	2	安山岩	櫛形	○					F
	27		(54)	54	22	14	3	砂岩	尖頭角柱	○					F
	28		(64)	64	31	21	3	砂岩	櫛形	○					Fa / Fb
7	29	石狩市新町4 日蓮宗宝珠山金龍寺	110	67	45	35	2	花崗岩	櫛形						※
	30		126	72	30	24	2	花崗岩	櫛形						※
8	31	石狩市横町共同墓地	79	不明	不明	不明	不明	不明	丘状頭角柱	○					F
9	32	石狩市八幡町共同墓地	(65)	65	25	23	3	安山岩	櫛形						R
	33		(80)	80	36	28	2	火山礫凝灰岩	櫛形	○					F
10	34	石狩市厚田区古潭共同墓地	51	39	29	27	2	台：花崗岩 棹：安山岩	尖頭角柱						F
11	35	石狩市浜益区川下地蔵堂	66	66	53	29	1	安山岩	不定形						※
	36		48	48	39	28	1	安山岩	不定形						※
12	37	増毛町暑寒沢樹園内	(53)	53	43	18	2	安山岩	不定形						F
	38		(45)	45	34	17	2	安山岩	不定形						F
13	39	増毛町増毛小学校向	(72)	72	42	19	1	安山岩	不定形						F
14	40	増毛町畠中町 浄土真宗法流山潤澄寺	129	81	30	30	4	安山岩	丘状頭角柱						F
	41		86	67	26	26	2	安山岩	丘状頭角柱						F
15	42	苫前町古丹別川河口	(99)	99	57	30	2	安山岩	不定形	○					※
16	43	羽幌町焼尻役場支所向	110	73	29	29	3	真珠岩	丘状頭角柱						F
	44		90	58	24	24	3	真珠岩	丘状頭角柱						F
17	45	羽幌町焼尻顗海寺西側墓地	78	62	25	16	3	安山岩	櫛形	○					F
	46		96	73	31	21	3	花崗岩	櫛形						※

4 石造物からみた蝦夷地の内国化 235

戒名（略）	俗名	頭書	下置字	没年月日	氏名／施主	備考（造立年など）
4信士				1864.1009		
4信女				1853.0717		
記載なし	二葉屋宗助	南無阿弥陀仏		1868.0700		加州宮腰（現石川県金沢市金石町）住人
院釈位号なし				1865.0805		
6信士	黒川利右エ門	為先祖代々		1864.0210		ヒロ□ラウス濱中　世話方黒川利右エ門
4居士				1856.0921		
4大姉				1832.1025	木津氏	
4大姉						
釈尼2		南無阿弥陀仏		1867.0621		
釈尼2				1864.0200		
4信士			位	1755.1223	博知石西田善二	
4信士		キリーク	位	1777.1200	庄内今泉清三良	
記載なし		南無阿弥陀仏		1791.0000		
記載なし		南無妙法蓮華経				
記載なし	天野博左衛門正庸			1860.1128		B面に墓誌あり　箱館奉行石狩役所役人
記載なし	村田小一郎高令		墓	1865.0723		幕府鉄砲方田付組同心で長崎海軍伝習所第1期生
4居士	山形屋万右衛門		位	1846.0612		現在所在不明　石狩町郷土研究会1984『石狩の碑』に記載
院4大姉	榎本氏女乙女子			1860.1207		
院4居□	吉村五郎左衛門			1862.0310	吉村五郎衛門正□	
釈2	阿部屋武兵衛			1784.0617		原位置は古潭村2の曹洞宗龍澤寺
記載なし	高橋亀六		墓	1863.0123		庄内藩士　戒名：戒順道林士（大心寺過去帳）
記載なし	由蔵		墓	1863.0712		庄内藩足軽中間　戒名：西岸遊方信士（同）
記載なし	大館町長吉		墓	1860.0816		B面日野氏下男　原位置は増毛元陣屋付近
記載なし	打越角左エ門		墓	1861.0412		B面日野氏家来　原位置は増毛元陣屋付近
記載なし	横岡五郎作光善	円相		1811.0229		原位置は町毛町役場北側（弁天町2丁目）付近
記載なし	小瀬源四郎		墓	1861.0102		L→B→R面に墓誌あり　原位置は小林総次郎氏農園内　小瀬源四郎は秋田藩増毛陣屋大将
記載なし	池田宗達			1861.1120		池田宗達は箱館奉行所の見聞役人
記載なし	石川小兵衛廣居		墓	1862.0323	石川惟一	B面に墓誌あり　石川小兵衛廣居は庄内藩苫前陣屋大将　1周忌に墓標建立
記載なし	會津小原内匠忠貫		墓	1805.0711		
記載なし	會津山内一學豊忠		墓	1805.0716		
4信士	塩越権六			1778.0817		出羽国塩越（現秋田県にかほ市象潟町）出身
記載なし	出羽国塩越清治	南無阿弥陀仏		1858.0300		出羽国塩越（現秋田県にかほ市象潟町）出身

表24 西蝦夷の近世墓標 (2)

地図番号	墓標番号	所在地	全高(cm)	棹高(cm)	横幅(cm)	奥行(cm)	碑面数	石材	型式	額縁	家紋	梵字	蓮華	家印	位置
18	47	利尻町沓形種富町	(76)	76	30	29	3	真珠岩	丘状頭角柱						F
	48		(51)	51	18	17	3	真珠岩	櫛形						F
19	49	利尻富士町鷲泊字本泊慈教寺	60	38	18	18	3	真珠岩	丘状頭角柱						F
	50		(59)	59	24	24	3	真珠岩	丘状頭角柱						※
	51		72	50	18	18	3	真珠岩	丘状頭角柱						F
20	52	利尻富士町鷺泊字港町	69	47	19	19	3	真珠岩	丘状頭角柱						F
	53		78	53	21	21	3	真珠岩	丘状頭角柱						F
	54		69	47	18	18	3	真珠岩	丘状頭角柱						F
21	55	稚内市宗谷護国寺跡	128	82	31	24	3	花崗岩	丘状頭角柱	○	○				F
	56		120	73	33	26	2	凝灰岩	丘状頭角柱	○					F
	57		86	67	24	24	3	安山岩	丘状頭角柱						R
	58		73	54	21	21	3	真珠岩	丘状頭角柱						F
	59		58	42	19	12	3	花崗岩	櫛形	○					F
	60		58	43	19	15	3	花崗岩	櫛形	○					F
	61		91	57	28	18	1	花崗岩	櫛形	○			○		F
	62		111	77	30	30	4	火山礫凝灰岩	丘状頭角柱		○				F
	63		90	73	24	25	4	斑岩	丘状頭角柱						F
	64		69	52	21	21	3	真珠岩	丘状頭角柱						F
	65		(42)	(25)	21	21	3	真珠岩	丘状頭角柱						F
22	66	紋別市南ヶ丘町2-5-1曹洞宗紋別山報恩寺	87	50	22	22	3	花崗岩	丘状頭角柱						F
	67		84	46	22	22	3	花崗岩	丘状頭角柱						F
	68		89	51	22	22	3	花崗岩	丘状頭角柱						F

4　石造物からみた蝦夷地の内国化　237

戒名(略)	俗　名	頭書	下置字	没年月日	氏名／施主	備考（造立年など）
記載なし	会津諏訪幾之進光尚		墓	1808.0710		諏訪光尚は会津藩士で樺太詰北原防人、200石外様士
記載なし	会津山田重佐久		墓	1808.0708		山田重佐久は会津藩士
記載なし	会津白石又右衛門下僕宇兵衛		墓	1808.0802		那麻郡夷田村所生、白石又右衛門は会津藩士で樺太詰北原隊勘定所役人原位置は本泊会所跡付近
記載なし	会津関場友吉春温		墓	1808.0706		関場友吉は会津藩士で利尻詰梶原隊甲士原位置は本泊会所跡付近
記載なし	会津遠山登僕利助		墓	1808.0607		遠山登は会津藩士で利尻詰梶原隊甲士、L面那麻郡西連村所生原位置は本泊会所跡付近
記載なし	会津樋口源太僕孫吉		墓	1808.0724		L面大沼郡高田村所生、樋口源太は会津藩士で利尻詰梶原隊200石外様士
記載なし	会津渡辺左右秀俊		墓	1808.0716		渡辺秀俊は会津藩士
記載なし	会津丹羽織之丞僕茂右衛門		墓	1808.0712		L面河沼郡駒板村所生、丹羽織之丞は会津藩士で、樺太詰軍監400石軍事奉行
4信士	粂屋嘉吉			1825.0620		粂屋嘉吉はソウヤ場所請負人又十藤野家の現地支配人
記載なし	洞金助光忠		墓	1814.1016		R面に墓誌あり、洞金助は松前奉行所調役下役（樺太詰）
院4居士	秋藩吉成彦内		墓	1862.0311	吉成光照	L面に墓誌あり、秋田藩士1周忌に墓標建立
記載なし	會藩平田八十八保實		墓	1808.0710		会津藩士
記載なし	大塚良輔源知一娘		墓	1858.0119		大塚良輔は箱館奉行所同心で安政3年宗谷に赴任
記載なし	大塚良輔源知一男子		墓	1857.0320		
4信女				1868.0423		被供養者は箱館奉行所支配調役並で安政3年宗谷に赴任した梨本弥五郎の妻
院4居士	庵原彌六			1786.0316	庵原久作時敏	B面に墓誌あり、庵原彌六は幕府御普請役で、天明5年蝦夷地探検隊に参加、5年後に墓標建立
記載なし	秋藩士後藤伊左衛門忠安		墓	1856.0711	後藤忠良	秋田藩士、L→B→R面に墓誌あり5年後に墓標建立
記載なし	會藩原田嘉重郎記里		墓	1808.0708		会津藩士（御軍事方平役？）、日向三郎右衛門隊物頭伊東貝右衛門配下、文化5年樺太留羽高派遣
記載なし	會藩要久（以下欠損）			1808.0600		会津藩士、棹上部のみ下部欠損
記載なし	會藩蓮沼左力潔顕		墓	1861.0328		会津藩士、原位置は弁天岬付近
記載なし	會藩樋口覚次郎光啓		墓	1862.0813		会津藩士、原位置は弁天岬付近
記載なし	會藩佐藤千代松啓美		墓	1862.0426		会津藩士、原位置は弁天岬付近

表25　東蝦夷地の近世墓標（1）

地図番号	墓標番号	所在地	全高(cm)	棹高(cm)	横幅(cm)	奥行(cm)	碑面数	石材	型式	額縁	家紋	梵字	蓮華	家印	位置
23	69	洞爺湖町入江	159	120	126	24	1	斑岩	不定形						Fa / Fb / Fc
24	70	伊達市有珠町124 浄土宗大臼山道場院善光寺	77	63	24	24	3	安山岩	丘状頭角柱						F
	71		72	58	27	26	4	花崗岩	平頭角柱						F
	72		75	60	24.5	25	3	安山岩	丘状頭角柱						F
	73		90	63	30	30.5	3	安山岩 / 安山岩	尖頭角柱		○				Fa / Fb
	74		90	66	23.5	23.5	4	安山岩 / 安山岩	丘状頭角柱						Fa / Fb
	75		66	50	24	20	3	安山岩 / 安山岩	櫛形						Fa / Fb
	76		77	61.5	24	23	3	安山岩 / 安山岩	丘状頭角柱						Fa / Fb
	77		72	55	23	15	3	花崗岩	櫛形	○					F
	78		70	50	24.5	15.5	3	花崗岩 / 花崗岩	櫛形	○					Fa / Fb
	79		66	51	21	14	1	安山岩	丘状頭角柱	○					F
	80		90	77	19	16	3	花崗岩	笠塔婆	○		○	○		F
	81		69	51	28	19.5	2	花崗岩	櫛形	○					F
	82		70	52	25	16	3	凝灰岩	櫛形						Fa / Fb
	83		62	52	23	18	3	凝灰岩	櫛形						F
	84		75	55	24	25	2	凝灰岩 / 凝灰岩	尖頭角柱						Fa / Fb
	85		70	50	25	13	3	凝灰岩	櫛形	○					F
	86		140	67	33	29	3	凝灰岩	櫛形		○				F
	87		83	70	36	33	2	凝灰岩	丘状頭角柱						F
	88		119	81	28	21	3	凝灰岩 / 凝灰岩	櫛形			○	○		Fa / Fb
	89		177	140	53	63	2	凝灰岩	不定形						F
25	90	室蘭市南部藩モロラン陣屋跡	62	46	45	22	1	凝灰岩	不定形						F
	91		98	78	56	28	1	凝灰岩	不定形						F
	92		93	64	53	42	1	凝灰岩	不定形	○					F
	93		87	72	67	46	1	凝灰岩	不定形		○				F
	94		(79)	79	57	25	1	凝灰岩	不定形						F
	95		(82)	82	38	27	1	凝灰岩	不定形						F

4 石造物からみた蝦夷地の内国化 239

戒名（略）	俗　名	頭　書	下置字	没年月日	氏名／施主	備考（造立年など）
4信士	（和田屋善五郎）	倶会	霊	1822.0202	和田氏	文政5年（1822）の有珠山噴火の犠牲者 和田屋茂兵衛は虻田場所請負人 善五郎は茂兵衛の妻の兄 松之助は茂兵衛の女婿で支配人
4居士	（和田屋茂兵衛）			1822.0201		
4信士	（和田屋松之助）			1822.0201		
4位号なし				1808.0700		R面浄土三部妙典 一字一石、台座は後補
4信士	由太郎			1814.0626		誉号あり
浄誉會成沙彌				1809.0717		L面江戸寿永寺弟子
院4居士	河西祐助			1812.0903	河西橘太郎知賢（河西祐助男）	F・R・L面に墓誌あり 河西祐助は八王子千人同心の出で勇払詰調役下役 苫小牧市勇払にも墓標あり
院4大姉	梅			1803.0521		
4信士				1719.1225	村田氏	B面牧士村田卯五郎先祖、台座は後補
4信女				1723.1107		
4信士	村田牧太郎			1816.0916	村田牧太郎夫婦	Fa、Fb誉号あり、台座は後補
4信女	村田					
4居士	柏木元助			1811.1112	牧士柏木元助夫婦	Fa、Fb誉号あり、台座は後補
4信女	柏木					
4信士	嶋隼之助			1800.0913		台座は後補
3童子				1850.1204	和田氏	Fa誉号あり、台座は後補
2童女				1850.1103		
2童女				1809.1003		台座は後補
4信士	□□□□□			1754.0210		F・R・Lに額縁あり、台座は後補
4信士	□□□□□		霊位	1804.1110		L面陽人啓師、台座は後補
4信女	田畑			1791.0823	牧士田畑小太郎両親	Fb誉号あり、台座は後補
4信女	田畑					
4居士	宮田八兵衛			1815.0716		誉号あり、台座は後補
3善信士			霊位	1805.1215		Fa、Fb誉号あり
4信女						
院4居士				1868.0401		
院4居士	落合嘖太郎父			1857.0327	落合氏	R面、□□詰落合嘖太郎父之墓、□□□□称陽寺
院4居士				1860.0429		
2信女			位	1821.1213	木達氏	
4信士				1825.0719		
貫誉諦上人			墓	1836.0708		誉号あり、R面弟子□英汯貫達焉
記載なし		南無阿弥陀仏		1864.0306		
記載なし	川目友八			1861.0613		F面盛岡、行年二十九才
記載なし	熊澤勘之助			1857.0909		F面盛岡、行年二十二才
2信士	七八郎			1864.0408		
記載なし	三上治五右衛門綱致			1865.0609		F面行年四十六才
記載なし	伴犬太郎政信			1862.0829		F面行年三十一or三十七才

地図番号	墓標番号	所在地	全高(cm)	棹高(cm)	横幅(cm)	奥行(cm)	碑面数	石材	型式	額縁	家紋	梵字	蓮華	家印	位置
26	96	室蘭市崎守町171 浄土宗泊然山仙海寺	(55)	55	23	14	3	安山岩	櫛形						Fa / Fb
	97		208	60	25	23	3	花崗岩	丘状頭角柱	○	○				F
27	98	室蘭市沢町10-7 浄土宗満囲寺	85	58	27	26	3	安山岩	丘状頭角柱		○			○	Fa / Fb
	99		104	83	46	30	1	安山岩	櫛形						Fa / Fb / Fc

　墓所には7基の近世墓標が存在し、それらの墓標には宝暦8年（1758）から弘化2年（1845）までに亡くなった10名の被供養者が刻まれている（表23の墓標番号3〜9）。松前の古畑屋伝十郎は安政年間のセタナイ場所の場所請負人であり、明治の初めにはセタナイで運上屋を経営していた。場所請負人の多くは本拠とした松前や箱館に墓所を持つのが通例である。古畑家の事例は、請負った場所に本拠を移す人々がいたことを示すとともに、西蝦夷地の中でセタナイが本拠を移すに値する場所であったことを示している。他には石狩市古潭にある阿部屋武兵衛の墓標（10）が、イシカリ場所請負人の阿部屋村上家関係者の墓標である可能性がある。

　民間人のなかで出身地が記されている例としては、岩内町東山共同墓地（3）にある「加州宮腰」（石川県金沢市金石町）出身の二葉屋宗助の墓標（21）、羽幌町焼尻島願海寺西側共同墓地（17）にある「出羽国塩越」（秋田県にかほ市象潟町）出身の権六と清治の墓標（45・46）、新ひだか町東静内共同墓地にある津軽出身の市太郎と松前出身の巳之助の2名の墓標（124）、様似町智教寺に「江州長濱」（滋賀県長浜市）出身の善蔵の墓標（133）、別海町野付通行屋跡にある「南部大畑横町」（青森県むつ市大畑町）出身の大谷当ねの墓標（159）がある。

　②地域性および時代性の検討

【被供養者数】墓標に記された江戸時代の東西蝦夷地における死亡者を、幕府関係者、東北諸藩の北方警備関係者、僧侶、民間人、その他・不明に大別し、10年単位で、被供養者（死者）数の変遷を検討した（図99・100）。東西蝦夷地とも18世紀代には墓標造立は極めて低調ながらも、西蝦夷地は漁場の支配人層を含む民間人、東蝦夷地は幕府関係者という違いがみられる。享和2年（1802）の東蝦夷地の幕府直轄地化（「永上知」）・文化3年（1806）の弘前・盛岡藩への西蝦夷地警備命令・翌年の松前・西蝦夷地一円の幕府直轄地化などにより、東西蝦夷地ともに1800年代には墓標数が急激に増加する。1800年代には、西蝦夷地では利尻島や宗谷護国寺に残る樺太・宗谷・利尻の警固にあたった会津藩関係者の墓標、東蝦夷地では伊達市有珠善光寺や苫小牧市勇払、むかわ町永安寺などに残る寛政12年（1800）に勇武津に入植した八王子千人同心関係者の墓標が目立つ。1810年代以降は東蝦夷地でも民間人の墓標が建てられるようになる。安政2年（1855）に行われた蝦夷地再上知と箱館開港により、1850代には、東西蝦夷地ともに再び幕府関

戒名（略）	俗　名	頭　書	下置字	没年月日	氏名／施主	備考（造立年など）
釈尼2			不退	1887.0417		
釈2				1862.0721		
院4居士	野村周甫			1863.0501		R面に「モロラン詰御雇医師野村周益文」台石は昭和3年室蘭市衛生會による遺徳碑
6信士	藤谷□吉		墓	1867.0625		Fa、Fb誉号あり、台座に家印あり
6信女						
6信女				1873.0427		
釈2				1896.0722		Fa誉号あり
釈尼2				1861.0804		

係者や東北諸藩の北方警備関係者の墓標が建てられるようになり、1860年代には民間人も含め、被供養者数は一挙に増加する。

【墓標型式】西蝦夷地では丘状頭角柱形が34基と最も多く、他に櫛形20基、不定形9基、尖頭角柱形5基を確認した。東蝦夷地では櫛形が41基と最も多く、他に丘状頭角柱形18基、不定形12基、尖頭角柱形10基、無縫塔6基、平頭角柱形2基、丸台角柱形・有像舟形・箱形・型式不明を各1基確認した。墓標に刻まれた最新年を基準として、墓標の型式変遷を10年単位で検討した（図101・102）。基数が少ないため、型式変遷を追うことは困難であるが、西蝦夷地では一貫して丘状頭角柱形が主流を占めるのに対して、東蝦夷地では櫛形が卓越する状況が窺える。無縫塔が西蝦夷地に存在しないのは、僧侶の墓標が確認されていないためである。文化5年(1808)の蝦夷地出陣に関わる利尻島や宗谷護国寺跡の会津藩関係者の墓標は、櫛形が1例（墓標番号48の利尻町種富町にある山田重佐久墓）ある他は全て丘状頭角柱形であるのに対して、モロラン陣屋の盛岡藩関係者やハママシケ陣屋とトママエ陣屋の庄内藩関係者の墓標は自然石を用いた不定形である。また、秋田藩関係者の墓標には、丘状頭角柱形は士分、自然石を用いた不定形は役夫・下男といった階層性が認められる。仙台藩シラオイ元陣屋関係者の墓標は櫛形と不定形、幕府関係者の墓標は丘状頭角柱形・尖頭角柱形・櫛形があるが、いずれも階層による選択性はみられない。

【墓誌】蝦夷地の墓標のなかにも、故人の名前・経歴・死亡年月日・死因・享年などの情報を漢文で刻んだ墓誌を有するものが10例確認できた（表28・29）。内訳は幕府関係者4例、東北諸藩北方警備関係者4例（秋田藩3例・庄内藩1例）、僧侶2例（いずれもアッケシ国泰寺）である。墓誌を有する割合は約6％で、松前城下の5517基中13例（約0.2％）に比べ非常に高い（関根2009b）。これは蝦夷地の近世墓標が、積極的に墓誌を採用する傾向にある武士や僧侶の占める割合が高いことに加え、蝦夷地に墓標を有する武士が全て遠い異郷の地での殉職という墓誌に刻むに値するライフヒストリーを有するためと考えられよう。なお、辞世・追善の詩句に関しては、増毛町潤澄寺にあるマシケ元陣屋大将小瀬源四郎の墓（40）に刻まれた墓誌の中にみられる、秋田藩校明徳館文学平元徳（謹斉）の撰文になる四言三四句からなる漢詩が唯一である。

表26　東蝦夷の近世墓標（2）

地図番号	墓標番号	所在地	全高(cm)	棹高(cm)	横幅(cm)	奥行(cm)	碑面数	石材	型式	額縁	家紋	梵字	蓮華	家印	位置
28	100	白老町仙台藩元陣屋跡藩士墓地	(50)	50	35	30	1	凝灰岩	不定形						F
	101		(41)	41	26	19	1	凝灰岩	不定形						F
	102		82	54	27	18	2	凝灰岩	櫛形	○				○	F
29	103	白老町社台小学校横	145	61	28	18	3	凝灰岩	櫛形	○					F
30	104	苫小牧市勇払開拓史跡公園	76	51	45	23	2	凝灰岩	櫛形						※※※※※※
	105		83	60	24	18	3	凝灰岩	櫛形						R
	106		93	49	27	18	1	凝灰岩	櫛形	○					F
	107		97	63	27	20	3	凝灰岩	櫛形						F
	108		90	60	26	18	3	凝灰岩	櫛形						F
	109		96	50	24	24	3	凝灰岩	丘状頭角柱						F
	110		79	59	26	18	2	凝灰岩	櫛形						F
	111		118	70	32	31	2	凝灰岩	尖頭角柱		○				F
	112		103	61	30	23	2	凝灰岩	丘状頭角柱						F
	113		(45)	(31)	51	37	2	凝灰岩	不明						※※※※※※
	114		111	67	30	29	2	花崗岩	尖頭角柱						F
	115		116	66	29	29	2	花崗岩	尖頭角柱						F
	116		132	83	37	37	2	凝灰岩	尖頭角柱		○				Fa / Fb
	117		151	77	30	30	4	安山岩	尖頭角柱		○				F
	118		85	54	23	23	3	花崗岩	丸台角柱					○	F
31	119	苫小牧市錦岡覚生川口	117	62	28	23	3	安山岩	櫛形				○		F
32	120	むかわ町花園3-15 曹洞宗中道山永安寺	117	53	34	19	1	安山岩	不定形				○		D

4　石造物からみた蝦夷地の内国化　243

戒名（略）	俗名	頭書	下置字	没年月日	氏名／施主	備考（造立年など）
記載なし	菊池清太郎			1864.1113		
記載なし	惣八			1857.0505		
記載なし	岡田彦太郎			1857.1223		R面仙台宮城
記載なし	草刈運太郎			1868.0721	茂庭秀清	R面仙臺藩 L面宮城縣士族茂庭秀清建之 草刈運太郎は仙台藩白老陣屋代官
記載なし	徳兵衛			1863.0000	山田仁右衛門	場所請負人の使用人
記載なし	鉄五郎			1863.0000		
記載なし	林吉			1863.0000		
記載なし	與市郎			1863.0000		
記載なし	吉㐂			1863.0000		
記載なし	友吉			1863.0000		
4居士	小嶋宗十郎源正芳			1801.0119	身寄中	L面武州多摩郡野口村産、八王子千人同心関係
3信士	久保田古市		霊位	1804.0000		四代目勇払御雇医師
釈位号なし	與吉			1835.0120		山田家使用人と推定
記載なし	井上忠左衛門			1800.1209	井上林蔵	R面武州多摩郡関戸村産、八王子千人同心関係
4居士	保坂忠蔵			1863.0816	三宅義忠	箱館奉行勇払詰役人関係
4禅定門	大桓市助			1803.0907		勇払詰役人の家来
院4居士	喜多川貫一源重安			1863.0818	鈴木歳郎源重禮	後幕領時代の勇払詰幕吏
院4居士	松村精之助藤原喜政			1867.0409	松村氏	後幕領時代の勇払詰幕吏
記載なし	井（上長次郎）			1800.0000		棹下部欠損、千人同心関係
記載なし	松（野宇助）			1800.0000		
記載なし	森田（勘次良）			1800.0000		
記載なし	浅沼（卯之助）			1800.0000		
記載なし	飯田（一作）			1800.0000		
記載なし	青木（平左衛門）			1800.0000		
院4大姉	三宅五郎治藤原美忠亡娘			1858.0821	喜多川氏	
院4居士	喜多川晋治安親		霊位	1857.0711		後幕領時代の勇払詰幕吏
院6居士	鈴木庄助源重秋			1863.0622	鈴木歳郎源重禮、鈴木氏	後幕領時代の勇払詰幕吏
院4大姉	鈴木歳郎妻香女			1863.0810		
院4大姉	梅		霊位	1803.0522	河西祐助知節	墓誌あり、家紋2種類あり、R面武州多摩郡八王子郷人、行年25
院4	佐藤喜五郎	妙法	位	1809.0612	佐藤佐次右ェ門	
5位号なし	林重右衛門			1839.0910		L面浦部異□□
院4居士	市川彦太夫	空	墓	1806.0109		F面武州江戸八王子 市川彦太夫は八王子千人同心 様似等澍院の過去帳から法名と武川で死亡したことが判明 台石後補（昭和62年永安寺三世衡規代）

第Ⅲ章　和人の北方進出と蝦夷地の内国化

地図番号	墓標番号	所在地	全高(cm)	棹高(cm)	横幅(cm)	奥行(cm)	碑面数	石材	型式	額縁	家紋	梵字	蓮華	家印	位置
33	121	新冠町高江会所跡	87	61	30	20	2	凝灰岩	櫛形	○			○		F
	122		63	53	24	24	2	凝灰岩	丘状頭角柱						※
34	123	新ひだか町東静内墓地（原位置は押別川橋右岸下流50m）	114	73	29	27	3	花崗岩	丘状頭角柱						F
	124		125	73	29	26	4	花崗岩	櫛形						Fa / Fb
	125		128	75	29	29	4	花崗岩	丘状頭角柱						Fa / Fb
	126		144	73	29	22	3	斑岩	櫛形	○					F
	127		138	80	38	35	2	斑岩	櫛形						Fa / Fb / Fc / Fd
35	128	様似町本町2-134-1 天台宗帰響山厚沢寺等澍院	162	114	45	27	3	花崗岩	櫛形			○			※
	129		196	80	43	43	2	凝灰岩	無縫塔			○	○	○	F
	130		157	71	37	37	2	花崗岩	無縫塔						※
	131		143	67	39	39	2	凝灰岩	無縫塔				○		※
36	132	様似町本町2-105 浄土真宗大谷派竜力山智教寺	(65)	65	29	23	2	花崗岩	櫛形						Fa / Fb
	133		83	74	30	28	3	花崗岩	丘状頭角柱	○					F
	134		47	38	32	31	1	花崗岩	平頭角柱						※
	135		(57)	57	24	15	2	凝灰岩	櫛形						F
	136		60	47	24	22	3	凝灰岩	丘状頭角柱	○					F
	137		90	80	32	29	3	花崗岩	丘状頭角柱	○					Fa / Fb
37	138	広尾町西1-10-5 浄土真宗大谷派広縁寺	57	32	17	16	1	安山岩	丘状頭角柱						F
38	139	広尾町西2条9 曹洞宗禅林寺	53	43	21	21	2	凝灰岩	尖頭角柱				○		F
	140		67	53	26	19	2	凝灰岩	櫛形	○					F
	141		67	51	25	13	3	凝灰岩	櫛形	○					F / R / L

4 石造物からみた蝦夷地の内国化　245

戒名(略)	俗名	頭書	下置字	没年月日	氏名/施主	備考(造立年など)
院4居士	(石坂与十郎)			1858.0400	石坂氏	様似等澍院の過去帳で新冠会所勤務の石坂与十郎と判明
記載なし	大崎千蔵			1832.0502		様似等澍院の過去帳で新冠会所勤務と判明
院4居士	久米□次郎			1857.0319	卯木屋弥右エ門	
4信士	市太郎			1857.0806	卯木屋弥右エ門	Fa→津軽青木、Fb→松前
4信士	巳之助			1860.0622		
4信士	六三郎			1857.0311	卯木屋弥右エ門	
4信士	佐次兵衛			1857.0318		
8居士	卯木屋弥右衛門			1862.0702	シツナイ番人中	誉号あり、行年四十六、台座は後補
4信士	平右エ門			1861.0708		
8居士	友太郎			1864.0907		Fb誉号あり
4信士	□右エ門			1862.0823		
院2信女	た□女			1860.0829		
記載なし			霊	1808.0000	師権太僧都聖者汰卯慧統・龍崎氏・鈴木氏・大塚氏・中村氏・高嶋氏	R面世話人千袋平胤房
				1819.0000		
院4			塔	1859.0804		台座に家印あり
記載なし	亮堅			1844.0512		
記載なし	慈謙		等	1840.0000		
院4居士	太田喜平	法		1860.0212		
院4大姉						
4信士	善蔵			1828.1022		L面主国江州長濱、F・R・Lに額縁あり
判読不能				1846.0300		風化により戒名判読不能
院4居士	和多理良雄當新御□□師			1808.0107		L面主国奥州仙臺之産、生年三十二
院4居士	水□一郎右衛門光亨		位	1861.0305		
4信士	新保屋吉右エ門			1820.0402		F・R・Lに額縁あり
4信士	新保屋新六			1814.1020		
4信士				1764.0728		台石(花崗岩)は後補か
4信女				1808.1000		L面判読不能
4信士	板垣申三郎信幸	帰元		1862.0417		L面仙臺家中板垣申三郎信幸歳四十四
2信士				1833.0318		
4信士		帰元			施主 清八	
明3信士				1835.0118		

表27 東蝦夷地の近世墓標 (3)

地図番号	墓標番号	所在地	全高(cm)	棹高(cm)	横幅(cm)	奥行(cm)	碑面数	石材	型式	額縁	家紋	梵字	蓮華	家印	位置
39	142	厚岸町湾月町1-15 臨済宗景雲山国泰寺	136	52	28	28	2	斑岩	無縫塔				○		※
	143		99	81	33	21	3	斑岩	櫛形						F
															R
	144		100	80	29	20	2	凝灰岩	櫛形						F
	145		74	32	25	25	2	凝灰岩	無縫塔						F
	146		122	58	30	30	1	凝灰岩	無縫塔				○		※
	147		116	84	36	25	4	凝灰岩	有像舟形						※
	148		58	50	25	14	1	凝灰岩	櫛形	○					F
	149		66	50	24	22	1	凝灰岩	尖頭角柱						F
	150		72	50	25	16	1	凝灰岩	櫛形						F
	151		(53)	53	42	15	1	不明	不定形						
	152		63	53	26	14	1	凝灰岩	櫛形	○					F
	153		75	53	27	14	2	凝灰岩	櫛形						F
	154		56	38	16	16	3	花崗岩	丘状頭角柱						F
	155		(43)	43	26	13	1	凝灰岩	櫛形						F
40	156	浜中町榊町 臨済宗日東山曹渓寺	82	51	26	17	3	花崗岩	櫛形						F
41	157	別海町 野付通行屋跡	66	57	27	16	2	花崗岩	櫛形	○			○		F
	158		49	49	26	19	1	凝灰岩	櫛形						
	159		57	50	26	15	2	花崗岩	櫛形						F
	160		60	47	23	23	1	凝灰岩	尖頭角柱						F
42	161	標津町茶志骨会津藩士墓	54	47	44	23	2	凝灰岩	箱形						F
	162		(46)	(31)	30	17	2	真珠岩	櫛形	○			○		F

(4) 小　結

　蝦夷地には、交易、砂金採掘、鷹場所の管理、漁場や森林開発などの場所請負、馬牧、農業開拓等を目的として、様々な和人が出入りしていたが、史料が乏しいこともあり蝦夷地における和人の具体的な存在形態や支配に関わる先行研究は乏しい。松前藩は、対蝦夷地交易独占権を保持するとともに、和人とアイヌとの無用な摩擦を防ぐため、「決而他国の者勝手に蝦夷地江行事、厳法度」(『蝦夷国私記』)とし、蝦夷地と和人地(東在・西在)の間に東は亀田、西は熊石に番所を設けて、アイヌ・和人ともに自由な往来を遮断していた。しかし現実には「寛文年間に至ってハ凡そ内地之民五六万も倚住し夫々に種々産業を派立容易く渡世したり。然るを其頃に当てシャクシャイン一揆之最初ハ金掘之頭分出羽之産庄太夫か渠に反逆を勧む以故其後松前家新制度を設け日本人夷地住居を厳禁せらる。其頃迄彼地倚住せる内地人民数万人追払ひと成」(朝夷厚生『日本開国史』文化5年)とあるように、17世紀後半代には多くの和人が蝦夷地に入り込んでいた

戒名（略）	俗　名	頭書	下置字	没年月日	氏名／施主	備考（造立年など）
記載なし	文翁禪師 （諱：智政）			1806.0613		F面太陽塔、B面に墓誌あり
院4居士	丹羽金助源長行			1802.0425		L面悪消詰合俗名丹羽金助源長行
院3童女				1809.0904		
4信士	福井章太郎		霊位	1805.0314		
4上座	坂本屋奥兵衛			1833.0208		墓誌あり 下北大畑出身　行年七十四歳
記載なし	香國（上人）					F面香國塔、年銘等なし、過去帳より対象とする
記載なし	道體宜豊蔵主			1839.1224		B面オンカカカヒサンマエイソワカ
4上座				1844.0200		
記載なし	小山文吉		墓	1851.0925		F面箱館小山文吉墓
2信士	宍戸熊蔵			1857.0613		L面仙台足軽宍戸熊蔵行年四十四才
4信士	飯澤彦次郎頼□			1859.0000		F面飯澤彦次郎頼□□□□
4信士				1860.0505		
4信士	大森辰之助好時		墓	1865.0502		L面行年三十四才
4禪定門	當所夫人足喜太良			1866.0423		
2禪定門				1860.0823		誉号あり
2信士				1854.0812	施主／英太郎	明治4年（1871）正月造立
判読不能				1836.0218	施主／黒澤氏	野付通行屋C(3)地点
		南無妙法蓮華経				野付通行屋C(3)地点
判読不能	南部大畑横町大谷当ね					野付通行屋C(3)地点
記載なし	箱館柴田秀三郎			1849.0528		野付通行屋D(6)地点
記載なし	稲村兼久					L面陸奥會津之産志津部詰町指定文化財
記載なし	稲村兼久孫女					町指定文化財
記載なし	會津佐藤 （以下欠損）			1861～63		町指定文化財

　ため、シャクシャインの戦い以降、和人を蝦夷地から排除する政策が強化された。

　宝暦年間（1751～64）頃のものとされる『蝦夷国私記』には、西在と蝦夷地との境に設けられた熊石番所に関して、「江差…略…此所より凡そ九里程行熊石番所あり、蝦夷村の境、公儀御巡見の役人衆もこゝを限りにて御帰りあり、上ミ下モも入る番所にて、蝦夷地用向きの者を改め通すなり、蝦夷人も此番所より松前地に参ること成らず、日本の者も城下、奉行所切手なくては通用叶はざる境也」とある。番所では出入切手所持の有無を厳しく検査したが、この切手は、各場所の越年番人と春・夏稼漁夫のみに限り、本人から松前の町年寄を通じて町奉行に銭1貫200文の出稼役を添えて申請し、発給されるものであった（熊石町1987）。また商場へ番船を派遣する際にもその都度藩庁への願出を必要とし、派遣する番人の人数も厳しく制約されていたという（榎森1997）。しかし対ロシア政策の一環として蝦夷地開発に舵を切った幕府は、安政2年（1855）に蝦夷地再上知と箱館開港を実行し、蝦夷地への和人定住が奨励されるようになったという（田

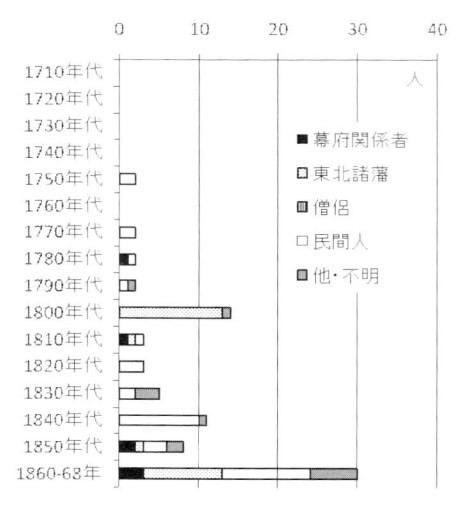

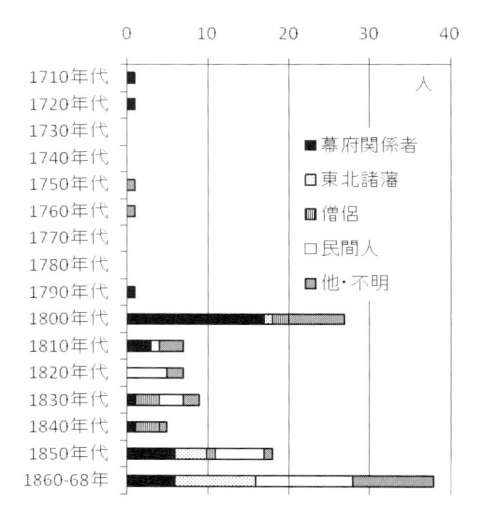

248 第Ⅲ章 和人の北方進出と蝦夷地の内国化

図99 西蝦夷地における被供養者数の変遷

図100 東蝦夷地における被供養者数の変遷

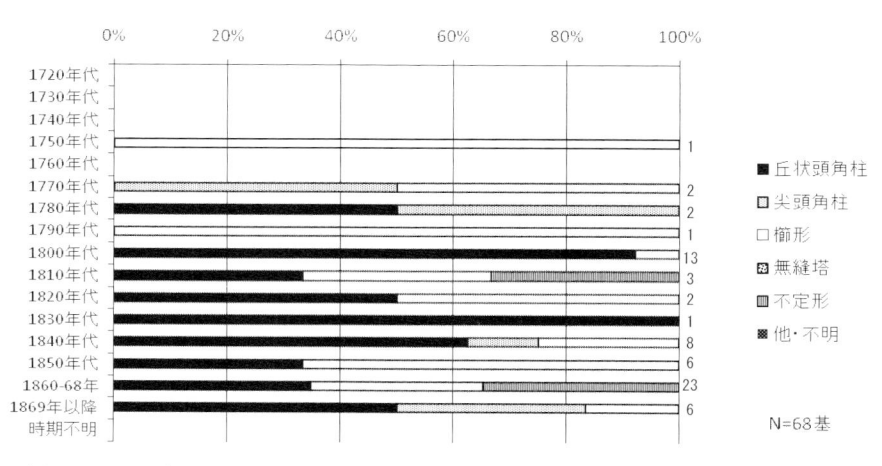

図101 西蝦夷地における墓標型式の変遷

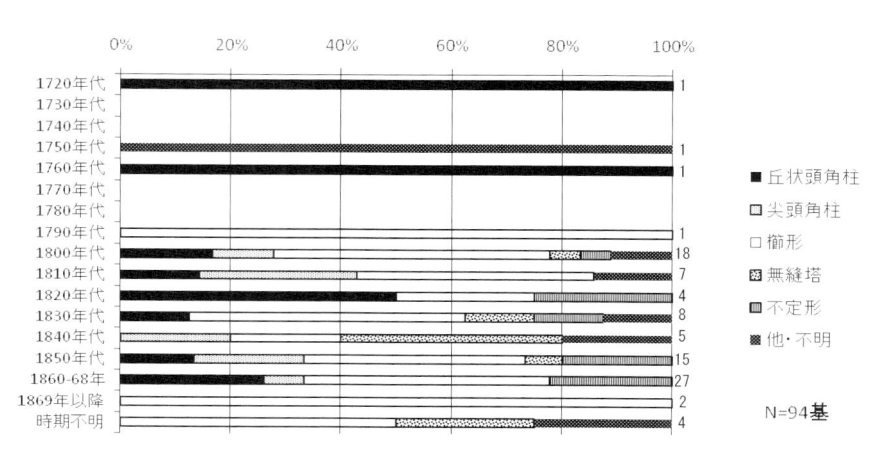

図102 東蝦夷地における墓標型式の変遷

4 石造物からみた蝦夷地の内国化 249

表28 蝦夷地の近世墓誌（1）

地図番号	墓標番号	被供養者名	社会的地位	没年月日	墓 誌
7	29	天野傳左衛門正庸	箱館奉行石狩役所役人	1860.1128	【前面】天野傳左衛門正庸 【背面】天野傳左衛門正庸者新羅三郎 　　　源朝臣義光之後胤信濃國住人 　　　望月甚八郎忠重男山上二右衛 　　　門忠詮令次男天野京太郎正盛之 　　　嫡孫也世仕于 幕府為區従人 　　　焉安政四丁巳年依 台命在住 　　　於西蝦夷石狩同年於石狩領出 　　　府開發馬同六己未年通闢石狩 　　　本街之新路同七庚申年十一月 　　　二十有八日没享年五十有一矣
14	40	小瀬源四郎	秋田藩増毛陣屋大将	1861.0102	【前面】故大将小瀬君之墓 【左側面】大将小瀬君姓源氏諱伊軌称源四郎始祖義春以□公之第二子 　　　　食邑常陸小瀬郷因為氏慶長 【背面】年間□公遷封 　　　于秋田十四 　　　世祖伊秀与其子秀国至世賜宿老席考諱伊紀嘗為執政娶 　　　小野崎氏生君於兄弟之次居第三長子伊興先 　　　夭卒立仲子 　　　伊政亦卒以無子臨終以君為嗣君以文政五年 　　　壬午十二月十八 　　　日生天保壬寅出仕万延元庚申春奉命為蝦夷地大将其五月 　　　征鎮弥大港禮士撫卒預備得宣上下皆服冬十二月羅病遂 　　　以明年辛酉正月二日不起春秋四十是年四月四日葬干営外君娶 　　　岡本氏生四男四女男伯曰竹治先夭以仲子小三治為嗣叔曰 　　　留之助季曰敬吉長女曰福次曰千世次曰秋次曰栄長三女 　　　未許千世栄既嫁以年幼猶在家銘曰 　　　男子隊地　孤矢標志　蛮雨瘴烟　其亦何避　馬革裹屍　伏波□期 　　　虎穴奏功　定遠英風　況是奕世　荷思蒙恩 【右側面】孫子襲爵　理均帯礪　踏刃冒鋒　砕□□□　可以圖報 　　　　固将甘従　維初応揚　師□□□　□□□□　盡心海防 　　　　一朝羅疾　軍中憂傷　□□□　□得其始 　　　　固分一死　生還無効　寧終□□　□□□□　□離就夷 　　　　安眠甘食　豈不耻之　寸忠既致 　　　　微□□□　於君何憾 　　　　明徳舘文学平元徳撰 　　　　准教授　　西官長書
15	42	石川小兵衛廣居	庄内藩苫前陣営詰警衛長守	1862.0323	【正面】石川小兵衛廣居墓 【背面】君諱廣居字子道石川氏号慎庵通称小兵衛羽州荘内 　　　侯之世臣也継為番師擢列用人之班為蝦夷警衛長守 　　　苫前文久二壬戌三月二十三日得病卒享年五十五遺 　　　言而西小丹別陣営北側之山上汯謚 　　　　□□院傳散子道居士　文久三癸亥三月日 　　　　　　　　　　　孝子 　　　　　　　　　　　石川惟一建
21	56	洞金助光忠	松前奉行所調役下役	1814.1016	【正面】洞金助光忠墓 【右側面】光忠其性□□□して直なり當□刀剣□□の監 　　　　□□□□途道乃達し且金革の□□絶□□ 　　　　公□乃より北蝦夷地に行て爰乃帰り来るといふ 　　　　時に文化甲戌十月十有六日四十有二歳にして 　　　　□□□□予惜むべし怨むべし同友其葬に 　　　　可□□其墓碑を建て其祭を□□と□
21	57	吉成彦内	秋田藩士	1862.0311	【正面】秋藩　吉成彦内墓 【右側面】宗順院一譽光保居士 【左側面】府君諱光保藤姓吉成光明家嗣也安政六年己未年 　　　　家海岸鑿察命役于宗屋二年有功労帰□有日惜 　　　　哉文久二壬戌三月十一日得病卒干官舎享年 　　　　四十有三歳葬于同地護国寺境内翌文久三年癸亥 　　　　年家嗣光照家増毛警衛命幸哉即渡其地謹発祠 　　　　而建碑営之不朽為□□□□吉成光照血涙頓首

第Ⅲ章　和人の北方進出と蝦夷地の内国化

表29　蝦夷地の近世墓誌（2）

地図番号	墓標番号	被供養者名	社会的地位	没年月日	墓誌
21	62	庵原彌六	幕府普請役	1786.0316	【前面】天明六丙午年 　　　　（家紋）洒津院智水日浄居士 　　　　三月十六日 【左側面】俗称　庵原彌六 【右側面】孝子　庵原久作時敏奉祀 【背面】先人諱宜芳天明乙巳二月巡覧西 　　　夷渡海至唐太跋渉東西海兵帰来 　　　寓宗谷翌年丙午三月不達羅病而 　　　没則就葬焉嗚呼哀哉今茲孤子時敏 　　　到此地聊潔渓毛之薦以甲追遠之 　　　敬謹掃宿岬爰勤碑陰干時 　　　　寛政十二年庚申三日
21	63	後藤伊左衛門忠義安	秋田藩士	1856.0711	【前面】秋藩士後藤伊左衛門忠義安墓 【左側面】君藤原姓後藤氏諱忠称伊左衛門　秋田 　　　　侯臣也後藤忠貞二子母藤氏以文政戊子 　　　　三月廿九日生同族故後藤忠及嫡子嫡孫昔 　　　　先没於此養君為嗣以其曾孫女配焉天保辛 　　　　丑出仕為大番衛士安政丙辰官舎命以大炮 【背面】精錬戍蝦夷地宗舎其七月十一日疾卒下宗 　　　舎陣中乃葬其地年二十九君二子皆女弟忠 　　　良承家秋實忠良三子也君為心直諒退外飾 　　　霊文常謂分今洋夷寇齋我甚武事不可一日 　　　遣之於是刀汝極柳生槍術師無澄又察西域 【右側面】軍理時跋渉山川克強健筋力以待有所用嗟 　　　　乎哀哉会之不永響爪至干秋田葬之鱗勝 　　　　院先榮既立石時君之兄忠順以　公命遠在 　　　　長崎故不与焉今茲庚申与忠良相謀託某而 　　　　之碑干宗舎壙撮誌文干其陰以期不朽云爾
24	73	河西祐助	勇払詰幕吏	1812.0903	【前面】義照院善岳賢忠居士 　　　　清涼院蓮空浄香大姉 【右側面】先君子俗称祐助姓河西名知節字伯義以安 　　　　永元年臘月十七日生於武州八王子部寛政十二 　　　　年庚申夏五月赴蝦夷文化四年丁卯夏四月 　　　　調役下役在前□九年同年九月三日以□ 　　　　客死字須時三十七葬　善光寺 【左側面】先姚諱梅姓猪子氏□陪先君子在蝦夷四年 　　　　享和三年癸亥夏五月廿一日以病客死勇武津 　　　　時年廿八合葬先石子之墓 　　　　干時文化七年庚子春三月 　　　　　　男　河西橘太郎知賢建之
		梅	勇払詰幕吏河西祐助妻	1803.0521	
39	142	文翁智政	臨済宗景運山国泰寺開祖	1806.0613	【前面】大陽塔 【背面】文翁禪師諱智政武州人授業 　　　江戸龍興陽國和尚嗣萬源禪師 　　　法任相州光明寺轉建長第 　　　一位文化乙丑年 　　　公命遠来斯土創建當寺 　　　弘通真乗一住二年以文化丙 　　　寅六月十三日示寂 　　　　小師等謹識
39	145	一滴曹源 （坂本屋與兵衛）	南部盛岡領大畑之住坂本屋辰兵衛舎弟	1833.0208	【前面】天保四癸巳年 　　　　一滴曹源上座 　　　　二月初八日 【背面】元住五世宋文道代禪者 　　　月牌料方金一両二歩也 　　　斯金ニテ糸華鬘一箇調 　　　置者也 【台石背面】曹源上座生国南部盛岡領大 　　　　畑之住坂本屋辰兵衛舎弟俗 　　　　名與兵衛事行年七十四歳

端編 2004)。

　本節で扱った蝦夷地の近世石造物は、墓標にせよ社寺奉納物にせよ、和人の宗教と深く結びついており、今回調査した石造物も造立者や被供養者などは全て和人であった。蝦夷地の近世石造物は、和人の文化(宗教)的進出を示す痕跡と見なすことが可能である。

　蝦夷地では、ロシアの南下政策に対抗すべく幕府が蝦夷地を直轄地化した直後に初めて寺院が建てられた。すなわち、文化元年 (1804)、幕府により蝦夷地に赴く役人や出稼人の和人を対象とした供養とキリスト教の排除を目的として、東蝦夷地のウス(伊達市有珠町)、シャマニ(様似町)、アッケシ(厚岸町)の3ヶ所に寺の建立が決定され、有珠の浄土宗大臼山道場院善光寺、様似の天台宗帰嚮山厚沢寺等澍院、厚岸の臨済宗南禅寺派景雲山国泰寺の3寺、いわゆる「蝦夷三官寺」が開かれた[6]。さらに安政3年 (1856) には、有珠善光寺の住職性誉仙海と宗谷場所請負人藤野家の宗谷支配人粂屋八右衛門らによってソウヤ(稚内市宗谷)に泰平山松寿院護国寺が開山され、幕府直轄の寺院として、リイシリ(利尻島)・レブン(礼文島)・マシケ(増毛)からアバシリ(網走)まで広範囲にわたり、死者供養のため寺僧による巡回が行われている。

　筆者の調査でも、僧侶の墓標は東蝦夷地の蝦夷三官寺に限られるが、東西蝦夷地ともに蝦夷三官寺建立以前、すなわち18世紀後半代に遡る墓標が存在しており、西蝦夷地では漁場の場所請負人や支配人を含む民間人の墓標が建てられていることが判った。これは、蝦夷地では官立寺院の設立に先行して、墓標を伴う和人の供養が民間レヴェルで行われていたことを示している。

　社寺奉納物の多くは、松前や箱館を本拠とする場所請負人やその指示のもと現地(場所)の運上屋で働く支配人や番人、あるいは取引のある廻船問屋等によって寄進されたものであることが明らかとなった。そうした奉納物が最も多く寄進されたのは、船の航行安全(海難除け)や豊漁祈願で信仰を集める厳島神社であり、商売繁盛にご利益があるとされる恵比須神社がこれに次ぐ。実際、「海上安全」と願文を刻む鳥居 (17b) や手水鉢 (66a) も存在しており、石造物を奉納する主たる目的は航海の安全と豊漁祈願にあった。

　近世石造物の在り方は、西蝦夷地と東蝦夷地で大きく異なっていることが判明した。すなわち、西蝦夷地では社寺奉納物が多く、場所によっては18世紀代から建立されているのに対して、東蝦夷地では墓標は多いものの社寺奉納物は少なく、18世紀代に遡るものは極めて稀である。また、東蝦夷地では、和人地に近い地域から順次東へと石造物の造立地域が拡大するのに対して、西蝦夷地では、和人地との距離に関係なく地域ごとに石造物の造立時期が異なる現象がみられた。こうした現象は、東蝦夷地への和人の進出が主として18世紀末以降の対ロシア政策に伴う政治的理由によるものであるのに対して、西蝦夷地はそれ以前から漁場の開発が活発で、場所請負関係者の出入りが頻繁であったために生じたと考えられる。石造物から見る限り、東蝦夷地への民間人の進出が活発化するのは、1830年代以降とみられる。

　かつて筆者は蝦夷地の出土近世陶磁器を分析し、西蝦夷地では早くから海産物を求める和人の進出が移住をともなう形で進むが、東蝦夷地では18世紀末以前には和人が移住した形跡はほとんど認められないと指摘し、西蝦夷地への和人の進出が主として経済的理由によるのに対して、東蝦夷地への和人の進出は政治的色彩が濃く時代が下るとの見通しを述べたことがある(関根・

佐藤 2009、本書前節参照)。

　今回、石造物の分析から、西蝦夷地では 18 世紀の段階で既に場所請負に関連して和人の経済的進出が進行していたことが再確認されるとともに、文化（宗教）的進出についても手掛かりを得ることができた。シャクシャインの戦いを契機として一旦は蝦夷地から和人を排除する政策がとられたものの、場所請負制の確立とともに、漁場の開発がいち早く進んだ西蝦夷地へは和人地や本州以南から多くの人・物・情報が流入したとみられる。

　文化 4 年 (1807) の松前・西蝦夷地の幕領化に先行し、寛政 11 年 (1799)、幕府は知内川以東の和人地と東蝦夷地全体を仮上知し、享和 2 年 (1802) にこれを固定化（「永上知」）した。東蝦夷地の直轄地化が急がれたのは、本節で指摘したように、西蝦夷地が既に和人の経済的・文化的進出により実質的に内国化された状態であったのに対して、東蝦夷地は未だ和人の進出が遅れており、ロシアの南下政策の前に短期間で内国化を実現するには、それしか方法がなかったためと推測される。現在、納沙布岬に建つ寛政蜂起和人供養碑は、一見自国民の供養碑を装いながらその実、東蝦夷地の果てに位置するクナシリ・メナシまで日本が実効支配していることをアイヌやロシアにむけてアピールする象徴的な記念物である。この碑には、この後ロシアとの領土交渉で幕府が一貫して主張することになる「古来より朝貢関係により日本の支配下にあるアイヌ民族の居住地は日本の領土である」との前近代的な領土観が反映されている。

　19 世紀に進められた蝦夷地の政治的内国化については、墓標の分析を通して、1800 年代と 1860 年代に大きく進展したことや、東蝦夷地は幕府（箱館奉行所）主導で、西蝦夷地は幕府の命を受けた東北諸藩が大きな役割を果たしたと推測するに至った。

　本節は、科学研究費補助金基盤研究 A「中近世北方交易と蝦夷地の内国化に関する研究」（課題番号：22242024、研究代表者：関根達人）の研究成果の一部を含む。

〔註〕
1 ）東蝦夷地のうち、子モロ場所に含まれる歯舞群島・色丹島、クナシリ場所、エトロフ場所については、現在ロシアの実行支配下にあり調査が困難であることから除いている。また、北蝦夷地であるカラフト（サハリン）島では、サハリン大学ならびにサハリン州立郷土誌博物館の協力を得て近世石造物の確認調査を実施しているが、これまでのところ所在確認できたものはない。
2 ）狛犬の墨書にある「天党船」は、主として日本海沿岸で使用された近距離の客と荷物運搬用の和船で、「天当船」・「伝渡船」の字を宛てることが多い。コザ帆ならびにワキ櫓・マエ櫓・トモ櫓の三丁櫓で櫂を二つ有し、船足の早いのが特長である。
3 ）慈流泉碑に関して、北海道史研究者として知られる越崎宗一氏は、「文化 4 年、弁財船寄港の際飲料水無きため苦しんだ、当地の岩間から清水の湧出する箇所を発見、感謝して建立した」と述べている（越崎 1967）が、そのように判断した根拠は示されていない。
4 ）豊頃町大津稲荷神社の手水鉢（62）には十勝川など周辺河川での「秋味鮭納」の願文が刻まれている。
5 ）有珠善光寺には、馬産を目的として幕府により文化 2 年 (1805) に開設された有珠・虻田牧場の牧士頭取を務めた村田卯五郎が、享保 4 年 (1719) と享保 8 年に死亡した先祖を供養するために建てた丘状頭角柱形の墓標（74）があるが、建てられたのは村田氏がこの地に定住する 19 世紀初め以降と思われる。
6 ）有珠善光寺は噴火湾沿岸のヤマコシナイ（八雲町山越）からシラオイ（白老町）まで、等澍院はユウフツ（苫小牧市勇払）からホロイズミ（えりも町）まで、国泰寺はトカチ（十勝）・クスリ（釧路）・アッケシ（厚岸）・ネモロ（根室）・クナシリ（国後島）・エトロフ（択捉島）までを布教範囲としていた。蝦夷三官寺建立

の背景として、佐々木馨氏は幕府がアイヌ民族に対して、日本人の仏教や日本人の世界観を強要するように、アイヌ民族の心の中に踏み込もうとしたと指摘し、「仏教による積極的なアイヌ教化」を挙げている（佐々木馨 2007）。

5 松前三湊の墓石と人口動態

はじめに

　蝦夷地の内国化について論じる際、蝦夷地への窓口である松前三湊、すなわち松前・箱館・江差に住む和人の人口規模を正しく評価する必要があるが、本州に比べ人別帳や宗門改帳のような歴史人口史料は格段に乏しい。

　筆者らは、旧弘前藩領に属する青森県津軽地方で、近世墓標や飢饉供養塔の悉皆調査を行ってきた（関根 2004、関根・澁谷編 2007）。その過程で、近世墓標が普遍的にみられるようになる 18 世紀以降、墓標から人口趨勢を推察する歴史人口学的アプローチが可能なのではないかとの見通しを持った（関根・澁谷 2006）。津軽地方の 6 ヶ所総計 7,648 基 12,583 人分の墓標と 2 ヶ寺総計 19,144 人分の過去帳に関して、10 年単位と 1 年単位で、被供養者数の増減を検討した結果、墓標と過去帳の連動性が確かめられた。加えて墓標に刻まれた被供養者数の増加時期に、「生者の記録」である宗門人別帳の総戸数・総人数が減少・横這いになる負の相関関係を確認し、歴史人口資料としての近世墓標の有効性を証明した（関根・澁谷 2007）。

　筆者らは、平成 19～21 年度、基盤研究 B「近世墓と人口史料による社会構造と人口変動に関する基礎的研究」（課題番号 19320123）において、「蝦夷地」支配の拠点であった北海道松前に所在する約 5,500 基の近世墓標と過去帳を、続いて平成 22～25 年度には基盤研究 A「中近世北方交易と蝦夷地の内国化に関する研究」（課題番号：22242024）で函館と江差の近世墓標の悉皆調査を行った（関根編 2010・2012b・2013）。ここではそれらの成果に基づき、歴史人口史料と墓標に刻まれた被供養者数から松前三湊の人口動態を論じる。

（1）松前の歴史人口史料

　今日知られる松前の人口に関する最も古いデータは、「福山秘府」にある元禄 14 年（1701）の数値であり、17 世紀代の家数や人口を伝える史料は確認できていない（表 30）。

　元禄 14 年、松前城下には家中・寺社を含め 696 軒・5,000 人が暮らしていたとみられるが、享保頃には、家数は増え 700 軒を超えるものの、人口は 3,700 人代にまで減少、18 世紀中頃に再び 5,000 人代に回復する。「福山秘府」によれば、宝暦 4 年（1754）の家中は 123 軒であり、18 世紀中頃の家中の割合は、軒数の上では城下町全体の 11％前後であったと考えられる。宝暦 10 年（1760）の幕府巡検使に対する応答書には、城下 1,193 軒・5,456 人（家中・寺社を含む）に対して、東在 1,225 軒・7,208 人、西在 2,218 軒・8,983 人で、加えて東在に 15 軒・47 人、西在に 17 軒・50 人余のアイヌが挙げられている。

　18 世紀後半代には城下の人口は家数・人数ともに増加するが、1 軒当たりの人数は時代が下るとともに少なくなる傾向にある。「吹塵録」によれば、梁川移封の前年、文化 3 年（1806）の家

表30　近世松前城下の人口変遷調

年号	西暦	家数	人数	調査対象	出典
元禄14年	1701	696	5000	家中寺社共	「福山秘府」
宝永4年	1707	664	4079		「福山秘府」
享保元年	1716	726	3775	家中寺社共	「享保弐年御巡見使下向ニ付申合覚」
享保2年	1717		3775		「申合覚」(北海道所蔵)
延享2年	1745	1017	4833	家中寺社共	延享3年「申合覚」(別名「松前年代記」)
宝暦2年	1752	1058	4947		「福山秘府」
宝暦4年	1754		5058		「福山秘府」(家中123軒)
宝暦10年	1760	1193	5456	家中寺社共	「御巡見使応答申合書」(東在1225軒7208人、東在の蝦夷15軒47人、西在2218軒8983人、西在の蝦夷17軒50人余)
明和元年	1764	1277	5542		「福山秘府」
明和2年	1765	1291	5526		「福山秘府」
明和7年	1770	1370	5883		「福山秘府」
安永6年	1777	1448	6004	家中寺社共	「松前志」(家中170軒・1526人)
天明7年	1787	1519	6385	家中寺社共	「松前東西管闢」(北海道所蔵)
寛政9年	1797	1754	6020		「寛政十年、松前家数人別其外留」(東京大学史料編纂所所蔵)
文化3年	1806	2025	8119	家中寺社共	「吹塵録」
文化4年	1807	2135	7084	寺社を除く	「松前、福山・函館・江差、三ケ所附東西村調」
文化5年	1808	2135	7084	寺社を除く	阿部家文書「蝦夷地御用立会御勘定方帰府之上差出候書面類留」
文化6年	1809	2158	7107	寺社を除く	阿部家文書「蝦夷地御用立会御勘定方帰府之上差出候書面類留」
文化7年	1810	2183	7223	寺社を除く	阿部家文書「蝦夷地御用立会御勘定方帰府之上差出候書面類留」
文化8年	1811	2184	7254	寺社を除く	阿部家文書「蝦夷地御用立会御勘定方帰府之上差出候書面類留」
文化9年	1812	2162	7232	寺社を除く	阿部家文書「蝦夷地御用立会御勘定方帰府之上差出候書面類留」
文化10年	1813	2181	7276	寺社を除く	阿部家文書「蝦夷地御用立会御勘定方帰府之上差出候書面類留」
文化11年	1824	2168	7327	寺社を除く	阿部家文書「蝦夷地御用立会御勘定方帰府之上差出候書面類留」
文化12年	1815	2184	7373	寺社を除く	阿部家文書「蝦夷地御用立会御勘定方帰府之上差出候書面類留」
文化14年	1817	2184	7458	寺社を除く	阿部家文書「蝦夷地御用立会御勘定方帰府之上差出候書面類留」
文政元年	1818	2186	7469	寺社を除く	阿部家文書「蝦夷地御用立会御勘定方帰府之上差出候書面類留」
文政5年	1822	2405	8935	家中含み寺社を除く	伊達家文書「東西蝦夷地人別并収納高除金高扣」
文政11年	1828	2198	7586	家中・寺社を除く？	林家文書「町年寄日記抜書」
文政12年	1829	2222	7645	家中・寺社を除く？	林家文書「町年寄日記抜書」
天保3年	1832	2262	8016	家中・寺社を除く？	林家文書「町年寄日記抜書」
天保4年	1833	2298	8292	家中・寺社を除く？	林家文書「町年寄日記抜書」(諸士より市中迄の戸口は、2798軒・10795人)
嘉永3年	1850	3575	14133	家中寺社共	『函館区史』
安政6年	1859	3167	11831		林家文書「番日記」
万延元年	1860	3244	11979		林家文書「番日記」
文久元年	1861	3279	12108		林家文書「番日記」
文久2年	1862	3303	12255		林家文書「番日記」
明治元年	1868	3546		社寺39軒を除く	「松前家諸願伺書」(函館市立図書館)
明治2年	1869	3546	16452		「人口戸数調書 館藩」(松前城資料館所蔵松前家文書)
明治3年	1870	3546	16544		「明治三年館縣戸口産物諸税調」(北海道大学北方資料)

中・寺社を含めた城下の総人口は、2,025軒・8,119人で、約1世紀の間に、家数は約2.9倍、人数は約1.6倍に増加している。

　松前藩が梁川に移封された文化4年の人口は、寺社を除いて2,135軒・7,084人である。前年の数値と比較すると、家数はプラス110軒、人数はマイナス1,035人となる。家数が増える一方で人数が減ったのは、藩士が松前に家を残したまま、梁川に移住するなどしたためであろう。反対に松前に復領直後の文政5年（1822）と復領前の文政元年とを比べてみると、家数にして219軒、人数では1,466人増加している。幕領期、すなわち文化4年から文政4年の間の松前の人口は家数・人数ともにごく僅かに増えてはいるが、ほぼ横這いといってよい状況であった。

　天保4年（1833）の城下の総人口は、2,798軒・10,795人（林家文書「町年寄日記抜書」）であることがわかるが、その後、人口が記録として残っているのは嘉永3年（1850）で、その間の家数・人数は不明である。明治44年（1911）に出された『函館区史』では、嘉永3年の松前の人口を、家中・寺社を含め3,575軒・14,233人としているが、林家文書（「番日記」）に記録された安政6年（1859）・万延元年（1860）・文久元年（1861）・文久2年の数値に比べてかなり多いうえ、出典が明示されていないことから、問題が残されている。

　明治初期には、家数・人数ともに増加しており、明治3年（1870）には3,546軒・16,544人を記録している。

（2）箱館・江差の歴史人口史料

　次に箱館・江差の歴史人口史料について述べる（表31）。

　現存する箱館の人口史料の中で最も古いのは「蝦夷拾遺」による天明5年（1785）の記録で、知りうる限りでは18世紀代の箱館の家数・人口を伝える唯一の史料である。19世紀の人口は享和元年（1801）から確認できる（『函館区史』）。天明5年と比べ家数は130軒ほど増加しているものの、人口に関しては大きな増加は見られない。享和3年から文政3年（1820）の間は、文化12年（1815）を除き「北海道温古雑識」で箱館の家数・人口を確認することができる。それによると文政3年まで家数と人口は増加し続け、文政2年には家数900軒・4,000人を超えたことが分かる。なお文化10年を除く享和3年から文政元年までは女性の人口が男性よりも上回っているものの、男女の人数にあまり差はなかったようである。しかし文政2年と文政3年のみ男性の人口が女性を上回っている。

　文政3年以降、約20年分の人口史料は残されていない。そのため文政3年の次に家数・人口が確認できるのは天保12年（1841）で、「天保十二丑年調箱館町々戸口其他」によるものである。この史料には箱館の1,416軒・7,181人に対し、箱館在々は1,563軒・7,538人、六ヶ場所[註]は631軒・2,682人と記されてある。つまり約20年の間で箱館の家数・人口は共に約1.5倍に増加したということになる。ここまで順調に家数・人口を増やしていった箱館だが、嘉永3年（1850）から嘉永6年の3年間、家数・人口共に停滞の時期を迎える（「蝦夷実地検考録」）。また天保12年以降、女性の人数が男性の人数を200人以上上回るようになる。

　安政3年（1856）に入ると再び家数・人口は増加し始め、2,075軒・10,179人に達する（「村垣

淡路守公務日記」)。この時期、箱館では急激な人口増加が起きており、安政4年から慶応3年（1867）のわずか10年足らずで人口が4,000人以上増加している。なお慶応4年（1868）は箱館戦争が勃発したため、人口史料は残されていない。

江差で現存する最も古い人口史料は「蝦夷松前聞書」の宝暦8年（1758）に関するものである。宝暦8年の江差では既に家数が600軒余りに達しており、天明5年になると1,000軒・3,500人を超える。このことから同時期の箱館と比べると、江差の方が早くから栄えていたことが窺える。古くから蝦夷地第一の産物である鰊の産地であった江差は、鰊漁で発展し、「江差の五月は江戸にもない」と謳われた。嘉永3年（1850）の江差は1,451軒で、1,749軒の箱館を下回っている（『函館区史』）。

（3）松前三湊の墓石数・死者（被供養者）数と死亡変動
①松前三湊における死亡クライシス

松前・箱館・江差について10年単位で、墓石の数と墓石に刻まれた死者（被供養者）数を検討した（図103）。なお箱館・江差に関しては1600年代に建てられた墓標が少ないため、18世紀以降について示した。墓石の数と死者（被供養者）数は基本的によく連動しているが、死者（被供養者）数のほうがより細かな変化が追いやすい。松前城下では、墓石の数・死者（被供養者）数ともに、1840年代までは増加傾向にあるが、1850年代には急激な減少に転じ、60年代にはさらに減少が加速する。

墓標数と被供養者数について1年毎に検討し、死者数が急増している年、すなわち死亡クライシス年を明らかにする（図104・105）。松前・箱館・江差ともに安永3年（1774）、享和3年（1803）、文久2年（1862）、元治元年（1864）に被供養者の数が増加しているのが分かる。これらの年は麻疹などの疫病が流行した年であり、道南の広い範囲にその影響が及んでいたことが窺える（表32）。天明4年（1784）・文化2年（1805）・文政7年（1824）・安政元年（1854）は松前・箱館のみで被供養者の増加が見受けられる。そのうち天明4年は奥羽天明の飢饉、文政7年と安政元年は疫病の流行が原因である。文化2年に関しては疫病等の流行が見られず、原因を特定することができない。松前・江差で被供養者数が増加する年は、享保9年（1724）と安永2年（1773）である。これらの年は疫病が流行した年であり、それが松前・江差に影響を及ぼしたと考えられる。なお、安政3年は江差のみで被供養者数の増加がみられるが、この年にとりわけ江差で疫病・災害等が起きた事実が確認できないため、詳しいことは不明である。慶応4年（1868）は箱館のみで被供養者数が増加しているが、この大半は箱館戦争による戦死者である。

次に被供養者数の増加がみられる年に関して大人と子供の割合を検討する（表32）。なお、子供の被供養者の割合が全体の平均値（箱館15%、江差23%、松前18.4%）よりも高かった年を網掛けで示している。疱瘡・麻疹は大人に比べて子供が罹りやすい病であるため、子供の被供養者の割合が大人と比べ高くなる傾向にある。松前では享保9年（1724）・文政7年（1824）・嘉永2年（1849）・安政元年（1854）・文久2年（1862）・元治元年（1864）、箱館では安永2年（1773）・安永3年・文政7年・文久2年・元治元年、江差では享保9年・文化2年（1805）・嘉永2年・

258　第Ⅲ章　和人の北方進出と蝦夷地の内国化

表31　近世箱館・江差の人口変遷調

年号	西暦	家数 箱館	家数 江差	人口 箱館	人口 江差	出典ならびに男女別人数
宝暦8年	1758	－	600余	－	－	「蝦夷松前聞書」
天明5年	1785	450弱	1000余	2500余	3500余	「蝦夷拾遺」
享和元年	1801	586	－	2595	－	『函館区史』
享和3年	1803	677	－	2886	－	「北海道温古雑識」（男1441人、女1445人）
文化元年	1804	690	－	2937	－	「北海道温古雑識」（男1454人、女1483人）
文化2年	1805	756	－	3084	－	「北海道温古雑識」（男1540人、女1544人）
文化3年	1806	767	－	3121	－	「北海道温古雑識」（男1552人、女1569人）
文化4年	1807	778	－	3122	－	「松前・福山・箱館・江差三ケ所附東西村調」
文化5年	1808	778	989	3125	3236	「北海道温古雑識」（男1533人、女1592人）（箱館）「松前箱館江差市中家数人別町名幷右附村々家数人別畑坪数蝦夷人別等書」（江差）
文化6年	1809	785	－	3205	－	「北海道温古雑識」
文化7年	1810	788	－	3246	－	「北海道温古雑識」（男1598人、女1648人）
文化8年	1811	787	－	3304	－	「北海道温古雑識」（男1629人、女1675人）
文化9年	1812	789	－	3326	－	「北海道温古雑識」（男1637人、女1689人）
文化10年	1813	806	－	3434	－	「北海道温古雑識」（男1620人、女1814人）
文化11年	1814	801	－	3457	－	「北海道温古雑識」（男1696人、女1761人）
文化13年	1816	831	－	3645	－	「北海道温古雑識」（男1793人、女1852人）
文政元年	1818	853	－	3968	－	「北海道温古雑識」（男1958人、女2010人）
文政2年	1819	912	－	4162	－	「北海道温古雑識」（男2082人、女2080人）
文政3年	1820	948	－	4367	－	「北海道温古雑識」（男2204人、女2164人）
天保12年	1841	1416	－	7181	－	「天保十二丑年調箱館町々戸口其他」（男3490人、女3691人、箱館在々1563軒7538人、六ヶ場所631軒2682人）
嘉永3年	1850	1749	1451	9480	－	『函館区史』
嘉永6年	1853	1739	－	9419	－	「蝦夷実地検考禄」（男4560人、女4859人）
安政3年	1856	1998	－	9790	－	「村垣淡路守公務日記」
安政4年	1857	2075	－	10179	－	「村垣淡路守公務日記」（男4825人、女5354人）
元治元年	1864	2084	－	12206	－	「函館市史　通説編第1巻」
慶応元年	1865	3068	－	13524	－	「函館市史　通説編第2巻」
慶応2年	1866	3199	－	13924	－	「函館市史　通説編第3巻」
慶応3年	1867	3303	－	14660	－	「函館市史　通説編第4巻」

文久2年に子供の被供養者の割合が増加している。そのうち文政7年と元治元年には疱瘡、安政元年には疱瘡・麻疹、文久2年には麻疹が流行している。また史料上、享保9年・安永2年・安永3年は、病名を特定できないものの疫病が流行した年で、文化2年と嘉永2年は疫病の記録が残っていない年であるが、いずれも子供の被供養者の割合が高いことから疱瘡・麻疹の類の疫病であった可能性が指摘できる。以上、墓標の分析により、疱瘡・麻疹の犠牲となった子どもの被害状況や史料で確認できない疫病による子供の大量死の実態が明らかとなった。

　②墓標を持つ者・持たざる者
　寺院過去帳が残っている松前で、被供養者の多い年における墓標と過去帳の被供養者数の違いを検討した（表33）。全体の平均値（墓標33％、過去帳64％）を上回っているところを網掛けで示

表32 松前三湊における被供養者の多い年

年号	西暦	松前	箱館	江差	松前 大人	松前 子供	松前 子供／大人×100（％）	箱館 大人	箱館 子供	箱館 子供／大人×100（％）	江差 大人	江差 子供	江差 子供／大人×100（％）	災害・疫病など
享保3年	1718	○	-	-	22	1	4.5	1	0	0	0	1	0	疫病流行
享保9年	1724	○	-	○	16	7	43.8	0	0	0	3	1	33.3	疫病流行
安永2年	1773	○	-	○	59	0	0	2	1	50	8	0	0	疫病流行
安永3年	1774	○	○	○	63	1	1.6	6	1	16.7	9	1	11.1	疫病流行
天明4年	1784	○	○	-	75	3	4	10	0	0	3	0	0	奥羽天明の飢饉
寛政4年	1792	○	×	×	73	1	1.4	4	0	0	6	0	0	疫病流行
享和3年	1803	○	△	△	103	18	17.5	11	1	9.1	6	1	16.6	麻疹流行
文化2年	1805	△	○	×	70	2	2.9	17	1	5.9	3	1	33.3	
文政7年	1824	○	○	×	77	34	44.1	20	4	20	6	1	16.7	疱瘡流行
天保5年	1834	○	×	○	87	4	4.6	15	0	0	9	1	11.1	奥羽天保の飢饉
弘化2年	1845	×	○	○	82	6	7.3	30	2	6.7	5	0	0	疱瘡流行？
嘉永2年	1849	○	×	○	93	41	44	16	1	6.3	7	3	42.8	
安政元年	1854	○	△	○	95	42	44	30	0	0	7	1	14.3	疱瘡・麻疹流行
安政3年	1856	×	×	○	92	9	9.9	18	1	5.6	16	0	0	
文久2年	1862	○	○	○	107	26	26	50	9	18	16	5	31.3	麻疹流行
元治元年	1864	○	△	○	84	47	56	27	9	33.3	12	2	16.7	疱瘡流行
慶応4年	1868	×	○	○	82	7	8.5	37	5	13.5	4	0	0	箱館戦争開始

○被供養者の急増が見られる　△被供養者がやや増加している　×被供養者の増加が見られない　-不明

した。寺院過去帳のある法源寺・法幢寺・寿養寺の被供養者数を合計すると、墓標387人、過去帳2,111人となり、墓標と過去帳で約5.5倍の差がある。つまり、3ヶ寺では過去帳の記録が残っている被供養者のうち、おおよそ5人に1人しか墓標が残っていないということを示している。なお江戸時代全体の被供養者の記録は、3ヶ寺合計で墓標3,256人、過去帳13,432人である（関根編2010）。つまり江戸時代全体では過去帳に記載された被供養者数は墓標の約4.1倍となる。江戸時代全体と比べ被供養者の多い年は、過去帳に記載はされるが墓標は持てなかった被供養者が多かったということになる。また子供の被供養者数を見ると、過去帳に記載されるが墓標に残らなかった子供が多いことが判る。つまり墓標に刻まれた数よりも実際には多くの子供が亡くなっているのであり、子供は大人に比べ墓標に刻まれにくかったことを示している。以上、被供養者の多い年と江戸時代全体における被供養者数の違いは、疫病・飢饉等によって墓標を持てない階層の人々、とりわけ子供の死者が増加したことによるものと結論づけられる。

次に人口と被供養者数から得られる箱館・松前の墓標保有状況について検討する（表34）。10年毎の被供養者の合計を同期間における人口概数値で割ったものに100を掛け、墓標保有指数を求めた。なお、松前では人口概数を求める際、家中寺社共に記録が残っている人口値を優先した。

墓標保有指数は全体を通じて箱館では約3％、松前ではその3倍である約9％である。このことから松前は箱館より墓標を持つ人が多かったと言えよう。これは松前には墓標を建てられるほどの財力を持った人が多く住んでいたということが原因の一つであろう。また箱館開港後、松前

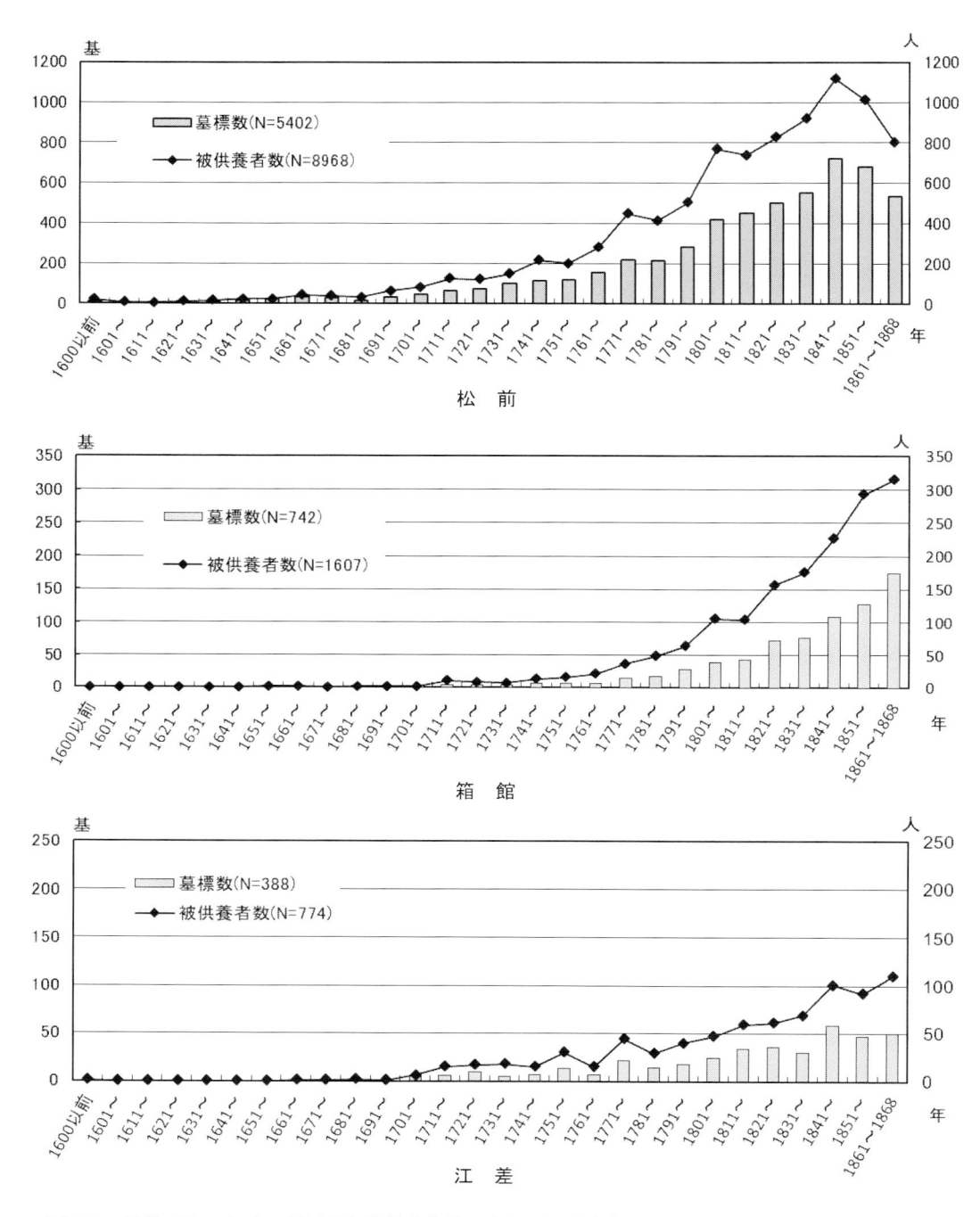

260 第Ⅲ章 和人の北方進出と蝦夷地の内国化

図103 松前三湊における墓標数と被供養者数の変遷（10年毎）

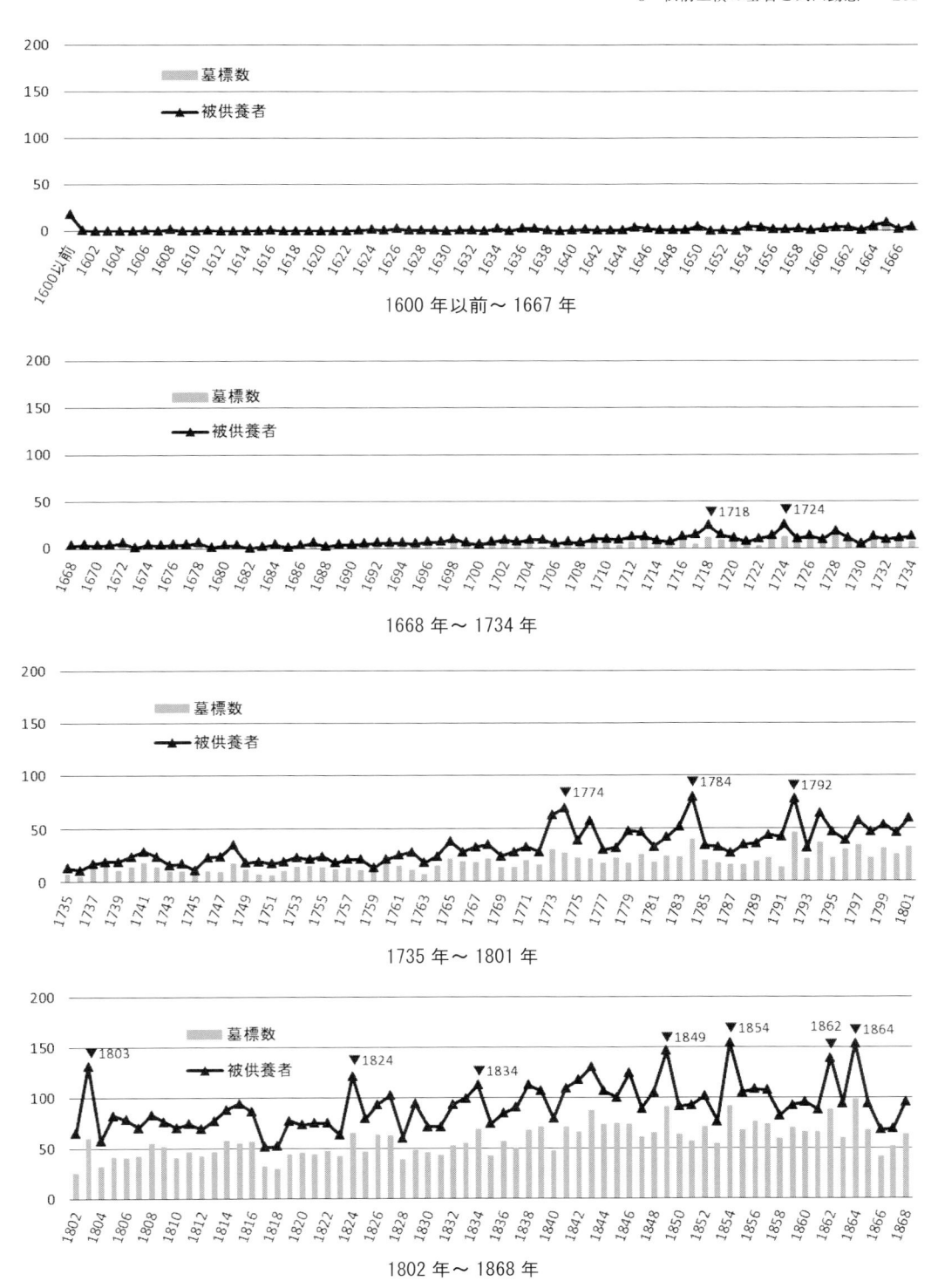

5　松前三湊の墓石と人口動態　261

図104　松前における墓標数と被供養者数の変遷（1年毎）

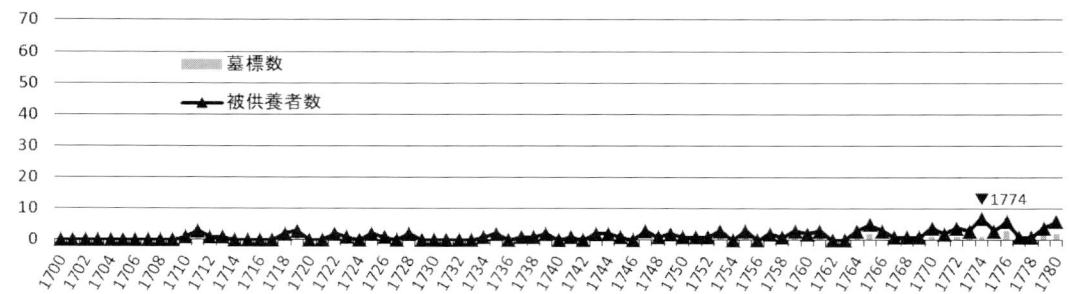

262　第Ⅲ章　和人の北方進出と蝦夷地の内国化

箱館（1700年～1780年）

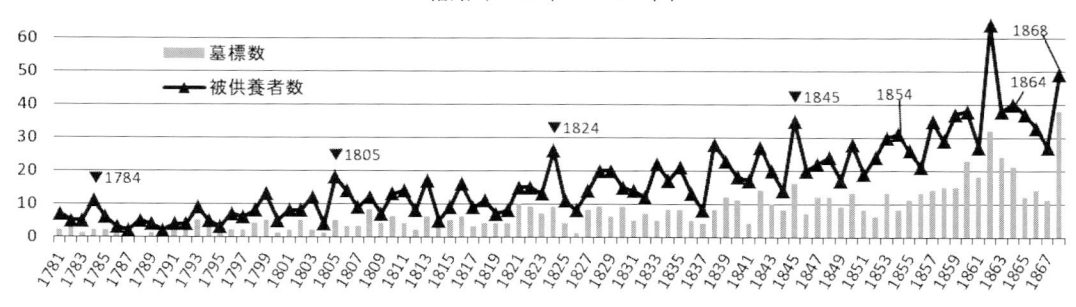

箱館（1781年～1868年）

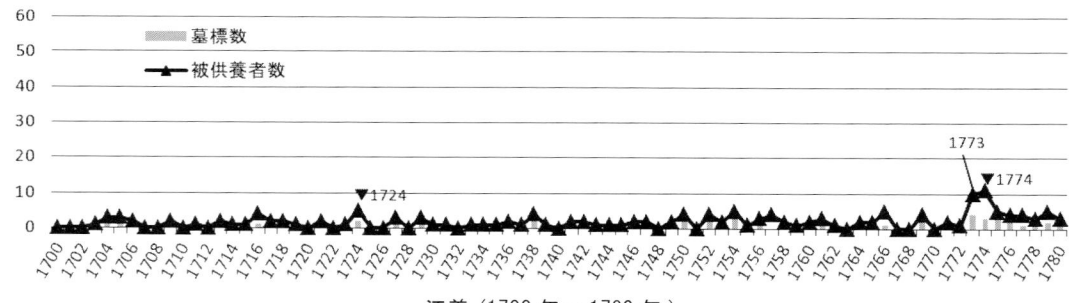

江差（1700年～1780年）

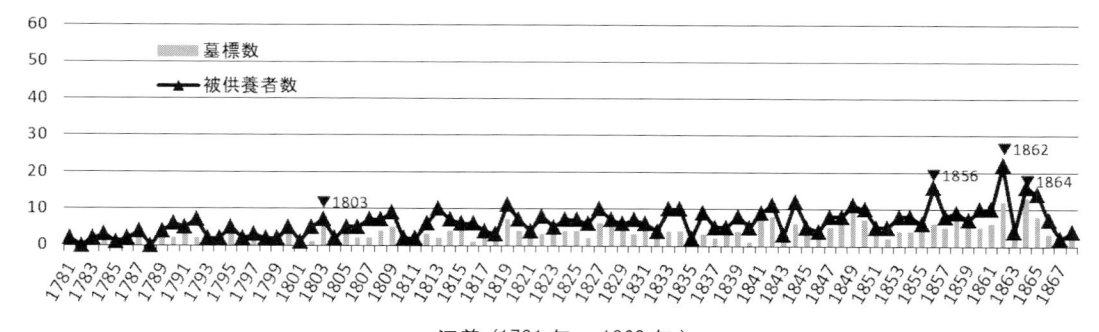

江差（1781年～1868年）

図105　箱館・江差における墓標数と被供養者数の変遷（1年毎）

表33 墓標と過去帳における被供養者の違い（松前）

年号	西暦	墓標（法源寺・法幢寺・寿養寺） 大人：子供	子供／大人	過去帳 大人：子供	子供／大人	過去帳／墓標（倍）
享保3年	1718	9：0	0	42：4	9.5	5.1
享保9年	1724	3：5	166.7	42：40	95.2	10.2
安永3年	1774	21：0	0	128：19	14.8	7.0
天明4年	1784	32：3	9.4	135：6	4.4	4.0
寛政4年	1792	20：0	0	52：10	19.2	3.1
享和3年	1803	34：8	23.5	76：23	30.3	2.4
文政7年	1824	19：10	52.6	88：100	113.6	6.5
天保5年	1834	46：2	4.3	190：39	20.5	4.8
嘉永2年	1849	29：17	58.6	104：139	133.7	5.3
安政元年	1854	35：12	34.3	128：153	120	6.0
文久2年	1862	33：6	18.1	172：92	53.5	6.8
元治元年	1864	22：21	95.5	130：199	153	7.7

表34 松前・箱館における墓標保有指数

松前

年号	被供養者累積数（A）	人口概数（B）	墓標保有指数（A／B×100（%））
1801〜1810	772	8000	9.7
1811〜1820	741	7300	10.2
1821〜1830	833	8200	10.2
1831〜1840	920	10000	9.2
1841〜1850	1117	14000	8.0
1851〜1860	1012	12000	8.4
1861〜1868	800	12000	6.7
合計	6195	71500	8.7

箱館

年号	被供養者累積数（A）	人口概数（B）	墓標保有指数（A／B×100（%））
1801〜1810	105	3100	3.4
1811〜1820	104	3700	2.8
1821〜1830	157	(5200)	3.0
1831〜1840	176	(6700)	2.6
1841〜1850	227	8300	2.7
1851〜1860	293	10000	2.9
1861〜1868	315	14000	2.3
合計	1377	51000	2.7

※（ ）内は推定値

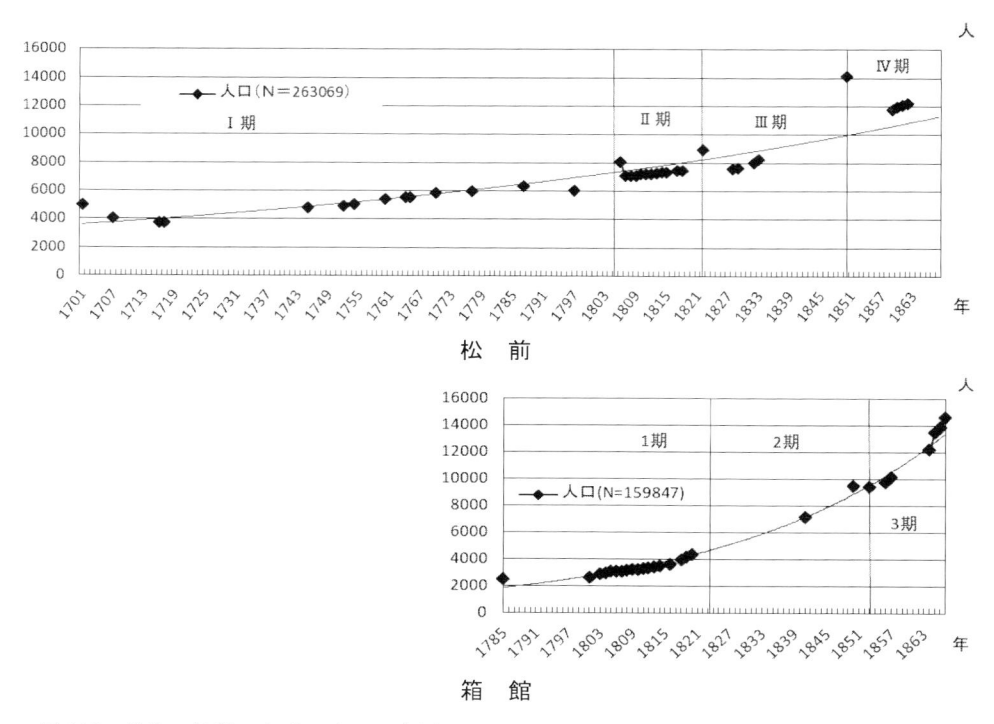

264　第Ⅲ章　和人の北方進出と蝦夷地の内国化

図106　松前・箱館における人口の変遷

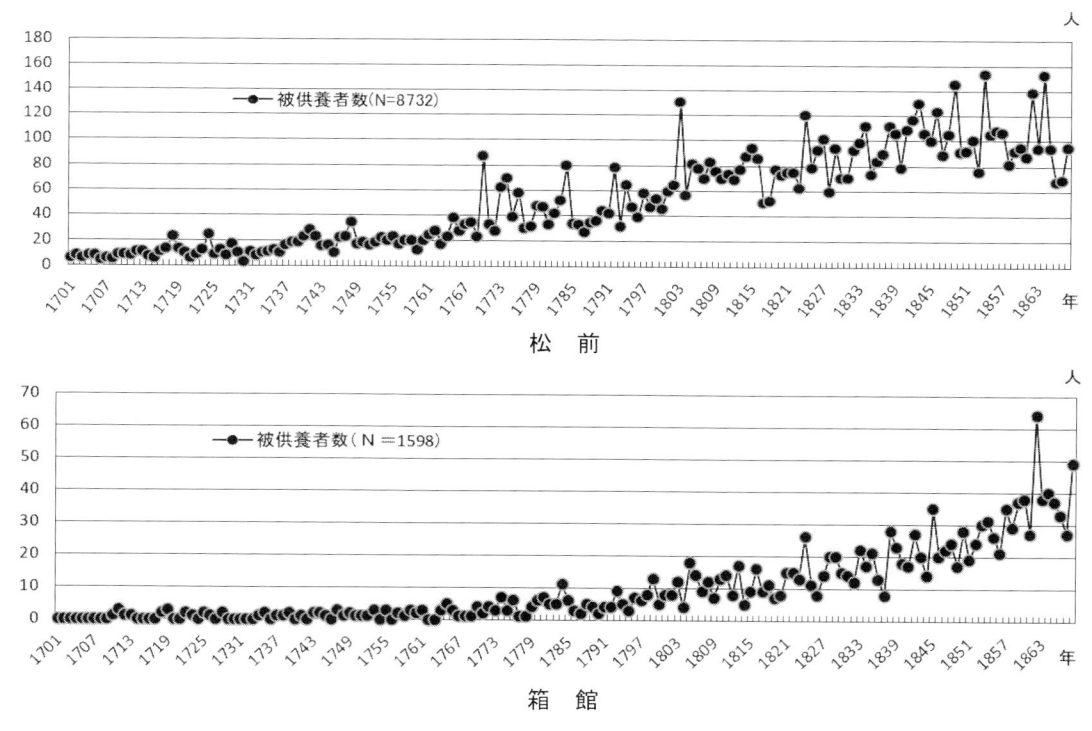

図107　松前・箱館における墓標に刻まれた被供養者数の変遷

における墓標保有指数は減少するが、箱館ではさほど変化は見られない。このことは開港しても箱館住民の階層構成は開港以前と変わらず、反対に松前では墓標を建てられる階層が開港によって箱館に移住してしまったということを示している。

(4) 松前・箱館の死者（被供養者）数と人口動態

次に歴史人口史料から知ることのできる松前・箱館の人口変遷（図106）と墓標に刻まれた被供養者数の変遷（図107）を比較・検討する。人口の変遷は、松前では4期、箱館では大きく3期に分けた。また人口動態をより詳しく見ていくため、時期ごとに平均人口増加率を求めた。なお平均人口増加率は ｜(当期 (x) 人口／前期 (y) 人口)^(1／(y-x))-1｜×100で計算した。

文化4年（1807）から文政4年（1821）の松前（Ⅱ期）は松前藩が奥州梁川に移封された時期であるため、人口が停滞している。前年との差から松前を離れた人は1,000人をやや上回ると考えられる。この時期、箱館の被供養者数は増減を繰り返しつつも、ゆるやかに増加する傾向にある。反対に松前ではⅡ期の間、人口停滞のため被供養者の数に大きな増加は見られない。

箱館の1期は享和元年（1801）から、人口増加が加速し始める直前の文政3年（1820）までである。約20年で1,772人増加しており、平均人口増加率は既に約1.55％と比較的高い。箱館は19世紀初めには既に人口増加傾向にあったことが窺える。

松前（Ⅲ期）はⅡ期と比べると約1,500人の増加が見られるが、これは松前藩の復領によるものであろう。文政11年（1828）に一旦減少が見られるものの、その後徐々に増加していき、嘉永3年には松前の人口は14,000人を超える。

箱館の2期は文政4年から箱館開港直前の嘉永6年（1853）までである。2期は人口史料が少ないため詳しい変遷は分からないが、全体的に見ると1期よりも人口増加が加速していることが窺える。この時期における平均人口増加率が2.35％であることからもそうした傾向が窺える。なお、嘉永3年から6年にかけて人口が一時的に落ち込んでいるが、原因は不明である。

この時期（松前Ⅲ期・箱館2期）、箱館と松前の被供養者数は人口の増加と歩調を合わせるかのように増加している。

松前では嘉永3年のピークを境に人口が減少し、その後大きな人口増加は見られなくなる（Ⅳ期）。被供養者の数を見ると全体的に減少傾向であることから、人口減少の原因は死者数の増加ではないことが分かる。それよりも安政元年の箱館開港によって起きた松前から箱館への人口流出が原因であると指摘できよう。

箱館の3期は安政元年（1854）から慶応4年（1868）までの15年間である。この時期、箱館の人口は10,000人に達し、松前の人口を上回るようになる。安政元年の箱館開港によって多くの人々が箱館に流入してきたことが人口増加の引き金になったと言えよう。この時期の人口増加率は3.0％で、1期、2期と比べると箱館開港がいかに人口増加をもたらしたかが良く分かる。

ま と め

墓標と歴史人口史料は互いの情報を補いあう相互補完的関係にあり、この2つの資料を用いる

ことで、より過去の人口動態や社会構成が鮮明となる。ここでは松前三湊における被供養者数と疫病・災害の関係、松前・箱館の人口の変遷と被供養者数について検討し、疫病の流行や災害などが墓標数と被供養者数に影響を及ぼしていることを確認した。

　松前は梁川移封による人口減少を挟みながらも江戸時代を通して緩やかに増加し、1850年代のピークを境に幕末に減少傾向に転じるのに対し、箱館は19世紀に入り短期間で急激に人口が増加する。墓標を保有する人の割合は松前のほうが高かったことから、箱館と松前では住人の階層性に違いがあったということが裏付けられた。これは古くから松前藩の中心地として栄えていた城下町松前と、開港によって急激な発展を遂げた箱館との差といえる。

〔註〕
　　渡島半島東部。古くから昆布の生産地である。その豊かな水産物を求めて慶長年間（1596年～1615年）以降多くの和人が出稼ぎに訪れた。その後、和人の移住が増加し始め、「箱館六ヶ場所」と呼ばれるようになった。

第Ⅳ章　カラフト（サハリン）島への和人の進出

1　カラフト島出土の日本製品

はじめに

サハリン州立郷土誌博物館ならびにサハリン大学考古学・民族誌研究所が所蔵するサハリン島出土品のうち、銭を除く江戸時代に日本でつくられた製品についてその概要と考察を述べる。なお、それらの遺物が出土した遺跡や調査の経緯については、シュービナー氏とワシリエフスキー氏の論考、サハリン出土の日本銭についてはサマーリン氏の論考をそれぞれ参照されたい（関根編 2014）。

(1) サハリン州立郷土誌博物館所蔵資料（図 108～110）

【キセル】（図 108）

17 世紀後半から 19 世紀のものを 11 点確認した。

材質は銅と亜鉛の合金である真鍮（黄銅）が多い。概して 17・18 世紀代のものは亜鉛の比率が低いが、19 世紀には 4・7 のように亜鉛の割合が 20％を超え、黄色を呈するものもみられる。

1 は Lesnoye（旧落帆）から出土したキセルで、火皿と脂返しとの間に補強帯を有し、羅宇側は肩付となる。古泉編年（古泉 1987）のⅡ期（17 世紀後半）に属し、Vangrkvo 遺跡から出土した 2・3 とともに、サハリンから出土したものでは最も古いタイプとなる。

6・7 は Vangrkvo 遺跡から出土した雁首と吸口が一体となった延べキセルで、このうち 7 は断面が楕円形を呈する鉈豆キセルである。

5 は Vangrkvo 遺跡、10 は Parusnoe（旧小田洲）、11 は Nevel'sk（旧本斗）2 遺跡から出土したキセルで、本来であれば羅宇の両端に付くはずの雁首と吸口が直接つながれた状態となっている。羅宇に最も適した素材は内部が空洞となっている竹であり、竹が入手しにくいサハリンでは、このような使い方が行われていたことを示す資料として興味深い。なお、大きめの火皿に魚の文様がみられる 5 は中国製の可能性もある。

【刀装具】（図 109）

刀身（1）、鍔（4・5）、大切刃（6・7）、返角（2）、柄金具（8・9）がある。

1 は Lesnoye（旧落帆）から出土した平棟で目釘穴のない蝦夷刀の刀身である。

同じく Lesnoye（旧落帆）から出土した 2 は、刀を抜くとき鞘が帯にかかり、鞘ごと抜け出ぬ

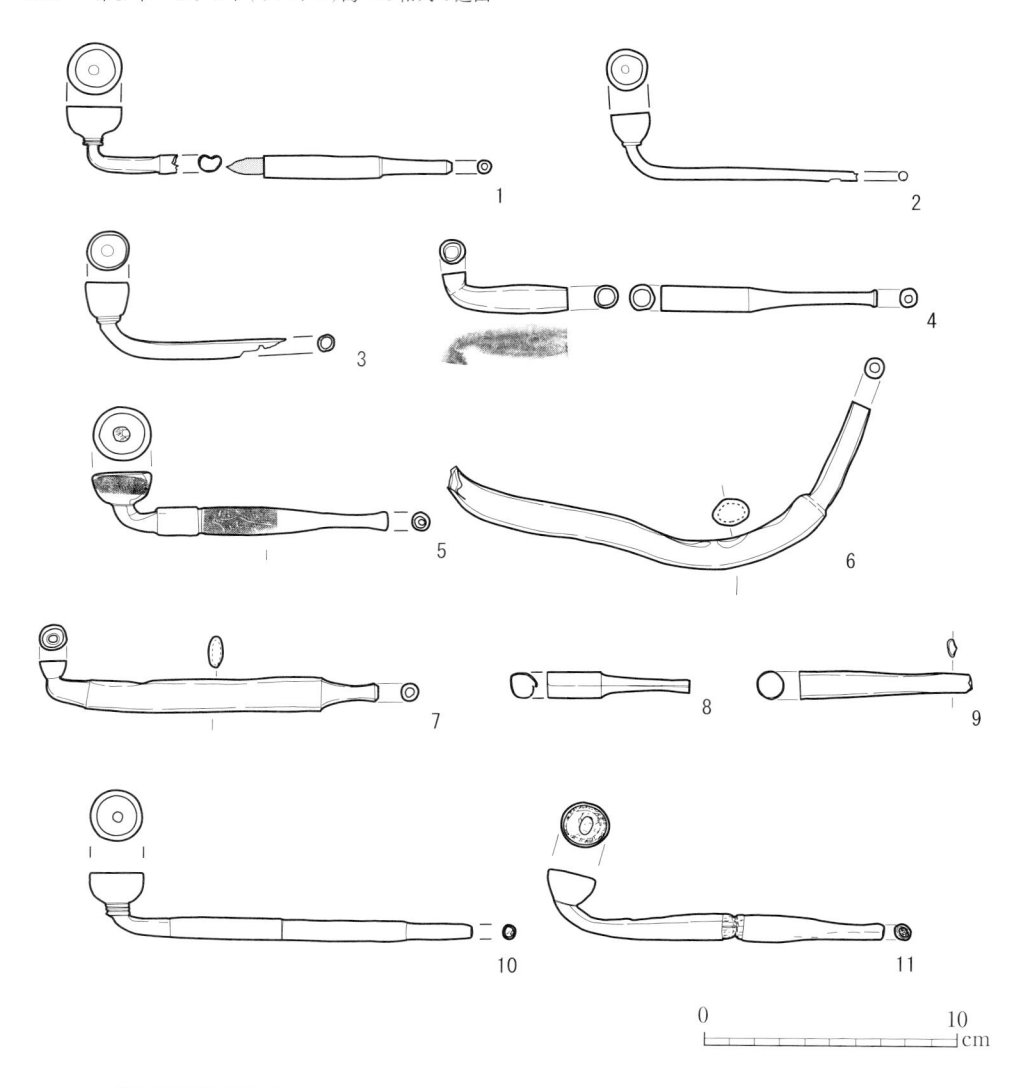

268　第Ⅳ章　カラフト（サハリン）島への和人の進出

No	収蔵番号	出土地	材質	年代
1	5619-23・24	Lesnoye（旧落帆）	真鍮	17c後半
2	7021-533	Vangrkvo	真鍮	17c後半
3	7021-393	Vangrkvo	真鍮	17c後半
4	7021-137・138	Vangrkvo	真鍮	19c
5	7021-136・139	Vangrkvo	未分析	19c
6	7021-568	Vangrkvo	銅	19c
7	7021-422	Vangrkvo	真鍮	19c
8	7021-483	Vangrkvo	真鍮	19c?
9	7021-140	Vangrkvo	真鍮	19c?
10	932-14	Parusnoe（旧小田洲）	未分析	18c前半
11	3826-1154・1155	Nevel'sk 2（旧本斗）	未分析	18c後半

図108　サハリン（樺太）島出土の日本製煙管（サハリン州立郷土誌博物館蔵）　　　　（筆者実測）

よう鞘に付けられた返角（折金）である。

　4 は Nevel'sk（旧本斗）2 遺跡から出土した鉄製の鍔で、中茎穴の左右に笄櫃と小柄櫃があり、その周りに 6 ヶ所の猪目透かしを有する。鋳造製だが極めて粗雑な作りであり、北海道ないしサハリンでつくられた可能性がある。

　5 は Lesnoye（旧落帆）から出土した銅製の小型の鍔で、中茎穴の左右に笄櫃と小柄櫃がある。作りこみや櫃の様子から本州産と思われる。

　6 は Parusnoe（旧小田洲）から出土した銀製の大切刃で、蝦夷太刀に用いられたと考えられる。非常に薄いつくりで、アイヌ好みの文様が施されている。

　7 は Vangrkvo 遺跡から出土した太刀の大切刃で銅製である。金工を専門とする元京都国立博物館の久保智康氏からは、唐草は江戸前期頃の特徴を示すが、通常の彫物師ではなく飾金具を作った錺師の手になる可能性が考えられるとのご教示をいただいた。

　8 は Bogataya1 遺跡から出土した刀の柄の金具で、銀製である。1 ヶ所に猪目透かしが入り、表面には七宝紋と巴紋の刻印が散らされている。こうした紋散らしの意匠は桃山から江戸初期に流行していることから、17 世紀代に遡る可能性が考えられる。

　9 は Parusnoe（旧小田洲）から出土した刀の柄の金具で、銅製である。葉の葉脈が省略された丸に三つ裏葵紋を中心に唐草が施されている。

【漆器】（図 109）

　3 は Lesnoye（旧落帆）から出土した耳盥の耳部で、左右一対となる。器体に取り付けるため抉られている内側を除き、黒漆が塗られ、上面には赤漆で唐草が描かれている。

　10 は Kholmsk（旧真岡）のアイヌ墓から出土した腰の張る大振りの漆椀で、口径 13.1cm、器高 6.9cm を測る。全面赤地で、外面には金線で唐花文と蛸唐草文を描く。唐花文は 2 ヶ所に配置され、左右 4 枚の花弁は緑色に、花軸は橙色に着色されている。蛸唐草文は唐花文の左右の上下から緑色の顔料を用いて描かれ 2 段となる。内面は見込みに唐花文を、その周りに唐草文を配置する。高台内にはシロシが刻まれている。類例は北海道アイヌの伝世した民具に散見され、同様の意匠が施された天目台を伴う例も知られる（藪中 2009）。おそらく下に置かれた天目台、上に渡した捧酒箆（イクパスイ）とともに、酒儀礼に使われたと思われる。

【鉄鍋】（図 110）

　1 は Nevel'sk（旧本斗）2 遺跡から出土した吊耳鉄鍋で、底は平たく体部は直線的に広がる。

　2・3・4 は Vangrkvo 遺跡から出土した脚の付く吊耳鉄鍋である。2 と 4 は底部からカーブを描いて体部が立ち上がり、口縁部は直立気味となる。どちらも湯口は丸型を呈する。3 は 1 と同じく平底から体部が直線的に開くが、体部外面中位に僅かな稜線がみられる。

　1・3・4 は、「モッソウ式」と呼ばれる鋳型製作技法によって作られた鉄鍋（小野 2003）で、明治以降の可能性があるとのご教示を小野哲也氏からいただいた。2 については、口唇内側に明瞭な張り出しが認められることから、日本海側の地域でつくられた可能性が高い。

270   第Ⅳ章　カラフト（サハリン）島への和人の進出

No	収蔵番号	遺物の種類	出土地	材　質	年代
1	8234-1	刀	Lesnoye（旧落帆）	鉄	19c
2	8234-112	返角	Lesnoye（旧落帆）	未分析	19c
3	8234-29・30	耳盥の把手	Lesnoye（旧落帆）	木	19c
4	3826-1158	鍔	Nevel'sk2（旧本斗）	鉄	18c?
5	5619-9	鍔	Lesnoye（旧落帆）	銅	19c
6	930-2	切羽	Parusnoe（旧小田洲）	銀	18c?
7	7021-480	切羽	Vangrkvo	銅	17-18c
8	6878-27	筒金	Bogataya1	銀	17c?
9	931-9	筒金	Parusnoe（旧小田洲）	銅	18c
10	928-1	漆椀	Kholmsk（旧真岡）	木	19c

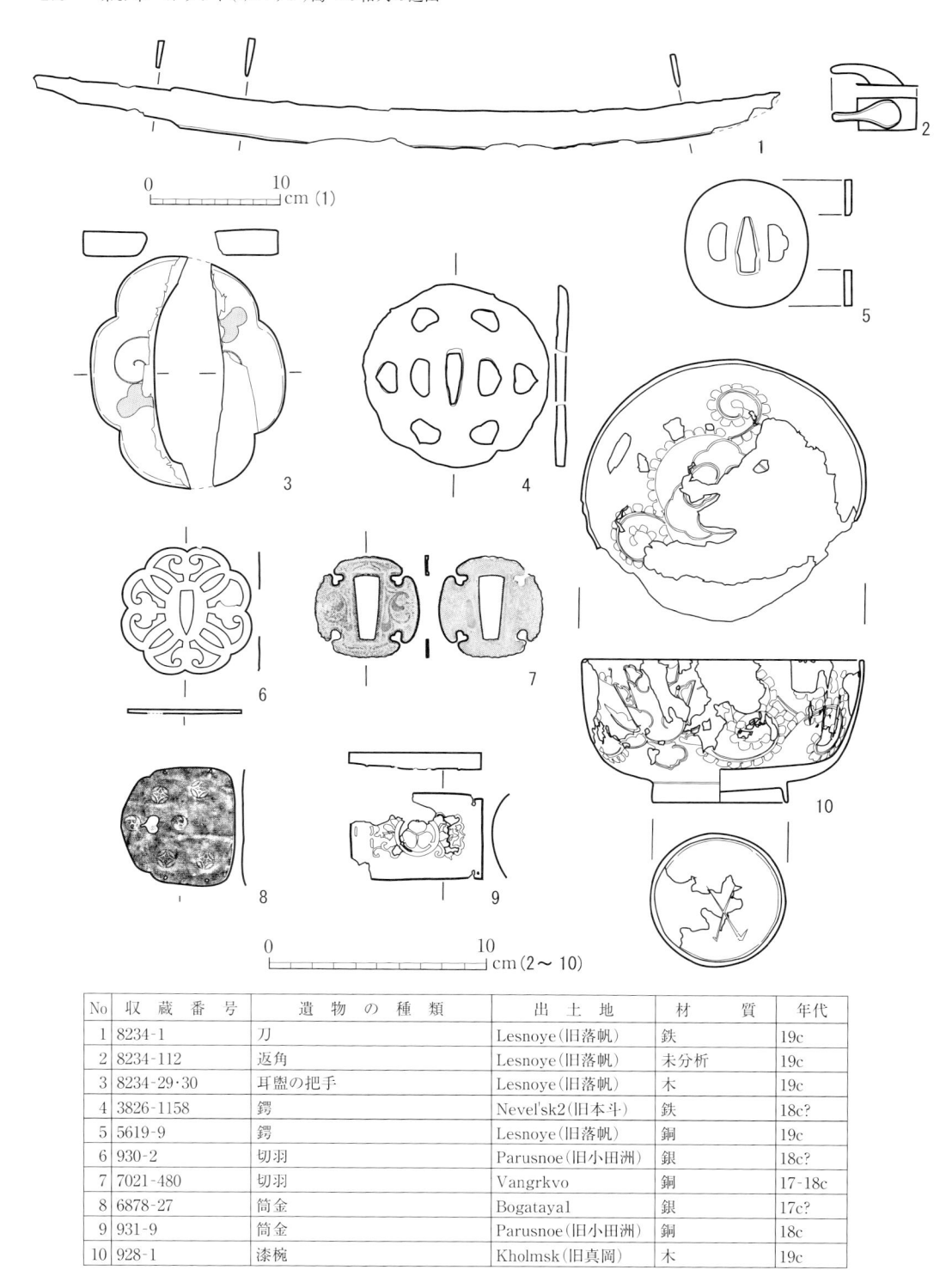

図109　サハリン（樺太）島出土の刀・刀装具・漆器（サハリン州立郷土誌博物館蔵）　　（筆者実測）

1　カラフト島出土の日本製品　271

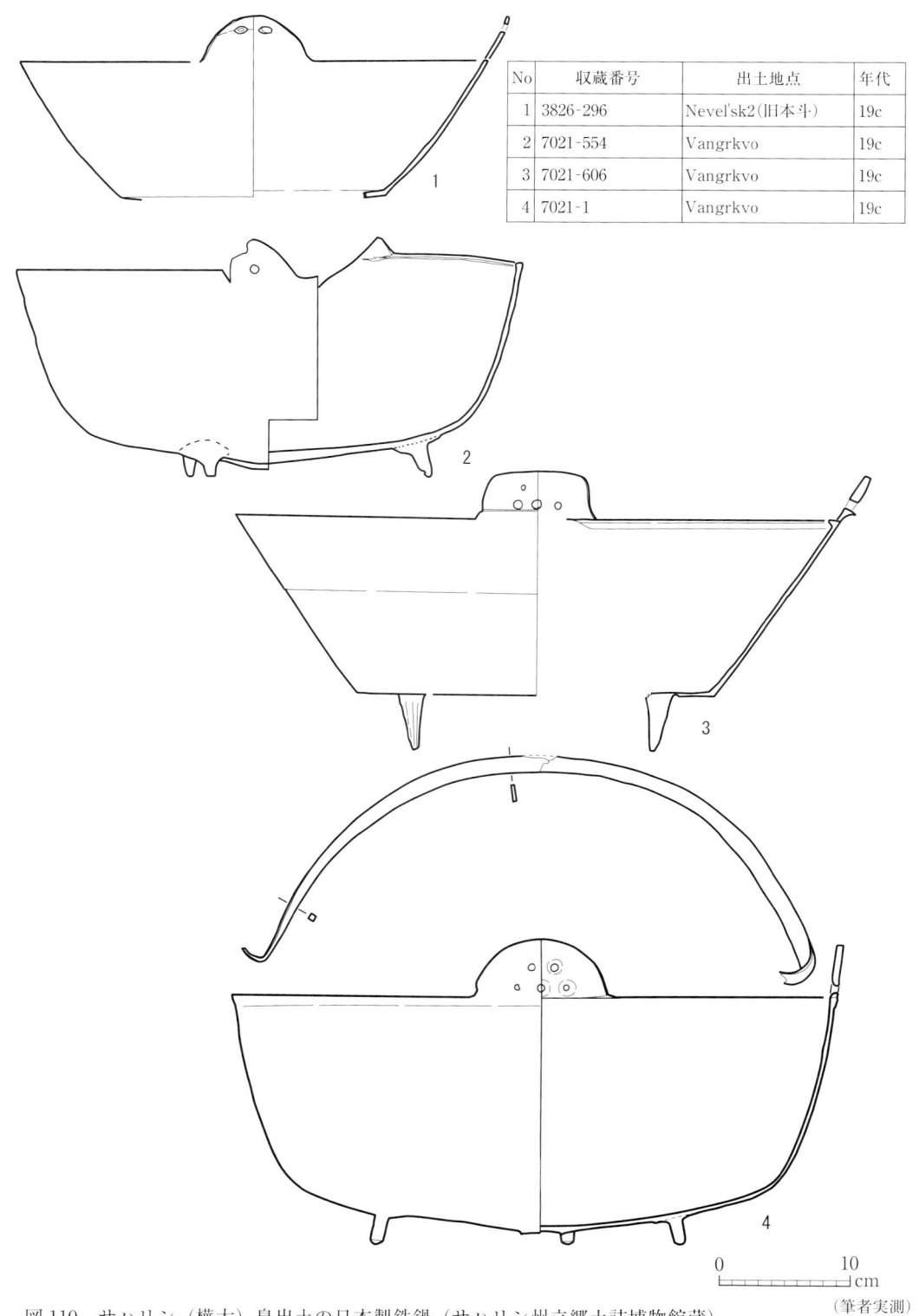

No	収蔵番号	出土地点	年代
1	3826-296	Nevel'sk2（旧本斗）	19c
2	7021-554	Vangrkvo	19c
3	7021-606	Vangrkvo	19c
4	7021-1	Vangrkvo	19c

図110　サハリン（樺太）島出土の日本製鉄鍋（サハリン州立郷土誌博物館蔵）

（筆者実測）

(2) サハリン大学考古学・民族誌研究所所蔵資料（図111）

【キセル】

1～3は、Kuznetsovo（旧宗仁）1遺跡から出土した18世紀代のキセルで、いずれも材質は真鍮である。

【刀装具】

5・6は、Yuzhnaya（旧礼塔）8遺跡から出土した蝦夷太刀の責金具で、材質は銅と銀の合金（四分一）である。

7はKuznetsovo（旧宗仁）1遺跡から出土した鍔で、青銅製の和鏡に中茎櫃を穿けた転用品である。使われているのは、二重圏線内に葉紋を散らせた小型鏡で、その特徴から17世紀前半頃の鏡と思われる。

8はKuznetsovo（旧宗仁）1遺跡から出土した菊花透かしの鍔で、真鍮製である。同様の鍔はアイヌに伝世した蝦夷太刀に散見され、18世紀頃、本州で蝦夷地向けに作られた製品と考えられる。

10はYuzhnaya（旧礼塔）8遺跡から出土した銅製の太刀鍔で、銀製の覆輪を有する。四隅に猪目透かしが入る。表には結紐、裏には粗い魚々子が施文され、結紐には銀のメッキが施されるなど造りは精巧である。17～18世紀に本州で作られた製品とみられる。

11はKirpichnaya（旧白浜）1遺跡から出土した真鍮製の鍔である。表と裏両面に線刻で文様が施されている。太刀型式の鍔だが、表面に彫られた波に鳥の図柄を正位に置くと刃は上側となる。18～19世紀に本州で蝦夷地向けに作られたものと思われる。

12はSvobodnaye（旧神居斜波）遺跡から出土した銅製の鍔である。表裏ともに素朴な花つなぎ文が刻まれた粗製品で、18～19世紀のものと思われる。

13もSvobodnaye（旧神居斜波）遺跡から出土した銅製の鍔で、木瓜形を呈する。金と銀の象嵌により、表裏面に古典的意匠が施されている。18～19世紀の本州製品と思われる。

14・16はKuznetsovo（旧宗仁）1遺跡、15はKirpichnaya（旧白浜）1遺跡から出土した蝦夷刀の刀身である。目釘穴の数は14が1、15は2、16は3である。15は2筋の樋をもち、刀身の中ほどに1ヶ所穿孔が認められる。

【漆器】

4はYuzhnaya（旧礼塔）8遺跡の出土品で、円筒形の行器（シントコ）の蓋に4ヶ所付く銅製の縁金具の一つである。上り藤紋を中央に置き、その周りに唐草文が配置されている。久保智康氏からは、唐草の葉の特徴から年代は17世紀後半から18世紀前半で、製作地は京都の可能性があるとのご教示を得た。

9はYuzhnaya（旧礼塔）8遺跡から出土した耳盥の耳部で、木に黒漆を塗り、銅製の覆輪が鋲で取り付けられている。

(3) サハリン出土の日本製品の特徴

サハリンから出土する江戸時代につくられた日本製品は、キセル・刀装具・漆器・鉄鍋・銭

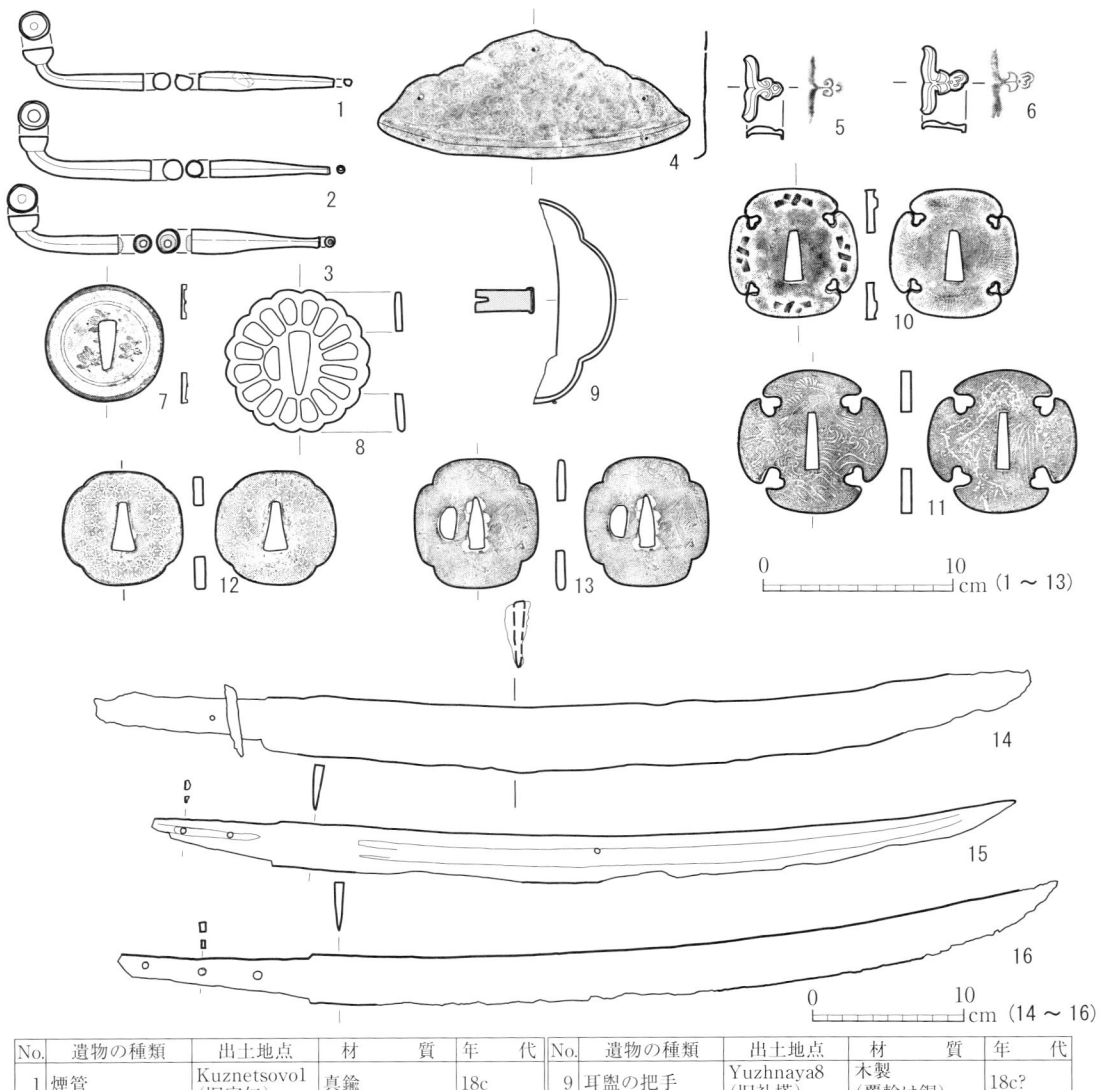

1　カラフト島出土の日本製品　273

No.	遺物の種類	出土地点	材　　質	年　代	No.	遺物の種類	出土地点	材　　質	年　代
1	煙管	Kuznetsovo1 (旧宗仁)	真鍮	18c	9	耳盥の把手	Yuzhnaya8 (旧礼塔)	木製 (覆輪は銅)	18c?
2	煙管	Kuznetsovo1 (旧宗仁)	真鍮	18c後半	10	鍔	Yuzhnaya8 (旧礼塔)		17-18c
3	煙管	Kuznetsovo1 (旧宗仁)	真鍮	18c後半	11	鍔	Kirpichnaya1 (旧白浜)	真鍮	18-19c
4	行器の蓋の金具	Yuzhnaya8 (旧礼塔)	銅	18c後半	12	鍔	Svobodnaye1 (旧神居斜波)	銅	18-19c
5	責金具	Yuzhnaya8 (旧礼塔)	銅と銀の合金	17-18c	13	鍔	Svobodnaye1 (旧神居斜波)	銅(金と銀の象嵌)	18-19c
6	責金具	Yuzhnaya8 (旧礼塔)	銅と銀の合金	17-18c	14	アイヌ刀	Kuznetsovo1 (旧宗仁)	鉄	17-18c
7	和鏡を転用した鍔	Kuznetsovo1 (旧宗仁)	青銅	17c	15	アイヌ刀	Kuznetsovo1 (旧宗仁)	鉄	17-18c
8	鍔	Kuznetsovo1 (旧宗仁)	銅と鉛の合金	17-18c	16	アイヌ刀	Kirpichnaya1 (旧白浜)	鉄	17-18c

図111　サハリン（樺太）島出土の日本製品（サハリン大学考古学・民族誌研究所蔵）　　　（筆者実測）

（寛永通寶）が確認される一方、日本製の陶磁器類はほとんどみられない。また、キセル（図112)・刀装具（図113)・鉄鍋（図115) がサハリン島の北部からも出土するのに対して、漆器（図114) はサハリン島の南部からしか発見されない。このことは、日本製のキセル・刀装具・鉄鍋が樺太アイヌのみならずサハリン北部に住むニブフの手に渡っているのに対して、漆器はサハリン南部の樺太アイヌにしか受容されなかったことを意味する。サハリン島から出土した漆器は、漆椀・耳盥・行器で、全てアイヌの酒儀礼に関する道具である。サハリン南部から出土したこれらの漆器は、樺太アイヌもまた、18世紀以前から北海道アイヌと同じく日本産の漆器を使った酒儀礼を行っていたことを物語っている。

　1643年に北海道・千島・樺太を探検したオランダ東インド会社のフリース船隊の記録（北構1983) から、17世紀中頃には樺太アイヌも喫煙を行っていることが知られている。今回の調査でサハリン島から17世紀後半以降の日本製のキセルが出土していることが確認され、フリース船隊の記録が裏付けられた。キセルの分布状況から、日本製のキセルをもちいた喫煙がサハリン北部に住むニブフにまで及んでいたことが明らかとなった。

1　カラフト島出土の日本製品　　275

Vangrkvo

1～8 Vangrkvo
9 Parusnoe
10 Lesnoye
11 Nevel'sk2
12～14 Kuznetsovo1

1～10 サハリン州立郷土誌博物館
11～14 サハリン大学

Parusnoe（小田洲）

Nevel'sk2（本斗）

Lesnoye（落帆）

Kuznetsovo1（宗仁）

(筆者作成)

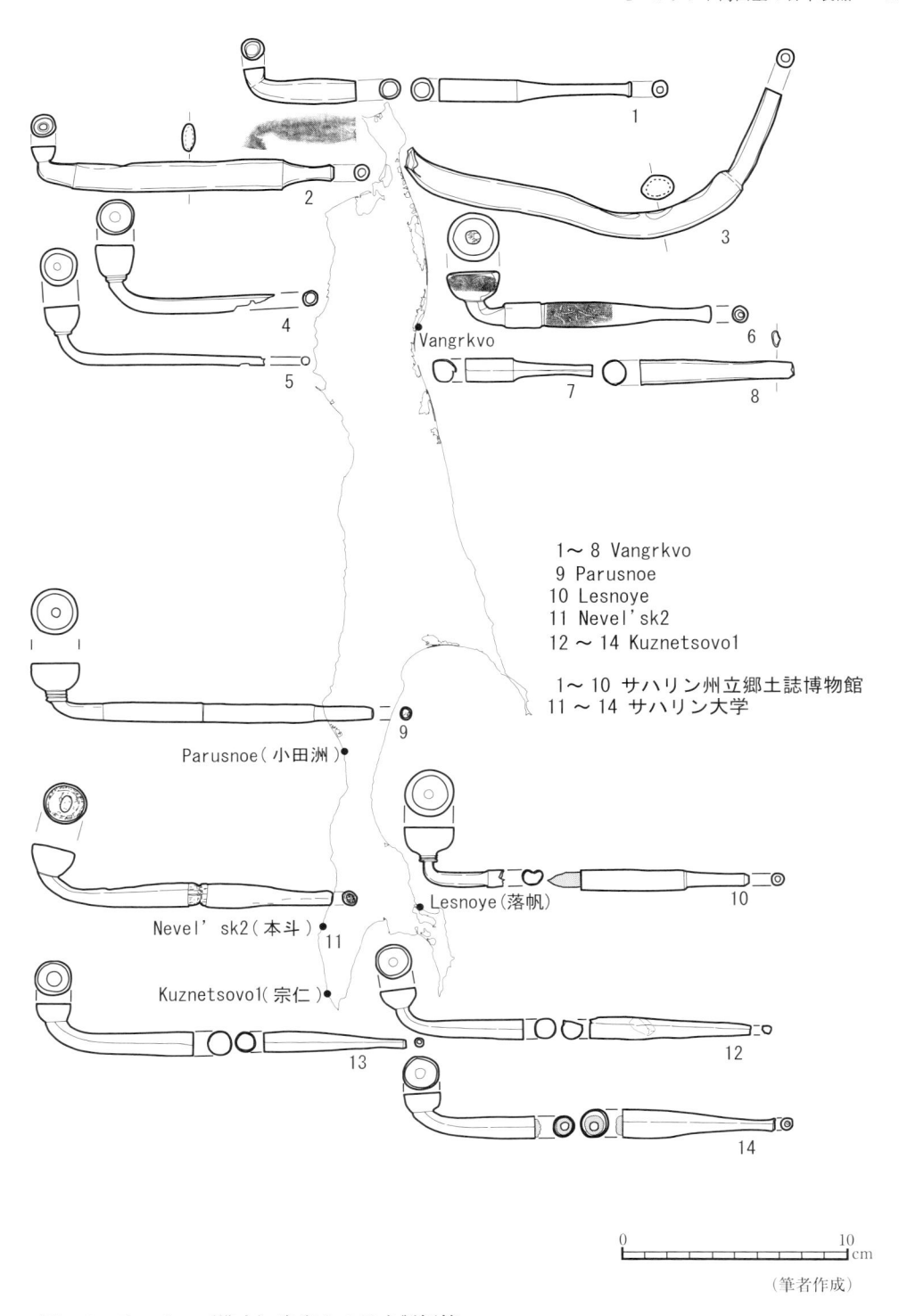

図112　サハリン（樺太）島出土の日本製煙管

276　第Ⅳ章　カラフト（サハリン）島への和人の進出

1　Vangrkvo
2・3　Bogataya1
4・5　Parusnoe
6　Kirpichnaya1
7　Lovetskoye5
8・9　Svobodnaye1
10～12　Lesnoe
13　Nevel'sk2
14～18　Kuznetsovo1
19～21　Yzhnaya8

1～5・10～13　サハリン州立
　　　　　　　郷土誌博物館
6～9・14～21　サハリン大学

図113　サハリン（樺太）島出土の刀・刀装具　　　（筆者作成）

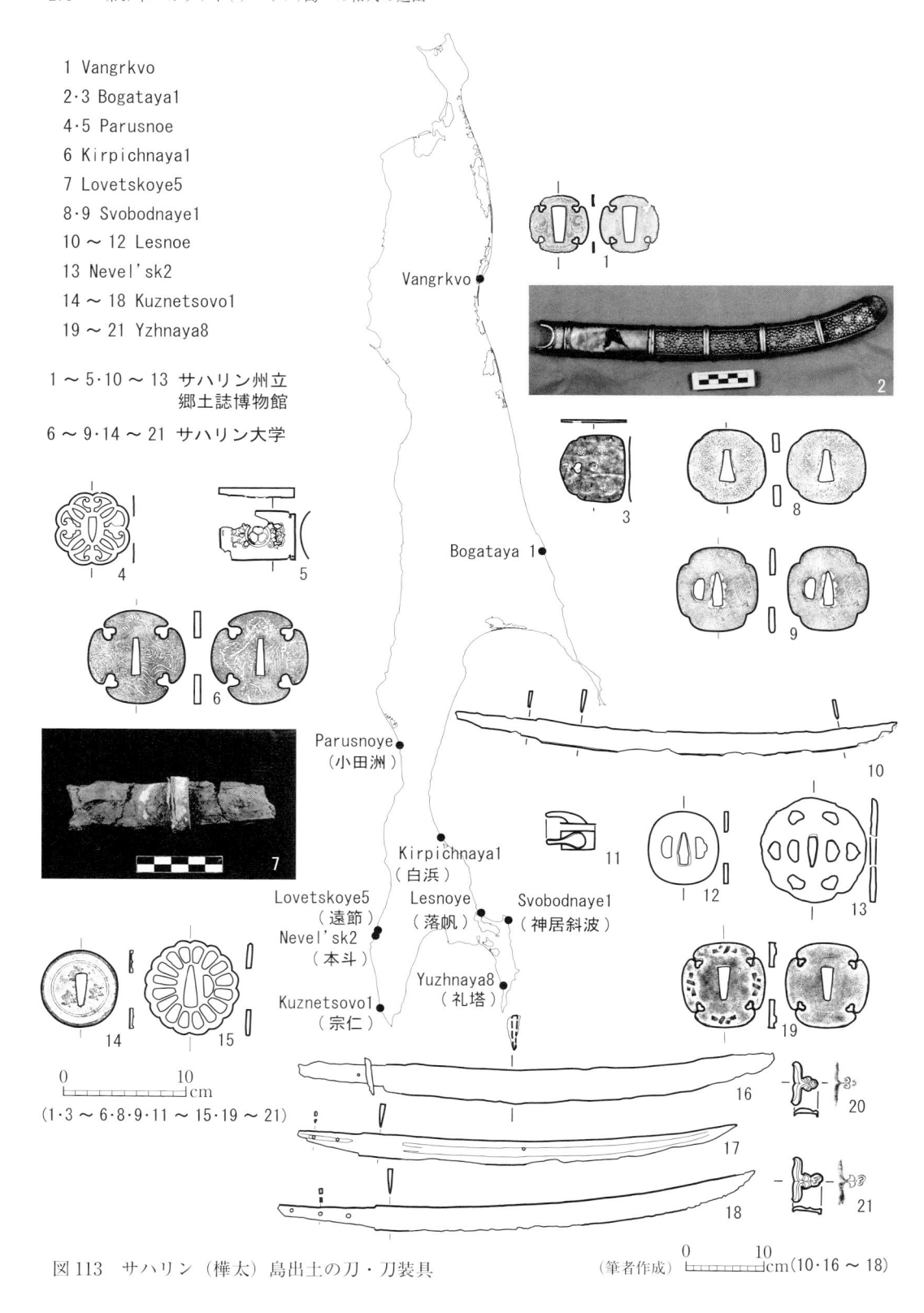

1　カラフト島出土の日本製品　277

2　耳盌の把手

1　漆器

3　耳盌の把手

1 Kholmsk
2 Lesnoye
3・4 Yuzhnaya8

1・2　サハリン州立郷土誌博物館
3・4　サハリン大学

[参考資料]
耳盌
（北海道開拓記念館蔵）

[参考資料]
行器
（北海道開拓記念館蔵）

Kholmsk（真岡）
Lesnoye（落帆）
Yuzhnaya8（礼塔）

4　行器の蓋の金具

（筆者作成）　0　10cm

図114　サハリン（樺太）島出土の漆器

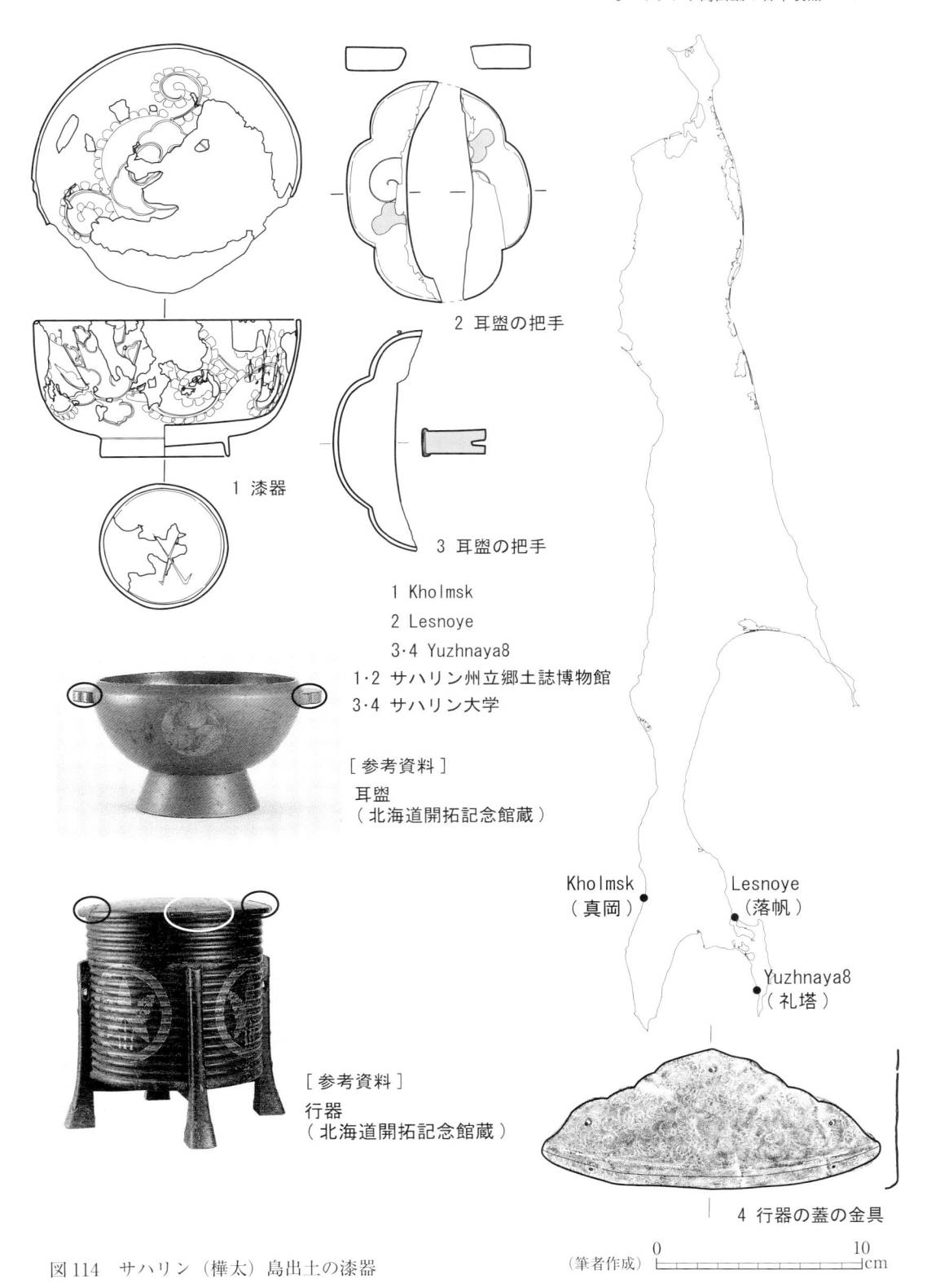

278　第Ⅳ章　カラフト（サハリン）島への和人の進出

1～3　Vangrkvo
4　Nevel'sk2

1～4　サハリン州立郷土誌博物館

図115　サハリン（樺太）島出土の日本製鉄鍋　　　　　（筆者作成）

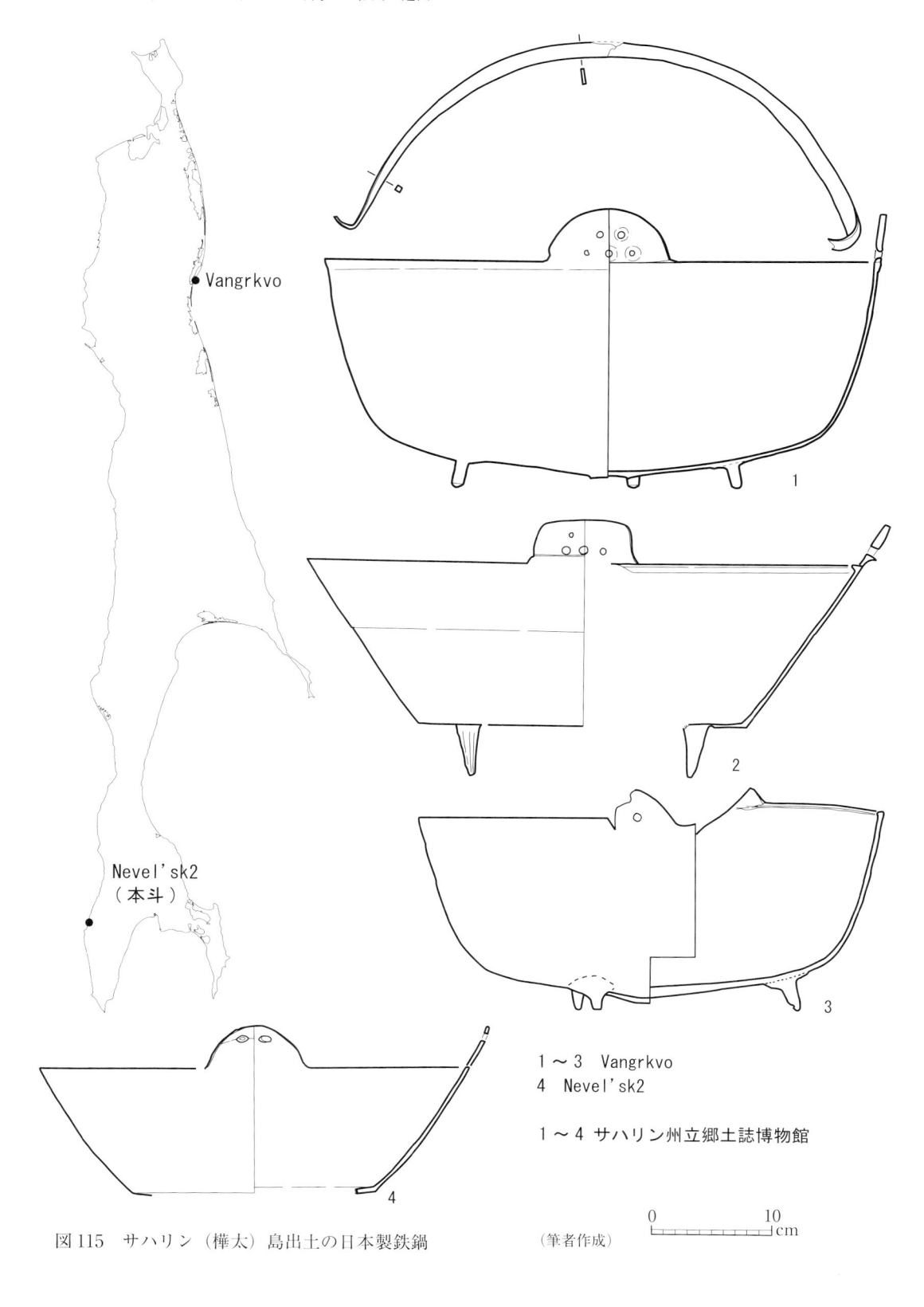

2　白主会所跡の位置と構造

は じ め に

　カラフト（サハリン）島の最南端に位置する白主（Kril'on）は、アニワ湾に面した久春古丹（Korsakov）とならんで、江戸時代には、日本によるカラフト（サハリン）島支配の最大拠点であり、いわゆる山丹交易の窓口でもあった。

　白主会所が置かれていた場所は、戦前の樺太時代には好仁村に属し、南白主と呼ばれ、牧場・海苔工場・尋常高等小学校・郵便局などがあった（西村1994）。白主会所跡は、2001年〜2003年に前川要氏やA. A. ヴァシレフスキー氏らにより発掘調査が行われた白主土城跡から北に約3kmしか離れていないが、近年まで軍事上の理由から外国人の立ち入りが厳しく制限されていたため、これまで全く調査が行われていなかった[1]（図116）。

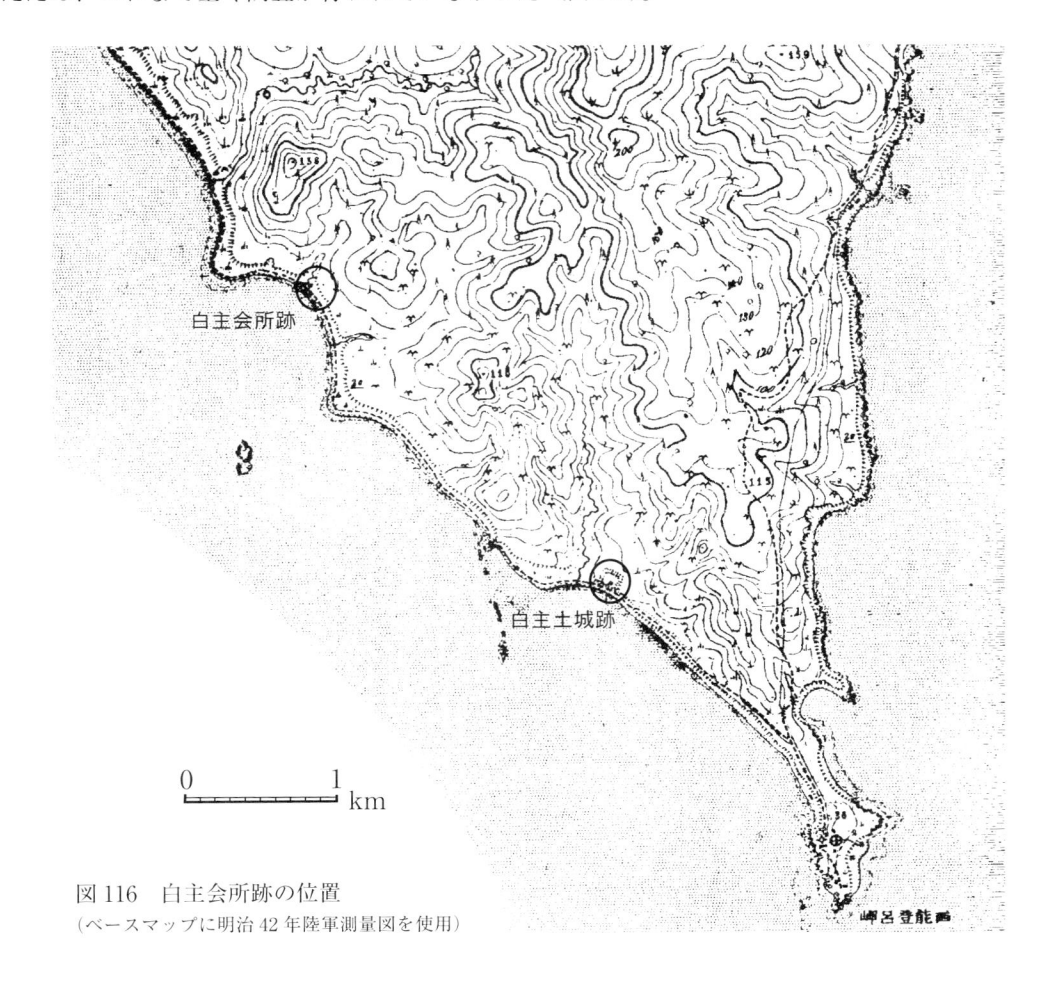

図116　白主会所跡の位置
（ベースマップに明治42年陸軍測量図を使用）

筆者は、平成22年度から科学研究費補助金「中近世北方交易と蝦夷地の内国化に関する研究」（基盤研究A　課題番号22242024）に取り組むなかで、弘前大学人文学部とサハリン大学考古学・民族誌研究所ならびにサハリン州立郷土誌博物館が研究協定を結び、ロシア側の共同研究者の協力により2011年9月に白主（Kril'on）の現地調査を行い、会所跡を確認した。

（1）江戸時代の白主

寛永12年（1635）、松前藩主松前公廣は、佐藤加茂左衛門と蠣崎蔵人らにカラフト（サハリン）島の調査を命じ、彼らは島の南端の「ウッシャム」に渡り、この地を見分したと伝えられる。また、翌年には同じく松前藩の甲道庄左衛門がカラフト（サハリン）島に渡り、「ウッシャム」で越冬した後、翌年の春に水行20日で東海岸のタライカ（Promyslov'aya）に到達したという。元禄13年（1700）正月に松前藩が国絵図とともに幕府に提出した「松前島郷帳」には、「からと島」に「うつしやむ」の地名が記されている。ウッシャムは、後年、日本によるカラフト（サハリン）島支配の拠点となる白主（Kril'on）と考えられる。

天明5年（1785）、田沼意次政権の意向を受けた蝦夷地探検隊のうち、庵原弥六率いる西蝦夷地見分隊は、カラフト（サハリン）島に渡り、アイヌの小舟で白主（Kril'on）から東はアニワ岬まで、西海岸はタラントマリ（Kali'nino）まで進んだが、食料などの物資補給のため宗谷まで戻り、そこで越年した。宗谷では壊血病により隊長庵原をはじめ5名の死亡者がでたが、大石逸平らは翌年再び渡海し、5月10日、白主（Kril'on）に到着した。

天明5年（1785）に刊行された林子平の「蝦夷国全圖」にはカラフト嶋南端に「シラヌシ」の地名が確認される。また、天明の幕府蝦夷地探検隊の実地検分の成果を受けて天明6年に製作された「蝦夷輿地全圖」やそれを基に水戸の地理学者長久保赤水が寛政7年（1795）頃に刊行した「蝦夷松前圖」でもシラヌシの地名が認められる（髙木2011）。

こうした幕府の動きを受けて、ようやく松前藩もサハリン（樺太）島への関心を示すようになる。即ち、寛政2年（1790）、松前藩は場所請負人の村山伝兵衛に命じて、カラフト（サハリン）島南端の白主（Kril'on）、西海岸の西トンナイ（Nevel'sk）、アニワ湾沿岸のクシュンコタン（Korsakov）に常設の漁場施設を設置するとともに、藩士の高橋壮四郎・松前平角・鈴木熊蔵らを派遣し、調査にあたらせた。白主（Kril'on）には交易所（運上屋）、西トンナイ（Nevel'sk）とクシュンコタン（Korsakov）には荷物小屋（出張番屋）が設置され、松前藩は、それらの施設の管理のため、毎年4月末から8月上旬にかけ、白主（Kril'on）に勤番侍2名・足軽2名を派遣するようになった。

田沼政権に続き、松平定信政権の下でも寛政3・4年（1791・92）に最上徳内らによりカラフト（サハリン）島調査が行われた。一連の幕府による調査に関連して、寛政4年には最上徳内と和田兵太夫、享和元年（1801）には中村小市郎と高橋次太夫が白主（Kril'on）を訪れている。

文化4年（1807）の幕府による蝦夷地直轄化の後、カラフトから「北蝦夷地」への名称変更がなされ、白主（Kril'on）は松前奉行支配下の調役が管理することとなった。翌年4月には北蝦夷地詰を命じられた最上徳内が赴任する一方、北蝦夷地の探検の命を受けた松田伝十郎・間宮林蔵

も白主（Kril'on）に到着している。

　文化6年（1809）には山丹交易が白主（Kril'on）に限定されるとともに、北蝦夷地警備を命じられた弘前藩が、マシケに本陣、カラフト（サハリン）島のクシュンコタン（Korsakov）・ルータカ（Aniva）・白主（Kril'on）の3ヶ所に陣屋を設けた。この年初めて越年が試みられ、松田伝十郎をはじめ、調役並吉見専三郎、同心吉野藤内・北川弥三郎・柴田角兵衛、御雇医師小林東鴻、弘前藩士の足軽小頭成田孫右衛門ほか足軽6名の計13名が白主（Kril'on）で冬を越した。

　文政4年（1821）の松前藩復領後の北蝦夷地勤番は、上役1名・目付1名・添役1名・徒士2名・医師1名・足軽5名他総勢22名で、これを一番と二番の二手に分け、一番手は4月15日に二番手は20日に松前を出発し、5月末にクシュンコタン（Korsakov）勤番所に到着、7月初旬に白主（Kril'on）勤番所に移動し、そこで約半月ほど駐留し山丹交易に立ち会ったのち、宗谷に引き上げた。

　安政2年（1855）の幕府による蝦夷地第二次直轄に伴い、北蝦夷地は箱館奉行の支配下に置かれ、白主（Kril'on）をはじめ、クシュンコタン（Korsakov）・西トンナイ（Nevel'sk）・ワーレ（Kazanka）・クシュンナイ（Il'inskiy）に調役・定役・同心・足軽・雇医師を派遣し統治した。

　明治3年（1870）、樺太開拓使設置に伴い、クシュンコタン（Korsakov）に公議所、出張所が西トンナイ（Nevel'sk）・シララカ（Vzmor'ye）・白主（Kril'on）に置かれた。なお、明治6年にサハリン（樺太）島に渡った元金沢藩士の林顕三が翌年著した『北海紀行』には、白主（Kril'on）について「此白主官邸（當時閉邸）會所（伊達栖原合併持場）辨天社（一宇）土人家十戸、物産なく唯通行人の為めに設けられたる所なり」との記述がみられる。

(2) 白主会所跡の特定

　白主会所跡のある南白主は、カラフト（サハリン）島最南端の西能登呂岬（m. Kril'ion）から西海岸を北上すること約5km、マイデリア岬（m. Maidelya）の南側に広がる入江に当たる（図117・118）。この場所は、地理的にカラフト（サハリン）島西海岸へ着舟するに適した入江としては最も南に位置している。

　戦前、樺太施政30周年を記念して刊行された『樺太郷土写真帖』（世良編1934）掲載の白主の全景写真（図117）には、海岸段丘上に昭和5年（1930）に建てられたばかりの真新しい開島記念塔が写っており、撮影されたのは1930～34年頃とみられる。この写真には開島記念塔から海岸へ通じる坂道の下に、海岸線にほぼ平行して白主会所跡の土塁で囲まれた長方形の区画がはっきりと確認できる。図118は、筆者が2011年9月に現地を訪れた際に、前述の写真とほぼ同じ位置から撮影した写真で、現在はソビエト軍の戦死した兵士の墓に造りかえられている開島記念塔[2]と、そこから海岸へ通じる坂道や写真手前の砂浜を蛇行する小川を手懸かりとして、図117の写真と位置を合わせることが可能である。

　白主会所が描かれた場所図としては、安政3・4年（1856・57）に行った北蝦夷地の実地調査に基づき目賀田守蔭が安政6年に幕府に提出した「北延叙歴検真図」、同じく目賀田が明治4年（1871）、松浦武四郎の要請により「北延叙歴検真図」を再写し作成した「北海道歴検図（樺太西

282　第Ⅳ章　カラフト（サハリン）島への和人の進出

図 117　1930～34 年頃のシラヌシ（Kril'on）（『施政 30 周年記念 樺太郷土写真帖』より転載）

図 118　現在のシラヌシ（Kril'on）（2011 年筆者撮影）

岸上）」（本書の図133）、安政6年（1859）にクシュンコタン（Korsakov）へ赴いた秋田藩蝦夷地警衛目付松本吉兵衛盛親の『西蝦夷唐太道中記（梗）』（同じく図134）、林顕三著『北海紀行』に掲載されている「樺太州西海岸白主之圖」（図119）がある。何れも白主会所の北側に接して小川（白主川）が、裏手（東側）には丘の上の弁天社と、そこへと通じる坂道が描かれている。戦前の写真にある開島記念塔へ登る坂道は、弁天社へ通じる坂道をそのまま踏襲しており、開島記念塔の立つ場所、すなわち現在はソビエト軍の戦死した兵士の墓のある場所が、弁天社の跡地と判明する。白主会所を見下ろす丘の上に祀られた弁天社[3]は、日本によるカラフト（サハリン）島支配の原点として、明治以降もカラフト（サハリン）島の日本人の記憶の中に受け継がれ、その場所に開島記念塔が建設されたと考えられる。

(3) 白主会所跡の規模と構造

白主会所跡は、大正9年（1920）12月21日、樺太庁告示第310号により、鵜城元会所跡・松川弁之助堀割跡とともに「白主勤番所跡」の名称で史跡に指定され、標柱も建てられていた（樺太庁1936）。『樺太庁施政三十年史（下）』では「第四章史蹟名勝天然記念物」で白主勤番址を取り上げ、「白主川の河口に近い左岸にある。土塁を以て三方を囲み、東南隅に池の跡を存し池の中には築山がある」と記されている（樺太庁1936）。

2011年5月、共同研究者のI. A. Samarin氏（サハリン州文化省顧問）は白主（Kril'on）周辺の測量調査を行い、白主川の左岸で会所跡と思われる長方形の整地された区画を確認した（図120）。同年9月、筆者は同氏の案内で、A. A. Vasilevski教授（サハリン大学考古学民族誌研究所長）、O. A. Shubina氏（サハリン州立郷土誌博物館学芸員）、中村和之氏（函館工業高等専門学校教授）、上條信彦氏（弘前大学准教授）らとともに現地踏査を行い、土塁ならびに池跡・築山跡を確認し、白主会所跡と断定するに到った。

安政3・4年（1856・57）に目賀田が目にして描いた白主（Kril'on）の図（本書の図133）では、弁天社の前浜に柵に囲まれた会所と役宅が横一列に並んでおり、「北海道歴検図」や「北延叙歴検真図」のもとになったと考えられている「蝦夷地写生帖」でもほぼ同じ配置であるが、安政6年に秋田藩士松本吉兵衛盛親が目にした白主（Kril'on）では、会所の位置は変わらないものの、会所の前面の区画施設は柵から土塀？に変更されている（図121）。この絵図によれば、土塀？は会所の前面と南側の一部のみで、北側は白主川が区画の役割を果たし、前面には冠木門と思われる入口が2ヶ所、会所の建物の裏側、敷地の南東隅には池のような施設が認められる。

白主会所跡の敷地は、南北約62m、東西約33mの長方形で、背後の河岸段丘の裾を一部削平して平坦面を造成しており、山側は切岸となる（図122・図123-1）。正面にあたる海側には土塁を築いている（図123-2）。土塁の中央部には12m程の開口部があり、両端は山側に向かってL字状に曲がる。土塁の残存高は最大で約1.8mである。前述の通り、安政6年に秋田藩士松本吉兵衛盛親が『西蝦夷唐太道中記』で描いた白主会所の図（図121）には正面に2ヶ所、冠木門がある[4]。門と門の間には「土塀？」が描かれているが、この部分の「土塀？」が失われたとすれば、ほぼ現況に近い。敷地の南東隅に近い部分には、『西蝦夷唐太道中記』掲載の白主会所の図

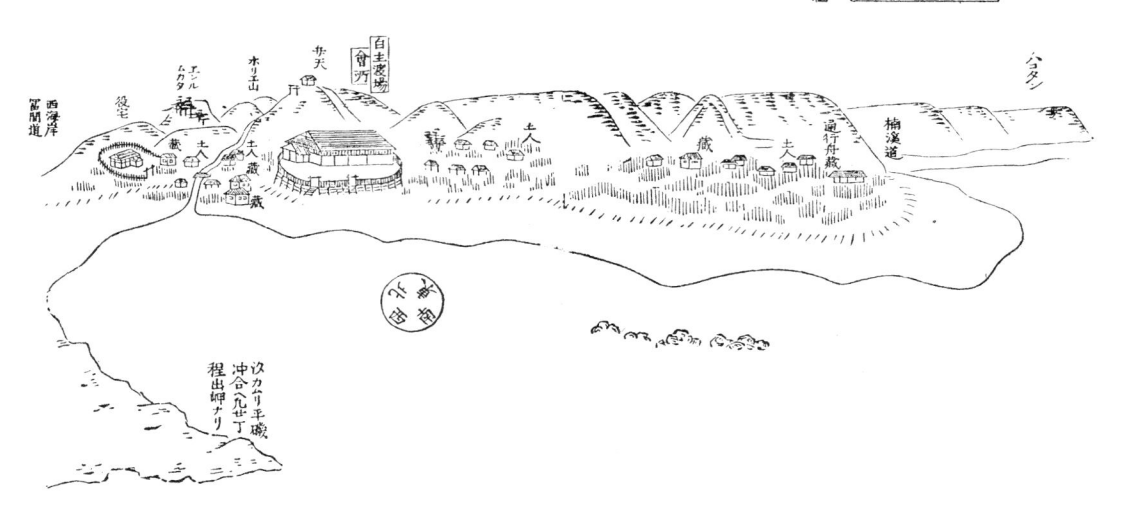

284　第Ⅳ章　カラフト（サハリン）島への和人の進出

図119　明治6年（1873）頃のシラヌシ（『北海紀行』より転載）

Maidelya 岬

1　開島記念塔（1930年10月建立）
2　Maidelya 1 岬　入植地
3　尖頭の記念碑
4　トーチカ
5　整地された区画
6　コンクリート製建造物
7　竪穴（半地下式）建造物
8　Maidelya 2 岬　入植地
9　創立記念碑
10　道路
11　泉

2011年5月8日
I. A. Samarin 作図

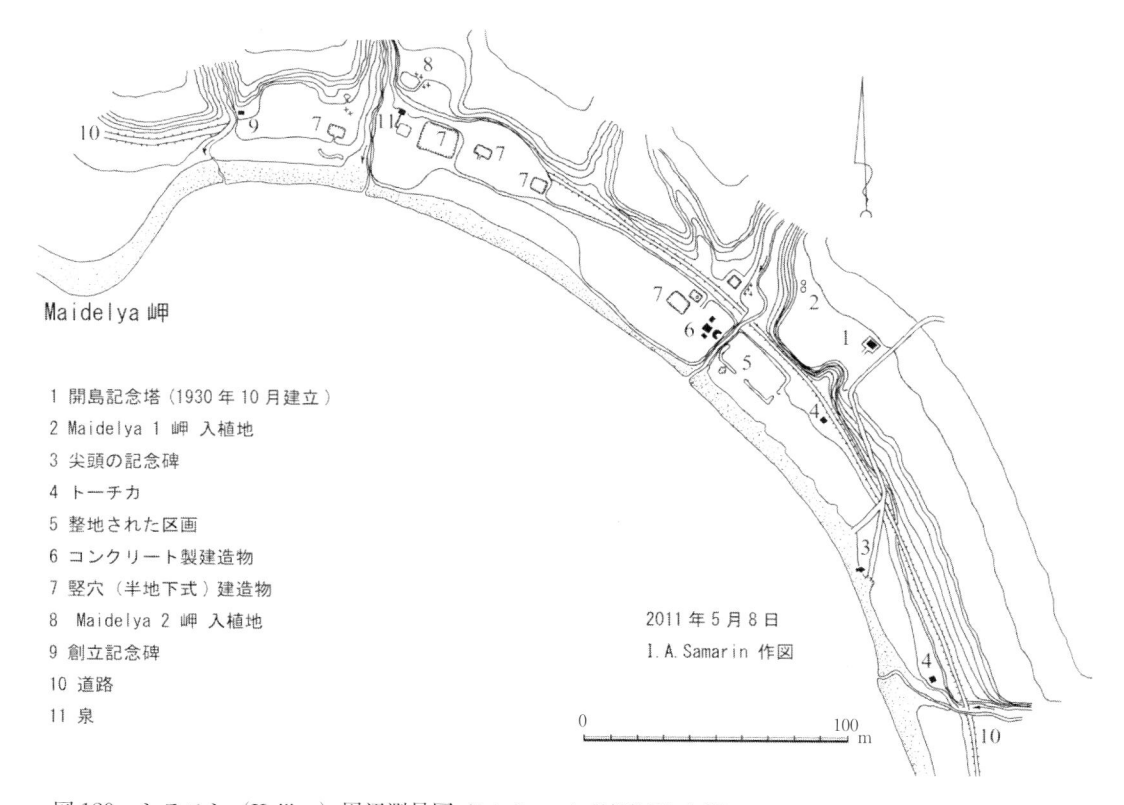

図120　シラヌシ（Kril'on）周辺測量図（I. A. Samarin 氏提供図に加筆）

2　白主会所跡の位置と構造　285

図121　安政6年（1859）頃の白主会所（北海道大学附属図書館蔵『西蝦夷唐太道中記』槹：写本）

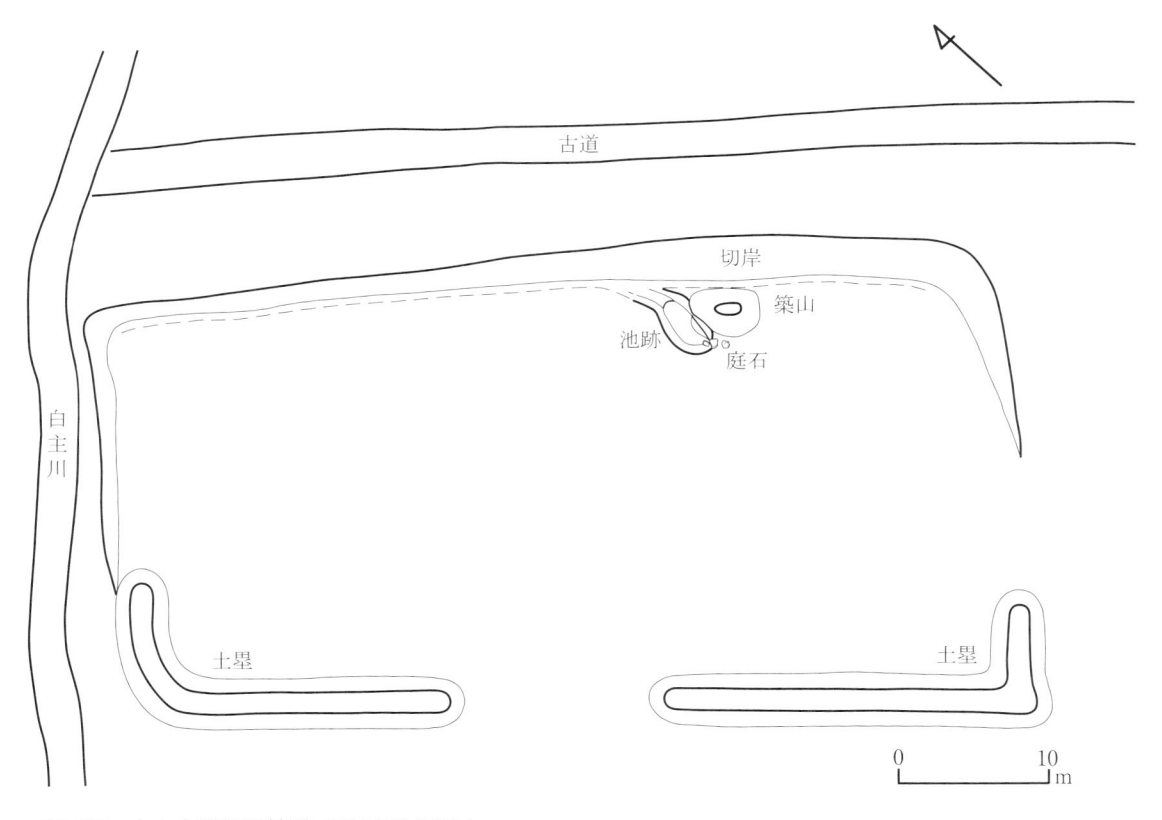

図122　白主会所跡測量図（2011年筆者測量）

286　第Ⅳ章　カラフト(サハリン)島への和人の進出

1　近景（海側から）

2　土塁跡

3　池跡

4　庭石

5　表採した肥前磁器小皿片

図123　白主会所跡写真（2011年筆者撮影）

（図121）や『樺太庁施政三十年史（下）』の記述通り、池跡（図123-3）と築山があり、庭石（図123-4）も確認できた。池は会所背後の斜面から浸みだす水を集め、山際に沿う溝を伝って白主川へと排水される仕組みになっている。なお、会所跡の前浜で、19世紀前葉の肥前磁器小皿（図123-5）を採集した。

　最終段階の白主会所が石垣を伴う土塁を有し、敷地の奥には日本式の庭を備えた格式のある施設であったことが確認できた。それは幕末のカラフト（サハリン）島で最も繁栄していたクシュンコタン（Korsakov）の勤番所をも凌ぐ施設であった。クシュンコタン（Korsakov）の勤番所跡が完全に市街地化された今日、ほぼ完全な形で残る白主会所跡は、近世国家によるカラフト（サハリン）島支配を示す遺跡として重要である。今後、日露共同の発掘調査が望まれる。

〔註〕
1）1994年に梅木孝昭氏が白主（Kril'on）を踏査しており、開島記念塔を発見しているが、会所跡を確認するには到っていない（梅木1997）。
2）1954年にこのあたりで殉職したソビエト軍アルメニア人兵士の墓は、開島記念塔の基礎を利用して作られており、四方の石柵はそのままの状態で残っている。
3）樺太警備に従事した会津藩士高津泰（平甫）が文化6年（1809）に著した『終北録』（戊樺太日記）には、「志良好志、北蝦夷西南僻地也辨財天廟がある。廟は南の山上にあり其より数歩にして舊趾とす。往年、俄羅其斯火之、蕃文を銅板に刻み神門に掲げて去る」と記されている。
4）『北蝦夷地図』（村垣範通氏蔵）の「於シラヌシ會所山丹貿易之圖」には会所の南西隅でL字に曲がる土塁と冠木門が描かれており、土塁の内外側面には間知積みの石垣が確認できる。

3 死亡者からみたカラフト島への和人の進出

はじめに

　平成22年度から4ヶ年計画で、日本学術振興会科学研究費補助金による基盤研究（A）「中近世北方交易と蝦夷地の内国化に関する研究」（課題番号：22242024）を行った。この研究の第一の目的は、中世・近世の多様な考古資料と文献史料の両方から、海峡を越えたヒトとモノの移動の実態を明らかにし、歴史上「蝦夷地」と呼ばれた北海道・サハリン・千島地域へ和人がいつ、いかなる形で進出していったかを解明することにある。第二の研究目的は、「蝦夷地」が政治的・経済的に内国化されていくプロセスを詳らかにし、そうした和人や日本製品の蝦夷地進出が、アイヌ文化の形成と変容にどのような影響を与えたか、具体的な資史料の分析に基づき多角的に検討することである。

　この研究は、時間的には平泉政権が崩壊した12世紀末から近代国家が成立した19世紀まで、空間的には北海道島・カラフト（サハリン）島・千島（クリル）を対象とした。和人の北方進出において、画期となるのが津軽海峡を越え道南に館が築かれた15・16世紀と、宗谷海峡を越えサハリン南部に経済的・政治的進出した18・19世紀である。後者に関しては、筆者が所属する弘前大学人文学部とサハリン大学考古学・民族誌研究所、サハリン州立郷土誌博物館が研究協力協定を結び、サハリンにおける日本の支配拠点であった白主会所跡の確認調査とサハリン州立郷土誌博物館所蔵資料の調査を共同で行った。

　北海道島への和人の進出に関しては道内に残る近世墓標調査により、実態が明らかになりつつある。旧樺太時代のサハリンには白主や大泊といった日本による樺太支配の拠点に近世墓標が存在していた[1]。しかし、サハリンがロシア領となり67年もの歳月が経過し、クリリオン（白主）でもコルサコフ（大泊）でも近世墓標は全く確認できない。

　カラフト（サハリン）島への和人の進出に関する直接的な証拠を探していた際、北海道立文書館所蔵の「白主村墓所幷死亡人取調書上」を知った。この文書は明治8年（1875）、樺太・千島交換条約により樺太がロシア領となる前に樺太（北蝦夷地）で死亡した日本人の名簿が記録されており、サハリン島への和人の進出を考える上で極めて重要な史料といえる。本節ではその史料紹介を行うとともに、若干の分析・考察を試みたい。

（1）史料の概要

　北海道立文書館所蔵の「白主村墓所幷死亡人取調書上」（所蔵番号A4-341）は、縦25cm、横17cm、和綴じで、表紙に「白主村墓所幷死亡人取調書上」の表題を有する。本史料には、表題となっている「白主村墓所幷死亡人取調書上」に続けて「楠渓幷各場所墳墓之圖」、「各場所墳墓之圖」、「明治八年調　樺太州死亡人員調」が綴じられている。

「白主村墓所幷死亡人取調書上」は、文化8年（1811）に死亡した旧幕在任の遠藤津右衛門から明治6年（1873）に死亡した南部正津川村の柏屋幸次郎まで白主で死亡した36人の日本人を死亡年月日順に列記した後、安政3年（1856）に死亡した旧幕定役出役の府馬清兵衛から慶應4年（1868）に死亡した旧幕在任足軽の千葉弓雄倅吉四郎まで、白主に埋葬された幕府関係者7名を記し、続いて白主の墳墓が1ヶ所で、周囲に高さ4尺、前幅5間、奥行7間の土塁が巡っている旨記載し、末尾に「明治八年七月　白主会所（黒印）」とある。

「楠渓幷各場所墳墓之圖」には、楠渓墓所・小實墓所・西冨間招魂場の絵図面が書かれている。

「各場所墳墓之圖」には、楠渓墓所・榮濱墓所・東白濱墓所・静河墓所・鵜城墓所・東冨間招魂所・禮泊招魂所・白主招魂所・西白濱招魂所・楠苗招魂所の絵図面が書かれている。

「明治八年調　樺太州死亡人員調」には、縦の罫線と中央に「開拓使　樺太」と印刷された専用紙が使われている。はじめに明治8年（1875）以前に樺太で死亡した人を、楠渓・小實・オチヨホカ・東冨内・榮濱・東白濱・鵜城・西冨間の順で死亡地ごとに記載している。その数は、楠渓178人（男146人・女32人）、小實35人（男24人・女11人）と水子2人、オチヨホカ男4人、東冨内18人（男16人・女2人）、榮濱男3人、東白濱66人（男47人・女13人・子供6人）に加えて名前不明の者25人、鵜城36人（男25人・女11人）、西冨間40人（男34人・女6人）である。それに続いて楠苗招魂場内に墓のある3名、西白濱招魂場内に墓のある3名、チヨマナイボに墓のある1名、トマリホロに墓のある1名が記載されている。その後に白主死亡人調として文化8年（1811）に死亡した公儀在任の遠藤津右衛門から慶應3年（1867）に死亡した渡島国福山出身の原田正四郎まで、死亡年月日順に合計42人（男36人・女6人）、リヤトマリ死亡人調として文久2年（1862）に死亡した番人の宮本弥吉から明治3年（1870）に溺死した4名まで男6人が列記されている。

（2）死亡者の分析

「白主村墓所幷死亡人取調書上」・「明治八年調　樺太州死亡人員調」ともに、基本的事項として死亡年月日、死亡地、名前が記されており、他に肩書（職業）や死亡した際の年齢、埋葬地などの情報がみられる場合もある（表35・36）。

史料に記載されている慶應4年（1868）以前に樺太で死亡した日本人は合計130名である。死亡地別では、人数の多い順に、白主43名、楠渓（久春古丹）34名、西冨間（真岡）19名、東冨内（冨内茶）15名、鵜城8名、オチヨホカ（落帆）4名、楠苗（久春内）2名、西白濱2名、リヤトマリ（利家泊）2名、榮濱1名となる。地域別では西海岸が南から順に白主・西冨間（真岡）・西白濱（白浦）・楠苗（久春内）・鵜城の5ヶ所で計74名と多く、アニワ湾沿岸はリヤトマリ（利家泊）と楠渓（久春古丹）の2ヶ所で計36名、西海岸は東冨内（冨内）・オチヨホカ（落帆）・榮濱の3ヶ所合わせて10名である（図124）。このことから、江戸時代の樺太への和人の進出は、東海岸よりも西海岸がより顕著であり、その範囲も東海岸が北緯47度付近に留まるのに対して、西海岸では北緯49度付近に及んでいることが判る。

最古の事例は、文化3年（1806）4月29日に楠渓（久春古丹）で死去した会津藩士片岡仲蔵長

表35 「白主村墓所幷死亡人取調書上」に記載のある死亡人（1）

死亡年月日	死亡地 記載地名	死亡地 樺太地名	死亡地 現地名	出身地	職業	名前	性別	年齢	備考
1811.0422	白主	白主	Kril'on		幕臣	遠藤津右衛門	男		白主在任
1822.0703	白主	白主	Kril'on		幕臣	吉田金六	男		白主在任
1825.1121	白主	白主	Kril'on	松前	番人	傳保屋藤兵衛	男		
1826.0225	白主	白主	Kril'on	松前	番人	古内藤八	男		
1828.0413	白主	白主	Kril'on	松前	番人	吉川重吉	男		
1838	白主	白主	Kril'on	松前	松前藩足軽	津田甚六	男		
1841.0310	白主	白主	Kril'on	松前		前田金五兵衛	男		
1841.0310	白主	白主	Kril'on	南部佐井村		村井兼松	男		
1843.0806	白主	白主	Kril'on	松前		西田平兵衛	男		
1846.0708	白主	白主	Kril'on	松前	松前藩士岡本周右衛門家来	重助	男		
1852.0221	白主	白主	Kril'on	南部烏沢村		谷藤与七郎	男		閏2月21日没
1856.0516	白主	白主	Kril'on	松前		長内喜八	男		
1856.0811	白主	白主	Kril'on		幕府定役出役	府馬清兵衛	男		白主に埋葬
1857.0116	白主	白主	Kril'on	南部大畑		山本平助	男		
1857.0320	白主	白主	Kril'on		幕府定役	龍崎雄治郎妻	女		白主に埋葬
1857.0413	白主	白主	Kril'on		幕府足軽	倉内忠右衛門妻	女		白主に埋葬
1857.0414	白主	白主	Kril'on	南部赤川村		川本五兵衛	男		
1857.0419	白主	白主	Kril'on		幕府足軽	倉内忠右衛門倅	男		唐一郎 白主に埋葬
1858.0428	白主	白主	Kril'on	松前		佐藤太次郎	男		
1859.0323	白主	白主	Kril'on	松前		竹田松次郎	男		
1859.0428	白主	白主	Kril'on	松前		幸嵩新左衛門	男		
1860.0323	白主	白主	Kril'on	羽後塩越村		庄五郎	男		
1861.0502	白主	白主	Kril'on	南部正津川村		柏屋幸次郎	男		
1861.0524	白主	白主	Kril'on		幕臣	酒井俊之丞	男		白主在住 白主に埋葬
1862.0205	白主	白主	Kril'on		幕府足軽	梶谷清七	男		
1862.0210	白主	白主	Kril'on	南部田名部		正津川屋喜代松	男		
1862.0408	白主	白主	Kril'on		幕府足軽	鈴木民蔵	男		
1862.0412	白主	白主	Kril'on	南部大畑		新宮屋清蔵	男		
1862.1224	白主	白主	Kril'on		幕府足軽	中野忠三郎妻	女		
1863.0104	白主	白主	Kril'on		幕府足軽	橋爪治郎八妻	女		
1863.0210	白主	白主	Kril'on		幕府足軽	中野忠三郎倅	男		忠太郎
1863.0221	白主	白主	Kril'on	南部奥戸村		小谷屋浦吉	男		
1863.0224	白主	白主	Kril'on	南部佐井村		房松	男		
1863.0225	白主	白主	Kril'on	南部大畑		阿部屋善助	男		
1863.0317	白主	白主	Kril'on		幕府足軽	中野忠平衛	男		
1863.0322	白主	白主	Kril'on		幕臣	足立久三郎	男		
1863.0329	白主	白主	Kril'on		幕府同心	橋爪治郎八次男	男		勝次郎
1863.04	白主	白主	Kril'on		幕府同心	橋爪治郎八	男		
1863.0417	白主	白主	Kril'on		幕府足軽	亀田善之助	男		
1864.0323	白主	白主	Kril'on		幕府足軽	西村嘉右衛門娘	女		ツタ 白主に埋葬
1865.0301	白主	白主	Kril'on	松前		中村屋兼吉	男		

死亡年月日	死亡地 記載地名	死亡地 樺太地名	死亡地 現地名	出身地	職業	名前	性別	年齢	備考
1867.0305	白主	白主	Kril'on	加賀国塩谷村	孝壽丸舩中	三之助	男		
1867.0317	白主	白主	Kril'on		幕府同心	山岸栄三郎	男		
1867.0824	白主	白主	Kril'on	松前		原田屋正四郎	男		
1868.0428	白主	白主	Kril'on		幕府魯通弁	千葉弓雄倅	男		吉四郎 白主に埋葬
1808.0429	楠渓	楠渓	Korsakov	會津	会津藩士	片岡仲蔵長久	男		
1808.0623	楠渓	楠渓	Korsakov	會津	会津藩士飯田庄七僕	常蔵	男		
1808.0628	楠渓	楠渓	Korsakov	會津	会津藩士多賀谷左膳僕	和助	男		
1808.0613	楠渓	楠渓	Korsakov	會津	会津藩士	佐藤亀吉	男		閏6月13日没
1808.0629	楠渓	楠渓	Korsakov	會津	会津藩士	吉田新左衛門	男		閏6月29日没
1808.0630	楠渓	楠渓	Korsakov	會津	会津藩士多賀谷左膳僕	新助	男		
1808.0702	楠渓	楠渓	Korsakov	會津	会津藩士	南山運八郎	男		
1808.0705	楠渓	楠渓	Korsakov	會津	会津藩士	合田幸助	男		
1816.0107	楠渓	楠渓	Korsakov			勇右衛門	男		
1816.0315	楠渓	楠渓	Korsakov			福松	男		
1816.0413	楠渓	楠渓	Korsakov			前田金五兵衛	男		
1822.0715	楠渓	楠渓	Korsakov			長之助	男		
1823.0212	楠渓	楠渓	Korsakov			坂下重兵衛	男		
1836.0607	楠渓	楠渓	Korsakov	讃岐粟島		濱谷大助	男		
1856	楠渓	楠渓	Korsakov		幕府同心	小林三喜蔵妻	女		
1856	楠渓	楠渓	Korsakov		幕府同心	小林三喜蔵男	男		
1856.0803	楠渓	楠渓	Korsakov		幕府定役	内藤道三郎	男		
1857.0419	楠渓	楠渓	Korsakov	信州十形郡下脇村		彦蔵	男		
1860.0617	楠渓	楠渓	Korsakov		幕府足軽	森田関蔵	男		
1860.0718	楠渓	楠渓	Korsakov		幕府足軽	森田関蔵妻	女		
1863.0328	楠渓	楠渓	Korsakov	南部烏沢村	番人	吉井壮蔵	男	45	
1864.0518	楠渓	楠渓	Korsakov	南部大畑	番人	池田伊八	男	23	
1867.0306	楠渓	楠渓	Korsakov	南部正津川村		気仙吉助	男	46	
1867.04	楠渓	楠渓	Korsakov		孝壽丸水夫	久吉	男		
1867.0407	楠渓	楠渓	Korsakov		孝壽丸水夫	又五郎	男		
1867.0425	楠渓	楠渓	Korsakov		孝壽丸水夫	政吉	男		
1867.0802	楠渓	楠渓	Korsakov		幕府定役	吉村傳右衛門娘	女	17	安女
1868.0118	楠渓	楠渓	Korsakov		幕府同心	石嵜栄之進男	男		
1868.0217	楠渓	楠渓	Korsakov	南部川代		濱田谷作十郎	男	21	
1868.0310	楠渓	楠渓	Korsakov	羽後塩越村		二木藤吉郎	男	33	
1868.0408	楠渓	楠渓	Korsakov	南部北郡		奥本孫八	男	42	閏4月8日没
1868.0416	楠渓	楠渓	Korsakov	松前		鈴木八十吉	男	36	
1868.0418	楠渓	楠渓	Korsakov	南部佐井村		内田谷兼三	男	24	
1868.0502	楠渓	楠渓	Korsakov	南部烏沢村		澤田竹松	男	18	

表36 「白主村墓所幷死亡人取調書上」に記載のある死亡人 (2)

死亡年月日	死亡地 記載地名	死亡地 樺太地名	死亡地 現地名	出身地	職業	名前	性別	年齢	備考
1860.0113	オチヨホカ	落帆	Lesnoye	南部尻屋	番人	百松	男	41	
1860.0204	オチヨホカ	落帆	Lesnoye	南部小田澤	番人	金右衛門	男	36	
1860.0407	オチヨホカ	落帆	Lesnoye	南部正津川村	番人	弥右衛門	男	51	
1860.0916	オチヨホカ	落帆	Lesnoye	松前	番人	忠八	男	55	
1860.0121	東富内	富内茶	Okhotskoye	仙臺黒澤尻	番人	冨蔵	男	29	
1860.0303	東富内	富内茶	Okhotskoye	南部田名部	番人	七之助	男	26	
1860.0409	東富内	富内茶	Okhotskoye	南部烏沢村	番人	嘉吉	男	28	
1860.1109	東富内	富内茶	Okhotskoye	越後岩舟	番人	利七	男	28	
1863.0224	東富内	富内茶	Okhotskoye	越後岩舟	番人	寅吉	男	25	
1863.0309	東富内	富内茶	Okhotskoye	南部大畑	番人	徳松	男	44	
1863.0513	東富内	富内茶	Okhotskoye	越後出雲崎	番人	喜平治	男	42	
1863.0715	東富内	富内茶	Okhotskoye	越後出雲崎	番人	文五郎	男	23	
1863.1004	東富内	富内茶	Okhotskoye		箱館奉行支配同心	林敬三郎妻	女	42	
1863.1108	東富内	富内茶	Okhotskoye		箱館奉行支配同心	林敬三郎長女	女	12	
1863.1128	東富内	富内茶	Okhotskoye		箱館奉行支配同心	林敬三郎長男	男	15	
1864.0219	東富内	富内茶	Okhotskoye	箱館在熊泊	番人	藤次郎	男	56	
1864.0303	東富内	富内茶	Okhotskoye	江差	左官職	幸太郎	男	39	
1864.0402	東富内	富内茶	Okhotskoye	秋田久保田	番人	金蔵	男	28	
1864.0427	東富内	富内茶	Okhotskoye	秋田久保田	番人	長蔵	男	28	
1866.0318	榮濱	榮濱	Starodubskoye	羽後塩越村		金榮治	男		
1860.0324	鵜城	鵜城	Orlovo	南部盛岡		林蔵	男		
1862.0518	鵜城	鵜城	Orlovo	越前大野佐開村		清平衛	男		
1862.01	鵜城	鵜城	Orlovo	南部五戸村		六平衛妻	女		
1862.04	鵜城	鵜城	Orlovo	南部五戸村		六平衛娘	女	1	
1863.03	鵜城	鵜城	Orlovo	秋田久保田		藤次妻	女		
1863.06	鵜城	鵜城	Orlovo	秋田久保田		藤次娘	女	1	
1866.0406	鵜城	鵜城	Orlovo	宇和島	宇和島藩足軽	土居小藤太	男		
1867.04	鵜城	鵜城	Orlovo	越前足羽郡北潟村		八右衛門	男		
1843.1229	西冨間	真岡	Kholmsk	南部下風呂	番人	佐賀長平衛	男		
1850.0224	西冨間	真岡	Kholmsk	松前		平澤佐吉	男		
1851.0511	西冨間	真岡	Kholmsk	松前		庄内谷乙吉	男		
1851.0611	西冨間	真岡	Kholmsk		幕臣	野嵩某			野嵩達右衛門?
1855.02	西冨間	真岡	Kholmsk	松前		梅田金八	男		
1857.0314	西冨間	真岡	Kholmsk	松前		金澤藤松	男	60	
1857.0401	西冨間	真岡	Kholmsk	南部正津川村		吉田平次郎	男		
1857.0510	西冨間	真岡	Kholmsk	松前		村上武右衛門	男		
1857.12	西冨間	真岡	Kholmsk		幕臣	細田柳右衛門	男		
1858.07	西冨間	真岡	Kholmsk	南部正津川村	番人	気仙春松	男		
1858.12	西冨間	真岡	Kholmsk		幕臣	江澤門四郎妻	女		安
1859.0229	西冨間	真岡	Kholmsk		幕臣	森田千代松	男		
1859.0521	西冨間	真岡	Kholmsk	南部九戸福岡	番人	佐藤由松	男		
1859.11	西冨間	真岡	Kholmsk		幕臣内藤英次郎家来	萬吉	男		

死亡年月日	死亡地 記載地名	死亡地 樺太地名	死亡地 現地名	出身地	職業	名前	性別	年齢	備考
1860.0209	西冨間	真岡	Kholmsk		幕臣	江澤門四郎	男		
1861.07	西冨間	真岡	Kholmsk		幕臣	野嵜達右衛門倅	男		
1866.0815	西冨間	真岡	Kholmsk			川合金六男子	男		
1866.09	西冨間	真岡	Kholmsk	南部大畑	番人	山本丑松	男		
1867.0115	西冨間	真岡	Kholmsk		幕臣	鳥貝亮太郎	男		
1859.0604	楠苗	久春内	Il'inskiy		幕臣	栗山太平	男		楠苗招魂場に墓
1862.0310	楠苗	久春内	Il'inskiy		幕臣	成瀬擩人	男		楠苗招魂場に墓
1860.0308	西白濱	白浦	Nevodskoye		幕臣	杉山半太夫源孝作	男		西白濱招魂場に合葬墓
1860.0313	西白濱	白浦	Nevodskoye		幕臣	杉山半太夫源孝作妻富子	女		
1862.0210	リヤトマリ	利家泊	slaly Khirano	南部赤川村	番人	宮本弥吉	男		
1867.1215	リヤトマリ	利家泊	slaly Khirano	南部大畑	番人	川村屋幸右衛門	男		

久である。

　死亡者を、幕府関係者、松前藩・会津藩・宇和島藩関係者、民間人（成人男性・成人女性・男児・女児）に区分し、10年単位で死亡地毎に集計した（図125）。

　死亡地別では、1800年代から死者の出ている楠渓（久春古丹）が最も古く、それに1810年代の死者がみられる白主が次ぐ。1800年代に楠渓（久春古丹）で死亡した人は全て文化5年の樺太警備に伴う会津藩関係者であり、それについては次項で検討する。文化8年（1811）に白主で死亡したのは、白主勤番所に勤務していた幕臣の遠藤津右衛門である。1830年代以前の死者が記録されているのは、楠渓（久春古丹）と白主だけである。白主では1820年代に入ると松前出身の漁場の番人が3名記載されている。文政4年（1821）幕府による松前・蝦夷地の直轄廃止とそれに伴う松前藩復領を契機として、松前藩が積極的に樺太の漁場開発に乗り出したことを物語っていよう。一方、楠渓（久春古丹）でも1810〜20年代に民間人の死者が記録されており、アニワ湾沿岸でも漁場の開発が進んでいることを示している。

　1840年代には、白主に加えて、新たに西海岸北緯47度付近の西冨間（真岡）でも漁場の番人の死亡が記録されるようになる。

　1850年代には、全体的に死者数が急増するとともに、新たに西海岸北緯48度付近の楠苗（久春内）でも死者が記録されるようになる。

　箱館開港に先立ち、安政2年（1855）2月、松前藩に東部木古内以東、西部乙部以北の地を上地する旨の幕命が下り、樺太（北蝦夷地）は再び幕府の管轄下に置かれた。1856年から59年までの間に樺太で死亡した幕府関係者は、白主4名、楠渓（久春古丹）3名、西冨間（真岡）5名、楠苗（久春内）1名の計13名に上るが、その内の5名を妻子が占めている。勤番に同伴した妻子にとって北蝦夷地の環境が過酷であったことは想像に難くない。

　1860年代には、新たにアニワ湾沿岸のリヤトマリ（利家泊）、西海岸の西白濱・鵜城、東海岸の東冨内（冨内茶）、オチヨホカ（落帆）、榮濱でも死亡者が加わり、西冨間（真岡）を除き、

294　第Ⅳ章　カラフト（サハリン）島への和人の進出

□ 静河＝敷香（Polonaisk）

鵜城（Orlovo）

◇ 禮泊＝知取（Makarov）

楠苗＝久春内（Il'inskiy）
西白濱＝白浦（Nevodskoye）

□ 東白濱＝白浦（Vzmor'ye）

・　和人死亡地
□　墓所
◇　招魂所

榮濱（Starodubskoye）

西冨間＝真岡（Kholmsk）

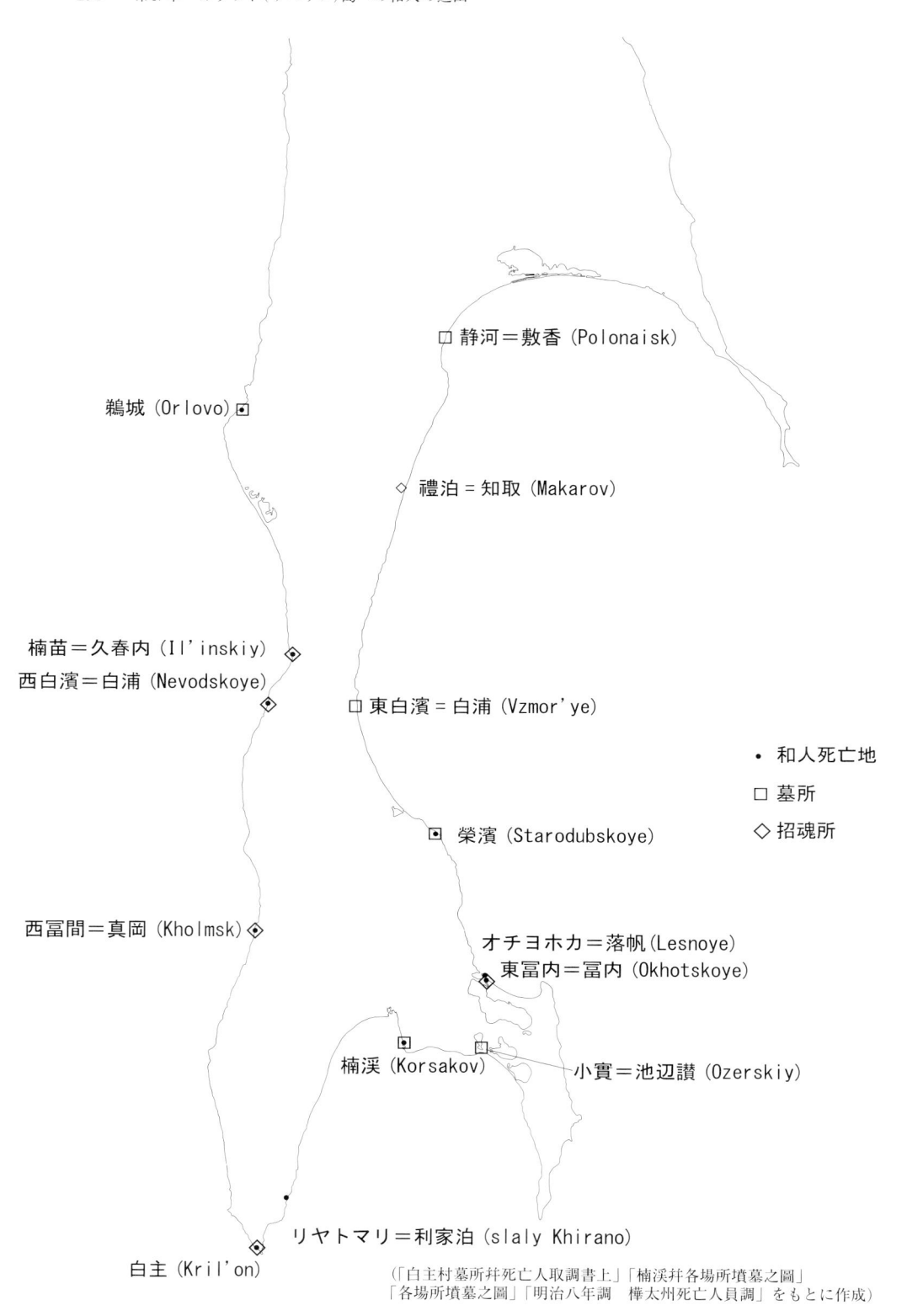

オチヨホカ＝落帆（Lesnoye）
東冨内＝冨内（Okhotskoye）

楠渓（Korsakov）　小實＝池辺讃（Ozerskiy）

リヤトマリ＝利家泊（slaly Khirano）
白主（Kril'on）

（「白主村墓所幷死亡人取調書上」「楠渓幷各場所墳墓之圖」
「各場所墳墓之圖」「明治八年調　樺太州死亡人員調」をもとに作成）

図124　サハリン（樺太）島の和人死亡地と墓所・招魂所

1850年代に比べ、死者数が増加している。1860年代の死亡者は全体で86名を数え、そのうちの約3分の1を幕府関係者が占め、その半数は妻子である。

民間人では文化13年（1816）に楠苗（久春内）で死亡した勇右衛門・福松・前田金五兵衛の3名が初見である。慶應4年（1868）以前に樺太で死亡した民間人と思われる者は、全体の約6割にあたる79名で、うち女性は4名のみである。職業が判明する者は番人26名、孝壽丸水夫4名、左官1名である[2]。出身地別では、南部領が33名と最も多く、松前が18名とこれに次ぎ、以下多い順に秋田久保田（秋田市）4名、羽後塩越（秋田県にかほ市象潟町）3名、越後出雲崎（新潟県三島郡出雲崎町）2名、越後岩舟（新潟県岩船郡）2名、江差（北海道檜山郡江差町）・箱館在熊泊（北海道函館市大船町）・仙臺黒澤尻（岩手県北上市）・越前大野佐開村（福井県越前大野市）・越前足羽郡北潟村（福井県あわら市）・加賀塩谷村（石川県加賀市塩屋町）・信州十形郡下脇村（長野県内・現在地不明）・讃岐粟島（香川県三豊市詫間町）が各1名となっている。南部領では、大畑（青森県むつ市大畑町）が7名と最も多く、正津川村（むつ市大畑町正津川）の5名がこれに次ぎ、以下多い順に、烏沢（むつ市関根烏沢）4名、佐井村（青森県下北郡佐井村）3名、田名部（むつ市田名部）2名、赤川村（むつ市赤川町）2名、五戸村（青森県三戸郡五戸町）2名、川代（むつ市川内町川代）・北郡（青森県下北郡）・奥戸村（青森県下北郡大間町奥戸）・下風呂（下北郡風間浦村下風呂）・尻屋（下北郡東通村尻屋）・小田澤（下北郡東通村小田野沢）・九戸福岡（岩手県二戸市福岡）・盛岡（岩手県盛岡市）が各1名である。慶應4年（1868）以前に樺太で死亡した民間人と思われる者のなかで、下北出身者は、実に3分の1強を占めている。

（3）文化5年会津藩樺太警備で死亡した人々

文化5年（1808）正月、会津藩に蝦夷地と樺太警備の幕命が下り、樺太島警備陣将北原采女光裕率いる約700名は、自在丸・天社丸・日吉丸・正徳丸・永宝丸の5隻に分乗し、4月13日に松前を出帆、19日に持ち場である久春古丹（楠渓）に到着し、樺太警備の任に就いた（会津若松市史研究会編2006）。

樺太到着後、最初に死亡した片岡伸蔵長久は、4月28日の朝、中田清吾により脇差で腹を刺され翌日に死去、その場で自害した中田清吾とともに本陣営の向之山へ埋葬された（函館市立中央図書館蔵『出軍記』下巻）。

「白主村墓所幷死亡人取調書上」には6月の終わりごろから、樺太を離れる7月の初めにかけて楠渓（久春古丹）に駐留する会津藩関係者のうち7名もの死亡者が記録されている。『出陣海街道日記』（函館市中央図書館蔵）には、この年の6月・閏6月が天候不順で寒さと湿気に悩まされている様子が記録されている。例えば6月25日の条には、夏場にも関わらず「小雨降寒気甚敷火ヲ焚キあたり居蒲団着居候」とある。樺太到着後2ヶ月が過ぎた頃から、慣れない寒冷地で体調を崩し病死するものが相次いだと考えられる[3]。

（4）招魂所と墓所について

招魂所（招魂場）は白主・東冨間（冨内）・禮泊（知取）・西冨間（真岡）・西白濱（白浦）・楠苗

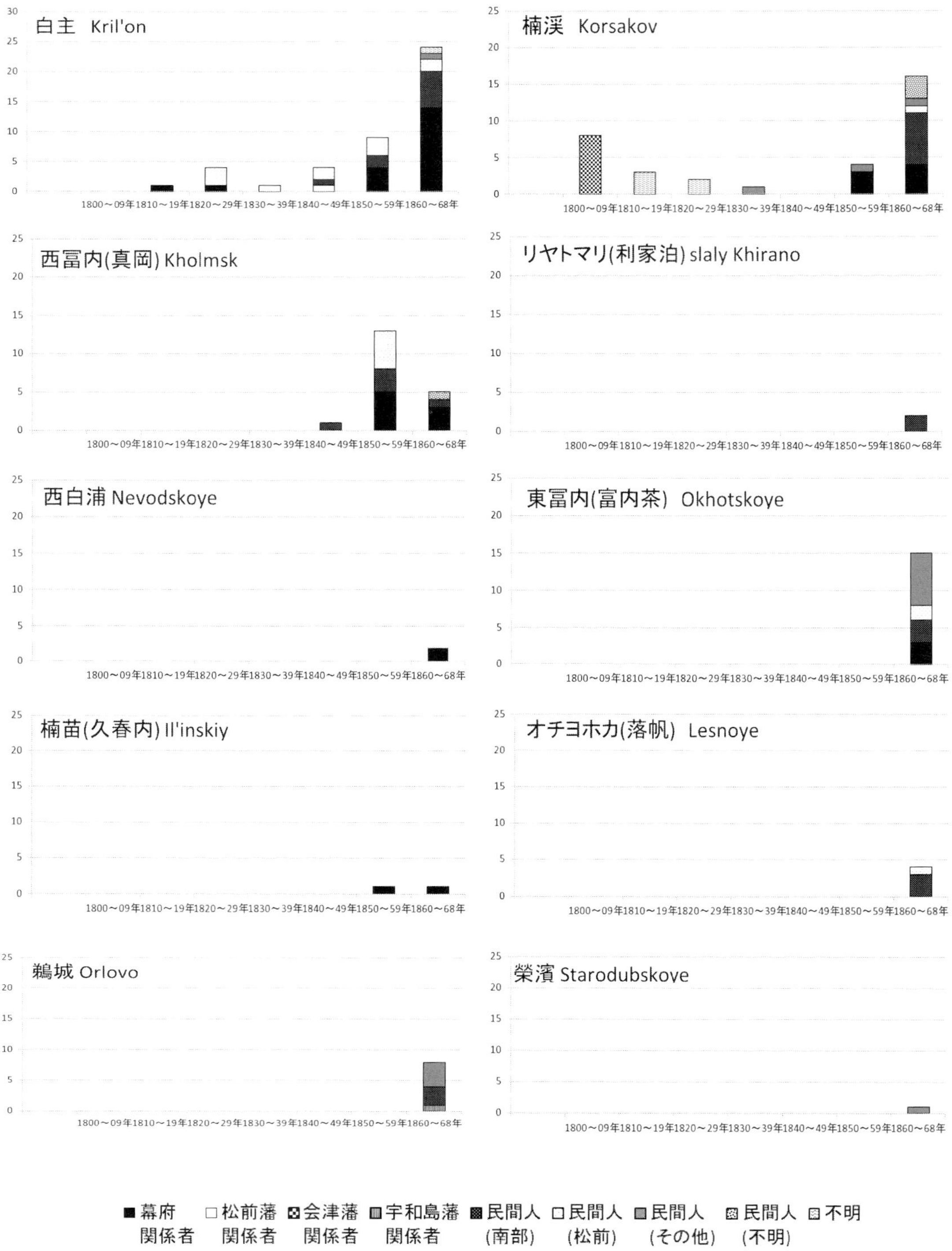

296　第Ⅳ章　カラフト（サハリン）島への和人の進出

図125　サハリン（樺太）島で死亡した和人

（「白主村墓所幷死亡人取調書上」「明治八年調　樺太州死亡人員調」をもとに作成）

■幕府関係者　□松前藩関係者　▨会津藩関係者　▥宇和島藩関係者　▧民間人（南部）　□民間人（松前）　▨民間人（その他）　▨民間人（不明）　▨不明

（久春内）の 6 ヶ所、墓所は楠渓（久春古丹）・小實（池辺讃）・榮濱・東白浦（白浦）・静河（敷香）・鵜城の 6 ヶ所が図示されている（表 37・図 124・126）。いずれも高さ 1.2～1.8m 程度の土塁で方形に区画し、入口を 1 ヶ所設けている。入口には、西冨間（真岡）と鵜城を除いて冠木門が設けられている。表口は最大 24 間 3 尺から最小 3 間 3 尺まで、奥行は最大 30 間半から最小 6 間 3 尺まで、面積は最大 488 坪から最小 27 坪 4 合 5 勺まで、いずれもまちまちで全く統一されていない。また西冨間（真岡）の招魂場だけが土塁の外側に幅 6 尺の堀を有している。なお、白主・東冨間（冨内茶）禮泊（知取）の 3 ヶ所の招魂所が「修繕略絵図」とされており、施設中央に「招魂所」と書かれた笠塔婆形の標柱が建てられ、やや写実的に描かれているのに対して、他は土塁の内側に施設はなく、絵の表現法は設計図面に近い。

招魂所と墓所の違いは、施設中央に「招魂所」と書かれた笠塔婆形の標柱の有無にある。白主招魂場に関しては標柱の詳細な図も掲載されており、それによれば、笠塔婆形の標柱は、下端 1 丈 4 尺四方、上端 1 丈 1 尺四方、高さ 4 尺の土塁の中心に据えられている。

招魂とは本来、天から死者の霊を招き降し鎮祭するという宗教観念である。わが国では招魂祭は幕末に長州藩が忠死者や戦没者等の国事受難者を対象として始まり、最初の招魂場は長州藩により攘夷実行直後に下関に造られた（村上 1974）。村上重良氏が指摘するように、幕末維新期の異常ともいえる内外の緊張状態の中で形作られた招魂の思想は、多民族・他国民に対して極めて排他的であり、内に対しても朝敵の死者は全く顧みられることがなかった。

招魂場（招魂所）の数は、維新直後の明治元年（1868）に 21 社、翌 2 年に 38 社、3 年には 19 社と、各地で急速に創建されていった。

樺太の招魂所が何時造られたかは判然としない。白主・東冨間（冨内茶）・禮泊（知取）の 3 ヶ所の招魂所が「修繕略絵図」と表記され、明治 7 年（1874）に修繕されていることから、樺太ではこれら 3 ヶ所の慰霊施設が他の招魂所や墓所に先行して造られた可能性が考えられる[4]。樺太各所に設けられた招魂所や墓所が、「白主村墓所幷死亡人取調書上」が作成された段階、すなわち樺太・千島交換条約の締結直前の段階に修繕ないし新設されている点は興味深い。時あたかも明治新政府による初めての対外戦争である台湾の役殉難者が明治天皇の命で東京招魂社へ合祀されたのと軌を一にしており、背景には対外意識の高揚が指摘できよう。

おわりに

本節で検討した「白主村墓所幷死亡人取調書上」をはじめとする一連の史料は、19 世紀に本格化した樺太への和人の進出や、明治政府による政教政策を考える上で重要である。樺太・千島交換条約の締結を目前に控えた時期に、国家の意志により、樺太に骨を埋めた日本人の足跡を記録し、樺太の地に記念物が設けられた背景に、樺太の領有に対する強い執着を読み取ることができよう。

〔註〕
1）昭和 4 年（1929）4 月 3 日、国道新設のため白主勤番所跡付近を測量していた樺太庁土木課員鈴木愛三氏により、箱館奉行所支配下白主勤番所詰足軽倉内忠左衛門の妻子の墓石が発見されている。墓石には正面右側

表37 「白主村墓所幷死亡人取調書上」に記載された樺太にある招魂所・墓所の構造と規模

区分	所在地 表記名	樺太地名	現地名	規模 表口	後幅（裏口）	奥（裏）行	面積（坪数）	施設 土塁高	門	堀	標柱
招魂所	白主	白主	Kril'on	8間半	記載なし	6間半	55坪3合5勺	記載なし	有	無	有
	東冨間	冨内	Okhotskoye	11間半	記載なし	11間半	133坪3合5勺	記載なし	有	無	有
	禮泊	知取	Makarov	6間半	記載なし	6間半	42坪2合5勺	記載なし	有	無	有
	西冨間	真岡	Kholmsk	18間3尺	18間3尺	記載なし	324坪	6尺	無	幅6尺	無
	西白濱	白浦	Nevodskoye	不明							有
	楠苗	久春内	Il'inskiy	不明							有
墓所	楠渓	楠渓	Korsakov	15間半	16間半	30間半	488坪	6尺	有	無	無
	小實	池辺讃	Ozerskiy	24間3尺	記載なし	13間3尺	276坪1合	6尺	有	無	無
	榮濱	榮濱	Starodubskoye	10間1尺	記載なし	13間1尺	110坪8合3勺	6尺	有	無	無
	東白濱	白浦	Vzmor'ye	3間3尺	記載なし	7間5尺	27坪4合5勺	5尺	有	無	無
	静河	敷香	Polonaisk	5間3尺	記載なし	6間3尺	35坪7合5勺	4尺	有	無	無
	鵜城	鵜城	Orlovo	10間3尺	記載なし	14間3尺	152坪2合5勺	5尺	?	無	無

に「空観光禅定尼　安政四丁巳歳　四月十三日没」、同じく正面左側に「釈露孺子　安政四丁巳歳　四月二十二日没」、裏面に「生国佐渡雑太郎新街　倉内忠左衛門幸忠妻いし事産者箱館新兵衛娘　与予在勤当地队病三十九歳没」、「俗名唐一郎　倉内忠左衛門幸忠男子於当地終」と彫られていたという（相川町史編纂委員会2002）。また、昭和9年（1934）に刊行された『施政30周年記念樺太写真帖』には、白主勤番所跡付近で撮影されたと思われる墓地の写真があり、そのなかに近世墓標とおもわれる櫛形と丘状頭角柱形の墓石が各1基並んで写っている。2011年9月にサハリン大学考古学・民族誌研究所と共同で行った白主会所跡の確認調査の際、付近一帯を踏査したが、それらの近世墓標は発見できなかった。

2 ）孝壽丸は伊達林右衛門・栖原半六の雇船で、慶應3年（1867）2月、久春古丹付近のハツコトマリ沖で破船し、乗組員のうち病人は久春古丹で越年した（北海道立文書館所蔵箱館奉行所文書薄書97件名番号56）。なお、「明治八年調　樺太州死亡人員調」において慶應3年（1867）3月5日に死亡したとして孝壽丸舩中と書かれている三之助は、「白主村墓所幷死亡人取調書上」では加賀国塩谷村（石川県加賀市塩屋町）出身となっている。この人物は、同年7月9日に死亡届（箱館奉行所文書薄書97件名番号64）が出されている松前唐津内町阿部屋利左衛門手船水主三之助と同一人物と思われ、「白主村墓所幷死亡人取調書上」・「明治八年調　樺太州死亡人員調」の記載が間違っている可能性がある。

3 ）文化5年（1808）7月13日増毛到着の時点までに病死した会津藩樺太警備関係者は14名とされる（『出軍記』下巻）。利尻島には、文化5年の会津藩蝦夷地出陣関係者（樺太詰ならびに利尻詰）の墓標8基が残っている。このうち、樺太警備関係者と確定できるのは、樺太からの帰路死亡した次の3名である。
・諏訪幾之進光尚（樺太詰北原隊所属二百石外様士）　7月10日没
・丹羽織之丞下僕茂右衛門（河沼郡駒板村所生）　7月12日没
・白石又右衛門下僕宇兵衛（耶麻郡夷田村所生）　8月2日没

宗谷護国寺跡には、文化5年の会津藩蝦夷地出陣関係者の墓標3基が残っている。このうち樺太警備関係者と確定できるのは、樺太から帰路宗谷に向かう7月8日に死亡した原田嘉重郎記里（日向隊物頭伊東只右衛門配下で久春古丹（楠渓）からルウタカに派遣）だけである（吉原2009）。

以上のことから、文化5年の会津藩樺太警備関係者の内、樺太での死亡者数は、「白主村墓所幷死亡人取調書上」に記載された8名を大きく超えることはなく、ほぼ正確な数と評価できる。

4 ）東冨間・禮泊・白主の3ヶ所の招魂所は、明治7年（1874）11月に開拓使樺太支庁庶務課宛に修繕完了届

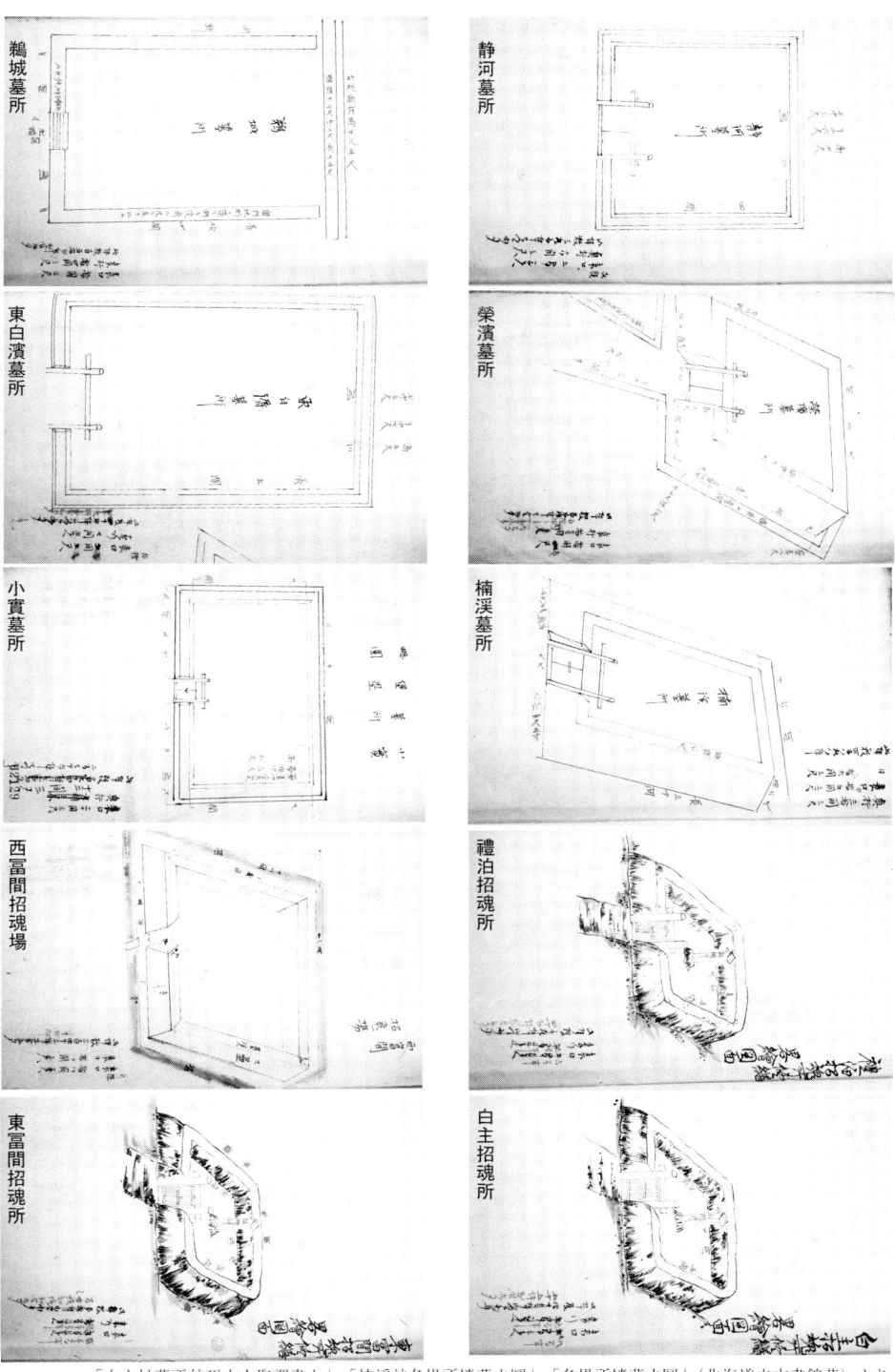

3 死亡者からみたカラフト島への和人の進出　299

「白主村墓所幷死亡人取調書上」・「楠渓幷各場所墳墓之圖」・「各場所墳墓之圖」（北海道立文書館蔵）より

図126　サハリン（樺太）島に設けられた招魂所と墓所

が提出されている。それによれば修繕に要した「惣人夫」は、東富間が74人（「和人」12人・「土人」62人）、禮泊が61人（「和人」―13人・「土人」43人）、白主が68人（「和人」17人・「土人」61人）であり、招魂所の修繕に樺太アイヌが動員されていたことが判る。

4　1850年代のカラフト島の先住民族と国家

はじめに

　カラフト（サハリン）島は、世界地図上、極地を除き地上に最後まで残されていたテラ゠インコグニタ（未知の土地）のひとつで、日本・ロシア・中国の狭間にあって、少なくとも18世紀まではいずれの国家にも属さない民族の土地であった。

　筆者は科学研究費を受け、平成22年度から「中近世北方交易と蝦夷地の内国化に関する研究」（基盤研究A 課題番号22242024）に取り組んだ。このプロジェクトが研究対象とするのは、13～19世紀の蝦夷地（北蝦夷地を含む）であり、日露間で領有問題が顕在化した19世紀のカラフト（サハリン）島も検討の対象となる。

　平成23年度からは筆者が所属する弘前大学人文学部とサハリン大学考古学・民族誌研究所ならびにサハリン州立郷土誌博物館が研究協定を結び、久春古丹（Korsakov）とならんでカラフト（サハリン）島における日本の支配拠点であった白主（Kril'on）の現地調査や、サハリン出土の日本製品の調査を行った。

　江戸時代に会所が置かれていた白主は、2001～2003年に前川要氏やA. A. ヴァシレフスキー氏らにより発掘調査が行われた白主土城跡から北に約3kmしか離れていないが、近年まで防衛上の理由から立ち入りが厳しく制限されていたため、これまで全く調査が行われていない。今回のプロジェクトで白主会所跡の現地確認を行うにあたり、その事前調査として、白主に関する古絵図や古写真の情報を収集する過程で、北蝦夷地の場所図が目に留まった。それらの場所図には、幕末のカラフト（サハリン）島における先住民族の集落や日本・ロシアの諸施設が詳しく描写されており、歴史学上・民族学上、重要な情報を多く内包している。

　幕末期には蝦夷地への物資輸送や人の往来の急増を受け、多数の蝦夷地沿岸図や場所図が作られており、場所経営や諸藩の警備・旅人の便を図るため、そうした絵図には旅行者たちの宿所や休息所、物資の補給所となった漁場の運上屋・会所・番屋などが記されている[1]（秋月1999）。蝦夷地の沿岸図や場所図は、これまでにも北方地域の地図の歴史のなかでしばしば取り上げられてきたが、そこに描かれた先住民の集落や日本やロシアの諸施設についてはまだ十分な検討が行われていない。

　本節では、目賀田守蔭（帯刀）によって描かれた場所図を中心に、彼が目にした1850年代のカラフト（サハリン）島を記録した古地図や古記録を用いて、幕末のカラフト（サハリン）島における先住民と国家の在り方を論じる。なお、地名表記は基本的に史料に従い、その後の（　）内に現在の地名をローマ字表記した。

(1) 目賀田守蔭（帯刀）と「北延叙歴検真図」・「北海道歴検図」の概要

　目賀田守蔭（1807〜1882）は、旗本目賀田弥左衛門の長男として江戸に生まれ、帯次郎または帯刀と称し、文信と号した。彼は谷文晁に実景図の手法を学び、文晁の三女、於篤と結婚した。『蝦夷志料』の編者として知られる国学者の前田夏蔭（健助）の門人でもあった目賀田は、日露国境問題に関連して前田が幕府から蝦夷地史料の収集・編纂を委嘱された関係で、安政3・4年（1856・57）、同じ前田門下の市川十郎[2]、榊原鈺蔵とともに蝦夷地の実地調査に派遣された。この時の知見をもとに目賀田が北海道と樺太沿岸を写生した「延叙歴検真図」は安政6年（1859）、幕府に提出され、原本は失われたものの、その写本が東京大学附属図書館・内閣文庫・外務省外交史料館・函館市中央図書館などに所蔵されている（秋月1999）。また、維新後、開拓使御用掛などの役職を勤めた目賀田は、明治4年（1871）、親交のあった著名な北方探検家で開拓判官の地位にあった松浦武四郎の要請で、「延叙歴検真図」を再写し、「北海道歴検図」を作成した。「延叙歴検真図」のうち、カラフト（サハリン）島を対象とした下帙は、「北延叙歴検真図」との副題が付けられている（以下、本節では「北延叙歴検真図」と表記し、函館市中央図書館所蔵の写本を用いた）。

　管見では、カラフト（サハリン）島に関して、初めて目賀田の場所図を取り上げたのは、地質・鉱物学者の神保小虎（1867-1924）である（神保1911）。神保は、カラフト（サハリン）島の地名考証のため、松浦武四郎の「北蝦夷山川地理取調図」と目賀田の「北延叙歴検真図」を比較した。近年では歴史学の見地から山田志乃布氏が「延叙歴検真図」と「北海道歴検図」の作成意図や社会的役割について言及している（山田2003）。また、鶴岡明美氏は美術史の立場から「延叙歴検真図」の検討を行った（鶴岡2005）。

　目賀田の手になる「北海道歴検図」は、現在北海道大学附属図書館本と国立公文書館本の2種類が知られており、本節では前者を検討する。なお、北海道大学附属図書館には、蝦夷地の場所図集である「北海道歴検図」とセットになる、北海道・樺太・南千島を対象とした「北海道国郡全図」（上下2冊）や、「延叙歴検真図」を作成する際のスケッチと推測されている「蝦夷地写生帖」[3]も所蔵されている。

　「北海道歴検図」のうち樺太を描いたものは、樺太西岸（上）・同（下）・樺太南岸・樺太東岸の4冊である。いずれも手書・極彩色の畳物・帙入で、「北海道廳圖書之印」（朱印）が押され、「北海道廳第一文庫」の蔵書票が貼られている。樺太西岸（上）は、樺太最南端の能登路岬（m. Kril'on）に始まり、西海岸沿いを北上し、キトウシ岳（g. Kitousi）まで26ヶ所の写生図が収められており、ナヨナイ（Aspit）からアムール・リーマンの北端に近いナニホ（Lupolovo）までの24ヶ所は樺太西岸（下）に収録されている。樺太南岸は白主ノトロ岬（m. Kril'on）に始まり、知床岬までアニワ湾沿いの24ヶ所が描かれている。樺太東岸には冨内茶（Okhotskoye）に始まり、タライカ湖（o. Nevskoe）の東側と思われるテウハエ（Kotikovo）まで27ヶ所の場所図が収められている。「北延叙歴検真図」に収録された場所図からも、安政3・4年（1856・57）の目賀田一行の樺太実地検分は、西海岸は北緯53度付近まで到達する一方、東海岸は北緯49度以北が未踏査となっている上、中知床岬（m. Aniva）から冨内茶（Okhotskoye）までの東海岸も実地調査さ

れていないことが判明する（本節に関係する地名の位置関係については、図144・145を参照されたい）。

目賀田が描いた場所は集落が多いが、人家がなくともランドマークになりそうな岬や山、滝のある場所は絵に残している。「北海道歴検図」にあるカラフト（サハリン）島の場所図から得られる情報を表38～40にまとめた。

以下では、目賀田が描いた場所図から読み取れる、カラフト（サハリン）島の先住民であるカラフトアイヌ・ニブフの集落や、新たに入植してきた和人やロシア人の施設について述べ、幕末のカラフト（サハリン）島における先住民の居住形態と日本・ロシア両国の入植状況を検討する。その際、必要に応じて、安政7年（1860）松浦武四郎の手になる「北蝦夷山川地理取調図」（北海道大学附属図書館蔵）や、同じく幕末のカラフト（サハリン）島を描いた古地図である「北蝦夷」（北海道大学附属図書館蔵北方資料図類69）、安政4年に箱館奉行堀利煕による蝦夷地巡検に随行した玉蟲左太夫誼茂の日記として知られる「入北記」、安政6年、蝦夷地警備のためクシュンコタン（Korsakov）に赴いた秋田藩士松本吉兵衛盛親が記録した「西蝦夷樺太道中記」（北海道大学附属図書館蔵写本）を用いるが、特にことわりのないものは「北海道歴検図」に基づく記述である。「北蝦夷」ならびに「北蝦夷山川地理取調図」から得られた情報は、表41～45にまとめた。

（2）先住民の集落

「北海道歴検図」に描かれている家屋には「スメレングル居家」と墨書のある細長い金色の紙が張り付けられたものとないものがあり、張り紙の有無は、地域や家屋の構造と対応している。すなわち、「スメレングル居家」と表記された家屋は、西海岸では北緯49度以北に、具体的にはリウンナイ（Nizmennyy）より北に集中し、東海岸では北緯48度以北の輪伶（Kazanka）とナヨロ（Gastello）のみで、南部のアニワ湾沿岸には存在しない。また、西海岸の「スメレングル居家」と表記された家屋は例外なく全て、住居・倉庫とも壁にやや幅広の横線が引かれており、壁・屋根とも材木によって作られたものであることが表現されている。出入り口は、桁に直行する方向に設けられている（図127）[4]。一方、何も註のない家屋は、西海岸では北緯48度以南、具体的にはウソヨロ（sar. Orlovo）より南に集中し、「スメレングル居家」との註書のある札が貼られたものとは北緯50度を挟んで南北に分布を異にする。また、註のない家屋は、住居・倉庫とも壁や屋根に縦方向の線が細かく引かれ、妻側に出入り口を有するなど「スメレングル居家」とは構造が異なる（図128）。「北延叙歴検真図」では両者は「夷屋」と「スメレングル夷屋」として註の上でも区別されている。

以上のことから、「北海道歴検図」において註のない家屋（＝「北延叙歴検真図」の「夷屋」）はカラフトアイヌの家屋と判断した[5]。

西海岸の北緯51度付近のチシコマナイ（Manglday）の場合、住居1棟と倉庫1棟からなる1軒が描かれており、それに対して「北海道歴検図」では「スメレングル居家」、「北延叙歴検真図」では「ルモウ人一戸」と記されている。佐々木史郎氏によれば、ルモウ人とは、スメレングルやニクブン同様、ニヴヒ語（ギリヤーク語）を話す人々を指し、当時、和人がカラフト（サハリン）島に住むニブフをいくつかのグループに分かれるものと認識していたことを示している

図127 アラコエ（Arkobo-Bereg）のニブフの住居と倉庫

図128 牛運内（Vtoraya Pad'?）のカラフトアイヌの住居

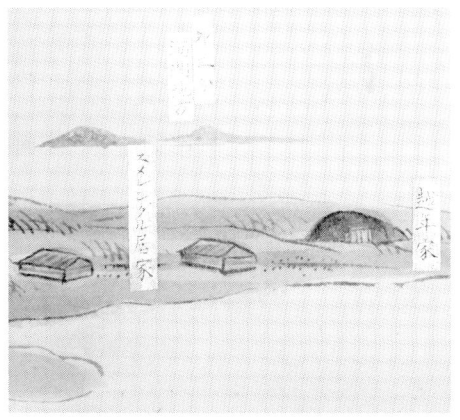

図129 ウエツクル（Vlakhtu）のニブフの土屋根の越年家

（図127〜129 北海道大学附属図書館蔵『北海道歴検図』）

（佐々木2001）。

【居住域】

　先住民族の居住域は、カラフト（サハリン）島の領有に直結する問題だけに、幕府関係者にとって大きな関心事であった。例えば、間宮林蔵は「北夷分解界余話」（洞・谷澤編注1988）のなかで、「ヲロッコ夷」すなわちウイルタはタライカ（Promyslov'aya）より奥地に、「スメレンクル夷」すなわちニブフは樺太西海岸キトウシ（g. Kitousi）より奥地に住むと述べている。

　前述のとおり、「北海道歴検図」によれば、西海岸では北緯50度付近を境に、カラフトアイヌの集落はそれより南に、ニブフの集落は北側にのみ存在し、両者には地域的に住分けがみられる。一方東海岸では、ニブフの集落が少ないながらも北緯48度付近にまで認められ、北緯48〜49度付近は、多数のカラフトアイヌと少数のニブフの雑居地となっている。特にナヨロ（Gastello）

の場合、現在のガステロ川を挟んで北側はニブフ、南側はカラフトアイヌの集落が接していた様子が窺える。なお、西海岸北部のホロワンレイ（Uandi）の場合、「北延叙歴検真図」に「スメレングル出稼家一戸」と記されており、ニブフの季節的なキャンプが存在していたことが判る。

次に、「北蝦夷」と「北蝦夷山川地理取調図」を用いて古地図に記された記号を手掛かりに、前述した1850年代頃のカラフト（サハリン）島における先住民の居住域を検証する。

古地図「北蝦夷」は、東海岸の一部（北緯49～50度付近）を除き、海岸部の情報は北端部まで比較的よく網羅している。古地図「北蝦夷」では、先住民は「蝦夷」・「ニクブンスメレン」・「蝦夷種スメレン風俗」・「オロツコ」の4者に分けられ、それぞれ居住している場所が記号で地図上に示されている。「蝦夷」はカラフトアイヌであり、西海岸は北緯50度よりやや北のキトウシ（g. Kitousi）より南に、東海岸では北緯49度よりやや北のタラエカ（Promyslov'aya）以南に居住することが示されている。「ニクブンスメレン」はニブフであり、西海岸では北緯49度より北のトヤシ（Lesogorsk）から北緯51度よりやや北側まで居住することが示されている。「オロツコ」はウイルタを指し、その居住域は、東海岸のタライカ湖（o. Nevskoe）周辺と、北緯52度以北の東海岸に居住地が集中する[6]。「蝦夷種スメレン風俗」とされた人々の居住地は、西海岸では北緯52度付近より北、東海岸ではノコロ（Vladimirovo）を除き北緯51度以北として図示されている。したがって「蝦夷種スメレン風俗」の居住域は、西海岸ではニブフより北、東海岸ではウイルタと一部重なる。分布からみて、「蝦夷種スメレン風俗」はニブフの可能性が高いが、彼らが「ニクブンスメレン」と異なる人々と認識された理由は不明である。

松浦武四郎の足跡は、西海岸はクシュンナイ（Il'inskiy）、東海岸はタライカ（Promyslov'aya）以南に限られており、それより北は現地の先住民からの情報に頼っているため、「北蝦夷山川地理取調図」の情報も、西海岸は北緯52度付近より南、東海岸はタライカ湖（o. Nevskoe）周辺までで、目賀田の「北海道歴検図」同様、現地踏査がなされなかった中知床岬（m. Aniva）から冨内茶（Okhotskoye）までの東海岸の情報も欠いている。

「北蝦夷山川地理取調図」の凡例には、「スメレンクル人」をス、「タライカ人」をタ、「ヲロツコ人」をロ、「ニクブン人」をニで表記する旨、示されているが、実際には「タライカ人」を指すタは地図上には確認できず、「ヲロツコ」すなわちウイルタの記号にはロのほかにコが併用されている。また、凡例には明示されていないが、地図上ではカラフトアイヌを示す記号としてエと上が使われている。西海岸では北緯50度付近でカラフトアイヌとニブフの居住域が重なり、サツルヘ（Mozir）やその北のホロコタン（Pilevo）では両者が雑居している状況が読み取れる。東海岸でも両者の境界域に当たるナヨロ（Gastello）は両者の雑居となっている。

以上の分析から、1850年代のカラフト（サハリン）島における先住民の居住域は、次のようにまとめられよう。

- カラフトアイヌは、西海岸では北緯50度付近より南側に、東海岸ではそれよりやや南のタライカ湾（z. Terpeniya）沿岸以南に住んでいた。
- ニブフは、西海岸では北緯50度付近より北側に、東海岸ではタライカ湾（z. Terpeniya）沿岸以北に住んでいた。

・ウイルタはタライカ湾（z. Terpeniya）より北の東海岸に住んでいた。
・カラフトアイヌとニブフの集落分布は一部重なっており、東西ともに分布の境界付近では、カラフトアイヌとニブフの雑居がみられた。特に東海岸のタライカ湖（o. Nevskoe）周辺は、ウイルタを含め3者の集落が混在する地域であった。

【集落の規模】
　安政3年（1857）6月の「北蝦夷地土人人別家数船数出産物等書上」では、カラフト（サハリン）島におけるカラフトアイヌは、家数373軒2,694人（男1,297人、女1,397人）となっている（『大日本古文書 幕末外国関係文書之十四』一二九）。また、翌安政4年には家数357軒2,571人（男1,208人、女1,363人）との記録（北海道立文書館箱館奉行所文書薄書23件名番号4）があり、僅かに減少している。安政4年3月には北蝦夷地の人別帳の雛形（前同薄書11件名番号7）が作成されているが、現在人別帳が確認できるのは東海岸カシホ（Zaozernaya）より北、タライカ湖（o. Nevskoe）周辺までの9ヶ村（『大日本古文書 幕末外国関係文書之十八』二四七）など一部の地域だけである。
　本節では、はじめに「北海道歴検図」に描かれたカラフトアイヌとニブフの家屋のうち住居の数を場所ごと数えるとともに、「北延叙歴検真図」に記された家数と比較し、集落規模を検討した（図130-1・2）。絵図に描かれた住居の軒数と、「北延叙歴検真図」に記された家数は全て一致するわけではないが、西海岸の西冨内（Kholmsk）を除いて総じて近似値となっている。
　カラフトアイヌの集落は、カラフト（サハリン）島における日本の拠点でもあった白主（Kril'on）と西冨内（Kholmsk）を除き10軒以下で、2～7軒程度の場合が最も多く、1軒のみの場合も少なくない（図130-1）。「北延叙歴検真図」には西冨内（Kholmsk）のカラフトアイヌの家数は30軒にのぼり、突出していることが判る。西冨内（Kholmsk）の場合、カラフトアイヌの集落は、会所・役宅などの和人施設を挟んで、南北2ヶ所に存在しており、それら和人施設が作られた後にそうした姿になった可能性が高い。
　ニブフの集落は8軒以下で、1～3軒が多数を占めている（図130-2）。
　次に、「入北記」の記載をもとに、カラフト（サハリン）島南部のカラフトアイヌの集落規模を検討する。「入北記」には、西海岸は北緯49度付近のホロケシ（Izyl'met'yevo）まで、東海岸も同じく北緯49度付近のウエンコタン（Porechye）までの範囲の村落数や人口などが記録されている（表46）。村ごとに記載された人数は、「惣土人数」に完全に合致はしないが、極めて近い数値であることから、和人を含まない先住民の数と判断した[7]。なお、前述のとおり、「入北記」が対象としている北緯49度以南に住む先住民はカラフトアイヌに限られることから、「入北記」で「土人」と表記された人々はカラフトアイヌとみなすことができる。
　表46のデータに基づき、カラフトアイヌの村の家数（図130-3～6）と人数（図130-7～10）の分布をみた。その結果、家数5軒以下、人数でも40人以下の比較的小規模な村が多数を占めるなか、東海岸に比べ、和人の進出が著しい西海岸や南海岸（アニワ湾沿岸）のほうが集落規模は相対的に大きいことが判った。そのなかでも特にエンルモコマフすなわち西冨内（Kholmsk）の家数48軒、人数387人は群を抜いている。後述するように、会所が置かれた西冨内（Kholmsk）

4　1850年代のカラフト島の先住民族と国家　*307*

1　場所図にみるカラフトアイヌの集落規模

2　場所図にみるニブフの集落規模

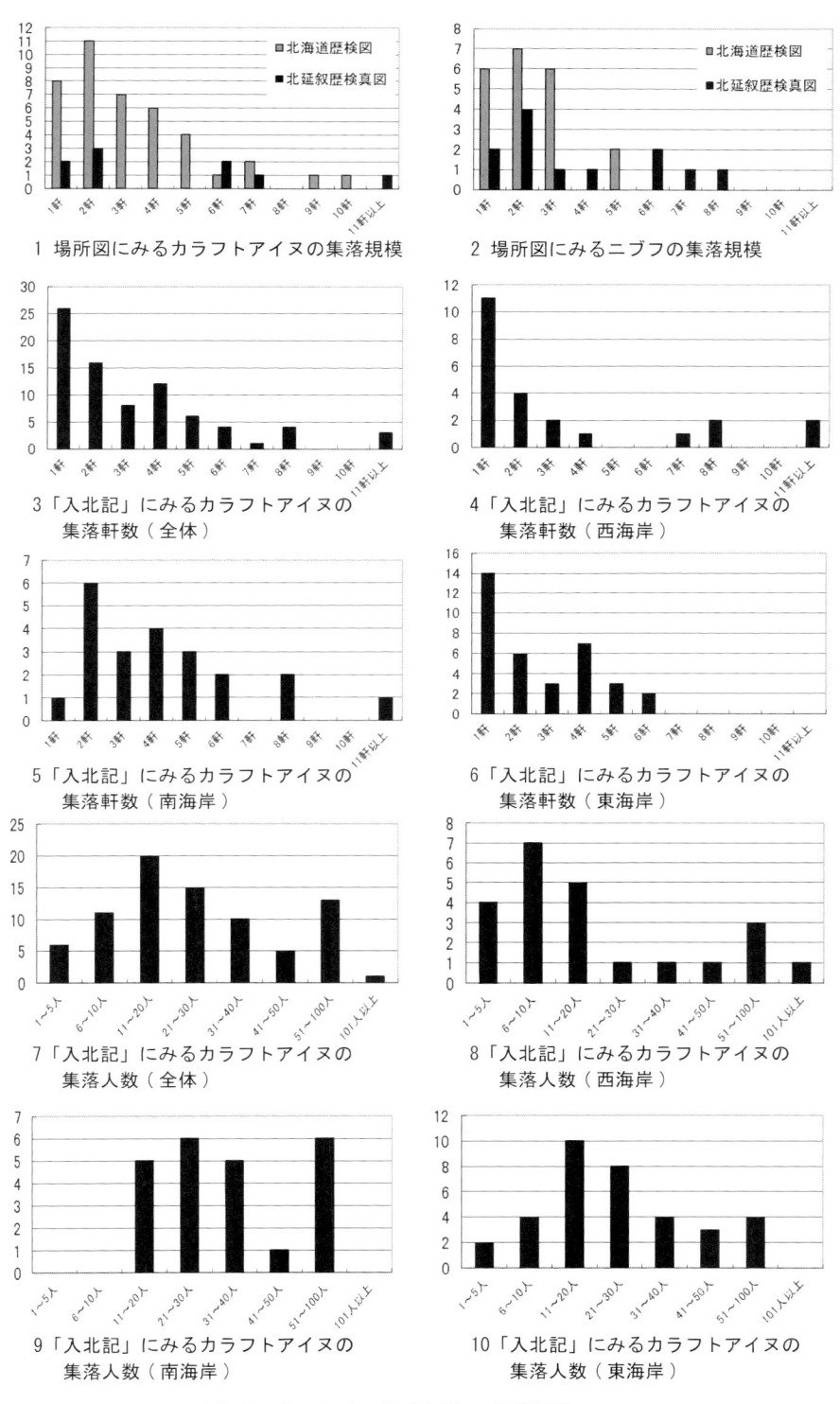

3　「入北記」にみるカラフトアイヌの集落軒数（全体）

4　「入北記」にみるカラフトアイヌの集落軒数（西海岸）

5　「入北記」にみるカラフトアイヌの集落軒数（南海岸）

6　「入北記」にみるカラフトアイヌの集落軒数（東海岸）

7　「入北記」にみるカラフトアイヌの集落人数（全体）

8　「入北記」にみるカラフトアイヌの集落人数（西海岸）

9　「入北記」にみるカラフトアイヌの集落人数（南海岸）

10　「入北記」にみるカラフトアイヌの集落人数（東海岸）

図130　サハリン（樺太）島における先住民族の集落規模

は和人によって西海岸各地に開かれた漁場を管理するための拠点であり、周辺には鮭・鱒・鰊の漁場が多く存在した（表46）。北緯47度付近のハウエシナイホ（Lyublino）には「土人共飯料鰈漁業場」の記載がみられ、カラフトアイヌが和人の監督のもと、鰈漁に従事していたことが判明する。前述のとおり、西冨内（Kholmsk）のカラフトアイヌの集落は、会所・役宅などの和人施設が作られた後に形成されたとみられ、漁場の労働力として新たに集住させられた結果、大規模化した可能性が高い。

以上の分析から、1850年代のカラフト（サハリン）島における先住民の集落規模は、次のようにまとめられよう。

・カラフトアイヌもニブフも、家数5軒以下の小規模な村が多く、1軒のみの場合も少なくない（一つの村の平均的な家数は、カラフトアイヌで約3.7軒、ニブフで約3.4軒とほぼ等しい）。
・カラフトアイヌの場合、一つの村の人数は、平均32人である。
・カラフトアイヌの場合、一軒あたりの人数は最大21人、最少2人で、平均8.4人である。
・カラフトアイヌの集落規模は、東海岸に比べ、和人の進出が目立つ西海岸や南海岸（アニワ湾沿岸）のほうが大きい。
・西海岸の場合、和人が設けた鮭・鱒・鰊などの漁場がある場所のほうが、そうした漁場が存在しないところに比べ、カラフトアイヌの集落規模は大きい傾向にある。
・エンルモコマフ＝西冨内（Kholmsk）に代表される規模の大きなカラフトアイヌの集落は、彼らが和人の経営する漁場の労働力に組み込まれた結果、新たに形成された可能性が高い。

（3）和人関連施設

「北海道歴検図」には、和人が設けた施設として、社、台場（砲台）、会所（運上屋）、役宅、通行屋、番屋（漁番屋）などが描かれている（表38～40）。以下、施設の種類ごとに述べる。

【宗教施設】

弁天社（12ヶ所13件）、稲荷社（2件）、八幡社（1件）と祭神不明の社1件が確認できる。地域的には、南海岸（アニワ湾沿岸）の久春古丹（Korsakov）周辺地域に集中がみられ、なかでも久春古丹（Korsakov）には、街の東側に弁天社、西側には弁天社と稲荷社が祀られていた[8]（図131）。17件中13件（約8割）を占める弁天神は、カラフト（サハリン）島に渡る際、最初に目にする最南端の能登路岬（m. Kril'on）にも祀られている。古代インドの河神である弁才天は、水に関係する場所に祀られることが多く、日本では中世以降、財をもたらす福の神としても信仰を集めるようになった。弁才天は、富を求めて北の海を越えカラフト（サハリン）島に渡った和人にとって、精神的な拠り所にふさわしい祭神といえよう。なお、「西蝦夷樺太道中記（椴）」で白主（Kril'on）のやや南に、赤い鳥居と社が描かれている「シヤチ神」とは、アイヌ民族から「沖の神」すなわちレプンカムイとして信仰を集めるシャチを祀った社と思われる（図138参照）。

【軍事施設】

「北海道歴検図」には、久春古丹（Korsakov）の街を見下ろす南の高台にある台場しか確認できない。台場には4基の砲台が描かれている（図132）。「北蝦夷山川地理取調図」には、凡例に

図131 久春古丹（Korsakov）の弁天社と稲荷社

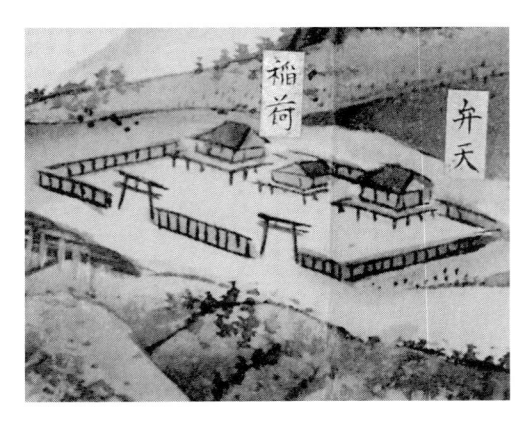

図132 久春古丹（Korsakov）の台場

（図131・132 北海道大学附属図書館蔵『北海道歴検図』）

示されていない「弓」のマークがみられる。「弓」のマークは、西海岸の富内（Kholmsk）、ラクマカ（Yablochnyy-Simakovo）、トマリホ（Yablochnyy）、トウコタン（m. Tukotan）の4ヶ所、南海岸ではルタカ（Aniva）、ヤワンベツ（Novikovo）、中知床岬（m. Aniva）近くのサツドホの3ヶ所、東海岸ではシツカ（Polonaisk）だけに記されている。「弓」のマークが意味するところは不明だが、西海岸の4ヶ所はロシアが拠点を築いた西海岸のホイエチヨ（Aleksandrovsk-Sakhalinskiy）の南側の北緯47〜48度の間に位置することや、東海岸のシツカ（Polonaisk）もまた、ポロナイ川の河口に位置し、タライカ湾（z. Terpeniya）を防衛する上で要所とみられることから、ロシアの南下を意識した何らかの防衛施設が存在した可能性を考えたい。

【会所（運上屋）・役宅】

「北海道歴検図」には、白主（Kril'on）、西冨内（Kholmsk）、久春古丹（Korsakov）に、会所と役宅が描かれている。これらの施設は、寛政2年（1790）、松前藩の命により場所請負人の村山伝兵衛が、藩士高橋清左衛門（寛光、壮四郎）とともにカラフト（サハリン）島に派遣された際、設置した白主（Kril'on）の交易所、西冨内（Kholmsk）と久春古丹（Korsakov）の番屋に始まる。文政4年（1821）、復領に伴い、松前藩は夏期のみ白主（Kril'on）と久春古丹（Korsakov）に勤番を配置する。安政2年（1855）、南樺太の幕領化に伴い、白主（Kril'on）、西冨内（Kholmsk）、久春古丹（Korsakov）の勤番所は箱館奉行所の統治下に置かれた。

安政3・4年（1856・57）に目賀田が目にして描いた白主（Kril'on）の図では、弁天社の前浜に柵に囲まれた会所と役宅が横一列に並んでおり、「北海道歴検図」や「北延叙歴検真図」のもとになったと考えられている「蝦夷地写生帖」でもほぼ同じ配置である（図133）。ところが、安政6年に秋田藩士松本吉兵衛盛親が目にした白主（Kril'on）では、会所の位置は変わらないものの、会所を囲む区画は柵から「土塀？」に変わり、会所の北側の小川の対岸に御用所が新設されている（図134）。北海道大学附属図書館にはこの御用所の建物の間取りを示した「白主御用所役宅絵図面」（図135）が所蔵されている。また、箱館奉行所文書の「白主御用所留書」には、安政4年

(1857) 11 月、北蝦夷地の御役宅の普請に関する伺いがある。それによれば北蝦夷地ではそれまで会所・運上屋のなかに役人が居住していたが、人数が増え差し支えが生じため、クシュンコタン（Korsakov）2 棟・シラヌシ（Kril'on）1 棟・トンナイ（Kholmsk）1 棟の役宅を新設することとし、翌年の春に建設に取りかかる予定であること、シラヌシの役宅は調役並 1 名・同下役 1 名・同心 1 名・足軽 1 名の 4 名用であることが分かる（『大日本古文書 幕末外国関係文書之十八』一四二）。なお、役宅は安政 5 年 8 月に完成したが（北海道立文書館所蔵箱館奉行所文書薄書 42 件名番号 49）、翌 6 年 6 月には白主の役宅を取り崩し、クシュンナイ（Il'inskiy）とワアレイ（Kazanka）に御取締所を建てる計画が出されている（前同薄書 52 件名番号 21）。

　久春古丹（Korsakov）では、「会所」（「北海道歴検図」）の表記が「運上屋」（「西蝦夷樺太道中記（楳）」）となっている以外、会所や役宅に大きな変化は見られない。なお、「北海道歴検図」で運上屋と表記された利家古丹（ur. Krest'yanovka）の建物は、「北延叙歴検真図」では「通行屋」となっており、後者の表記が正しいとみた。

【通行屋・小休所】

　「北海道歴検図」には、西海岸はショウニ（Kuznetsova）から名與路（Penzenskoye）まで、途中 3 ヶ所を入れ 5 ヶ所に通行屋が、南海岸（アニワ湾沿岸）では通行屋 8 ヶ所とその途中に小休所 3 ヶ所、東海岸では冨内茶（Okhotskoye）からシラララカ（Vzmor'ye）まで、途中 3 ヶ所を入れ 5 ヶ所の通行屋とその北の真阿縫（Arsent'yevka）・真群古丹（Pugachevo）に小休所が描かれており、北緯 48 度以南については海岸線に沿って、交通網が整備されていたことが確認できる[9]（図 136・137）。当時、南海岸（アニワ湾沿岸）から東海岸へ抜けるには、通常、チベシャニ湖（oz. Bol. Chibisanskoye）・トンナイ湖（Ozero Tunaycha）を船で渡り、そこから陸路ヲチヨホツカ（Lesnoye）へ抜けるため、中知床半島（Tonino-Anivskiy）沿岸には、通行屋や小休所は設けられていない。また、「西蝦夷樺太道中記（楳）」では白主（Kril'on）のやや南、グイにある「シヤチ神」付近の「陸道」沿いに「一リ塚」が描かれており、交通網の整備を物語っている（図 138）。

【番屋】

　「北海道歴検図」では西海岸のノタサン（Chekhov）とクシュンナイ（Il'inskiy）、南海岸（アニワ湾沿岸）の雲羅（Pervaya pad'）と江主高麗内（Ulesnoye）に番屋（漁番屋）が描かれている（図 139）。「北延叙歴検真図」では加えて南海岸（アニワ湾沿岸）のエタコンライチシ（Peschanskoye）に鱒番屋、泊恩内（Davydovo?）にも漁番屋がみられる。前述の通り、「入北記」に拠れば、ヲコー（Yasnomorskiy）からハエカラサムシ（Novosibirskoye）に至る西海岸沿いには鮭・鱒・鰊の漁場が集中し、漁場に関連する小屋や板倉が多数存在した（表 46）。

【露宿】

　「北海道歴検図」には「露宿」と表記されたテントが描かれている（図 140）。露宿は 2 棟の場合が多いが場所によっては 1 棟しか描かれていない。「北延叙歴検真図」では露宿の脇に目賀田帯刀・脇屋省輔・市川十郎の名が列記されており、実地調査の際に彼らが用いた移動式宿泊施設であることが判る。露宿は、南海岸（アニワ湾沿岸）や東海岸ではみられず、ナヤス（Lesogorsk）より北の西海岸でのみ確認できる。前述のように、南海岸（アニワ湾沿岸）や冨内茶（Okhots-

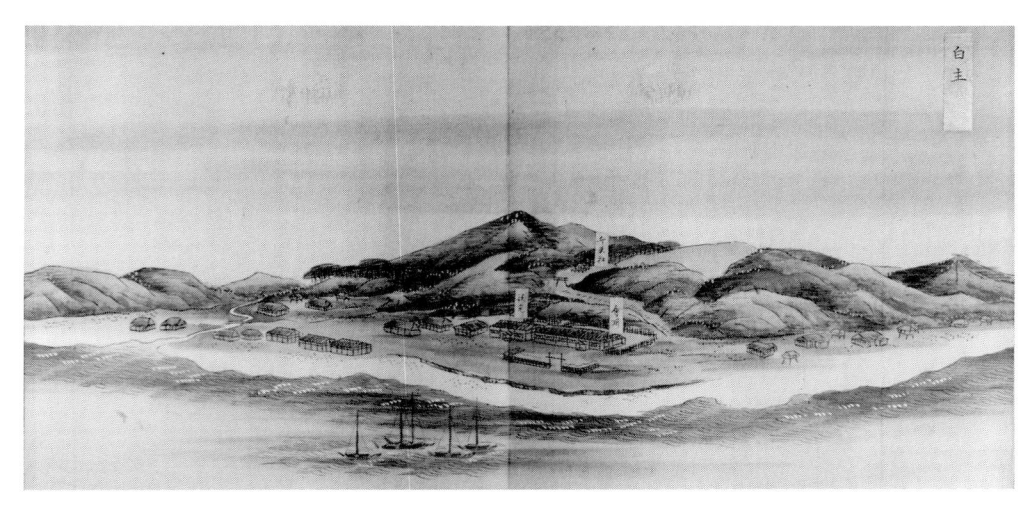

4　1850年代のカラフト島の先住民族と国家　　*311*

図133　安政3・4年（1856・57）頃の白主（Kril'on）（北海道大学附属図書館蔵『北海道歴検図』）

図134　安政6年（1859）頃の白主（Kril'on）（北海道大学附属図書館蔵『西蝦夷唐太道中記』楳：写本）

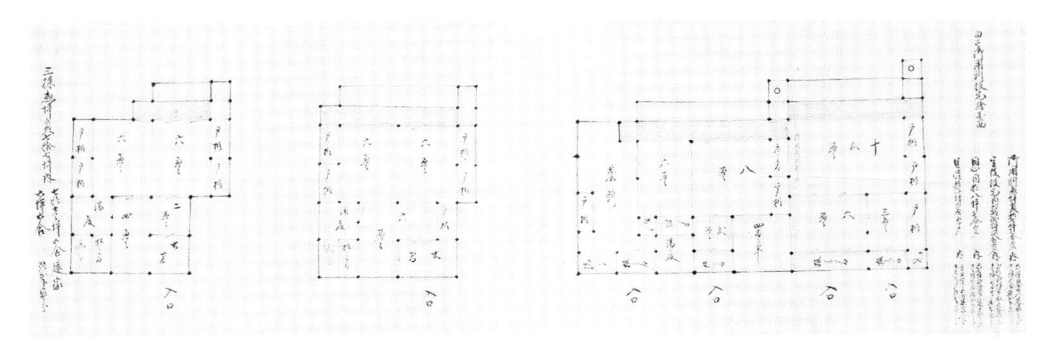

図135　「白主御用所役宅図面」（北海道大学附属図書館蔵）

koye）から真群古丹（Pugachevo）までの東海岸には、各地に宿泊可能な通行屋や小休所が設けられていた。目賀田一行は、そうした宿泊可能な和人施設のないそれより北の東海岸では、カラフトアイヌの家屋に宿泊したのではなかろうか。安政3・4年（1856・57）当時、ナヤス（Lesogorsk）以北の西海岸には、和人施設はおろか、カラフトアイヌの集落も確認できない。目賀田らは、間宮林蔵が『北蝦夷図説』のなかで「悉く異にして辨知し難き」と評した言語を話すニブフの家屋に宿泊することなく、彼らの集落付近に露営したとみてよいであろう。

（4）ロシア人関連施設

「北海道歴検図」では、西海岸のクシュンナイ（Il'inskiy）とホイエチヨ（Aleksandrovsk-Sakhalinskiy）にロシア人が設けた施設が描かれている。

北緯48度付近のクシュンナイ（Il'inskiy）の場合、川を挟んで、南側のカラフトアイヌの集落と、北側のロシア人の建物3棟が向かい合っている（図141）。ロシア人の建物のうち1棟は、川の岸から張り出す水上の建物である。

北緯51度付近のホイエチヨ（Aleksandrovsk-Sakhalinskiy）のロシア人施設については、北海道大学附属図書館所蔵の「北蝦夷ホエチヨ魯西亜人移住之図」（図142）と「北海道歴検図」（図143）とを比較しながら検討する。「北蝦夷ホエチヨ魯西亜人移住之図」には、「頭役アラスカラーツケ居室」・「次役ニカワイ己下居室」・「庫」・「庖厨」・「牛豕圏」（「北海道歴検図」では「鶏豚小屋」と表記されている）・「瓦製所」・「物置」・「作業場」・「新規造作屋」・「新墾畑地」が図示されており、その北側には石炭の採掘場も確認される。このなかで「新規造作屋」とされ建設途中の姿が描かれた建物は「北海道歴検図」では「魯人越年家」として完成していることから、「北蝦夷ホエチヨ魯西亜人移住之図」は目賀田一行がこの地を訪れる直前に描かれたものであることが判明する。「北海道歴検図」では、「北蝦夷ホエチヨ魯西亜人移住之図」に比べ「新墾畑地」の面積が倍以上に拡大しており、短期間に急速な開発が行われたことが読み取れる。

（5）小　　結

本節で検討した1850年代のカラフト（サハリン）島は、島の領有を巡る日露間の政治的交渉が進行していた時期にあたり、安政元年（1854）12月の「日露通好条約」において「界を分かたず、是迄仕来りの通り」（同条約第二項）とされ、国境未定のまま「現状」が追認される状況下にあった。そして、慶應3年（1867）2月の「カラフト仮規則」により島の共有が確認されるまでの間、日本もロシアも実効支配域を急速に拡大していた。

ロシアは、「日露通好条約」締結直後の安政2年（1855）には、西海岸の北緯51度付近のホエチヨ＝オツチシ（Aleksandrovsk-Sakhalinskiy）に拠点を設け、その2年後には西海岸のクシュンナイ（Il'inskiy）、東海岸のマーヌイ（Arsent'yevka）・ワーレ（Kazanka）と、北緯48度付近に拠点を構築した。

安政2年（1855）に北蝦夷地の再直轄を決定した幕府は、ロシアに対して、古来より朝貢関係により日本の支配下にあるアイヌ民族の居住地は日本の領土であるとの前近代的な領土観に基づ

4　1850年代のカラフト島の先住民族と国家　313

図136　流高（Aniva）の通行屋

図137　真群古丹（Pugachevo）の小休所

図138　白主（Kril'on）付近グイの一里塚

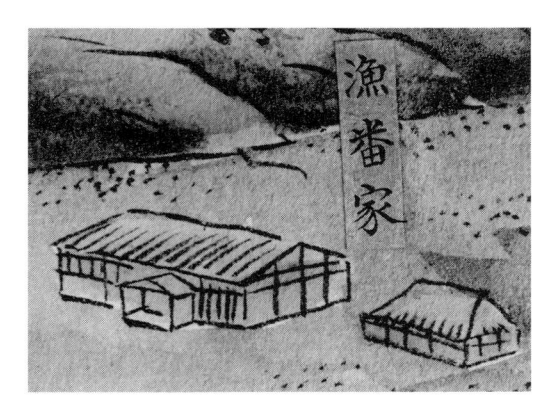

図139　ノタサン（Chekhov）の漁番屋

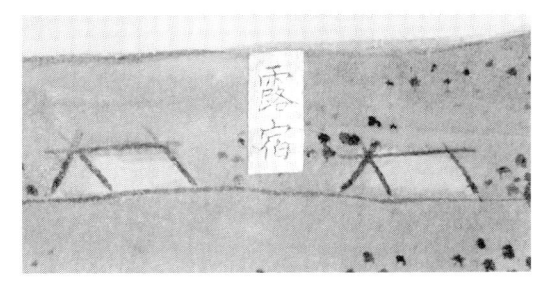

図140　アラコエ（Arkobo-Bereg）の「露宿」

（図138 北海道大学附属図書館蔵『西蝦夷唐太道中記』楳：写本）
（図138以外 北海道大学附属図書館蔵『北海道歴検図』）

図141　クシュンナイ（Ilinskiy）のロシア人居住地

314　第Ⅳ章　カラフト（サハリン）島への和人の進出

図142　ホイエチヨ（Aleksandrovsk-Sakhalinskiy）のロシア人居住地（1）（北海道大学附属図書館蔵「北蝦夷ホエチヨ魯西亜人移住之図」）

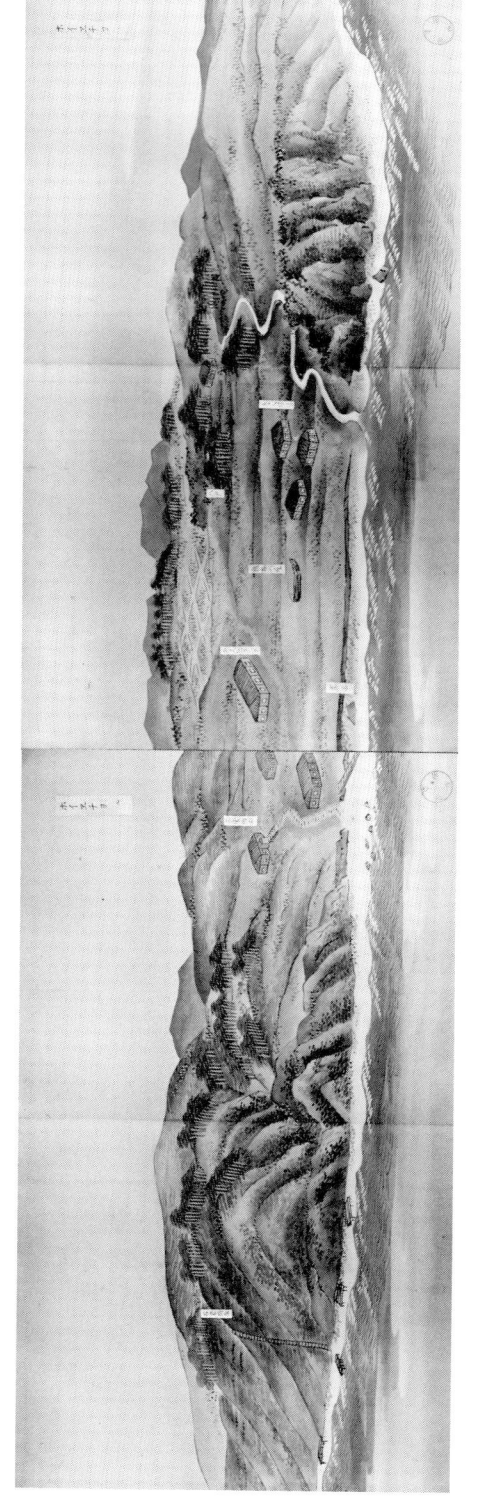

図143　ホイエチヨ（Aleksandrovsk-Sakhalinskiy）のロシア人居住地（2）（北海道大学附属図書館蔵「北海道歴検図」樺太州西岸 下）

く主張を繰り返す[10]。その一方で、日本は北緯48度以南の西海岸や南海岸（アニワ湾沿岸）の漁場を急速に拡大するとともに、安政5年（1859）には樺太開発の許可を得た越前大野藩が、西海岸の鵜城（sar. Orlovo）に会所を設置、北緯48度から49度付近のライチシカ（Krasnogorsk）からホロコタン（Izyl'met'yevo）の間に移民を図るなど、ロシア同様、帝国主義的植民政策を開始した。

既に述べたように、1850年代のカラフトアイヌは、西海岸では北緯50度付近より南側に、東海岸ではそれよりやや南のタライカ湾（z. Terpeniya）沿岸以南に住んでおり、タライカ湾（z. Terpeniya）周辺では、ニブフやウイルタの居住域と重なっていた。アイヌ民族の居住地は日本の領土だとする日本側の論理からすれば、北緯48度付近に設けられたロシアの施設は受け入れがたいものであった。一方、場所図に基づき検討したように、ホエチヨ＝オッチシ（Aleksandrovsk-Sakhalinskiy）にロシアが設けた施設は、石炭を採掘し、瓦を焼き、牛・豚・鶏を飼い、畑を耕作し、越年居住するなど、極めて定住性の高いものであった。

弘化3年（1846）の2回目のカラフト（サハリン）島訪問に関する松浦武四郎の記録（『再航蝦夷日誌』）には、カラフトアイヌの多くが労働力として日本の漁場に集められ、わずかな報酬で和人に酷使されている様子が綴られている。武四郎によれば、南海岸（アニワ湾沿岸）には、全島のカラフトアイヌの人口のおよそ5分の2にあたる1,000人以上が集められたほか、ノタサン（Chekhov）より南の西海岸でも多くのカラフトアイヌが漁場での労働に従事させられており、かつてはシララヲロ（Vzmor'ye）の長老ノテカリマの命により日本の漁場での労働を拒んでいた中知床岬（m. Aniva）より北の東海岸に住むアイヌも2年ほど前からニシン漁の時期だけ南海岸（アニワ湾沿岸）に出稼ぎするようになったとされる。武四郎の記録からは、漁場への集住によりカラフトアイヌの集落が荒廃していく様子が読み取れる。

こうした武四郎の観察と、本節において、目賀田の「北海道歴検図」と玉蟲の「入北記」に基づき行った先住民族の集落規模に関する分析結果は、非常によく整合している。本来、カラフトアイヌの集落規模はニブフと大差なく、平均3～4軒前後、人数にして30人程度であり、10軒以上、人数にして100人を超すような大規模な集落は存在していなかった可能性が高い。そうした大規模集落は、西海岸や南海岸（アニワ湾沿岸）の日本の漁場に限られることから、19世紀以降、労働力として漁場に集住させられた結果、新たに形成されたといえよう。

筆者は、北海道松前町で、嘉永6年（1853）のクシュンコタン占拠事件の際、カラフト場所請負人である伊達林右衛門・栖原六右衛門配下の現地支配人兼アイヌ語通詞で、後に松前藩士を経て箱館奉行支配調役下役出役となった清水平三郎が、事件に際し日本側に協力的であったカラフトアイヌの顕彰と供養を目的として建てた石碑を発見し、報告したことがある（関根・市毛2008）[11]。この石碑は、アイヌ民族は自国民であるとの論理を掲げて領土交渉を進めていた近世国家にとって、カラフトアイヌとの関係が良好であることを宣伝する「看板」であり、その意味では自国の領土をアッピールする道具であった。

本節では「北延叙歴検真図」や「北海道歴検図」に描かれた「露宿」の分布から、目賀田一行が、カラフトアイヌの家屋に宿泊することはあっても言語の通じないニブフの家屋に宿泊するこ

とはなかったと推察した。こうした行為からは、カラフトアイヌとは「同じ屋根の下」で暮らせても、山丹交易を除けばそれまで和人と直接交渉する機会の乏しかったニブフやウイルタとは暮らせないという、和人が当時抱いていた感覚が読み取れる。

18世紀以前のカラフト（サハリン）島に関する日本側の史料は限られている。今後、サハリン出土の日本製品の分析を通して、カラフトアイヌと和人との関係が歴史的にどこまで遡れ、どのような変遷を辿って本稿で検討した1850年代に至ったか明らかにしていきたい。

【追記】

脱稿後、2011年11月に、髙木崇世芝氏の『近世日本の北方図研究』（北海道出版企画センター）が刊行された。髙木氏はこの著書のなかで「目賀田守蔭の風景図と地図」として一章を割き、東洋文庫・国立公文書館・東京大学附属図書館・函館市中央図書館・和歌山県立図書館・北海道大学附属図書館・国立国会図書館・外務省外交史料館などに所蔵される目賀田守蔭の手になる北方地域の風景図と絵図類を紹介している。

〔註〕

1）樺太を描いた場所図としては、本節で検討した「北延叙歴検真図」・「北海道歴検図」・「蝦夷地写生帖」の他に、「西蝦夷地写生帖」がある。「西蝦夷地写生帖」には、樺太西海岸のシラヌシ（Kril'on）・西トンナイ（Kholmsk）・シララヲロ（Vzmor'ye）・クシュンナイ（Il'inskiy）・オタソ（Parusnoye）と、アニワ湾に面したクシュンコタン（Korsakov）が描かれている。なお、この種の絵図で、年代的に遡るものとしては、寛政4年（1792）に御救交易を実施するため幕府派遣隊の一員としてカラフト（サハリン）島を訪れた小林豊章が描いた「唐太島東西浜図」（函館市中央図書館蔵）が知られている（林2003・2005）。

2）市川十郎（1813〜1868）は大坂の天保山砲台を建造したことで知られる兵法家で、父は松前の福山城を設計した市川一学。名は有翼、字は仲則、号は松筠と称す。

3）「北延叙歴検真図」を作成する際のスケッチと推測されている「蝦夷地写生帖」は、墨絵に淡青彩色が施されており、カラフト（サハリン）島に関しては、西海岸は南から白主（Kril'on）、西富内（Kholmsk）、シララヲロ（Vzmor'ye）、クシュンナイ（Il'inskiy）、オタソ（Parusnoye）の5ヶ所、南海岸は久春古潭（Korsakov）のみ、東海岸はナエブツ（Naeba）、タラエカ（Promyslov'aya）、シツカナイ（Polonaisk）の3ヶ所の場所図が確認できる。

4）東海岸の輪伶（Kazanka）とナヨロ（Gastello）にみられるニブフの家屋は、住居・倉庫ともに、カラフトアイヌの家屋と同じ表現で描かれていることから、この地域で多数を占めるカラフトアイヌの家屋と同じ構造であった可能性が考えられる。

5）カラフトアイヌの住居には、サハ・チセと呼ばれエゾマツやトドマツの樹皮で葺かれた夏の家と、トイ・チセと呼ばれる土屋根の冬用（越年用）の家があるが、夏の家に通年居住する場合、防寒用に樹皮葺の上を乾燥したイハノガリヤスなどの野草で覆うという（山本1943b）。「北海道歴検図」ではカラフトアイヌの集落に土屋根の冬用の家は見られない。「北海道歴検図」に描かれたカラフトアイヌの住居の壁には、樹皮葺の上をさらに覆う草を表現している縦方向の線が多数引かれたものが散見されることから、通年居住可能な住居であったと推定する。なお、「北海道歴検図」のなかに1例だけではあるが、ニブフの集落に土屋根の住居が描かれている（図129）。それは西海岸北部の間宮海峡に面したウエツクル（Vlakhtu）で、通常のニブフの住居の傍に「越年家」と記された半地下式と思われる土饅頭形の家屋が描かれており、「北延叙歴検真図」ではそれに「土室」の註がある。

6）ウイルタの居住地は、タライカ湾（z. Terpeniya）沿岸から北端にいたるカラフト（サハリン）島の北東部とされる（樺太庁敷香支庁1932、タチヤーナ・ローン2005）。前述のように、「北蝦夷」は、北緯49〜50度付近の東海岸の情報を欠いている可能性が高いため、その地域についてウイルタが居住していたか否かはこ

の古地図からだけでは判断できない。しかし居住地が大きく2ヶ所に分かれているのは不自然であり、その間にも住んでいたとみるべきであろう。
7）「シラヌシ境ヲン子ノソヲエヨリ北境ナエロ迄」として示されている「惣土人人別数」は、総数・男女別の人数ともに、その後に書かれている村毎の内訳の合計と合致する。一方、「クシュンコタン境ヨリシラヌシ境迄」については、「惣土人人別千七百十一人内男八百四十人女八百十一人」となっているが、その後に示されている村毎の内訳を合計すると、総人数は1,699人で、うち男が840人、女が861人になる。
8）「西蝦夷樺太道中記」（椣）では、クシュンコタン（Korsakov）の稲荷社と弁天社の間に金精様が描かれている。
9）「北海道歴検図」で通行屋と書かれたもののなかに、「北延叙歴検真図」では番屋と表記されているものがある。詳しくは表38～40を参照されたい。
10）朝貢や帰服関係によって国際秩序が成り立っていた19世紀前半までの東アジアでは、国境線はあまり明確ではなく、帰服民が住んでいる土地＝支配圏と認識されることが多かった（小熊1998）。
11）嘉永6年（1853）から翌年のクシュンコタン占拠事件に関しては、秋月俊幸氏や東俊佑氏による論考がある（秋月1974・1994、東2005a）。

表38　場所図にみる幕末のサハリン（樺太）島の居住者　樺太西岸（ノトロ岬～ナニホ）

場所	アイヌ 家屋	アイヌ 倉庫	ニブフ 家屋	ニブフ 倉庫	墓地	宗教施設	軍事施設 陣屋	軍事施設 台場	公共施設 役屋敷	公共施設 通行屋	番屋	他の家屋	露宿	ロシア人家屋	「延叙歴検真図」下帙（「北延叙歴検真図」）白主～野手戸との差異
能登路岬						弁天1									
白主	10	6				弁天1			役宅会所			6			
アカラカヒ															
ショウニ	2	2								○					通行屋ではなく番屋
ウエンチシ															
モエリトマリ										○					
トコンボ	2	2								○					通行屋ではなく番屋
タランボマリ	5	4								○					通行屋ではなく番屋
西富内	7	7				稲荷1 弁天1			役宅会所			4			秋田勤番所・夷家30戸
トウコタン	1	1													
ノタサン	5	3									漁番屋				止宿
シララヲロ	2	2								○					
名奥路	4	5													夷家7戸
クシュンナイ	1	1									○			3	会所・役宅・夷家2戸 魯西亜人は安政4年6月に移住
オタソ												1			夷家1戸・露宿1
ライチシカ	2	2				八幡1									夷家2戸・露宿1
ライチシカ山															
ウソヨコ	7	6													夷家6戸
リンウナイ			1	1											
チセウンナイ															
ナヤス														1	
ナイボッカ														1	
ヨフケナイ														2	

318　第Ⅳ章　カラフト（サハリン）島への和人の進出

場　所	アイヌ 家屋	アイヌ 倉庫	ニブフ 家屋	ニブフ 倉庫	墓地	宗教施設	軍事施設 陣屋	軍事施設 台場	公共施設 役屋敷	公共施設 通行屋	番屋	他の家屋	露宿	ロシア人家屋	「延叙歴検真図」下帙（「北延叙歴検真図」）白主～野手戸との差異
ホロコタン			5	1	3								2		スメレンクル夷家4戸
キトウシナイ			2	2											
キトウン岳			2	2											
ナヨナイ			2		2										スメレンクル夷家2戸・露宿2
オツウシナイ															
チヤカマシナイ															
アテンキ			3		3								2		スメレンクル夷家2戸
ルブラッケ															
チヨルーケ															
ホイエチヨ			1										2		上官仮家1・魯人移住家5・魯人越年家1・鶏豚小屋・畑・石炭摘取（場）
ヲツタシ			2		2										スメレンクル夷家8戸
アラコエ			3		3								2		スメレンクル夷家7戸
ニクマエ			2		2										スメレンクル夷家2戸
チシコマナ井			1		1										ルモウ人1戸
ウタンケ			3		3										スメレンクル夷家6戸・露宿2
ホイエ			2		2										スメレンクル夷家2戸
ワンレイ			1		1										
ホロワンレイ															
モウレイ															
ホロモウレイ			1	1											スメレンクル出稼家1戸
ハラマチ															
ウエックル			3										2		スメレンクル家3戸・越年家（土室）1
野手戸			5										1		スメレンクル家6戸
野手戸潟			3	2											
ホコベ															
ワカセイ															
ナニホ			2	2	5										

北海道大学図書館北方資料室所蔵『北海道歴検図　樺太西岸（上）（下）』（安政3～5年の測量知見をもとに1871年、目賀田帯刀作成）より作成

4 1850年代のカラフト島の先住民族と国家　319

表39　場所図にみる幕末のサハリン（樺太）島の居住者　樺太南岸（ノトロ岬～知床岬）

場　所	アイヌ 家屋	アイヌ 倉庫	ニブフ 家屋	ニブフ 倉庫	墓地	宗教施設	和人関連施設 軍事施設 陣屋	和人関連施設 軍事施設 台場	和人関連施設 公共施設 役屋敷	和人関連施設 公共施設 運上屋	和人関連施設 公共施設 通行屋	番屋	他の家屋	露宿	ロシア人家屋	「延叙歴検真図」下帙（「北延叙歴検真図」）との差異
白主ノトロ岬						弁天1										
ベイシヤニ																
ビシヤサン											小休所		2			通行屋1戸・夷家1戸
利家古丹	4	4				弁天1				○			3			運所家ではなく通行屋
宇流烏											○		5			
流高											○					
エタコンライチシ																鱒番屋1戸・夷家2戸
日朱谷	9	5											3			
泊恩内	6	3				社1							1			漁番屋・夷家6戸
牛運内	3	3				弁天1					小休所		2			
雲羅	3	3				弁天1						漁番屋				
八虎泊	1	1											2			
久春古丹						弁天2 稲荷1		砲台4	役宅 会所			○	21			
小冬泊	3					弁天1						○				
小田寒	2											○	1			
江主高麗内	2	2										漁番屋				
千辺沙荷						弁天1						○	2			
内冨	2	2									小休所		1			
東風津	4	4										○	1			
屋椀別	4	4										○	4			
牛荷古路																
ボンフップシリホ																
剣流													2			
知床岬																

北海道大学図書館北方資料室所蔵『北海道歴検図　樺太南岸』（安政3～5年の自らの測量知見をもとに1871年、目賀田帯刀作成）より作成

表40　場所図幕末のサハリン（樺太）島の居住者　樺太東岸（冨内茶～テウハエ）

場　所	アイヌ 家屋	アイヌ 倉庫	ニブフ 家屋	ニブフ 倉庫	墓地	宗教施設	和人関連施設 軍事施設 陣屋	和人関連施設 軍事施設 台場	和人関連施設 公共施設 役屋敷	和人関連施設 公共施設 通行屋	番屋	他の家屋	露宿	ロシア人家屋	「延叙歴検真図」下帙（「北延叙歴検真図」）との差異
冨内茶	4	4								○		2			
ヲムトウ															
ヲチヨホッカ	1	1								○		6			弁天堂　通小屋ではなく会所
小布崎	2	2													
犬主内	3	3								○		1			通行屋ではなく会所
露麗	2	2				弁天1				○		3			通行屋ではなく会所
ア井	1														

320　第Ⅳ章　カラフト(サハリン)島への和人の進出

場所	アイヌ 家屋	アイヌ 倉庫	ニブフ 家屋	ニブフ 倉庫	墓地	和人関連施設 宗教施設	軍事施設 陣屋	軍事施設 台場	公共施設 役屋敷	公共施設 通行屋	番屋	他の家屋	露宿	ロシア人家屋	「延叙歴検真図」下帙(「北延叙歴検真図」)との差異
知登路	2	1													
ヲタシアム															
シララカ						弁天1				○		5			
真阿縫	3	3								小休所		1			
輪伶				3											
チカヘルシナイ	1	1													
トツソ山															
真群古丹										小休所		1			
ツヌフ	2	2													
ウエンコタン	1	1													
コタンウトロ															
熱樋															
野手戸	3	3													
古潭消	1	1													
ナヨロ	4	3	1	1											
シツカナイ															
鯑江霞	5	5													
ハカマチ	3	3													
サチエカエル	5	3													
テウハエ															

北海道大学図書館北方資料室所蔵『北海道歴検図　樺太東岸』(安政3～5年の自らの測量知見をもとに1871年、目賀田帯刀作成)より作成

表41　古地図に示された幕末のサハリン(樺太)島の居住者　樺太西岸(白主～トヤシ)
「北蝦夷山川地理取調図」中に朱で示された記号とその意味
- ■：会所・役屋敷
- □：会所・役屋敷に準ずる施設
- △：通行屋または番屋
- 弓：通行屋または番屋にある弓などの武器？
- エ：カラフトアイヌ
- 上：カラフトアイヌ？
- ス：「スメレンクル人」＝ニブフ
- ニ：「ニクブン人」＝ニブフ
- ロ：「ヲロツコ人」＝ウィルタ
- 魯：ロシア人

北海道大学図書館北方資料室所蔵『北蝦夷』ならびに『北蝦夷山川地理取調図』より作成
※表42～45も同様

北緯	場所	北蝦夷 蝦夷	ニクブンスメレン	蝦夷種スメレン風俗	オロツコ	会所・運上屋・番屋	魯西亜	備考	北蝦夷山川地理取調図	備考
47	白主	○				○			■	
	カツトク									
	ベシトモナイ									
	アカラカイ									
	セエンシユツホ岬									
	シヨウニ	○				○			エ	
	ヨツケベシ								△	

| 北緯 | 場所 | 北蝦夷 ||||| 北蝦夷山川地理取調図 | 備考 |
		蝦夷	ニクブンスメレン	蝦夷種スメレン風俗	オロツコ	会所・運上屋・番屋	魯西亜	備考		
47	ワエンナシ								
	リヤウシナイ								
	ノワヲエ								
	モイカトマ				○			△	
	ナイシ								
	レブンクウヤ								
	マナテシナイ	○							
	ウイン子	○							
	シイナイ	○						エ	
	アルトルンナイ								
	ウシニコロ							△	
	トコンボ	○			○				
	トマカニタカ								
	トルマニ								
	リヤコタン								
	トウフシ								
	ラシ子トウ子	○							
	オコー	○						エ△	
	アオンナイ	○						△	
	リヤコタン	○						エ	
	サルツコ	○							
	ボロナイ								
	アヌ子ナイ	○			○			エ	
	ヲホトマリ	○						エ	
	セタケアンナイホ	○						エ△	
	ウエンエンルン								
	ビセチ	○			○				
	キトウシナイ	○						エ	
	ライ				○				
	ホントマリ	○						エ	
	コニルモコマフナイ								
	富内				○			■弓△	
	ホヲニチウブ	○							
	ラクマカ	○						△弓	
	トマリホ	○					トウコタンの間に蝦夷	△弓	
	トウコタン							△エ	
	ヲチウシナイ								
	レッタンナイ								

322　第Ⅳ章　カラフト（サハリン）島への和人の進出

| 北緯 | 場所 | 北蝦夷 ||||| 北蝦夷山川地理取調図 | 備考 |
		蝦夷	ニクブンスメレン	蝦夷種スメレン風俗	オロッコ	会所・運上屋・番屋	魯西亜	備考		
48	ノトロ岬									
	トブフ								△	
	ノタサン									
	ハイカラオムシ									
	アラコエウンナイ									
	ハアセウシナイホ									
	チエカイ									
	ヘウレラシア							オテツコロの間に和人施設		
	オテツコロ									
	トムオンナイ									
	トマリホロ	○								
	シララオロ	○				○			エ	
	チラヲシナイ									
	ナヨロ	○				○			エ	
	久春内	○				○	○		□エ魯	
49	コモシララ									
	ホロナイ									
	レフンマナイホ									
	ノツシヤシ									
	モウタコナイ									
	レブンリウヤ									
	エビシ									
	ルウキシナイ						○		エ	
	オタツ						○		エ	
	ライチシカ									
	コタンウトロ								エ	
	チトナシベシ									
	トツソシヤラ									
	エントクシナイ									
	ウエンルエオン								エ	
	ウシトマナイ								エ	
	ウシヲセ									
	ウツシエ	○				○			エ	
	ホロケシ	○								
	テムンナイ								エ	
	チセウシナイ									
	イシトリ									
	ヲムトトロ									

北緯	場所	北蝦夷 蝦夷	北蝦夷 ニクブンスメレン	北蝦夷 蝦夷種スメレン風俗	北蝦夷 オロツコ	北蝦夷 会所・運上屋・番屋	北蝦夷 魯西亜	備考	北蝦夷山川地理取調図	備考
	トウロ									
	リコナ井								上	
	トヤシ		○							

北海道大学図書館北方資料室所蔵『北蝦夷』ならびに『北蝦夷山川地理取調図』より作成

表42 地図に示された幕末のサハリン（樺太）島の居住者　樺太西岸（シルトタンナイ〜ガオト）

北緯	場所	北蝦夷 蝦夷	北蝦夷 ニクブンスメレン	北蝦夷 蝦夷種スメレン風俗	北蝦夷 オロツコ	北蝦夷 会所・運上屋・番屋	北蝦夷 魯西亜	備考	北蝦夷山川地理取調図	備考
50	シルトタンナイ						○			
	シヤロノコタン									
	ソウヤ									
	ヨフケナイ									
	セタチセ									
	サツルヘ								エス	
	ホロコタン	○				○			エス	
	キトウシ	○							ス	
	モシヤ									
	アタゲ		○						ス	
	チカビル									
	ホニチヨ									
	オツチシ岬									
51	オツチシ		○						ス魯	安政二年丁巳ヨリ魯西亜人住ス
	アラコ井		○						ス	
	ニヤカメ		○							
	チヨロコマ井		○						ス	
	モコナイ		○					モコナイとタゲの間にニクブンスメレン		
	タゲ		○						ス	
	ホエ							ホエとワンリン岬の間に蝦夷種スメレン風俗	ス	
	ワンリン岬									
	ウヤツロ			○						
	ノテト岬								ス	

324　第Ⅳ章　カラフト（サハリン）島への和人の進出

北緯	場所	北蝦夷 蝦夷	北蝦夷 ニクブンスメレン	北蝦夷 蝦夷種スメレン風俗	北蝦夷 オロッコ	北蝦夷 会所・運上屋・番屋	北蝦夷 魯西亜	北蝦夷 備考	北蝦夷山川地理取調図	備考
52	トツカ			○						
	ワゲー岬									
	ボタベー岬							ボタベー岬とツシミルフテの間に蝦夷種スメレン風俗		
	ツシミルフテ			○						
	ワカシ岬									
	ゴエト			○						
	ロツコビ			○						
	ヨコタブ			○						
	ボレツキ			○						
	チヨンケ			○						
	マカタ			○						
	ノツク			○						
	ヨリチキリ			○						
	ラカレヲー			○						
	マガリヲー			○						
	カニオー			○						
	ヘムクオー			○						
	オーロツブ			○						
	コトカータ			○						
	ムシビ									
	マクオー			○						
	イグチポブオー			○						
	ヨイチポフオー			○						
	ホンテツポフオー			○						
	ヤルオー			○						
	タムラオー			○						
	オツトオー			○						
	ホムリオー			○						
	ユフケツプ			○						
	チヤントオー									
	ウシカ			○						
	キリカ			○						
	ナニボク			○						
	カルオー			○						
	ホントソ			○						
	ムシビ			○						

北緯	場所	北蝦夷 蝦夷	北蝦夷 ニクブンスメレン	北蝦夷 蝦夷種スメレン風俗	北蝦夷 オロッコ	北蝦夷 会所・運上屋・番屋	北蝦夷 魯西亜	備考	北蝦夷山川地理取調図	備考
54	トツカ			○						
	ベロオー			○						
	トソ			○						
	マチケガヲト			○						
	ガオト			○						

表43 古地図に示された幕末のサハリン（樺太）島の居住者　樺太南岸（ノトロ岬～知床岬）

東径	場所	北蝦夷 蝦夷	北蝦夷 ニクブンスメレン	北蝦夷 蝦夷種スメレン風俗	北蝦夷 オロッコ	北蝦夷 会所・運上屋・番屋	北蝦夷 魯西亜	備考	北蝦夷山川地理取調図	備考
	（ノトロ岬）									
	ヲソ井クニ									
	ハイカラコタン									
	ビシヤサン					○				
	チブグン									
	モトマリ									
	コンブ井									
	リヤトマリ								□エ	
	ホシベリウ	○				○				
	トマリオンナイ								エ	
	ツノシ									
	ムンチヤウンナイ									
	ウルー	○								
	イカツ子ナ井							タランナイとの間に和人施設		
	タランナイ	○								
	ヒラ								△	
	ルタカ	○				○			△弓	
	オタニヒライチシ	○							△	
	ツラヲンナイ	○								
	ゲケ									
	シコヤ	○							エ	
	ヲナエボ	○							エ	
	トマリオンナイ	○							△	

326　第Ⅳ章　カラフト（サハリン）島への和人の進出

東径	場所	北蝦夷 蝦夷	北蝦夷 ニクブンスメレン	北蝦夷 蝦夷種スメレン風俗	北蝦夷 オロッコ	北蝦夷 会所・運上屋・番屋	北蝦夷 魯西亜	備考	北蝦夷山川地理取調図	備考
143	ウシユンナイ	○							エ	
	ウンラ	○				○			△エ	
	久春古丹	○				○			■△エ	
	ホロアントマリ	○				○			△エ	
	ヲフユトマリ	○							△エ	
	ユウトンナイ	○								
	オタサン									
	オタエレンカ岬									
	エノシコヲマナイ	○								
	チベシヤニ	○				○			△エ	
	ホラフニ	○								
	ナイトモ	○							△	
	ヨークシ	○							△	
	トウブツ	○				○				
	ナイヨンナイ	○							△	
	コチヨツベ	○								
	ノシケタナイ								△	
	フーレ								エ	
	ヤワンベツ	○							△弓	
	オマンベツ	○								
	チカピラウシ	○							エ	
	ルチシオブチ	○								
	サツドホ								△弓	
	フチエレ子									
	知床岬									

表44　古地図に示された幕末のサハリン（樺太）島の居住者　樺太東岸（知床岬～チニタンキ）

北緯	場所	北蝦夷 蝦夷	北蝦夷 ニクブンスメレン	北蝦夷 蝦夷種スメレン風俗	北蝦夷 オロッコ	北蝦夷 会所・運上屋・番屋	北蝦夷 魯西亜	備考	北蝦夷山川地理取調図	備考
	知床岬									
	ウエントマリ									
	ハチウシカナイ									
	ノスフ									

| 北緯 | 場所 | 北蝦夷 ||||| 北蝦夷山川地理取調図 | 備考 |
		蝦夷	ニクブンスメレン 蝦夷種スメレン風俗	オロツコ	会所・運上屋・番屋	魯西亜	備考		
	チセホベ								
	チセホユ								
	ウエシホク								
	ヲチヤツセ								
	ハシホ	○							
	カエラチシホ								
	ユウソトタナイ	○							
	チシ子								
	オタロベ								
	クシエンヌツホ								
	メナベツ	○			○				
	ソウヤヲマヘリ								
	トウクシユンチア	○							
	ヨフラ井ナイ								
	フンベヲマエ								
	エサツチエカリ								
	ヲクロフヲクナイ								
	ノス川								
	ホロチエカイ								
	ヲヤコチ								
	ヘシエンルヒ								
	セタエナウシ								
	カムイエウシ								
	レブニナイ	○							
	ア井ロツプ				○				
	ロツケナイ								
	ホロトシリ								
	フヒクシヤニ								
	エタシ								
	ノフホロ								
	富内茶	○			○			△エ	
	オムトウ								
	オチヨホカ	○						エ	
	ウエンコタン	○						エ	
47	コクシベツ							エ	
	ホフツオキ	○							
	ハトヤウシ岬	○							

328　第Ⅳ章　カラフト（サハリン）島への和人の進出

北緯	場所	北蝦夷 蝦夷	北蝦夷 ニクブンスメレン	北蝦夷 蝦夷種スメレン風俗	北蝦夷 オロツコ	北蝦夷 会所・運上屋・番屋	北蝦夷 魯西亜	備考	北蝦夷山川地理取調図	備考
	ヲテウナイホ	○								
	シユマコタン								エ	
	イヌヌシナイ	○				○			エ	
	モエリトマリ岬									
	オタトマリ									
	ヲエリコニ	○							エ	
	ロレ井	○				○			エ	
	栄浜	○				○			エ	
	シユマヤ	○							エ	
	ナイブツ								エ	
	ア井	○							エ	
	シリウトロ									
	オタサン	○							エ	
	テホウシナイ	○							エ	
	ホロナイ	○							エ	
	ベケレ									
	シララヲロ	○				○			□エ	
	シンシコヤナエ									
	マータエ									
	オハコタン	○				○	○			
48	ワーレ								エ魯	魯西亜人住ス
	チカシカウシナ井	○								
	トツソ									
	マクンコタン	○				○			エ	
	ホヤンケ									
	モトマリ									
	ツタブ	○								
	オシボ	○						オシボとウエンコタンの間に和人施設		
	ウエンコタン	○							エ	
	シリウトロ								上	
	シヤツコタン									
	コタンウトロ									
	ニートイ								上	
	コタンケシ	○							エ	
49	ナヨロ	○							エニ	
	タランコタン				○				コ	北のシツカに弓

| 北緯 | 場所 | 北蝦夷 ||||| 北蝦夷山川地理取調図 | 備考 |
		蝦夷	ニクブンスメレン	蝦夷種スメレン風俗	オロッコ	会所・運上屋・番屋	魯西亜	備考		
49	シツクマウカモ								エ	
	タラエカ	○						タラエカとタロアンルンの間にオロッコ	エ	
	タロアンルン				○			タライカ湖周辺		
	キウル							タライカ湖周辺	ロ	
	ヨツタマ				○			タライカ湖周辺	ロ	
	ワラジ				○			タライカ湖周辺		
	イヤカ									
	ノコロ			○						
	チニタンキ									
	ウエンコタン									
	ヘセトコ									
	カリクニ									
	チルワサ									
	ムンビ									
	アラチリベ井									
	エンルムカ									
	シラタシ									
	バラトンナイ									
	カパシベトマリ									
	カハンベ岬									
	ヘチリナイ									
	真知床									
	ヌターキビリ									

北海道大学図書館北方資料室所蔵『北蝦夷』ならびに『北蝦夷山川地理取調図』より作成

表45　古地図に示された幕末のサハリン（樺太）島の居住者　樺太東岸（ウエンコタン～ガヲト岬）

| 北緯 | 場所 | 北蝦夷 ||||| 北蝦夷山川地理取調図 | 備考 |
		蝦夷	ニクブンスメレン	蝦夷種スメレン風俗	オロッコ	会所・運上屋・番屋	魯西亜	備考		
	チベヤントマリ									
	シラルシ									
	ノシケシララ									
	ナダカルフ									

第Ⅳ章　カラフト(サハリン)島への和人の進出

| 北緯 | 場所 | 北蝦夷 ||||| 北蝦夷山川地理取調図 | 備考 |
		蝦夷	ニクブンスメレン	蝦夷種スメレン風俗	オロッコ	会所・運上屋・番屋	魯西亜	備考		
	ベロトコ									
	ドッテキシコマ									
	フレトンナイ									
	サカトス									
	チラ井イ井							チラ井イ井とホムンの間にオロッコ		
	ホムン									
	チヤアモキ									
	ヌ									
	ウエンヌメシナ井									
	カシ岬									
51	チヤアモ			○						
	ロゴウ			○						
	メクロオウー			○						
	ケクルオー									
	アオー			○						
	ヌエ			○						
52	アオー			○						
	ケオー			○						
	トクメツ			○						
	ラトオー			○						
	ワクルオー				○					
53	ウルトルオー				○					
	チヤエ				○					
	ベレントウ			○	○					
	ホトロスカ									
	オートグット									
	トーロント				○					
54	ロゴリ				○					
	ガヲト岬									

4　1850年代のカラフト島の先住民族と国家　331

表46　「入北記」にみるサハリン（樺太）島南部におけるカラフトアイヌの集落と和人関連施設

西海岸	カラフトアイヌ				和人関連施設					備考
	家数	人数	男	女	〇記号	通行屋	運上屋	板倉	漁小屋	
シラヌシ										
モエレトマリ					〇	1				
マチラシナエ	1	9	5	4						
ウエニ	1	6	3	3						
ウシニコロ					〇			1		
トコホ					〇					
トルマエ	1	5	3	2						
トフシ	1	5	2	3						
ラオトエ	1	7	4	3						
ヲコー					〇				1	秋味漁業場
アサンナイ					〇					秋味漁業場
タラントマリ	1	10	3	7		1				秋味鱒漁業場
ヲホトマリ					〇					
ハウシナエホ	1	11	6	5						土人共飯料蝶漁業場
ヒロチ	8	42	23	19				5	1	鯡漁業場
キトシナエホ	1	2	1	1						
エンルモコマフ	48	387	183	204			1	22		鯡鱒漁業場
ヲニツロフ					〇				1	
ホロマリ	1	9	3	6						
ハチフコウシ					〇				1	鯡漁業場
ラクマカ	7	54	29	25		1		7		鯡漁業場
トマリホ	2	17	5	12		1		5		鯡漁業場
トコタン					〇	1		4		鯡鱒漁業場
トヲフ					〇	1		3		鱒漁業場
ノタツサン					〇	1		3	1	鯡漁業場
ハエカラサムシ					〇			3	1	鯡鱒漁業場
シララヲロ	2	16	8	8						
ナエヲロ	14	93	45	48						
クシユンナイ	2	9	5	4						
ラエチシカ	3	20	11	9						
ウエレサン	8	58	32	26						
ヲタフニ	4	35	16	19						
ウサトマカナエ	3	28	9	19						
ウッショ	1	5	3	2						
フレヲチ	2	14	8	6						
ホロケシ	1	10	5	5						
合計	114	852	412	440						
平均	5	37	18	19						

南海岸（アニワ湾沿岸）	カラフトアイヌ			
	家数	人数	男	女
シユユヤ	13	85	43	42
チナエホ	8	59	30	29
トマリヲンナイ	5	41	24	17
エンルモウロ	5	29	14	15
ウシユンナイ	3	23	15	8
ウンラ	2	18	9	9
ハツコトマリ	6	52	21	31
クシユンコタン	8	71	31	40
ホロアントマリ	4	33	19	14
エヌシコマナイホ	3	29	17	12
チベシヤニ	2	13	10	3
ホラフニ	4	64	32	32
ナエトモ	2	14	6	8
ヨヲクシ	6	54	25	29
ナイコロコタン	5	37	25	12
トラフツ	4	31	17	14
コチヨヘチ	4	30	13	17
ナエヲンナイ	2	17	4	13
ノシケタ井	1	12	4	8
ヤワンヘツ	2	32	14	18
ナエトコロ	4	31	14	17
ヲマンヘチ	3	21	8	13
チカヒナウシ	2	22	11	11
合計	98	818	406	412
平均	4.3	36	18	18

東海岸	カラフトアイヌ			
	家数	人数	男	女
シヤソトホ	1	5	2	3
ハシホ	4	31	12	19
カムイシヤハ	3	17	9	8
トヲクシユンチア	2	22	9	13
アエロフ	3	25	13	12
トンナエチア	6	55	24	31
ヲチヨホカ	2	21	12	9
ウエンコタン	1	16	9	7
コノシベ	4	26	13	13
ヲフサキ	1	13	4	9
シユマヲコタン	2	19	11	8
エニニシナ井	4	40	16	24
ロレイ	4	58	29	29
シユユシナイ	4	57	27	30
シユマヤ	4	32	22	10
ルウクヤ	3	26	14	12
ナエフツ	5	45	26	21
ホロネフ	1	17	7	10
シアンチヤ	1	17	8	9
エコシホ	1	13	7	6
タコエ	5	47	19	28
トヌウシテヤ	1	14	6	8
アイ	2	21	12	9
ヲタシヤン	6	54	28	26
チホウシナエ	1	4	3	1
マトマナエ	1	21	7	14
ホロナイ	2	22	13	9
シラヲロ	5	46	24	22
マアヌエ	5	33	16	17
ヲハコタン	1	10	6	4
チカヒルナエ	1	10	6	4
マクンコタン	1	8	5	3
フヌフ	2	15	5	10
カシホ	1	10	4	6
ウエンコタン	1	11	6	5
合計	91	881	434	449
平均	2.6	25	12	13

ナエフツの数値に誤りがあるため、男女の合計数が人数と合わない。

332　第Ⅳ章　カラフト（サハリン）島への和人の進出

※地図の番号は表47〜49・51・52に対応する

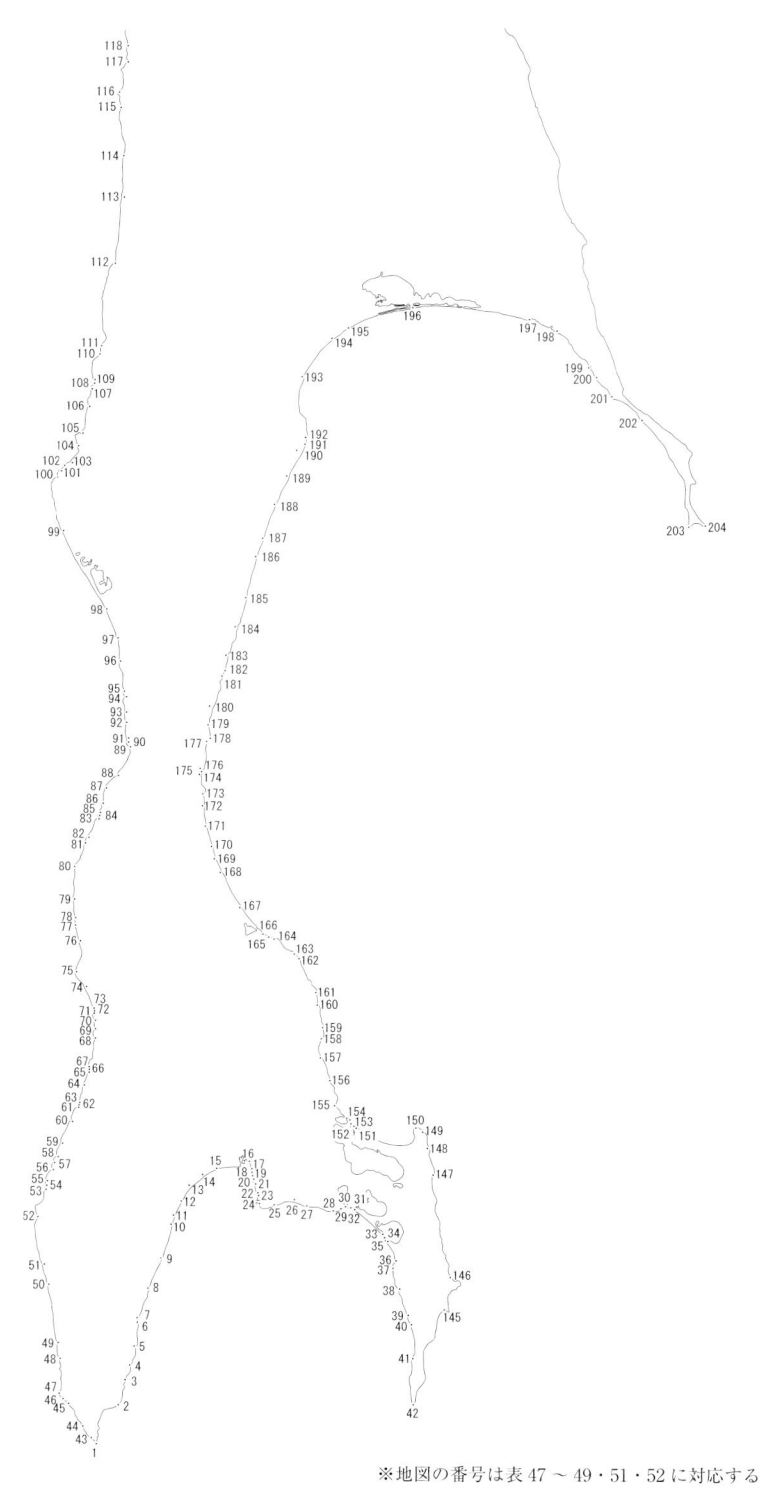

図144　サハリン（樺太）島関係略地図（1）

4　1850年代のカラフト島の先住民族と国家　*333*

※地図の番号は表49〜50・52に対応する

図145　サハリン（樺太）島関係略地図（2）

表47 サハリン（樺太）地名対応表（南海岸）

番号	現地名（英）	旧日本地名	北延叙歴検真図1856・57年時点	北海道歴検図1856・57年時点	樺太見取略図1854年	入北記1857年	北蝦夷地全島図1858年	北蝦夷全図1850年代	北海道国郡全図1871年	北蝦夷幕末期
1	m. Kril'on	西能登呂岬	ノトロ岬	白主ノトロ岬	ノトロ岬		ノトロ岬	ノトロ岬	ノトロサキ	
		倍加留		ペイシヤニ					ラソエコニ	ヲソ井クニ
										ハイカラコタン
2	m. Anastashii	毘沙讃	ビシヤサン	ビシヤサン	ヒシヤサン		ヘシサン	ヘシサン	ビシヤサン	ビシヤサン
4	Khvostove	内砂	ナイチヤ							チブグン
			ヌフツ							モトマリ
					コンフイトマリ					コンブ井
3	slaly Khirano	利家泊	リヤコタン	利家古丹	リヤトマリ		リヤトマリ	リヤトマリ	リヤトマリ	リヤトマリ
5	Slonimskaya	淵			フチ					ホシベリウス
7	Ul'yanovskoye	泥川			トマリオンナイ				トマリテンナイ	トマリオンナイ
6	Ul'yanovka	鉢子内？								ツノシ
8	Novotambovskoe	菱取？								ムンチヤウンナイ
9	Kirillovo	雨龍	ウルー	宇流烏	ウルウ		ウルウ	ウルウ	ウルフ	ウルー
10	Pochinka	池月濱			イカツ子ナイ				エカチテナイ	イカツ子ナ井
11	Ol'khovatka	幌内保			ホロナイホ		ホロナイホ	ホロナイホ		
					ケ子ウイ			ヘフリナイ		
12	Taranay	多蘭内濱			タラナイ		タラナイ	タランナイ		タランナイ
13	Malinka	利良			ロラ		西川	リラ		ヒラ
14	Aniva	留多加	ルウタカ	流高	ルウタカ		ルウタカ東川	ルウタカ		ルタカ
15	Peschanskoye?		エタコンライチシ	エタコンライチシ						オタニヒライチシ
										ツラヲンナイ
										ゲケ
16	Novaya Derevnya	鈴谷	ヒシユヤ	日朱谷	シシヤニ	シユユヤ	シシユヤ	シシユヤ	ヒシユヤ	シコヤ
17	Solov'evka?	南貝塚？	チナイポ		チナイホ	チナエホ		チナエホ	チナイホ	ヲナエポ
18	Davydovo?		トマリヲナイ	泊恩内	トマリアンナイ	トマリヲンナイ	トマリヲンナイ	トマリヲンナイ		トマリオンナイ
19	Tret'ya Pad'?	円留				エンルモウロ		エンルモ		
20	Vtoraya Pad'?	二ノ沢？	ウシユンナイ	牛運内	ウシユンナイ	ウシユンナイ	ウシユンナイ	ウシユンナイ	ウシユンナイ	ウシユンナイ
21	Pervaya Pad'	雲羅（一ノ沢）	ウンラ	雲羅	ウンラ	ウンラ	ウンラ	ウンラ		ウンラ
22			ハツコトマリ	八虎泊	ハツコトマリ	ハツコトマリ			ハツコユマリ	
23	Korsakov	大泊	クシュンコタン	久春古丹	クシユンコタン	クシユンコタン	クシユンコタン	クシユコタン	クシユンコタン	久春古丹
24	m. Tomari-Aniva				ホロアントマリ	ホロアントマリ	ホロアントマリ	ホロアントマリ	ホロアントマリ	ホロアントマリ
25	Korsakov-Prigorodnoye	雄呋泊	ヲフユトマリ	小冬泊	ツツイトマリ		ヲフイトマリ	ヲフイトマリ	ヲツユトマリ	ヲフユトマリ
26	Prigorodnoye	勇度丹（女麗）			ユウトンナイ			ユウトクンナイ		ユウトンナイ
27	m. Yunona	小田井	ヲタサン	小田寒				ヲタサン	ヲタサン	オタサン
			ヲタエレンカ山							オタエレンカ岬
28	Ulesnoye	犬駒内	エヌシコマナイ	江主高麗内		エヌシコマナイホ	エヲシコマナイ	エヌシコマナイ	エヌシコマナイ	エノヲシコマナイ

4　1850年代のカラフト島の先住民族と国家　335

番号	現地名（英）	旧日本地名	北延叙歴検真図1856・57年時点	北海道歴検図1856・57年時点	樺太見取略図1854年	入北記1857年	北蝦夷地全島図1858年	北蝦夷全図1850年代	北海道国郡全図1871年	北蝦夷幕末期
29	Utesnoye	釜泊						カアマトマリ		
30	Ozerskiy	池辺讃（長浜）	チヘシヤニ	千辺沙荷	チベシヤニトウ	チベシヤニ	チベシヤニ	チベシヤニ	チベシニア	チベシヤニ
31		洞舟				ホラフニ	ホラフニ	ホラフニ		ホラフニ
32	m. Lebyazhiy Nos	内友	ナイトム	内冨		ナエトモ	ナエトモ	ナエトモ		ナイトモ
34		野月					ノツコエ	ヌツコエ		
33		酔越				ヨヲクシ	エヨヲクシ	ヨヲクシ		ヨークシ
						ナイコロコタン				
35	Murav'yevo	遠淵	トウブツ	東風津	トウフツ	トヲフツ	トヲフツ	トヲフツ	トウフツ	トウブツ
36	Peski	胡蝶別				コチヨヘチ	ヲチヨヘリ	コチヨヘツ		コチヨベツ
			チカビナウシ				ヲホトマリ			
37	m. Grina	内音				ナエヲンナイ	ナイヲンナイ	ナイヲンナイ		ナイヨンナイ
			ノシケタナイ			ノシケタ井	ノシケタナイ			ノシケタナイ
			チシヨセ崎							フーレ
38	Novikovo	弥満別	ヤワンベツ	屋椀別		ヤワンヘツ	ヤワンベツ	ヤワンベツ	ヤワンベツ	ヤワンベツ
						ナエトコロ		ナエコトロ		
39	ur. Rybach'ye	小満別				ヲマンヘチ	ヲマンベツ	ヲマンヘツ		オマンベツ
			ウシニコロ	牛荷古路						
			ポンヌツポシリホ	ポンフィブシリホ						
40	Yuzhnoye	礼塔						ラン		
41	m. Mramornyy	近泊	ケルン	剣流		チカヒナウシ	ツカヒナウシ	チカヒナウシ	ケンル	チカビラウシ
										ルチシオブチ
										サツドホ
										フチエレ子
42	m. Aniva	中知床岬	シレトコ崎	知床岬			シレトコ岬	シレトコ岬	シレトコサキ	知床岬

表48 サハリン（樺太）地名対応表（西海岸1）

北緯	番号	現地名（英）	旧日本地名	北延叙歴検真図 1856・57年時点	北海道歴検図 1856・57年時点	樺太見取略図 1854年
46	1	m. Kril'on	西能登呂岬	ノトロ崎	能登路岬	ノトロ岬
	43	Kril'on	白主（南白主）	シラヌシ	白主	シラヌシ
	44	m. Maydelya				
	45	ur. Ghertov Most	菱苫	ヘシトマナイ		
				アララカヒ	アカラカヒ	アカライカ
	46	m. Zamirayiova Golova	鴨居泊	リイヘシ山道		カムイトマリ
	47	Kuznetsova	宗仁	ショウニ	ショウニ	ショウニ
	48	r. Riflyanka	遠知志		ウエンケシ	ウエンチシ
	49	r. Puchkovka	利良志内			
	50	Ivanovka	無意泊	モエリトマリ	モエリトマリ	モエリトマリ
	51	Shebunino	南名好			
				ウエンチシ崎		
			牛荷			ウシニコロ
	52	Gornozavodsk	内幌			
	53	r. Kazachka	吐鯤保	トコンホ	トコンボ	トコンボ
	55	Nevel'sk	本斗			
	54		鳥舞			
	56	Lovetskaya	遠節			トフシ
	57		良音問			
	58	Yasnomorskiy	阿幸			ヲウコ
	59	Zavety Il'icha Sakhallnskiye	麻内			アサンナイ
	60	Kali'nino	多蘭泊	タラントマリ	タランドマリ	タラントマリ
	61	Zyryanskoye	姉苗			
	62	Zyryanskaya–Sakhalinskaya	大穂泊			
	63	Lyublino				
	64	Priboy	廣地	ビロチ		ヒロチ
47						

4　1850年代のカラフト島の先住民族と国家　337

入北記 1857年	北蝦夷地全島図 1858年	北蝦夷全図 1850年代	韃靼海峡両岸見取図 1859年?	北海道国郡全図 1871年	北蝦夷 幕末期
	ノトロ岬	ノトロ岬	ノトロ岬	ノトロサキ	
シラヌシ	シラヌシ	シラヌシ	シラヌシ	シラヌシ	白主
					カツトク
			ヘシトモナイツ		ベシトモナイ
	アカラカ		アカラカイ	アカラカヒ	アカラカイ
			カモノ		
					セエンシユツホ岬
	ショニ	ショニ	ショニ	シヤウニ	ショウニ
					ヨツケベシ
			ウエンチシ	ウエンケシ	ワエンナシ
					リヤウシナイ
					ノワヲエ
モエレトマリ	モエントマリ	モエレトマリ	モエリトマリ	モエイトマリ	(モイカトマ)
			ナコシ大川		ナイシ
					エブンクウヤ
マチラシナエ			マツラシナイ		マナテシナイ
ウエニ					ウイン子
					シイナイ
					アルトルンナイ
ウシニコロ		ウシニコロ	ウシニコロ岬		ウシニコロ
			ウエンニ岬		
			ナイホ		
トコホ	トコホ	トコンホ	トクンホ	トコンボ	トコンボ
			トンナイ		トマキニカタ
トルマエ			トルマイ		トルマン
					リヤコタン
トフシ			トフシ		トウフシ
ラヲトエ					ラシ子トウ子
ヲコー	ヲコー		ヲコヲ漁場		オコー
アサンナイ	アサナイ		タサニナイ		アオンナイ
					リヤコタン
					サルツコ
タラントマリ	タラントマリ	タラントマリ	タラントマリ	タラントマリ	ボロナイ
					アヌ子ナイ
ヲホトマリ		ヲホトマリ	ヨハトマリ		ヲホトマリ
ハウシナエホ					セタケアンナホイ ウエンエンルン ビセチ
ヒロチ	ヒロツ	ヒロツ	ヘロチ漁場		
キトシナエホ					キトウシナイ

第Ⅳ章　カラフト(サハリン)島への和人の進出

北緯	番号	現地名（英）	旧日本地名	北延叙歴検真図 1856・57年時点	北海道歴検図 1856・57年時点	樺太見取略図 1854年
	65	Polyakovo	手井			
	66	Kholmsk	本泊			
	67	Kholmsk	眞岡	西富内（エンルコマフ）	西富内	エンルコマフナイ（西トンナイ）
	68	Simakovo	幌泊			ホロトマリ
						ハチコホシ
	69		楽磨			ラクマカ
	70	Yablochnyy	蘭泊			トマリホ
	71	m. Tukotan	床丹	トウコタン	トウコタン	トヲコタン
	72		小谷内			
	74	r. Plonery	羽母舞川			
	73	Sadovniki	列丹内			レフタナイ
	75	m. Slepikovskogo	小能登呂			ノトロ岬
	76	Krasnoyarskoye	登富津			トウフ
	77	Chekhov	野田寒	ノタサン	ノタサン	ノタッサン
	78	Novosibirskoye	梅香			バイカルウシ
	79	m. Chikhacheva	荒鯉			
	80	m. Yablonovyy	知登			チイカエ
	81	Seliverstova	小岬（ウッス岬）			チイカエヘシコ岬
	82	Urozhaynoye	杜門			
	83	Tomari	泊居			
	84		北泊帆			
	85		千帆泊			
	86	Nevodskoye	白浦	シララヲロ	シララヲロ	シララウヲロ
	87	m. Syaromayachnyy	知来			
	88	Penzenskoye	名寄	ナヨロ	名輿路	ナヨロ
48	89	Il'inskiy	久春内	クシユンナイ	クシユンナイ	クシュンナイ
	90	r. Zhesminka	小茂白			
	91	Ozhdeniye	洞内			

4 1850年代のカラフト島の先住民族と国家　339

入北記 1857年	北蝦夷地全島図 1858年	北蝦夷全図 1850年代	韃靼海峡両岸見取図 1859年?	北海道国郡全図 1871年	北蝦夷 幕末期
			テヘ	テイ	ライ
					ホントマリ
					コニルモコナフマイ
エンルモコマフ	エンルモコマフ	西トンナイ	エンルモコマフ	ニシトンナイ	富内
ヲニツロフ					
ホロトマリ	ホロトマリ		ホロトマリ		ホヲニチウブ
ハイチコフウシ			ハチコフシ		
ラクマカ	ラクマカ		ラクマカ		ラクマカ
トマリホ	トマリホ		トマリホ		トマリホ
トコタン	トヲコタン		トコタン	トウコタン	トウコタン
					ヲチウシナイ
			テクセイ川		
					レツタンナイ
			ノトロ岬	ノトロサキ	ノトロ岬
トヲフ	トヲフツ				トブフ
ノタツサン	ノタシヤン	ノタサン	ノタサン	ノタサン	ノタサン
ハエカラサムシ	ハエカルシヤムシ		ハイカラ		ハイカラオムシ
					アラコエウンナイ
					ハアセウシナイホ
			チイカイ山中		チエカイ
					（ヘウレラシア）
	タツテコロ		ヲテコロ		オテツコロ
	ホロアントマリ				
	トムシナイ		トモンナイ		トムオンナイ
	トマリヲロ				
	トマリホロ				トマリホロ
	チヨマナイホ				
	カブウツナエホ				
シララヲロ	シララヲロ	シララヲロ	シララヲロ漁場	シララヲロ	シララヲロ
					チラヲシナイ
ナエヨロ	ナイヨロ	ナエヨロ	ナヨロ	ナヨロ	ナヨロ
クシユンナイ	クシユンナイ	クシユンナイ	クシュンナイ漁場	クシユンナイ	久春内
	コモシララヲロ		コモシララヲロ		コモシララ
					ホロナイ

第Ⅳ章　カラフト(サハリン)島への和人の進出

表49　サハリン（樺太）地名対応表（西海岸2）

北緯	番号	現地名（英）	旧日本地名	北延叙歴検真図 1856・57年時点	北海道歴検図 1856・57年時点	樺太見取略図 1854年
	92	ur. Kungasnoye	江戸内			
	93		野津			
	94		礒矢			
	95	Novoye niseyskaya	恵比須			エビナイ
	96	Belinskoye	留久内			
	97	Parusnoye	小田洲	ヲタソ	オタソ	
	98	Krasnogorsk	珍内（来知志）	ライチシカ	ライチシカ	ライチカシ
	99	Staritsa	古丹			コタンウトロ
						チトカンベシ
						トリチヤラ
	100	Krutoj Yar	円度			
	101		宇遠			
	102	m. Orlova	牛苦			
	103	sar. Orlovo	鶉城	ウソヨロ	ウソヨロ	ウシヨロ
	104	Porech'ye	北宇須			
			幌千			カバルシ
49	105	Izyl'met'yevo	幌岸			ホロケシ
	106	Sobolevo	天内			
	107	m. Chekhova	稲牛	チセウンナキ	チセウンナイ	
	108	Uglegorsk	恵須取			イシツリ
	109	Udarnyy	雄武洞			ヲムトウ
	110	Shakhtersk	塔路			(ペシボ)
	111	m. Nizmennyy		リウンナキ	リウンナイ	リヨナイ
	112	Lesogorsk	北名好	ナヤス	ナヤス	ナヤシ
				ナイホツカ	ナイボッカ	
						ノタッサム
						シロチタナイホ
	113	Boshnyakovo	西柵丹			シヤクコタン
						トナヲイ岬
						ラヲビラ岬
	114	m. Polevogo	北宗谷			ショウヤ
	115	Belkina	沃内	ヲフケナキ	ヨフケナイ	エホケナイ
						デンタルイ
						セタチエ
						チツチウナイ岬
50	116	Vozvrashcheniye	安別			アモウヘス

4　1850年代のカラフト島の先住民族と国家　341

入北記 1857年	北蝦夷地全島図 1858年	北蝦夷全図 1850年代	韃靼海峡両岸見取図 1859年?	北海道国郡全図 1871年	北蝦夷 幕末期
			イトテナイ		（レフンマナホイ）
					ノツシヤシ
					モウタコナイ
			ソウヤ		レブンリウヤ
	ユヒス	エヒシ	エヒス		エビシ
	ルウクシエナイ				ルウクシナイ
		ヲタショ	ヲタス	オタソ	オタツ
ラエチシカ	ラエツシカ	ラエツシカ	ライチシカ	ライチシカ	ライチシカ
		コタンウトロ	コタンウトロ岬		コタンウトロ
					チトナシベシ
					トツソシヤラ
					エントクシナイ
ウエレンサ					ウエンルエオン
ヲタフニ					
ウシトマエカナ					ウシトマナイ
	ウシヨロ	ウシヨロ	ウシロ	ウシヨロ	ウシヲセ
ウツショ					ウツシエ
フレヲチ					
ホロケシ		ホロコタン		ホロケシ	ホロケシ
					テムンナイ
				チセウンナイ	チセウシナイ
		イシトリ			イシトリ
					ヲムトトロ
		トウロ			トウロ
				リウンナイ	リコナ井
		チヤシ		ナヤス	トヤシ
				ナイホ	
				ノタサン	
		シルトンナイ			シルトンナイ
					シヤロノコタン
			ソウヤ		ソウヤ
				ヨフケナイ	ヨフケナイ
					セタチセ

第Ⅳ章　カラフト（サハリン）島への和人の進出

北緯	番号	現地名（英）	旧日本地名	北延叙歴検真図 1856・57年時点	北海道歴検図 1856・57年時点	樺太見取略図 1854年
51	117	m. Mozir				サツルイ岬
	118	m. Pilevo	幌渓	ポロコタン	ホロコタン	ホロコタン
						ナイコアンベシ
						テツケショヲマン
				トツショ		ジツホウン
				ホコラニ		ホコラン
	119	m. Aspit		ナヨナキ	ナヨナイ	ナイナイ
	120	g. Kitousi	木透	キトウシ山	キトウシナイ	キトウシ
						モチヤナイホ
					オツウシナイ	アカサマ小山岬
				チヤカマシナキ	チヤカマシナイ	アカシナイ
				アボウシベ		
				ホルホシナキ		
	121	m. Furugel'ma	阿党吉岬	アテンキ	アテンキ	アテンキ
				ルブラッケ	ルブラッケ	
					チヨルーケ	
	122	Aleksandrovsk-Sakhalinskiy	落石	ホエチヨ	ホイエチヨ	
					ヲツタシ	ヲツツシ
				ヲツチシ		
	123	Arkobo-Bereg	荒子井	アラゴヒ	アラコエ	アラコエコタン
	124	Mgachi		ニクマヒ	ニクマエ	ニクマヘ
	125	Manglday		チシコマナイ	チシコマナ井	
	126	Tangi			ウタンケ	
	127	Khoy	帆柄	ホイエ	ホイエ	ホエチ岬
	128	m. Uandi		ワンレイ	ワンレイ	マクシケナイ
		Uandi		ホロハンレイ	ホロワンレイ	トエチナイ
				モウレイ	モウレイ	
				ポロワンレイ	ホロモウレイ	
	129	Viakhtu		ウエツコル	ウエツクル	ウタカイ
	130	g. Pesonanaya		ハラマチ	ハラマチ	ホヘイ
						ヘフツロ
52	131	m. Tyk	西野手戸崎	ノテト	野手戸	ノテト
	132	Tyk				
	133	m. Lakh				ナツコ・元ナツコ
			汪艾（和牙）			ハンケ

4 1850年代のカラフト島の先住民族と国家   343

入北記 1857年	北蝦夷地全島図 1858年	北蝦夷全図 1850年代	韃靼海峡両岸見取図 1859年?	北海道国郡全図 1871年	北蝦夷 幕末期
					サツルヘ
	ホロコタン	ホロコタン	ホロコタン	ホロコタン	ホロコタン
				ナヨナイ	
				キトウシ	キトウシ
					モシヤ
		アタフ		アテンキ	アタゲ
				カムイシヤハ	チカビル
		ホンデヨ	ホイテ	ホイエチヨ	ホニチヨ
	ヲツチシ			オツテシサキ	オツチシ岬
		ヲツチシ	ヲチシ		オツチシ
	アラコイ	アラコエ	アラコイ大川	アラコヒ	アラコ井
	ニクマイ			ニクマエ	ニヤカメ
					チヨロコマ井
					モコナイ
		タケ	ウタニ大川	ウタンケ	タゲ
	ホエツ	ホエ		ホイエ	ホエ
	マリンケナイ			ワンレイ	ワンリン岬
	トエツナイ			ホロワンレイ	
	ヲーエ	ウヤツコ		ウエツクル	ウヤツロ
				ハラマチ	
	ヘクツル				
		ノテト	ノテト岬	ノテト	ノテト岬
		トツカ			トツカ
		ナツコ	ナツコ岬	ナツコ	
		ワケー	ワンケ	ワケー	ワゲー岬
				ラシシルフ	

表50 サハリン（樺太）地名対応表（西海岸3）

北緯	番号	現地名（英）	旧日本地名	北延叙歴検真図 1856・57年時点	北海道歴検図 1856・57年時点	樺太見取略図 1854年
	135	Pogibi	鉾部		ホコベ	
	134	m. Uangi	和河志		ワカセイ	
	136	Lupoiovo			ナニホ	
	137	Rybnovsk	田村尾			
	138	m. Chauna				
	139	m. Naruzhnyy				
54	140	g. Tsentral'naya				
	141	g. Mayak				
	142	m. Shmidta				
	143	Nyvrovo	鶩小門			
	144	m. Yelizavety	ガオト岬			

4　1850年代のカラフト島の先住民族と国家　345

入北記 1857年	北蝦夷地全島図 1858年	北蝦夷全図 1850年代	韃靼海峡両岸見取図 1859年?	北海道国郡全図 1871年	北蝦夷 幕末期
		ボコベエ	ホヲヘ	ホゴヘ	ボタベー岬
		ヲシミルフラ	ハチ□ホヲイ	ヘンケエンルン	ツシミルフテ
		ワカシ			ワカシ岬
		コエト	キシマレフ		ゴエト
		ロツコセ	コンレ		ロツコビ
		ヨゴタフ	ヨコタモ		ヨコタブ
				ハチコモイ	ボレツキ
		ホレツキ	ノコセ		チヨンケ
		チヤツカイ	チヤガエ		マカタ
			チヤカヤ	ヲシマヘレプ	ノツク
		ヨリチキリ	ヨリテクシ		ヨリチキリ
		ラカレヲヲ			ラカレヲー
					マガリヲー
		ガニヲ		カルホ	カニオー
					ヘムクオー
					オーロツブ
					コトカータ
		ホシヒ			ムシビ
					マクオー
					イグチボブオー
					ヨイチボフオー
					ホツテンポフオー
					ヤルオー
		タムテヲヲ	タムラヲヲ		タムラオー
		ヲツトヲヲ			オツトオー
					ホムリオー
					ユフケツプ
		チヤントヲヲ			チヤントオー
		ウシカ		ウシカ	ウシカ
					キリカ
		ハニボクト			ナニボク
					カルオー
		ホンメト			ホントソ
		ムシヒ	ウユチクシ岬	ムシヒ	ムシビ
		トツカ		ヨコタモ	トツカ
		ベロヲヲ		ホンノト	ベロオー
		トメ		ノコセ	トソ
				ウエンクシサキ	
				マリア	
		マツケガヲト		マチケコウテ	マチカガヲト
		ガヲト	コヲテ		ガオト
		ガヲト岬			

表51　サハリン（樺太）地名対応表（東海岸1）

北緯	番号	現地名（英）	旧日本地名	北延叙歴検真図 1856・57年時点	北海道歴検図 1856・57年時点	樺太見取略図 1854年
	42	m. Aniva	中知床岬			シレトコ岬
	145	Evstaf'evo	乳根			チシ子イ山
	146	oz. Ptich'ye	皆別			
	147	m. Zheleznyy	親口			
	148		神居斜波			
	149		鉢戸			
			恵菜牛			
						ウエ子ンモル
	150	m. Svobodnyy	愛郎（岬）			アイロップ岬
	151		野幌			
	152	Okhotskoye	富内	トンナイチヤ	富内茶	トンナイチャ
	153	oz. Izmenchivoye	恩洞	ヲムトウ	ヲムト	ヲムトウ
	154	Lesnoye	落帆	ヲチヨボツカ	ヲチヨホツカ	ヲチヨボカ
47	155	Dolinka	南遠古丹			ウンコタン
			小西別			コタンシベツ

4　1850年代のカラフト島の先住民族と国家　347

入北記 1857年	北蝦夷地全島図 1858年	北蝦夷全図 1850年代	北海道国郡全図 1871年	北蝦夷 幕末期
	シレトコ岬	シレトコ岬	シレトコサキ	知床岬
			クン子ビラ	
				ウエントマリ
				ハチウシカナイ
シヤソトホ				ノスフ
				チセホベ
				チセホユ
				ウエシホク
				ヲチヤスセ
ハシホ	ハシホ			ハシホ
			カハラシウリ	カエラチシホ
				ユウソトタナイ
		チシ子※	チシフナイ	チシ子
				オタロベ
				クシエンヌツホ
	メナフツ	メナフツ	エンルン	マナベツ
				ソウヤヲマエリ
トヲクシユンチア	トヲクシユンツヤ	トンクチシア		トウクシユンチア
			ホロトウ	ヨフラ井ナイ
				フンベヲマエ
				エセツチエカリ
			マリケン	ヲクロフヲヒナイ
				ノス川
				ホロチエカイ
				ヲヤチコ
カムイシハヤ				
			ハチトウシ	
				ヘシエンルヒ
	テナウシ			セタエナウシ
	ホロトマリ		ホロエンルン	カムイエウシ
				レブニナイ
アエロフ	アエロプ	アエロフ	アイロフ	ア井ロップ
				ロツケナイ
				ホロトシリ
			ホロベツ	フヒクシヤニ
				エタシ
				ノフホロ
トンナエチア	トンナイツヤ	東トンナイ	トンナイチヤ	富内茶
	ヲムト			オムトウ
ヲチヨホカ	ヲツヨホカ	ヲチヨホカ	ヲチヨホツカ	オチヨホカ
ウエンコタン	ウエンコタン	ウエンコタン		ウエンコタン
コノシベ		コタシベツ		コクシベツ

348　第Ⅳ章　カラフト（サハリン）島への和人の進出

北緯	番号	現地名（英）	旧日本地名	北延叙歴検真図 1856・57年時点	北海道歴検図 1856・57年時点	樺太見取略図 1854年
	156		南貞咲	ヲフサキ	小布崎	ヲフサキ
			喜美内	キムンナイホロノボリ		
	157	m. Sima	島古丹			シマコタン
	158	m. Bykova	亜南			アンナノナイ
	159		犬主	イヌヌシナイ	犬主内	イヌヌシナイ
	160	m. Ostryy	野寒			ノチサン
						ニエタシ
	161	m. Senyavina	押江			ヲソエコミ
	162	m. Rorej	魯禮	ロレイ	露麗	ロレイ
	163	Starodubskoye	栄浜	ヲツウシナキ		シユユウシナイ
	164		島矢			シユマヤ
	165	Nayba	内淵	ナエブチ		ナイブツ
	166	Sovetskoye	相濱	アイ	ア井	アイ
	167	Klepichnaya	白浜	シルトロ	知登路	シルウトロ
	168	Firsovo	小田寒	ヲタシヤム	ヲタシヤム	ヲタシヤン
	169		眞苫			マトマナエ
	170	Dudino	保呂			ホロナエ
	171		辺計禮			
	172	Vzmor'ye	白浦	シララヲロ	シラララカ	シララヲロ
	173	Arsent'yevka	眞縫	マアヌイ	真阿縫	マアヌイ
	174		箱田			
48	175	Kazanka	輪荒	ワアレイ	輪伶	ワアン
	176	Tikhaya	近幌	チカビルシナキ	チカヘルシナイ	チトカンチシ
						チヤベロシナイ
	177	m. Tikhiy	僧院			シヨウニコタン
	178	g. Zhdanko	突岨	トツソ山	トツソ山	トツソ
	179	Buruny	登帆	ノボリホ		ノボリエ
	180	Pugachevo	馬群潭	マクンコタン	真群古丹	マクンコタン
	181		帆矢向			

4 1850年代のカラフト島の先住民族と国家   349

入北記 1857年	北蝦夷地全島図 1858年	北蝦夷全図 1850年代	北海道国郡全図 1871年	北蝦夷 幕末期
ヲフサキ		ヲフサキ	サフサキ	ホフツオキ
				ハトヤウシ岬
				ヲテウナイホ
シユマヲコタン	シユマヲコタン	シユマヲコタン		シユマコタン
エニニシナ井	エヌヌシナイ		イフシナイ	イヌヌシナイ
				モエリトマリ岬
				オタトマリ
				ヲリエコニ
ロレイ	ロレイ	ロレイ	ロレイ	ロレ井
シユユシナイ	シユユシナイ	シユユウシナイ		栄浜
シユヤマ	シユヤヤ			シユマヤ
ルウクヤ				
ナエフツ	ナエブツ	ナエフツ	ナエブツ	ナイブツ
ホロヌフ				
シアンチヤ				
エコホシ				
タコエ				
トヌウシテヤ				
アイ	アイ			ア井
	シルトロ		シルトロ	シリウトロ
ヲタシヤン	ヲタシヤン	ヲタサン	ヲタシム	オタサン
チホウシナエ				
マトマナエ	マトマナイ			テホウシナイ
ホロナイ	ホロナイ			ホロナイ
				ベケレ
シラヲロ	シラヲロ	シララヲロ	シラララロ	シララヲロ
				シンシコナヤエ
マアヌエ	マアヌエ	マヌアエ	マヌエイ	マータエ
ヲハコタン				オハコタン
	ワアン	ワアレ		ワーレ
チカヒルナエ				チカシカウシナ井
	ナヘルスカ			
	トツリ		トツソ	トツソ
			ノホリホ	
マクンコタン	マクンコタン	マクンコタン		マクンコタン
				ホンヤケ

350　第Ⅳ章　カラフト(サハリン)島への和人の進出

表52　サハリン（樺太）地名対応表（東海岸2）

北緯	番号	現地名（英）	旧日本地名	北延叙歴検真図 1856・57年時点	北海道歴検図 1856・57年時点	樺太見取略図 1854年
			斑伸	フヌフ	ツヌフ	フヌフ
	182	Vostochnyy	元泊			
	183	Zaozernaya	樫保			カシホ
	184	m. Klokova	東幌内保			ノフカ
	185	Porechye	北遠古丹	ウエンコタン	ウエンコタン	ウエンコタン
	186	Makarov	知取			シルウトル
	187	Tumanovo	東柵丹			シャクコタン
	188	Markovo-Sakhalinskoye	大鵜取	コタンウトロ	コタンウトロ	
	189	Novoye	新問	ニイトエ	熱樋	ニイトイ
	190	m. Nltuy		ノテト	野手戸	
49	191	m. Soymonova	古丹岸	コタンケシ	古潭消	コタンケシ
	192	Gastello	内路	ナヨロ	ナヨロ	ナヨロ
	193	Polonaisk	敷香	シツカナイ	シツカナイ	シシカ
	194	r. Taranka	多蘭			タナンコタン
						クウニシヤ
						シリマウカ
	195	Promyslov'aya	多来加	タラエカ	鱈江霞	
				チヨウバイ		
				ハカマチ	ハカマチ	
	196	Vladimirovo	野頃			
	197		仁滝			
				サチカエル	サチカエル	
	198	ur. Shamovo				
	199	Kotikovo	散江		テウハエ	
49	200	m. Pyata				
48	201	m. Kosmodem'ynskoy				
48	202	m. Georgiya				
48	203	m. Terpeniya	北知床岬			シレトコ岬

入北記 1857年	北蝦夷地全島図 1858年	北蝦夷全図 1850年代	北海道国郡全図 1871年	北蝦夷 幕末期
フヌフ	ツヌフ	フヌフ	フヌフ	
				モトマリ
				ツタブ
カシホ		カシホ	カシホ	オシボ
ウエンコタン	ウエンコタン	ウエンコタン	ウエンコタン	ウエンコタン
				シリウトロ
				シヤツコタン
			コタンウトロ	コタンウトロ
		ニイトエ	コイトエ	ニートイ
			ノテト	
	コタンケシ	コタンケシ	コタンケシ	コタンケシ
	ナエヨロ	ナヨロ	ナヨロ	ナヨロ
	シツカ	シツカ	シツカナイ	
	タランコタン	タランコタン	タランコタン	タランコタン
				シツカマウカモ
	タライカ	タライカ	タラエカノ澗	タラエカ
				タロアンルン
				キウル
				ヨツタマ
				ワラジ
				イヤカ
	ノコロ	ノコロ		ノコロ
				チニタンキ
				ウエンコタン
				ヘセトコ
		カリクニ		カニクリ
				チルワサ
	ムシツタト□	ムシヒ		ムンビ
				アラチリベ井
				エンルムカ
				シラタシ
	バトラトンナイトヲフツ	バラトンナイ		バラトンナイ
	トヲチヨ	カバシベ		カバシベトマリ
	ユタシベエンモル			カハンベ岬
	ヤンケトヲフツ			ヘチリナイ
	シエトコ岬	知床岬		真知床

第Ⅳ章　カラフト(サハリン)島への和人の進出

北緯	番号	現地名（英）	旧日本地名	北延叙歴検真図 1856・57年時点	北海道歴検図 1856・57年時点	樺太見取略図 1854年
50	204	Pogranichnoye	縫鵜			
			植子谷			
	205	m. Ratomanova	鷲柴岬			
51	206	Chamgu	丁母木			
	207	Lunskiy Zaliv	呂郷			
	208	Nabilskiy Zaliv	弥勒翁湾			
52	209	Nyyskiy Zaliv	縫湾（縫江）			
53	210	Zaliv Chayvo	茶江			
	211	Zaliv Pil'tun	弁連湖			
54	212	kaygan				
	213	m. longrl				
	144	m. Yelizavety	ガオト岬			

4　1850年代のカラフト島の先住民族と国家　353

入北記 1857年	北蝦夷地全島図 1858年	北蝦夷全図 1850年代	北海道国郡全図 1871年	北蝦夷 幕末期
				ヌターキビリ
			ラチトウチナイ	チベヤントマリ
			ヤニカタ	シラルシ
		ノシケシララ	ムシニト	ノシケシララ
			ノタヤリホ	ナダカルフ
			セトエ	ベロトコ
				ドッテキシコマ
		フレトンナイ	フレトンナイ	フレトンナイ
		ハツラキシコヒ		サカスト
		ノテト		
		チライナイ	シライナイ	チラ井イ井
		ホムシ	ホムシ	ホムン
		チヤアモキ	チヤアモキ	チヤアモキ
		ス	ヌイ	ヌ
		ウエンコタンナイ		ウエンヌメシナ井
			カシワサキ	カシ岬
		チヤアモキ	ウエンコタナイ	チヤアモ
		ロゴウ	リキムイ	ロゴウ
		メロクヲヲ	ホロナイ	メクロオー
			ノコクホ	ケクルオー
			ワクルケ	アオー
		ヌエ	ベレントウ	ヌエ
			ホトスカ	アオー
			ワルストサキ	ケオー
		トクメツ	トクスツ	トクメツ
		ラトヲヲ		ラトオー
				ワクルオー
				ウルトルオー
		チヤエ	ホトモエ	チヤエ
		ベエントウ		ベレントウ
				ホトロスカ
		ヲヲグツトウ	オートクット	オートグット
		トロント	トウロント	トーロント
		ロコリ	ロコリ	ロゴリ
			エリハフト	
				ガヲト岬

5　クシュンコタン占拠事件と樺太アイヌ供養・顕彰碑

はじめに

　嘉永6年（1853）は、アメリカの遣日使節ペリーが開国・通商を要求して浦賀に来航したにとどまらず、国境画定・通商交渉の使命を帯びてロシア使節プチャーチンが長崎に来航し、幕府は応接・交渉に追われることになった。プチャーチン使節との交渉の最中の8月30日、カラフト（現ロシア領サハリン島。文化4年〈1807〉の蝦夷地全域の幕府直轄化により同6年、北蝦夷地と呼称を改めるが、以下では便宜的にカラフトと表記する）・クシュンコタン（大泊、現コルサコフ）に1隻のロシア船が来航し、70余人のロシア兵が上陸、軍事施設（ムラヴィヨフ哨所）を構築し、以後8ヶ月にわたって同地を占拠するという事件が起った[1]。

　弘前大学人文学部文化財論研究室では、近世墓と人口史料による近世の社会構造と人口変動の解明を目的として、北海道松前郡松前町にて、旧福山城下町の近世墓標の悉皆調査を行った。平成19年度は、早稲田大学人間科学学術院、東北芸術工科大学芸術学部歴史遺産学科と協同で、9月1日から17日まで寺町寺院街を中心に調査を行い、9ヶ寺4,151基（8,063人分）の墓標データを収集した。また、松前町、浄土宗・高徳山光善寺には、地元でアイヌの「墓碑」（松前町1958）と呼ばれる石碑があり、その石碑も調査の対象となった。この石碑は、これまで刻まれている文字が検討されたことはなく、その重要性が認識されないままとなっていた。『松前町史』はこの石碑について全く言及しておらず、近年刊行された『北海道の歴史散歩』（北海道高等学校日本史教育研究会編、山川出版社、2006、55頁）でも、光善寺の項目中の境内の案内に「庫裏から南に少し進むと、右手にアイヌの墓碑、さらに進んで右手の墓地内には…」と、現況が簡単に述べられているに過ぎない。調査の結果、石碑はカラフトアイヌの供養碑であるとともに、嘉永6年のロシアによるクシュンコタン占拠事件に関係するカラフトアイヌの顕彰碑であり、我が国の外交史・北方史・アイヌ民族史上、重要な資料であることが判明した。

　本節では、石碑の内容を紹介、検討し、石碑建立にかかわる考察を加えることにする。

　なお、本節は、筆者を研究代表者とする科学研究費基盤研究B（課題番号19320123「近世墓と人口史料による社会構造と人口変動に関する基礎的研究」）の研究成果の一部を含む。

（1）石碑の概要

　カラフトアイヌの供養・顕彰碑（以下、石碑と呼ぶ）がある光善寺は、福山城跡の北側、寺町寺院街の西端に位置する（図146-1）。光善寺は、天正3年（1575）に順誉により松前大館に開かれ、はじめ高山寺と称した（星野1894）。大館から福山館への転居に伴い、元和5年（1619）、高山寺も現在地へ移り、元和7年、良故和尚の代に後水尾天皇より高徳山光善寺の寺号を賜り、改称したという（星野1894）。

5 クシュンコタン占拠事件と樺太アイヌ供養・顕彰碑　355

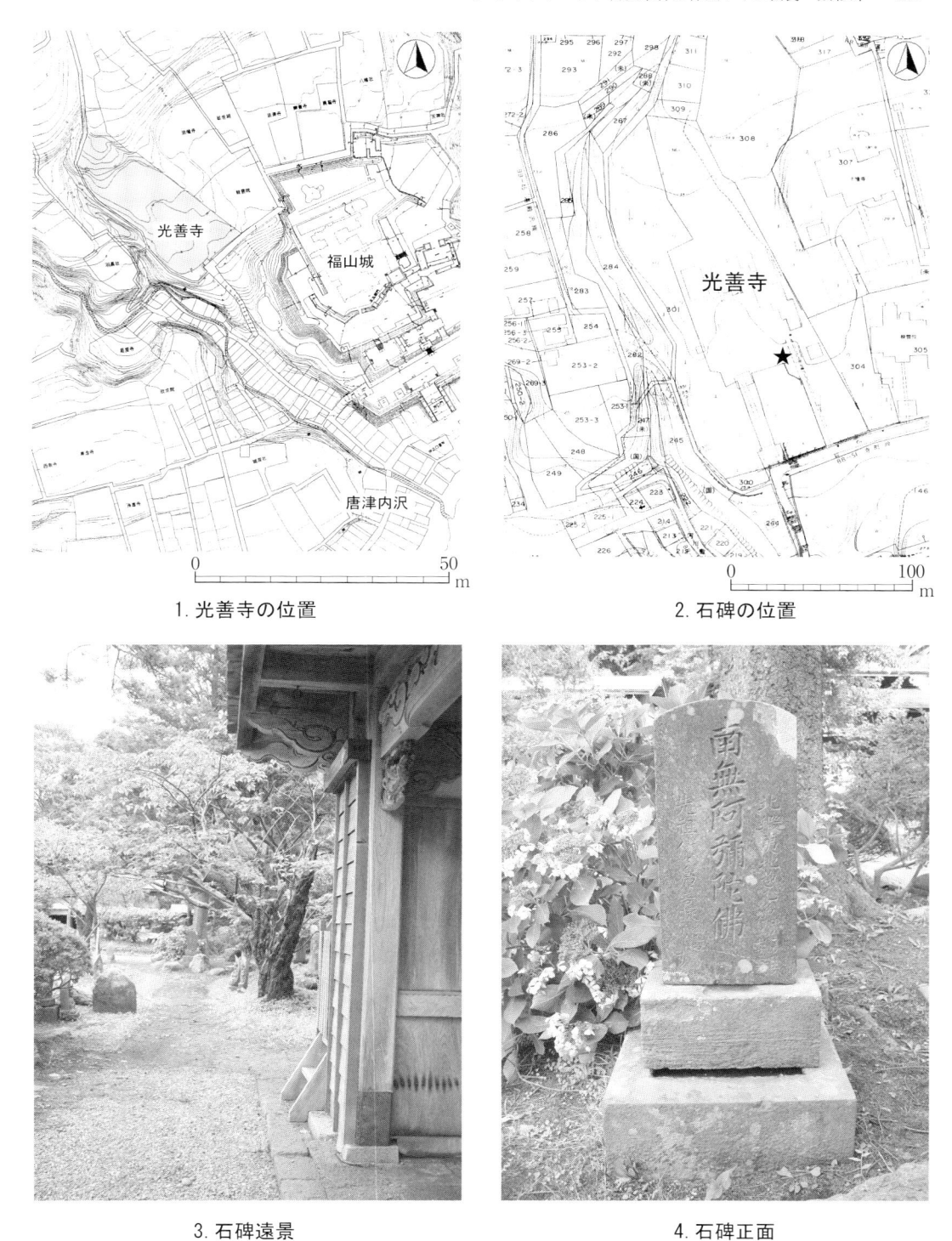

1. 光善寺の位置

2. 石碑の位置

3. 石碑遠景

4. 石碑正面

図146　松前町光善寺の位置とカラフトアイヌ供養・顕彰碑写真　　　　　　　　　　　　　　　（筆者撮影）

平成 19 年度の墓標調査の結果、光善寺には 1,248 基、2,500 人分の近世墓標が確認された。石碑は、寺の境内、鐘楼門を入って右手に位置する（図146-2・3）。

石碑は、現在 2 段の台石の上に置かれているが、本体と台石は石材が異なる上、大きさのバランスも悪いことから、本来的な組み合わせでない可能性が高い（図146-4）。石碑本体は、ハンレイ岩製で、高さ 72cm・幅 34cm・厚み 23cm の櫛形である。石碑は右上角の文字のない部分が欠損し、後補されている点を除けば、ほぼ完全であり、文字も鮮明に残っている。4 面は極めて平滑に仕上げられ、文字も楷書体で整然と刻まれている（図147）。なお、旧福山城下町の近世墓標では、ハンレイ岩の使用率は 1,000 基に 1 基程度と極めて低く、本石碑の特殊性が石材にも現れている。

(2) 碑文の検討①（供養碑としての石碑）

最初に、石碑の正面・背面の碑銘について紹介、検討する。なお、以下、アイヌ語を基礎とする地名・人名は石碑の碑銘に基づいてカタカナで表記する。また、カラフトにおける地名の位置は図148を参照されたい。

石碑正面をみると、中央の「南無阿弥陀仏」の題目を挟み右側に「北蝦夷地惣乙名キムラカアエノ行年七十二歳」、左側に「先祖代々為菩提脇乙名ハリ〈ホクン〉キムラカ」とある。また背面には「嘉永元戊申年正月廿五日」の日付と「世話人」・「清水平三郎」の名が刻まれており、背面の日付の傍らに「キムラカ」と刻まれていることも併せて、この両面は内容的に連続するものであるとみてよかろう。

さて、松浦武四郎は弘化 3 年（1846）の初回のカラフト踏査において、クシュンコタンのアイヌ首長層について「当所ニは五人乙名、並乙名、拜小遣二人、土産取弐人等有而此惣乙名と云は九十余歳也。孫ヘンクカリと申もの凡四十歳位ニ見えたり」（吉田武三校註『三航蝦夷日誌』下巻 吉川弘文館 1971 年 175 頁〈以下、活字史料からの引用箇所は所収刊行史料の頁数で示す〉）と記録している。「九十余歳」のクシュンコタン惣乙名の名は明らかでない。しかし、「孫」とされる「ヘンクカリ」なるアイヌの名を手掛かりに武四郎の記述を追っていくと、武四郎は安政 3 年（1856）に再度、カラフトを踏査しているが、その際のクシュンコタンでの見聞のなかで、「此処の惣乙名ヘンクカリと申は、先年我が来りし頃は未だ幼年なりしが、今は一人の子供（ユーウトルマカ―原註）も出来たり。此者の親はニシクタアイノと申相応の豪英にして有。祖父はキムラカイと申当島え始て斉藤平角、青山薗右衛門等渡り、また中村小市郎、松田伝十郎等渡海の節も案内致し、松前家中高橋市之進此処を切開の時も世話致せしと云家柄」（高倉新一郎解読『竹四郎廻浦日記』上 北海道出版企画センター 1978 年〈下も同〉 575 頁）と記録しており、クシュンコタン惣乙名・ヘンクカリの祖父として「キムラカイ」の名があらわれる。キムラカイは寛政期以来の近世権力によるカラフト探査・開発に協力しており、そうした一族の家柄が由緒あるものとして紹介されている。さらに、武四郎は 6 度に渉る蝦夷地踏査を通じて接触、見聞したアイヌを紹介したなかでヘンクカリをとりあげ、その祖父について「此キムラヤイは余内午の年遊びし頃は、腰は二重にもなりしが未だ確乎として藜杖に助けられしま、漁場の差図等致し居りしが、折々は酒を持行て文化丁卯の乱の話等を聞しが、当場所切開も総て此キムラヤイが差図にてあり

5 クシュンコタン占拠事件と樺太アイヌ供養・顕彰碑 357

左側面

宗谷迄於養人
来而於其地獄蔵
さ吉る列夫
都計十員鳶
ユーレンカ
ベカメンケ
ニシルシ
ナールシ
さまきる列
トシヤケ
ユンスリ
ナヤラリテ
コンナシヤ
セネロ
スロワン
サラブセ
マチヤング
トイチユン
サイカケン
チツオク
ウレ
ニチスケ
トットカ

正面

南無阿彌陀佛
北蝦夷地惣乙名行年七十二歳 キムラウアエ
先祖代々為菩提 ソノクソン

右側面

嘉永六歳丑八月晦日
久春古丹ニ異船渡来矢
依主人憤死参走年
就中止住成於其地
誠忠者干茲記焉
久春古丹物之を
ヘンリカリ
同ウムランケ
脚小使ヨシシコロ
同悍エツホンク
玉庭取アシリ
マテレエノ
同ホイチウ
同クルカワ
同クトカワ
シフランマ
サマッコ
アシリ

裏面

キムテカ
嘉永元戊申年正月廿五日
世話人
清水平三郎

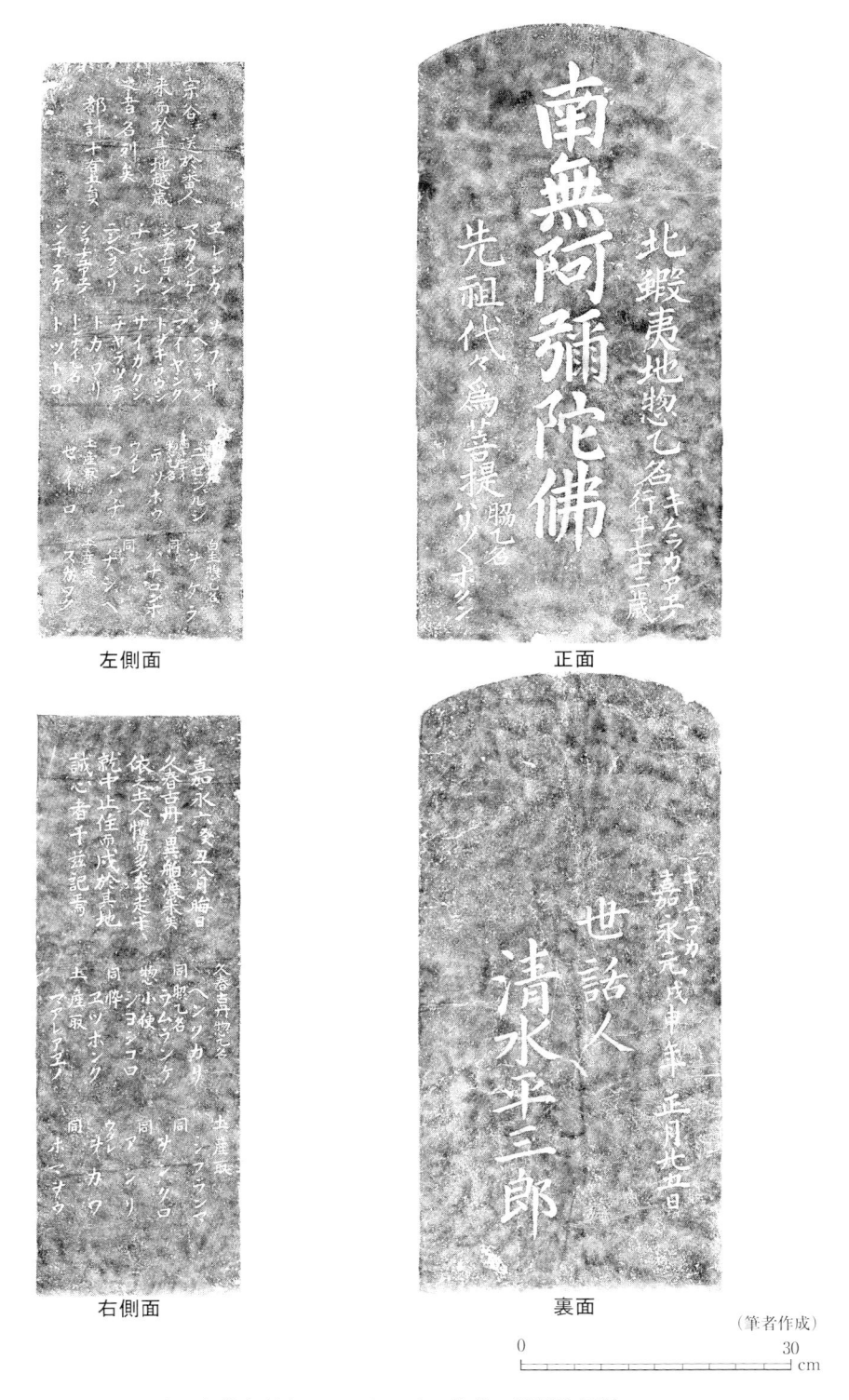

0 ─────── 30 cm
（筆者作成）

図147 松前町光善寺所在カラフトアイヌ供養・顕彰碑拓影

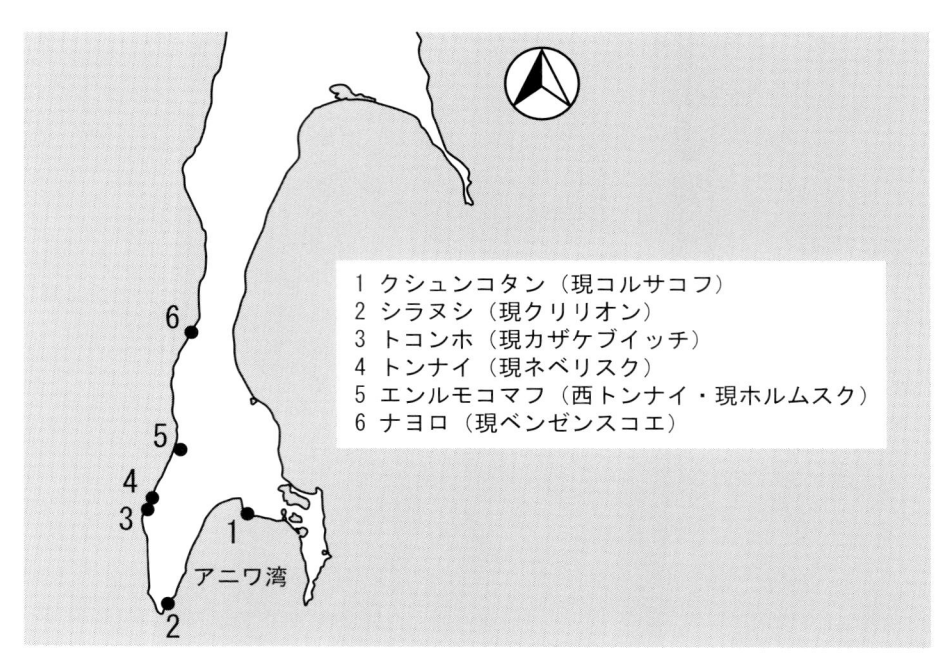

358　第Ⅳ章　カラフト(サハリン)島への和人の進出

```
1  クシュンコタン（現コルサコフ）
2  シラヌシ（現クリリオン）
3  トコンホ（現カザケブイッチ）
4  トンナイ（現ネベリスク）
5  エンルモコマフ（西トンナイ・現ホルムスク）
6  ナヨロ（現ベンゼンスコエ）
```

図148　サハリン関係略地図

しとかや。然る処、夫も十年斗前に死せしとかや」(「近世蝦夷人物誌」〈高倉新一郎編『日本庶民生活史料集成』第4巻　三一書房　1969年所収。以下『庶民史料』と略記〉弐編　776頁)と記している。この記述は安政5年（1858）のものであるが、武四郎が「丙午の年」＝弘化3年（1846）にクシュンコタンで接触し、「文化丁卯の乱」、すなわち通商要求を幕府に拒否されたロシア遣日使節レザノフの企図によって、文化3・4年（1806・07）に惹起したカラフト、エトロフ（択捉島）などの襲撃事件（文化露寇事件、フヴォストフ事件とも）について聴取したという「キムラヤイ」の死亡年代をこの記述の時点から「十年斗前」としており、これは石碑背面に刻まれたキムラカアエノ（キムラカ）の没年とほぼ一致している。由緒ある、クシュンコタン惣乙名という家系でヘンクカリへと連なることも含め、これらのことからキムラカイ、キムラヤイは石碑で供養の対象となったキムラカアエノと同一人物であろう。武四郎の記録には各人の年齢に錯綜がみられるが、これは武四郎の目に映った印象であり、事実関係から省くとして、少なくともキムラカアエノは18世紀末以来のカラフト・クシュンコタンにおける場所開発に功績があり、近世権力のカラフトアイヌ統治において惣乙名として地域を差配する有力者であったことが確認できよう。そして、その没年は嘉永元年と推定される。

　一方、供養碑に施主のように刻まれた脇乙名・ハリハリホクンについては、松田伝十郎が記録している。伝十郎は松前奉行所のソウヤ（北海道稚内市）詰調役元締として文政4年（1821）5月、カラフト見分・山丹交易監督のためにシラヌシ（白主、現クリリオン）を経由してクシュンコタンに入った。そして、現地で「夷人ども、ヲムシヤ定例の通り申渡し済しなり」とオムシャ（和人側が雇用アイヌの漁場労働などを慰労する支配儀礼）を執行するが、その様子を述べたなかで、

「異国船当方沖合に見へる時、御諭書は是ソウヤの本船へ持参して渡すべき使船勤る番人、夷人の名前左のごとく支配人より申出る」として、アイヌ5人の筆頭に「小使夷」・「ハリ、ホク」の名をあげている（「北夷談」〈『庶民史料』所収〉166頁）。諭書とはソウヤでの伝十郎の動向の記述のなかに、「先年ヲロシヤ舟此島へ渡来して場所々々乱妨いたせしに付此後渡来いたすにおゐては国法を以て打払ふへきの書翰なり」（「北夷談」〈『庶民史料』所収〉165頁）とあることら、ハリハリホクンは現地の番人1人とともに、文化露寇事件をうけて策定された、幕府のロシア船打ち払い方針を接近する外国船舶に通告する役割を付与されていたことがわかる。また、松浦武四郎も安政3年（1856）のクシュンコタン滞在中、5月27日のこととして、「夜に入候哉小使チクニウも尋来り、此者の親はハリ、ホクと云て惣小使なりしが、臀にて只々家に在りし故、毎日遊びに行居りしが、是も死して、今小使にて居るよし」（『竹四郎廻浦日記』上 576頁）と記している。ハリハリホクンはこの段階では死亡していたが、弘化3年（1846）の段階で武四郎は身体が不自由になっていたハリハリホクンを度々訪問していたようである。そして、これらの記録と石碑に刻まれた役職とでは異同があるが、クシュンコタンにおいてハリハリホクンが担った役割は国家的にも重要なものがあり、そうした経歴から死亡の直前にはその地位が脇乙名に上昇していたとの推測も可能であろう。

　ところで、石碑背面に供養碑建立の「世話人」として名を刻まれた清水平三郎については、元来はカラフト場所請負人・伊達林右衛門、栖原六右衛門配下の現地支配人兼アイヌ語通詞であったが山田交易の際にサンタン語を操って通訳する「山丹蝦夷通詞」でもあり、カラフトが松前藩の直支配になった後、嘉永7年（1854）には藩士に取り立てられ、幕府の第2次蝦夷地直轄後の安政3年には幕臣に登用された人物であるという（谷澤1961、東2005b）。

　このようにみると、この石碑は、嘉永元年1月25日に72歳で没した、カラフトを代表する惣乙名・キムラカアエノの供養と先祖の菩提を弔うために脇乙名・ハリハリホクンが清水平三郎の「世話」を介して建立したものであり、供養碑といえる。キムラカアエノとハリハリホクンはともに、近世権力のカラフト統治に役割を果たした地域社会の有力者であったのであり、カラフト場所支配人であった清水平三郎は場所経営の必要性から、キムラカアエノの生前より両者と密接な関係にあったのだと理解される。

(3) 碑文の検討②（顕彰碑としての石碑）

　次に、石碑両側面の碑銘を紹介、検討する。まず、その内容についてより有力な手掛かりとなる文言が刻まれている右側面には、

　　嘉永六癸丑八月晦日、久春古丹江異舶渡来矣、依之土人懼而多奔走乎、就中止住而成於其地、誠心者于茲記焉、

とあり、「嘉永六辛丑年八月晦日、久春古丹え異舶渡来す。之に依り土人懼れて多くは奔り走げるか。就中止住して其の地において成る誠心の者、茲に焉を記す。」と読める（表記上の句読点・よみがなは筆者）。また、碑銘の下、上下二段（上段右から）に「ヘンクカリ」をはじめとするクシュンコタンアイヌ10人の名が刻まれている。この「嘉永六癸丑八月晦日、久春古丹江異舶渡来」

とはロシアの軍事占拠事件のことであるとみて間違いあるまい。

　事件の翌嘉永 7 年、幕府はロシア使節との国境画定・通商交渉に伴い松前・蝦夷地調査、カラフトにおける日露国境界見分のために、目付・堀織部正、勘定吟味役・村垣与三郎らを派遣した。堀と村垣はロシア撤退後に調査した事件の詳細を報告しているが、そのうち「魯西亜人共渡来之節場所相守罷有候もの其外之儀ニ付申上候書付写」（「北蝦夷地魯西亜人上陸調記」所収　函館市中央図書館蔵。以下、「書付」と略記[2]）には事件時のカラフト越年番人やアイヌの動向が記録されている。そして石碑に刻まれたアイヌと「書付」や村垣のカラフト調査に関する記述にあらわれるアイヌ（「村垣淡路守公務日記」之二〈東京帝国大学編『大日本古文書　幕末外国関係文書』附録之二　東京帝国大学　1917 年。以下、「村垣日記」と略記〉嘉永 7 年 6 月 15 日条　187〜188 頁）とを対照したのが表 53 である。

　石碑右側面に刻まれたアイヌを第 1 群として対照すると、記述の順序や表記に微妙な違いがみられ、特に「アハコエキ」や「ショシコロ」については「書付」を収載した複数の写本間で異同がある（表 53・註 3 参照）。しかし石碑同様、「村垣日記」もショシコロを「イツホンク」（石碑では「エツホンク」）の父としており、そう判断してよかろう。

　この 10 人が「書付」に記述された理由であるが、

　　右ヘンクカレ外三人、其外ショシコロ外六人者最寄浦方ニ住居罷在漁場稼方としてクシユンコタンニ運上家ニ相詰罷在候折柄、去丑八月中魯西亜人共渡来之節、番人共場所明立退候得共、一同申合セ何方江も不立去勤番所幷運上家等神妙ニ相守、殊更魯夷在留中随従いたし候儀無之、殊ラムランケ・アシリ・シフランマ者領主より之人数出勢可有之存、当春氷解相待ソウヤ迄為出迎罷越候段、神妙取計ニ而一同寄特之筋ニ相聞申候、
（奇、以下同）

　　本文蝦夷人共儀、寄特之筋ニ相聞候間後来励ミ為ニも相成可申哉と私共限役夷人江陣羽織差遣、其外之者ヘ者夫々褒美之品相与ヘ申候、

とあるように、クシュンコタンや周辺のアニワ湾沿岸各地に居住し、クシュンコタンでの漁場労働に参加していたこの 10 人はロシア人の到来で越年番人らが逃亡するなか現地に留まり、和人施設を保守し、且つロシア人に従うことがなかったという。なかでも、脇乙名・「ラムランケ」、「平蝦夷人」の「アシリ」や「シフランマ」は松前藩の出兵を想定して、翌春にソウヤに渡海、派遣藩士を出迎えたという。同様のことは「村垣日記」にも「右十人（表 53・第 1 群・「村垣日記」記載アイヌ―筆者註）ハ、去秋魯西亜人渡来之節、離散も不致、心妙ニ運上屋を守居、奇とく之段賞」したと記されている（188 頁）。これらは石碑右側面の内容を裏付けるものである。

　当時、クシュンコタンは松前藩勤番役所や台場、運上屋などの多数の漁場施設のほかに弁天社や稲荷社なども所在するカラフト経営の中心地であった（「村垣日記」所収「唐太島くしゅんこたん之図」）。そして、アニワ湾沿岸及び南部西海岸に点在したカラフトの漁場経営全般は場所請負人・伊達屋、栖原屋が担い、漁業は春から夏に支配人や百数十人の番人の指揮下、カラフト南部一帯から僅かな米・酒・煙草・古着などの日用品を対価に徴集されたアイヌを使役して行なわれていたという（秋月 1974・1994）。松前藩は毎春、勤番藩士を派遣、漁場や山丹交易の監督、オムシャを行なわせたが、210 日頃に引揚げるのが通例であり、嘉永 6 年も物頭 1 人・目付 1 人・

5 クシュンコタン占拠事件と樺太アイヌ供養・顕彰碑　361

表53 ロシアによるカラフト・クシュンコタン占拠事件関係資史料に記載されたアイヌ対照表

分類		石碑記載アイヌ			「書付」記載アイヌ				「村垣日記」記載アイヌ		
	記載No.	アイヌ	在所地名	役名・地位	記載No.	アイヌ	在所地名	役名・地位	記載No.	アイヌ	在所地名	役名・地位
第1群	1	ヘンケカリ	久春古丹	惣乙名	1	ヘンクカレ	北蝦夷地クシュンコタン	惣乙名	1	ヘンクカレ	クシュンコタン	惣乙名
	2	ラムランケ	同（久春古丹）	脇乙名	2	ラムランケ	（クシュンコタン）	脇乙名	2	ラムランケ	同（クシュンコタン）	脇乙名
	3	ショシンコ		惣小使	8	アシリ	（クシュンコタン）	平蝦夷人	8	アシリ	クシュンコタン	小使チクニウ・ウタレ
	4	エツホンク	同（ショシンコロ）枠		3	アベコエキ	ナイトモ	惣小使	3	ショシンコ	ナイトモ	惣小使
	5	マテレエノ		土産取	4	ショシンコ	（ナイトモ）	同人（ショシンコロ）枠・小使	4	イツホンク	同（ナイトモ）	同（ショシンコロ）枠
	6	シフラシンケ		同（土産取）	5	イツシンク	ハツトマリ		5	マツレアエノ	ハツコトマリ	土産取
	7	ラシクロ		同（土産取）	6	マウレアイノ	ホロアントマリ	平夷人	6	シフラシンケ	ホロアントマリ	マウシアエノ・ウタレ
	8	アシリ		ウタレ	7	シフラシンケ	チヘンシヤヒ	同（平夷人）	7	ラシクヨ	チヘンシヤヒ	マウシアエノ・ウタレ
	9	ラカワ			10	ホサラウ	シユマラコタン	同（平夷人）	10	ホサラウ	シユマラコタン	エテチマニ男
	10	ホマラウ			9	ラカワ	トウツ		9	ラカワ	トウツ	土産取ヨモサク・ウタレ
第2群	1	エレンカ			14	トカワリ	ナイホ	土産取				
	2	マカタンテ			15	トツトロ	トロマイ	土産取				
	3	シネチヨハン			13	チヤエラウンテ	（トロマイ）	平夷人				
	4	チーマルシ			12	サイカワシン	（トロマイ）					
	5	ニシヘランク			11	トウキヤウシ	（トロマイ）					
	6	シチヤエユアエノ			10	マエシンク	（トロマイ）					
	7	シチスカ			9	シフシラン	（トロマイ）					
	8	ラツサ			7	トシツシヤ	（トロマイ）					
	9	ニシヘランク			6	シララチエアエノ	（トロマイ）					
	10	マイシツク			5	チマルン	（トロマイ）					
	11	トヤキラウシ			4	シネチヨハン	（トロマイ）					
	12	サイカワシン			3	シネチヨハン	（トロマイ）					
	13	チヤエラツテ			8	ラフサ	アキナイ					
	14	トツトロ	トンナイ		2	マカタンテ	（アキナイ）					
	15	ニセシロシ	（破損）	乙名	1	エレンカ	シラヌシ	土産取				
第3群	1	ニセシロシ	トンナイ		5	ラケラ	シラヌシ					
	2	テフホウ	西トンナイ	惣乙名								
	3	コシハナ		ウタレ								
	4	セイロ	白主	土産取								
	5	ラケラ		惣乙名								
	6	ハナチユ（コカシンホ）	同	同？								
	7	テシク	同	同？								
	8	スカワ（フカ）カ		土産取								

右碑：松前町光善寺所在「カラフトアイヌ顕彰碑」拓本データ．
「書付」：魯西亜人共渡米之節場所相守罷有候もの其外之儀ニ申上候書付写（「北蝦夷地魯西亜人上陸調記」（函館市中央図書館蔵）・上所収史料を底本に，「蝦夷地方資料雑複数写本，原本北海道立図書館蔵」，「北海道大学附属図書館北方資料室複写本・村垣日記」（北海道立文書館蔵）の両本所収写真を校合，「村垣日記」は「村垣淡路守公務日記」之三（東京帝国大学編『大日本古文書　幕末外国関係文書』附録之三　東京帝国大学　1917年）より作成．

註
1. 第1群から3群までのアイヌの分類は，典拠史料各々の分類に拠っている．
2. 表中の（　）は作成者註である．また，アイヌ名の配列は各々の典拠史料の記載順（右碑は上段右から），に拠る．なお，各群にした記載Noは右碑における記載順を示している．
3. 「書付」記載アイヌの第1群では底本の記載にはないショエキを加えている．使用した3種の「書付」の内，定本のみにショシンコロの父親としてイツホンクとの文が記されている（ショエキをイツホンクの父に用いた他の2本では他の資史料と同様，イツホンクの父親はショシンコとなっており，アベコエキが記載されていない．ここでは校合に使用した他2本に拠して，アベコエキの記載は空欄とした．
4. 第1群のイツホンク，ラシクヨの役名・地位表記役名・地位が並立していない「書付」記載アイヌの場合，イツホンクはショシンコロの枠で小使であることを示す．

組士 1 人・徒士 2 人・足軽 6 人の勤番藩士は 7 月末に帰国し、8 月上旬には支配人・番人も撤収、現地には越年番人 37 人を残すばかりであったという（秋月 1974・1994）。

　石碑は、こうした経営状況にあったカラフトをめぐる対外危機において、多くの越年番人や「土人」が逃散するなか、10 人のアイヌを、クシュンコタンに残留して守衛した心映えの誠実な「土人」として顕彰するものでもあったのである。

　10 人のアイヌのうちヘンクカリは、松浦武四郎が占拠事件に際して近世国家の体面を保ったアイヌ首長として、且つキムラカアエノの孫として紹介した人物である（『近世蝦夷人物誌』弐編 776 頁）。また、アシリは「村垣日記」で「クシュンコタン小使」・「チクニウ」の「ウタレ」（召使）と記録されている（188 頁）。武四郎によればチクニウの父親はハリハリホクンであり（『竹四郎廻浦日記』上　576 頁）、アシリはハリハリホクンに所縁のある人物であった。そしてヱツホンク（イツホンク）は、堀・村垣の蝦夷地見分随員、鈴木尚太郎・矢口清三郎のカラフト探査において、特に矢口の「嚮道」として従った「クシユンコタン乙名」と紹介されている（鈴木茶渓（尚太郎）著・松浦武四郎評註「唐太日記」巻の上　北海道大学附属図書館北方資料室蔵木版本）。こうしたことも、これらクシュンコタンと周辺の有力者やそれに連なるアイヌが対外危機にあって近世国家に協力的であったことの傍証となろう。

　一方、左側面の内容であるが、

　　宗谷江送於番人、来而於其地越歳之者、名列矣、都計十有五員、

とあって、「宗谷え番人を送り来たりて、其の地において歳を越するの者、名を列ねん。都て計えて十有五員。」と読める（表記上の句読点・よみがなは筆者）。またその下、上下 2 段に（上段右から）、表 53 の石碑・第 2 群にある「ヱレンカ」ら 15 人の名が刻まれている。これのみではその行動につながる具体的原因は判然としないが、「書付」には石碑とは順逆で且つ表記に一部異同がみられるものの 15 人のアイヌの名が確認でき、

　　右之者共（15 人のアイヌ―筆者註）北蝦夷地之内西浦江罷在候番人文吉外八人ソウヤ渡海之
　　節早速船用意致し、同所迄掻送参り候処、時節後ニ而帰帆難相成ソウヤ離越年致し候趣、元
　　来番人共申付を相守候筋ニ付、不束之儀も無之哉ニ相聞申候、

と、カラフト西海岸で越年の予定であった「番人文吉外八人」をソウヤまで送り返してそこで越年したといい、番人らの指示に忠実であったと報告されている。「書付」には文吉らはロシア兵のクシュンコタン上陸に動揺してソウヤへ立ち退いたと報告されていることから、左側面の内容は右側面の内容に連なるものであることが確認できよう。15 人はロシアのクシュンコタン軍事占拠に際して、越年番人をソウヤに送り返し、和人に協力的な行動をとったことを顕彰する意味で石碑に刻まれたのだとみられる。

　石碑にはさらに、表 53・石碑・第 3 群の 8 人の名前が確認できるが、名を刻まれた理由は判然としない。但し、「シラヌシ惣乙名」の「ヲケラ」のみは「書付」に、

　　本文ヲケラ儀者常々心底宜、殊ニ当嶋役夷人之内五人衆と相唱、蝦夷人共格別帰服致し居候
　　ニ付、魯西亜人共シラヌシ迄廻浦仕候節同人義平蝦夷人共等と申諭、彼等従ひ候もの無之様
　　取計候趣寄特ニ相聞申候間、私共限陣羽織其外差遣賞誉仕置候、

と記され、やはり、クシュンコタン占拠に際しての行動が近世国家に協力的であったことを褒賞・顕彰されている。ヲケラはこの記述の前段にもある通り、カラフトアイヌのなかでは由緒ある家系に連なり、アイヌ社会の尊敬を集めていたという。このことに関しては松浦武四郎も同様のことを記しており、カラフトアイヌ社会で抵抗感のあった種痘をヲケラが率先して受け入れたことによりカラフトアイヌへの種痘事業が著しく進捗したとのエピソードを紹介している（「近世蝦夷人物誌」参編　797～798頁）。

　ヲケラ以外の7人は「書付」でも確認できない。しかし、他の記録によってうち6人までは名前の表記や居所、役名・地位などから同一人物と思われるアイヌを確認できる。

　武四郎の廻浦記録にはカラフト西海岸の「ヲン子ノワヲイ」（不明）を境として北側はエンルモコマフ（西トンナイ。真岡、現ホルムスク）会所持、南側はシラヌシ会所持とされていたとある（『竹四郎廻浦日記』下　270頁）。そして北側のうち、エンルモコマフを在所とするアイヌ「家主」のなかに「ヌカハク」の名がみえる（『同前』248頁）。このアイヌは表53・石碑・第3群のアイヌのうち在所地名の刻銘のない「土産取」の「スカワク（フカ）」とは考えられないだろうか。また、武四郎の記録でトコンホ（吐鯤保、現カザケブイッチ）を在所とする「脇乙名ニシンルス」、「御土産取テシヘ」（『同前』258頁）は石碑で在所地名、役名・地位ともに破損で確認できない「ニセシルシ」と肩書に「同」とのみ確認できる「チシヘ」に、同様に「ウエン子」（不明）を在所とする「惣乙名ヲツホウ」（『同前』261頁）は「西トンナイ惣乙名」の「テツホウ」、「マチラシナイ」（不明）を在所とする「惣小使ハチロンホ」（『同前』262頁）は肩書に「同」とある「ハチコンホ（ロか）」とに各々推定できるであろう。在所は様々であるが、武四郎の記録からはエンルモコマフ会所持の範囲内に惣乙名や脇乙名はヲツホウとニシンルスのみ確認でき、彼らがエンルモコマフ会所持場全体の惣乙名、脇乙名であったとみられる。因みに、ニシンルスは、清水平三郎がアイヌ妻妾との間にもうけた娘を妻としていたという（東2005b）。

　そして、幕府の第2次蝦夷地直轄後の安政4年に箱館奉行・堀織部正の蝦夷地見分に随行した仙台藩士・玉虫左太夫のエンルモコマフ到着後の記録には「西トンナイ領」、すなわちエンルモコマフ会所持の12人の「役土人名」に「惣乙名テツホウ」、「脇乙名ニセンルシ」、「土産取チンヘ」、「同（土産取―筆者註）ヌカハツク」が確認できる（玉虫左太夫著・稲葉一郎解読『入北記』〈北海道出版企画センター　1992年〉安政4年（1857）6月29（30）日条　131頁）。これらは本節での推定を補強するものではなかろうか。

　一方、石碑の残り2人のうち「セイロ」については現在までのところ確認できていないまでも、石碑に「ウタレ」として刻まれた「コンハチ」に関しては、武四郎がシラヌシにおける見聞のなかで、家内9人に「ウタレ女」を抱える「家主」であったと記している（『竹四郎廻浦日記』下277頁）。シラヌシ惣乙名・ヲケラに続くかたちで「家主」とされていることから、コンハチはシラヌシアイヌ社会の構成員であったと確認できる。

　こうしてみると、石碑での配列順や肩書の「同」の意味に疑問点が残るが、左側面下2段の、未確認のセイロを除いたアイヌ7人はカラフト南部、西海岸のエンルモコマフ、シラヌシ会所持内のアイヌ社会を構成する「家主」以上のアイヌであったとみられる。では、彼らが石碑に刻ま

れたのは何故であったろうか。この問題については、表53・「書付」・第2群の15人のアイヌの在所がすべてカラフト南部、西海岸のシラヌシとエンルモコマフの会所持の領域内であることから、石碑に「トンナイ（本斗、現ネベリスク〈「書付」では「トロマイ」と表記―筆者註〉）」の「乙名」と刻まれた「トットコ」（玉虫の記録にテツホウラとともに名が確認でき、「小使」とある）を含むエレンカら15人のアイヌの行動がヲケラやテツホウら有力アイヌの指示乃至主導によるものであり、それ故、これらのアイヌは石碑に名を刻まれ顕彰されることになったのだと推測する。また、「書付」には石碑に刻まれた以外のアイヌについても記述があり、それらを刻銘の根拠別に分類した表54のうち、第4群のアイヌ20人はロシアのクシュンコタン軍事占拠を「心配」し、「氷解」後の3月、ソウヤへ渡海してこの間の状況を説明し、「松前人数之もの共も安心渡海致し候次第」を「格別寄特」と報告されている。20人は「書付」によれば、クシュンコタンを中心とするアニワ湾沿岸からシラヌシを経てエンルモコマフに至るカラフト南部の「平夷人」（第4群のなかに「ヌヘカツク」の名がみられる。このアイヌは石碑の（フ）スカワク〈ヌカハク、ヌカハツク〉に推定される人物だろうか）であり、これらの行動も地域のアイヌ有力者らの指示、主導によるものであったとみられる。

　ところで、「書付」には清水平三郎の事件に関する事跡も記録されている。平三郎は、

右之もの年来請負人召仕ニ而漁業支配人相勤罷在候処、元来差働有之ものニ付、山靼・蝦夷通辞領主より申渡置候処、当春中北蝦夷地伊豆守直支配ニ致し候間、同人儀家来ニ取立、魯西亜人江領主役人応接之節々、又者壱人立ニ而も数度罷越、其度々御国威不取失様種々心を尽し応接ニ及ひ、其上私共北蝦夷地為見分罷越候節も同所者格別之遠境ニ付、地理其外共付添役人幷不案内ニ候処、此もの義万端相心得罷在候故、御用弁宜く、殊ニ此度廻浦ニ付候而者旅宿小屋取建、或者人少々蝦夷人足差配方等万端心を用ひ取計且平常番人幷蝦夷人共帰服仕候ニ付、士席先手組ニ取立当冬越年ニ而取締致し候様伊豆守より申付候趣ニ御座候、

というように、支配人兼通詞の働きを認められ、嘉永7年（1854）に松前藩士に取立てられ、事件に際しては松前藩のロシア側への応接に「御国威不取失様種々心を尽し」たばかりか、堀、村垣のカラフト見分では職務経験を活かして「御用弁宜く」手配したと報告されている。平三郎はロシアの軍事占拠の最中に現場で立ち会っていたのであり、カラフトアイヌの動向や堀、村垣の調査とアイヌの褒賞・顕彰を具に実見できる立場にあった。つまり、平三郎は「書付」にあらわれないテツホウら7人も含めた33人のアイヌが石碑に刻まれる事情を知り得る人物であった。平三郎が供養碑建立の「世話人」であることも勘案すれば、石碑両側面の内容はロシアによるクシュンコタン軍事占拠という対外危機において、近世国家に協力的な動向を示したアイヌの顕彰を意図して清水平三郎が刻ませたものと考えられるのである。

　これまでの検討から、この石碑は単なるアイヌの「墓碑」ではなく、嘉永年間の「カラフトアイヌ供養・顕彰碑」とするのが正確であるといえよう。

（4）清水平三郎寄進の半鐘

　清水平三郎が（カラフト場所）8代目支配人の肩書きで奉納した半鐘が、北海道古平郡古平町

表54 「書付」に記載されたその他のアイヌ

第4群

No.	アイヌ名	在所地名	役名・地名
1	コンシチ	リヤトマリ	小使
2	トヲカラク	クシユンコタン	平夷人
3	クリウエン	(クシユンコタン)	
4	チヨノンカラ	トマリヲンナイ	同(平夷人)
5	ユウシ	ハツコトマリ	同(平夷人)
6	ヲハエタ	(ハツコトマリ)	
7	エヽヒシケ	(ハツコトマリ)	
8	エアネ	シヽユヤ	同(平夷人)
9	テイシヨ	(シヽユヤ)	
10	トラエトカ	ホロアントマリ	同(平夷人)
11	エタモツテ	(ホロアントマリ)	
12	ヌヘカツク	ナイトモ	同(平夷人)
13	アウトヨ	チナエホ	同(平夷人)
14	ウユエケ	(チナエホ)	
15	アトキ	コンフイ	同(平夷人)
16	マウタサ	(コンフイ)	
17	ウタンチヨ	(コンフイ)	
18	エタンテシユ	(コンフイ)	
19	ハヤラカ	ウラフツ	同(平夷人)
20	ヲコラチ	エンルモコマフ	同(平夷人)

第5群

No.	アイヌ名	在所地名	役名・地名
1	シトクレラン	ナイヨロ	惣乙名
2	カンチユマンテ		右シトクレラン三男
3	ウエケシユ	シラリヲロ	平夷人
4	コンタ	ロレイ	平夷人
5	レエコロ	ヲハエコニ	乙(名)チエカレ忰

第6群

No.	アイヌ名	在所地名	役名・地名
1	ハイロ	エノシコマチイ	ロクヽシ厄介
2	ヲトカナアイノ	ヲマヘツ	土産取

第7群

No.	アイヌ名	在所地名	役名・地名
1	ヲマシケ	ハツコトマリ	平夷人
2	エラエ	ウンラ	平同(夷人)
3	ヲホカアイノ	ヲフサキ	平同(夷人)
4	ヲロハウシ	コチヨヘツ	平夷人
5	ヨモサク	トウフツ	土産取
6	トエチホ	ナエヲンナイ	平夷人
7	ヒシタク	ホロアントマリ	平同(夷人)
8	アウシ	クシユンコタン	平同(夷人)
9	ハウクランク	(クシユンコタン)	

「魯西亜人共渡来之節場所相守罷有候もの其外之儀ニ付申上候書付写」(「北蝦夷魯西亜人上陸調記」〈函館市中央図書館蔵〉所収のものを底本に「寅年クシユンコタン魯人造築一条」〈北海道大学附属図書館北方資料室蔵複写本、原本は北海道立図書館蔵〉、「魯西亜人カラフト渡来一件」〈北海道大学附属図書館蔵複写本、原本は北海道立文書館蔵〉の両本所収のものを校合)より作成。

註
1) 第4から7群までのアイヌの分類は、「書付」に記述された各々の記載事由に拠っている。
2) 表中の( )は作成者註である。また、各々の項目に示したNo、名前の表記は定本の記述に準拠している。
3) 第5群・No.1のシトクレランはNo.2以下のアイヌと別の事由で記載されているが、No.2以下のアイヌの動向がシトクレランの指示によるものであることから、同一の第5群として示した。

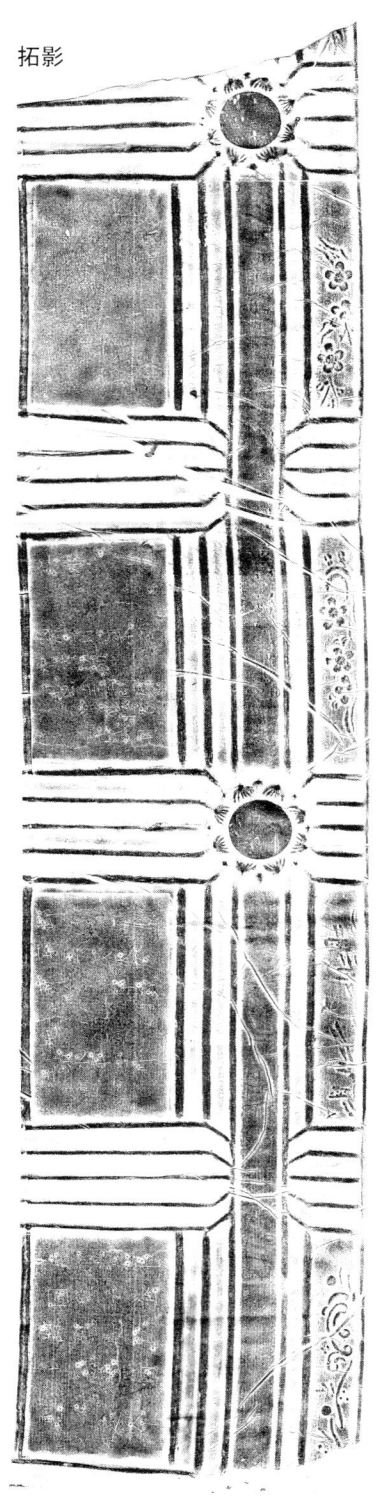

366　第Ⅳ章　カラフト（サハリン）島への和人の進出

拓影

寶海寺近景

半鐘全体写真

高さ　44.5cm
直径　28.0cm
重量　約15kg

図149　北海道古平町寶海寺と清水平三郎寄進の半鐘　　　　　　（筆者撮影・作成）

御　　宝　　　　　　　　　　　　　　　　　　　　天　　　　　　　　　　　　　　　　　　請
　　　弁　　　　　　　　　　八施　　　　　　　子諸国下　　　　　　　　　　　海春手　　栖伊負
前　才　半　　　　　　　　　代支　　　　　　息災願家泰　　　　　　　　　上日井原達人
　　　天　鐘　　　　　　　　目配　清　　　　　災延成安平　　　　　　　　安丸番達林
　　　女　　　　　　　　　　　人　水　　　　　　　　　　　　　　　　　　全榮舩　六右
　　　　　　　　　　　　　　　　平　　　　　　延繁繫全　　　　　　　　　吉福　　右衛
　　　　　　　　　　　　　　惣　三　　　　　　　　　　　　　　　　　　　祥丸如　衛門
　　　　　　　　　　　　　　番　郎　　　　　　命昌昌　　　　　　　　　　　　意　門
　　　　　　　　　　　　　　人　　　　　　　　　　　　　　　　　　　　　　　如
　　　　　　　　　　　　　　中　主　　　　　　　　　　　　　　　　　　　　　意

　　　　　　　　　　　　　　　　嘉　　　　　　　　　　　　　　　　　　海春手　　　栖伊請
　　北御羽　　　　　　　　　　　永　　　　　　　　　　　　　　　　　　上日井原達負
　　原鋳州　　　　　　　　　　　六癸　　　　　　　　　　　　　　　　　安丸番達林人
　　金物由　　　　　　　　　　　年丑　　　　　　　　　　　　　　　　　全榮舩　六右
　　左師利　　　　　　　　　　　　　　　　　　　　　　　　　　　　　　吉福連　右衛
藤　工　　郡　　　　　　　　　　五　　　　　　　　　　　　　　　　　　祥丸　　　衛門
原　門　　本　　　　　　　　　　月　　　　　　　　　　　　　　　　　　　　如　　門
将　尉　　庄　　　　　　　　　　吉　　　　　　　　　　　　　　　　　　　　意
名　　　　　　　　　　　　　　　日

六代目

図150　北海道古平町宝海寺所蔵の半鐘銘文　　　　　　　　　　　　　　　　　　　　　（筆者撮影）

港町の浄土真宗大谷派・深遠山寶海寺に残されている（図149）。清水平三郎とカラフト場所との関係を示す資料であることから、ここに紹介する。

　寶海寺は、下北佐井出身の石澤天樹が明治3年（1870）に創立した東本願寺古平管利所に始まる。寶海寺にあった資財帳によれば、半鐘は、明治2年から13年までの間に、下北大畑出身の小路口周吉と、同じく易国間出身の高橋伊助により、寺にもたらされたという（堀ほか編1989）。

　半鐘は、竜頭までの高さ44.5cm・直径28cmで、重量は約15kgある。池の間に銘文を刻み、草の間に梅花枝文・流水に桜花文・波文などの文様が陽鋳されている。銘文には、願文や鋳物師の名前とともに、カラフトの場所請負人伊達林右衛門と栖原六右衛門、その持ち船である春日丸・榮福丸の名前がある（図150）。銘文からみて、本半鐘は、本来、伊達・栖原両家の持ち船の海上安全を祈願して、支配人である清水平三郎が、ロシアによるクシュンコタン占拠の直前、嘉永6年（1853）5月に弁財天に奉納したものであることが判明する。弁財天の所在地は銘文に刻まれていないが、前後の脈絡からして、カラフト場所の本拠地であったクシュンコタンの可能性が高いと思われる。

（5）供養・顕彰碑はどこに、いつ建立されたのか

　では、供養・顕彰碑はどこに建立されたのだろうか。というのも、石碑に刻まれたカラフトアイヌが浄土宗を信仰し、光善寺に帰依していたとはいい難く、清水平三郎の意図による建立であったとしても、平三郎の墓は松前町の浄土真宗大谷派・西立山専念寺に所在し、山形県鶴岡市の曹洞宗・龍澤山善宝寺にも所在するといい（谷澤1961）、平三郎と直接的な関連性をもたない光善寺に当初から建立されたとする合理的な根拠が見出せないからである[3]。まして、これまで述べてきた供養・顕彰碑の内容からも、石碑が当初から光善寺に所在したとは考え難い。

　嘉永7年（1854）の堀織部正、村垣与三郎のカラフト見分に随行した依田治郎祐は見分の途次のシラヌシで「通行屋横手ニ見陰石之石碑有、高弐尺五寸位之角也」と御影石の石碑を目撃している（「唐太嶋日記」〈北海道大学附属図書館北方資料室蔵〉嘉永7年7月9日条）。この石碑には「天保五甲午年二月」の日付を肩に配した「当嶋想（惣）乙名ショロクル墓」の碑銘を中央に、右側に供養・顕彰碑や「書付」にも登場するヲケラが「当事（ママ）乙名」として刻まれ、左側には「施主伊達・栖原」の「支配人」として「浅利吉右衛門」と「片山万右衛門」の名が並立して刻まれているという（同前）。そして、この「ショロクル墓」については村垣も、

　　一会所之脇南之方ニ、惣乙名ショロクルといふ者の墓アリ、御用地已前より御戻地後迄、格別ニ和人ニ随ひ、会所江よく勤候者なれハとて、死後請負人碑を建てたり、其忰も乙名にて、昨年魯西人（ママ）クシユンコタン江来りし時、ナヨロよりも七人来り、ナヨロの乙名ヒトクロウ案内して来よしを聞、此乙名不承知ニ而不通、夫故山越東へ出案内するよし、ヒトクロウハ楊忠貞の孫也、爰の乙名ハ、番人帰りたる後、よく会所を守るよし、

（「村垣日記」嘉永7年6月20日条　196頁）

と、その存在を記録している。ショロクルは幕府の蝦夷地第1次直轄期から松前藩復領期にかけて、近世国家に協力的なアイヌであったとして死後に供養碑を建立されたという。そして、その

子もロシアのクシュンコタン占拠事件に際して、ナヨロ（名寄、現ベンゼンスコエ）アイヌ首長の案内で到来したロシア人の通行を許さず、越年番人の逃亡後にシラヌシを守衛したと伝えている。先述の「書付」の記述を思い起こせば、シヨロクルの子とは「シヨロクル墓」に「当事乙名」として刻まれたヲケラのことであろう。そしてこの事例は、カラフトにおける和人を介したアイヌ供養碑建立が珍しいことではなかった可能性を示しているといえよう。加えて、依田治郎祐がクシュンコタン概況を述べたなかで「稲荷社」とともに、「運上屋之裏手西之方少小高処ニ有之、社も弐間半ニ三間位ニして風景誠ニよし」（「唐太嶋日記」嘉永7年6月13日条）と称えたクシュンコタンの「弁天社」が、清水平三郎が半鐘を寄進した弁財天と考えられることをあわせれば、供養・顕彰碑も当初から光善寺に建立されたものではなく、クシュンコタン運上屋や弁天社の付近に建立されたものであり（但し、製作は松前などの和人文化圏であったとも考え得る）、それが維新後の樺太・千島交換条約を契機するカラフトアイヌの北海道への強制移住などによって現在地に移されたものと推測されるのである。

　ところで、シラヌシの「シヨロクル墓」を確認した依田治郎祐や村垣与三郎は供養・顕彰碑については一言も記述していない。顕彰碑の場合は建立の根拠が前年のロシアのクシュンコタン占拠事件であるから、この時点で確認し得ないのも首肯できるとして、このことは、嘉永元年（1848）に死亡したキムラカアエノや先祖代々の供養碑すらも嘉永7年7月の段階で建立されていなかったことを示唆しているといえないだろうか。であれば、供養・顕彰碑はいつ建立されたのだろうか。

　この疑問を解決する手掛かりは石碑右側面に刻まれている。それは、10人のアイヌを指して「土人」と呼称している箇所である。

　幕府の蝦夷地第2次直轄後の安政3年（1856）5月21日、ソウヤ詰合役人が場所経営の現地責任者である支配人に対して、アイヌ呼称の「蝦夷人」、「夷人」から「土人」への呼称変更を通達している（東京帝国大学編『大日本古文書　幕末外国関係文書』〈以下、『幕外』と略記〉之十四　東京帝国大学　1922年・70号文書　127頁[4]）。つまり、顕彰碑はこの呼称変更がカラフトに及んで以後に建立されたのだとみられる。そして、供養・顕彰碑建立の中心的人物である清水平三郎が安政3年に幕臣に登用され、同年6月に箱館奉行支配のクシュンコタン詰調役下役出役を命じられている（東2005b）。このことを加味すれば、製作地までは明らかにし得ないものの、顕彰碑は安政3年5・6月以降に刻まれたのだと考えられる。また、嘉永7年7月段階で建立が確認されていない供養碑については、それ以降安政3年5・6月までの2年弱の間に建立されたとする根拠を見出せないことから、供養碑も顕彰碑とともに、平三郎が一体の石柱に同時に刻ませて建立したものと考えてよかろう。なお、供養碑建立はハリハリホクンの発意と考えられるが、先述のように松浦武四郎の記録では当人は安政3年5月末段階で既に死亡しており、時間的な齟齬があるようにみえる。しかし、ハリハリホクンと密接な関係があったと推測される平三郎がハリハリホクンの生前にその意思を確認していたと考えることも可能であろう。

　では、建立時期の下限についてはどうだろうか。管見の範囲では、安政3年5・6月以後のカラフト踏査記録にも供養・顕彰碑に関する記述は確認できず、順当に考えれば清水平三郎が死亡

する文久2年（1862）8月までということになる。しかし、次のことは下限を大幅に絞ることになると思われる。

　幕府の蝦夷地第2次直轄に伴い、全蝦夷地でアイヌ改俗が進められたが、安政3年12月にアイヌの役名が「内地之振合」、つまり和人社会同様に惣乙名＝庄屋、惣小使＝惣年寄、脇乙名＝惣名主、乙名＝名主、小使＝年寄、土産取＝百姓代と改称することが箱館奉行所で策定された（『幕外』之十五〈1922年〉・144号文書　322～323頁）。このことを踏まえて安政4年（1857）の玉虫左太夫の廻浦記録をみると、クシュンコタンにおける「役土人帰俗ノ者名前書」（「入北記」安政4年6月14日条　104～105頁）は大きな示唆を与えてくれる。これはクシュンコタンアイヌ首長層24人が幕府のアイヌ改俗政策に従って和名に改める前後の名前を対照したものであるが、このなかに顕彰碑右側面に刻まれた10人のうち5人の名前が確認できる。すなわち、「脇乙名ラムランケ」は「惣名主蘭平」、「同（脇乙名―筆者註、以下同）エツホンク」は「同（惣名主）悦作」、「土産取アシリ」は「百姓代阿四郎」、「同（土産取）ヲンクヨ」は「同（百姓代）恩作」、「同（土産取）シフランマ」は「同（百姓代）渋蔵」と各々改名していたといい、ハリハリホクンの子「脇乙名」のチクニウも「同（惣名主）伝兵衛」と改めていたという。玉虫左太夫の記録にヘンクカリの名前はないが、安政5年に松浦武四郎がヘンクカリを紹介したなかで、当人は安政3年5月に武四郎と接触した後、9月に死亡したと述べている（「近世蝦夷人物誌」弐編　776頁）。ともかく、クシュンコタンではアイヌの改俗が首長層レベルで進捗していたといえる。ところが、クシュンコタン詰の幕府役人となった清水平三郎が刻ませた顕彰碑には役名や名前の改称の「成果」が反映されていない。このことから、供養・顕彰碑建立時期の下限は安政3年12月以前とも思われるが、このアイヌ統治政策の進捗時間を考慮して、少なくとも玉虫左太夫がクシュンコタンアイヌの改名を記録にとどめる安政4年6月以前と推定してよいのではないか。

　ここでの検討を整理すると、供養・顕彰碑はクシュンコタン運上屋、或いは弁天社の付近に、安政3年5・6月以降、翌4年6月を下限とする時期に、幕府役人・清水平三郎によって一体の石柱に同時に刻まれ、建立されたのだと考えられる。

（6）小　　結

　ここまで嘉永年間のカラフトアイヌ供養・顕彰碑の内容を紹介、検討するとともに建立の場所と時期について考察を加えてきた。以下では、これまでみてきた以外に「書付」で報告されたカラフトアイヌの動向を紹介し、若干のコメントを付して結びにかえたい。

　表54・第6群のアイヌは占拠事件に際してロシア側の軍事施設指揮官・ブッセの召使となった「ハイロ」と事件に動揺し逃亡するも番人らに「捕押」られた「ヲトカナアイノ」であり、ともに事件後は「篤与教諭を加へ撫育いたし置候ニ付後悔仕罷在候」と報告されている。

　表54－第7群の9人のアイヌはすべてクシュンコタンや周辺を在所とするアイヌである。9人はロシア占拠以来「兎角番人共申付を不取用」、ロシア側施設に出入りしロシア側に「運上家取計向、其外共」の情報をもたらしたというが、それは「酒或者多葉粉等貰請」のためであり、「無思慮虚実共通達致」したためロシア側からも出入り禁止となったという。

これらのアイヌの動向は恐怖や欲望を動機とする個人的なものであるが、第5群のアイヌの動向は近世国家とカラフトアイヌ社会の関係を考える上で興味深い。

　表54・第5群のアイヌは「書付」で「山靼船ニ而西海岸通ナイヨロ（ナヨロ―筆者註）」に上陸したロシア「士卒」7人を東海岸経由でクシュンコタンまで「道先案内」したことに関与したとされる。このうち惣乙名「シトクレラン」は「満州之官人副都統より楊忠貞ト云名を相授」られたヨーチテアイノの子孫であり、清朝からハラタ（部族長）の官職を与えられたことを示す「満文二通内^{一通ハ管理三姓地方兵家副}_{都統ノ印章ヲ捺シ有之}、漢文二通^{内一通ハ嘉慶廿三年}_{ト清之年号有之}、都而四通」（ナヨロ文書[5]）を相伝する家系に連なる人物であった。事件においてシトクレランを中心とする第5群のアイヌの動向は先述の「ショロクル墓」の箇所で村垣与三郎が記したものと近似している（村垣が記した「ヒトクロウ」とはシトクレランのことであろう）。また、「書付」によれば、シトクレランは嘉永7年（1854）正月にロシア占拠中のクシュンコタン運上屋に到来し、残留番人に「立退」を勧告したという。そして、堀織部正は番人を介してシトクレランを尋問する考えでシラヌシへの出頭を命じたがシトクレランは応じなかったといい、「異国人共^江服従致し候もの」と報告している。

　シトクレランの動向は軍事占拠事件の段階でナヨロのような地域のアイヌ社会に近世国家の影響力がほとんど及んでいなかったことを示している。そして、「一体楊忠貞以来松前家^江も服従致し又満州^江も相属」するような家系の総領であるシトクレランはあらゆる中心から最も辺境の境界に生き、状況によっては近世国家にも、清朝やロシアにも「随従」する可能性、両属性を保持したマージナル・マン（境界人）としての姿をよく体現していたといえる[6]。

　ロシアによるクシュンコタン占拠と時期を重ねるようにして日露間では国境画定・通商交渉が行われ、安政元年（嘉永7年11月27日改元）12月21日、日露和親条約（日露通好条約）が締結される。この条約により、日露国境は千島列島においてはエトロフ島（択捉島）・ウルップ島（得撫島）間と決定するも、カラフトにおいては界を分たずと規定された。幕府は条約交渉の過程でカラフトを近世国家の領域と主張したが、その根拠は、アイヌは近世国家に所属し、その支配下にあり、アイヌの居住域は近世国家の領域であるとする領土観念[7]であった。しかし、シトクレランのような人間類型の存在は幕府の領土観念が必ずしも実体を伴うものではなかったことを示していた。「書付」では、「北蝦夷地夷人とも一体感伏致し罷在」というシトクレランを「追々御仁慮を以御懐被遊候ハ、東西奥地之もの共帰服為致候御一助ニも却而罷成可申哉^与奉存候」と上申している。このことは翻ってみれば、カラフト奥地のアイヌ社会に近世国家の影響力がほとんど及んでおらず、場合によってはその両属性の故に近世国家の利益に反する動向を示す可能性があったことを示していよう。

　では、供養・顕彰碑に刻まれたアイヌはどうであったであろうか。

　供養・顕彰碑は近世国家側からみれば、カラフト南部のアイヌ社会がその統治下にあり、近世国家にとって異民族との関係が良好なものであるということを視覚的に示す格好のモニュメントであったであろう。石碑にその名を刻まれたアイヌのうち、例えばヘンクカリについては、ロシアの占拠隊指揮官ブッセが、近世国家の側に忠実な態度を崩さなかったため、召使となったハイロの中傷を信じてヘンクカリに対して冷淡に振舞ったと記している（ニコライ＝ブッセ著・秋月俊

幸訳『サハリン島占領日記1853—54 ロシア人の見た日本人とアイヌ』東洋文庫715　平凡社　2003年〈以下、『ブッセ日記』と略記〉128～129、134、139～140頁など）。また、ヲケラについても、ブッセ指揮下のルダノフスキーが西海岸調査を実施した際、各地で歓待されたが、シラヌシでは道案内すら得られなかったと、ヲケラの、反ロシア的な姿勢でシラヌシアイヌ社会を統率する力量に触れている（『同前』227頁）。彼らはロシア側指揮官にさえ親近世国家のアイヌ首長であることを認識させたのである。しかし、ブッセは近世国家への従属度の濃淡を基準に、カラフト奥地アイヌの誇り高い容貌に比してカラフト南部アイヌのそれが卑屈であるとの印象を述べている（『同前』213頁）。これはあくまでブッセの印象であるが、顕彰されたアイヌの動向の背景にはロシア人にこのような印象を抱かせるほど、カラフト南部の地域社会に場所請負制下での強制的な雇用労働や交易制限が浸透し、和人社会への経済的従属性が強まりつつあったことがあげられる。また、松浦武四郎は安政3年（1856）の踏査の際に、ヘンクカリが請負人側によるアイヌ「介抱」の減少への不満とその元凶とみなされる「通辞清兵衛」の「蝦夷等は三人や五人は打殺し候共何の子細もなし」との発言への怒りを訴えていたことを記している（『竹四郎廻浦日記』上　575頁）。この通辞・清兵衛は清水平三郎の従弟とのことであるが（東2005b）、このようなアイヌ社会に対する和人の横暴な行為が和人・アイヌ間に跡を絶たなかったことはよく知られているところである。そして、こうしたことはロシア人のブッセも見逃してはいなかった。ブッセはクシュンコタンからの撤退に際して残した、応接の松前藩役人に対する書翰のなかで「功労あるアイノス（アイヌ―筆者註、以下同）に対して、無道不和之事を言ひ出すことなかるへし、若し此贏弱の民に対し、残虐の挙動あらは、ハカトマレ（クシュンコタン）に冬を渉りたる俄羅斯人ニ対し、非道之交を為すと異なることなかるへし」（『幕外』之六〈1914年〉・213号文書　333頁）と警告している。

　クシュンコタン占拠事件の際の顕彰アイヌの対応や地域のアイヌ社会の近世国家への傾斜を含め、幕末カラフトにおける近世国家とアイヌ社会の関係のあり方を考える際には、こうしたアイヌ社会の状況を念頭に置く必要があろう。

〔註〕
1）ロシアによるカラフト・クシュンコタン軍事占拠事件に関する先行研究には、洞富雄・高野明「久春古丹のムラヴィヨフ哨所」（『日本歴史』第92号　1956年）、秋月俊幸「嘉永年間ロシヤの久春古丹占拠」（『スラブ研究』第19号　1974年）、同『日露関係とサハリン島―幕末明治初年の領土問題―』（筑摩書房　1994年）などがある。
2）嘉永7年（1854）の目付・堀織部正、勘定吟味役・村垣与三郎らによるカラフト見分報告には占拠事件の詳細を報告した「嘉永七甲寅年北蝦夷地クシユンコタンニ在留罷在候魯西亜人共退帆仕候始末取調候趣申上候書付」と事件に際しての越年番人や各地のアイヌの動向を報告した「魯西亜人共渡来之節場所相守罷有候もの其外之儀ニ付申上候書付」という2通の報告書がある。本節ではこの2通の報告書を収めた諸写本のうち、最も情報量の多い「北蝦夷地魯西亜人上陸調記」を底本に「寅年クシユンコタン魯人造築一条」（北海道大学附属図書館北方資料室蔵複写本。原本は北海道立図書館蔵）・「魯西亜人カラフト渡来一件」（北海道大学附属図書館北方資料室蔵複写本。原本は北海道立文書館蔵）で校合して使用する。なお、東俊佑「嘉永年間におけるカラフトをめぐる動向」（『18世紀以降の北海道とサハリン州・黒竜江省・アルバータ州における諸民族と文化―北方文化共同研究事業研究報告―』北海道開拓記念館　2005年所収1～28頁）は2報告書を収めた諸写本について書誌学的検討を施し、比較校合して全文を翻刻、紹介している（同前）。

3）清水平三郎は、文久2年（1862）8月18日、享年59歳にて生涯を閉じた。松前町専念寺にある墓は、花崗岩製で丘状頭角柱形、台石を含めた高さ135cm・棹幅30cm・棹厚30cmである。墓石は、正面中央に清水平三郎の法名「盛之院釈常念」、その右に文化6年（1809）に死亡した男性、左に嘉永4年（1851）に死亡した女性の法名を、裏面に3名の死亡年月日を刻む。なお、清水平三郎の墓は、航海・漁業関係者の信仰を集める山形県鶴岡市の曹洞宗龍澤山善寶寺にも存在する。善寶寺にある墓は、丘状頭角柱形で、台石三段を含めた総高123cm、正面に法名「釈定念居士」、右側面に「松前清水平三郎墓」、左側面に没年月日「文久二戌年八月十八日」と刻まれている。なお、善寶寺には弘化3年（1846）、清水平三郎が発願主となり、清水、伊達林右衛門、栖原六右衛門の三名の寄進により安政2年（1855）10月に落成した五百羅漢堂が現存する。堂内には、五百羅漢とともに、裃姿の清水、伊達、栖原の座像が納められている（図151）。

図151　山形県鶴岡市善寶寺五百羅漢堂内にある清水・伊達・栖原の座像　　　　（筆者撮影）

栖原六右衛門　　　　伊達林右衛門　　　　清水平三郎

4）アイヌ呼称の「蝦夷人」、「夷人」から「土人」への改称について、菊池勇夫氏はこの時点からであろうと指摘している（菊池1994）。なお、菊池氏は「土人」呼称の採用は内国民としてアイヌを位置づけるにあたって「夷狄」としての「蝦夷人」呼称が不適当なものとされ、アイヌという自民族呼称を採用しなかったのは、固有の民族としての自立を許さず、あくまで和人社会への同化が前提とされたからであり、加えて、「百姓」の呼称が避けられたのは民族性を強く保持していたためであったと述べている（菊池1994）。

5）「ナヨロ文書」については、池上二良「カラフトのナヨロ文書の満州文」（『北方文化研究』第3号　1968年179〜196頁）が書誌学的検討を施し、全点写真掲載の上、翻訳・翻刻、紹介している。そのなかには、「書付」に「シトクレラン三男」と記載された「カンチユマンテ」が幕府役人から、シトクレラン隠居（第7号文書）に伴い跡目相続を許可され「惣乙名見習」を命じられた「亥十二月」付の申渡（第8号文書）、「役土人」任命に伴う被下物下賜の申渡（第9号文書）、「ナヨロ村庄屋」に任命された「辰九月」付の申渡（第10号文書）、扶持米支給の「辰九月」付の申渡（第11号文書）も含まれている。

6）マージナル・マンの概念については、浪川健治「蝦夷地の『無事』―17世紀アイヌ社会のなかの『和人』―」（『国際基督教大学　アジア文化研究別冊』第12号　2004年）を参照。なお、前註5にも示したように事件後、シトクレランらは近世国家に服属したようである。「書付」には事件後、シトクレランは事件に関する自己の行動を「当節ニ至り候而者後悔仕候哉之趣」と報告されている。この事件の意味のひとつに、カラフトアイヌの一部に残されていたマージナル・マンとしての性格が喪失されていく契機となった点を指摘できよう。

7）日露国境交渉における幕府の領土観念に関する先行研究には、榎森進「日露和親条約と幕府の領土観念」（渡辺信夫編『近世日本の民衆文化と政治』河出書房新社　1992年所収）がある。

終章　蝦夷地史の構築を目指して

1　「蝦夷地史」研究の提唱と実践

　1969年の日本考古学協会総会において中川成夫氏と加藤晋平氏により「近世考古学の提唱」が発表されて半世紀近い年月が過ぎた。この間、バブル期の東京や地方都市の再開発等により江戸遺跡や近世城郭跡・城下町遺跡の調査が進み、江戸時代に関する考古学的知見が蓄積されてきた。

　その結果、文書や絵図をはじめ、建造物から民具に到るまで、伝世資料が豊富な近世といえども、出土資料に頼らざるを得ない、換言すれば、「文字に記録されなかった」あるいは「人から人へと伝えられなかった」歴史があることが次第に明らかとなってきた。

　日本考古学協会が毎年刊行する『日本考古学年報』に掲載される研究の動向では、「歴史時代（中世・近世）」とされてきたものが、上記の提唱より20年を経た43号（1990年度版）から「近世研究の動向」として独立し、学会内で近世考古学が認知されるようになった。

　一方で、全ての中世遺跡が文化財行政上保護の対象となっているのに対して、近世遺跡については、1998年に文化庁から出された「埋蔵文化財の保護と発掘調査の円滑化等について」という通知の中で、それぞれの地域において必要なもののみを対象とするとして、各自治体の運用に委ねられている。近世遺跡の保護は今日なお試行の段階にあり、その意味では近世考古学は未だ完全には市民権を得てはいない。

　ところで、本書で取り上げた「蝦夷地」は中世・近世国家の周縁部にあたる。蝦夷地の考古学は「アイヌ考古学」と呼ばれるように、先住民であるアイヌの人々を専ら研究対象としており、これまで中世・近世考古学とはあまり接点をもつことなく、進められてきた。しかし、蝦夷地の歴史は、アイヌをはじめとする北方民族と北方へ進出した和人の双方によって営まれた歴史であり、さらには中国やロシアとの関係性のなかで形成された歴史である。既成のアイヌ史や日本北方史の枠を超え、新たに蝦夷地の歴史（「蝦夷地史」）を描くためには、従来別々に進められてきたアイヌ考古学と中世・近世考古学を融合する研究が不可欠である。例えば、アイヌの遺跡からは陶磁器がほとんど出土しないため、北海道島においては中近世考古学の柱ともいえる出土陶磁器研究が立ち遅れていたが、道内出土の中近世陶磁器を集成・分析することにより、アイヌと和人との交易の推移や北海道島への和人の進出状況を把握できた（第Ⅲ章2・3）。また、本書ではアイヌと和人の両方の物質文化を共有する本州アイヌの考古学研究が、中近世考古学とアイヌ考古学の橋渡しとなることを示した（第Ⅱ章）。

本書は、中世・近世の多様な考古資料を基礎に、それと文献史料を併用ないし対比しながら、津軽海峡や宗谷海峡を越えたヒト・モノ・情報、歴史上「蝦夷地」と呼ばれた北海道島・カラフト（サハリン）島・千島（クリル）への和人の進出、和人や和産物（日本製品）の蝦夷地進出がアイヌ文化の形成と変容に与えた影響などを通して、蝦夷地の内国化について論究した。

　蝦夷地の大部分を占める北海道島が完全に日本に組み込まれたのは、政治史的には遡っても松前・蝦夷地全域が幕領化された文化4年（1807）以降である。あるいは、東在木古内村以東、西在乙部村以北の上知が松前藩に命ぜられ、箱館が開港した安政2年（1855）を以て、蝦夷地の内国化が完成したとみる研究者もあろう。しかし、例えば寛政11年（1799）の段階で知内川以東の和人地と東蝦夷地全域が幕府の直轄地となったように、政治的側面に限ってみても蝦夷地の内国化はそれ以前から段階的に進行していた。蠣崎氏や下国安東氏など和人館主よる北海道島南部渡島半島先端部（松前半島・亀田半島周辺）の和人地化に到っては、15世紀にまで遡る。

　注目すべきは、こうした「政治的な内国化」に一歩先んじる形で常に「経済的な内国化」すなわち、日本製品（和産物）の大量流入によるアイヌ社会の経済的自立性の喪失（＝日本国内経済圏の北方への拡大）が生じていたと考えられる点である。本州アイヌの生業で検討したように、日本国内経済圏へ取り込まれることで、彼らの生業は、動物性の油・皮革・熊の胆やオットセイなどの薬材といった和人の求めに応じて、次第に特定の狩猟・漁撈に専業化し、和人との交易を前提とした社会へと変容していった（第Ⅱ章2・3）。一方、アイヌ社会に受容された和産物では、生業や日常生活に不可欠な鉄素材・鉄製品が重要なのは言うまでもないが、同時にアイヌの人々が宝物とするような威信財が常に大きな比重を占めているのが特徴的である。そうした威信財は、アイヌ社会の集団関係や和人と関係性を維持・保障する重要な役割を果たしていた（第Ⅰ章3）。

　アイヌ研究は、これまでも考古学研究と民族学的研究が両輪となって進められてきたが、時代的に守備範囲を異にすると認識されてきたためか、両者が接点をもつことは意外に少なく、そのことが研究の更なる深化を阻害してきた。異なる研究方法で得られた結論が一致することも重要だが、異なる結論に至った場合にその理由を探ることは研究を進める上でさらに大切なことのように思える。本書ではアイヌの宝物や葬制に関して、考古学的所見とアイヌの伝承や民族調査のデータを照合し、その異同を論じた（第Ⅰ章3・4）。民族学者が行う聞き取り調査の際、話者は本来あるべき姿としての「理想」を語る傾向にあり、その結果、時間軸が無視され、どの時代にも「当てはまる」、換言すれば、正確にはどの時代にも当てはまらない「物語」が生み出されやすい。聞き取り調査と考古学的調査の矛盾点の背景には、アイヌ民族の歩んだ複雑な歴史がある。

　一方、北方史に限らず日本近世史は豊富な文献史料（「紙に書かれた歴史」）に全面的に依拠してきた。筆者は、耐久性に優れ、屋外に置かれ人目に付きやすく、外部に対して、また後世に向けて強いメッセージを発する石造物の研究を通して「石に刻まれた歴史」の構築を目指している。内地に比べ文献史料が少ない蝦夷地では近世石造物は重要な歴史資料である。本書では、松前三湊の近世墓標と蝦夷地の近世石造物の悉皆調査により、和人の北海道島への進出の実態を明らかにするとともに、蝦夷地が宗教的に内国化されていく過程を追った（第Ⅲ章4・5）。

2 北方交易と蝦夷地内国化の歴史

　最後に時代を追って北方交易と蝦夷地の経済的・宗教的・政治的内国化の推移を振り返ることにより、本書のまとめとしたい。

　アイヌ文化成立前の北方交易を物語る遺物として、本書では10・11世紀頃に太平洋沿岸域の擦文集団に受容された銅鋺を取り上げ、毛皮の献上に対する見返りとして、都の王臣家から下賜された宝物との見方を示した（第Ⅰ章1）。

　12世紀、日本は中国を中心とする東アジアの巨大な物流機構に組み込まれ、中世世界に汎列島的な商品経済圏が形成されるなか、北方交易においては時代を経る毎に日本海交易の比重が高まっていく。釧路市材木町5遺跡の銅鋺・湖州鏡や厚真町宇隆1遺跡から発見された常滑焼第2型式の壺は、12世紀代には、外浜に到る奥大道の先に太平洋交易ルートが引き続き機能していたことを示しており、後者は北海道島に渡った和人の存在を物語る（第Ⅰ章1・第Ⅲ章2）。

　アイヌの物質文化を特徴づける、ガラス玉、骨角製狩猟・漁撈具、漆器と蝦夷刀、和産金属製品を転用した装飾品が出揃う13世紀末・14世紀初頭には、既にタマサイ・蝦夷刀・飾り矢筒などが定型化していることから、13世紀にはアイヌ文化は成立していたと結論付けた。その上で、コシャマインの戦い以前の初期のアイヌ文化（13〜15世紀前半）には、方形配石茶毘墓、ワイヤー製装身具、小型のトンボ玉・メノウ玉、金属板象嵌技法といった大陸的様相が色濃く認められる点を指摘し、アイヌ文化は基本的には擦文文化をベースとし、13世紀に始まるサハリン島への北方進出に伴い、アムール河（黒龍江）下流域の女真文化との文化的接触により「化学変化」を起こしたことで生まれたとの見方を示した（第Ⅰ章2）。

　13〜15世紀前半には日本海側のヨイチが大陸や本州との交易の拠点として重要な位置を占めていた。余市町の大浜中遺跡や栄町1遺跡の出土品は、ヨイチアイヌが対和人交易により多くの富を保有していたことを物語っている（第Ⅰ章3）。大川遺跡から出土した中世陶磁器の在り方からみて、ヨイチは十三湊と直結しており、和人の居住も想定される交易場であった（第Ⅲ章2）。一方、下北半島の突端に位置する浜尻屋貝塚は、和人との交易を前提として本州アイヌの人々が14・15世紀代に営んだアワビの加工場であり、そこでは海獣猟も行われていた。出土した銛頭の特徴から、貝塚を残した下北のアイヌは、日本海側の北海道アイヌと技術基盤を共有していたことが判明した（第Ⅱ章3）。むつ市脇野沢本村から出土した14世紀頃に製作された金銅装牡丹造腰刀は、下北アイヌもまたヨイチアイヌ同様、高い経済力を持っていたことを示している（第Ⅱ章1）。

　15世紀中葉には、北奥における南部氏と十三湊安藤氏との抗争の影響により、津軽海峡を越えた和人の北海道島流入が加速する。道南の渡島半島各地に和人館が作られ、そのなかで松前・上之国・下之国の3地域の勢力が対アイヌ交易の利権を巡り覇権を争う構図が生まれた。中央の政治権力とも複雑に絡みあうことで高まった道南の政治的緊張関係は、和人との交易活動を経済

的基盤として階層化した社会を構築していたアイヌ民族にも多大な影響を及ぼし、長禄元年（1457）、アイヌ民族による最大の武装蜂起であるコシャマインの戦いが起きることとなった。

十三湊の終焉とともに北方交易の拠点はヨイチからセタナイに移り、コシャマインの戦いを境にアイヌの物質文化から大陸的様相が急速に失われた。ヨイチが本州と大陸の南北双方と繋がっていたのに対して、セタナイは直接的には上之国・松前・下之国といった道南の和人拠点との限定された交易場であったと思われる。

これまで道南の中世史は、『新羅之記録』など松前藩に伝わる歴史書や勝山館跡・花沢館跡・洲崎館跡など上之国館跡の発掘調査に基づき「蠣崎（松前）家」の歴史として語られてきたが、コシャマインの戦い直前の渡島半島は、上之国・松前・下之国の三つ巴の状況の上に各地のアイヌの集団関係が重なることで、本州に勝るとも劣らない戦国的様相を呈していた可能性がある。

津軽海峡域の戦国的様相を明らかにするには、下国安東氏の研究を進め、「蠣崎（松前）家」の歴史を相対化する必要があると考え、筆者は下国安東氏が拠点とした北斗市矢不来館跡の発掘調査を行った。その結果、コシャマインの戦いを経た15世紀後半の段階でなお、下国安東氏が政治的・経済的に蠣崎氏を上回る勢力を保持していた可能性が高いことや、彼らが単なる武装した商人集団ではなく、将軍足利義政やその側近たる同朋衆の好みを反映した書院会所の唐物数寄を理解し、政治的・経済的・文化的にそれを受容する立場にあったことが明らかとなった（第Ⅲ章1）。渡島半島の和人館には茶道具や仏具に彩られた「中世的世界」が展開していたのである。

コシャマインの戦いの後、松前の地位は相対的に下がり、勝山館に拠る蠣崎氏と茂別・矢不来を本拠とする下国安東氏の勢力がせめぎ合う、上之国対下之国の構図がより鮮明になる。そうした構図は、東部アイヌが武装蜂起し、宇須岸（箱館）・志濃里・与倉前の3館が陥落し、館主の河野季通・小林良定・小林季景が自害したとされる永正9年（1512）を境に大きく変化する。矢不来館も、この時に焼失・廃絶した可能性が高い。この事件を境に、下国安東氏の勢力は大幅に低下し、16世紀前葉には蠣崎氏（2世蠣崎光廣）が道南の和人勢力の頂点に立ったと推測される。

道央の二風谷周辺や道東のチャシ跡からも16世紀代の陶磁器が出土しており、16世紀には和人とアイヌの交易が活発化した可能性がある。

江戸幕府・松前藩の成立と、それによって生じた一般和人とアイヌとの直接交易の禁止が、アイヌ社会に与えた影響については判然としない。しかし寛文7年（1667）に起きた支笏湖の南側に位置する樽前山の噴火と、その翌々年に発生したシャクシャインの戦いがアイヌ社会に与えた影響は、考古学的にも顕著である。シャクシャインの戦いによって北海道島における和人とアイヌの形勢は逆転し、アイヌの物質文化は急速に貧弱化する。

シャクシャインが本拠とした新ひだか町静内のシベチャリ周辺から出土した遺物は、シャクシャインの戦い以前の日高アイヌが肥前磁器や豊富な鉄製品など多くの和産物を入手しうる環境にあったことや、渡り職人までもが日高に入り込んでいたことを物語っている（第Ⅰ章5）。

16世紀末から17世紀後葉に本州アイヌによって下北半島尻屋崎近くに営まれた大平貝塚は、14・15世紀の浜尻屋貝塚同様、和人との交易を前提とするアワビの加工場であり、そこでは海獣猟も行われていた（第Ⅱ章2・3）。大平貝塚から出土した銛頭は日本海側の北海道アイヌのも

のとよく似ており、津軽海峡を挟んで日常的な交流があったと考えられた。近世国家の成立により藩境が設定された後も、シャクシャインの戦いまではアイヌ民族は津軽海峡を自由に行き来していたことが考古学的にも支持される。

　アイヌ墓の副葬品は1667年に降下した樽前b火山灰を境に、その上下で様相が大きく変わる。即ち、副葬品の上位を占める刀子（マキリ）、漆器、太刀・腰刀はいずれも副葬率が急速に低下しており、なかでも太刀・腰刀の減少が著しい。樽前b火山灰降下以前には日本刀もアイヌ墓に副葬される例が見られたが、降下後にはそうした例は皆無となる。シャクシャインの戦いを契機に松前藩によりアイヌの「刀狩り」（武装解除）が行われたと推察した（第Ⅰ章4）。

　出土近世陶磁器の分析から、シャクシャインの戦いの後、東蝦夷地ではアイヌと和人の交易が低調となり、西蝦夷地では主たる交易場がセタナイからヨイチへ移ることが判った（第Ⅲ章3）。セタナイからヨイチへ主たる交易場が移動した背景には、海産資源を求め日本海沿岸を奥地（北）へ向かった和人の進出があったと考えられる。

　出土陶磁器や石造物の分析から、西蝦夷地では18世紀代に既に場所請負に関連して和人の経済的進出がみられるが、東蝦夷地では18世紀末以前には和人が移住した形跡はほとんど認められず、19世紀初頭にロシアとの緊張関係により一時的に北方警備関係者の進出が見られるものの、民間人の進出が活発化するのは1830年代以降と推察された。19世紀に進められた蝦夷地の政治的内国化については、墓標の分析を通して、1800年代と1860年代に大きく進展したことや、東蝦夷地は幕府（箱館奉行所）主導で、西蝦夷地は幕府の命を受けた東北諸藩が大きな役割を果たしたことが明らかとなった（第Ⅲ章4）。

　19世紀には北海道島から出土する陶磁器は爆発的に増大し、流通範囲も拡大する。主体を占めるのは、筆者が「幕末蝦夷地3点セット」と呼んだ徳利・中甕・膾皿である。このうち徳利と中甕は本来的には北前船で酒や味噌・塩を運ぶ際の容器であり、肥前系磁器の膾皿は労働者の食事に相応しい碗と皿の両方の機能を兼ね備えた便利で安価な食器であった。それらは、本州から労働者として移住してきた和人とともに、漁場などで和人に混じり半ば強制的に働かされていたアイヌの人々も使用していたと考えられる。「幕末蝦夷地3点セット」は、結果的にアイヌの伝統的な食文化にも多大な影響を与え、和人への同化を促進させたと推察した（第Ⅲ章3）。

　和人地については、墓標や過去帳などの歴史人口史料を用いて、蝦夷地への窓口である松前三湊、すなわち松前・箱館・江差に住む和人の人口規模の推移を検討した（第Ⅲ章5）。その結果、松前の人口は梁川移封による減少を挟みながらも江戸時代を通して緩やかに増加し、1850年代のピークを境に幕末に減少傾向に転じるのに対し、箱館は19世紀に入り短期間で急激に人口が増加したことが確かめられた。墓標を保有する人の割合は松前のほうが高く、古くから松前藩の中心地として栄えた城下町松前と、開港によって急激な発展を遂げた箱館との差が明らかとなった。

　カラフト（サハリン）島の出土品には日本製のキセル・刀装具・漆器・鉄鍋・銭（寛永通寳）が確認される一方、近世陶磁器類はほとんどみられない。キセルや刀装具のなかには17世紀代の製品も含まれており、アイヌの人々による宗谷海峡を越えた交易が17世紀代に遡るのは確実

である。また、これらの分布状況から、日本製のキセル・刀装具・鉄鍋が樺太アイヌのみならず北部に住むニブフの手に渡っているのに対して、漆器は南部の樺太アイヌにしか受容されなかったと考えられた。カラフト（サハリン）島から出土した漆器は、漆椀・耳盥・行器で、全てアイヌの酒儀礼に関する道具であることから、樺太アイヌもまた、18世紀以前から北海道アイヌと同じく日本産の漆器を使った酒儀礼を行っていたと推察した（第Ⅳ章1）。

和人のカラフト（サハリン）島進出については、白主会所跡の確認調査、「白主村墓所幷死亡人取調書上」・「北海道歴検図」などの古文書・古絵図の分析、松前の墓標調査の過程で発見した「樺太アイヌ供養・顕彰碑」の検討により考察を行った。

松前藩や幕府によるカラフト（サハリン）島支配の拠点であり、いわゆる山丹交易の窓口でもあった島の最南端の白主の現地踏査では、最終段階の白主会所が石垣を伴う土塁を有し、敷地の奥には日本式の庭を備えた格式のある施設であったことを確認した（第Ⅳ章2）。

カラフト（サハリン）島で死亡した和人は、文化年間の樺太警備に従事した久春古丹の会津藩関係者や白主勤番役人が最も古く、復領後の松前藩が積極的に樺太の漁場開発に乗り出した1820年代になって白主や久春古丹で民間人がみられるようになる。1840年代には新たに西海岸北緯47度付近の西冨間（真岡）で、1850年代には同じく北緯48度付近の楠苗（久春内）で死者が記録されるようになるとともに、全体的に死者数が急増する。1860年代には、新たにアニワ湾沿岸のリヤトマリ（利家泊）、西海岸の西白濱・鵜城、東海岸の東冨内（富内茶）、オチヨホカ（落帆）、榮濱でも死亡者が加わり、死者数が増加している。慶應4年（1868）以前に樺太で死亡した和人の約6割は民間人で、出身地別では南部下北が最も多く、松前がこれに次ぐ（第Ⅳ章3）。

日露間でカラフト（サハリン）島の領有問題が顕在化していた1850年代には、日本はロシアに対し、古来より朝貢関係により支配下にあるアイヌ民族の居住地は日本の領土であるとの前近代的な領土観に基づく主張を繰り返す一方、北緯48度以南の西海岸やアニワ湾沿岸の漁場を急速に拡大する。それとともに、安政5年（1858）には越前大野藩に樺太開発の許可を与え、北緯48度から49度付近のライチシカからホロコタンの間に移民を図るなど、ロシア同様、帝国主義的植民政策を開始した。北緯50度以南の樺太南半に住んでいた樺太アイヌは、和人による漁場設定に伴い労働力として集住させられ、アイヌ民族は自国民であるとの近世国家の論理によって支配されることになったのである（第Ⅳ章4・5）。

以上、蝦夷地の歴史は、コシャマインの戦い以前の初期アイヌ文化期（13～15世紀前半）、和人の北海道島進出により島の南西端に和人地が設定され、蝦夷地と内地との経済的関係性が強まった中期アイヌ文化期（15世紀後半～17世紀後葉）、シャクシャインの戦い以降、蝦夷地が日本国内経済圏に組み込まれた後期アイヌ文化期（17世紀末葉～18世紀末葉）、クナシリ・メナシの戦いや文化3・4年（1806・07）のロシア艦による襲撃事件を経て蝦夷地の内国化とアイヌ民族に対する国民化政策が進められた段階（19世紀初頭以降）に区分されよう。

引用・参考文献

相川町史編纂委員会 2002『佐渡相川郷土史事典』
愛知県史編さん委員会編 2007『愛知県史』別編窯業 2（中世・近世瀬戸系）
会津若松市史研究会編 2006『会津若松市史』資料編 4（会津藩第 7 代藩主松平容衆年譜 付文化 5 年会津藩蝦夷地出陣関係資料）
アイヌ文化振興・研究推進機構編 2001『よみがえる北の中・近世：掘り出されたアイヌ文化』
青野友哉 1999「碧玉製管玉と琥珀製玉類からみた続縄文文化の特質」『北海道考古学』35、北海道考古学会、69～82 頁
青森県 2001『青森県史』資料編近世 1（近世北奥の成立と北方世界）
青森県 2005『青森県史』資料編考古 3（弥生～古代）
青森県 2012『青森県史』資料編中世 3
青森県教育委員会 1996『十三湊遺跡Ⅰ―青森県第 1 次発掘調査概報―』、青森県埋蔵文化財調査報告書 200
青森県教育委員会 1997a『十三湊遺跡Ⅱ―青森県第 2 次発掘調査概報―』、青森県埋蔵文化財調査報告書 224
青森県教育委員会 1997b『十三湊遺跡―平成 8 年度十三漁港局部改良事業に係る試掘調査報告書―』、青森県埋蔵文化財調査報告書 225
青森県教育委員会 1998a『高屋敷館遺跡』、青森県埋蔵文化財調査報告書 243
青森県教育委員会 1998b『十三湊遺跡Ⅲ―第 74 次・第 75 次発掘調査概報―』、青森県埋蔵文化財調査報告書 248
青森県教育委員会 1999a『野木遺跡Ⅱ』、青森県埋蔵文化財調査報告書 264
青森県教育委員会 1999b『十三湊遺跡Ⅳ―青森県第 4 次発掘調査概報―』、青森県埋蔵文化財調査報告書 268
青森県教育委員会 2000a『野木遺跡Ⅲ』、青森県埋蔵文化財調査報告書 281
青森県教育委員会 2000b『十三湊遺跡Ⅴ―第 91 次・第 92 次・第 93 次・第 94 次発掘調査概報―』、青森県埋蔵文化財調査報告書 286
青森県教育委員会 2001『十三湊遺跡Ⅵ―第 121 次・第 122 次発掘調査概報―』、青森県埋蔵文化財調査報告書 312
青森県教育委員会 2003『十三湊遺跡Ⅷ―第 151 次～第 154 次発掘調査概報―』、青森県埋蔵文化財調査報告書 355
青森県教育委員会 2004『向田（35）遺跡』、青森県埋蔵文化財調査報告書 373
青森県教育委員会 2005『林ノ前遺跡』、青森県埋蔵文化財調査報告書 396
青森県教育委員会 2006『林ノ前遺跡』、青森県埋蔵文化財調査報告書 415
青森県教育委員会 2007『赤平（2）・赤平（3）遺跡』、青森県埋蔵文化財調査報告書 438
青森県教育委員会・市浦村教育委員会 2005『十三湊遺跡』、青森県埋蔵文化財調査報告書 398・市浦村埋蔵文化財調査報告書 17
青森市 2006『青森市史』資料編 1（考古）
阿寒町教育委員会 1965『北海道阿寒町の文化財』（先史文化篇 2）
阿寒町教育委員会 1983『阿寒町下仁々志別竪穴群』
秋月俊幸 1974「嘉永年間ロシアの久春古丹占拠」『スラブ研究』19、北海道大学スラブ研究センター、59～95 頁
秋月俊幸 1994『日露関係とサハリン島―幕末明治初年の領土問題』、筑摩書房

秋月俊幸 1999『日本北辺の探検と地図の歴史』、北海道大学図書刊行会
秋葉実編 1989『北方史史料集成』2（加賀家文書）、北海道出版企画センター
秋葉実編 1997『松浦武四郎選集』2（蝦夷訓蒙図彙・蝦夷山海名産図会）、北海道出版企画センター
朝倉有子 1999『北方史と近世社会』、清文堂
朝倉有子 2010a「蝦夷地における漆器の流通と使途―浄法寺から平取へ―」『都市と城館の中世』、高志書院、175～198 頁
朝倉有子 2010b「蝦夷地における漆器の流通と使途―椀（盃）・盃台・台盃」『北海道・東北史研究』6、北海道出版企画センター、4～50 頁
東俊佑 2005a「嘉永年間におけるカラフトをめぐる動向」『18 世紀以降の北海道とサハリン州・黒竜江省・アルバータ州における諸民族と文化―北方文化共同研究事業報告―』、北海道開拓記念館、335～362 頁
東俊佑 2005b「幕末カラフトにおける蝦夷通詞と幕府の蝦夷地政策」『北海道・東北史研究』2、サッポロ堂書店、19～34 頁
厚岸町教育委員会 1981『苫多 48 号遺跡』
厚岸町教育委員会 1999『史跡国泰寺跡』Ⅱ（平成 10 年度調査報告）
厚岸町教育委員会 2000『史跡国泰寺跡』Ⅲ（平成 11 年度調査報告）
厚岸町教育委員会 2001『史跡国泰寺跡』Ⅳ（平成 12 年度調査報告）
厚岸町史編集委員会 2003『新厚岸町史』1
厚沢部町教育委員会 2008『史跡松前氏城跡 福山城跡 館城跡 館城跡Ⅳ』
厚田村 1969『厚田村史』
厚真町教育委員会 2007『上幌内モイ遺跡（2）』
厚真町教育委員会 2011a『オニキシベ 2 遺跡』
厚真町教育委員会 2011b『中世の北方世界―都市平泉から見た厚真の姿―』、特別講演会資料
虻田町役場 1962『虻田町史』
天野哲也 2003『クマ祭りの起源』、雄山閣
天野哲也・小野裕子編 2007『古代蝦夷からアイヌへ』、吉川弘文館
天野哲也・臼杵勲・菊池俊彦 2006『北方世界の交流と変容』、山川出版社
網野善彦 1990「北国の社会と日本海」『海と列島の文化 1 日本海と北国文化』、小学館、9～64 頁
網野善彦・石井進編 2001『北から見直す日本史』、大和書房
石井淳平 2003a「北海道出土の中世陶器とその意味」『北方島文化研究』1、北方島文化研究会、39～50 頁
石井淳平 2003b「栄町遺跡・大浜中遺跡出土の中世陶器について」『余市水産博物館研究報告』6、1～6 頁
石井淳平 2005「北海道」『全国シンポジウム中世窯業の諸相―生産技術の展開と編年―資料集』、208～228 頁
石井淳平 2007「北海道における中世陶磁器の出土状況とその変遷」『アイヌ文化の成立と変容』、法政大学国際日本学研究所、399～426 頁（榎森進・小口雅史・澤登寛聡編 2008a『エミシ・エゾ・アイヌ』、岩田書院、407～434 頁に再録）
石井進監修 1992『北の中世』、日本エディタースクール出版部
石狩町郷土研究会石碑調査班 1987『石狩の碑（いしふみ）：石碑等にみる石狩町の歩み』1
いしかり砂丘の風資料館 2007「送毛山道の碑」『エスチュアリ』29、4 頁
石狩辨天社創建三百年記念事業実行委員会 1994『石狩辨天社史 石狩辨天社創建三百年記念誌』
石川直章 1982「回転式銛先：キテの源流」『考古学と古代史』、同志社大学考古学シリーズ 1、19～28 頁
石川直章 1998「回転式銛先再考」『時の絆』、石附喜三男先生を偲ぶ本刊行委員会、293～313 頁
石附喜三男 1977『ウサクマイ遺跡 N 地点発掘調査報告書』、千歳市教育委員会
市村高男 2000「茂別館跡についての一考察―調査の中間報告―地域史研究はこだて』32、函館市、17～38 頁
伊藤昌一 1936「八雲アイヌの埋葬法」『北海道帝国大学医学部解剖学教室研究報告』1、113～123 頁
乾哲也 2011「厚真の遺跡を支えたもの―交易・シカ資源」『アイヌ史を問いなおす』、勉誠出版、57～80 頁
乾芳宏 2002「海の民としてのアイヌ社会の漆器考古学―余市町大川・入舟遺跡を中心として―」『考古学ジャー

ナル』489、ニューサイエンス社、16～19 頁
乾芳宏 2004「北海道における中世墓について」『アイヌ文化の成立』、宇田川洋先生華甲記念論文集刊行会、403～429 頁
犬飼哲夫・森樊須 1956「北海道アイヌのアザラシ及びオットセイ狩り」『北方文化研究報告』11、北海道大学文学部附属北方文化研究施設、35～47 頁
稲生典太郎 1997『北方文化の考古土俗学』、岩田書院
井上洋一 2003「歴史的にみた日本におけるガラス玉の製作と流通」『北太平洋の先住民交易と工芸』、思文閣出版、53～58 頁
入間田宣夫 1999「糠部・閉伊・夷が島の海民集団と諸大名」『北の内海世界』、山川出版社、50～82 頁
岩崎奈緒子 1998『日本近世のアイヌ社会』、校倉書房
岩内町教育委員会 1958『岩内遺跡』
上田秀雄 1982「十四～十六世紀の青磁碗の分類」『貿易陶磁研究』2、日本貿易陶磁研究会、55～70 頁
上村英明 1990『北の海の交易者たち―アイヌ民族の社会経済史―』、同文舘
宇田川洋 1981『アイヌの伝承と砦』、北の教養選書 3、北海道出版企画センター
宇田川洋校訂 1983『河野常吉ノート』考古編 2、北海道出版企画センター
宇田川洋 1987「北方地域における開窩式銛頭について（1）」『北海道考古学』23、北海道考古学会、45～58 頁
宇田川洋 1991「北方地域の煙管と喫煙儀礼」『東京大学考古学研究室研究紀要』10、51～97 頁
宇田川洋 1992「アイヌ墓の成立過程」『北の人類学』、アカデミア出版会、257～281 頁
宇田川洋 2001『アイヌ考古学研究・序論』、北海道出版企画センター
宇田川洋 2003「アイヌ文化の形成過程をめぐる一試論」『国立歴史民俗博物館研究報告』107、217～250 頁
宇田川洋 2007『アイヌ葬送墓集成図』北海道出版企画センター
宇田川洋・豊原煕司 1984『トプー遺跡の発掘調査』、釧路川 3、釧路川流域研究会
内田武志・宮本常一編 1971『菅江真澄全集』2、未来社
梅木孝昭 1997『サハリン 松浦武四郎の道を歩く』、道新選書 31、北海道新聞社
梅木通徳 1974『蝦夷古地図物語』、北海道新聞社
浦河町教育委員会 1980『旧姉茶墓地調査報告』
浦河町史編さん委員会 2002『新浦河町史』上
浦幌町教育委員会 1975『十勝太若月―第三次発掘調査―』
浦幌町史編さん委員会 1971『浦幌町史』
枝幸町 1967『枝幸町史』上
江差町教育委員会 1989『茂尻 C 遺跡』
江差町史編集室 1982『江差町史』5（通説 1）
恵庭市教育委員会 1981『植別川遺跡』
恵庭市教育委員会 1988『中島松 6・7 遺跡』
恵庭市教育委員会 1989『中島松 5 遺跡 A 地点』
恵庭市教育委員会 1992『ユカンボシ E3 遺跡 B 地点』
恵庭市教育委員会 1995『ユカンボシ E7 遺跡』
恵庭市教育委員会 1997『ユカンボシ E4 遺跡』
恵庭市教育委員会 1998『カリンバ 2 遺跡第Ⅲ・Ⅳ・Ⅴ地点』
恵庭市教育委員会 2000a『茂漁 6 遺跡』
恵庭市教育委員会 2000b『カリンバ 2 遺跡第Ⅳ地点』
恵庭市教育委員会 2000c『カリンバ 2 遺跡第Ⅵ地点』
江別市教育委員会 1981『元江別遺跡群』、江別市文化財調査報告書 ⅩⅢ
榎森進 1987『アイヌの歴史』、三省堂
榎森進 1992「日露和親条約と幕府の領土観念」『近世日本の民衆文化と政治』、河出書房新社、383～406 頁

榎森進 1997『増補改訂 北海道近世史の研究』、北海道出版企画センター
榎森進 1999「近世初期の北奥社会とオットセイ」『東北の交流史』、無明舎出版、69～84 頁
榎森進 2003「北奥のアイヌの人々」『アイヌの歴史と文化』Ⅰ、創童社、154～163 頁
榎森進 2007『アイヌ民族の歴史』、草風館
榎森進 2011「激動の北の中世」『新版北海道の歴史上古代・中世・近世編』、北海道新聞社、159～225 頁
榎森進・小口雅史・澤登寛聡編 2008a『エミシ・エゾ・アイヌ』、岩田書院
榎森進・小口雅史・澤登寛聡編 2008b『北東アジアのなかのアイヌ世界』、岩田書院
えりも町郷土博物館 2000『石碑石仏』えりも町ふるさと再発見シリーズ 2
えりも町役場 2001『増補えりも町史』
大井晴男 1992「『シャクシャインの乱（寛文九年蝦夷の乱）』の再検討」『北方文化研究』21、北海道大学文学部附属北方文化研究施設、1～66 頁
大井晴男 1995「『シャクシャインの乱（寛文九年蝦夷の乱）』の再検討（承前）」『北方文化研究』22、北海道大学文学部附属北方文化研究施設、1～116 頁
大石直正 1990「北の武士団・安藤氏」『海と列島の文化 1 日本海と北国文化』、小学館、318～342 頁
大石直正 2001「北の周縁、列島東北部の興起」『日本の歴史 14 周縁から見た中世日本』、講談社、13～140 頁
大石直正・高良倉吉・高橋公明 2001『日本の歴史 14 周縁からみた中世日本』、講談社
大塚和義 1976「アイヌのキテの諸系列―形態分類と編年―」『国立民族学博物館研究報告』1-4、778～822 頁
大塚一美 1993「首飾りと巫術」『北海道チャシ学会研究報告』7、27～45 頁
大友喜作 1944『北夷談・北蝦夷図説・東蝦夷夜話』、北光書房
大友喜作編 1972『北門叢書』5、北光書房
大場利夫・大井晴男 1973『オホーツク文化の研究 1 オンコロマナイ貝塚』、東京大学出版会
大藤時彦編 1964『東遊雑記』、東洋文庫 27、平凡社
岡田淳子 2000「近世アイヌ墓の検証」『大塚初重先生頌寿記念論集』、925～942 頁
岡部雅憲・小笠原正明 1995「北海道の遺跡から出土したガラス玉の化学組成」『北海道考古学の諸問題（北海道考古学 31）』、北海道考古学会、291～305 頁
男鹿市教育委員会 1999『脇本城と脇本城跡―第 4 次～第 6 次調査報告―』、男鹿市文化財調査報告 19
男鹿市教育委員会 2002『脇本城跡Ⅰ―第 1 次・第 2 次調査報告―』、男鹿市文化財調査報告 23
男鹿市教育委員会 2003『脇本城跡Ⅱ―第 8 次～第 10 次調査報告―』、男鹿市文化財調査報告 27
男鹿市教育委員会 2004『脇本城跡Ⅲ―第 11 次・第 12 次調査報告―』、男鹿市文化財調査報告 28
男鹿市教育委員会 2005『国指定史跡脇本城跡―船川港重要湾道路改修工事に係る埋蔵文化財調査報告書―』、男鹿市文化財調査報告 29
男鹿市教育委員会 2007『史跡脇本城跡保存管理計画書』、男鹿市文化財調査報告 33
男鹿市教育委員会 2008『国指定史跡脇本城跡Ⅴ―第 15 次・第 16 次他調査報告―』、男鹿市文化財調査報告 35
男鹿市教育委員会『国指定史跡脇本城跡Ⅵ―第 17 次・第 18 次確認調査報告―』、男鹿市文化財調査報告 37
荻野繁春 1990「『財産目録』に顔を出さない焼物」『国立歴史民俗博物館研究報告』25、71～244 頁
荻野繁春 1992「壺・甕はどのように利用されてきたか」『国立歴史民俗博物館研究報告』46、237～281 頁
小口雅史編 1995「津軽安藤氏と北方世界―藤崎シンポジウム［北の中世を考える］―」、河出書房新社
小口雅史 2007「北の交易拠点としての道南十二館―千田報告へのコメントとして―」『北東アジア交流史研究』、塙書房、125～133 頁
小熊英二 1998『〈日本人〉の境界』、新曜社
小樽市 1958『小樽市史』1
小樽市教育委員会 1996『忍路神社遺跡』、小樽市埋蔵文化財調査報告書 13.
小樽市教育委員会 2003『船浜遺跡Ⅲ』
小樽市教育委員会 2004『ホッケ澗 2 遺跡Ⅲ・ホッケ澗 3 遺跡Ⅳ』
小樽市博物館 1982『神恵内観音 2 号洞窟発掘調査報告書』、小樽市博物館紀要 4

小野正敏 1982「十五〜十六世紀の染付碗、皿の分類について」『貿易陶磁研究』2、日本貿易陶磁研究会、71〜88頁
小野正敏 1991「城館出土の陶磁器が表現するもの」『中世の城と考古学』、新人物往来社、108〜130頁
小野正敏 2007『歴史考古学大辞典』、吉川弘文館
小野哲也 2002a「中世近世における鉄鍋の製作方法について」『物質文化』74、物質文化研究会、61〜82頁
小野哲也 2002b「北海道を取り巻く製品流通状況について―鉄鍋の検討による―」『北海道考古学会』41、北海道考古学会、77〜89頁
小野哲也 2003「列島各地における鉄鍋製作方法について」『物質文化』76、物質文化研究会、55〜70頁
小野哲也 2004「中世・近世における鉄鍋製作方法の地域差」『物質文化』77、物質文化研究会、39〜56頁
小野哲也 2007a「北海道域出土鉄鍋の生産地」『北海道考古学会』43、北海道考古学会、113〜122頁
小野哲也 2007b「鉄器にみる北海道アイヌ文化期の生活様相」『たたら研究』46、たたら研究会、18〜29頁
長万部町史編集室 1977『長万部町史』
乙部町教育委員会 1977『元和』
音別町教育委員会 1984『ノトロ岬』
海保嶺夫 1974『日本北方史の論理』、雄山閣
海保嶺夫 1978『幕藩制国家と北海道』、三一書房
海保嶺夫 1984『近世蝦夷地成立史の研究』、三一書房
海保嶺夫 1986『列島北方史研究ノート』、北海道出版企画センター
海保嶺夫 1987『中世の蝦夷地』、吉川弘文館
海保嶺夫 1990「北方交易と中世蝦夷社会」『海と列島の文化 1 日本海と北国文化』、小学館、255〜286頁
海保嶺夫 1996『エゾの歴史』、講談社選書メチエ
葛西猛千代 1943『樺太アイヌの民俗』、樺太庁博物館叢書9
葛西智義・皆川洋一・越田賢一郎 1992「深川市納内遺跡出土の遺物について」『北海道考古学』28、北海道考古学会 19〜35頁
梶暁美 2005「中世文化における同朋衆の役割」『融合文化研究』5、国際融合文化学会、158〜169頁
加島進 1977「刀装具」『文化財講座 日本の美術 13 工芸（刀剣・武具）』、第一法規、184〜217頁
勝田至 1988「中世の屋敷墓」『史林』71、史学研究会、375〜410頁
加藤克 2001「北海道大学農学部博物館所蔵考古学資料（1）」『北大植物園研究紀要』1、北海道大学北方生物圏フィールド科学センター植物園、19〜34頁
加藤邦雄 1981「瀬棚町発見の火葬墓について」『北海道考古学』17、北海道考古学会、91〜113頁
加藤邦雄 1984「北海道の中世墓について」『北海道の研究』2 考古篇Ⅱ、清文堂、307〜333頁
角川日本地名大辞典編纂委員会 1987『角川日本地名大辞典北海道』上・下巻、角川書店
上磯町 1982『道程上磯町史写真集』
上磯町教育委員会 1983『史跡松前藩戸切地陣屋跡』（昭和57年度）
上磯町教育委員会 1984『史跡松前藩戸切地陣屋跡』（昭和58年度）
上磯町教育委員会 1985『史跡松前藩戸切地陣屋跡』（昭和59年度）
上磯町教育委員会 1986『史跡松前藩戸切地陣屋跡』（昭和60年度）
上磯町教育委員会 1988『矢不来天満宮跡』
上磯町教育委員会 1990『矢不来3遺跡』
上磯町教育委員会 2001『町内遺跡発掘調査事業報告書―平成11・12年度発掘調査概要報告―』
上ノ国町教育委員会 1980『史跡上之国勝山館跡Ⅰ―昭和54年度発掘調査整備事業概報―』
上ノ国町教育委員会 1981『史跡上之国勝山館跡Ⅱ―昭和55年度発掘調査整備事業概報―』
上ノ国町教育委員会 1982『史跡上之国勝山館跡Ⅲ―昭和56年度発掘調査整備事業概報―』
上ノ国町教育委員会 1983a『史跡上之国勝山館跡Ⅳ―昭和57年度発掘調査整備事業概報―』
上ノ国町教育委員会 1983b『夷王山墳墓群調査概報―昭和57年度町内遺跡詳細分布調査―』

上ノ国町教育委員会 1984a 『史跡上之国勝山館跡 V—昭和 58 年度発掘調査整備事業概報—』
上ノ国町教育委員会 1984b 『夷王山墳墓群—昭和 56〜58 年度町内遺跡詳細分布調査事業報告書—』
上ノ国町教育委員会 1985 『史跡上之国勝山館跡 VI—昭和 59 年度発掘調査整備事業概報—』
上ノ国町教育委員会 1986 『史跡上之国勝山館跡 VII—昭和 60 年度発掘調査整備事業概報—』
上ノ国町教育委員会 1987a 『史跡上之国勝山館跡 VIII—昭和 61 年度発掘調査整備事業概報—』
上ノ国町教育委員会 1987b 『上ノ国漁港遺跡』
上ノ国町教育委員会 1988 『史跡上之国勝山館跡 IX—昭和 62 年度発掘調査整備事業概報—』
上ノ国町教育委員会 1989 『史跡上之国勝山館跡 X—昭和 63 年度発掘調査整備事業概報—』
上ノ国町教育委員会 1990 『史跡上之国勝山館跡 XI 平成元年度発掘調査整備事業概報』
上ノ国町教育委員会 1991a 『史跡上之国勝山館跡 XII—平成 2 年度発掘調査整備事業概報—』
上ノ国町教育委員会 1991b 『夷王山墳墓群 II』
上ノ国町教育委員会 1992 『史跡上之国勝山館跡 XIII—平成 3 年度発掘調査整備事業概報—』
上ノ国町教育委員会 1993 『史跡上之国勝山館跡 XIV—平成 4 年度発掘調査整備事業概報—』
上ノ国町教育委員会 1994 『史跡上之国勝山館跡 XV—平成 5 年度発掘調査整備事業概報—』
上ノ国町教育委員会 1995 『史跡上之国勝山館跡 XVI—平成 6 年度発掘調査整備事業概報—』
上ノ国町教育委員会 1996a 『史跡上之国勝山館跡 XVII—平成 7 年度発掘調査整備事業概報—』
上ノ国町教育委員会 1996b 『笹浪家屋敷遺跡』
上ノ国町教育委員会 1997 『史跡上之国勝山館跡 XVIII—平成 8 年度発掘調査整備事業概報—』
上ノ国町教育委員会 1998a 『史跡上之国勝山館跡 XIX—平成 9 年度発掘調査整備事業概報—』
上ノ国町教育委員会 1998b 「久末屋敷遺跡」『原歌遺跡 S 地点』、111〜119 頁
上ノ国町教育委員会 1999a 『史跡上之国勝山館跡 XX—平成 10 年度発掘調査整備事業概報—』
上ノ国町教育委員会 1999b 『町内遺跡発掘調査事業報告書 II』
上ノ国町教育委員会 2000a 『史跡上之国勝山館跡 XXI—平成 11 年度発掘調査整備事業概報—』
上ノ国町教育委員会 2000b 『町内遺跡発掘調査事業報告書 III』
上ノ国町教育委員会 2001a 『史跡上之国勝山館跡 XXII—平成 12 年度発掘調査整備事業概報—』
上ノ国町教育委員会 2001b 『町内遺跡発掘調査事業報告書 IV』
上ノ国町教育委員会 2002a 『史跡上之国勝山館跡 XXIII—平成 13 年度発掘調査整備事業概報—』
上ノ国町教育委員会 2002b 『町内遺跡発掘調査事業報告書 V』
上ノ国町教育委員会 2003 『史跡上之国勝山館跡 XXIV—平成 14 年度発掘調査整備事業概報—』
上ノ国町教育委員会 2004a 『史跡上之国勝山館跡 XXV—平成 15 年度発掘調査環境整備事業概報—』
上ノ国町教育委員会 2004b 『史跡上之国勝山館跡環境整備事業 発掘調査資料編出土遺物 (1)』
上ノ国町教育委員会 2005 『史跡上之国勝山館跡 XXVI—平成 16 年度発掘調査環境整備事業概報—』
上ノ国町教育委員会 2006a 『史跡上之国勝山館跡整備事業報告書 I（客殿跡周辺地区調査）』
上ノ国町教育委員会 2006b 『町内遺跡発掘調査等事業報告書 IX 調査編上ノ国市街地遺跡（山本吉春氏宅地点）史跡上之国花沢館跡分布調査』
上ノ国町教育委員会 2007a 『史跡上之国勝山館跡整備事業報告書 II』
上ノ国町教育委員会 2007b 『町内遺跡発掘調査等事業報告書 X』
上ノ国町教育委員会 2008a 『史跡上之国館跡 I—平成 19 年度勝山館跡発掘調査・整備事業報告書—』
上ノ国町教育委員会 2008b 『町内遺跡発掘調査等事業報告書 XI』
上ノ国町教育委員会 2009 『史跡上之国館跡 II—平成 20 年度勝山館跡発掘調査・整備事業報告書—』
上ノ国町教育委員会 2010 『史跡上之国館跡 III—平成 21 年度勝山館跡発掘調査・整備事業報告書—』
上ノ国町教育委員会 2011 『史跡上之国館跡 IV—平成 22 年度勝山館跡発掘調査・整備事業報告書—』
神恵内村教育委員会 1984 『神恵内観音号洞窟 1984』
萱野茂 1978 『アイヌの民具』、すずさわ書店
萱野茂編 1995 『アイヌ民族写真・絵画集成』1（祭礼）、日本図書センター

樺太庁 1936『樺太庁施政三十年史』
樺太庁敷香支庁 1932『オロッコ土人調査其他』
川勝政太郎 1939『石造美術』、一條書房
川上淳 2003「日露関係のなかのアイヌ」『日本の時代史 19 蝦夷島と北方世界』、吉川弘文館、260〜293 頁
神崎宣武 1982『暮しの中の焼きもの』、ぎょうせい
菊池勇夫 1991『北方史のなかの近世日本』、校倉書房
菊池勇夫 1994『アイヌ民族と日本人』、朝日選書
菊池勇夫 2002「石焼鯨について」『東北学』7、作品社、90〜101 頁
菊池勇夫編 2003『日本の時代史 19　蝦夷島と北方世界』、吉川弘文館
菊池勇夫 2010『十八世紀末のアイヌ蜂起―クナシリ・メナシの戦い』、サッポロ堂書店
菊池徹夫 1995「遺跡に見る中世蝦夷地の風景」『中世の風景を読む 1 蝦夷の世界と北方交易』、新人物往来社、199〜236 頁
菊池徹夫・福田豊彦編 1989『よみがえる中世 4　北の中世 津軽・北海道』、平凡社
木古内町教育委員会 1974『札苅遺跡』
菊池俊彦 1992「銀の道―北海道羅臼町植別川遺跡出土の銀製品に寄せて」『郵政考古紀要』19、郵政考古学会、35〜56 頁
菊池俊彦 1994「アイヌ民族と北方交易」『北方史の新視座』、地方史研究協議会編、雄山閣、97〜113 頁
菊池俊彦 1995『北東アジア古代文化の研究』、北海道大学出版会
菊池俊彦 2010「厚真町ニタップナイ遺跡出土の鉄鏃について」『北海道考古学』46、北海道考古学会、183〜188 頁
喜田貞吉 1930「大正乙丑宇鉄遊記抄」（平凡社『喜田貞吉著作集』12（斉東史話・紀行文）、372〜397 頁所収）
北構保男 1983『1643 年アイヌ社会探訪記―フリース船隊航海記録―』、雄山閣
北構保男訳 1985『アイヌ人とその文化』、世界の民族誌 1、六興出版
北構保男編 2001『アイヌ民族・オホーツク文化関連研究論文翻訳集』、北地文化研究会
北野隆亮 1990「15・16 世紀の貿易陶磁器」『貿易陶磁研究』10、日本貿易陶磁研究会、51〜65 頁
北野信彦 2002a「出土漆器からみた北海道蝦夷地における近世アイヌ社会の一性格」『研究紀要』35-2、くらしき作陽大学、1〜24 頁
北野信彦 2002b「アイヌ社会の漆器考古学が意味するもの」『考古学ジャーナル』489、ニューサイエンス社、4〜6 頁
北檜山町 1981『北檜山町史』
北檜山町教育委員会 1980『瀬田内チャシ跡遺跡発掘調査報告書』
京都府文化財保護基金 1989『文化財用語辞典』、淡交社
近世絵図地図研究会編 1996『近世絵図地図資料集成　千島・樺太・蝦夷（1）』、科学書院
近世絵図地図研究会編 2001『近世絵図地図資料集成　千島・樺太・蝦夷（2）』、科学書院
金田一京助・杉山壽栄男 1941『アイヌ藝術』1（服飾篇）、第一青年社
金田一京助・杉山寿栄男 1943『アイヌ藝術』3（金工・漆器篇）、第一青年社
釧路川流域史研究会 1984『トプー遺跡の発掘調査』
釧路市埋蔵文化財調査センター 1989『釧路市材木町 5 遺跡調査報告書』
釧路市埋蔵文化財調査センター 1994『釧路市幣舞遺跡調査報告書』Ⅱ
工藤清泰 1984「浪岡城跡出土の陶磁器」『貿易陶磁研究』4、日本貿易陶磁研究会、57〜64 頁
工藤清泰 1991「東北北半の城館―中世後期における―」『中世の城と考古学』、新人物往来社、507〜525 頁
工藤清泰 1995「城館生活の一断面―埋納儀礼の考察―」『中世の風景を読む 1 蝦夷の世界と北方交易』、新人物往来社、331〜368 頁
工藤清泰 1998「北日本の中世陶磁」『楢崎彰一先生古希記念論文集』、259〜268 頁
工藤清泰 2000「北日本における中世後期の貿易陶磁様相」『貿易陶磁研究』20、日本貿易陶磁研究会、109〜

122 頁
工藤清泰 2007「八幡の館―勝山館・浪岡城・根城―」『北方社会史の視座』1、清文堂、205～211 頁
工藤竹久 1997「本州北部の中・近世アイヌ関連遺跡」『考古学ジャーナル』425、ニューサイエンス社、19～23 頁
工藤竹久 2003「貝塚から探る中世・近世と漁撈」『青森県史』資料編考古 4（中世・近世）、青森県、600～605 頁
工藤大輔 2007「アイヌ民族との戦いと『北の武士団』」『北方社会史の視座』1、清文堂、29～51 頁
工藤雅樹 2005『古代蝦夷の英雄時代』、平凡社
久保智康 1987「平安後期出土鏡の研究序説」『東アジアの考古と歴史』下、同朋社、489～511 頁
久保智康 2008「新安沈船に積載された金属工芸品―その性格と新安船の回航性をめぐって―」『九州と東アジアの考古学―九州大学考古学研究室 50 周年記念論文集―』、597～625 頁
久保智康編 2010『東アジアをめぐる金属工芸 中世・国際交流の新視点』、アジア遊学、勉誠出版
久保泰 1979「松前町上川墳墓遺跡の調査」『松前藩と松前』13、松前町史編集室、1～21 頁
久保寺逸彦 1976「北海道アイヌの葬制」『民族学研究』19-3・4、日本民族学会、1～20-3・4
熊石町 1987『熊石町史』、第一法規
E. A. クレイビッチ（桝本哲訳）1993『サハリン・アムール民族誌―ニブフ族の生活と世界観』、法政大学出版局
古泉弘 1987『江戸の考古学』考古学ライブラリー 48、ニューサイエンス社
河野常吉 1914a「アイヌの副葬品」『人類学雑誌』29-2、日本人類学会、45～47 頁
河野常吉 1914b「蝦夷の刀剣」『考古学雑誌』4-5、日本考古学会、11～20 頁
河野常吉 1924「矢不来砦址」『北海道史蹟名勝天然記念物調査報告書』、北海道庁、97・98 頁
河野常吉 1974『河野常吉著作集』Ⅰ、北海道出版企画センター
河野広道 1933「発寒村の遺跡発掘記」『蝦夷往来』10、尚古堂、164～168 頁
河野広道 1951『アイヌの話』（『河野広道著作集Ⅱ 続北方文化論』に再録）
河野広道・佐藤忠雄 1963『北海道名寄市日進における考古学的調査』、名寄市教育委員会
河野本道・小柳リラコ 1992『堀株 1・2 遺跡』、北海道文化財研究所調査報告書 6
国立民族学博物館 2001『ラッコとガラス玉 北太平洋の先住民交易』
国立歴史民族博物館 1995『国立歴史民俗博物館研究 64 青森県十三湊遺跡・福島城跡の研究』
国立歴史民俗博物館 1994『日本出土の貿易陶磁 東日本編 1』
国立歴史民俗博物館編 1994『中世都市十三湊と安藤氏』、新人物往来社
越崎宗一 1967「本道の海運関係寄進物」『北海道地方史研究』62、北海道地方史研究会、87～95 頁
越田賢一郎 1984「北海道の鉄鍋について」『物質文化』42、物質文化研究会、14～38 頁
越田賢一郎 1996a「北日本における鉄鍋―煮炊具の変化からみた鉄鍋の出現と定着―」『季刊考古学』57、雄山閣、61～65 頁
越田賢一郎 1996b「鍋と玉」『博物館フォーラムアイヌ文化の成立を考える』、北海道立北方民族博物館、31～42 頁
越田賢一郎 1997「中世食器の地域性北海道・東北北部」『国立歴史民俗博物館研究報告』71、11～57 頁
越田賢一郎 1998「北国の鉄鍋」『白い国の詩』、4～13 頁
越田賢一郎 2003「北方社会の物質文化」『日本の時代史 19 蝦夷島と北方世界』、吉川弘文館、90～125 頁
越田賢一郎 2004a「鉄鍋再考」『アイヌ文化の成立』、宇田川洋先生華甲記念論文集刊行会、457～492 頁
越田賢一郎 2004b「鉄鍋・陶磁器・ガラス玉の語るもの」『新北海道の古代 3 擦文・アイヌ文化』、北海道新聞社、216～221 頁
越田賢一郎 2006a「北海道における陶磁器の受容形態―陶磁器が副葬された墓をめぐって―」『陶磁器の世界』、吉岡康暢先生古希記念論集刊行会、90～101 頁
越田賢一郎 2006b「北海道における刀剣類副葬の意味を考える」『北の出土刀を科学する：最新科学と考古学か

らみた刀剣文化史への道程」、187〜217 頁
越田賢一郎 2007a「東日本・北海道と北方地域の鉄鍋」『北東アジア交流史研究』、塙書房、379〜402 頁
越田賢一郎 2007b「北海道南部における中世墓」『アイヌ文化の成立と変容』、法政大学国際日本学研究所、369〜398 頁（榎森進・小口雅史・澤登寛聡編 2008a『エミシ・エゾ・アイヌ』、岩田書院、377〜406 頁に再録）
越田賢一郎 2010「ガラス玉の道」『北東アジアの歴史と文化』、北海道大学出版会、431〜453 頁
越田賢一郎・鈴木信 1995「各地の土器様相 1. 北海道」『概説 中世の土器・陶磁器』、真陽社、13〜23 頁
小清水町 1989『フレトイ貝塚』
五所川原市教育委員会 2008『十三湊遺跡―主要地方道鰺ヶ沢蟹田線（十三工区）道路改良工事に伴う遺跡発掘調査報告―』、五所川原市埋蔵文化財調査報告書 30
児玉作左衛門ほか 1936『北海道帝国大学医学部解剖学教室研究報告』1
児玉作左衛門 1965「江戸時代初期のアイヌ服飾の研究」『北方文化研究報告』20、北海道大学文学部附属北方文化研究施設、1〜107 頁
児玉作左衛門・大場利夫 1956「根室国温根沼遺跡の発掘について」『北方文化研究報告』11、北海道大学文学部北方文化研究施設、75〜145 頁
児玉とみ 1967「樺太アイヌの首飾りについて」『北海道の文化』11、北海道文化財保護協会、43〜55 頁
児玉とみ 1969「アイヌ首飾りの飾り板（シトキ）の研究」『北海道の文化』16、北海道文化財保護協会、3〜21 頁
五島美術館 1967『北陸の古陶』
小浜基次・峰山巌・藤本英夫 1963「有珠善光寺遺跡」『北海道の文化』特集号、北海道文化財保護協会、38〜124 頁
古原敏弘 1996「エムシについて」『北海道立アイヌ民族文化研究センター研究紀要』2、149〜157 頁
古原敏弘 2002「アイヌ社会の漆器」『考古学ジャーナル』489、ニューサイエンス社、25〜27 頁
小林真人 1999「北海道の戦国時代と中世アイヌ民族の社会と文化」『北の内海世界』、山川出版社、83〜112 頁
小林真二 2010『アイヌの建築文化再考』、北海道出版企画センター
駒木根恵蔵 2009「ヨイチ場所でのアイヌと出稼和人の取引について」『北の資料』127（「資料で語る北海道の歴史」講演会講演録）、北海道立図書館
小松哲郎訳 2002『アイヌの信仰とその儀式』（N. G. マンロー著・B. Z. セリグマン編）、国書刊行会
財団法人アイヌ文化振興・研究推進機構 2001『よみがえる北の中・近世』
財団法人アイヌ文化振興・研究推進機構編 2004『樺太アイヌ民族誌―工芸に見る技と匠―』
斎藤亜三子 2003『アイヌ民族のガラス玉に関する考古科学的研究』、財団法人アイヌ民族博物館
斉藤淳 2002「本州における擦文土器の変遷と分布について」『海と考古学とロマン―市川金丸先生古稀記念献呈論文集』、267〜283 頁
斉藤利男 1999「北緯 40 度以北の 10〜12 世紀」『北の内海世界』、山川出版社、4〜49 頁
坂順一 1954「渡島桧山郡上ノ国村墳墓群についての一考察」『ミクロリス』8、明治大学学生会考古学研究会、4〜8 頁
榊原滋高 2006「十三湊遺跡の一括資料と基準資料」『貿易陶磁研究』26、日本貿易陶磁研究会、1〜25 頁
坂本恭輔編 1924『茂別郷土誌』（上磯町史編纂委員会 1968『上磯町史資料集』2 に採録）
坂本寿夫 1999「幕末弘前藩における経済諸資源の移動について」『青森県史研究』3、青森県、18〜40 頁
佐賀県立九州陶磁文化館 1990『海を渡った肥前のやきもの展』
佐賀県立九州陶磁文化館 1999『柿右衛門―その様式の全貌―』
佐々木馨 2001『アイヌと「日本」』、山川出版社
佐々木馨 2007『北方伝説の誕生』、吉川弘文館
佐々木馨 2009『北海道の宗教と信仰』、山川出版社
佐々木浩一 2007『根城跡』、同成社
佐々木史郎 1996『北方から来た交易民』、NHK ブックス 772

佐々木史郎 2001「近現代のアムール川下流域と樺太における民族分布の変遷」『国立民族学博物館研究報告』26-1、1～78 頁
佐々木達夫 1981a「日本海の陶磁貿易」『日本海文化』8、金沢大学文学部日本海文化研究室、1～36 頁
佐々木達夫 1981b「遺跡出土陶磁器の研究―北日本中世城館跡を中心にして―」『金沢大学文学部論集史学科篇』2、金沢大学文学部、1～44 頁
佐々木亨 2000「樺太先住民文化と研究・観光・展示」『特別展石田収蔵』、板橋区立郷土館、92～99 頁
佐々木利和 1995『アイヌの工芸』、至文堂
佐々木利和 2001『アイヌ文化誌ノート』、歴史文化ライブラリー 128、吉川弘文館
佐々木利和編 2001『久保寺逸彦著作集』1（アイヌ民族の宗教と儀礼）、草風館
佐々木利和 2004『アイヌ絵誌の研究』、草風館
笹田朋孝 2013『北海道における鉄文化の考古学的研究』、北海道出版企画センター
佐藤貫一 1961『日本の刀剣』、至文堂
佐藤孝雄 1997「中・近世における北海道アイヌの狩猟と漁撈」『考古学ジャーナル』425、13～18 頁
佐藤忠雄 1964『稚内・宗谷の遺跡』
佐藤矩康編 1990『鉄器が語る余市の文化』、（財）佐藤奨学会
佐藤矩康 1992a「余市町出土の武具類について」『北海道の文化』61、北海道文化財保護協会、37～50 頁
佐藤矩康 1992b『埋もれていた余市の宝物』、北海道文化財保護協会
佐藤矩康 2006『北の出土刀を科学する：最新科学と考古学からみた刀剣文化史への道程』
佐藤矩康・森岡健治・成田重信・山崎克彦・赤沼英男 2003「自然科学的調査からみたカンカン 2 遺跡出土直刀の刀剣史における位置」『北海道考古学』39、北海道考古学会、65～76 頁
佐藤宏之 2007「送り儀礼の民俗考古学」『狩猟と供儀の文化誌』、森話社、273～297 頁
佐藤彌十郎 1966『岩内町史』
札幌市教育委員会 1999『K409 遺跡・K500 遺跡・K501 遺跡・K502 遺跡・K503 遺跡』、札幌市文化財調査報告書 61
札幌市教育委員会 2010『市内遺跡確認調査等報告書』
様似町史編さん委員会 1992『改訂様似町史』
澤四郎 1966「野付半島周辺の遺跡踏査報告」『釧路市立郷土博物館館報』163・164・165 号（合本）140～144 頁
澤井玄 2007「10～12 世紀の擦文人は何をめざしたか」『アイヌ文化の成立と変容』、法政大学国際日本学研究所、241～269 頁（榎森進・小口雅史・澤登寛聡編 2008a『エミシ・エゾ・アイヌ』、岩田書院 217～246 頁に再録）
市浦村教育委員会 1996『十三湊遺跡―市浦村第 1 次・第 2 次発掘調査概報―』、市浦村埋蔵文化財調査報告書 8
市浦村教育委員会 2000『十三湊遺跡―第 18・76 次発掘調査概報遺構・遺物図版編―』、市浦村埋蔵文化財調査報告書 10
市浦村教育委員会 2001『十三湊遺跡―1999・2000 年度第 90・120 次調査概報ほか―』、市浦村埋蔵文化財調査報告書 13
市浦村教育委員会 2003『十三湊遺跡―平成 13 年度第 145 次発掘調査報告書―』、市浦村埋蔵文化財調査報告書 15
市浦村教育委員会・富山大学人文学部考古学研究室 1998『十三湊遺跡―第 77 次発掘調査報告書―』、市浦村埋蔵文化財調査報告書 9
市浦村教育委員会・富山大学人文学部考古学研究室 2000『十三湊遺跡―第 86 次発掘調査報告書―』、市浦村埋蔵文化財調査報告書 11
市浦村編 2004『中世十三湊の世界』、新人物往来社
静内町史編さん委員会 1996『増補改訂静内町史』下
標茶町教育委員会 1998『元村遺跡』
標津町史編纂委員会 1968『標津町史』1
島牧村教育委員会 1990『島牧村史』

清水信行 2008「チェルニャチノ 5 墓地遺跡の発見」『北東アジアの中世考古学』、アジア遊学 107、勉誠出版、112～114 頁
斜里町教育委員会 1993a『オショコマナイ河口東遺跡・オタモイ 1 遺跡発掘調査報告書』、斜里町文化財調査報告 5
斜里町教育委員会 1993b『オンネベツ川西側台地遺跡発掘調査報告書』、斜里町文化財調査報告 6
斜里町教育委員会 1995『オシャマップ川遺跡発掘調査報告書』、斜里町文化財調査報告 8
斜里町教育委員会 2002『遠音別川西側台地遺跡』、斜里町文化財調査報告 18
斜里町教育委員会 2006『クシュンコタン遺跡発掘調査報告書』、斜里町文化財調査報告 29
斜里町史編纂委員会 1955『斜里町史』1
斜里町立知床博物館 1981『斜里―下町の歴史散歩―』、知床博物館第 3 回特別展図録
斜里町立知床博物館 1992『近世の斜里』、知床博物館第 13 回特別展図録
正倉院事務所編 1965『正倉院のガラス』、日本経済新聞社
白老町教育委員会 1982『史跡白老仙台藩陣屋跡』Ⅰ
白老町教育委員会 1986『日の出町遺跡発掘調査報告書』、白老町文化財報告Ⅰ
白老町教育委員会 1996『史跡白老仙台藩陣屋跡環境整備事業報告書』
白糠町史編集委員会 1987『白糠町史』上
白山友正 1968「蝦夷地戸井館（岡部館）私考」『地方史研究』96（18-6）、地方史研究会、38～41 頁
白山友正 1971「志海苔古銭の流通史的研究」『日本歴史』283、吉川弘文館、17～35 頁
白山友正 1973「志海苔古銭の流通史的研究補遺」『函大商学論究』8、1～22 頁
白山友正 1985「古代・中世における商品の拡大」『函大商学論究』10、1～17 頁
市立函館博物館 1973『函館志海苔古銭』
尻八館調査委員会 1981『尻八館発掘調査報告書』
新・豊浦町史編纂委員会 2004『新・豊浦町史』
新編天塩町史編纂委員会 1993『新編天塩町史』
神保小虎 1911「目賀多守陰の筆になりたりと称する北海道及カラフト景色見取図」『地質学雑誌』18（213）、日本地質学会、152・153 頁
末永雅雄 1971『日本武器概説』、社会思想社
杉山壽栄男 1936『アイヌたま』、今井札幌支店
鋤柄俊夫 2003「北の『城』と南の『城』」『遺跡と景観』、東北中世考古学叢書 3、高志書院、37～65 頁
鈴木公雄 1999『出土銭貨の研究』、東京大学出版会
鈴木信 1994「中世・近世」『北海道考古学』30、北海道考古学会、55～66 頁
鈴木信 2001a「北海道の中世出土銭」『ユカンボシ C15 遺跡（4）』、北海道埋蔵文化財センター、231～262 頁
鈴木信 2001b「北海道の中世陶磁器」『ユカンボシ C15 遺跡（4）』、北海道埋蔵文化財センター、263～282 頁
鈴木信 2003a「北海道の中世出土銭貨」『出土銭貨』19、出土銭貨研究会、9～54 頁
鈴木信 2003b「続縄文～擦文文化期の渡海交易の品目について」『北海道考古学』39、北海道考古学会、29～48 頁
鈴木信 2004「古代日本の交易システム―北海道系土器と製鉄遺跡の分布から―」『アイヌ文化の成立―宇田川洋先生華甲記念論文集』、北海道出版企画センター、65～97 頁
鈴木信・越田賢一郎 1995「各地の土器様相 1. 北海道」『概説中世の土器・陶磁器』、中世土器研究会、13～23 頁
鈴木琢也 2004「擦文文化期における須恵器の拡散」『北海道開拓記念館研究紀要』32、21～46 頁
鈴木琢也 2005「擦文文化における物流交易の展開とその特性」『北海道開拓記念館研究紀要』33、5～30 頁
鈴木琢也 2006a「擦文土器からみた北海道と東北北部の文化交流」『北方島文化研究』4、北方島文化研究会、19～41 頁
鈴木琢也 2006b「北日本における古代末期の北方交易」『歴史評論』678、校倉書房、60～69 頁
鈴木友也 1977「甲冑」『文化財講座 日本の美術 13 工芸（刀剣・武具）』、第一法規、219～275 頁

寿都町教育委員会 1963『寿都遺跡』
寿都町教育委員会 1974『寿都町史』Ⅰ
寿都町教育委員会 1985『寿都町文化財調査報告』Ⅲ
瀬川拓郎 1997「擦文時代における交易体制の展開」『北海道考古学』33、北海道考古学会、19〜26頁
瀬川拓郎 2005『アイヌ・エコシステムの考古学』、北海道出版企画センター
瀬川拓郎 2007『アイヌの歴史 海と宝のノマド』、講談社選書メチエ 401
瀬川拓郎 2009「宝の王の誕生―アイヌの宝器『鍬形』の起源をめぐる型式学的検討―」『北海道考古学』45、北海道考古学会、1〜14頁
関周一 2002「唐物の流通と消費」『国立歴史民俗博物館研究報告』92、87〜111頁
関根達人 1999「東北地方における近世食膳具の構成」『東北文化研究室紀要』40、東北大学文学部、33〜56頁
関根達人 2000「江戸時代の喫煙に関する考古学的検討」『文化』64-1・2、東北大学文学会、69〜88頁
関根達人 2002「近世大名墓における本葬と分霊」『歴史』99、1〜29頁、東北史学会
関根達人 2003a「鍋被り葬考」『人文社会論叢』（人文科学篇）9、弘前大学、23〜47頁
関根達人 2003b「アイヌ墓の副葬品に関する考古学的検討」『日本考古学協会第 69 回総会研究発表要旨』、124〜127頁
関根達人 2003c「蝦夷拵の腰刀」『青森県史』資料編考古 4、青森県、576〜579頁
関根達人 2003d「アイヌ墓の副葬品」『物質文化』76、物質文化研究会、38〜54頁
関根達人 2004『津軽の飢饉供養塔』、弘前大学人文学部文化財論ゼミナール調査報告Ⅲ
関根達人 2007a「平泉文化と北方交易（1）―北奥出土のガラス玉―」『平泉文化研究年報』7、岩手県教育委員会、1〜13頁
関根達人 2007b「本州アイヌの生業・習俗と北奥社会」『北方社会史の視座』1、清文堂、219〜251頁
関根達人 2007c「本州アイヌの考古学的痕跡」『アイヌ文化の成立と変容』、法政大学国際日本学研究所、797〜823頁（榎森進・小口雅史・澤登寛聡編 2008b『北東アジアのなかのアイヌ世界』、岩田書院、317〜343頁に再録）
関根達人 2007d「タマサイ・ガラス玉に関する型式学的検討」『アイヌ文化の成立と変容』、法政大学国際日本学研究所、653〜678頁（榎森進・小口雅史・澤登寛聡編 2008b『北東アジアのなかのアイヌ世界』、岩田書院、125〜150頁に再録）
関根達人 2008「北のガラス玉の道」『考古学ジャーナル』579、ニューサイエンス社、12〜15頁
関根達人 2009a「本州アイヌの狩猟と漁撈」『動物と中世』、高志書院、155〜186頁
関根達人 2009b「近世墓標に現れた自己意識―松前藩の事例分析に基づいて―」『歴史』112、東北史学会、91〜118頁
関根達人 2009c「北日本（北海道・青森県・岩手県域）における江戸時代後期の陶磁器流通」『江戸後期における庶民向け陶磁器の生産と流通（関東・東北・北海道編）』、九州近世陶磁学会、314〜455頁
関根達人 2010a「松前藩主松前家墓所と松前城下の石廟」『近世大名家墓所調査の現状と課題』、立正大学考古学フォーラム資料集、1〜20頁
関根達人 2010b「平成 22 年度北海道北斗市矢不来館跡発掘調査概要」『第 31 回南北海道考古学情報交換会発表資料集』
関根達人 2011a「出土茶道具・仏具からみた蝦夷地の内国化―平成 22 年度北海道北斗市矢不来館跡の発掘調査を踏まえて―」『日本考古学協会第 77 回総会研究発表要旨』、72・73頁
関根達人 2011b「石廟の成立と展開」『日本考古学』32、日本考古学協会、117〜143頁
関根達人 2011c「北斗市矢不来館跡」『第 32 回南北海道考古学情報交換会発表資料集』
関根達人 2011d「平成 22・23 年度北斗市矢不来館跡の発掘調査成果」『平成 23 年度北海道考古学会遺跡報告会発表資料集』
関根達人 2012a「北斗市矢不来館跡で発見された中世墓」『北海道考古学』48、北海道考古学会、3・4頁
関根達人 2012b「場所図・古絵図にみる 1850 年代の樺太（サハリン）島における先住民族と国家―日賀田帯刀

筆『北海道歴検図』の検討を中心に—」『北海道・東北史研究』8、北海道出版企画センター、24～56 頁
関根達人 2012c「江戸時代に樺太で亡くなった人々—『白主村墓所幷死亡人取調書上』の検討—」『弘前大学國史研究』133、弘前大学国史研究会、15～26 頁
関根達人・市毛幹幸 2008「カラフトアイヌ供養・顕彰碑と嘉永六年クシュンコタン占拠事件」『弘前大学國史研究』124、弘前大学國史研究会、1～22 頁
関根達人・佐藤雄生 2009「出土近世陶磁器からみた蝦夷地の内国化」『日本考古学』28、日本考古学協会、69～87 頁
関根達人・澁谷悠子 2006「歴史人口学における近世墓標の可能性」『日本考古学協会第 72 回総会研究発表要旨』、日本考古学協会、198-201 頁
関根達人・澁谷悠子 2007「墓標からみた江戸時代の人口変動」『日本考古学』24、日本考古学協会、21～39 頁
関根達人・澁谷悠子編 2007『津軽の近世墓標』、弘前大学人文学部文化財論ゼミナール調査報告Ⅶ
関根達人・西沢宏予 2007「十三湊遺跡の近世陶磁器」『津軽十三湊遺跡』、中央大学文学部日本史研究室、166～214 頁
関根達人編 2010『近世墓と人口史料による社会構造と人口変動に関する基礎的研究』、科学研究費補助金基盤研究 B 研究成果報告書
関根達人編 2012a『北海道渡島半島における戦国城館跡の研究—北斗市矢不来館跡の発掘調査報告—』、弘前大学人文学部文化財論研究室
関根達人編 2012b『松前の墓石から見た近世日本』、北海道出版企画センター
関根達人編 2013『函館・江差の近世墓標と石造物—平成 22 年度～25 年度科学研究費補助金基盤研究 A（課題番号 22242024）研究成果報告書—』
関根達人編 2014『中近世北方交易と蝦夷地の内国化に関する研究—平成 22 年度～25 年度科学研究費補助金基盤研究 A（課題番号 22242024）研究成果報告書—』
瀬棚町教育委員会 1980『瀬田内チャシ跡遺跡発掘調査報告書』
瀬棚町教育委員会 1985『南川 2 遺跡』
瀬棚町史編纂委員会 1991『瀬棚町史』
世良伊八編 1934『樺太郷土寫真帖』、樺太郷土寫眞会
千田嘉博 2007「道南十二館」『北東アジア交流史研究』、塙書房、115～124 頁
大成町史編集委員会 1984『大成町史』
高木崇世芝 2011『近世日本の北方図研究』、北海道出版企画センター
高木崇世芝 2012「古地図と地域史研究」『北の資料』120 特別号（北海道立図書館江別移転 40 周年記念講演会記録『資料で語る北海道の歴史』）、50～69 頁
高倉新一郎 1933「発寒村発掘の遺物に就いて」『蝦夷往来』10、尚古堂、169～175 頁
高倉新一郎編 1969『日本庶民生活史料集成』4、三一書房
高倉新一郎解読 1978『竹四郎廻浦日記』上、北海道出版企画センター
高橋健 2008『日本列島における銛猟の考古学的研究』、北海道出版企画センター
高橋與右衛門 1992「発掘された中世の建物跡」『北の中世』、日本エディタースクール出版部、72～102 頁
瀧本寿史 1994「蝦夷地警備と北奥地域」『北方史の新視座—対外政策と文化—』、雄山閣、147～164 頁
田口尚 2002「中・近世アイヌ社会における漆器考古学の動向」『考古学ジャーナル』489、ニューサイエンス社、12～15 頁
田口尚 2003「低湿地遺跡から出土したアイヌのガラス玉」『北太平洋の先住民交易と工芸』、思文閣出版、59～66 頁
多田犬一 1967「苫小牧Ⅱ号（植村）遺跡発掘調査報告」『郷土の研究』2、苫小牧郷土文化研究会、54～59 頁
橘善光 1967「下北半島尻屋大平貝塚」『考古学ジャーナル』15、ニューサイエンス社、20・21 頁
橘善光 1978「青森県東通村浜尻屋貝塚」『北奥古代文化』10、北奥古代文化研究会、71～76 頁
タチヤーナ・ローン（永山ゆかり・木村美希訳）2005『サハリンのウイルタ』、北海道大学大学院文学研究科

田中照久 1987「玄達瀬から発見された越前焼」『福井考古学会会誌』5、福井県考古学会、121〜133頁

田中照久 1994「越前焼の歴史」『越前古陶とその再現—九右衛門窯の記録』、出光美術館、8〜26頁

田中照久 2002「越前焼の歴史」『陶説』、日本陶磁協会、593 11〜24頁

田中秀和 1993「幕藩権力の解体と北海道」『海峡をつなぐ日本史』、三省堂、192〜218頁

谷本一之 2000『アイヌ絵を聴く』、北海道大学図書刊行会

種市幸生 1986「回転式銛頭について」『ユオイチャシ・ポロモイチャシ・二風谷遺跡』、北海道埋蔵文化財センター調査報告 26、298〜300頁

種市幸生 1998a「キテをめぐる諸問題（前編）：雌型銛頭の分類について」『列島の考古学』、渡辺誠先生還暦記念論文集刊行会、1〜11頁

種市幸生 1998b「キテをめぐる諸問題（後編）」『時の絆』、石附喜三男先生を偲ぶ本刊行委員会、315〜347頁

田原良信 2003「志海苔中世遺構出土銭の再検討」『出土銭貨』19、出土銭貨研究会、55〜61頁

田端宏編 2004『街道の日本史2 蝦夷地から北海道へ』、吉川弘文館

玉虫左太夫著・稲葉一郎解読 1992『入北記』、北海道出版企画センター

田村俊之 1983「北海道における近世の墓制」『北海道考古学』19、北海道考古学会、51〜58頁

田村俊之・小野哲也 2002「陸の民としてのアイヌ社会の漆器考古学—千歳市末広遺跡を中心に—」『考古学ジャーナル』489 ニューサイエンス社、20〜24頁

伊達市教育委員会 1984『伊達市有珠7遺跡発掘調査報告 噴火湾東部沿岸における続縄文・擦文期の貝塚』

伊達市教育委員会 1993『有珠オヤコツ遺跡・ポンマ遺跡』

伊達市教育委員会 1999『ポンマ—縄文後期〜近世アイヌ文化期の貝塚と集落』

伊達市教育委員会 2005『有珠善光寺2遺跡発掘調査報告書』

伊達市史編さん委員会 1994『伊達市史』

千歳市教育委員会 1967『千歳遺跡』

千歳市教育委員会 1974『ウサクマイ遺跡—B地点発掘調査報告書—』

千歳市教育委員会 1977『ウサクマイ遺跡—N地点発掘調査報告書—』

千歳市教育委員会 1979『ウサクマイ遺跡群とその周辺における考古学的調査』、千歳市文化財調査報告書Ⅳ

千歳市教育委員会 1981『末広遺跡における考古学的調査（上）』、千歳市文化財調査報告書Ⅶ

千歳市教育委員会 1982『末広遺跡における考古学的調査（下）』、千歳市文化財調査報告書Ⅷ

千歳市教育委員会 1985『末広遺跡における考古学的調査（続）』、千歳市文化財調査報告書Ⅸ

千歳市教育委員会 1986『梅川3遺跡における考古学的調査』、千歳市文化財調査報告Ⅻ

千歳市教育委員会 2004『トメト川3遺跡における考古学的調査』

中央大学文学部日本史学研究室・五所川原市教育委員会 2007『津軽十三湊遺跡—中世前期港湾施設の調査第157次調査報告書ほか—』、中央大学文学部日本史学研究室埋蔵文化財調査報告書1

中世墓資料集成研究会編 2007『中世墓資料集成—北海道編—』

千代肇 1969「中世の戸井館址調査報告」『北海道考古学』5、北海道考古学会、117〜122頁

千代肇 2003「神恵内観音洞窟とアイヌ文化」『考古学に学ぶ』Ⅲ、同志社大学考古学シリーズ8、699〜708頁

塚田直哉 2007「史跡上ノ国館跡花沢館跡出土の中世陶磁器」『北方島文化研究』5、北方島文化研究会、31〜42頁

津別町教育委員会 2009『ツペットウンチャシ跡』、津別町文化財調査報告1

鶴岡明美 2005「目賀田守蔭筆『蝦夷歴検真図』について—文晁派実景図の系譜—」『人間文化論叢』7、御茶の水女子大学、1〜10頁

天塩町教育委員会 1971『天塩川口遺跡』

テッサ・モーリス＝鈴木（大川正彦訳）2000『辺境から眺める』、みすず書房

手塚薫 2011『アイヌの民族考古学』、ものが語る歴史23、同成社

寺沢一・和田敏明・黒田秀俊編 1979『北方未公開古文書集成』1、叢文社

戸井町教育委員会 1995『蛯子川1遺跡』

東京国立博物館 1992『東京国立博物館図版目録』アイヌ民族資料篇、東京美術
東京国立博物館 1997『東京国立博物館図版目録』刀装篇、大塚巧藝社
東京大学文学部考古学研究室・常呂研究室編 1980『ライトコロ川口遺跡』
東京帝国大学編 1917『大日本古文書　幕末外国関係文書』附録之二
東京帝国大学編 1922『大日本古文書　幕末外国関係文書』之十四
東北中世考古学会編 1999『東北地方の中世出土貨幣―東北中世考古学会第 5 回研究集会資料集―』
東北中世考古学会編 2001『掘立と竪穴』、高志書院
東北中世考古学会編 2005『海と城の中世』、高志書院
東北歴史博物館 2001『杉山コレクション アイヌ関係資料図録』
得能一男 1973『日本刀辞典』、光芸出版
常呂町教育委員会 1996『常呂川河口遺跡 1』
苫小牧市 1975『苫小牧市史』上
苫小牧市教育委員会 1963『苫小牧市タプコプ遺跡発掘調査報告書（第 1 次)』
苫小牧市教育委員会 1986『苫小牧東部工業地帯埋蔵文化財調査報告』
苫小牧市教育委員会 1987『弁天貝塚』Ⅰ
苫小牧市教育委員会 1988『弁天貝塚』Ⅱ
苫小牧市教育委員会 1989『弁天貝塚』Ⅲ
苫小牧市教育委員会・苫小牧市埋蔵文化財センター 1982『苫小牧東部工業地帯埋蔵文化財発掘調査概要報告書』Ⅶ（昭和 57 年度版）
苫前町史編さん委員会 1982『苫前町史』
泊村教育委員会 1996『堀株神社遺跡発掘調査報告書』
泊村教育委員会 2004『堀株 1 遺跡―平成 13 年度堀株 1 遺跡発掘調査報告書―』
豊原熙司 1997「近世アイヌ墓址にみられる有溝墓について」『紋別市郷土博物館報告』10 号、21～32 頁
豊原熙司 1998「近世アイヌ墓址のいくつかの問題」『北方の考古学』、野村崇先生還暦記念論集刊行会、419～434 頁
直良信夫 1991『ものと人間の文化史 釣針』17、法政大学出版局
中澤克昭 1999『中世の武力と城郭』、吉川弘文館
中澤寛将 2005「古代津軽における須恵器生産と流通」『中央史学』28、中央史学会、19～41 頁
那珂湊市史編さん委員会 1978『那珂湊市史料』3
永井久美男編 1994『中世出土銭―出土銭の調査と分類―』、兵庫埋蔵銭調査会
永井久美男編 1996『中世の出土銭 補遺 1』、兵庫埋蔵銭調査会
永田富智 1966「道南十二館の史的考察とくにその形成年代について」『新しい道史』4（5)、17～29 頁
永田方正 1891『北海道蝦夷語地名解』、北海道廳
長沼孝 1997「コンプラ瓶」『考古学による日本歴史 10 対外交渉』、雄山閣、179～182 頁
長沼孝ほか 2011『新版北海道の歴史』上（古代・中世・近世編）、北海道新聞社
長根助八 1925『樺太土人の生活』、洪洋社
名取武光 1940「北海道噴火湾アイヌの捕鯨」『北方文化研究報告』3、北海道帝国大学北方文化研究室、137～161 頁
名取武光・松下亘 1964「桃内遺跡」『北方文化研究報告』19、北海道大学文学部附属北方文化研究施設、111～167 頁
浪岡町 2004『浪岡町史』2
浪岡町教育委員会 1980『昭和 53 年度浪岡城跡発掘調査報告書』Ⅱ
浪岡町教育委員会 1982『昭和 55 年度浪岡城跡発掘調査報告書』Ⅳ
浪岡町教育委員会 1983『昭和 56 年度浪岡城跡発掘調査報告書』Ⅴ
浪岡町教育委員会 1986『昭和 59 年度浪岡城跡発掘調査報告書』Ⅷ

浪岡町教育委員会 1988『昭和 60 年度浪岡城跡発掘調査報告書Ⅸ』
浪岡町教育委員会 1989『昭和 61・62 年度浪岡城跡発掘調査報告書』Ⅹ
浪川健治 1992『近世日本と北方社会』、三省堂
浪川健治 2004「蝦夷地の『無事』―17 世紀アイヌ社会のなかの『和人』―」『国際基督教大学アジア文化研究 別冊』12、131～145 頁
浪川健治 2005『近世北奥社会と民衆』、吉川弘文館
名寄市教育委員会 1963『日進―北海道名寄市日進遺跡発掘報告―』
奈良仁 1976「中世の下北地方と蠣崎氏」『考古風土記』創刊号、13～27 頁
南部町教育委員会 2003『聖寿寺館跡発掘調査報告書』Ⅷ、南部町埋蔵文化財調査報告書 12
新岡武彦・宇田川洋 1992『サハリン南部の考古資料』、北海道出版企画センター
新冠町史編さん委員会 1996『新冠町史』続
新潟市 2002『新潟市の文化財』、新潟歴史双書 6
ニコライ＝ブッセ著・秋月俊幸訳 2003『サハリン島占領日記 1853―54 ロシア人の見た日本人とアイヌ』、東洋文庫 715、平凡社
西幸隆 1988「北海道釧路市材木町 5 遺跡出土の湖州鏡について」『釧路市立博物館紀要』13、1～8 頁
西ヶ谷恭弘編 2002『国別城郭・陣屋・要害・台場事典』、東京堂出版
西嶋定嘉 1942『樺太アイヌ』、樺太庁博物館叢書 5
西村いわお 1994『南樺太』、高速出版
西本豊弘 1985「北海道の狩猟・漁撈活動の変遷」『国立歴史民俗博物館研究報告』6、53～74 頁
根室市教育委員会 1994『根室市コタンケシ遺跡発掘調査報告書』
根室市史編さん室 1988『根室市史』
根室シンポジウム実行委員会編 1990『三十七本のイナウ』、北海道出版企画センター
能仲文夫 1933『北蝦夷秘聞―樺太アイヌの足跡』、北進堂
野付崎近世近代遺跡調査グループ 1995「野付崎近世近代遺跡調査報告」『標津町ポー川史跡自然公園紀要 しべつの自然 歴史 文化』3・4、1～110 頁
登別市史編さん委員会 1986『登別の歴史』
野村崇・杉浦重信 2000「カムチャッカ半島南東部ジュパノヴォ遺跡出土の日本製品」『北方博物館交流』12、北海道北方博物館交流協会、16～27 頁
野村祐一・石井淳平・塚田直哉 2009『下之国館跡茂別館跡・矢不来館跡の基礎的研究』
野村祐一・中村和之 2012「南北海道の古銭とベトナム『開泰元寶』の発見―志海苔古銭と涌元古銭―」『考古学ジャーナル』626、ニューサイエンス社、25～28 頁
函館市教育委員会 1984『史跡志苔館跡Ⅰ―昭和 58 年度環境整備事業に伴う発掘調査概報―』
函館市教育委員会 1985『史跡志苔館跡Ⅱ―昭和 59 年度環境整備事業に伴う発掘調査概報―』
函館市教育委員会 1986『史跡志苔館跡―昭和 58～60 年度環境整備事業に伴う発掘調査報告書―』
函館市教育委員会 1990『五稜郭跡・箱館奉行所跡発掘調査報告書』
函館市教育委員会 2006『特別史跡 五稜郭跡 函館奉行所跡発掘調査報告書』
長谷川成一 1993「本州北部における近世城下町の成立」『海峡をつなぐ日本史』、三省堂、141～181 頁
秦野裕介 2012「鎌倉・室町幕府体制とアイヌ」『新しいアイヌ史構築 先史編・古代編・中世編』、北海道大学アイヌ・先住民研究センター、146～161 頁
八戸市教育委員会 1983『史跡根城跡発掘調査報告書』Ⅴ、八戸市埋蔵文化財調査報告書 11
八戸市教育委員会 1985『史跡根城跡発掘調査報告書』Ⅷ、八戸市埋蔵文化財調査報告書 16
八戸市教育委員会 1993『根城―本丸の発掘調査―』、八戸市埋蔵文化財調査報告書 54
羽幌町史編纂委員会 2001『新羽幌町史』
浜中町役場 1975『浜中町史』
浜益村 1980『浜益村史』
林昇太郎 2003「史料紹介 小林豊章筆『唐太島東西浜図』について（1）」『北方文化共同研究事業』2000-2002

年度調査報告』、北海道開拓記念館、41～68 頁
林昇太郎 2005「史料紹介 小林豊章筆『唐太島東西浜図』について（2）」『18 世紀以降の北海道とサハリン州・黒竜江省・アルバータ州における諸民族と文化―北方文化共同研究事業報告―』、北海道開拓記念館、91～115 頁
林屋辰三郎 1973『古代中世芸術論 日本思想大系 23』、岩波書店
馬場脩 1942「日本北端地域のアイヌと煙草」『古代文化』13-11、日本古代文化学会、592～603 頁
馬場脩 1979a『樺太・千島考古・民族誌』2
馬場脩 1979b『樺太・千島考古・民族誌』3
日置順正 1973「津軽藩士のシヤリ警備について」『斜里町郷土研究』2、斜里町郷土研究会、2～6 頁
日置順正 1975「文化九年建立の津軽藩士供養碑の足どりについて」『斜里町郷土研究』6、斜里町郷土研究会、12～14 頁
日置順正 1981「津軽藩士死没者の過去帳と供養碑」『知床博物館研究報告』3、斜里町立知床博物館、75～81 頁
日置順正 1984「津軽藩士供養碑文字の筆者について」『斜里町郷土研究』10、斜里町郷土研究会、50～53 頁
東通村史編纂委員会 1999『東通村史』遺跡発掘調査編
東通村史編纂委員会 2001『東通村史』歴史編 I
東通村教育委員会 2003『瀧之不動明遺跡・岩屋近世貝塚発掘調査報告書』
東通村教育委員会 2004『浜尻屋貝塚―平成 12～14 年度発掘調査報告書―』
東通村教育委員会 2006『岩屋近世貝塚―平成 16・17 年度発掘調査報告書―』
菱沼右一・西嶋定嘉・葛西猛千代・1930『樺太の地名』、樺太郷土会
常陸太田市編史さん委員会 1984『常陸太田市史』通史編上
ひたちなか市史編纂委員会 2008『那珂湊市史』近世
平賀町教育委員会 1999『大光寺新城跡遺跡―第 4・5 次発掘調査―』、平賀町埋蔵文化財報告書 24
平川善祥 1984「近世アイヌ墳墓の考古学的研究」『北海道の研究』2（考古篇 II）、清文堂、375～418 頁
平山裕人 2001「松前安藤氏の興亡」『北方探究』3、北方懇話会、32～48 頁
広尾町史編さん委員会 1978『新広尾町史』1
平取町遺跡調査会 1989『イルエカシ遺跡』
平取町教育委員会 1987『二風谷遺跡』
平取町教育委員会 1988『平取町イルカエシ遺跡発掘調査概報』
平取町教育委員会 1990『額平川 2 遺跡』
平取町教育委員会 1996『平取町カンカン 2 遺跡』、平取町文化財調査報告書 3
平取町教育委員会 1997a『平取町オパウシナイ 1 遺跡』、平取町文化財調査報告書 5
平取町教育委員会 1997b『ペナコリ 1 遺跡』、平取町文化財報告書 7
平取町教育委員会 1999『平取町平取桜井遺跡』、平取町文化財調査報告書 11
平取町教育委員会 2000『平取町亜別遺跡』、平取町文化財調査報告書 13
平取町教育委員会 2011『オニキシベ 2 遺跡』
深澤百合子 1998「17 世紀沙流川流域アイヌ文化の銅製造技術」『北海道考古学』34、北海道考古学会、43～61 頁
深澤百合子 2003「アイヌ文化とは何か」『新北海道の古代 3 擦文・アイヌ文化』、北海道新聞社、102～117 頁
福井県教育委員会 1983『特別史跡一乗谷朝倉氏遺跡県道鯖江・美山線改良工事に伴う発掘調査報告書』
福井淳一 1998「アイヌ文化における銛漁の諸段階」『北方の考古学』、野村崇先生還暦記念論集、435～463 頁
福岡市教育委員会 2006『藤崎遺跡 17』、福岡市埋蔵文化財調査報告書 916
福士廣志 1985「北海道留萌市出土の星兜鉢および杏葉残欠について」『考古学雑誌』71-1、日本考古学会、88～103 頁
福島町教育委員会 1972『穏内館』
福島町教育委員会 1986『穏内館遺跡』

福田豊彦 1995「鉄を中心にみた北方世界」『中世の風景を読む 1 蝦夷の世界と北方交易』、新人物往来社、153〜198頁
福永酔剣 1993『日本刀鑑定必携』、雄山閣
藤沢良祐 2002「瀬戸・美濃大窯編年の再検討」『瀬戸市埋蔵文化財センター研究紀要』10、53〜175頁
藤田潮ほか 1971『浜別海遺跡』、北地文化研究会
藤本強 1986「オホーツク海をめぐる交流」『日本の古代』3（海峡をこえての交流）、中央公論社、232〜264頁
藤本英夫編 1964「シベチャリのチャシ発掘報告―第1次調査―」『せいゆう』9（北海道立静内高等学校文化人類学研究部 1978『創立25周年記念誌』52〜59に再録）
藤本英夫・名嘉正八郎編 1980『日本城郭大系1 北海道・沖縄の城郭』、新人物往来社
布施和洋 2007「北海道島における陶磁器の流通と消費―12世紀〜16世紀の北海道島の諸相―」『北方的―北方研究の構築と展開』、北海道大学大学院文学研究科研究プロジェクト報告書、105〜113頁
福建省博物館・MOA美術館・茶道資料館 1994『特別展唐物天目―福建省建窯出土の天目と日本伝世の天目―』
船越昭生 1976『北方図の歴史』、講談社
古平町史編さん委員会 1973『古平町史』1
ブレッド・ウォーカー 2007『蝦夷地の征服 1590-1800』、北海道出版企画センター
別海町教育委員会 2004『野付通行屋跡遺跡』I
別海町教育委員会 2007『野付通行屋跡遺跡』II
星野和太郎 1894『北海道寺院沿革誌 完』、時習館
北海道 1971『樺太基本年表』
北海道開拓記念館 1973『民族調査報告書資料編I』、北海道開拓記念館調査報告2
北海道開拓記念館 1998『うるし文化―漆器が語る北海道の歴史―』、第47回特別展図録
北海道開拓記念館 2001『知られざる中世の北海道―チャシと館の謎にせまる―』、開館30周年記念事業第52回特別展図録
北海道開拓記念館 2005『18世紀以降の北海道とサハリン州・黒竜江省・アルバータ州にいける諸民族と文化：北方文化共同研究事業研究報告』
北海道教育委員会 1975『遠矢第2チャシ跡発掘調査報告書』
北海道高等学校日本史教育研究会編 2006『北海道の歴史散歩』、山川出版社
北海道信金地域振興基金 2008『余市町の文化財』
北海道・東北史研究会編 1988『北からの日本史』1、三省堂
北海道・東北史研究会編 1990『北からの日本史』2、三省堂
北海道・東北史研究会編 1993『海峡をつなぐ日本史』、三省堂
北海道・東北史研究会編 1996『メナシの世界』、北海道出版企画センター
北海道・東北史研究会編 1998『場所請負制とアイヌ』、北海道出版企画センター
北海道文化財研究所 1991『茶津遺跡』、北海道文化財研究所
北海道埋蔵文化財センター 1983『史跡松前藩戸切地陣屋跡』、北海道埋蔵文化財センター調査報告
北海道埋蔵文化財センター 1986『ユオイチャシ跡・ポロモイチャシ跡・二風谷遺跡』、北海道埋蔵文化財センター調査報告26
北海道埋蔵文化財センター 1987『上磯町矢不来天満宮遺跡』、北海道埋蔵文化財センター調査報告47
北海道埋蔵文化財センター 1990『美沢川流域の遺跡群XIII』、北海道埋蔵文化財センター調査報告62
北海道埋蔵文化財センター 1991『余市町フゴッペ貝塚』、北海道埋蔵文化財センター調査報告72
北海道埋蔵文化財センター 1992a『美沢川流域の遺跡群XVII』、北海道埋蔵文化財センター調査報告89
北海道埋蔵文化財センター 1992b『千歳市オサットー1遺跡・キウス7遺跡』、北海道埋蔵文化財センター調査報告90
北海道埋蔵文化財センター 1995a『ペンケナイ川流域の遺跡群III』、北海道埋蔵文化財センター調査報告95
北海道埋蔵文化財センター 1995b『オサツ2遺跡（1）・オサツ14遺跡』、北海道埋蔵文化財センター調査報告

96
北海道埋蔵文化財センター 1996a『美沢川流域の遺跡群 XVIII』、北海道埋蔵文化財センター調査報告 102
北海道埋蔵文化財センター 1996b『美沢川流域の遺跡群 XIX』、北海道埋蔵文化財センター調査報告 113
北海道埋蔵文化財センター 1996c『美沢川流域の遺跡群 XX』、北海道埋蔵文化財センター調査報告 114
北海道埋蔵文化財センター 1997『千歳市キウス 5 遺跡（3）』、北海道埋蔵文化財センター調査報告 115
北海道埋蔵文化財センター 1999『ユカンボシ C15 遺跡（3）』、北海道埋蔵文化財センター調査報告 146
北海道埋蔵文化財センター 2001a『千歳市ウサクマイ N 遺跡』、北海道埋蔵文化財センター調査報告 156
北海道埋蔵文化財センター 2001b『千歳市ユカンボシ C15 遺跡（4）』、北海道埋蔵文化財センター調査報告 159
北海道埋蔵文化財センター 2002『根室市穂香竪穴群』、北海道埋蔵文化財センター調査報告 170
北海道埋蔵文化財センター 2005『穂香川右岸地区遺跡』、北海道埋蔵文化財センター調査報告 212
北海道埋蔵文化財センター 2006a『矢不来 7 遺跡・矢不来 8 遺跡』、北海道埋蔵文化財センター調査報告 232
北海道埋蔵文化財センター 2006b『矢不来 6 遺跡・矢不来 11 遺跡・館野 4 遺跡』、北海道埋蔵文化財センター調査報告 235
北海道埋蔵文化財センター 2006c『北海道における出土銭貨』、秋季講演会資料集
北海道埋蔵文化財センター 2007『矢不来 8 遺跡（2）・矢不来 10 遺跡』、北海道埋蔵文化財センター調査報告 244
北海道埋蔵文化財センター 2008『矢不来 6 遺跡（2）・矢不来 9 遺跡・矢不来 11 遺跡（2）』、北海道埋蔵文化財センター調査報告 257
北海道埋蔵文化財センター 2010『矢不来 8 遺跡（3）・矢不来 9 遺跡（2）・矢不来 10 遺跡（2）・矢不来 11 遺跡（2）』、北海道埋蔵文化財センター調査報告 272
洞富雄・高野明 1956「久春古丹のムラヴィヨフ哨所」『日本歴史』92、46～53 頁
洞富雄・谷澤尚一編注 1988『東韃地方紀行他』、東洋文庫 484、平凡社
堀勝治ほか編 1989『深遠 寶海寺開教百二十年記念誌』
本堂寿一 1976「今別町大開城の調査」『考古風土記』創刊号、1～12 頁
前川要・十三湊フォーラム実行委員会編 2006『十三湊遺跡―国史跡指定記念フォーラム―』、考古学リーダー 7、六一書房
巻町郷土資料館 1983『松郷屋焼館蔵品目録』
増毛町史編纂委員会 1974『増毛町史』
松井恒幸 1977「北のガラス史のための覚書」『市立旭川郷土博物館研究報告』11、1～34 頁
松井恒幸 1978「北のガラス史のための覚書 II」『市立旭川郷土博物館研究報告』12、1～32 頁
松浦武四郎（吉田武三校註）1970・71『三航蝦夷日誌』、吉川弘文館
松崎岩穂 1956『上ノ国村史』、北海道檜山郡上ノ国村役場
松崎水穂 1990「中世道南の様相」『列島の文化史』7、日本エディタースクール出版部、99～124 頁
松崎水穂 1991「北海道の城館」『中世の城と考古学』、新人物往来社、468～506 頁
松崎水穂 1992「史跡整備と歴史研究」『北の中世』、日本エディタースクール出版部、175～214 頁
松崎水穂 1993「勝山館・発掘調査十年の成果と課題」『海峡をつなぐ日本史』、三省堂、74～106 頁
松崎水穂 1999「勝山館跡変貌するアイヌ社会との抬頭する和人社会との接点」『別冊歴史読本』16（第 24 巻 16 号）、新人物往来社、189～197 頁
松崎水穂 2001「北方からの視座―上ノ国・浪岡―」『日本通史別巻 2　地域史研究の現状と課題』、岩波書店、115～138 頁
松崎水穂 2002a「上ノ国」『いくつもの日本 II あらたな歴史へ』、岩波書店、199～220 頁
松崎水穂 2002b「境界の地・『和人地』の人びと」『人類にとって戦いとは 5　イデオロギーの文化装置』、東洋書林、207～242 頁
松崎水穂 2004「勝山館跡とアイヌ」『新北海道の古代 3　擦文・アイヌ文化』、北海道新聞社、210～215 頁
松崎水穂 2005「北の中世遺跡と石井先生の予見」『石井進著作集月報』10、岩波書店、4～6 頁

松崎水穂 2007a「上之国館跡の調査と保存」『遺跡学研究』4、日本遺跡学会、77～84 頁

松崎水穂 2007b「和人地・上ノ国館跡 勝山館跡出土品に見るアイヌ文化」『アイヌ文化の成立と変容』、法政大学国際日本学研究所、335～376 頁（榎森進・小口雅史・澤登寛聡編 2008a『エミシ・エゾ・アイヌ』、岩田書院、335～376 頁に再録）

松崎水穂 2008「勝山館跡の視点」『網野善彦著作集月報』13、岩波書店、1～4 頁

松崎水穂・百々幸雄・中村公宣 1981「北海道洲崎館跡発見の中世遺物と頭骨」『考古学雑誌』67-2、日本考古学会、84～95 頁

松下亘 1973「北海道余市町大浜中遺跡の遺物―特に一括出土した青磁について―」『北海道考古学』9、北海道考古学会、125～133 頁

松下亘 1984「北海道出土の中国陶磁」『北海道の研究』2（考古篇Ⅱ）、清文堂、271～305 頁

松下亘・氏家等・笹木義友 1978「焼酎徳利について」『北海道開拓記念館研究年報』6、47～63 頁

松前町 1958『史蹟とさくら』

松前町教育委員会 1979『茂草 B 遺跡』

松前町教育委員会 1985『史跡福山城』Ⅱ

松前町教育委員会 1986『史跡福山城』Ⅲ

松前町教育委員会 1987『史跡福山城』Ⅳ

松前町教育委員会 1988『史跡福山城』Ⅴ

松前町教育委員会 1989『史跡福山城』Ⅵ

松前町教育委員会 1990『史跡福山城』Ⅶ

松前町教育委員会 1991『史跡福山城』Ⅷ

松前町教育委員会 1992『松城遺跡Ⅱ・史跡福山城』

松前町教育委員会 1993『史跡福山城』Ⅹ

松前町教育委員会 1994『史跡福山城』Ⅺ

松前町教育委員会 1995『史跡福山城』Ⅻ

松前町教育委員会 1996『史跡福山城』ⅩⅢ

松前町教育委員会 1998『史跡福山城』ⅩⅤ

松前町教育委員会 2004a『松城遺跡―平成 15 年度 町道寺町連絡線工事に関わる埋蔵文化財発掘調査報告書―』

松前町教育委員会 2004b『松前氏城跡 福山城跡』Ⅰ

松前町教育委員会 2005a『松前氏城跡 福山城跡』Ⅱ

松前町教育委員会 2005b『東山遺跡』

松前町教育委員会 2008a『史跡松前氏城跡 福山城跡』Ⅴ

松前町教育委員会 2008b『福山城下町遺跡』Ⅳ

松前町教育委員会 2010『神明石切り場跡Ⅲ・大館遺跡・バッコ沢牢屋跡遺跡―平成 21 年度町内遺跡発掘調査報告書―』

松前町史編集室 1984『松前町史』通説編 1 上

松前町史編纂室 1985『松前町史』資料編 3

丸浦正弘 2007『ほっかいどうの狛犬』、中西出版

三浦泰之・東俊佑 2004「『松本吉兵衛紀行絵巻』について―安政 6 年（1859）秋田藩士の蝦夷地紀行―」『北海道開拓記念館調査報告』43、89～128 頁

三上次男・岩本義雄・佐々木達夫 1981「青森・北海道の中国陶磁」『貿易陶磁研究』1、日本貿易陶磁研究会、65～71 頁

三上敏一・越田賢一郎 2004「大野町出土の越前焼擂鉢について」『土・酒・海・山』、故石本省三氏追悼論集刊行会、42～45 頁

水澤幸一 2001「15 世紀中葉～後半における北東日本海沿岸地域へのやきものの搬入時期―越後江上館を中心として―」『中世土器研究論集―中世土器研究会 20 周年記念論集―』、中世土器研究会、1～16 頁

水沢市教育委員会 1982『慶徳遺跡群詳細分布調査報告書』、水沢市文化財報告書 9
水野九右衛門・吉岡康暢編 1976『日本陶磁全集 7 越前・珠洲』、中央公論社
水村伸行 2002「一乗谷朝倉氏遺跡に見る越前焼の様相」『陶説』593、日本陶磁協会、31～45 頁
三井紀生 2002『越前笏谷石』、福井新聞社
三井紀生 2006『越前笏谷石 続編』、福井新聞社
三谷巍 1980「三山口遺跡出土の密教法具の研究」『鳥取県立博物館研究報告』17、13～27 頁
三春町歴史民俗資料館 2003『三春藩主秋田氏』、開館二十周年記念・平成 15 年度特別展
南茅部町教育委員会 1978『臼尻 B 遺跡発掘調査概報』
南北海道考古学情報交換会・東日本埋蔵文化財研究会 1997『第 6 回東日本埋蔵文化財研究会資料集 遺物からみた律令国家と蝦夷』
峰山巌 1958『余市町ヌッチ川遺跡』、郷土研究 1、余市町教育委員会
峰山巌 1965「墳墓シリーズ 有珠善光寺の墓」、『北海道の文化』8、北海道文化財保護協会、29～42 頁
峰山巌・金子浩昌・松下亘・竹田輝雄 1971『天内山』、北海道出版企画センター
簑島栄紀 2001『古代国家と北方社会』、吉川弘文館
宮下登 1971「有珠 B 遺跡米屋地区発掘調査」『北海道の文化』14、北海道文化財保護協会、71～74 頁
宮本聲太郎 1958「オロッコ・ギリヤークの衣食住」『民族学研究』22-1、日本民族学会、5～14 頁
鵡川町史編集委員会 1991『続鵡川町史』通史編
村井章介・斉藤利男・小口雅史編 2002『北の環日本海世界』、山川出版社
村上重良 1974『慰霊と招魂―靖国の思想―』、岩波新書 904
村上隆 2007『金・銀・銅の日本史』、岩波新書 1085
村田文江 1981「北海道天塩町の神社と石造物」『北方科学調査報告―北方圏の自然と文化の研究―』2、筑波大学、161～186 頁
室野秀文 2007「中世道南の領主と城館―城館から見た蠣崎氏の松前進出―」『北方社会史の視座』1、清文堂、179～203 頁
室蘭市教育委員会 1971『室蘭絵鞆遺跡発掘調査概要報告書』
室蘭市教育委員会 2012『史跡東蝦夷地南部藩陣屋跡モロラン陣屋跡 史跡整備事業に伴う発掘調査報告書』
室蘭市史編さん委員会 1981『新室蘭市史』1
女鹿潤哉 2006「下北アイヌ社会の成立過程についての研究」『岩手県立博物館研究報告』23、115～158 頁
盛岡市教育委員会 1985『志波城跡―昭和 59 年度発掘調査概報―』
森町教育委員会 1985『御幸町―茅部郡森町における縄文時代の住居跡・土壙群発掘記録―』
森田勉 1982「十四～十六世紀の白磁の分類と編年」『貿易陶磁研究』2、日本貿易陶磁研究会、47～54 頁
森秀之 1993「北海道の遺跡から出土した金属製煙管の実年代」『北海道考古学』29、北海道考古学会、57～68 頁
森靖裕 2002「文化財レポート 北海道・上磯町の中世城館跡と近世台場跡」『日本歴史』648、吉川弘文館、94～102 頁
森本伊知郎 2008『近世陶磁器の考古学』、雄山閣
森山嘉蔵 2006「安東氏―下国家四百年ものがたり」、無明舎出版
紋別市教育委員会 1975『柳沢第 19 地点―北海道紋別市柳沢第 19 地点調査報告―』
紋別市史編さん委員会 2007『新修紋別市史』
門別町教育委員会 1985『トニカチャシコツ』
門別町教育委員会 1999『日高門別の先史遺跡』
谷澤尚一 1961「清水平三郎」『北方研究会報』5、4～7 頁
矢野憲一 1979『鮫』(ものと人間の文化史 35)、法政大学出版局
矢野憲一 1989『鮑』(ものと人間の文化史 62)、法政大学出版局
藪中剛司 1994「ニンカリ(耳飾り)について」『アイヌ民族博物館研究報告』4、87～95 頁

薮中剛司 2009「蛸唐草文様のトゥキ（杯）について」『北大植物園研究紀要』9、北海道大学北方生物圏フィールド科学センター植物園、1～19 頁

八巻孝夫 1991「北海道の館―縄張研究の視点―」『中世城郭研究』5、中世城郭研究会、64～125 頁

八巻与志夫 1991「中世居館のありかた」『中世の城と考古学』、新人物往来社、381～403 頁

山崎栄作編 1983『北行目録』

山田志乃布 2003「地図からみた北方経営」『日本の北方地域と北東アジア』、北海道・東北史研究会、51～53 頁

山本祐弘 1943a『樺太原始民族の生活』、アルス文化叢書 33

山本祐弘 1943b『樺太アイヌの住居』、相模書房

山本祐弘 1970『樺太アイヌ―住居と民具』、相模書房

余市町教育委員会 1993『1992 年度大川遺跡発掘調査概報』

余市町教育委員会 1994『1993 年度大川遺跡発掘調査概報』

余市町教育委員会 1999『入舟遺跡における考古学的調査』

余市町教育委員会 2000a『大川遺跡における考古学的調査』Ⅰ

余市町教育委員会 2000b『大川遺跡における考古学的調査』Ⅱ

余市町教育委員会 2000c『大川遺跡における考古学的調査』Ⅲ

余市町教育委員会 2000d『大川遺跡における考古学的調査』Ⅳ

余市町教育委員会 2000e『大川遺跡』（1998 年度）

余市町教育委員会 2000f『入舟遺跡』（1998・1999 年度）

余市町教育委員会 2001『余市町大川遺跡』

余市町教育委員会 2002『余市町大川遺跡（2000・2001 年度）大川橋線街路事業に伴う埋蔵文化財発掘調査報告書』

余市町教育委員会 2004『大川遺跡』（2003 年度）

余市町史編纂室 1985『余市町史』1（資料編 1）

横田直成 2002「栗山町桜山出土の『鍬形』」『北海道の文化』74、北海道文化財保護協会、115～129 頁

吉岡康暢 1979「北海道の中世陶器―中世日本海海運史の一齣―」『日本海文化』6、金沢大学文学部日本海文化研究室、29～62 頁

吉岡康暢 1984「北海道の中世陶器」『北海道の研究』2 考古篇Ⅱ、清文堂、237～270 頁

吉岡康暢 1994『中世須恵器の研究』、吉川弘文館

吉岡康暢 2001「北方中世史と大川遺跡」『大川遺跡における考古学的調査』Ⅳ、余市町教育委員会、401～448 頁

吉岡康暢・門上秀叡 2011『琉球出土陶磁社会史研究』、真陽社

吉崎昌一・森田知忠 1968「志海苔中世遺構の調査―出土銭と中世粗陶からみた北海道中世考古学へのアプローチ」『新しい道史』6-5（通巻 30）、北海道総務部文書課、1～14 頁

吉田武三校註 1971『三航蝦夷日誌』下巻、吉川弘文館

吉原裕 2009『宗谷護国寺「旧藩士の墓」に関する調べ』

四柳嘉章 2002「漆の技術と文化」『いくつもの日本Ⅱあらたな歴史へ』、岩波書店、249～267 頁

四柳嘉章 2006『ものと人間の文化史 漆Ⅰ』131-Ⅰ、法政大学出版局、221～226 頁

米村喜男衛 1950『モヨロ貝塚資料集』

羅臼町教育委員会 1981『植別川遺跡』、羅臼町文化財報告 6

陸別町教育委員会 2007『史跡ユクエピラシャシ跡―平成 14～16 年度発掘調査報告書―』、陸別町文化財調査報告 2

利尻富士町史編纂委員会 1998『利尻富士町史』

利尻町史編纂委員会 2000『利尻町史』通史編

礼文町教育委員会 1999『香深井 5 遺跡発掘調査報告書（2）』

礼文町役場企画課 1972『礼文町史』

留萌市海のふるさと館 2005『海峡を越えてきた武具─中世の蝦夷地』、第 17 回特別展図録
若山泡沫 1974『刀装小道具講座別巻用語解説・資料編』、雄山閣
和歌山市教育委員会 1997『和歌山市加太友ヶ島沖出土の陶磁器』
IU. M. ワシーリェフ 1989「アムール流域のパクローフカ文化（9-13 世紀）の火葬」『ソ連極東地方中世考古学の新資料』、ウラジオストーク（『北海道考古学』30 1994 年に天野哲也訳で転載）
渡辺京二 2010『黒船前夜─ロシア・アイヌ・日本の三国志─』、洋泉社
渡部賢 2007「『ツクナイ』と起請文」『アイヌ文化の成立と変容』、法政大学国際日本学研究所、531〜564 頁（榎森進・小口雅史・澤登寛聡編 2008b『北東アジアのなかのアイヌ世界』、岩田書院、151〜184 頁に再録）
和田春樹 1991『開国─日露国境交渉』、NHK ブックス 620
稚内市教育委員会 2000『稚内市泊岸 1 遺跡』
稚内市史編さん委員会 1999『稚内市史』2
王承礼 1979「敦化六頂山渤海墓清理発掘記」『社会科学戦線』、200〜210 頁
王承礼・曹正榕 1961「吉林敦化六頂山渤海古墓」『考古』、298〜301 頁

あ と が き

　筆者が北方史に関わるようになったのは、弘前大学に赴任した2001年からである。東北大学埋蔵文化財調査室の助手をしていた時から縄文文化の研究と歴史考古学の二足の草鞋を履いている関係で、自然と関心がアイヌの人々に向いた。『青森県史資料編』考古4（中世・近世）の編纂に携わるなかで、「内地」に位置する弘前藩や盛岡藩が領内に住むアイヌの存在を公に認め、異民族との共存を図っていたことを知った時の衝撃は大きかった。国策としてアイヌ民族を先住民として認め、異民族が共生する社会の形成が進められようとしている現在、領内にアイヌ民族を抱えていた北奥諸藩の先例に学ぶべきところがあるのではなかろうか。

　しかし、序章で述べたように、明治以降の北海道開拓の中で培われてきたアイヌ史観に対する反動から、近年は自然と共生し豊かな精神世界を構築したアイヌ民族像が巷間にあふれ、和人との関係性が軽視される風潮にある。民族共生を謳う政府側としてもアイヌ民族から蝦夷地を奪った歴史を封印したいのか、蝦夷地の歴史から和人を消し去ることで、民族としての誇りを取り戻そうとするアイヌの人々と手を結ぼうとしているように思えてならない。

　繰り返しになるが、蝦夷地の歴史は、アイヌをはじめとする北方民族と北方へ進出した和人の双方によって営まれた歴史であり、さらには中国やロシアとの関係性のなかで形成された歴史である。蝦夷地がどのような経緯で民族の土地から日本国へ編入されるに到ったのか、内国化の前史を多角的に検証したいと考えた。

　筆者が専門とする考古学は、自らの歴史を文字に残すことのなかったアイヌの人々の歩みを知る有効な手段であるが、そのためには和人を対象としてきた中近世考古学とアイヌ考古学との融合を図る必要があった。近世考古学は近世史研究においても社会的にも未だ十分認知されているとは言い難い。蝦夷地の歴史研究に近世考古学の成果を反映させることで、その有効性をアピールしたいとの思いもあった。

　この間、平成19〜21年度には基盤研究B「近世墓と人口史料による社会構造と人口変動に関する基礎的研究」（課題番号19320123）、平成22〜25年度には基盤研究A「中近世北方交易と蝦夷地の内国化に関する研究」（課題番号：22242024）に関連して、研究分担者・連携研究者をはじめ、松前・江差・函館の各寺院など多くの方々にお世話になった。また、松前三湊の近世墓標調査や矢不来館跡の発掘調査と報告書の作成には、弘前大学人文学部の院生・学部生をはじめ、多くの学生の献身的な協力があった。サハリンでの調査では、サハリン大学考古学・民族誌研究所のVasilevski教授、サハリン州立郷土誌博物館のRoon館長・Shubina学芸員、サハリン州文化省顧問のSamarin氏から多大なる支援をいただいた。本書の校正には院生諸氏の協力を得た。本書の刊行に際し、吉川弘文館の永田伸氏には大変お世話になった。

　末筆ではありますが、本書の刊行にご協力いただいた全ての皆様に深く感謝を申し上げます。
　2014年8月　弘前にて

関　根　達　人

初 出 一 覧

【序章】書下ろし
【第Ⅰ章1】
関根達人 2008「平泉文化と北方交易 2―擦文期の銅鋺をめぐって―」『平泉文化研究』9、33〜50 頁、岩手県教育委員会
【第Ⅰ章2】
関根達人 2012「出土資料からみたアイヌ文化の特色」『新しいアイヌ史の構築　先史編・古代編・中世編』168〜181 頁、北海道大学アイヌ・先住民研究センター
【第Ⅰ章3】
関根達人 2014「アイヌの宝物とツクナイ」『人文社会論叢』（人文科学篇）32 号、1〜25 頁、弘前大学人文学部
【第Ⅰ章4】
関根達人 2003「アイヌ墓の副葬品」『物質文化』76、38〜54 頁、物質文化研究会
【第Ⅰ章5】
関根達人 2014「シベチャリ出土の遺物」『北海道考古学』50、167〜174 頁、北海道考古学会
【第Ⅰ章6】
関根達人 2007「タマサイ・ガラス玉に関する型式学的検討」『アイヌ文化の成立と変容―交易と交流を中心に―』653〜678 頁、法政大学国際日本学研究所（榎森進・小口雅史・澤登寛聡編 2008『北東アジアのなかのアイヌ世界 アイヌ文化の成立と変容－交易と交流を中心 2 として（下）』の 125〜150 頁に再録）
【第Ⅱ章1】
関根達人 2007「平泉文化と北方交易 1―北奥出土のガラス玉―」『平泉文化研究年報』7、1〜13 頁、岩手県教育委員会
関根達人 2007「本州アイヌの考古学的痕跡」『アイヌ文化の成立と変容―交易と交流を中心に―』797〜823 頁、法政大学国際日本学研究所（榎森進・小口雅史・澤登寛聡編 2008『北東アジアのなかのアイヌ世界 アイヌ文化の成立と変容－交易と交流を中心 2 として（下）』の 317〜343 頁に再録）
【第Ⅱ章2】
関根達人 2007「本州アイヌの生業・習俗と北奥社会」『北方社会史の視座』1、219〜251 頁、清文堂
【第Ⅱ章3】
関根達人 2009「本州アイヌの狩猟と漁撈」『動物と中世』155〜186 頁、高志書院
【第Ⅲ章1】
関根達人 2012「津軽海峡域における戦国的様相」「渡島半島における戦国城館跡の構造と規模」『北海道渡島半島における戦国城館跡の研究―北斗市矢不来館跡の発掘調査報告―』2〜4・111〜113 頁、弘前大学人文学部文化財論ゼミナール調査報告Ⅷ
【第Ⅲ章2】
関根達人 2012「北海道島における中世陶磁器の流通」『北海道渡島半島における戦国城館跡の研究―北斗市矢不来館跡の発掘調査報告―』114〜125 頁、弘前大学人文学部文化財論ゼミナール調査報告Ⅷ
【第Ⅲ章3】
関根達人・佐藤雄生 2009「出土陶磁器からみた蝦夷地の内国化 」『日本考古学』28、69〜87 頁、日本考古学協会
【第Ⅲ章4】
関根達人 2013「近世石造物からみた蝦夷地の内国化」『日本考古学』36、59〜84 頁、日本考古学協会
【第Ⅲ章5】
次の報告書から再構成した。
関根達人 2010「近世墓標にみる人口動態」『近世墓と人口史料による社会構造と人口変動に関する基礎的研究―平成 19 年度〜21 年度科学研究費補助金基盤研究 B（課題番号 19320123）研究成果報告書―』136〜142 頁（関

根達人編 2012『松前の墓石から見た近世日本』北海道出版企画センター、155～164 頁に「墓石にみる江戸時代の人口動態」として再録）

関根達人編 2013『函館・江差の近世墓標と石造物―平成 22 年度～25 年度科学研究費補助金基盤研究 A（課題番号 22242024）研究成果報告書―』

【第Ⅳ章 1】
関根達人 2014「サハリン出土の日本製品」『中近世北方交易と蝦夷地の内国化に関する研究―平成 22 年度～25 年度科学研究費補助金基盤研究 A（課題番号 22242024）研究成果報告書―』62～74 頁

【第Ⅳ章 2】書下ろし

【第Ⅳ章 3】
関根達人 2012「江戸時代に樺太で亡くなった人々―『白主村墓所幷死亡人取調書上』の検討―」『弘前大学國史研究』133、15～26 頁、弘前大学国史研究会

【第Ⅳ章 4】
関根達人 2012「場所図・古絵図にみる 1850 年代の樺太（サハリン）島における先住民族と国家―目賀田帯刀筆「北海道歴検図」の検討を中心として―」『北海道・東北史研究』8、24～56 頁、北海道出版企画センター

【第Ⅳ章 5】
関根達人・市毛幹幸 2008「カラフトアイヌ供養・顕彰碑と嘉永六年クシュンコタン占拠事件」『弘前大学國史研究』124、1～22 頁、弘前大学國史研究会

著者略歴
1965年　埼玉県春日部市生まれ
1992年　東北大学大学院文学研究科博士後期3年の課程中途退学
1992年　東北大学文学部助手（東北大学埋蔵文化財調査室調査員）
2010年　弘前大学人文学部教授
現在　弘前大学人文社会科学部教授　博士（文学）
　　　弘前大学大学院地域社会研究科教授（併任）
　　　弘前大学人文学部北日本考古学研究センター長（併任）

〔主要編著書〕
『季刊考古学133号（アイヌの考古学）』（雄山閣、2015年、編共著）
『週刊日本の歴史49号（旧石器・縄文）』（朝日新聞出版、2014年、責任編集）
『松前の墓石から見た近世日本』（北海道出版企画センター、2012年、編共著）
『成田彦栄氏考古・アイヌ民族資料図録』（弘前大学出版会、2010年、共著）
『あおもり歴史モノ語り』（無明舎出版、2008年）
『北方社会史の視座』1巻（清文堂、2007年、共編著）

中近世の蝦夷地と北方交易―アイヌ文化と内国化―

2014年（平成26）11月1日　第1刷発行
2016年（平成28）5月20日　第2刷発行

著者　関根達人

発行者　吉川道郎

発行所　株式会社　吉川弘文館
〒113-0033　東京都文京区本郷7丁目2番8号
電話　03-3813-9151〈代〉
振替口座　00100-5-244
http://www.yoshikawa-k.co.jp/

印刷＝藤原印刷株式会社
製本＝誠製本株式会社
装幀＝古川文夫

© Tatsuhito Sekine 2014. Printed in Japan
ISBN978-4-642-09339-2

JCOPY　〈（社）出版者著作権管理機構　委託出版物〉
本書の無断複写は著作権法上での例外を除き禁じられています。複写される場合は、そのつど事前に、（社）出版者著作権管理機構（電話 03-3513-6969、FAX 03-3513-6979、e-mail: info@jcopy.or.jp）の許諾を得てください。